EDWARD R. FORD

Das Detail in der Architektur der Moderne

ZUR LOGIK DER KONSTRUKTION BEI

EDWIN LUTYENS

FRANK LLOYD WRIGHT

OTTO WAGNER

ADOLF LOOS

LE CORBUSIER

LUDWIG MIES VAN DER ROHE

RUDOLF SCHINDLER

WALTER GROPIUS

MARCEL BREUER

Aus dem Englischen von Gerda Bean

BIRKHÄUSER VERLAG
BASEL · BERLIN · BOSTON

Die Originalausgabe erschien 1990 unter dem Titel „The Details of Modern Architecture"
Bei The MIT Press, Cambridge, MA, USA
© 1990 Massachusetts Institute of Technology

Die Deutsche Bibliothek – CIP-Einheitsaufnahme

Ford, Edward R.:
Das Detail in der Architektur der Moderne: zur Logik der Konstruktion bei Edwin Lutyens,
Frank Lloyd Wright, Otto Wagner, Adolf Loos, LeCorbusier, Ludwig Mies van der Rohe,
Rudolf Schindler, Walter Gropius, Marcel Breuer / Edward R. Ford. Aus dem Engl. von Gerda Bean. –
Basel ; Berlin ; Boston: Birkhäuser, 1994
  Einheitssacht.: The details of modern architecture <dt.>
  ISBN 3-7643-2789-8
NE: Lutyens, Edwin [Ill.]

Dieses Werk ist urheberrechtlich geschützt. Die dadurch begründeten Rechte, insbesondere die des Nachdrucks, des Vortrags, der Entnahme von Abbildungen und Tabellen, der Funksendung, der Mikroverfilmung oder der Vervielfältigung auf anderen Wegen und der Speicherung in Datenverarbeitungsanlagen, bleiben, auch bei nur auszugsweiser Verwertung, vorbehalten. Eine Vervielfältigung dieses Werkes oder von Teilen dieses Werkes ist auch im Einzelfall nur in den Grenzen der gesetzlichen Bestimmungen des Urheberrechtsgesetzes in der jeweils geltenden Fassung zulässig. Sie ist grundsätzlich vergütungspflichtig. Zuwiderhandlungen unterliegen den Strafbestimmungen des Urheberrechts.

© 1994 der deutschsprachigen Ausgabe
Birkhäuser Verlag, Postfach 133, CH-4010 Basel
Gedruckt auf säurefreiem Papier, hergestellt aus chlorfrei gebleichtem Zellstoff
Printed in Japan
ISBN 3-7643-2789-8
9 8 7 6 5 4 3 2 1

Inhalt

	Vorwort	VII
1	**Einleitung: Stilsysteme und Bausysteme**	1
2	**Edwin Lutyens und die Sprache des Klassizismus**	15
3	**Frank Lloyd Wright: Die Zeit der Präriehäuser**	41
4	**Otto Wagner und Adolf Loos: Der Wiener Rationalismus**	83
5	**Le Corbusier: Die klassischen Villen**	113
6	**Ludwig Mies van der Rohe und die Stahlkonstruktion**	141
7	**Rudolf Schindler, Walter Gropius und Marcel Breuer: Wohnhäuser in Amerika**	169
8	**Frank Lloyd Wright: Die Zeit der Usonian Houses**	201
9	**Ideen und Realitäten des modernen Bauens**	231
	Anmerkungen	237
	Bibliographie	241
	Register	245

Vorwort

Als ich mit diesem Buch begann, ging es mir nicht darum, eine Technikgeschichte der Architektur oder eine Studie über Baukonstruktionen in der Moderne oder überhaupt eine historische Arbeit zu schreiben. Es ging mir um ein Buch über konstruktive Details in der Architektur. Es zeigte sich jedoch, daß man nicht über Details sprechen kann, ohne über ihre ästhetische Einbindung zu reden, daß man diese nicht behandeln kann, ohne über Stil zu reden, und daß dies wiederum nur mit Blick auf die Geschichte der Architektur möglich ist. Damit will ich mich im voraus für den episodischen Charakter des Buches entschuldigen. Ich erhebe keinen Anspruch auf Vollständigkeit. Manche Leser werden sich wundern, daß einige unbekannte Gebäude berücksichtigt wurden; andere werden enttäuscht sein, daß ihre Lieblingsbauten fehlen. Ich bin genauso enttäuscht. Die hier vorgenommene Auswahl beschränkt sich auf Gebäude, für die Konstruktionspläne verfügbar waren. Leider sind viele bedeutende Bauten der letzten hundert Jahre nur noch als verschwommene Fotos existent: Häuser, Ausführungszeichnungen und Spezifikationen sind inzwischen verschwunden.

Trotz meiner kritischen Auseinandersetzung mit diesen Gebäuden, insbesondere meiner Kommentare zur modernen Architektur von 1920 – 1940, hatte ich nicht die Absicht, auf diesem Wege eine Kritik der Moderne oder eine Verteidigung postmodernen Bauens zu schreiben. Ich habe versucht, die Architekten nach ihren eigenen Kriterien zu beurteilen; wenn einige mehr als andere das Ziel nicht erreichten, liegt es häufig daran, daß sie mehr wagten. Die Villa Savoie, die Häuser Hanna, Eames und Farnsworth und beide Lovell Houses sollten allesamt Prototypen moderner Architektur werden und sind es nicht geworden. Indem ich die Gründe für dieses Scheitern erkläre, wollte ich nicht die Arbeit der Architekten kritisieren. Die Geschichte der Moderne wäre unendlich ärmer ohne diese Häuser, und die Häuser wären unendlich ärmer, wenn sie konventioneller geblieben wären. Ich habe versucht, das herkömmliche Bild des genialen Architekten, dessen brillante technische Neuerungen von der Gesellschaft ignoriert werden, und das des unverantwortlichen Künstlers, der die praktischen Notwendigkeiten übersieht, zu vermeiden; weder das eine noch das andere paßt zu den Schöpfern dieser Bauwerke. Ich hoffe zu zeigen, daß in der Architektur die Technologie nicht objektiver oder subjektiver ist als der Entwurf und daß die Beziehung eines Architekten zu den Baukonventionen seiner Zeit meist seine Beziehungen zum Rest der Gesellschaft reflektiert. Ich hoffe außerdem zu zeigen, daß die kritische Betrachtung der Konstruktion für die Architekturkritik notwendig, aber unzureichend ist. Es gibt keinen funktionalen Baustil. Die heutigen Advokaten der Moderne haben versucht, die Postmoderne vom konstruktiven Standpunkt aus zu kritisieren, vergleichbar den gotischen Rationalisten vor hundert Jahren in ihrer Kritik am Klassizismus. In beiden Fällen war der Bezug auf die Baukonstruktion ungenau, seicht und oft falsch, und eine mangelhafte konstruktive Analyse war die Folge. Wir können die Konstruktion nicht als objektiven Fixpunkt benutzen, von dem aus die Richtigkeit oder Unrichtigkeit von Architekturformen gemessen werden. Vielleicht ist das der Grund, warum in der Architekturkritik der Postmoderne Kommentare zum Konstruktionsaspekt fast völlig fehlen – ebenfalls ein unmöglicher Ansatz. Architektur und Baukonstruktion haben allen unseren Versuchen, sie ordentlich auseinanderzuhalten, widerstanden.

Ich faßte den Entschluß, fast alle Konstruktionszeichnungen neu anzufertigen. Mir war bewußt, daß viele Wissenschaftler lieber die Originalzeichnungen studieren würden, was aber keine vernünftige Alternative darstellte. Die meisten Zeichnungen wären in verkleinerter Form unleserlich gewesen, und viele sind selbst in voller Größe nur für den geschulten Experten verständlich. Konstruktionszeichnungen sollen zeigen, wie Häuser gebaut werden, nicht jedoch, wie sie aussehen werden. Der Grund, warum ich dieses Material in isometrischer Darstellung neu zeichnete, war, daß ich Konstruktion und Fassade gleichzeitig zeigen und die Informationen außerdem einem breiteren Publikum zugänglich machen wollte. Der individuelle Zeichenstil des Architekten oder Zeichners geht bei diesem Prozeß verloren, gleichzeitig können die Gebäude aber wegen des standardisierten Formats besser miteinander verglichen werden. Das Quellenmaterial für jede Zeichnung wird in der zugehörigen Legende aufgeführt.

Alle Zeichnungen in diesem Buch basieren auf veröffentlichten oder archivierten Baudokumenten; ein gewisses Maß an Fehlern ist nicht auszuschließen, da während der Bautätigkeit manchmal von den Plänen abgewichen wird. Wenn es möglich war, habe ich die Gebäude aufgesucht, um die Zeichnungen zu überprüfen. Viele waren jedoch unzugänglich, zerstört oder umgebaut; in diesen Fällen habe ich mich auf Baufotos und auf Auskünfte der mit dem Umbau befaßten Architekten verlassen. Auch diese Informationsquellen sowie mögliche Unsicherheiten sind in den Legenden zu den jeweiligen Illustrationen vermerkt. Bei den Zeitangaben habe ich versucht, wenn möglich Baudaten und nicht Entwurfsdaten anzugeben.

An diesem Buch bedauere ich am meisten, daß ich die Urheber vieler Gestaltungselemente nicht nennen kann. Gebaute Architektur ist nie das Werk eines einzelnen; in einem großen Büro, wie dem von Lutyens, hätte der Architekt nicht alle Konstruktionsdetails selbst entwerfen und häufig nicht einmal alle überprüfen können. Die in diesem Buch vorgestellten Details stammen auch von Hunderten von namenlosen Architekten. Anstatt wenige zu erwähnen und viele andere, zum Teil noch lebende, zu übergehen, habe ich mich entschlossen, sie weitgehend nicht zu nennen. Ich bin also davon ausgegangen, daß Frank Lloyd Wright – bis auf offensichtliche Ausnahmen –- für die in seinem Büro erarbeiteten Details verantwortlich war; ich habe sie entsprechend besprochen, während mir selbstverständlich bewußt war, daß Wright nicht jedes einzelne entworfen und gezeichnet haben konnte.

Dies ist keine Anleitung zum Eigenbau. Wenige Details sind geeignete Beispiele für die heutige Praxis. Viele waren schon bei der Ausführung schlecht, und Veränderungen beim Material, bei der Herstellung und bei den Gütenormen haben den Rest veralten lassen. Man kann jedoch viel von diesen Details lernen, und vieles ist bei aktuellen Aufgabenstellungen anwendbar. Die Detaillierung orientiert sich heutzutage zu sehr an Konventionen, und zu viele Entscheidungen werden auf der Grundlage dessen getroffen, was „Standard" ist, wobei nicht lange analysiert wird, warum eine bestimmte Praxis standardisiert wurde. Begreift man, wie die Details in diesem Buch das Produkt sozialer und wirtschaftlicher Bedingungen, lokaler und nationaler, von Stilen unabhängiger Konventionen und das Produkt konventioneller Bezüge bei einzelnen Architekten sind, dann kann damit eine gleiche Analyse unser eigenen vorgefaßten Annahmen vorbereitet werden.

Ich hatte ursprünglich vorgesehen, daß diese Studie sich bis in die Gegenwart erstreckt. Mir wurde aber bald klar, daß ein sehr dickes Buch entstünde, wenn alles relevante Material darin eingehen würde. Dieser Band endet deshalb um 1940; ein nachfolgendes Buch wird sich mit späteren Bauten befassen.

Ich möchte folgenden Instituten und Personen für die Genehmigung zur Archivbenutzung, zur Reproduktion von Fotografien und Anfertigung neuer Zeichnungen aus archivarischem Material danken: Avery Library, Columbia University; Busch-Reisinger Museum, Harvard University; Country Life, Ltd.; Frank Lloyd Wright Foundation; Getty Center for the History of Art and the Humanities; Historic American Buildings Survey of the Library of Congress; Donald Leslie Johnson; Kings College Library; A. Morancé; Dion Neutra; Foundation le Corbusier; Museum of Modern Art; Gustav Pichelmann; Princeton University Archives; Postsparkasse und Psychiatrisches Krankenhaus Baumgarten in Wien; Zeichnungssammlung und Bibliothek des Royal Institute of British Architects; Sondersammlung der University of California at Los Angeles; Architekturzeichnungssammlung des University Museum in Santa Barbara; Utrecht Museum; Kartographische Sammlung des Wiener Stadtarchivs.

Ich möchte außerdem den folgenden Instituten und Personen danken, die mir gestatteten, Fotografien ihrer Sammlungen zu benutzen: Bruce Abbey, Fiske Kimball and Alderman Libraries der University of Virginia, Architectural Record, Architectural Association Library, Burnham and Ryerson Libraries und Art Institute of Chicago, Herbert Barnett, Buffalo and Erie County Historical Society, Wayne Cable, Canadian Center for Architecture, John Eiffler von SOM in Chicago, Volker Döhne, Ezra Stoller von ESTO, Elroy van Groll, Hedrich-Blessing, Johnson Wax Company, MacMillan Company of Australia, Princeton University Press, Marvon Rand, Regenstein Library der University of Chicago, Michael Stogner, Society of the Preservation of New England Antiquities, Historisches Museum der Stadt Wien, William Wischmeyer, David Woodruff und das Semper-Archiv der Eidgenössischen Technischen Hochschule in Zürich.

Ich möchte den zahlreichen Instituten und Personen für ihre Erlaubnis danken, die Gebäude, die sie besitzen und bewohnen (vor allem die Häuser Martin, Robie, Schindler und Gropius), zu besuchen, zu fotografieren und aufzunehmen; Samuel Holloway, Craig Mutter, Matthew Sage und Carrie Wilson für ihre Hilfe mit den Zeichnungen; Joan Baxter fürs Abschreiben des Manuskripts; John Hatch und Theo van Groll für ihre Hilfe bei Übersetzungen; Anne Wren und Steve Yarnell für ihre Hilfe mit dem ersten grafischen Layout; Robert Maxwell, Robert Gutman, Mike Kihn und allen meinen Kollegen an der University of Virginia für ihre Hilfe und Ermutigung und meiner Familie für ihre Geduld.

Die Herstellung dieses Buches wäre ohne Unterstützung der Graham Foundation und vor allem ohne den Enthusiasmus und die Geduld von Mark Rakatansky und Roger Conover nicht möglich gewesen.

1 Einleitung: Stilsysteme und Bausysteme

In der Architektur gibt es Stile auf der Ebene des Entwurfs, und es gibt Stile auf der konstruktiven Ebene. Stile der Konstruktion sind nicht weniger richtig oder falsch, nicht passender oder unpassender als Baustile im traditionellen Sinn. Es gibt ein Leben der Formen in der Architektur und ein Leben der Ideen, beide sind nicht immer identisch. Ideen können sich ändern, während Formen konstant bleiben; Formen können sich ohne ideologischen Wandel verändern. Das Leben einer Theorie des Bauens entspricht möglicherweise nicht dem Leben einer Formtheorie. Das 19. Jahrhundert kannte viele Stile: Klassizismus, Gotik, Queen Anne, Art Nouveau. Es kannte auch verschiedene Konstruktionsstile: den monolithischen Aufbau, der unmittelbar von sich selbst spricht, und den mehrschichtigen Aufbau, der in Analogien spricht, und viele Kombinationen derselben. Diese Konstruktionsstile entsprachen nicht den Baustilen. Die Gothic Revivalists tendierten zum Monolithischen und Unmittelbaren, aber viele von ihnen bauten mehrschichtig. Die Neoklassizisten hatten einen Hang zum Mehrschichtigen und Analogen, aber viele von ihnen bauten monolithisch.

Es besteht auch ein Unterschied zwischen Ideen und Realitäten des Bauens – ein Unterschied, der wahrscheinlich viel größer ist als der Unterschied in der Form. Viele Architekten propagierten einen bestimmten Baustil, sie bauten in einem anderen. Viele bauten verschiedene Gebäude in verschiedenen Konstruktionsstilen, und manche verwendeten verschiedene Konstruktionsstile beim selben Gebäude. Nur wenige blieben innerhalb ihres Werks konsequent, aber das kam nicht aus Unaufrichtigkeit, sondern weil die Umstände es verlangten. In gewissem Maße lag es daran, daß die Logik der Konstruktion sich oft der allgemeinen Anwendung widersetzt, aber mehr noch daran, daß die Ideen nicht zu den vorgefundenen Bedingungen paßten.

Es gibt ein Leben der Details, das vom Stil unabhängig ist. Bei vielen Details gibt es stilistische und historische Zusammenhänge, und diese mögen den stilistischen und historischen Zusammenhängen der Bauten, bei denen sie verwendet werden, entsprechen oder nicht. Aber die Details dienen anderen Aufgaben als dem historischen Zusammenhang. Sie können die Masse des Gebäudes artikulieren. Sie können den Maßstab definieren oder ihn leugnen. Sie können das Tragverhalten des Gebäudes erklären oder es dementieren. Sie können die Art, wie das Gebäude zusammengesetzt ist, zum Ausdruck bringen oder sie verbergen. Architekten mit ein und derselben Haltung zu einem historischen Stil können sich in ihren Antworten auf diese und andere Fragen völlig voneinander unterscheiden.

1.1

1.2

Peoples Savings Bank
Louis Sullivan
Cedar Rapids, Iowa, 1911

1.1 Außenansicht
(Art Institute of Chicago)

1.2 Schalterhalle
(Art Institute of Chicago)

Nach einer Reise durch Norditalien veröffentlichte George Edmund Street 1855 *Brick and Marble in the Middle Ages: Notes of a Tour of North Italy*. Heute kennen nur noch Historiker dieses Buch, aber im 19. Jahrhundert wurde es von vielen gelesen. Street war kein Klassizist. Er widmet seinem Besuch in Vicenza (wo er die Gebäude „erbärmlich und baufällig" fand) nur ein kurzes Kapitel, während Venedig vier Kapitel zugestanden werden, die sich vor allem mit den gotischen Bauwerken befassen. Street teilt sie in zwei Kategorien ein – den monolithischen Stil, repräsentiert durch Kirchen mit Sichtziegelmauerwerk, und den inkrustierten Stil, repräsentiert durch die marmorverkleideten Mauern der Markuskirche. Streets Präferenz gilt ersterem:

In meinen Aufzeichnungen über Bauten, denen ich auf meinen Reisen begegnet bin, habe ich zwei Methoden beschrieben, wie diese Werke behandelt wurden: Die erste war die in Venedig praktizierte – das Verblenden von Ziegelmauern mit dünnen Lagen oder Schichten aus Marmor; die andere war die in Bergamo, Cremona und Como praktizierte, wobei der Marmor einen Teil der Mauersubstanz bildete.

Diese beiden Behandlungsweisen führten, wie natürlich zu erwarten war, zu zwei völlig unterschiedlichen Architekturstilen und -arten. Die venezianische Art war der guten Architektur doch eher abträglich, weil sie mit Sicherheit im völligen Verbergen der eigentlichen Konstruktion des Bauwerks endet; die andere Art ging dagegen nach getreuen Prinzipien vor und hatte Freude daran, jede Linie des Baus mit größter Sorgfalt zu definieren. Man könnte sogar sagen, daß die eine Art in der Absicht zu verbergen und die andere in der Absicht, die eigentliche Bauweise zu erklären, ersonnen wurde.[1]

Street war nicht der einzige Autor des 19. Jahrhunderts, der zwischen verkleideten und monolithischen Bausystemen unterschied. Eugène-Emanuel Viollet-le-Duc kritisierte die römische Architektur, weil sie an Ziegelbauten Verkleidungen und nicht tragende Säulen anbrachte, und verglich sie mit der griechischen Architektur, in der Dekoration und Bau untrennbar waren.

Nicht alle Theoretiker der Moderne teilten diese Vorliebe für das monolithische, unverkleidete Bauen. Viele glaubten mit H. S. Goodhart-Rendel, daß

der normale Entwurfsprozeß den physischen Charakter von Gebäuden ästhetisieren, dramatisieren und sie mit Skulpturen schmücken soll. Denn Skulptur ist die richtige Bezeichnung für die ganze mimische Architektur, mit der die eigentliche Architektur üblicherweise geschmückt wird. Die romanische Wandarkade ... [und] die Pilasterreihen der Renaissance stehen im exakt gleichen Verhältnis zu den wirklichen Bögen, Dächern und Kolonnaden, in dem steinerne Heilige und Staatsmänner zu Heiligen und Staatsmännern aus Fleisch und Blut stehen. Skulptural sind in ihrem Kern auch die Simswerke und Kannelierungen, mit deren Hilfe das natürliche Erscheinungsbild der Konstruktion meist hervorgehoben wird.[2]

In dieser Gruppe führend war Gottfried Semper, der die Auffassung vertrat, daß Architektur Tragwerk plus Verkleidung, ihr wesentliches Element die Verkleidung selbst sei. In einem anderen Lager der Stile, aber im wesentlichen mit ihm einer Meinung, war John Ruskin, der folgendes schrieb:

Der Architekt muß das Tragwerk nicht zur Schau stellen; und wir haben uns genausowenig darüber zu beschweren, wenn er es verbirgt, wie wir es bedauern sollten, daß die Außenflächen des menschlichen Körpers viel von seiner Anatomie verbergen; dennoch ist jenes Gebäude im allgemeinen das edelste, das einem intelligenten Auge die großen Geheimnisse seines Aufbaus offenbart, so wie es die Form eines Tieres tut, obwohl sie einem flüchtigen Betrachter verborgen bleiben mögen.[3]

Die Vorliebe für das monolithische oder mehrschichtige System ging über die stilistischen Präferenzen hinaus. Obwohl Otto Wagner und Auguste Perret im Grunde Klassizisten waren, baute Wagner in Schichten und Perret monolithisch. Andere, darunter Frank Lloyd Wright, benutzten beide Systeme zu unterschiedlichen Zeiten ihrer Laufbahn. Julien Guadet, der Haupttheoretiker der Beaux-Arts am Ende des 19. Jahrhunderts, erkannte beide Systeme als annehmbare Bauweisen an, und viele Architekten setzten beide Systeme gleichzeitig ein.

Die Moderne der zwanziger und dreißiger Jahre änderte dies. Diese Ära des revolutionären Dogmas akzeptierte nicht zwei sich einander widersprechende Methoden für die Lösung desselben Problems. Die Wahl der Moderne fiel auf das monolithische System, und diese Präferenz verstärkte sich in den folgenden Jahren. Solange die Moderne ihren moralischen Ernst und ihre revolutionäre Rhetorik wahrte, behielt sie auch ihre Vorliebe für monolithische Sichtbausysteme. Diese Präferenz gilt heute noch für viele.

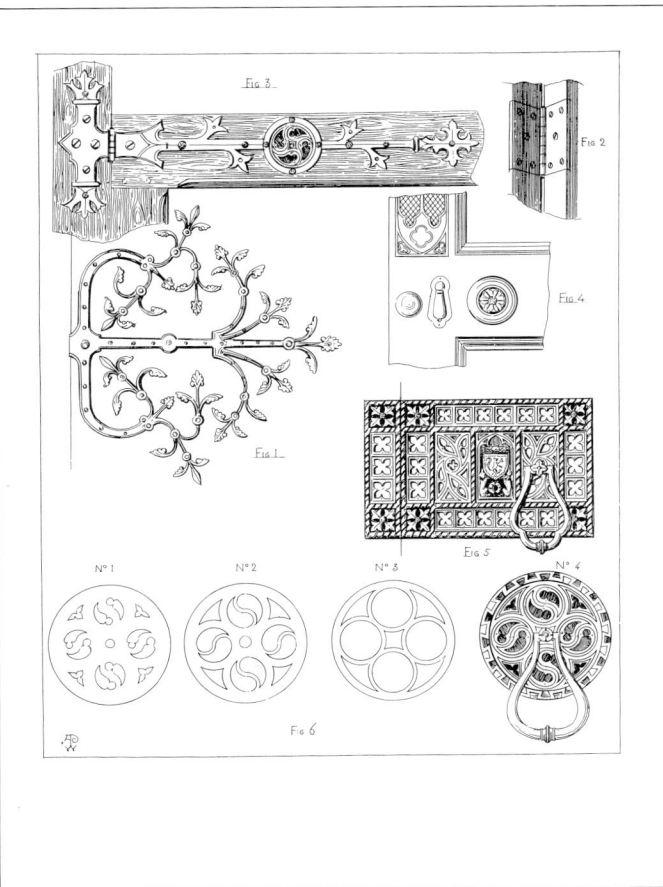

1.3

1.4

PRINCIPLES OF POINTED OR

at the mechanical skill and beautiful combination of form which are united in their construction? But, say the modern critics, they are only props, and a bungling contrivance. Let us examine this. Are the revived pagan buildings constructed with such superior skill as to dispense with these supports? By no means; the clumsy vaults of St. Paul's, London, mere coffered semi-arches, without ribs or intersections, *have their flying buttresses; but as this style of architecture does not admit of the great principle of decorating utility*, these buttresses, instead of being made *ornamental, are concealed by an enormous screen, going entirely round the building.* So *that in fact one half of the edifice is built to conceal the other.* Miserable expedient! worthy only of the debased style in which it has been resorted to.

Section of a Pointed Church, with the Flying Buttresses decorated.

Section of St. Paul's, London, a Church built in the revived Pagan style, with the Flying Buttresses concealed by a Screen.

1.5

1.3 A.W. Pugin, Türscharniere und -beschläge, aus *Principles of Pointed or Christian Architecture*.

1.4 Kirchendächer im Vergleich, aus *Principles of Pointed or Christian Architecture*.

1.5 Zwei Schnitte im Vergleich: St. Paul's Cathedral und eine gotische Kirche, aus *Principles of Pointed or Christian Architecture*.

Die Ironie bei der Entstehung dieses Dogmas liegt darin, daß sich die Bauindustrie – vor allem in den Vereinigten Staaten –, hauptsächlich durch den Einfluß der Industrialisierung, entgegengesetzt entwickelte. Obwohl bestimmte neue Techniken und Materialien (z.B. Fertigteilbeton) das monolithische System erstrebenswert machten, förderte die Entwicklung des Stahlrahmens eine in Schichten erfolgende Bauweise.

WAHRNEHMUNG UND KONSTRUKTIVER RATIONALISMUS

Viele klassische Architekten des 19. Jahrhunderts waren nicht weniger an rationaler Baukunst interessiert als Street, aber ihre Prioritäten waren andere. Die meisten bewunderten die monolithische Sichtbauweise, hielten sie aber nicht für eine Voraussetzung für gutes Bauen. Guadet schrieb: „Überragende Schönheit ist das, was sich aus dem Bau selbst ergibt, was die Architektur selbst ist und dabei keine weitere Dekoration benötigt."[4] Gleichzeitig erkannte er aber, daß es oft von Vorteil war, Gebäude zu verkleiden und bestimmte Charakteristika um des Effekts willen zu übertreiben.

Guadets Ziel war es, Solidität manifest zu machen. In vieler Hinsicht war dies eine restriktivere Anforderung als alle von den Gothic Revivalists aufgestellten. Bestimmte Bautypen, besonders die mit Strebebogen, betrachtete er als visuell labil. Obwohl Guadet Klassizist war, bewunderte er aber die Front von Notre Dame wegen ihrer Solidität:

In der Kunst besteht die Bewunderung in Wohlempfinden, in der Genugtuung vollkommener Ruhe, während Verwunderung mit Unruhe einhergeht. Deshalb nimmt die offensichtliche Solidität den Geist unbestritten mehr gefangen als ein Gewaltakt, Bewunderung hält sich zurück, zuerst will man überzeugt sein.
Diese beiden Eindrücke sind im selben Bauwerk – Notre Dame de Paris – wahrnehmbar. Wenn man die Hauptfassade mit ihren so monumentalen Türmen, den so fein umbauten Portalen, die klaren Linien der beiden Galerien betrachtet, bewundert man den Bau in seiner herrlichen Gesundheit; kein Unfall, keine Rauheit, kein Ablauf der Zeit scheinen dieses so wohl errichtete, in seinen Proportionen so starke Ensemble zu zerstören oder zu kompromittieren.[5]

Die Rückseite von Notre Dame dagegen erklärt aufgrund ihrer Strebepfeiler nicht ausreichend, wie das Gewicht des Mauerwerks seinen Weg zur Erde findet. Eingesetzt wird, was Viollet-le-Duc das Gleichgewichtsprinzip nennt, nicht das erwünschtere System der Überlagerung. In Guadets Worten:

Man nimmt mit Schmerzen wahr, wie furchtsam die Aktionen und Reaktionen sind, der Druck von innen nach außen, von außen nach innen ist. Das Gebäude sieht aus wie ein Schiff im Trockendock, auf seinen Strebepfeilern aufgebockt, und man spielt mit dem Gedanken, was wohl geschähe, würde eine Erschütterung, ein zermalmter Stein dieses erstaunliche Gleichgewicht gefährden; erstaunlich, aber man muß auch sagen künstlich und unsicher im Vergleich zur wunderbaren Hauptfassade.[6]

Die Modernen haben im allgemeinen die Rückseite von Notre Dame vorgezogen, und für viele war dieser Eindruck von Schwerelosigkeit das Wesentliche der Moderne. Kasimir Malewitsch schrieb 1920: „Ich nehme an, daß Gewichtsverteilung oder Befreiung zur Schwerelosigkeit die Gründe für die Erschaffung der Welt und des Universums durch Gott waren. ... Auch der Mensch ... strebt nach derselben Sache – das Gewicht zu verteilen und selbst schwerelos zu werden."[7]

Malewitsch hatte großes Interesse an der Architektur, er sah die Fabrik als Mittel der Vergegenwärtigung des Geistes an, jedoch seine Ablehnung der Masse war eben eine Äußerung des Geistes, nicht des Bauens. Das galt in geringerem Maße auch für Gerrit Rietveld. Für andere, einschließlich Wright und Le Corbusier, waren der Mangel an Masse und das Nichtvorhandensein von „manifestierter Stabilität" unweigerlich mit dem Stahl- oder Betonrahmen verbunden.

Der Triumph der Moderne war der Triumph des Gleichgewichtsprinzips über das Stütze-Last-Prinzip. Wenige Modernisten hätten wie Guadet die Chorseite von Notre Dame kritisiert. Und die Wahrnehmung der Spannung darin ist dem Gefühl nicht unähnlich, das einen beim Anblick der Villa Savoie mit ihrem schwebenden, von einem Fensterband durchschnittenen Volumen ergreift.

Viele der typischen Details der Moderne waren auf diese Umkehr der Einstellung zurückzuführen, und dies ist ein Grund, warum das typische moderne Detail so oft die Umkehrung eines traditionellen Details ist, denn es will aufheben, was das andere zu bekräftigen sucht. Die meisten Modernen, die derartige Details als die offensicht-

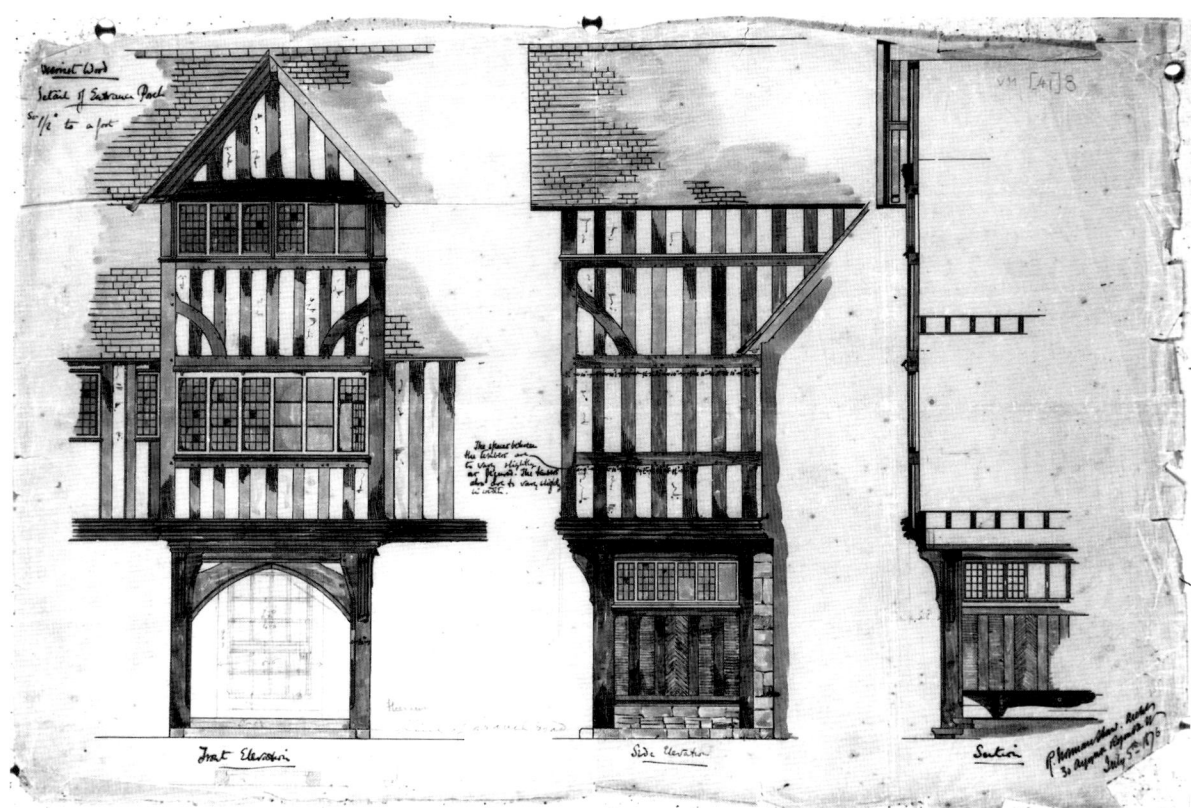

1.6 Richard Norman Shaw, Ansichten und Schnitt des Eingangsvorbaus, Merrist Wood, 1876.
(*RIBA Zeichnungssammlung, Zeichnung [41] 8.*)

liche Lösung pragmatischer Aufgaben betrachteten, hätten dies natürlich bestritten. Doch wenn man die Traditionalisten kritisieren wollte, weil sie die inhärenten Eigenschaften der Rahmenkonstruktion nicht akzeptierten, sollte man zugleich ihre Einsicht anerkennen, daß ein Bau und die Wahrnehmung eines Baus zwei verschiedene Dinge sind.

Wir verbinden das Verschwinden des Ornaments mit der Entwicklung moderner Bausysteme, doch in gewissem Maße geschah beides nur gleichzeitig, nicht kausal verknüpft. Viele Kritiker des Ornaments (u. a. Adolf Loos) brachten kulturelle und keine technischen Gründe vor, und häufig betrachteten die Modernen die neue Technologie als etwas, was den Charakter des Ornaments veränderte, es aber nicht ausmerzte. Solange Gebäude mehrschichtig gebaut und also ihre Tragwerke verborgen wurden, war für den Ausdruck der Struktur eine wie auch immer geartete Form ornamentaler Verkleidung notwendig. Diese Ausdrucksweise ist in allen Phasen der Moderne vorhanden – eine Tatsache, die sich ihre Architekten nur ungern eingestanden und die Historiker der Moderne nur allmählich erkannt haben.

HANDWERKSKUNST

In gewissem Sinn wurde die Detaillierung geboren, als die Handwerkskunst starb. Es ist immer überraschend zu sehen, wie wenig die Architekturzeichnungen der Renaissance den fertigen Gebäuden gleichen, vor allem bei Elementen wie Säulenkapitellen. Die Qualität dieser Elemente liegt in erster Linie in ihrer Ausführung, und den Männern, die sie anfertigten, wurde viel Spielraum gewährt. Die Zeichnungen wurden den Architekten manchmal zur Genehmigung vorgelegt, aber es ist fraglich, ob beispielsweise Wren viel mit dem Entwerfen des Täfelwerks seiner Kirchen zu tun hatte.

Daß dieses System heutzutage so gut wie verschwunden ist, steht außer Frage. Wie und warum es unterging, ist nicht so klar. Heute gibt es wenig Steinmetze im traditionellen Sinn. 1850 gab es viele, aber Ruskin und andere klagten, sie seien kaum mehr als Sklaven, da sie rein mechanisch ausführten, was andere entworfen hätten. Der Tod des Handwerklichen auf der Ebene von Kunst und Können wird der industriellen Revolution zugeschrieben, aber hinzu kam auf jeden Fall, daß die Architekten des 19. Jahrhunderts zunehmend mehr Mitsprache gewannen, was das Handwerkliche des Bauens betraf.

Abb. 1.6 zeigt eine Konstruktionszeichnung für Merrist Wood, ein Fachwerkhaus, das 1876 fertiggestellt wurde. Man beachte, daß der Architekt Richard Norman Shaw spezifizierte, daß „der Abstand zwischen den Hölzern in der Breite leicht zu variieren ist" und daß die Breite der Bretter ebenfalls variiert werden sollte. Shaw versuchte offensichtlich, das unpräzise Aussehen eines einheimischen Fachwerkhauses zu erzielen. Ironischerweise mußte er ganz genau spezifizieren, wie diese Ungenauigkeit zu erzielen war. Eine derartige Angabe wäre auf einer Zeichnung von Wren nie aufgetaucht. Der Architekt wünschte ein niedrigeres handwerkliches Niveau, als ihm normalerweise geboten worden wäre. Das ist das Erbe, das Ruskin mit seinem Wunsch nach "Grobheit" im Bau hinterließ.

Ruskin und die Arts and Crafts-Architekten reagierten auf den Niedergang der Handwerkskunst mit dem Versuch, die Tradition des Handwerkers als Künstler wiederzubeleben. Als Ergebnis dieses Versuchs schätzte man die unvollkommene handwerkliche Ausführung. Goodhart-Rendel bemerkt dazu:

Der Grundsatz ..., daß Gerätespuren des Arbeiters das vollendete Werk aufwerten können, ein Grundsatz, der weniger auf Ästhetik als auf soziologischer Sentimentalität beruht ..., war das Fundament der ganzen Bewegung, die als Arts and Crafts bekannt ist.[8]

Aber der Reiz war nicht ohne ästhetische Dimension. Ruskin schrieb über das Grobheitsprinzip, wie er es nannte:

Ich habe die Darstellung [des Prinzips] auf die Architektur beschränkt, aber ich darf nicht den Eindruck erwecken, daß dies nur für die Architektur gilt. Bisher habe ich die Begriffe unvollkommen und vollkommen allein zur Differenzierung zwischen stümperhafter Arbeit und solcher, die mit durchschnittlicher Präzision und Wissenschaft ausgeführt wird, benutzt; und ich habe darum gebeten, daß ein gewisser Mangel an Kunstfertigkeit erlaubt sein sollte, um der Phantasie des Arbeiters Raum zu lassen. Aber, um genauer zu sein: keine gute Arbeit kann vollkommen sein, und die Forderung nach Vollkommenheit ist stets ein Zeichen, daß das Ziel der Kunst mißverstanden wird.[9]

ÉLÉMENTS ET THÉORIE DE L'ARCHITECTURE

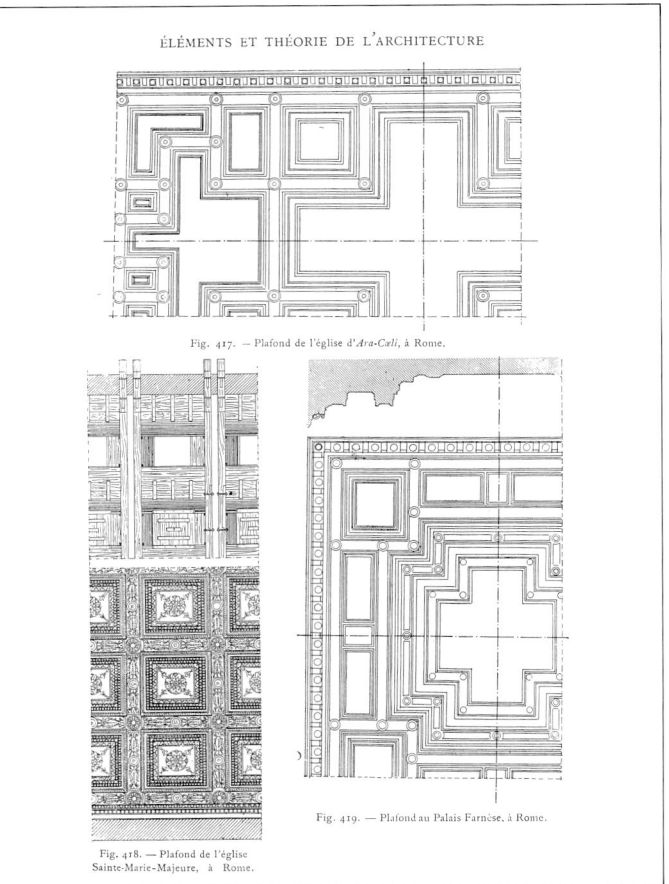

Fig. 417. — Plafond de l'église d'*Ara-Cœli*, à Rome.

Fig. 418. — Plafond de l'église Sainte-Marie-Majeure, à Rome.

Fig. 419. — Plafond au Palais Farnèse, à Rome.

1.7

LES PLANCHERS ET PLAFONDS

Si tous les bois sont laissés apparents, et sont d'ailleurs posés uniquement pour satisfaire aux besoins de la construction, on a le plancher rustique de nos campagnes; si le travail est bien exécuté, les espacements réguliers, les bois bien équarris, on a un plancher d'aspect architectural, qui, avec quelques moulures ou un peu de décoration, deviendra aisément un de ces beaux plafonds à charpentes apparentes comme vous en voyez à l'École même, à l'hôtel Cluny, à Fontainebleau, et autour de la cour des Invalides.

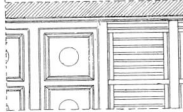

Fig. 414. — Plafond exprimant la construction d'un plancher.

Ces beaux plafonds ont pour l'architecte un grand charme, leur vérité même. Ils sont non seulement l'expression de la construction, ils sont la construction même. Tel est ce charme

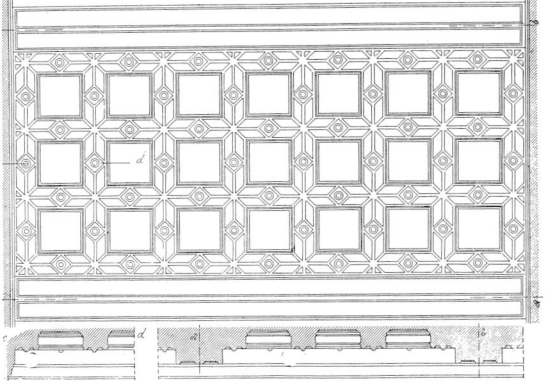

Fig. 415. — Plafond de la Bibliothèque de l'École des Beaux-Arts.

1.8

1.7 Julien Guadet, verschiedene Deckendetails, aus *Eléments et Théorie de l'Architecture.*

1.8 Verschiedene Deckendetails, aus Guadets *Eléments et Théorie de l'Architecture.*

Wie bei vielen anderen Theorien des 19. Jahrhunderts blieben Ausdrucksweise und Regeln des Arts and Crafts-Entwurfs noch lange, nachdem der Kern dieser Anschauung vergessen war, bestehen. Ruskins und William Morris' Achtung vor dem Handwerker, ihre Abneigung gegen das Mechanische und Perfekte und ihre Vorliebe für das Grobe vererbten der Moderne die Akzeptanz und sogar Bewunderung der nicht ganz vollkommenen handwerklichen Ausführung und eine Vorliebe für Fügungen und Verbindungen, die sich selbst visuell „erklärten". Das gilt nicht für alle. Mies van der Rohe, allgemein als bester moderner Detaillierer gepriesen, scheute keine Mühe, um die Verbindungsstellen seiner Bauten zu verstecken, so daß Stahlteile ohne sichtbare Nähte, Kappen oder Halterungen ineinander übergingen – während die Brüder Greene noch wegen ihrer sichtbaren Halterungen und weil sie artikulierten, mit welchen Mitteln sie Holzteile zusammenfügten, als großartige Detailgestalter gepriesen wurden.

Die Baukunst kannte stets verschiedene Ebenen der anerkannten handwerklichen Ausführung, vom Präzisen bis zum Groben. Bei den mehrschichtigen Bauformen war die Hierarchie der Handwerkskunst logisch und offensichtlich: die sichtbare Konstruktion war präzise, die verdeckte grob. Der Wunsch der Moderne nach monolithischem Bauen verwischte diese Differenzierung, hob sie aber nicht gänzlich auf. Die Autoren des 19. Jahrhunderts, die eine gleichmäßig qualitätvolle handwerkliche Ausführung befürworteten, waren sich bewußt, daß dies eine nicht praktikable Idee war, aber ihre Überlegungen waren eher utopisch als praktisch. Den Autoren des 20. Jahrhunderts, die ähnliches befürworteten, war dieser Unterschied nicht so klar.

Soweit Architekten des 20. Jahrhunderts sich mit den gesellschaftlichen Auswirkungen ihrer Arbeit befaßten, konzentrierten sie sich auf die Art, in der Gebäude das Verhalten ihrer Bewohner beeinflußten. Soweit Architekten des 19. Jahrhunderts sich mit den gesellschaftlichen Auswirkungen ihrer Arbeit befaßten, konzentrierten sie sich auf die Art, in der die Gebäude (und besonders ihre Ornamente) diejenigen beeinflußten, die sie bauten. Darin liegt wohl der größte Unterschied zwischen beiden.

Ruskin, Morris und Pugin akzeptierten die Welt nicht so, wie sie war. Sie mochten die Häuser nicht, die ihre Gesellschaft produzierte, und sie wollten die Häuser verbessern, indem sie die Gesellschaft verbesserten. Die Architekten, die ihnen folgten, mußten die Realität ihrer Aufträge mit Bauauffassungen vereinbaren, die in ihrem Ursprung utopisch waren. Es ist kein Zufall, daß William Morris und sein Architekt Philip Webb trotz der Tatsache, daß die königliche Familie zu ihren Bauherren zählte, Sozialisten waren. Doch für die späteren Architekten des rationalen Bauens, einschließlich Frank Lloyd Wright, war es noch wesentlich schwieriger, die Diskrepanz zwischen ihren Ideen und den Einschränkungen, die ihnen die Gesellschaft auferlegte, in Einklang zu bringen.

ORNAMENT UND KONSTRUKTION
In seiner Kritik der Peoples Savings Bank von Louis Sullivan in Cedar Rapids äußerte Montgomery Schuyler 1912 allgemeine Zustimmung und fand viel Lobenswertes. Ihm mißfielen jedoch bestimmte Aspekte der Detailgestaltung, vor allem im Innenraum:
Das Fehlen des funktionalen Formens, wie wir es nannten, ist innen fast so ausgeprägt wie außen. Sollte es nicht so auffallend sein, so geht dies auf einen Umstand zurück, der hier die Unterlassung erklären und rechtfertigen will: Das Material dieses Innenraums ist von großer Schönheit und großer Pracht. Der Marmor der Schalter, die Eiche der Trennwände sind offensichtlich sorgfältig und im Hinblick auf ihre dekorative Wirkung ausgesucht worden – mit Erfolg. Solches Material kommt am besten zur Geltung, wenn es in ununterbrochenen und größtmöglichen Flächen eingesetzt wird. Bei einer derartigen Ausdehnung verzichtet man bereitwillig auf die geformte Umrahmung des Marmors, das Tablettenwerk. Aber an anderer Stelle und durchweg ist offensichtlich, daß diesen Architekten keine scharfe Kante schreckt und daß er bereitwillig wegläßt, was dem Architekten einer anderen Schule, ja jeglicher „Schule", das äußerste Mindestmaß an „Finish" wäre. Dies ist durchweg bei den Details zu erkennen, an der Tischlerarbeit der Schalter, der Umrahmung der Wandbilder, am Schmuck der Nebenräume. Und die Bereitwilligkeit, auf traditionelle Übergänge und Abwandlungen zu verzichten, ist ebenso offensichtlich bei den Säulen, die kaum Säulen sind, da bei Säulen ja das Kapitell, das einen abgestuften Übergang zwischen dem Schaft und der Deckplatte bildet, ein wesentliches Teil darstellt, sondern eher Pfosten darstellen, bei denen die Fläche der Deckplatte direkt aufgelagert oder eher eingeschoben ist, denn die Pfosten, die

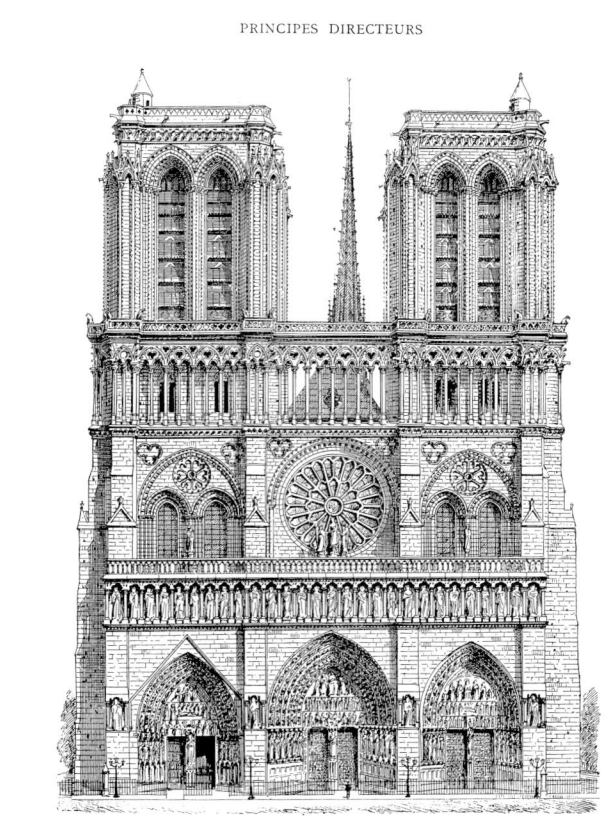

Fig. 29. — Notre-Dame de Paris. Façade principale.

la satisfaction est entière, rien ne l'inquiète, et si ce sentiment ne s'analyse pas, il s'impose cependant : vous admirez avec bonheur, en vous livrant tout entier.

Faites le tour, et considérez le chevet de Notre-Dame (fig. 30). Certes, pour ce que vous voyez maintenant, il a fallu plus de science ou d'expérience, plus de hardiesse heureuse. On conçoit à peine comment peuvent se faire équilibre ces actions et ces réactions, ces poussées du dedans au dehors, du dehors au dedans. Le monument apparaît comme un vaisseau sur son chantier de lancement, maintenu par ses étrésillons, et l'esprit se demande ce qu'il ad-

Fig. 30. — Chevet de Notre-Dame de Paris.

viendrait si un choc, une pierre écrasée, compromettait cet équilibre étonnant. Étonnant, oui — mais il faut le dire, artificiel et précaire en comparaison de cette merveilleuse façade principale, si majestueuse dans l'évidence de son inébranlable solidité.

1.9 Hauptfassade von Notre Dame, aus Guadets *Eléments et Théorie de l'Architecture*.

1.10 Chor von Notre Dame, aus Guadets *Eléments et Théorie de l'Architecture*.

die Gaden tragen, werden in die Pfeiler hinein „produziert", die, wie wir gesehen haben, im Grotesken der Außenmauer abschließen. Dennoch muß man zugeben, daß irgendeine Art von Kapitell, entweder die Wölbung einer Glocke aus Werksteinen oder Strebenbänder aus Holz oder Metall, die den Abakus stützen und entlasten, nicht nur von der Tradition, sondern auch vom Wesen des Baus her verlangt wird und daß dessen Weglassen einen Mangel an baulicher Logik darstellt.[10]

Für Schuyler sollten Zierprofile und Ornamente Übergänge schaffen. Seine Kritik von Sullivans Werk verrät die Quelle dieses Gedankens: Viollet-le-Duc, der sagte, daß „das Zierprofil drei Zwecken dient: entweder es stützt eine Vorlage, oder es bildet ein Fundament, oder es markiert eine Höhe oder definiert eine Öffnung. Im erstgenannten Fall ist das Zierprofil ein Sims, im zweiten eine Basis, im dritten ein Bandgesims, ein Gewändepfosten, ein Rahmen. Außer diesen drei Funktionen hat ein Zierprofil keinen rationalen Zweck."[11]

Nach Ansicht von Schuyler und Viollet-le-Duc sollte eine Zierleiste mit der Fuge zusammentreffen, sie oft verdecken. Dies ist in der traditionellen Architektur häufig der Fall, wo Zierleisten oft solch funktionale Zwecke wie das Abdecken schwieriger Verbindungen aus unähnlichen Materialien (z.B. bei Scheuerleisten und Fensterprofilen), erfüllen. Im traditionellen System sind Ornamente und Zierprofile selbständige Elemente, wobei eine Zierleiste ein fortlaufendes, oftmals gebogenes Profil ist, auf das das Ornament – ein sich wiederholendes Muster, wie das ionische Kymation – aufgebracht wird. Sullivans Ornament resultiert nicht aus einem Mangel an baulicher Logik; es folgt nur einfach anderen Regeln. Fugen ohne Zierleisten sind in seinem Werk üblich. Sullivans Ornament ist von Zierprofilen und Fugen unabhängig, es verläuft fließend und von baulichen Einschränkungen unberührt über Fugen und Flächen. Seine Terrakottablöcke haben häufig die Aufgabe, die Illusion von Kontinuität zu vermitteln. Im Gage Building, dessen Säulen mit den Sullivanschen Äquivalenten von Kannelierungen und Kapitellen ausgestattet sind, ziehen sich diese Elemente durchgehend über die Flächen der Terrakotta und ihre Fugen, anstatt Abschlüsse zu bilden.

Pugin argumentierte in seinen Schriften über den gotischen Stil, daß viele Ornamente praktischen Zwecken dienen; z.B. halten Abkantungen an Fenstern und Strebepfeiler das Wasser von kritischen Fugen fern. Obwohl dies in einzelnen Fällen zutrifft, gilt es für die meisten Schmuckprofile im gotischen oder jeglichem anderen Stil nicht. Ruskin, obgleich ein Liebhaber der Gotik, wies den Gedanken von sich, das Ornament habe eine funktionale oder symbolische Beziehung zur Konstruktion:

… die falsche Theorie, daß Ornamentierung lediglich dekoriertes Gefüge sei, ist so hübsch und plausibel, daß sie unsere Aufmerksamkeit wahrscheinlich von den viel wichtigeren abstrakten Entwurfsbedingungen ablenkt. Der Konstruktion sollte nie widersprochen werden, und in den besten Gebäuden wird sie auf angenehme Weise ausgestellt und durchgesetzt … doch so unabhängig ist der mechanische Aufbau von der guten Erscheinung, daß das erste Gebäude, das ich bei meinen Architekturlektionen als Standard zeige, eines ist, in dem die Konstruktion völlig verborgen bleibt. Es ist die Taufkapelle von Florenz …[12]

Eine überzeugendere Erläuterung des Verhältnisses von Ornament und Konstruktion brachte Leopold Eidlitz vor. Schmuckprofile, Ornamente und Oberflächengestaltungen würden dazu dienen, die konstruktiven Kräfte in einem architektonischen Element zum Ausdruck zu bringen:

Das Ziel beim Dekorieren der Oberflächen von Materialien ist es …, ihnen eine künstliche Strukturierung zu verleihen, die ihre augenscheinliche Fähigkeit, Druck zu widerstehen, unterstreichen soll. … Bei einem geschnitzten Ornament, das eine tragende Masse mit der Absicht, ihre Funktion zu akzentuieren, schmücken soll, darf die Masse selbst nicht vollständig vom Ornament absorbiert oder verdeckt werden, sondern muß deutlich wahrnehmbar sein und in ihrer Form auch die von ihr ausgeübte Funktion ausdrücken. … Die Glocke der Kapitelle und der Konsole dient als Illustration dafür. Errichtet man eine Blatt- oder Tierform, und benutzt sie als tragenden Teil oder, was noch schlimmer ist, zum alleinigen Zweck eines praktischen Übergangs von einem Teil der Konstruktion zum anderen, so ist dies wider die Natur der Kunst.[13]

Die klassischen Rationalisten hatten ähnliche ausgeprägte Haltungen zu Ornament und Konstruktion. Wie Eidlitz erkannten sie die Rolle der Wahrnehmung an: daß bestimmte Charakteristika artikuliert oder übertrieben werden müssen, um konstruktive Kräfte sichtbar zu machen.

NACHGEDANKEN

Im letzten Viertel des 19. Jahrhunderts gab es kaum Einverständnis darüber, was rationales Bauen ausmachte, in welcher Beziehung die Konstruktion zur Form stand oder wie die Konstruktion den Stil beeinflußte. War Architektur ornamentierte Konstruktion, oder war sie Tragwerk plus Verkleidung? Konnte es auch eine Kombination von beidem geben? War gute Architektur massiv und monolithisch, oder konnte sie verblendet sein? Welche Rolle spielte das Ornament: war es das unausweichliche Resultat der Funktion? War es der äußere Ausdruck innerer konstruktiver Kräfte, oder war es eine von der konstruktiven Basis unabhängige Sprache? Welche Rolle spielte das Handwerk in der Architektur: war es am glücklichsten, wenn man es am wenigsten bemerkte, wenn es nahtlose und geometrisch perfekte Verbindungen schuf, oder war diese Perfektion degeneriert? Und in welcher Beziehung stand die handwerkliche Ausführung zum Ornament: war der Zweck des Ornaments, schlechte Arbeit zu verbergen oder gute handwerkliche Ausführung zu zeigen? Sollte das Ornament in einer Zeit, in der die Handwerkskunst zu verschwinden schien, ebenfalls verschwinden?

Diese Fragen stellten sich vor der Industrialisierung des Bauens, die zwischen 1875 und 1920 erfolgte, und beruhten auf der Analyse von Bauwerken, die mit archaischen Mitteln errichtet worden waren. Die dahinter liegenden Ideen wurden jedoch nicht aufgegeben, als sich die Bauprozesse veränderten. Das Leben der Formen in der Kunst und das Leben der Ideen in der Kunst ist oft nicht dasselbe, und viele dieser Auffassungen von gutem Bauen haben viele Stilveränderungen überlebt. Ein Ziegel ist immer noch ein Ziegel; ein Stück Holz ist immer noch ein Stück Holz. Gutes Bauen wurde und wird als solide, ehrlich und handwerklich perfekt beschrieben. Selbst die größten Bilderstürmer unter den Modernen waren selten in der Lage, ohne gewisse Kenntnisse des Vorangegangenen und ohne Verweise darauf über Architektur zu diskutieren. Dies erklärt zum Teil die Diskrepanzen der folgenden Beispiele. Wie konnten die gleichen Architekten ein Bauphänomen so scharfsichtig wahrnehmen und gegenüber einem anderen blind sein? Und wie konnten einige die Unrealisierbarkeit ihrer Ideen so wenig bemerken? Die Antwort ist manchmal, aber nicht oft, Unwissenheit. Vor allem aber gilt: Die technologische Geschichte der Moderne und des Traditionalismus in der modernen Zeit ist in der Technologie selbst nicht weniger utopisch als in den Formen und Gestalten.

2   Edwin Lutyens und die Sprache des Klassizismus

1928 schrieb Hannes Meyer, einer der führenden Vertreter der Neuen Sachlichkeit, in der Vierteljahresschrift *bauhaus*: „bauen ist kein ästhetischer prozeß. ... architektur als 'fortführung der bautradition' ist baugeschichtlich treiben. ... die reine konstruktion ist grundlage und kennzeichen der neuen formenwelt."[1] Meyers Position ist in den dreißiger Jahren für einen Repräsentanten der Moderne ungewöhnlich. Gropius, Mies van der Rohe und Le Corbusier erkannten dagegen, wie wichtig das Studium traditioneller Bautechniken war. Meyer fürchtete, daß traditionelle Methoden unweigerlich zu traditionellen Formen führen würden. Andere Architekten der Moderne lösten dieses Dilemma, indem sie ihr Studium auf einheimische Bautechniken beschränkten, die man als stillos betrachtete. Die Geschichte der Moderne ist voll derartiger Paradoxien. In den fünfziger Jahren mußten Studenten am Illinois Institute of Technology unter der Leitung von Mies van der Rohe Verbindungen für ein Fachwerkhaus bauen, um Konstruktion zu lernen, während der Architekturgeschichte wenig Bedeutung beigemessen wurde.
Für diejenigen, die traditionelle Formen einsetzten, stellten traditionelle Techniken – abgesehen von ihrer Antiquiertheit – kein Problem dar. 1931, drei Jahre nach Meyers Aufruf, schrieb Edwin Lutyens:
... Wir können den Körper der Tradition, auf welche Weise wir ihn auch ermorden, nicht loswerden, er bleibt stets bei uns. ... Unter Tradition verstehe ich nicht die gedankenlose Wiederholung antiker Formen – das Hängen römischer Togas über viktorianische Handtuchständer. Für mich besteht die Tradition aus unserem überlieferten Sinn für bauliche Tauglichkeit, der Evolution rhythmischer Form durch eine Synthese von Bedürfnissen und Materialien, dem Vermeiden willkürlicher Fehler durch den Gebrauch des gesunden Menschenverstands, gekoppelt mit Sensibilität.[2]

Lutyens nannte sich selbst einen Architekten der traditionellen Formen und Techniken. Es ist schwierig, diese Haltung mit seinem späteren Werk in Einklang zu bringen, denn die Technologie seiner Bauten der zwanziger Jahre war keineswegs traditionell. Über Lutyens' Midland Bank and Britannic House schrieb Roderick Gradidge:
... Handelsfirmen von Rang, wie Whinney Son & Austen Hall oder Lawrence Gotch, stellten in diesen großen Gebäuden Stahlrahmen auf und zeichneten Pläne mit Reihen von Büroetagen, und an diese hängte Lutyens seine Steinfassaden auf. Ein Stahlgebäude mit Stein zu verkleiden, ist völlig in Ordnung. ... Zweifellos eignet sich der klassische Stil am besten für diesen Zweck.

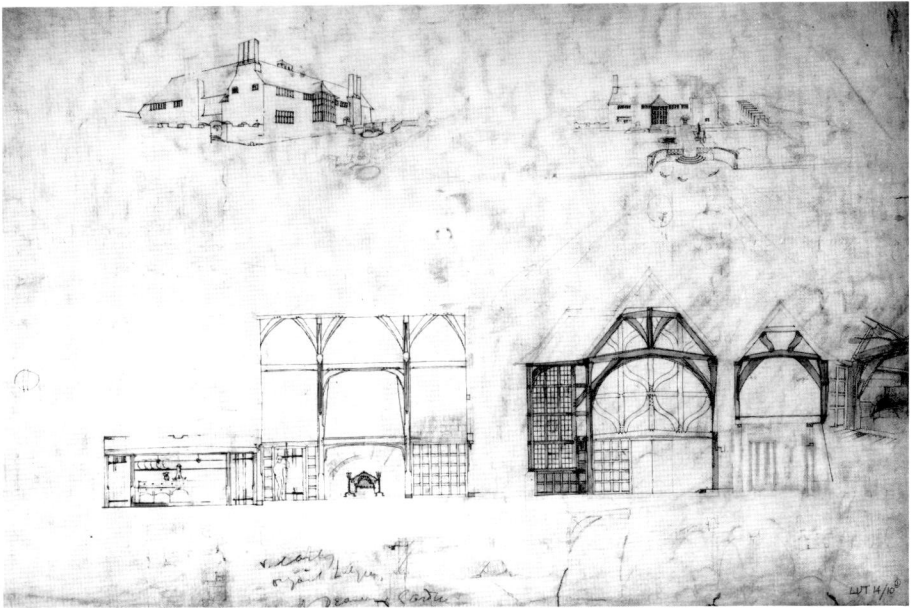

2.1

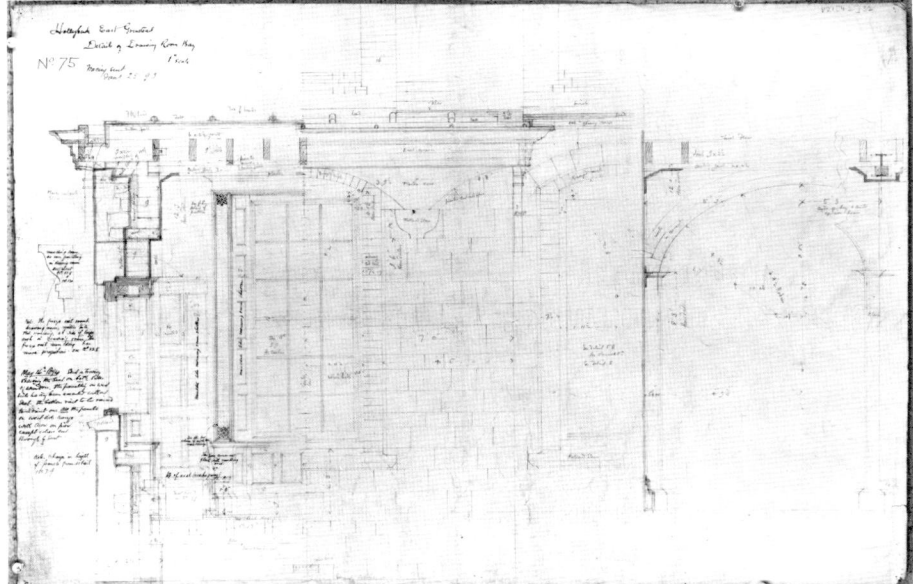

2.2

2.3

2.1 Entwurfszeichnungen für Deanery Garden, Sonning, Berkshire, Edwin Lutyens, 1902.
(RIBA Zeichnungssammlung, Zeichnung [265].1)

2.2 Standen, Philip Webb, Konstruktionszeichnung eines Erkerfensters.
(RIBA, Zeichnung V.21[42].32)

2.3 Entwurf eines Landhauses für H. A. Mangles, Seale, Surrey, Edwin Lutyens, 1889.
(RIBA, Zeichnung LC [260].1)

2.4 Westwood, Worcester, Fensterdetail, 1586.
A Nach außen öffnendes Flügelfenster. Bleiverglasung im Eisenrahmen.
B Steinpfosten.
C Ziegelmauer.
(International Casement Co., *English Casement Windows and Leaded Glass*)

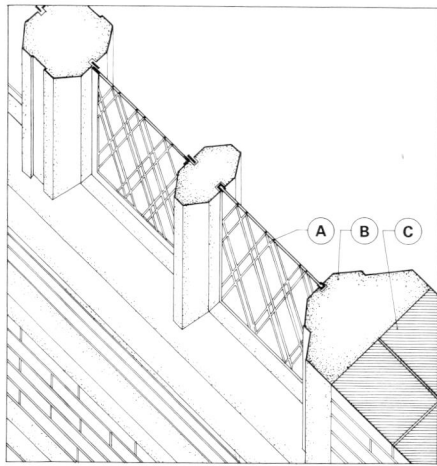

2.4

Aber wenn die Fassade des beratenden Architekten wenig mit den funktionalen Anforderungen des Gebäudes, an dem sie befestigt ist, zu tun hat, wird offensichtlich, daß die Entwurfsintegrität dieses Architekten in Frage gestellt werden muß. Zu oft steht die Befensterung dieser Büroblöcke nur in geringem oder gar keinem Verhältnis zu dem, was hinter ihr vor sich geht. Einige Büroräume werden durch riesige Bogenfenster erhellt, die vom Boden bis zur Decke reichen, während danebenliegende Büros von gleicher Bedeutung nur eine kleine Öffnung vorweisen.[3]

Diese Ansicht wurde von Lutyens' Biographen bestätigt. Sein Assistent W.A.S. Lloyd erinnerte sich, daß

... das Büro nur mit Oberflächen zu tun hatte. Lut interessierte nicht, was das Gebäude aufrecht hielt oder wie sich der Kern zusammensetzte, wie es beheizt oder entwässert wurde. In dieser Hinsicht war er zu großzügigen Toleranzen bereit, und Thomas oder mitarbeitende Architekten und Baufirmen steckten die Füllung und die Knochen hinein. Alle seine Häuser hätten aus Fassadenmaterialien gebaut werden können (und er hätte sie dann als edel angesehen), aber der tragende Stahl störte ihn weiter nicht, und er befaßte sich auch nicht groß mit der Haftung der dünnen Ziegel, die er lieber als die üblichen Hintermaurer verwendete.[4]

Gradidge argumentiert, daß dies für Lutyens erst in späteren Jahren zutraf und daß seine früheren Bauten in sich geschlossener sind, weil ihre Formen mit der Konstruktion, die sie hervorbringen, im Einklang stehen. Gradidge weist darauf hin, daß Lutyens, im Gegensatz zu anderen Architekten des späten 19. Jahrhunderts (z.B. Richard Norman Shaw), niemals falsches Fachwerk einsetzte und daß er „zu Hause unterrichtet wurde. ... Er durfte die Wälder und Felder des immer noch ländlichen Surrey durchstreifen und die kleinen Bauhöfe in den Nachbardörfern besuchen. Auf diese Weise lernte er die Kunst des Bauens kennen, lange bevor er die Kunst der Architektur erlernte."[5]

Wer war nun der wahre Lutyens? Der Stilist, dem gleichgültig war, was sich unter der Oberfläche seiner Häuser befand, oder der rationale traditionelle Architekt, der seine formale Sprache nicht mit den Veränderungen der Technologie in Einklang brachte? Oder läßt sich Lutyens' formale Sprache als Ausdruck der Häuser lesen, die sie bekleidet? Darauf gibt es keine einfache Antwort, aber der Gedanke, Lutyens' Entwürfe als Sprache zu begreifen, ist wichtig, um seine Arbeit zu verstehen.

Lutyens sprach oft von der Grammatik der Architektur. 1931 schrieb er:

... Ich bedaure das Dahinscheiden des Humanismus und der persönlichen Note, sei es vorübergehend oder permanent; das Ersetzen von Maurern und Tischlern durch unpersönliche Maschinen als die Erbauer von Häusern. ... Traditionelle Wege der Materialbearbeitung sind die Grundlage des Stils in der Architektur. Es gibt unzählige Dinge, die ein gebildeter Humanist „nicht tut", wie es Dinge gibt, die ein Schriftsteller sich nicht erlaubt: Platitüden, Reimgeklingel, schludriger Aufbau, Zeitungsstil. Schreiben wäre sehr leicht, wenn man seine eigene Sprache erfände. So empfinde ich über das durchschnittliche moderne Gebäude. Es ist leicht zu planen, weil es bisher noch keine Grammatik gibt.[6]

Lutyens ist weder der erste noch der einzige, der die Architektur als Sprache betrachtete. Aber dieser Gedanke paßt ganz besonders zu Lutyens' Architektur, vor allem wegen der Art, wie er sich dieser Grammatik und dieser Sprache bedient. Lutyens hat wahrscheinlich nie etwas von Gottfried Semper gehört, aber er wäre mit ihm sicher einer Meinung gewesen, daß die Grammatik der Architektur ein eigenes Leben führt und daß rudimentäre Formen, die sich von ihren ursprünglichen Zwecken losgelöst haben, ihren Platz in der Architektur finden. Die Frage ist wie immer, wie weit sich die Sprache der Architektur von der Baurealität entfernen darf.

Lutyens hat wahrscheinlich auch nie etwas von dem Linguisten Roman Jakobson gelesen, aber was das Wesen der Sprache betrifft, wären auch sie sicher derselben Meinung gewesen, nämlich daß sie kreativ ist und sich ständig ändert, daß sie von der Konstruktion, aber nicht unbedingt von Regeln abhängig ist, und daß Bedeutungen durch Umwandlungen jener Sprache, durch Nebeneinanderstellung, Versetzung oder Inversion verändert werden können. Lutyens' Klassizismus war ein moderner Klassizismus, und seine Sprache war eine moderne Auffassung jener Sprache. Dieser Klassizismus beruhte nicht auf heilen harmonischen Proportionen, obwohl er proportionale Systeme benutzte; er beruhte nicht auf Ordnungen mit vorbestimmten Komponenten und Proportionen, obwohl er diese Elemente benutzte und seine eigene Proportionalität hatte. Lutyens schrieb über die Ordnungen, daß „man nicht kopieren kann: man merkt, wenn man es tut, daß man hängenbleibt, daß ein Durcheinander

2.5

2.6

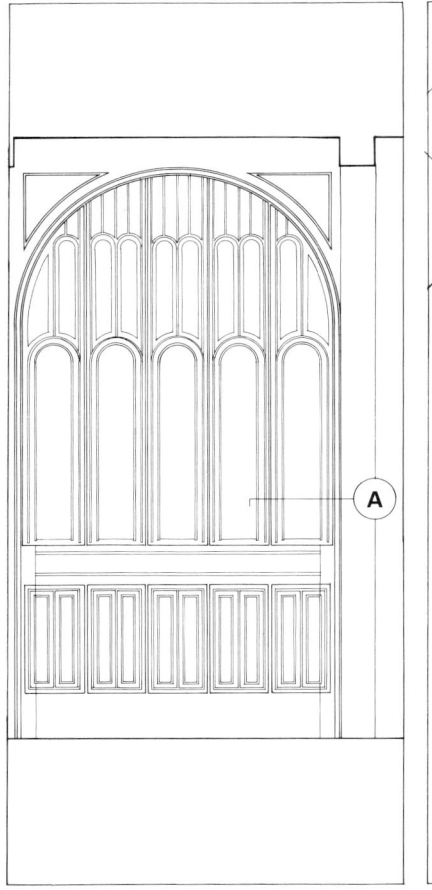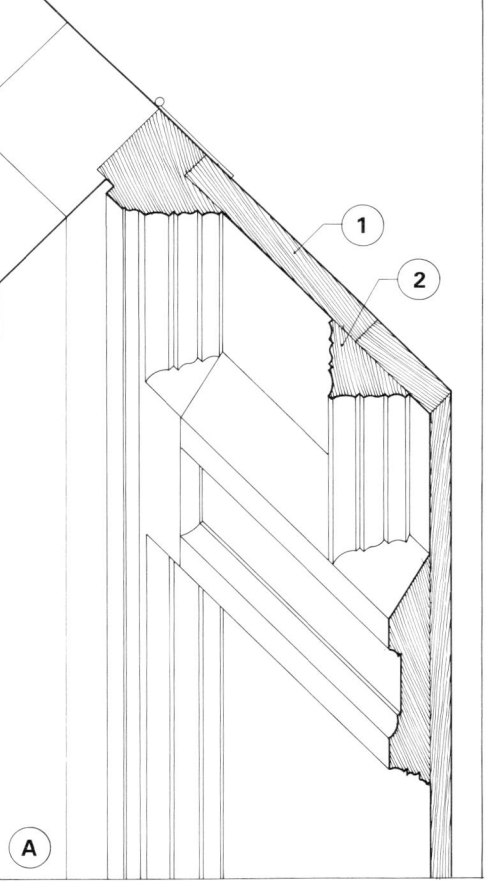

2.7

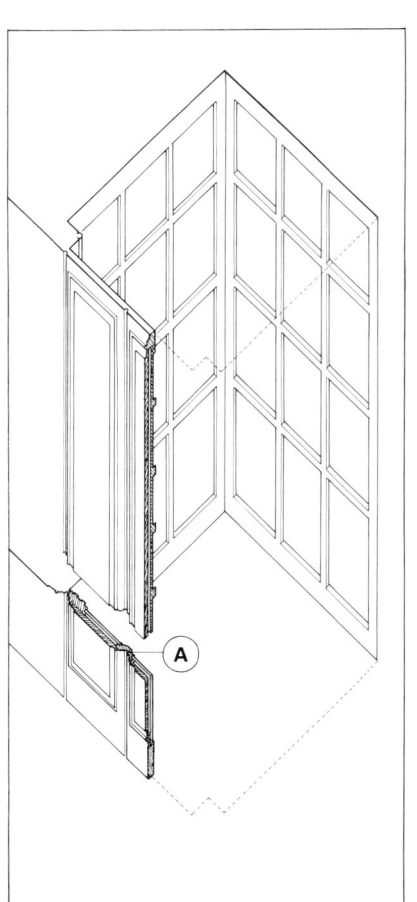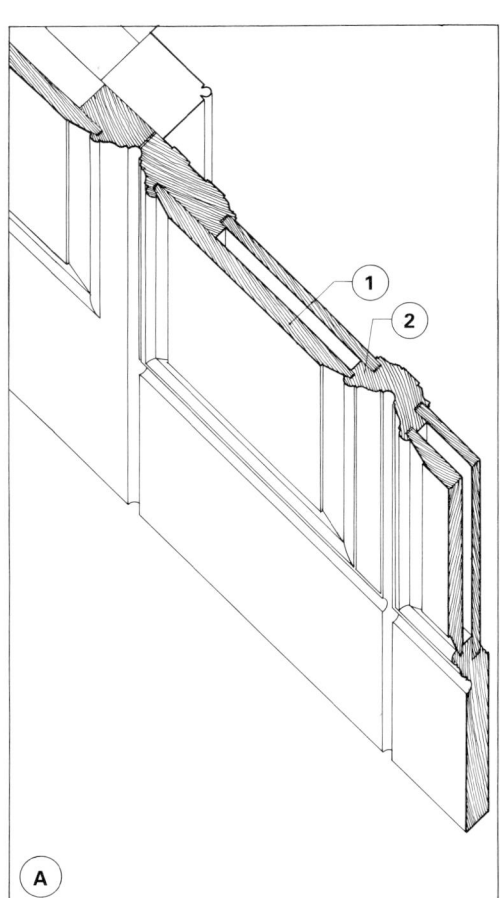

2.8

Castle Drogo
Edwin Lutyens
Devon, 1910 – 1930

2.5   **Tür zwischen Bibliothek und Halle**
(Country Life)

2.6   **Hauptankleidezimmer**
(Country Life)

2.7   **Tür zwischen Bibliothek und Halle**
A   Rahmenholz an der Türangel.
Diese Profilleisten wirken gotischer als die der nachfolgenden Zeichnung, da hier konkave Rundungen verwendet werden, um scharfe Kanten zu bilden, und nicht die bei klassischen Profilen benutzten konvex segmentierten Rundungen.
1 Massivholzfüllung.
2 Profilleiste zur Abdeckung der Paneel-Stoßfuge. Eine beachtliche Lösung einer Fugendeckung.
(Butler, The Lutyens Memorial, Band I, Tafel LX)

2.8   **Tür im Hauptankleidezimmer**
A   Rahmenholz an der Türangel.
Die Profile in dieser Tür wirken klassischer als die in Abb. 2.7.
1 Füllung. Auf der Außenseite ist das Paneel auf herkömmliche Art abgeschrägt.
2 Verbindungsfuge. Anders als bei der Bibliothekstür ist die Füllung in das Rahmenholz eingenutet.
(Country Life; Butler, The Lutyens Memorial, Band I, Tafel LX)

zurückbleibt. Es bedeutet harte Arbeit, schweres Nachdenken über jede Linie in allen drei Dimensionen und in jeder Verbindung; und kein Stein darf sich lösen. Man ändert ein Element (was man immer tun muß), und dann muß jedes andere Element übereinstimmen, was einige Aufmerksamkeit und Phantasie verlangt. Darum ist es kein simples Spiel, dem man sich leichten Herzens widmen kann."[7]

LUTYENS' HÄUSER UND DIE SEINER MENTOREN

Sortiert man Lutyens' *Country Houses* nach ähnlichen Elementen und nicht präzise nach Stilformen, dann können drei Gruppen identifiziert werden. Zur ersten gehören die im „Surrey-Dialekt" gebauten, wie Munstead Wood, seine rustikalsten und malerischsten Häuser. Zur zweiten gehören die Häuser im „mächtigen" („vigorous") Stil, wie Goodhart-Rendel sich ausdrückte: Marshcourt, Lindisfarne und Castle Drogo. Dieser Stil basierte auf Steindetails des Mittelalters oder aus der Zeit Jakobs I.; das Ausmerzen sämtlicher Nasen, Vorlagen und Profile an Fenstersimsen, Strebepfeilern und anderen Elementen hatte jedoch einen abstrakten Formalismus zur Folge, der sich der Moderne näherte. Zur dritten Kategorie zählen die Häuser im klassischen „Wrenaissance"-Stil, der vom georgianischen Stil in Ziegel und Kalkstein, wie bei Ednaston Manor, bis zum rigorosen Klassizismus von Heathcote reicht. Obwohl der Charakter seiner Bauten zunehmend klassischer wurde, enthielten seine Entwürfe bis in die dreißiger Jahre hinein Details dieser drei Stilformen, und alle drei Arten der Detailbehandlung können sich in einem einzigen Gebäude wiederfinden. Marshcourt, dessen Fassade vollkommen im „mächtigen" jakobinischen Stil gehalten ist, enthält hauptsächlich klassisch gestaltete Räume und einige in der massiven Eichenausführung der Häuser von Surrey.

Lutyens' Detailgestaltung, selbst seine klassische Detailbehandlung, ist ein Produkt seiner Lehrjahre während der Queen Anne-Ära. Er wurde vor allem von Richard Norman Shaw und Philip Webb, die er seine großen Meister nannte, beeinflußt. Lutyens' Planungstechniken schulden diesen beiden Architekten wenig, aber seine Aufrisse, die Details, die er wählte, und die Art, wie er sie kombinierte, waren Verfeinerungen ihrer (und vor allem Webbs) Techniken. Lutyens sagte über Webb, daß er „seine Gebäude eher im Geist eines Konstrukteurs als eines Landschaftsmalers konzipierte. ... Seine angemessene Verwendung des Materials war meisterhaft."[8] Lutyens' frühe Bauten in Surrey gleichen zwar Shaws Fachwerkstil, sind aber eher den Idealen von Webb verpflichtet.

Gradidge war stets der Auffassung, daß Lutyens am Anfang seiner Laufbahn großes Interesse am rationalen Bauen hatte und nicht nur den traditionellen Stil, sondern auch die traditionellen Bautechniken von Surrey sorgfältig studierte. Wenige Bauzeichnungen sind aus dieser Zeit geblieben, aber ein Entwurf aus dem Jahr 1889 für ein Haus in Surrey zeigt mehr als oberflächliches Interesse an der traditionellen Holzbauweise der Region (*Abb. 2.3*). Der Bau ist durchweg unverkleidet; er ist monolithisch und stimmt mit der Puginschen Theorie guten Bauens überein. Dieser Entwurf läßt in der Hervorhebung der Fügungen und Verbindungen den wesentlichen Einfluß der Arts and Crafts-Ideale erkennen.

Auch sein Interesse an der heimischen Handwerkskunst ist auf den Einfluß Webbs zurückzuführen, dem Goodhart-Rendel die Erfindung der modernen Detaillierung in der Architektur zuschreibt:

Diese Veränderung der Praxis ... war wahrscheinlich vor allem Webb zu verdanken. Daß es eine große Veränderung war, merkt man heutzutage, wo jeder Architekt in einem Haus alles bis hinunter zum Geländer der Hintertreppe entwirft oder zu entwerfen beansprucht, und wo Experten für die Architektur des 17. Jahrhunderts in jeder Zeichnung für Holzwerk, die eigentlich von einem Tischler beigetragen wurde, Wrens Handschrift zu erkennen glauben. Es gibt keine echten Beweise, daß Wyatt, Salvin, Burn oder andere – einige ihrer Vorgänger oder Zeitgenossen ausgenommen – jemals einen Kaminsims oder ein Hintertreppenbaluster selbst gezeichnet haben. Der gesamte Arbeitsprozeß, wie das Auskratzen des Ziegelwerks oder Bearbeiten des Steins, wurde üblicherweise von einem Angestellten gemäß konventioneller Vorgaben überwacht, bis Webb und natürlich William Morris ihr Zeitalter zum vollen Bewußtsein der Handwerkskunst erweckten.[9]

Webb jedenfalls dokumentierte und überwachte seine Bauvorhaben mit nie dagewesener Genauigkeit, und es ist aufschlußreich, die Zeichnungen des jungen Lutyens mit denen des älteren Webb zu vergleichen (*Abb. 2.1, 2.2*). Webbs Zeichnungen sind

2.9

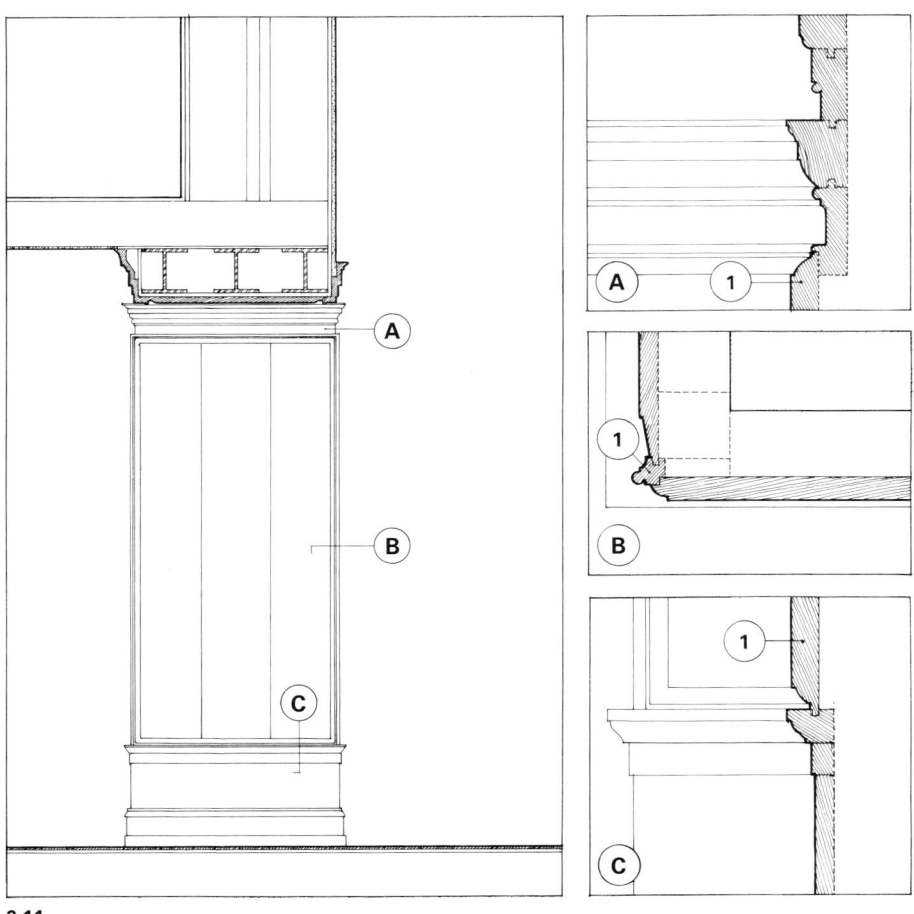

2.11

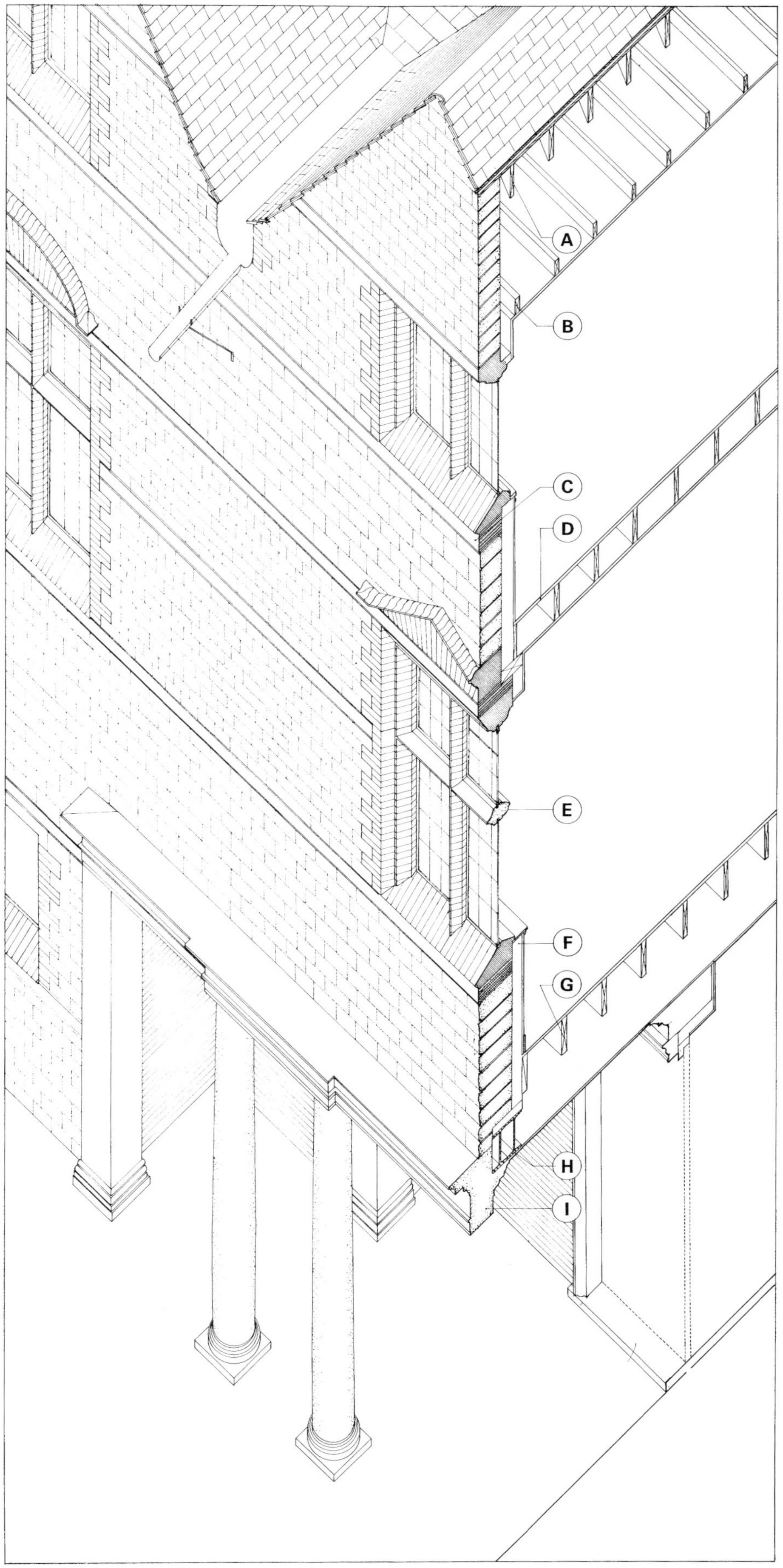

2.10

Tigbourne Court
Edwin Lutyens
Surrey, 1899

2.9 **Außenansicht**
(Country Life)

2.10 **Fassadenschnitt**
A Dachkonstruktion: Dachziegel auf Holzlattung und Holzsparren.
B Putzdecke unter Holzbalken.
C Bandgesims aus drei Ziegelschichten.
D Deckenkonstruktion: Holzbalken 5 x 30 cm im Achsabstand von 35 cm.
E Kämpfer aus Formsteinen. Von Lutyens entwickeltes "rahmenloses" Fenster mit Metall- statt Holzrahmen.
F Wandkonstruktion. Ziegelwand möglicherweise zur Verstärkung der Verblendschale.
G Deckenkonstruktion: Holzbalken 5 x 30 cm im Achsabstand von 35 cm.
H Zwei 25 cm hohe Stahlträger. Der Naturstein-Sturz kann das Mauerwerk darüber nicht tragen.
I Naturstein-Sturz und Säulen.
(RIBA Zeichnungssammlung, Zeichnung [303]3)

2.11 **Marshcourt**, Hampshire, E. Lutyens, 1901–1924, Schmuckdetails im Großen Zimmer.
A Detail am Kapitell unter dem Sturz. Bei (1) ist das typische Füllungspaneel entgegen der herkömmlichen Ausführung umgekehrt; anstatt zurückzuspringen, springt es vor die Front des Kapitells vor.
B Eckendetail. Bei (1) tritt das Paneel auf der Breitseite des Pfeilers zurück, während es auf der Schmalseite vorspringt.
C Sockel-Detail. Bei (1) springt das Füllungs-Paneel vor, um mit dem darunterliegenden Querprofil in einer Flucht zu stehen.
(Country Life; Butler, The Lutyens Memorial, Band I, Tafel XIII)

voller Notizen und Maßangaben, mit denen erklärt wird, wie bestimmte Dinge zu machen sind, und verdeckte Bauelemente sind mit derselben Präzision gezeichnet und detailliert wie die unverkleideten. Lutyens' Zeichnungen von Deanery Garden mit seinen freiliegenden Massivholzrahmen zeigen eine ähnliche Ästhetik, und wir wissen, daß Lutyens viel Zeit an der Baustelle verbrachte, um die korrekte Fertigung sicherzustellen; aus seiner Zeichnung gehen jedoch keinerlei Informationen über die verdeckten Abschnitte des Fachwerks hervor. Lutyens bewunderte an Webb, daß er sich selbst den kleinsten Details widmete, aber seine eigenen Arbeiten – auch seine frühen – lassen erkennen, daß ihm alles, was unter der Oberfläche liegt, gleichgültig war.

Diese Lektion mag Lutyens nicht gut von Webb gelernt haben, eine andere dafür aber um so besser: die Vorzüge des Nebeneinanderstellens verschiedener Detailstile. Lutyens' Werk ist voller Inkonsequenzen im Detail: Fensterflügel im Tudorstil mit georgianischer Täfelung, eine rustikale Traufe über einem klassischen Säulengebälk, ein präzises palladianisches Fenster in einer rohen Schindelwand. Dieses Nebeneinander kommt in älteren englischen Häusern, die im Laufe mehrerer Jahrhunderte umgebaut worden sind, häufig vor, ebenso jedoch in den Häusern von Philip Webb. Als Webb 1896 Standen baute, schloß er ein vorhandenes Bauernhaus in seinen Entwurf mit ein. Abgesehen vom stilistischen Unterschied zwischen Webbs Bauabschnitt und dem alten Gebäudeteil, ist auch der neue Abschnitt voller Widersprüche.

Trotz des klassischen Charakters von Webbs Details gibt es außer den Profilen keine eigentlich klassischen Elemente in Standen. Es gibt keine Säulen oder Wandpfeiler, die zu irgendeiner erkennbaren Ordnung gehören, keine Triglyphen, Metopen oder Kapitelle, keinen Eierstab, keine Perlenschnur. Webb verwendete dorische Blattwellen und konvexe Stäbe nicht, weil sie in der Antike vorkamen, sondern weil sie in Sussex vorkamen. Webb nahm sich regionale Bauten u.a. deshalb zum Vorbild, weil sie keinen bestimmten Stil hatten. Wie viele Architekten der Moderne glaubte er, im regionalen Bauen eine funktionale Architektur zu sehen, die aus der Naivität der Volkskunst geboren und von Männern entworfen wurde, die von stilistischen Konventionen nichts wußten. Webb begann seine Laufbahn als Gothic Revivalist. Als die Gotik populär wurde, schien sie in der eklektischen Kultur des 19. Jahrhunderts einfach zu einem neuen Stil zu werden, und Webb gab sie auf.

Lutyens' Tigbourne Court weist ähnliche Kontraste zwischen Präzision und Rustikalität sowie zwischen klassischer und regionaler Formensprache auf. Der Eingang scheint von einer genau ausgeführten und kompletten toskanischen Ordnung gekennzeichnet, aber bis auf die an wenigen Fenstern befinden sich keine weiteren Profile an der Fassade. Das Nebeneinander ist beabsichtigt; der Eindruck einer späteren Zutat an ein traditionelles Gebäude ist ausgeschlossen. Aber der Eingang selbst ist ein widersprüchliches klassisches Element: einerseits hat es nichts von der Naivität der klassischen Bauten Webbs. Es hat die Antike zum Vorbild und ist von einem ausgebildeten Architekten, keinem einheimischen Erbauer, ausgeführt worden. Andererseits ist es nicht klassisch „korrekt". Die Ordnung kombiniert eine dorische Säule (zwei Tori an der Basis anstatt einem wie im dorischen Stil) mit einem toskanischen Säulengebälk (keine Metope oder Triglyphen auf dem Fries). Die Säule mißt in der Höhe das $7\frac{1}{2}$ fache des Durchmessers – akzeptabel für eine toskanische Säule, aber zu groß für eine dorische. Das Gebälk ist $1\frac{3}{4}$ Durchmesser hoch, was für eine Säule von 6- oder 7fachem Durchmesser in der Höhe korrekt wäre, aber nicht für eine von $7\frac{1}{2}$ fachem Durchmesser (die ein Gebälk von mindestens 2 Durchmessern aufweist). Bereits in diesem frühen Stadium der Verwendung klassischer Elemente ging Lutyens ziemlich freizügig mit Standardproportionen um.

Ebenso wie Lutyens manchmal gleichzeitig zwei Häuser in unterschiedlichen Stilformen entwarf, setzte er hin und wieder auch bei der Detailgestaltung unterschiedliche Stilformen gleichzeitig ein. Zu jedem seiner Gebäudestile, *Surrey Vernacular*, *Vigorous* und *Wrenaissance*, gibt es einen entsprechenden Detailstil. Aber die Verwendung eines dieser Detailstile beschränkt sich nicht auf den Gebäudestil, zu dem er gehört; so sind in einem Bau (z.B. Marshcourt) klassische und regionale Elemente sowie Details im Einklang mit dem Stil des Hauses zu sehen. Die Fassade ist „vigorous", die größeren Innenräume sind klassisch, und die Treppenhalle hat einen regionalen Arts and Crafts-Charakter. Das führt zu einigem merkwürdigen Nebeneinander.

Am Castle Drogo sind die Außentüren (wie das ganze Gebäude) „vigorous", aber die Innentüren haben klassischen Charakter – sie weisen die Profile und Proportionen

2.12

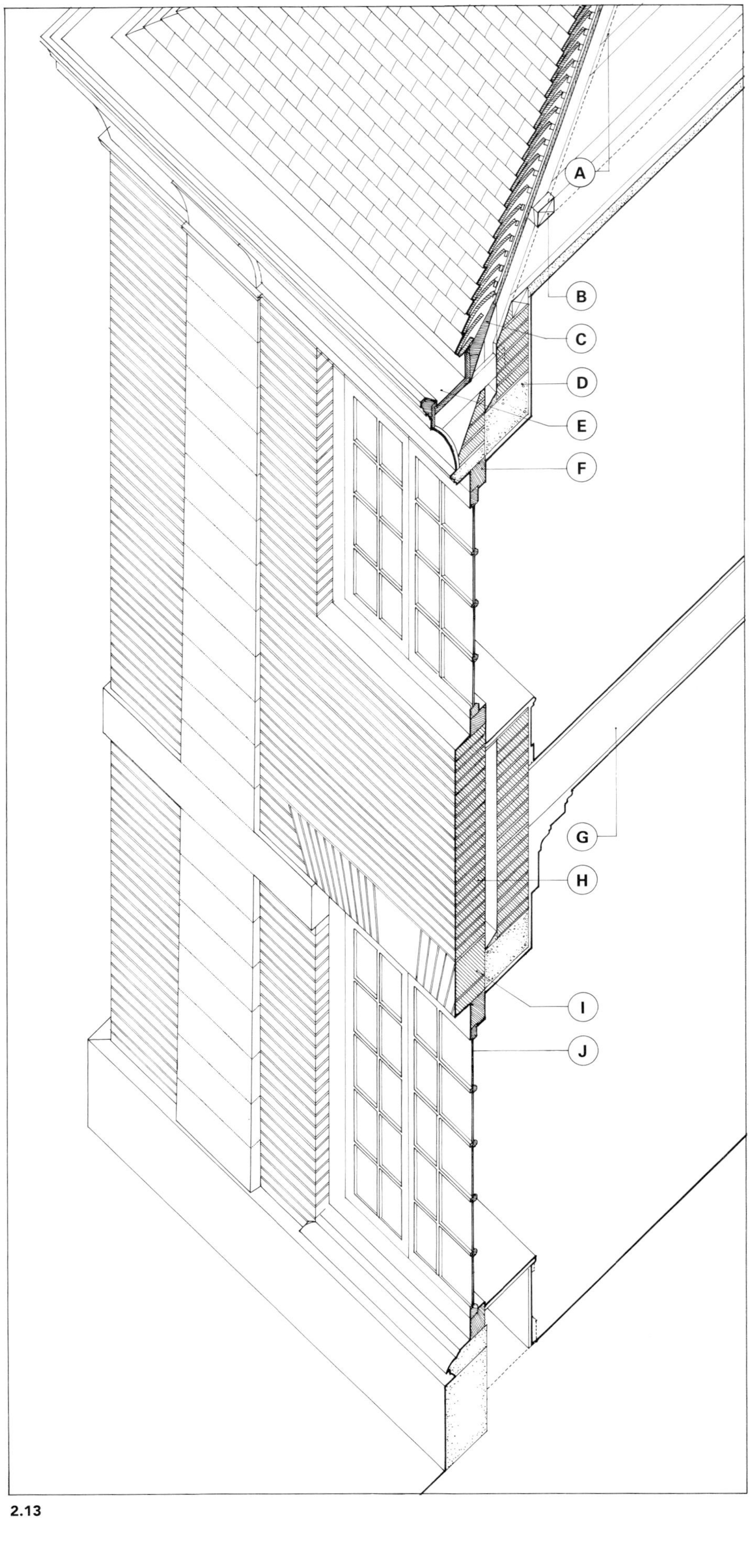

2.13

Ednaston Manor
Edwin Lutyens
Derbyshire, 1913

2.12 Außenansicht
(Country Life)

2.13 Fassadenschnitt

A   Ziegeldach auf Holzlattung 19 x 38 mm, auf 2 cm Schalung befestigt, darunter Dachsparren. Über der Schalung befindet sich als Feuchtigkeitsschutz eine Lage Dachpappe.

B   Dachkonstruktion: Dachsparren 5 x 14 cm und Deckenbalken 7 x 28 cm. Beide liegen auf einer Korkunterlage und sind auf einem durchgehenden Kantholz von 11 x 13 cm über der Ziegelmauer festgenagelt.

C   Lutyens benutzte hier ein konisches Brett, um den typischen horizontalen "Schwung" am Rand der Dachschräge zu erzielen. Das Dach hat einen Neigungswinkel von 54°, so daß der First einen Winkel von 45° zu haben scheint.

D   Betonsturz. Hintermauerstürze aus Beton an Stelle von Stahl waren damals in England üblich.

E   Im Traufgesims integrierte Regenrinne aus Blei auf Dachpappe. Damit wird das Holz vor Zerstörung durch stehendes Wasser geschützt. Die Regenrinne hat Gefälle zum Fallrohr hin.

F   Nach außen öffnendes Holzflügelfenster.

G   Deckenkonstruktion: Holzbalken 7 x 30 cm, darüber Holzboden, darunter Putz.

H   Wandkonstruktion: zwei Ziegelschalen (Hintermauerziegel innen und Spezialfassadenziegel außen). Lutyens setzte hier etwas ein, was dem modernen Luftschichtmauerwerk entspricht, mit einem Dreieck aus Mörtel am Boden, um den Hohlraum leichter zu entwässern.

I   Scheitrechter Sturz aus Flachziegeln für die Außenschale; Ortbetonsturz für die Ziegelinnenschale.

J   Nach außen öffnendes Holzflügelfenster.

(Butler, The Lutyens Memorial, Band I, Tafel LXIV)

---

einer typischen Kassettentür auf. Aber etwas stimmt nicht: Die Teile, die normalerweise vorspringen, sind zurückgesetzt und umgekehrt. Die Wirkung, die mit der Umkehr des Rahmenholzes erzielt werden soll, ist die Bildung einer tiefen Einkehlung mit gotischem Charakter. Man kann sagen, daß Lutyens, indem er sich gotische und klassische Elemente zunutze machte, die gotischen Details klassifizierte und die klassischen gotifizierte. Modern ausgedrückt würden wir sagen, daß diese Tür mittels Inversion umgestaltet worden ist.

Die Geschlossenheit von Lutyens' Werk stellt sich nicht über die stilistischen Elemente selbst her, sondern über die Art, wie sie verwendet werden. So, wie er die Ordnungen selten einsetzte, ohne sie auf irgendeine Weise zu modifizieren, änderte er den Charakter der historischen Elemente, die er benutzte. Seine Verwandlungen können grob als Eliminierung, Inversion und Zurücknahme bezeichnet werden.

Man vergleiche beispielsweise die typischen Fenster von Marshcourt mit denen von Ednaston Manor. Beide können gut Adaptionen regionaler Vorbilder sein. (Das mittelalterliche Steinpfostenfenster in Westwood kann ein Prototyp für Marshcourt gewesen sein.) Die Fenster von Ednaston lassen an georgianische Vorläufer denken, obwohl sie wenig vom umrandenden Beiwerk aufweisen, das mit dem georgianischen Stil in Verbindung gebracht wird. Die Fenster im Obergeschoß haben verdeckte Stürze, und wo normalerweise eine steinerne Solbank wäre (oder zumindest ein Rundstab), befindet sich nur eine abgeschrägte Mörtelfläche. Die Gewände weisen keine Steinverzierung auf, und obwohl Lutyens im Haus „Salutation" zur Begrenzung der Fensteröffnung Ziegel von anderer Farbe und Struktur verwendete, tut er hier nichts dergleichen. Das untere Fenster ist mit einem flachen Bogen als Sturz großzügiger ausgestattet (obwohl die Fortsetzung des steinernen Gesimsbands dasselbe bewerkstelligt hätte). Die Gewände sind unbehandelt. Die steinerne Fensterbank wird auf unklassische Weise von einem Viertelkreis mit untenliegender Schnittfläche gebildet. Dies gibt ihr ein scharfkantiges Profil mit tiefem Schatten, wodurch sie praktisch verschwindet. Der Sockelvorsprung unter der Fensterbank wird bis zu ihrer Vorderkante herausgezogen, so daß beide bündig abschließen. Dies ist ein einfaches Beispiel zweier Verwandlungen, die für Lutyens typisch sind: Eliminierung im Säulengebälk, in Fensterstürzen und Gewänden und Zurücknahme der Fensterbänke in eine Ebene mit der Wand.

In den Mauern von Marshcourt sind andere charakteristische Lutyens-Details zu finden, wie die Inversion der Steinschichten. Die Mauer besteht aus glattem Kalkstein mit Feuersteinstücken im Schachbrettmuster. Da der Flint weniger schwer als der Kalkstein wirkt, würde man ihn nur oben erwarten. Das Gegenteil ist der Fall, und infolgedessen weist das Gebäude einen visuell weichen Sockel auf. Die Mauer ist mit wenigen Profilen ausgestattet, die unter einigen Traufen vertieft angebracht sind, so daß ihre Vorderkanten mit der Wandfläche bündig abschließen, statt hervorzutreten und das Dach visuell zu stützen.

Die Paneele des Great Room in Marshcourt zeigen eine ähnliche, noch subtilere Verwandlung *(Abb. 2.11)*. Man beachte, wie das typische Verhältnis von horizontalem und vertikalem Rahmenholz durch Invertieren des Viertelstabs umgekehrt wurde. Dies ist die Inversion, die zu einer der populärsten Techniken der modernen Detailgestaltung wurde. Aber die an der Fassade verwendeten Techniken werden auch hier eingesetzt. Das Füllungspaneel ist nach vorn geschoben, und das Kapitell und der Fuß sind zurückgesetzt, so daß sich viele Elemente in einer Flucht befinden. Dies ist – wie bei den Außenprofilen – ein Beispiel für die Zurücknahme in eine Ebene. Der übliche Charakter der Profile aus Holz oder Stein ist additiv, ein Stück, das dem Haus hinzugefügt worden ist. Durch Zurücknahme dieser Profile (die normalerweise vorspringen) macht er sie subtraktiv, als ob sie aus der Masse herausgeschnitten wären. Gleichzeitig läßt Lutyens durch Inversion Profile hervortreten, die man zurückgesetzt erwartet.

Zurücknahme und Eliminierung sind besonders sichtbar in Lutyens Wrenaissance- und klassizistischen Bauten, wo der Ursprung dieser Elemente – die klassischen Ordnungen – leichter zu erkennen ist. Über das Thema der Eliminierung eines Säulengebälks schrieb Lutyens 1910 an Herbert Baker: „Mir gefällt ein Säulengebälk ohne Fries, wobei der obere Teil des Architravs zum unteren Teil des Karnies wird."[10] Ein Beispiel dafür ist das Traufendetail von Ednaston *(Abb. 2.33)*, wo die Säulenkapitelle, anstatt den Viertelstab darüber zu stützen, von ihm absorbiert werden. (In

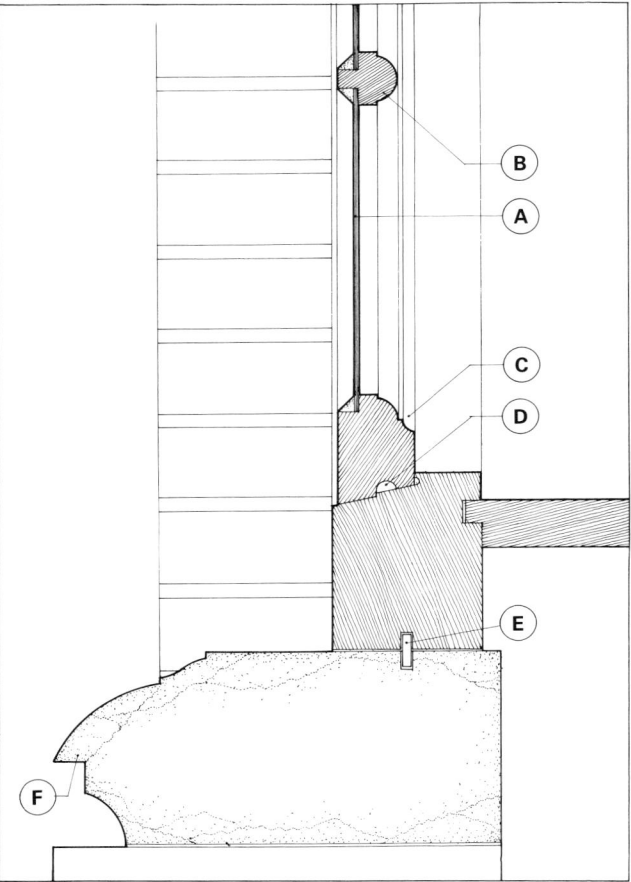

2.14

2.16

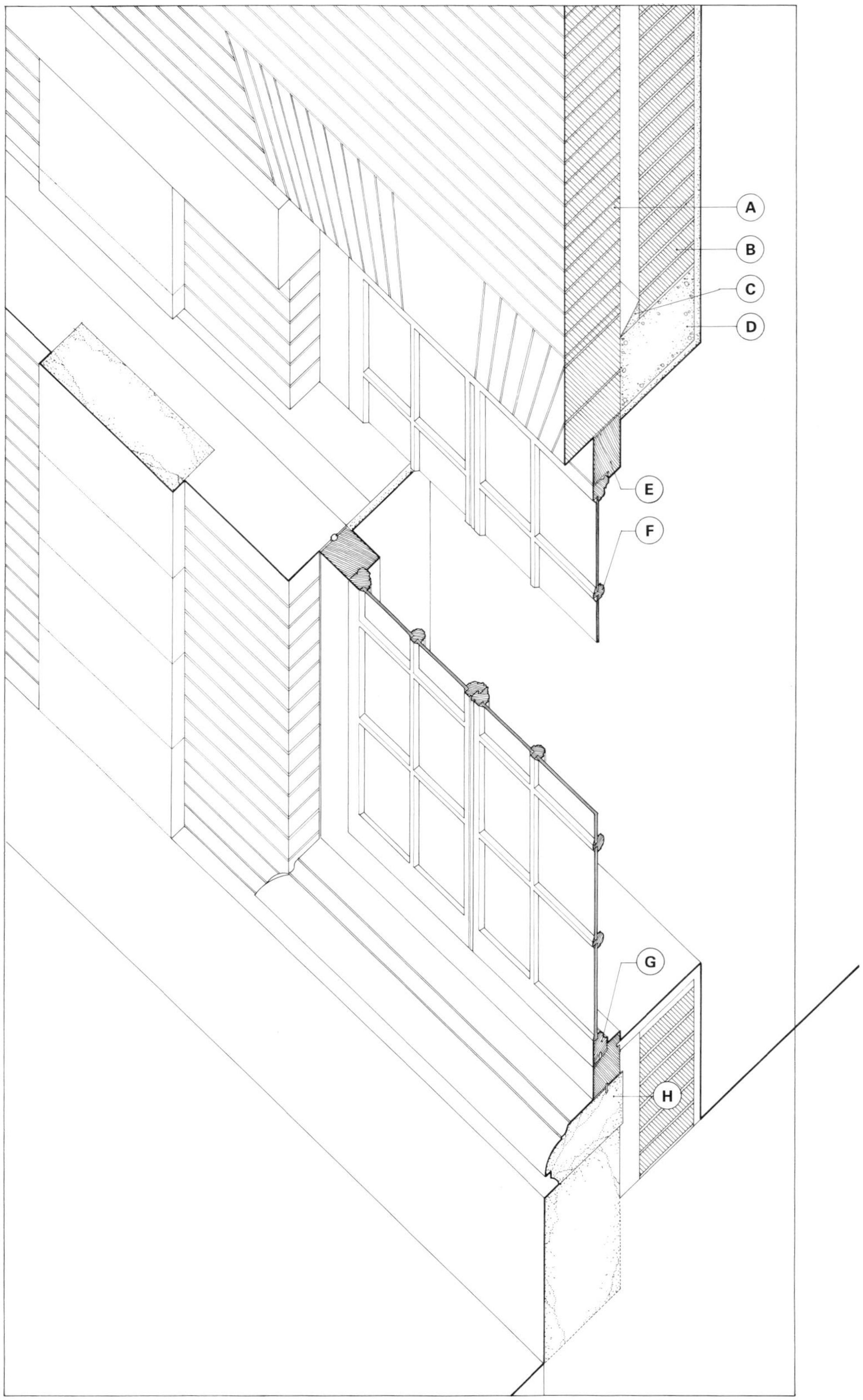

2.15

Ednaston Manor
Edwin Lutyens
Derbyshire, 1913

2.14 Fensterprofil

A   Glas im nach außen öffnenden Holzfenster.
B   Typische Holzsprosse. Das Glas wurde von außen eingesetzt und verkittet. Die Rundung soll die Ecke weicher machen und die harten Lichtkontraste vermeiden, die bei rechteckigen Sprossen entstehen.
C   Am Rahmenholz des Flügels wird die konvexe Sprossenrundung durch ein konkaves Profil fortgesetzt, das das ganze Fenster umrahmt; ein typisch klassisches Profil mit zwei kontrastierenden Rundungen verschiedener Abmessungen, die durch einen scharfen Grat verbunden werden.
D   Die Fuge zwischen Fensterrahmen und unterem Rahmenholz ist abgeschrägt, damit Regenwasser ablaufen kann, und mit zwei gerundeten Nuten versehen, um zu verhindern, daß kapillares Wasser durch die Fuge gedrückt wird.
E   Schiene; verhindert das Eindringen von Wasser durch die Fuge.
F   Steinsims. Dieses unklassische Profil mit scharfer Profilierung und hartem Schatten verschwindet fast in der Ansicht. Es ist funktional nutzlos, da es flach ist und nicht vorspringt. Wie alle Rundungen von Lutyens sind dies eher Fragmente als vollständige Viertel- und Halbkreise.
(Butler, *The Lutyens Memorial*, Band I, Tafel LXV)

2.15 Fensterdetails

A   Ziegelaußenschale. Lutyens benutzte dünnere Vorsatzziegel, um mehr horizontale Linien an der Fassade zu erhalten.
B   Ziegelinnenschale. Damals waren Ziegelmauern meist monolithisch. Luftschichtmauerwerk zum Feuchteschutz wurde erst viel später Standard.
C   Luftschicht mit unterer schräger Zementschicht. Die Rinne leitet das Wasser nach außen.
D   Betonsturz mit vorgeblendetem scheitrechten Mauersturz. Im nicht freiliegenden Bereich wurde der weniger arbeitsintensive Betonsturz eingesetzt.
E   Oberer Holzfensterrahmen.
F   Typische Fenstersprosse.
G   Unterer Holzfensterrahmen.
H   Stein-Solbank. Dieses Profil mit tiefen Unterschneidungen und scharfen Kanten verschwindet fast in der Fassade.
(Country Life; Butler, *The Lutyens Memorial*, Band I, Tafel LXV)

2.16 British Embassy,
E. Lutyens,
Washington, D.C., 1925.
Das Deckengebälk befindet sich tief unter der Dachtraufe, und die Dachplatten schließen ohne Profil an die Ziegelmauer an.
(Fiske Kimball Library, University of Virginia)

Heathcote wird eine ähnliche Wirkung durch Eliminieren statt Sich-Herausschieben (Was Lutyens „Teleskopierung" nannte) erzielt. Die dorischen Säulen des Erdgeschosses weisen ein vollständiges Gebälk auf, während das Gebäude als Ganzes nur ein kleines Gesims hat.)

Einerseits läßt Lutyens' „Teleskopieren" an das Nebeneinander der klassischen und regionalen Details denken, die in seinen Vorbildern aus dem 17. Jahrhundert im Queen-Anne-Stil und in den Häusern von Webb üblich ist. Aber Lutyens kombiniert systematischer. Vielleicht meinte er, daß die „idealen" Qualitäten des Klassischen durch die Nachbarschaft mit der Grobheit regionaler Elemente deutlicher würden. Andererseits beeinflußt dieses Sich-Herausschieben eines Gesimses unsere Wahrnehmung, was das Ausmaß und die Masse eines Gebäudes betrifft. Es läßt das Gebäude größer erscheinen als es tatsächlich ist, da das Gebälk, weil es kleiner ist, entfernter wirkt. Es läßt auch das Gebäude oben leichter erscheinen, so daß die Basis und der Bau insgesamt massiver wirken. Diese Eliminierung, Minimierung und Verlagerung des Gesimses haben alle reiferen Werke von Lutyens, unabhängig von Größe und Stil, gemein.

Fast alle Häuser von Lutyens weisen nicht-klassische Dächer auf. In seinen klassischen und georgianischen Häusern setzte Lutyens nie die klassische Technik des Anhebens der Brüstung ein, um die Dachschräge zu verbergen. Hin und wieder verwendete er eine Brüstung in einem Bauwerk mit eher Tudor-Charakter, wie Castle Drogo oder Crooksbury, aber seine wirklich klassischen Bauten (wie Heathcote oder Ednaston Manor) tragen immer ein steil geneigtes, sichtbares Dach. Das Dach hat ausnahmslos einen Winkel von 54°, so daß der Winkel in den Ecken 45° zu betragen scheint. Am Rand befindet sich immer ein zusätzlicher Sparren mit flacher Schräge, der am inneren Teil der Mauer befestigt ist *(Abb. 2.13)*, damit der Übergang optisch weicher ist.

Heathcote gilt als zentral für Lutyens' Häuser, weil viele Details dieses Hauses in seinen größeren klassischen Gebäuden auftauchen und auch weil er in einem Brief an Herbert Baker diesen Entwurf erklärt und behauptet: „In der Architektur stellt Palladio die Spielregeln auf".[11] Ebenso wichtig in diesem Brief ist ein Verweis auf Michele Sanmicheli, die Quelle vieler seiner Details. Dieser Brief wird oft zitiert, um Lutyens' Ansicht zu belegen, daß die Proportionen der Ordnungen den Umständen entsprechend geändert werden sollten. Die Proportionen Heathcotes sind jedoch nahezu korrekt: die Säulenhöhe beträgt 8 Durchmesser, das Gebälk 2 Durchmesser.

Die wesentliche Verwandlung in Heathcote umfaßt keine Änderung von Proportionen, sondern wiederum die Zurücknahme in eine Ebene. Bei Sanmichelis typischstem Gebäude (der Porta Nuovo in Verona) standen die Säulen vor der Mauer. In Heathcote sind sie mit breiten Endstücken in Aussparungen zurückgesetzt. Wieder ist Lutyens' Ornament nicht additiv, sondern subtraktiv, nicht angesetzt, sondern herausgeschnitten. Bestimmte Elemente stehen vor der Mauerfläche, vor allem die „Phantomsäulen". Die Basis und das Kapitell befinden sich an der Spitze und am Fuß der Rustikamauer *(Abb. 2.18)*. Man hat den Eindruck, daß die Säule nie fertiggestellt wurde, oder – im kubistischen Sinne – daß die Säule und die Mauer sich durchdrungen haben, um das zu bilden, was Colin Rowe eine phänomenologische Transparenz nennt – „zwei Figuren, die sich durchdringen können, ohne sich optisch zu zerstören". Diese Art von Transparenz, die zu einer doppelten Interpretation der Mauer und/oder der Säule führt, sollte die Basis von Lutyens' Klassizismus werden.

Eine weitere Verwandlung ist an den Profilen von Heathcote zu erkennen, die alle wegen der vergrößerten Krümmungen etwas schwerer als normal gemacht sind. Lutyens mochte keine „verausgabten Kurven", wie er sie nannte, d.h. perfekte Viertel- oder Halbkreise. Jede seiner Kurven hat einen größeren Radius als notwendig, so daß sie nie einen vollen Halbkreis erreicht. Vielleicht ist es eine Imitation griechischer Profile, die selten reine geometrische Formen waren. Lutyens' Assistent Lloyd schrieb: *Die „verausgabte Kurve", wie er es nannte, war ihm ein Greuel. Alle Schmuckprofile entstanden aus Bogen verschiedener einfacher Konstruktionen. Dasselbe galt für Kuppeln, Nischen usw., wo dem Halbkreis außer im Bogen nie erlaubt war, sich zu vervollständigen. Er dachte ständig in drei Dimensionen, wenn nicht vier, und gab nicht viel auf eine Zeichnung, es sei denn als Absichtserklärung. ...*[12]

Was war der Zweck dieser Abwandlungen und dieses Nebeneinanderstellens? Warum die Masse und den Maßstab eines Gebäudes auf diese Weise manipulieren?

2.17

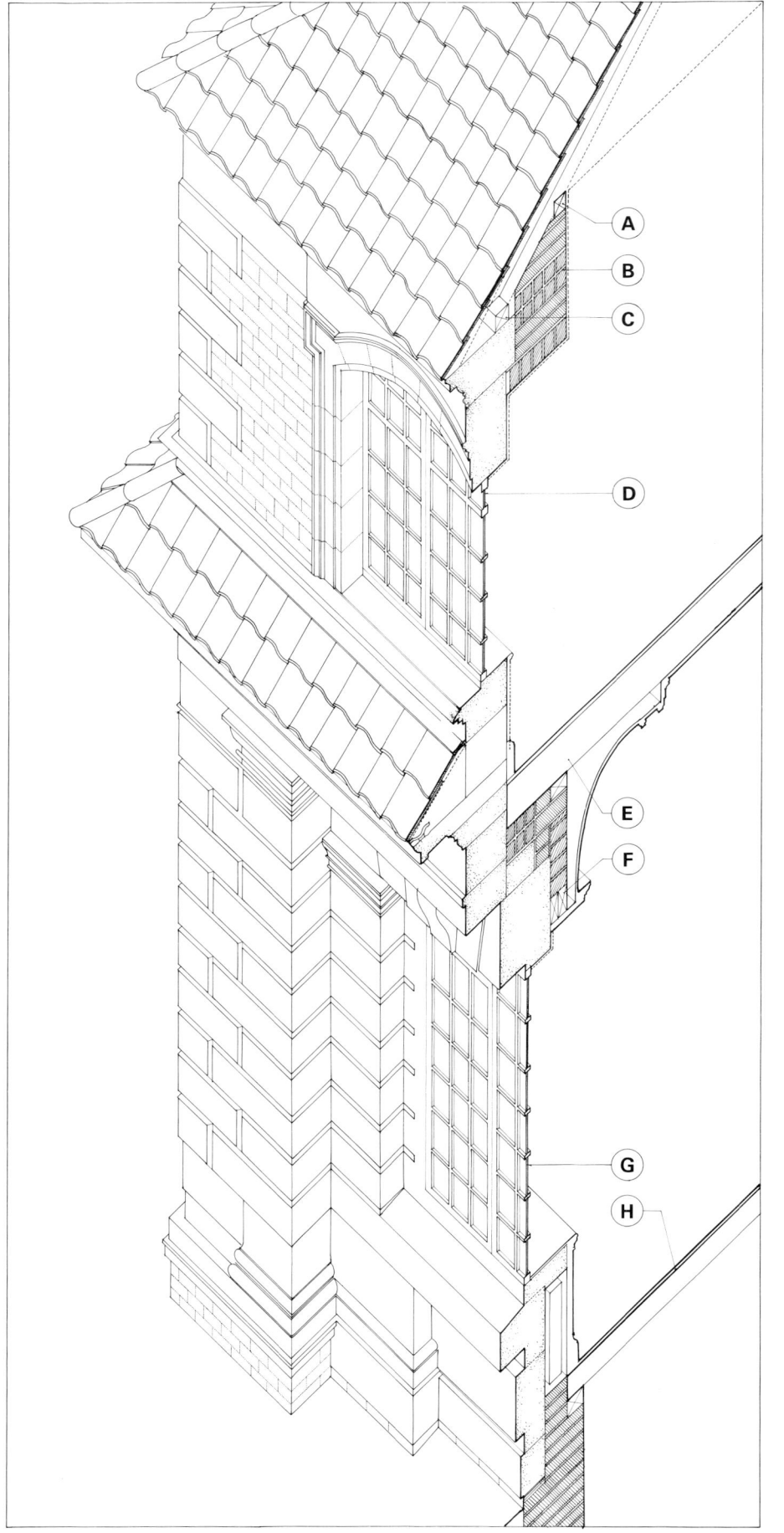

2.18

Heathcote
Edwin Lutyens
Ilkley, Yorkshire, 1907

2.17   **Außenansicht**

2.18   **Fassadenschnitt an einer Pavillonecke**

A   Zwischenfußpfette unter Dachsparren. Dachkonstruktion: Ziegel auf Lattung 19 x 32 mm auf Holzsparren.

B   Ziegelentlastungsbogen. Sie tragen die Lasten auf die Mauern neben den Fensteröffnungen ab.

C   Fußpfette als Dachsparrenauflager.

D   Holzflügelfenster.

E   Fußbodenkonstruktion: Holzbalken 5 x 25 cm, den Unterboden und Fußboden tragend.

F   Holzlatten unter Entlastungsbogen. Sie schließen die Öffnung zwischen dem Bogen und dem ebenen Sturz des Fensters.

G   Holzfenster.

H   Fußbodenkonstruktion: Holzbalken 5 x 15 cm.
(RIBA Zeichnungssammlung, Zeichnung LC-[101]6)

Lutyens hat wahrscheinlich nie Guadet gelesen, aber er hätte diesem beigestimmt, daß funktionale Stabilität in einem Gebäude nicht genügt, sondern daß sie sichtbar wiedergegeben sein muß. Lutyens' Abneigung gegen dünne Verstrebungen und Fensterbänder, die die Leichtigkeit der Mauer hervorheben, und gegen andere moderne Kunstgriffe, die eine ausbalancierte Rahmenkonstruktion statt einer Stütze-Last-Konstruktion andeuten, erinnert an Guadets Kritik der Rückseite von Notre Dame. Die meisten Abwandlungen von Lutyens senken den scheinbaren Schwerpunkt des Gebäudes und lassen die Basis massiv und präzise und den oberen Teil leicht und weniger definiert erscheinen. Als Lutyens Aufträge für viel höhere Gebäude erhielt, setzte er diesen Kunstgriff noch häufiger ein.

NEW DELHI

Die ersten Entwürfe für die Residenz des Vizekönigs in New Delhi entstanden 1912, aber das Gebäude wurde erst 1929 offiziell eröffnet. Die indische Unabhängigkeitsbewegung mag bei den Entscheidungen, welcher Stil zu verwenden sei – klassisch, in der Tradition der Mogul, oder etwas anderes – mitgewirkt haben. Lord Hardinge (der Vizekönig) und Herbert Baker (Lutyens' Mitarbeiter) waren für ein kontextuelles Vorgehen, wie man es heute ausdrücken würde; sie waren der Meinung, daß die Gebäude vom Charakter, aber nicht unbedingt von der Form her indisch sein sollten. Lutyens war nicht abgeneigt, aber er war strikt gegen die Verwendung solch wörtlicher Zitate wie den Eselsrückenbogen, den Baker in seinen Bauten in New Delhi einsetzte. 1912 – 1913 widmete sich Lutyens in der Hoffnung, zu einem Kompromiß zu gelangen, ausgiebig dem Studium indischer Architektur. Er lernte viel darüber und gleichzeitig viel über die klassische Architektur des Westens.

1912 schrieb Lutyens an seine Frau:

Persönlich bin ich der Meinung, daß es keine echte indische Architektur mit großer Tradition gibt. ... Es ist im wesentlichen der Baustil von Kindern. ... Ich werde versuchen, eine indische Schule aufzubauen, und da muß westliche Tradition her. Als Engländer können wir nichts weiter tun, als die Inder in die Natur zu schicken und sie erfinden und stilisieren lassen, um sich den gegebenen Räumen anzupassen ... und Stein auf Stein und Holz auf Holz zu setzen. Wenn sie bauen, ist es genau wie mit Kinderziegeln, und sie benutzen Steinträger als Spannbalken. (Abb. 2.32)

Nehmen wir das Fort in Delhi. Die Steine (Marmor) sind so. Stehen in die Höhe wie ein A. Welch ein Blödsinn! Türme von dieser Form. Warum sollten wir die herrliche Feinheit einer griechischen Säule für diese plumpe und nachlässig-unwissende und blinde Form dreingeben?[13]

Ein weiterer Aspekt der indischen Architektur, der Lutyens nicht gefiel, war die Verwendung nichttragender Mauerverkleidungen, besonders aus Marmor. 1917 schrieb er über den Taj Mahal:

Nachdem sie diese Masse aus Beton gebaut hatten, bekam jede Außenfläche einen Teppich aus Marmor und Steinverblendung aufgeklebt, und um das Gebäude dann noch weiter zu schmücken, setzten sie fünf Kuppeln darauf. Vier kleine und eine große. Und dann noch mehr Verschönerungen mit Tschatris und kleinen Arkaden mit Spielzeugtrommeln in Reihen wie Perlen in einer Kette.

Vergleiche diese Methode mit einem Bau wie dem Parthenon oder einer der großartigen französischen Kathedralen – wo die Steine die Knochen des Gebäudes und die Konstruktion sein eigener Schmuck sind, und alles ist so erdacht, daß die ganze Konstruktion zu einem Organismus wird, der einem Werk der Natur nahekommt.[14]

An diesem Punkt seiner Karriere lagen Lutyens' Vorstellungen vom rationalen Bauen, soweit es sie gab, sehr in der Tradition des gotischen Rationalismus: Materialien können nur auf bestimmte Weise verwendet werden, ein monolithischer Bau ist einem verblendeten vorzuziehen, und die Ordnungen, wenn sie eingesetzt werden, sind konstruktiv einzusetzen. Lutyens' Werk in Neu-Delhi zeigt den Einfluß dieser Vorstellungen, die ihm im Indien der zwanziger Jahre mit seinen größtenteils vorindustriellen Baumethoden sehr dienlich waren.

Der Aufbau des Palasts des Vizekönigs reflektiert Lutyens' wiedergefundenes Interesse am klassischen Rationalismus oder zumindest am monolithischen Bau, da er die architektonischen Formen hier am ehesten mit ihren Tragwerken in Einklang brachte. Tragende Wände stützen Stahlbeton-Verbunddecken und -dächer sowie Ziegelgewölbe. Die Ziegelmauern sind außen mit Stein verkleidet und innen verputzt. Eine Kuppel aus Ziegeln und Beton krönt Durbar Hall, den Hauptempfangsbereich.

2.19

2.20

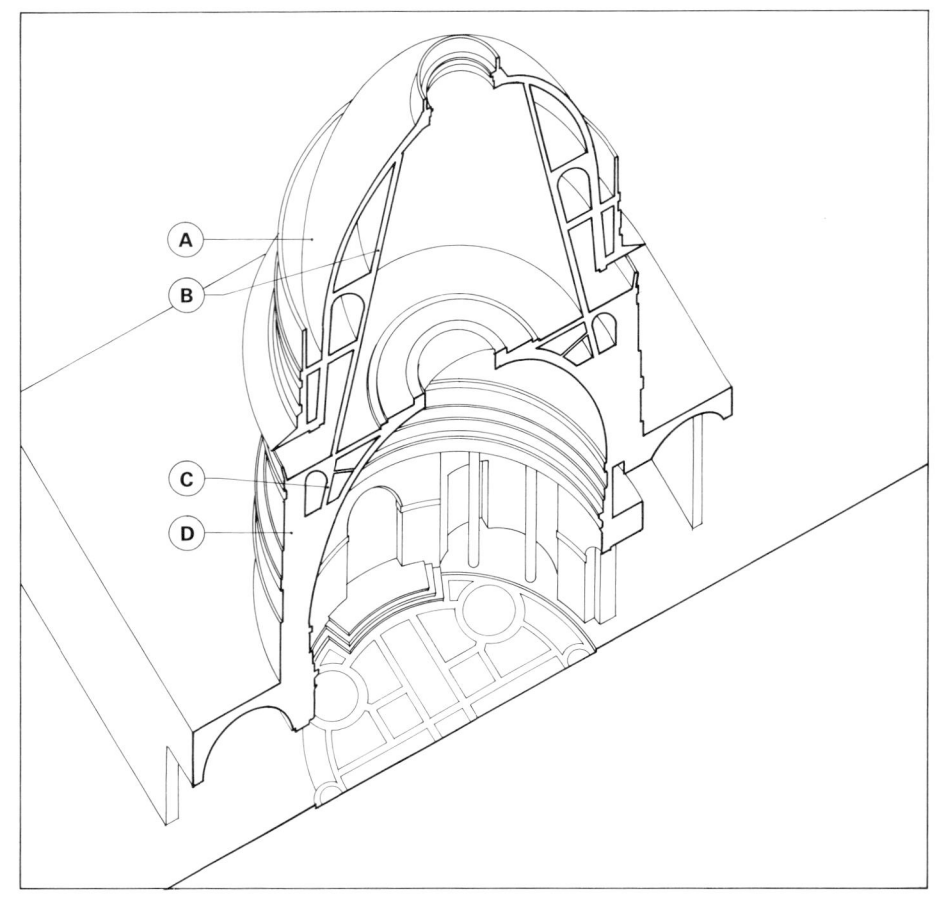

2.21

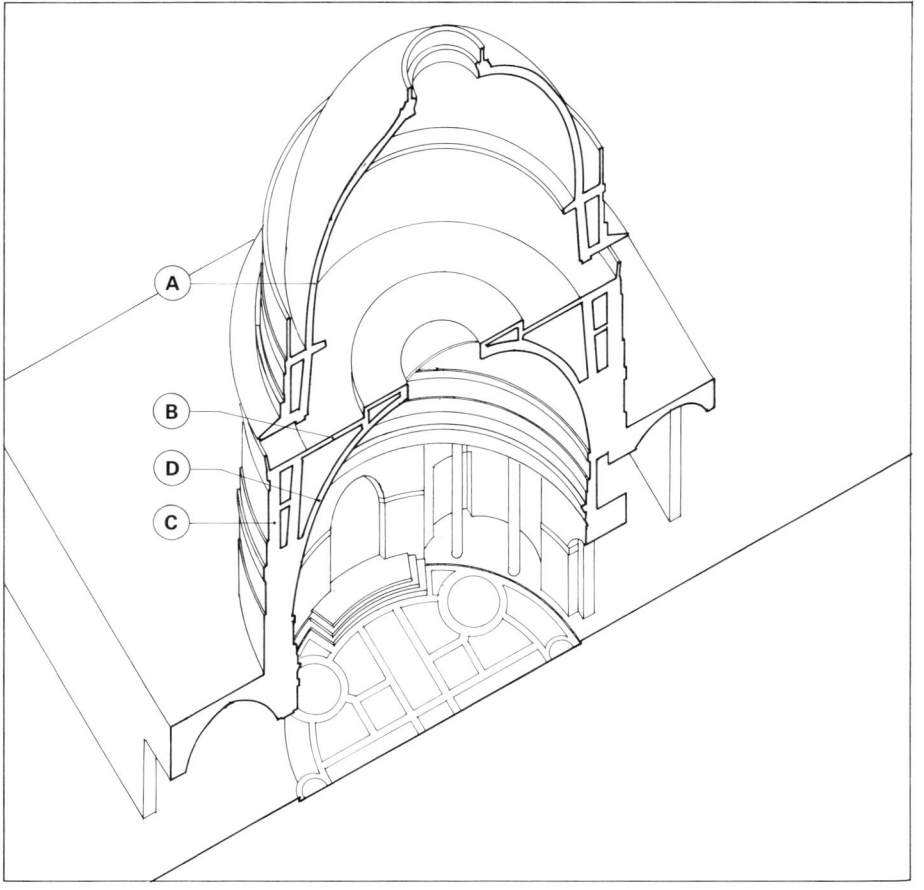

2.22

Residenz des Vizekönigs
Edwin Lutyens
New Delhi, 1929

2.19　**Kuppel**
　　(Country Life)

2.20　**Durbar Hall**
　　(Country Life)

2.21　**Geplante Kuppelkonstruktion**
A　Außenkuppel aus Mauerwerk, mit Stein darunter und Kupferplatten darüber verkleidet.
B　Konstruktiver Kegel aus Ziegelwerk. Wie bei der Kuppel von Wrens St. Paul's Cathedral lenkt dieser den Axialschub der Kuppel auf die darunterliegenden Wände ab.
C　Innenkuppel aus Ziegelwerk, innen verputzt.
D　Außenwand aus Ziegel und Naturstein – eine senkrechte Fläche aus optischen Gründen im Gegensatz zur schrägen Fläche der tragenden Kegelwand.
　　(RIBA Zeichnungssammlung, Zeichnung LC-[58])

2.22　**Endgültige Kuppelkonstruktion**
A　Außenkuppel aus Mauerwerk, mit Stein- und Kupferplatten verkleidet.
B　Betonscheibe; wirkt wie ein Zuganker, der die Kuppelfläche stabilisiert und gegen die horizontalen Schubkräfte der Kuppel wirkt. Diese Deckenscheibe steht unter Spannung – Stahlbeton kann diese Kraft aufnehmen, Mauerwerk könnte es nicht.
C　Ziegelinnenwand.
D　Innenkuppel aus Ziegelwerk, verputzt.
　　(Butler, The Lutyens Memorial, Band II, Tafel XLVII)

Dächer aus Stahlbeton mit ergänzenden Ziegelgewölben befinden sich über den Hauptempfangsbereichen, Stahlbeton-Verbunddecken über den kleineren Räumen.

Obwohl die beiden Kuppeln formal wenig gemein haben, hat Lutyens' ursprüngliche Konzeption der Kuppel des Vizekönigspalasts viel konstruktive Ähnlichkeit mit der Kuppel, die Wren für die St. Paul's Cathedral entwarf. Wrens Kuppel weist drei Schalen auf, wobei die innerste aus Mauerwerk besteht. Die zweite Schale, ebenfalls aus Mauerwerk, leistet die eigentliche Arbeit, weil sie das Gewicht der Außenkuppel zu den Stützpfeilern leitet, ohne Axialschübe zu entwickeln, die Strebepfeiler erforderlich machen würden. Lutyens' Kuppel ist kleiner und niedriger als Wrens und hat deshalb weniger Axialschub. Ihr Schmuck ist vorwiegend indisch und scheint mit Wrens viel größerer Konstruktion wenig gemein zu haben. Lutyens hatte Wrens dreischaliges System bereits bei einer viel kleineren Kuppel für die Free Church in Hampstead verwendet, jedoch mit dem Unterschied, daß die innere Kuppel aus Beton bestand. Der Originalentwurf für New Delhi hielt sich technisch, wenn auch nicht formal, an Wrens Modell zweier Halbkugeln, die von einem Kegel getrennt wurden, um die Last der Außenkuppel zu den Pfeilern darunter abzuleiten. Alle drei Schalen sollten Ziegelwerk sein; Beton war wegen des Krieges nicht erhältlich. Die Innenkuppel sollte verputzt, die Außenkuppel verkupfert werden *(Abb. 2.21)*. Die fertige Kuppel unterscheidet sich aus zwei Gründen vom Originalentwurf. Als die Bauarbeiten nach dem Krieg wieder aufgenommen wurden, war Beton leichter verfügbar, und die Innenkuppel sollte aus Beton entstehen. J. L. Sayle, der leitende Ingenieur, machte den Vorschlag, die zweite Schale (den Ziegelkegel) wegzulassen und durch eine Betonscheibe in der Innenkuppel zu ersetzen und die Seiten der Außenkuppel unter der Dachsilhouette einwärts abzuschrägen. Durch das Weglassen der zweiten Schale konnte Geld gespart und der Ausbau im Innenraum fortgesetzt werden, da viel weniger Gewölbegerüst und Verschalung erforderlich war.

Über die „Delhi-Ordnung" der Frontkolonnade des Palasts des Vizekönigs und die Mischung von westlichen und östlichen Elementen ist viel geschrieben worden. Es gibt indische Elemente (das chigi oder Karnies sowie das Geländer). Aber die Säulen sind vielleicht gar nicht indisch, sondern eher Lutyens' Abstraktion der korinthischen Standardordnung. Sie mögen oberflächlich betrachtet „indisch" wirken, aber daß Lutyens sie später auch in völlig anderen Zusammenhängen verwendete (Campion Hall in Oxford 1934 und Middleton Park 1935), widerspricht dieser Interpretation. Lutyens dachte nicht so exotisch, als daß er in Oxford ein indisches Element eingesetzt hätte, und er war nicht so faul, als daß er die Ordnung wiederverwendet hätte, um keine neue entwerfen zu müssen.

Zieht man sein Interesse an Verwandlungen in Betracht, vor allem seine proportionale Abwandlung der klassischen Elemente, ist die Delhi-Ordnung einzigartig. Man sollte zunächst beachten, daß es tatsächlich mindestens drei Ordnungen gibt, wobei jede einer der klassischen entspricht. Die Ordnung des ganzen Portikus basiert auf der korinthischen. Er wird von kleineren Säulen in einer ziemlich geradlinigen dorischen Ordnung flankiert, obwohl beide das gleiche Gebälk verwenden. In der Loggia des Westgartens ist eine kleinere korinthische Ordnung anzutreffen. Im Inneren, zusätzlich zur korinthischen Ordnung der Durbar Hall, findet man die ionische Ordnung des Speisesaals, die in ähnlicher Weise wie die korinthische der Frontfassade umgewandelt wurde. Lutyens geht mit den Standardproportionen frei um. Die dorischen und korinthischen Säulen der Frontfassade teilen sich ein Gebälk von der Höhe des 2fachen Säulendurchmessers; im Gegensatz zu Lutyens' bisherigem Gebrauch der Ordnungen, weisen die Außensäulen das korrekte Verhältnis von Höhe zu Breite auf. Die korinthischen Säulen sind 10 Durchmesser hoch, wie es Vignola angibt, die unveränderten dorischen sind dagegen $7\frac{1}{2}$ Durchmesser hoch (statt der üblichen 8), und die korinthischen der Westgartenloggia sind $9\frac{1}{2}$ Durchmesser hoch (wie es Vitruvius und Palladio vorschreiben). Die Gründe dafür sind offensichtlich: solange die Form der Säule unangetastet blieb, war die Änderung der Proportionen akzeptabel. Als die Gestaltung der Form selbst sich wandelte, fühlte sich Lutyens verpflichtet, das korrekte Verhältnis beizubehalten. Diese Praxis wird im Gebäudeinneren fortgesetzt, wo die ionische Ordnung des Speisesaals 9 Durchmesser hoch ist und ein Gebälk von $1\frac{3}{4}$ Durchmessern aufweist. Als Lutyens den Entwurf der Ordnung änderte, behielt er auch hier die korrekte Proportion bei.

Nachdem Lutyens mit der indischen Architektur in Berührung gekommen war, wandte er sich verstärkt dem Klassizismus zu. Mit dieser erneuten Beteuerung der

2.23

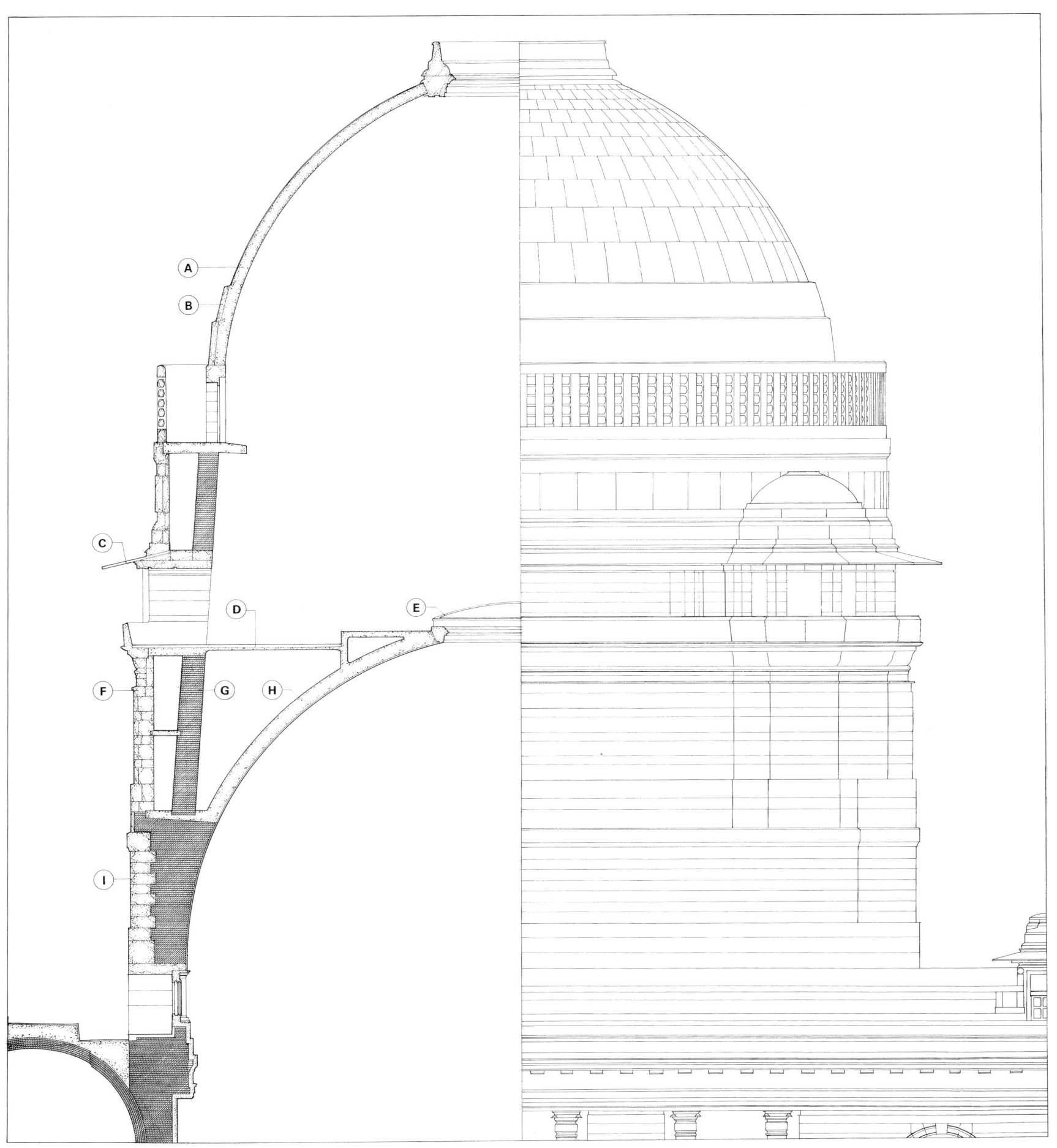

Residenz des Vizekönigs
Edwin Lutyens
New Delhi, 1929

2.23 Kuppelschnitt
A Kupferplatten auf Betonkuppel.
B Steinverkleidung aus gelblichem Dholpur-Sandstein auf Beton.
C Stein-Chujja (ein Element der traditionellen Mogul-Architektur): ein Beispiel, wie Stein unter Spannung verwendet wird, was Lutyens in seinen Briefen sonst scharf kritisierte.
D Betondeckenscheibe *(siehe Abb. 2.22).*
E Oberlicht.
F Tambourwand aus Ziegelwerk, mit rotem Dholpur-Sandstein verkleidet. Die Farbe des Sandsteins ist an der Chujja gelb.
G Ziegelkegel *(siehe Abb. 2.22).*
H Betonkuppel, verputzt. Obwohl Lutyens anderswo falsche Gewölbe und Kuppeln verwendete (d.h. abgehängte Rabitzkuppel), tat er es hier nicht.
I Massive Mauer. Da sie das Gewicht und den Axialschub beider Kuppeln aufnimmt, stellt sie den massivsten Teil dar.
(Butler, The Lutyens Memorial, Band II, Tafeln XLVI und XLVII)

Überlegenheit westlicher Tradition fand auch das westliche Ideal des monolithischen Bauens seine Bestätigung. Seine Ansichten änderten sich allerdings bald nach seiner Rückkehr nach London, als er Bauten vergleichbarer Größe mit Stahlrahmen errichtete.

DIE KRIEGERDENKMÄLER

Wie für viele, vor allem für britische Künstler, galt auch für Lutyens, daß seine Arbeit nach 1914 nicht dieselbe war. Er wurde vom Krieg jedoch nicht direkt berührt, und die endlose Folge von Kriegerdenkmälern, Friedhöfen und Monumenten, die er entwarf, schien ihn nicht zynischer, deprimierter oder idealistischer als zuvor zu machen. Wahrscheinlich hatten ihn seine Reisen nach Indien noch stärker beeinflußt, wo er mit dem Bauherrn und sich selbst um einen angemessenen Stil für britische Gebäude in Indien zu ringen hatte und wo er die Vorzüge des Klassizismus gegenüber einer feindseligen Zuhörerschaft verteidigen mußte. Was der Grund auch gewesen sein mag, seine Bauten wurden jedenfalls nach dem Ersten Weltkrieg zunehmend klassischer, obwohl es sein ganz persönlicher Klassizismus war, der seinen Ursprung in Heathcote hatte. Es war jedoch eher eine Tendenz als ein absichtlicher Wandel. Er fuhr fort, malerische Häuser zu entwerfen (Plumpton Place 1928, Halnaker Park 1936), aber sein herausragender Stil wurde ein höchst abstrakter Klassizismus. Herbert Baker sprach von Lutyens' „Faszination für die intellektuelle Anziehung der Geometrie und die grandiose Geste".[15] Man darf nicht vergessen, daß Lutyens' Klassizismus für die Vertreter der Moderne sowie seine Abstraktion für viele Klassizisten unannehmbar waren.

1925 vollendete Lutyens sein Denkmal für die Vermißten der Schlacht an der Somme im französischen Thiepval. Es war, wie sein Kenotaph in London, eher ein Objekt denn ein Bauwerk. Es war komplexer als das Kenotaph, da es genügend Fläche für 70.000 Namen bieten mußte. Gradidge und Summerson haben gezeigt, daß die Form aus einem Triumphbogen entsteht, der sich entlang seiner Achse ausdehnt, und daß das Bauwerk aus mehreren parallelen Bogenreihen besteht, wobei eine jede Bogenreihe eine höhere Reihe über sich trägt. Das Denkmal von Thiepval vereint viele Techniken des abstrakten Klassizismus in sich, die auch im Kenotaph eingesetzt wurden, es stellt aber auch einige neue vor.

Das Kenotaph entstand aus der Vereinfachung einer klassischen Form zu ihrer abstraktesten Gestalt, das Denkmal in Thiepval dagegen besteht aus zwei Objekten – eines klassisch, eines abstrakt –, die einander durchdringen, um – mit Colin Rowes Worten – eine phänomenologische Transparenz zu bilden. Aus der Ferne erscheint das Denkmal mit seinen wenigen Ornamenten oder Profilen abstrakt. Kommt man näher und vor allem, wenn man das Denkmal betritt, werden mehr und mehr Profile und Schmuckwerk sichtbar. Das flache Kalksteinband wird zu einem kunstvollen Gesims, wenn man um die Ecke geht und einen Innengang betritt. Die Anordnung der Profile ist nicht willkürlich. Betrachtet man das Fußgesims, die Wand und den Architrav zusammen, findet man die typischen Elemente der toskanischen Ordnung; nur die Säulen fehlen. Der Widerspruch und die resultierende Spannung zwischen den wörtlichen und den abstrakten Teilen des Schmuckwerks setzen sich in den übrigen Details durchweg fort.

Viele von Lutyens' charakteristischen Kunstgriffen zur Manipulation der Erscheinung von Masse und Maßstab, wie sie in Heathcote und im Kenotaph angewandt wurden, wiederholen sich im Denkmal von Thiepval. Die Seiten des Baus verjüngen sich leicht. Die Basis ist mit Ornamenten versehen, das Gesims nicht, und wo ein Gebälk verwendet wird, befindet es sich weit unterhalb der Brüstung. Das Gebälk des Denkmals ist ein Gesimsband, das weder in abstrakter noch wörtlicher Form ein Karnies wird. Die allgemeine Wirkung ist wieder darauf ausgerichtet, den visuellen Schwerpunkt zu senken, den Stabilitätseindruck zu verstärken, die Maßstabsindikatoren im oberen Teil des Bauwerks zu eliminieren und so seine Höhe scheinbar zu vergrößern.

In Thiepval begann Lutyens, mit der Artikulation des nichttragenden Charakters der klassischen Elemente zu experimentieren, indem er die klassische Fassade durch Zurücksetzen der Vorlagen zur Wandfläche verflachte, so daß die Elemente herausgearbeitet und nicht angefügt zu sein scheinen. Dies ist am Sockel am auffälligsten, wo das Band aus Betonstein, das die Namen enthält, nach vorn zum Torus darunter gezogen wird, wodurch die Aufgabe des Sockels, die Masse des Baus visuell auf den

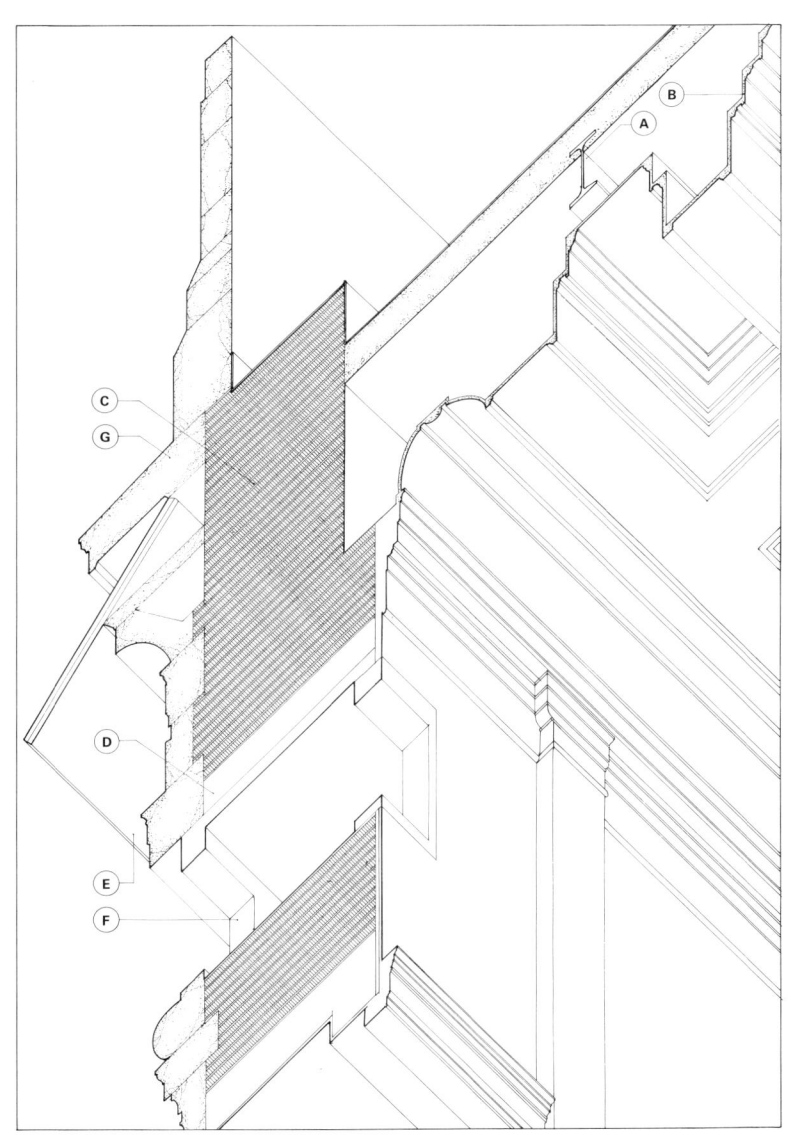

Residenz des Vizekönigs
Edwin Lutyens
New Delhi, 1929

2.24 **Bibliothek**
(Country Life)

2.25 **Fassadenschnitt des South State Drawing Room (Empfangsraum)**
A Stahlträger als Auflager der Beton-Dachplatte.
B Kassettierte Putzdecke. Hier haben die Kassetten – anders als in der Bibliothek – keine Beziehung zur Stahlkonstruktion darüber.
C Tragende Ziegelwand.
D Ziegel- oder Betonsturz.
E Sandstein-Chujja.
F Lüftungsöffnung.
G Mauerwerk aus gelbem Dholpur-Sandstein und Ziegeln.
(Butler, The Lutyens Memorial, Band II, Tafel LV)

Residenz des Vizekönigs
Edwin Lutyens
New Delhi, 1929

2.26 **North State Drawing Room (Empfangsraum)**
(Country Life)

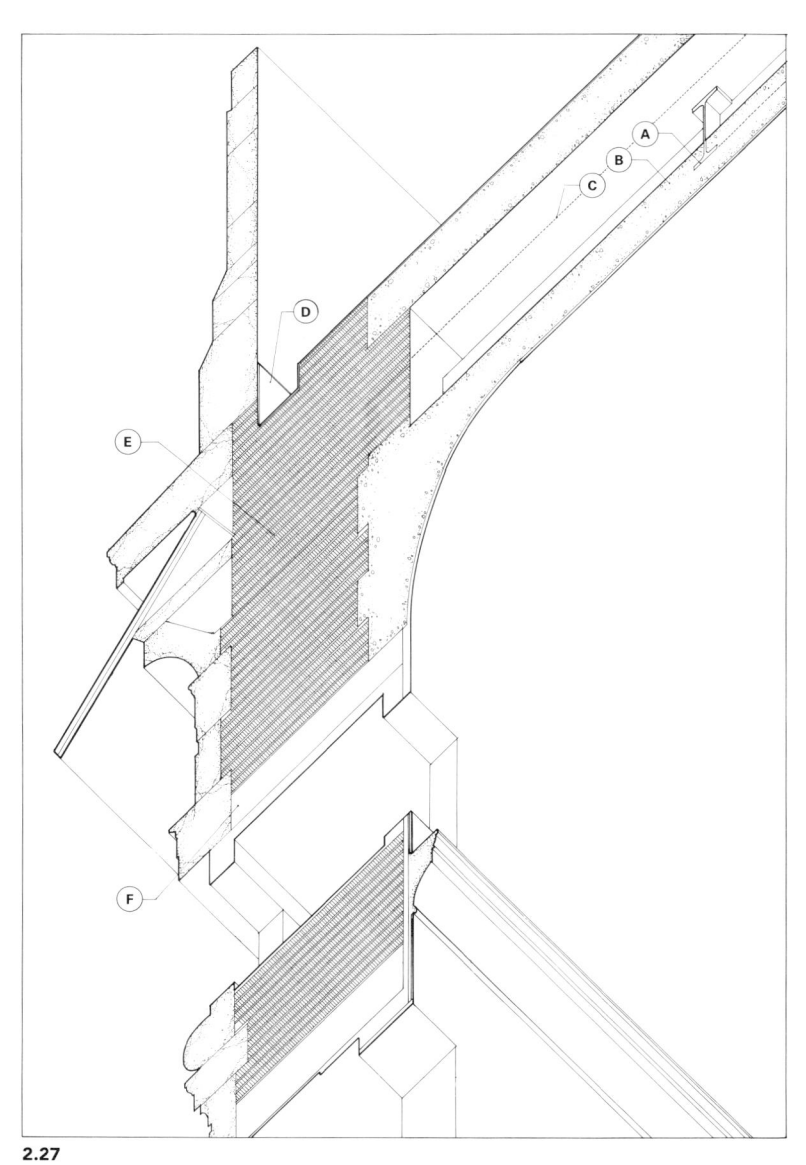

2.27 **Fassadenschnitt des North State Drawing Room**
A   Stahlträger für Betondachplatte und Deckenplatte.
B   Betondachplatte.
C   Beton auf Stahlträgern, trägt das Betondach. Das Dach ist mit Steinplatten in Asphalt verlegt.
D   Metallrinne.
E   Tragende Ziegelwand.
F   Ziegel- oder Betonsturz.
(RIBA Zeichnungssammlung)

2.28

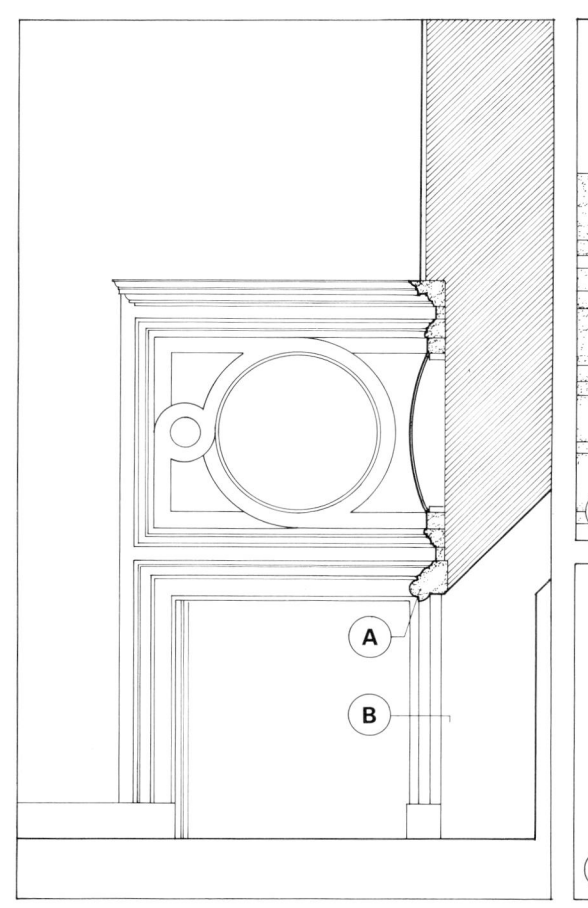

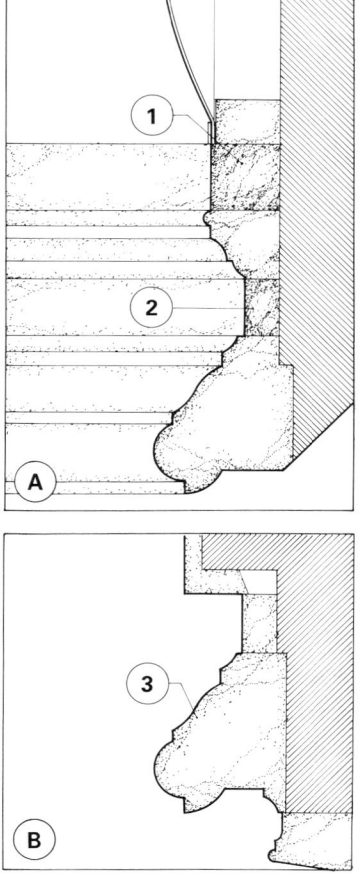

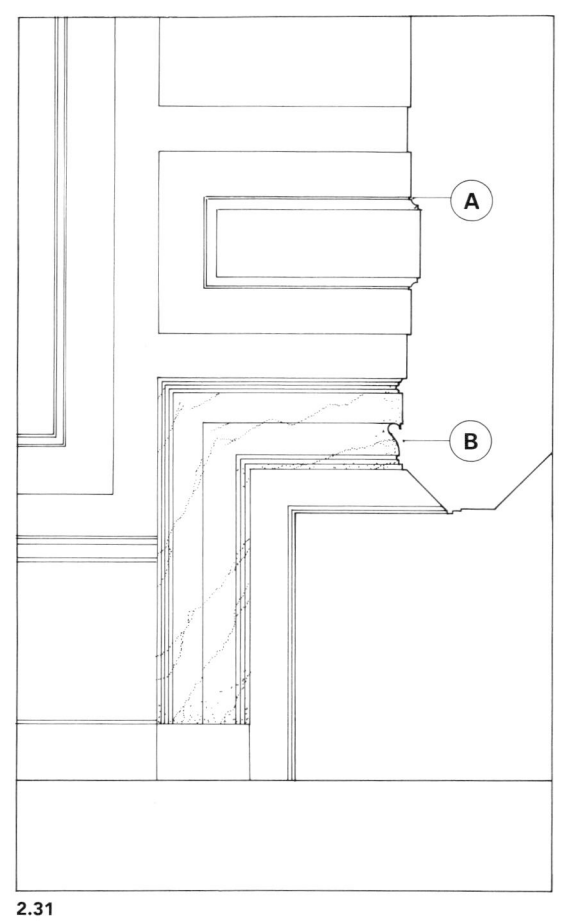

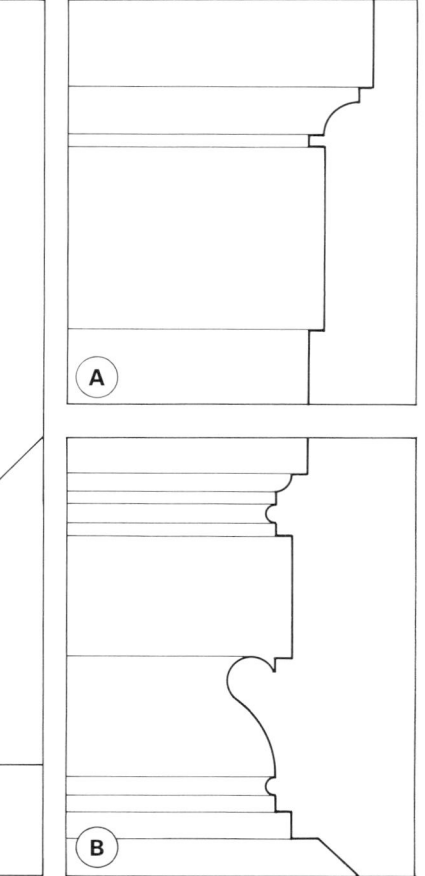

2.30

2.29

2.31

Residenz des Vizekönigs
Edwin Lutyens
New Delhi, 1929

2.28 **Kamin im privaten Speisezimmer**
(Country Life)

2.29 **Kamin im Gästeschlafzimmer**
A   Oberes Profil.
    1 Konvexer Spiegel, mit Messingschrauben befestigt.
    2 Grauer Marmor.
    3 Weißer Marmor.
B   Seitliches Profil. Lutyens' Profile treppen sich nicht wie üblich zur Kaminöffnung hin ab, sondern von ihr weg. Diese Methode ist in georgianischen Häusern zwar auch anzutreffen, aber Lutyens machte sie sich ganz besonders zu eigen.
(Butler, The Lutyens Memorial, Band II, Tafel LXXIII)

2.30 **Kenotaph**
E. Lutyens, London

2.31 **Bank of Montreal**
McKim, Mead & White
Kamindetail.
A   Oberes Profil aus Marmor, verputzt.
B   Umlaufendes Profil. Man vergleiche das Formprinzip dieses Profils mit Abb. 2.29.
(New York Historical Society)

2.32 **Auskragender Stein in indischer Bauweise**
(Nach Edwin Lutyens an Emily Lutyens, 4. Juni 1912)

2.33 **Sich herausschiebendes Sims**
(Nach E. Lutyens an H. Baker, 1. Februar 1910)

2.32

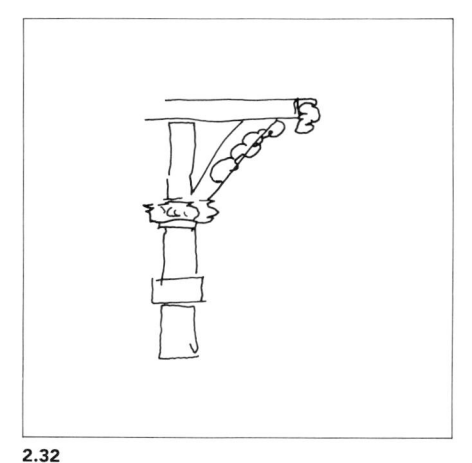

2.33

Boden zu bringen, negiert wird. Dieser Effekt wird durch die Verwendung von Ziegeln oder einem weich wirkenden Material für den Sockel akzentuiert, wo die Logik eigentlich den schwereren Betonstein verlangt. Diese Strategie, mit der die symbolische Funktion der Ornamente gesteigert und ihre konstruktive Funktion verleugnet wird, indem sie auf zwei Dimensionen reduziert werden, wurde früher schon von Otto Wagner eingesetzt und findet sich später bei Robert Venturi; Lutyens verflachte allerdings die Elemente nicht, sondern setzte sie nur zurück. Er ließ es nie zu, daß der skulpturale Charakter eines Details zerstört wurde.

Das Denkmal in Thiepval erhält seinen Charakter gleichermaßen durch die beibehaltenen klassischen Elemente wie durch die eliminierten. Eine der Hauptmöglichkeiten des Ornaments liegt darin, daß es Maßstäblichkeit verleihen kann, was vorrangig geschieht, indem die Ornamente in zunehmender Größe wiederholt werden. Das kleinste der Architravprofile ist gemäß der toskanischen Ordnung korrekt. Wenn dieses an einem größeren Bogen angebracht wird, wird es nicht vergrößert, sondern multipliziert. Die konkaven Profile werden erweitert, indem man sie mit konvexen oder zumindest teilweise konvexen kombiniert; der Ablauf des kleinen Bogens wird z.B. mit einem Kyma-Profil kombiniert. Die Ornamente sind immer durch gerade Kanten oder Hohlkehlen voneinander getrennt, und sie weisen nie dieselbe Größe auf; deshalb ist kein Profil dominant. Da wir die Größe des kleinsten, uns am nächsten liegenden Architravs kennen, können wir die Größe des höheren Architravs einschätzen, wo es am weitesten entfernt ist; seine Ausdehnung wird durch eine Perlenschnur betont. So wie die Größe jedes Architravs zunimmt, erwartet man eine Vergrößerung seiner Vorlage und damit seines Schattens. Aber Lutyens wünschte keinen Vorsprung dieses Ausmaßes, und so setzte er die vorspringenden Elemente zurück, um eine einzige Fläche zu erhalten. Für diesen Übergang war ein Profil erforderlich; Lutyens verwendete den bekannten konvexen Eierstab. Dies ist ein ganz unklassisches Element. Es verletzt alle Regeln durch sein hartes Profil und die Krümmung in falscher Richtung. Es findet sich selten bei klassischen Bauten, aber an fast allen Gebäuden von Lutyens irgendwo.

Der maßstabverleihende Charakter der Architravprofile des Denkmals von Thiepval steht in direktem Gegensatz dazu, daß das gesenkte und manchmal eliminierte Gebälk den Eindruck eines nicht vorhandenen oder konfusen Maßstabs erweckt. Das Ergebnis ist jedoch nicht Widerspruch, sondern Spannung, das wesentliche Merkmal des Denkmals: Spannung zwischen dem Abstrakten und dem Wörtlichen, zwischen den Elementen, die die optische Stabilität des Bauwerks festlegen, und denen, die sie unterminieren, und zwischen jenen Elementen, die die Maßstäblichkeit anzeigen, und denen, die sie leugnen.

DIE MIDLAND BANK
Lutyens' Auftrag für die Midland Bank in Londons Finanzdistrikt sah nur den Entwurf der Fassaden und der größeren Publikumsbereiche vor. Da sich die Bautechnologie wandelte – Stahlstützen und komplette Stahlrahmen waren jetzt allgemein verbreitet –, konnte die Sprache, die Lutyens bei Bauten mit tragenden Wänden, wie in Heathcote, New Delhi und Thiepval, entwickelt hatte, hier nicht mit dem Anspruch auf traditionelle Rationalität eingesetzt werden. Außerdem war er nicht frei, den Innenraum im Verhältnis zu den Aufrissen zu manipulieren; deshalb besteht hier keine Beziehung zwischen der Größe und Art der Öffnungen und den Räumen dahinter. Lutyens löste beide Probleme, indem er sie meist ignorierte.

Die Wanddetails der Midland Bank lassen an die Verwandlungen denken, die Lutyens in seinen *Country Houses* durchführte. Die in Heathcote verwendeten Phantomsäulen tauchen im Erdgeschoß der Midland Bank wieder auf *(Abb. 2.36)*. Der Fuß und das Kapitell einer dorischen Säule und die Rustikamauer des Gebäudes greifen ineinander, so daß zwischen Wand und Kolonnade Transparenz entsteht. Butler hat beschrieben, wie Lutyens diese Säulen über die normalen palladianischen Proportionen hinaus verdickte, damit das Gebäude an der Basis massiver wirkte. Während diese Säulen ein vollständiges Gebälk aufweisen, hat das Gebäude selbst kein Gesims, was an Ednaston Manor erinnert. Die Tendenz, die Masse des Gebäudes an der Basis zu verstärken und im oberen Teil Masse und Detail zu verringern, wird durch eine Reihe von anderen Verwandlungen hervorgehoben. Abgesehen von zahlreichen Zurücksetzungen verjüngt sich die Mauer, so daß sie sich von der Straße wegneigt.

2.34

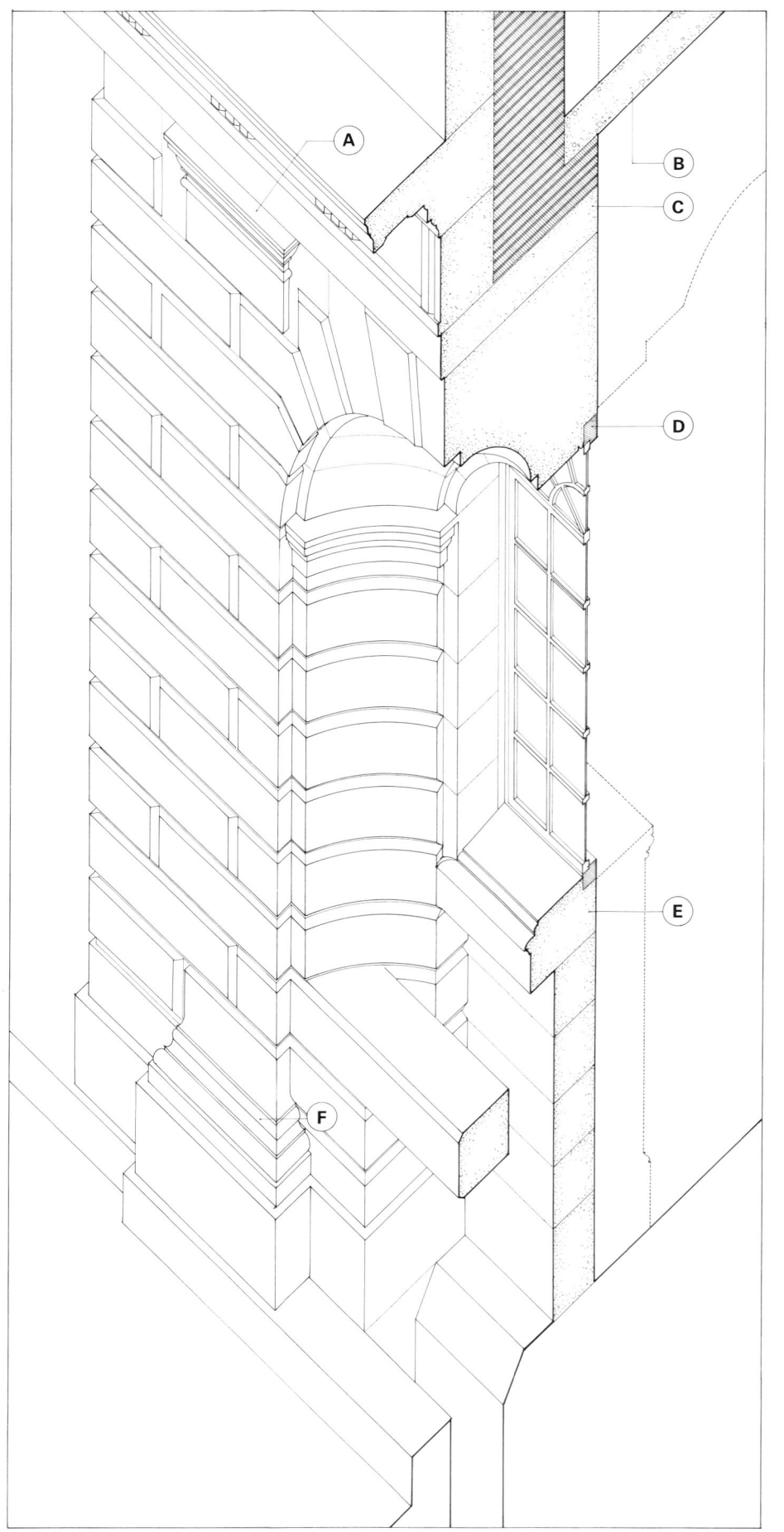

2.35

2.36

Midland Bank
Edwin Lutyens
London, 1924 – 1939

2.34 **Außenansicht**

2.35 **Fassadenausschnitt**

2.36 **Fassadenschnitt im Sockelbereich**
A Dorisches Kapitell. Lutyens reduzierte die Höhe und Plastik des Kapitells. Dies ist ein Beispiel, wie er Details auseinanderzog („teleskopierte") oder reduzierte, und wie er sie kombinierte.
B Deckenkonstruktion. Das Gebäude hat einen vollständigen Stahlrahmen mit Decken aus Verbundbeton und Stahl.
C Ziegelmauer, mit Betonstein verkleidet. Jede Steinlage ist um 3 mm flacher als die darunterliegende.
D Holzfenster.
E Betonsteinsims.
F Dorische Basis. Die Basis und das Kapitell bilden eine angedeutete dorische Säule, die 7 1/2 anstatt 8 Säulendurchmesser hoch ist, was die Säule massiver erscheinen läßt.
(Butler, *The Lutyens Memorial*, Band III, Tafeln XXXIV und XXXV)

Die senkrechten Natursteinlagen, die von gleichmäßiger Höhe zu sein scheinen, wurden bei jeder Lage um 3 mm reduziert. All diese Maßnahmen sollen die Masse und Stabilität der Mauer auf Straßenniveau betonen und den Maßstab im oberen Teil des Gebäudes verleugnen.

Die Meinungen zum Resultat gehen weit auseinander. Butler und Hussey, die Autoren der offiziellen Lutyens-Biographie und der Gedenkbände, hielten die Midland Bank für eines seiner besten Werke. Für die Moderne war es ein Beispiel für alles, was an der traditionellen Architektur nicht stimmte: ein Stahlrahmengebäude, hinter einer scheinbaren Stütze-Last-Konstruktion versteckt. Zeitgenössische Bewunderer von Lutyens' Werk wie Gradidge meinten, daß die Midland Bank bei weitem nicht die Qualität seiner anderen Gebäude aufweise.

Lutyens änderte nicht seine Formen, um sie der neuen Technologie anzupassen, sondern er änderte seine Ideen entsprechend seinen Formen. In Indien hatte er das Taj Mahal kritisiert, weil Konstruktion und Außengestaltung mit Verblendungen keine Einheit bildeten, und als Reaktion darauf hatte er die Residenz des Vizekönigs im monolithischen Stil des westlichen Klassizismus gebaut. Aber 1932 argumentierte er, daß der traditionelle klassische Bau nicht monolithisch, sondern verblendet sei: „Den Prototyp des Stahlrahmengebäudes findet man in Bath und andernorts, wo die Holzrahmen von – viel bewunderten – Reihenhäusern mit mechanischen Steinplatten behängt sind, um Haustein darzustellen."[16] Lutyens argumentierte, mit einiger Rechtfertigung, wenn seine Häuser ihre wahre Konstruktion verbargen, so gelte dies auch für die meisten modernen Gebäude: „Viele der sogenannten modernen Betonbauten sind aus Ziegel und Putz und sehen genauso kunstvoll gekleidet aus, als trügen sie traditionelle Kostüme."[17]

MIDDLETON PARK
Nach 1914 war die große Zeit der englischen Herrschaftshäuser vorbei, und Lutyens erhielt viel weniger Aufträge für Häuser. Er war mit größeren Projekten wie New Delhi und der Kathedrale von Liverpool beschäftigt, und bis auf wenige Ausnahmen fehlte den Entwürfen seiner späten Häuser die Raffinesse und Originalität seiner früheren Bauten. Auf die Details trifft dies jedoch nicht zu, weil Lutyens die Techniken, die er für größere Gebäude entwickelt hatte, bei diesen Häusern einsetzte.

Middleton Park, an dem Lutyens' Sohn Robert mitwirkte, wurde 1935 fertiggestellt. Der Entwurf und die allgemeinen Umrisse sind bestenfalls Neuformulierungen alter Themen. Je mehr man sich jedoch diesem Haus nähert, desto mehr sieht man. Ungeachtet der Qualität insgesamt kann man hier innerhalb der Höhe eines Abschnitts sämtliche Verwandlungen finden, die Lutyens für das Denkmal in Thiepval und die Midland Bank entwickelt hatte.

Die bemerkenswerteste Verwandlung ist hier die Zurücknahme in eine Ebene, vor allem an der Westfassade. Sie wird hier, wie bei der Midland Bank, eingesetzt, um ein gegenseitiges Durchdringen des wörtlichen klassischen und des abstrakten geometrischen Elements zu erreichen. Die Bezugsebene wird durch die Bruchsteinflächen der Außenmauer definiert *(Abb. 2.38, 2.39)*. Die einzigen Teile, die über diese Ebene hinausragen, sind die Basen und die Kapitelle der Phantomsäulen (ähnlich denen in Heathcote und an der Midland Bank) sowie das Gebälk darüber. Wie bei Lutyens' größeren Gebäuden und im Gegensatz zu den früheren Häusern erhält die Mauer einen Anlauf von 7,5 cm (Schräge), die äußeren Kanten der Aussparung zu beiden Seiten der Tür bilden eine Seite der Phantomsäulen. Wie in Marshcourt setzt Lutyens die Profile in die Aussparung zurück, so daß sie aus einem massiven Stein herausgeschnitten zu sein scheinen. Die Steineinfassung der Tür aus abwechselnd geformten und ungeformten Winkelsteinen steht senkrecht, die Mauer jedoch nicht; somit nimmt ihr Vorsprung nach oben hin zu. Wie in Thiepval scheint ein abstraktes Bauwerk ein neoklassisches absorbiert zu haben.

Die Tür ist ein Produkt der Inversion. Ihr Grundtyp ist der von Ednaston Manor, aber hier ist der Rahmen in Mauernischen zurückgesetzt. Bei seinen Ziegelbauten betonte Lutyens den Kontrast des weißen Rahmens mit dem Ziegelwerk, indem er so viel von der Fensterrahmenbreite wie möglich bloßlegte. Bei seinen Steinhäusern minimierte er diesen Farbkontrast der Materialien, um den Gegensatz von massiv und hohl hervorzuheben.

2.37

2.38

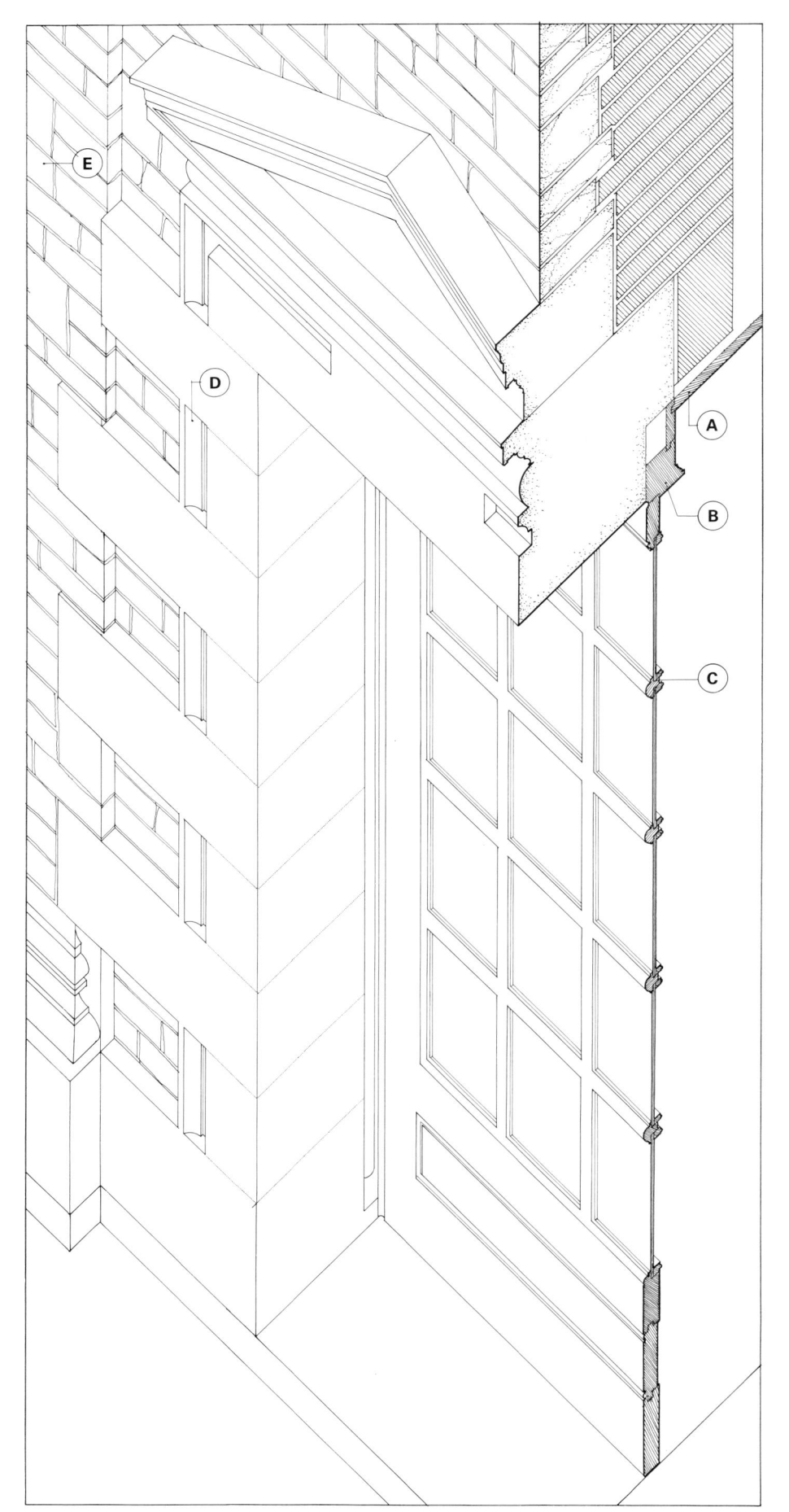

2.39

Middleton Park
Edwin Lutyens
Bicester, Oxford, 1935

2.37 Außenansicht
(James Cox, Betty Hill)

2.38 Eingangssituation
(Country Life)

2.39 Detail der Eingangstür
A Holztäfelung an typischer Wandkonstruktion aus Stein und Ziegel.
B Holztürrahmen.
C Typische Türsprosse. Die Glasleisten sind hier auf eine Weise umgekehrt profiliert, die an Wright denken läßt, da sie vorspringen und nicht zurücktreten.
D Türgewände; am Sockel ist es mit der Wandfläche bündig und bleibt wie der Türrahmen vollkommen senkrecht, während die Wände dossiert sind, so daß das Profil immer mehr aus der Wand herauswächst.
E Säulenbasis. Lutyens setzt wieder die "Phantomsäule" ein, die nur durch eine Kapitellbasis definiert wird. Das rauhe Steinwerk besteht aus Clipsham-Stein aus Rutland.
(Butler, The Lutyens Memorial, Band I, Tafel LXXXIX)

NACHGEDANKEN

Lutyens fand sich nie ganz mit dem technologischen Wandel, der sich während seines Lebens vollzogen hatte, ab. Aber er mußte mehr als eine neue Technologie verkraften: die Kritik der Moderne, laut der er diese Technologie nicht „auszudrücken" verstand. Wäre seine Karriere anders verlaufen, hätte er seine ersten großen Gebäude in London und nicht in New Delhi gebaut. Und wäre er von Anfang an gezwungen gewesen, große Bürogebäude mit Stahlrahmen zu entwerfen, hätte er auf die neuen Bauten vielleicht ähnlich wie Wagner oder Perret reagiert, was aber zu bezweifeln ist. Lutyens war am Charakter der Konstruktion interessiert. Seine frühen Häuser sind genauso „ehrlich" wie die von Webb und mehr noch als die von Shaw. Auf jeden Fall aber war er in Indien am Charakter der Konstruktion interessiert; für ihn war New Delhi eine Qualitätsdemonstration der europäischen Bauweise und des Handwerks. Was die Midland Bank betraf, so war er auf seine Weise auch hier an der Konstruktion interessiert, aber sein Interesse galt der *Sprache des Bauens*, nicht seiner Realität.

Später schrieb Lutyens wiederholt von der „Grammatik" eines Architekturstils und davon, daß Stil mit der Handwerkstradition synonym sei. Wäre ein Architekturstil erst einmal festgelegt, würde er zur Sprache mit einer eigenen Grammatik werden. Ob Stil und Grammatik in der Architektur das Resultat von Traditionen des Handwerks und der Materialien sind oder nicht (eine ungewöhnliche Aussage von einem, der als Klassizist galt) und ob Lutyens dies wirklich glaubte oder nicht – zweifellos war das Konzept der Sprache für Lutyens' Architektur wesentlich.

Obwohl er bereit war, verschiedene traditionelle Architektursprachen gleichzeitig einzusetzen, war er weniger bereit, die traditionellen Sprachen mit der modernen zu kombinieren oder letztere in die erstere umzuwandeln. 1931 schrieb er, daß „die unglücklichsten Produktionen [moderner Architektur] da zu finden sind, wo ein Architekt Traditionalismus und Moderne zu kombinieren versucht hat".[18] Für Lutyens stand rationales Bauen in der Tradition des Klassizismus, für Pugin in der Tradition der Gotik. Aber für eine dritte und vielleicht die wichtigste Gruppe war rationales Bauen die Sprache der regionalen Tradition.

3 Frank Lloyd Wright: Die Zeit der Präriehäuser

Gleichgültig, ob Hemingway wirklich je gesagt hat, daß Oak Park voll „breiter Rasen und engem Denken" sei – der Spruch macht seine Einstellung jedenfalls deutlich. Vierzig Jahre lang behauptete er, daß er diesen Ort hasse und ihm mehr als einmal entflohen sei.
Kenneth S. Lynn

1912 besprach Montgomery Schuyler für den *Architectural Record* das kurz davor erschienene Wasmuth-Portfolio über Wrights Arbeiten. Schuylers Rezension – im großen und ganzen positiv – brachte die Mängel von Wrights Detailbehandlung zum Ausdruck: „Die Schwäche [der Entwürfe] ist für jeden geübten Betrachter augenfällig. Jene funktionalen Veränderungen von Oberfläche oder Linie, meist mit Hilfe von Profilen, die ein Fundament bilden, eine Gliederung hervorheben, einen Übergang mildern oder verschärfen sollen, um einen Vorsprung oder eine Aussparung zu markieren, und die in jeder künstlerischen Bauweise, angefangen mit der ägyptischen, vorgenommen worden sind, fehlen hier fast gänzlich. ... Die völlig unmodellierten Übergänge erwecken den Anschein von etwas Grobem, Unvollkommenem, Unfertigem. Die Gebäude sehen 'entworfen' und unfertig aus und scheinen auf ihre Fertigstellung zu warten."[1] Schuyler stand mit dieser Empfindung nicht alleine da. C. R. Ashbee schrieb in seiner Einführung zum selben Buch von „einer gewissen Unfruchtbarkeit und Sterilität des Details ... einer gewissen Mißachtung der intimen und persönlichen Dinge, die ein Gebäude liebenswert machen, durch das Opfern der Zartheit für die Integrität"[2], und Russell Sturgis schrieb über das Larkin Building: „Ein außerordentlich häßlicher Bau. Es ist tatsächlich ein peinliches Monster, wenn wir allein seine Linien und Massen betrachten. ... In diesem Gebäude finden wir keine der vertrauten Motive – jene akzeptierten Details, die für uns Architektur sind."[3]

Es ist nicht verwunderlich, daß Wright seinerzeit mit negativer Kritik bedacht wurde, Schuyler, Ashbee und Sturgis waren jedoch keine Reaktionäre. Sie waren – in unterschiedlichem Maße – progressive Kritiker, und Schuyler und Ashbee waren Verfechter von Wright. Ashbee war ein maßgebendes Mitglied der englischen Arts and Crafts-Bewegung. Im gleichen Jahr schrieb Wright an ihn: „Sie können mich zu Ihren besten Freunden und Bewunderern zählen."[4] Und 1914 sagte Wright über Schuyler: „Als ... ich für meine Ideen eintrat, allein auf meinem Gebiet, war die Sache uneinträglich ... wurde gering geschätzt und lächerlich gemacht; Montgomery Schuyler war damals die einzige beachtenswerte Ausnahme von der Regel."[5] Alle drei Männer bewunderten die Abwesenheit von wörtlichen historischen Bezügen in Wrights Werk, aber alle drei betrachteten auch das harte geometrische Schmuckelement als Schwachstelle einer Arbeit, die sie im übrigen vortrefflich fanden.

Die Vorbehalte von Wrights frühen Kritikern sind vergessen, und zwar in erster Linie, weil die Kritiker der Moderne in der geometrischen Einfachheit des Ornaments

3.1

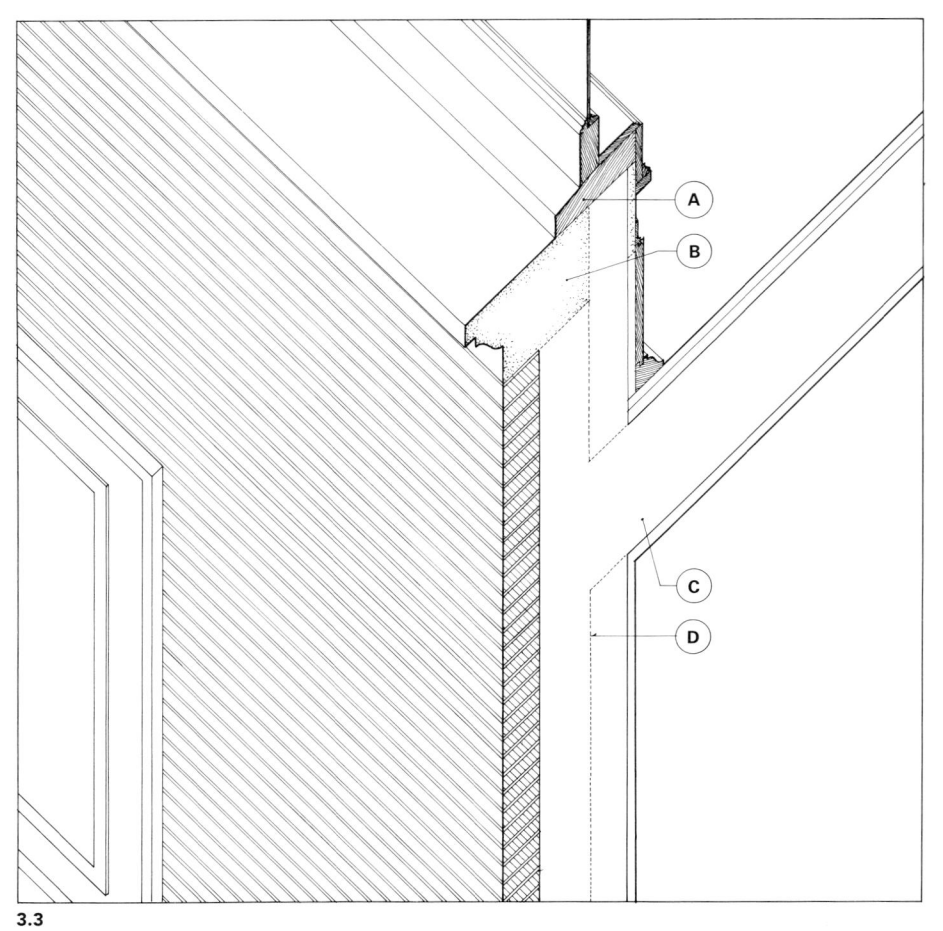

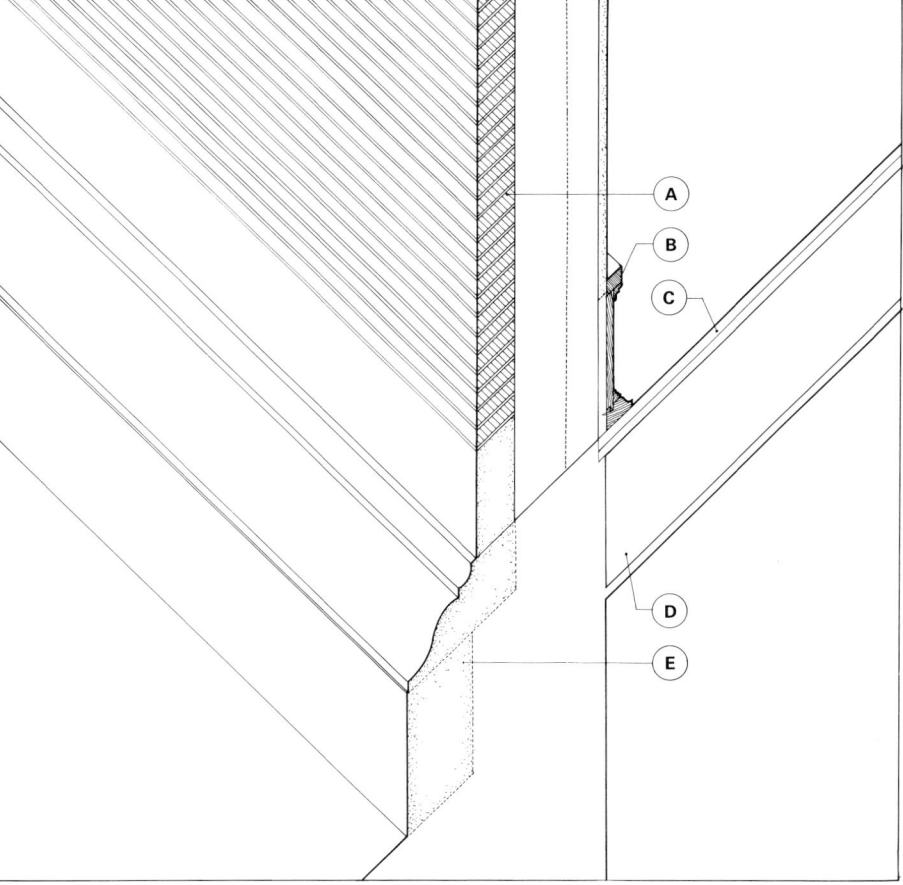

3.2

3.3

3.4

Haus W. Winslow
Frank Lloyd Wright
River Forest, Illinois, 1893

3.1 Außenansicht

3.2 Fassadenausschnitt

3.3 **Fassadenschnitt unter dem Fenster**
A Doppel-Vertikal-Holzschiebefenster mit Verzierung.
B Steingesims. Man beachte die geschwungene Hohlkehle, die die vorspringende Fensterbank optisch unterstützen soll. Wright vereinfachte dieses Detail bei seinen späteren Häusern und ließ es schließlich weg.
C Decken- und Fußbodenkonstruktion: Boden auf Unterbau mit Holzbalken, darunter Putz.
D Holzständer. Das Haus ist ein Geschoßrahmenbau mit Holzverschalung.
(Frank Lloyd Wright Foundation, Zeichnung 9305.11, HABS)

3.4 **Schnitt der Außenwand am Sockel**
A Ziegelverkleidung. Der dünnere "römische" Ziegel erreicht eine stärkere horizontale Linierung.
B Holzfußleiste. Ihre Form bildet in kleinerem Maßstab den steinernen Außensockel nach.
C Holzfußboden und Unterboden.
D Holzbalkendecke.
E Steinsockel (ein typisch klassisches Profil mit horizontaler Betonung).
(Frank Lloyd Wright Foundation, Zeichnung 9305.11, HABS)

---

und der Profile die Ursprünge des Minimalismus und der Abstraktion der modernen Architektur sahen. Wright war schließlich „ein Pionier des modernen Designs", obwohl selbst Nikolaus Pevsner, der das Innere des Larkin Building beschrieb, von „Wrights niemals endendem Verlangen nach harten eckigen Ornamentformen"[6] redete. Wright dachte damals ganz anders, denn er und seine Kritiker sahen im charakteristischen Detail seiner Arbeit ein Beziehen der Ideale der Arts and Crafts-Bewegung auf die Ideale des Klassizismus.

WRIGHT UND DER KLASSIZISMUS
Sturgis machte in seiner ziemlich feindseligen Besprechung des Larkin Building auch darauf aufmerksam, was er in Wrights Detailbehandlung für inadäquat hielt: „... während alles im Hinblick auf praktischen Nutzen ausgeführt worden ist, wurde auch der Versuch zu schmücken, zu verschönern, unternommen. Aber wir haben bereits Grund zur Annahme, daß dieser Versuch gescheitert ist. Was den Versuch und sein Scheitern betrifft, so sehen Sie sich bloß einmal jene merkwürdige Basis an, die unter Ziegelpfeilern auf der rechten Seite *(Abb. 3.5, 3.6)* angebracht wurde; es ist der attische Säulenfuß, der auf seine einfachste Form, die vertraute alte attische Basis, reduziert worden ist, wobei ihre runden Schmuckprofile in die quadratischen Randbänder zurückverwandelt wurden, die sie ursprünglich waren."[7] Die Geschichte urteilte über das Larkin Building anders als Sturgis, aber in dieser Sache muß man ihm recht geben. Die Inspiration für die Säulenbasis war zweifellos klassizistisch.
Es ist schwer für uns, Wrights Werk aus der Zeit vor 1910 zu betrachten und nicht an das zu denken, was später kam, vor allem von Wright selbst. Für Wright war diese Betrachtungsweise später ebenso schwierig. Das meiste schrieb er, nachdem er schon jahrelang von Oak Park weggezogen war, und die Beschreibungen seiner frühen Bauwerke wurden mit der Absicht abgefaßt, Präzedenzfälle für seine spätere Arbeit zu schaffen. All dies vertuscht manch feines Merkmal seiner frühen Gebäude, vor allem, was die Details betrifft. Wright änderte seine Detailbehandlung ziemlich radikal nach 1910 und ließ viele Charakteristika seines Frühwerks in seinen späteren Schriften außer acht.

WRIGHT UND DIE ARTS AND CRAFTS-BEWEGUNG
Nachdem Ashbees Frau Janet Wright 1908 kennengelernt hatte, schrieb sie in ihr Tagebuch: „Lloyd Wright ist ein seltsamer, wunderbarer Mensch, ein radikaler origineller Denker, der in seiner Architektur seine Ideen als Künstler konsequent ausarbeitet und sich nicht um die 'Soziologie' derselben ('sie zerstört' die Kunst) kümmert und Haus um Haus in komischen quadratischen Blöcken errichtet, mit Vierecken und langen geraden Linien als Dekoration. 'Das Mechanische muß genutzt werden und schön sein', sagt er. 'Wir können es nicht ablehnen – wir können nicht zu früheren Bedingungen oder Methoden zurückkehren. Wir müssen die Dinge so einsetzen wie sie sind, um eine neue Schönheit aus augenscheinlicher Häßlichkeit zu schaffen.' Vieles an dieser Bauweise ist zu bizarr [und] fern jeglicher Tradition, um schön zu sein, [und] das Dekor aus Quadraten [und] geometrischen Linien finde ich kleinlich und ruhelos."[8]
Trotz seiner progressiven Ideen zur Maschine genoß Wright als Mitglied der Arts and Crafts-Bewegung ein viel höheres Ansehen als die Brüder Greene. Er war Mitbegründer der Chicago Arts and Crafts Society und Schriftführer von Ashbees British National Trust.

Als er im Hull House einen Vortrag über „das Kunstgewerbe der Maschine" hielt, lud er einige seiner Bauunternehmer in der Hoffnung ein, daß diese „uns sagen, was wir tun können, um ihnen zu helfen".[9] Später in seinem Leben gab er zu verstehen, daß dieser Vortrag, in dem er die Möglichkeiten der Industrialisierung und nicht deren Einschränkungen hervorgehoben hatte, der Chicago Arts and Crafts-Society im besonderen und der Arts and Crafts-Bewegung im allgemeinen gegen den Strich gegangen sei; viele Mitglieder der Bewegung teilten jedoch seine Ansichten. Ashbee schrieb 1900: „Er warf mir auf typisch Chicagoer Art in Sachen Arts & Crafts und den Kreationen der Maschine den Fehdehandschuh hin. 'Mein Gott', sagte er, 'ist die Maschinerie, und die Kunst der Zukunft wird der Ausdruck des einzelnen Künstlers durch die tausend Kräfte der Maschine sein, wobei die Maschine alles macht, was der einzelne Arbeiter nicht machen kann.'... Er war überrascht, wie sehr ich mit ihm übereinstimmte."[10]
H. Allen Brooks stellte fest: „Was die britische Arts and Crafts-Bewegung betrifft, so

3.5

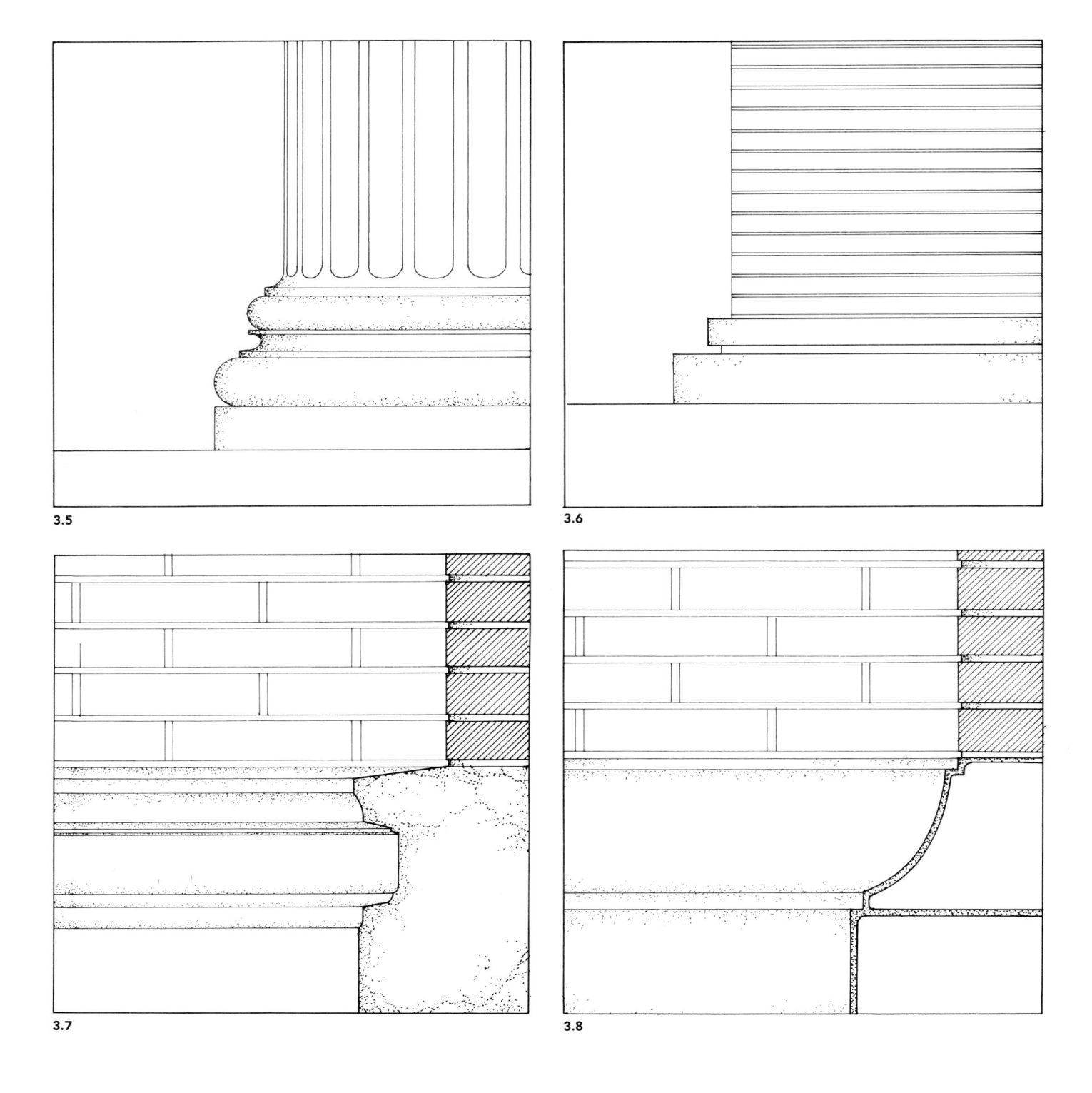

3.6

3.7

3.8

3.5 **Attischer Säulenfuß**

3.6 **Sockelprofil des Larkin Building**
(Frank Lloyd Wright Foundation, Zeichnung 0403.083)

3.7 **Sockelprofil des Hauses J. Charnley,**
Alder and Sullivan (F.L. Wright),
Chicago, 1891. *(HABS)*

3.8 **Sockelprofil der Adams Bank**
Louis Sullivan,
Algona, Iowa, 1913.
(Architectural Record)

waren Wrights Worte absolut revolutionär, aber in Chicago waren sie eine prägnante Wiedergabe des Zeitgeistes."[11]

Ashbees Einführung in das Wasmuth-Portfolio ist merkwürdigerweise nicht besonders schmeichelhaft. Nicht nur, daß er erklärte, Charles Greenes Werke seien ihm lieber, er bezieht auch recht kritisch Stellung zu Wrights Bauten: „Ich habe Gebäude von Frank Lloyd Wright gesehen, die ich am liebsten mit dem Zauberstab berühren würde, und zwar nicht, um ihre Konstruktion in punkto Entwurf, Form oder Skelett zu verändern, sondern um sie in ein lebendigeres und zarteres Element zu kleiden."[12] Aber Ashbee wollte Wrights Häuser nicht wirklich verändert sehen. Für ihn waren sie eine exakte Wiedergabe des Zustands, in dem sich das Handwerk in der Architektur befand. Er fuhr fort: „Ich weiß jedoch nicht wie, und es ist noch nicht die Zeit – auch würde ich es ungern sehen, daß Wright dies selbst täte, weil ich nicht glaube, daß er es könnte; denn um sie so zu kleiden, wäre eine Schule des Handwerks vonnöten, die vom Innenleben Amerikas kündet und ein wenig von der Ruhe und Poesie und Gelehrsamkeit in sich schließt, die unsere englischen Kirchen und Landsitze aus den liebkosenden Händen von Generationen von Handwerkern empfangen haben."[13] Die fehlende Tradition des Handwerks wird, wie Ashbee zu verstehen gibt, noch durch die Werkzeugmaschinen verschärft: „In den Vereinigten Staaten sind in der Tat die Traditionen des Handwerks, auf denen die Künste erklärtermaßen ruhen, stärker von der mechanischen Kraft niedergerissen worden als bei uns in Europa, und die amerikanischen Architekten ... haben noch keinen Weg gefunden, sie wiederherzustellen, ein Äquivalent oder einen Ausgleich zu finden. Man muß Frank Lloyd Wright dafür danken, daß er der erste amerikanische Architekt ist, der bewußt versucht hat, diese Tatsache zum Ausdruck zu bringen und einen Ausgleich zu finden."[14]

Wright war mit Ashbee und den Arts and Crafts-Architekten einer Meinung, daß das maschinell hergestellte Ornament den handgefertigten Charakter zerstört. In seinem Vortrag vor der Arts and Crafts Society sagte er 1901: „Maschinen sind aus keinem anderen Grund, als die Holzschnitzerei des frühen Ideals so getreu wie möglich zu imitieren, erfunden worden – was unmittelbar dazu führte, daß kein Neunundneunzig-Cent-Möbelstück ohne irgendeinen fürchterlichen Pfusch verkäuflich ist, was aber nicht weiter von Bedeutung ist, es sei denn, daß Kunst und Handwerk sich zusammengetan haben, um in den Köpfen der Massen den alten handgeschnitzten Stuhl als das Nonplusultra des Ideals festzusetzen."[15] In derselben Rede diskutiert Wright über die Verwendung von Stein und antwortet jenen Kritikern (u.a. Schuyler und Ashbee), die nach einer Milderung seiner Detailgestaltung mittels Zierprofilen riefen: „In der Steinbearbeitung hat der Steinhobel es möglich gemacht, daß man einer Steinfläche jede beliebige Form oder jede hübsche Struktur verleihen kann, die sich das schlaue Hirn ausdenken mag, und zwar so, wie es niemals mit der Hand möglich gewesen wäre. Was tut er? Er imitiert handgemeißelte Arbeit so getreu wie möglich, er imitiert eigens für Holz adaptierte Profile, macht den großzügigen Gebrauch von meilenlangen bedeutungslosen Bandgesimsen, Kranzgesimsen, Plinthen möglich – dieser riesige Aufwand, über den der Künstler höhnisch lächelt, weil ihm die Feinheit der Berührung fehlt, die sich aus den Unvollkommenheiten der Handarbeit ergeben."[16]

Wright hielt (wie Ashbee) einen harten geradlinigen Dekor, wie beim Larkin Building, für unvermeidlich in einem Land, wo eine Tradition des Bauhandwerks nicht existierte und Stein- und Holzprofile maschinell gefertigt wurden. Im Gegensatz zu Ashbee betrachtete er das Ergebnis jedoch optimistisch. Er meinte, daß diese geometrische Einfachheit, die die Maschine ermöglichte, die Natur der Materialien hervorhob, da das Schnitzen und Formen die Maserung von Holz und Stein verbargen: „Man kann versuchen, die Handschnitzereien der Alten mit diesen Stoffen zu imitieren, verblüfft von der Kunst und Zartheit der Originale, oder man kann den Preßluftmeißel und Motorhobel ansetzen, was zu einem anderen Stil führt, zu einer Verschiebung der geistigen Mitte des Ideals, das jetzt die Verwendung von Stein beim Bau moderner Steinhäuser bestimmt."[17]

Wrights Beschreibung rationalen Bauens im Jahr 1901 war vor allem eine soziologische. So wie sich sein Verhältnis zur Gesellschaft verändern sollte, veränderte sich auch seine Verteidigung des abstrakten Charakters seines Details.

3.9

3.10

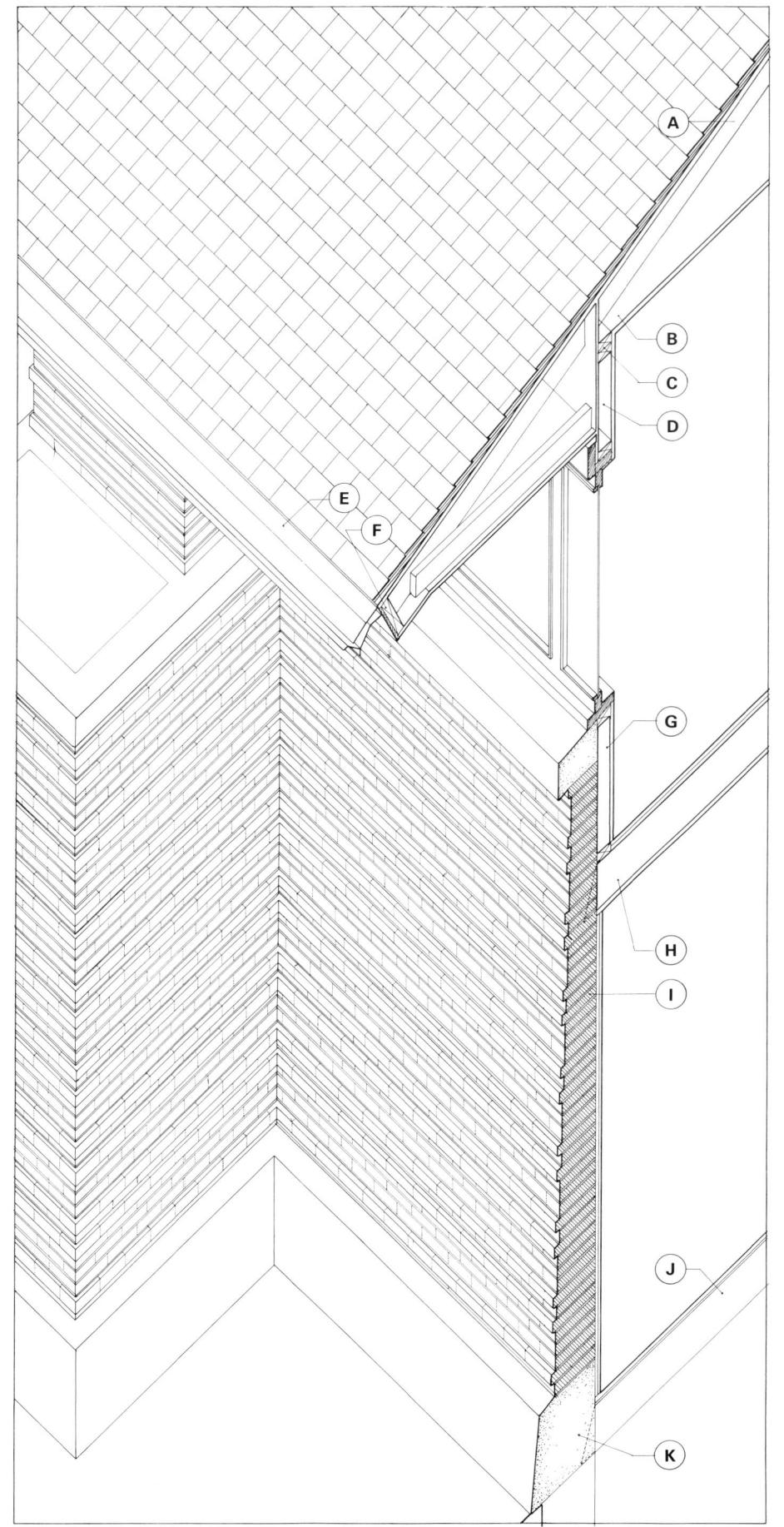

3.11

Haus A. Heurtley
Frank Lloyd Wright
Oak Park, Illinois, 1902

3.9 Außenansicht

3.10 Gebäudeecke

3.11 **Fassadenschnitt**
A Dachkonstruktion: Ziegel auf 25 mm dicker Holzschalung auf Holzsparren 5 x 15 cm.
B Holzdeckenbalken.
C Zwei Auflagerhölzer 5 x 10 cm.
D Holzständerwand. Der obere Abschluß ist, wie üblich bei Geschoßrahmenkonstruktionen, aus 5 x 10 cm Hölzern. Wright vermied bei diesem Haus die Verwendung von sichtbaren echten oder unechten Mauerstürzen.
E Dachrinne. Sie sollten abgerundet oder abgeschrägt sein und nicht rechtwinklig, um Schäden durch die Ausdehnung gefrierenden Wassers zu vermeiden. In den Präriehäusern vergrößert Wright die gerundete oder abgeschrägte Form zu einem Dreieck. Die scharfen Kanten verkleinern aber die augenscheinliche optische Größe der Dachrinne.
F Traufbrett aus Holz.
G Ständerwand aus 5 x 10 cm-Hölzern.
H Deckenkonstruktion: Holzunterboden und Balken, die auf dem Mauerwerk aufliegen.
I Ziegelmauer. Die Mauer verjüngt sich, so daß sie in Bodennähe am dicksten ist, wo die Last am größten ist – bei diesem kleinen Gebäude eine Form ohne konstruktive Notwendigkeit. Die vorspringenden Ziegelbänder sind vielleicht eine Betonung der jeweils dazwischenliegenden Binderschicht, bei der die kurze Seite der Ziegel sichtbar ist.
J Fußbodenkonstruktion: Holzfußboden mit 25 mm dickem Holzleisten-Unterboden auf Balken 5 x 25 cm im Achsabstand von 40 cm.
K Steinsockel. Wie die Mauer verjüngt sich der Sockel, um die Massivität des Hauses zu vergrößern.
(Frank Lloyd Wright Foundation, Zeichnung 0204.011)

KONSTRUKTIVER RATIONALISMUS UND ORNAMENTIERUNG

Ashbee, der 1911 darüber schrieb, was für ihn und – wie er meinte – für Wright und die anderen Arts and Crafts-Architekten rationales Bauen bedeutete, sagte: „Wir hüten gemeinsam das Licht der Wahrheit. Wir sind mit Frank Lloyd Wright einer Meinung, daß ein Bauwerk für sich selbst sprechen sollte, daß Eisen zum Dienst des Menschen da ist, daß er aber lernen muß, es richtig zu gebrauchen und nicht zu lügen oder zu betrügen."[18]

Wright glaubte sicherlich an das Licht der Wahrheit, aber was war ein ehrliches Gebäude, insbesondere aus Holz? Für die gotischen Rationalisten bedeutete Ehrlichkeit, daß tragende Teile monolithische Sichtelemente ohne Verblendungen oder Verkleidungen zu sein hatten. Auch die Arts and Crafts-Architekten zogen das monolithische System vor, aber ein analoges System, in dem die wahre Konstruktion verkleidet wurde, war akzeptabel, wenn das dekorative System bezüglich des wahren Charakters des Bauwerks nicht in die Irre führte.

Wir halten Wright für einen konstruktiven Rationalisten, und es ist etwas überraschend zu entdecken, daß seine Arbeit vor 1910 in ihrem konstruktiven Ausdruck eher analog als wörtlich ist. Abgesehen von tragenden Ziegelmauern fehlen sichtbare tragende Teile in seinem frühen Werk fast vollständig. Man kann beim Haus Martin und beim Larkin Building von Sichtbetonrahmen sprechen, genauer betrachtet handelt es sich jedoch um Verbundrahmen – verschiedene Stahlrahmen, mit Beton verkleidet und verdeckt. Sichtbare Holz- oder Stahlteile des Rahmentragwerks tauchen erst in den zwanziger Jahren bei Wrights Bauten auf. Wenn wir das Bloßlegen dieser Elemente als Kriterium für den konstruktiven Rationalismus oder die Moderne benutzen, müssen wir Henri Labrouste für weit moderner als Wright ansehen.

Die Gleichsetzung von Sichtbauweise mit rationalem Bauen sollte einer der großen Irrtümer der Moderne werden. Vielleicht läßt sich Wrights Genie daran messen, daß er sich diesem Dogma erst sehr spät unterwarf. Ironischerweise ist die Tatsache, daß er sich in dieser Zeit fast ausschließlich mit analogen Systemen befaßte, wahrscheinlich auf den Einfluß eines Architekten zurückzuführen, der weniger am konstruktiven Rationalismus interessiert war als die meisten seiner Zeitgenossen: Louis Sullivan.

Sowohl Wright als auch Sullivan sprachen vom Dekor als etwas Überschäumendem, etwas, das aus und nicht auf dem Material war. Sullivan löste das Ornament aus vielen seiner traditionellen Einsatzmöglichkeiten. Das traditionelle Ornament bestand aus Zierprofilen, wie dem konvexen Stab mit oder ohne Zusätze wie dem Eierstab. Diese Profile wurden benutzt, um Anschlüsse zu verdecken, Vorsprünge zu stützen und Übergänge zu mildern. In dem Maße, wie Sullivans Stil sich entwickelte, setzte er zu diesen Zwecken immer weniger Ornamentierung ein. In Sullivans späteren Werken tauchen Ornamente (besonders aus Terrakotta) auf ebenen Flächen auf und gehen entweder glatt über Fugen und Ecken hinweg oder vermeiden sie ganz und gar. Gesimse, Kapitelle, Sockelleisten und Scheitelprofile verschwinden oder werden streng geometrisch.

Die Entwicklung von Wrights Ornamentik verläuft parallel zu seiner Beziehung zu Sullivan, von der Imitation zur Ablehnung bis hin zur erneuten Akzeptanz. Viele seiner frühen, vor 1900 entstandenen Dekors sind sullivanisch in Form und Stil, aber schon beim Haus Winslow wird das klassische Konzept der Profile als Übergänge erneut bestätigt (obwohl es eine höchst persönliche Reinterpretation des klassischen Ornaments ist). Im Haus Martin aus dem Jahre 1904 beginnen die Ornamente und Zierprofile (in Wrights Terminologie) „plastisch" zu werden und sich von Fugen, Ecken und Kanten zu entfernen, die in reiner, wenn nicht brutaler geometrischer Einfachheit belassen werden. Diese Ornamentik war das Gegenteil von Sullivans Stil, da sie im Gegensatz zu Sullivans abstrakten, aber gewundenen Interpretationen von Pflanzenformen völlig geometrisch war. Im Konzept und in der Art, wie sie eingesetzt wurde, war sie jedoch damit identisch. Ein weiterer primärer Einfluß Sullivans bezog sich indirekt auf Wrights Ideen zum konstruktiven Ausdruck. Sullivan hatte wenig oder gar kein Interesse an der – realen oder symbolischen – Konstruktion, und freiliegende tragende Teile sind selten in seinen Werken, aber er vermachte Wright die Vorstellung eines ausdrucksvoll verkleideten Baus.

Wright schrieb 1901: „Der Stahlrahmen ist als legitime Basis für eine einfache ehrliche Bekleidung aus Kunststoff anerkannt worden, die seine Funktion idealisiert, ohne

3.12

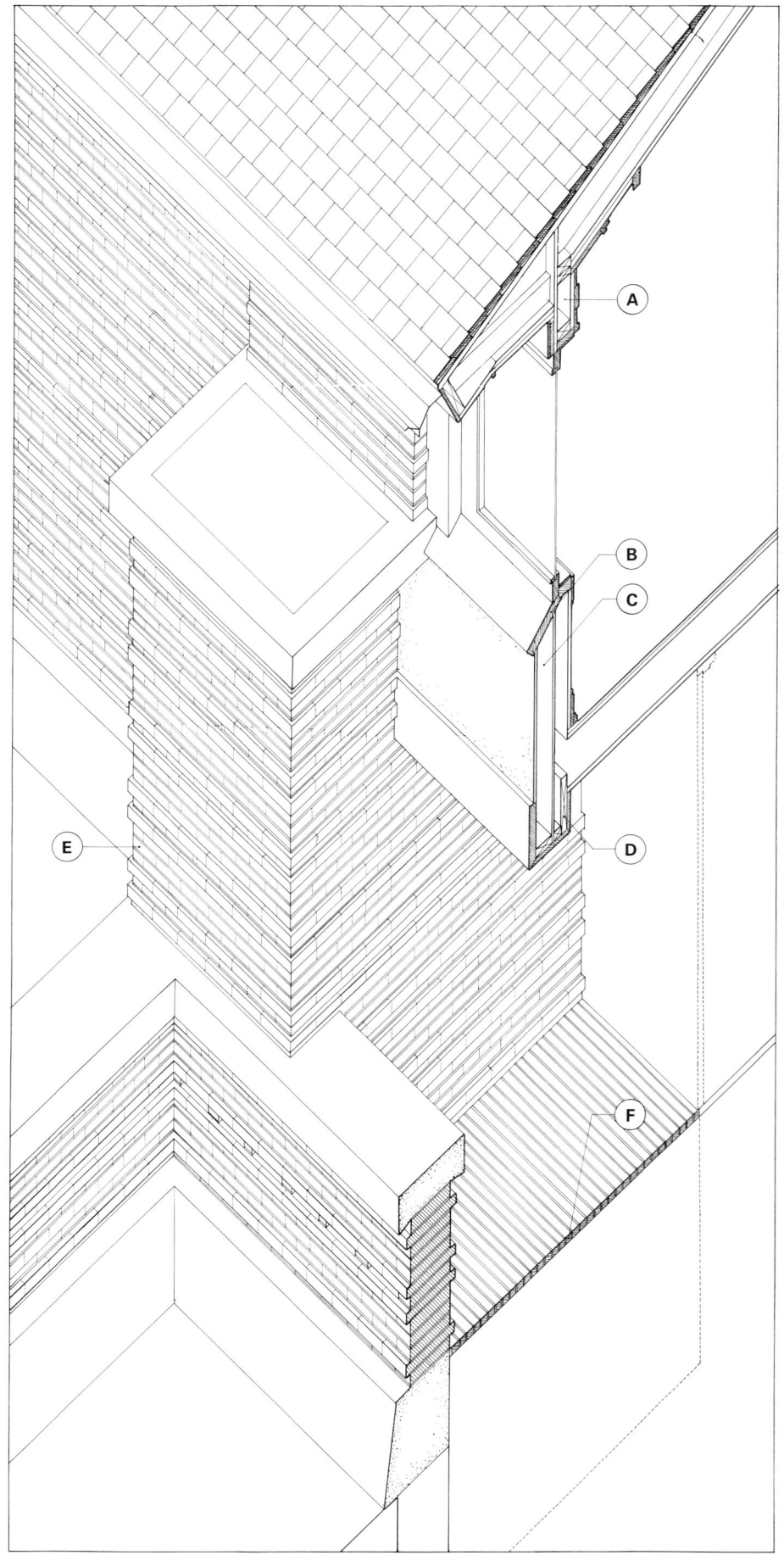

3.13

3.14

Haus A. Heurtley
Frank Lloyd Wright
Oak Park, Illinois, 1902

3.12 Innenansicht des Wohnzimmers
(Herbert Barnett)

3.13 Fassadenausschnitt

3.14 Fassadenschnitt mit Balkon
A   Holzständerrahmen 5 x 10 cm über Öffnung mit Holzverkleidung und Glattputz.
B   Holzsolbank. Die Neigung dieses Brettes ist viel stärker als die der angrenzenden Fenster im Mauerwerk.
C   Wandkonstruktion: zwei hintereinanderliegende Holzständerwerke mit dazwischenliegender Holzschalung, außen Glattputz. Wright vermeidet es, für das Überspannen großer Öffnungen Mauerwerk zu benutzen; statt dessen verwendet er eine Holzkonstruktion, und zwar doppelt, um sie massiver erscheinen zu lassen.
D   Bohlen 5 x 25 cm zum Stützen der Putzwand. Die Deckenbalken des Balkons werden von den Pfeilern darunter getragen.
E   Ziegelpfeiler.
F   Holzrost mit offenen Fugen.
(Frank Lloyd Wright Foundation, Zeichnung 0204.011)

einen anderen konstruktiven Anschein zu erwecken."[19] An diesem Punkt seiner Karriere war er ganz sicher nicht der Meinung, daß das Bloßlegen des Baus für dessen Ausdruck notwendig ist.

In seiner Autobiographie gibt Wright zwei weitere Einflüsse zu: Viollet-le-Ducs *Dictionnaire de l'architecture* und Owen Jones' *Grammar of Ornament*. (Letzteres übte zweifellos auch Einfluß auf Sullivan aus.) Da Wright nicht zu denen gehörte, die Einflüsse bereitwillig akzeptierten, muß sein Eingeständnis ernst genommen werden. Aber die Ansichten dieser beiden zum Ornament und seiner Beziehung zum Tragwerk sind auf viele Arten gegensätzlich und entsprechen den beiden unterschiedlichen Tendenzen in Wrights Ornamentierung, was nicht überrascht. Trotz seiner Vorliebe für die Gotik war Viollet-le-Ducs Einstellung zu den Profilen klassisch. Der Zweck von Ornamenten sei es, schrieb er, eine Basis zu formen, eine Höhe zu markieren, eine Öffnung zu definieren oder eine Vorlage zu stützen – kurz gesagt: Anschlüsse und Übergänge herzustellen. Jones mochte dagegen diesen Aspekt des Klassizismus nicht. Über griechische Ornamente schrieb er:

Dem griechischen Ornament mangelte es an einem der großen Reize, der ein Ornament stets begleiten sollte – Symbolik. Es war bedeutungslos, rein dekorativ, niemals repräsentativ, und man kann es kaum konstruktiv nennen; denn die verschiedenen Elemente eines griechischen Monuments präsentieren vorzüglich gestaltete Flächen, die mit Ornamenten verziert werden konnten, die anfangs aufgemalt und später sowohl geschnitzt als auch aufgemalt wurden. Das Ornament gehörte nicht zur Konstruktion wie bei den Ägyptern: es konnte entfernt werden, und der Bau blieb unverändert. Das Ornament des korinthischen Kapitells ist angefügt, nicht gebaut. Beim ägyptischen ist es anders; dort empfinden wir das ganze Kapitell als Ornament – entfernte man einen Teil, würde das Ganze zerstört.[20]

Im Gegensatz dazu sah Jones bestimmte Arten des gotischen Ornaments als integralen Bestandteil des Bauwerks an. Wright sprach oft vom Gedanken des integralen Ornaments, das zur Oberfläche des Materials gehörte und nicht „auf" ihr war. Sullivan dachte ebenso, und damit wiederholten sie Jones' Forderung nach einem Ornament, das konstruktiv und nicht angefügt sein sollte.

Für Wright wie für Ruskin war es nicht notwendig, das Tragwerk bloßzulegen (oder es gar zum Ausdruck zu bringen). Es war obligatorisch, daß der Bau nicht täuschend verkleidet wurde. Gleichzeitig war es für Wright wesentlich, daß sein Ornament ein integraler Bestandteil, daß es bedeutungsvoll und nicht angefügt war. Als Wright Gebäude wie das Art Institute in Chicago verurteilte, weil es Stahlrahmen hatte, die mit traditionellen Formen verkleidet waren, war er gegen die Verwendung der Formen und nicht gegen die Verkleidung an sich, und in seinem frühen Werk wollte er ein Ornamentsystem entwickeln, das die Konstruktion eher analog als wörtlich beschrieb.

DIE HÄUSER WINSLOW UND HEURTLEY

Das Haus Winslow gehört zu Wrights besten Bauten, ist aber nicht typisch für seine Arbeit. Viele hier benutzte Elemente und Details – die symmetrische Fassade, die zentrierte Eingangstür, Doppelschiebefenster und Holzbogen – sind bei Wrights ausgereiften Präriehäusern nicht zu finden und sind auf vielfältige Weise widersprüchlich. Das Haus Winslow hat einen hölzernen Geschoßrahmen mit Ziegelverblendung, ein Konstruktionssystem, das Wright später nur noch selten verwendete, weil er einen mit Ziegeln verkleideten Holzrahmen wohl für „unehrlich" hielt. Und im Gegensatz zu den späteren Gebäuden gibt es weder innen noch außerhalb ein Detail, das den wahren Charakter der verdeckten Konstruktion zum Ausdruck bringt. Die Details des Hauses Winslow sind auch mit ihrem wörtlichen Gebrauch klassischer Elemente untypisch. Sie verdienen jedoch, genauer betrachtet zu werden, da die abstrakten Details der Präriehäuser daraus entstanden.

Hätte Sturgis das Haus Winslow eingehender untersucht, hätte er viel Bewundernswertes gefunden. Es weist genau jene Qualitäten auf, die er in Wrights reiferem Werk und besonders im Larkin Building vermißte. Vom Klassizismus abgeleitete Profile werden freizügig verwendet, um „ein Fundament zu bilden, eine Gliederung hervorzuheben, einen Übergang zu mildern oder zu verschärfen" und um „zartes Licht und Schatten" zu erzeugen.[21] Gleichzeitig hatte Wright bereits damit begonnen, diese klassischen Details in etwas wirklich Eigenes umzuwandeln.

Das Haus Winslow hat mit den anderen Präriehäusern die grundsätzliche Mauergliederung – die „Grammatik", wie Wright es nannte – gemeinsam. Das Haus sitzt

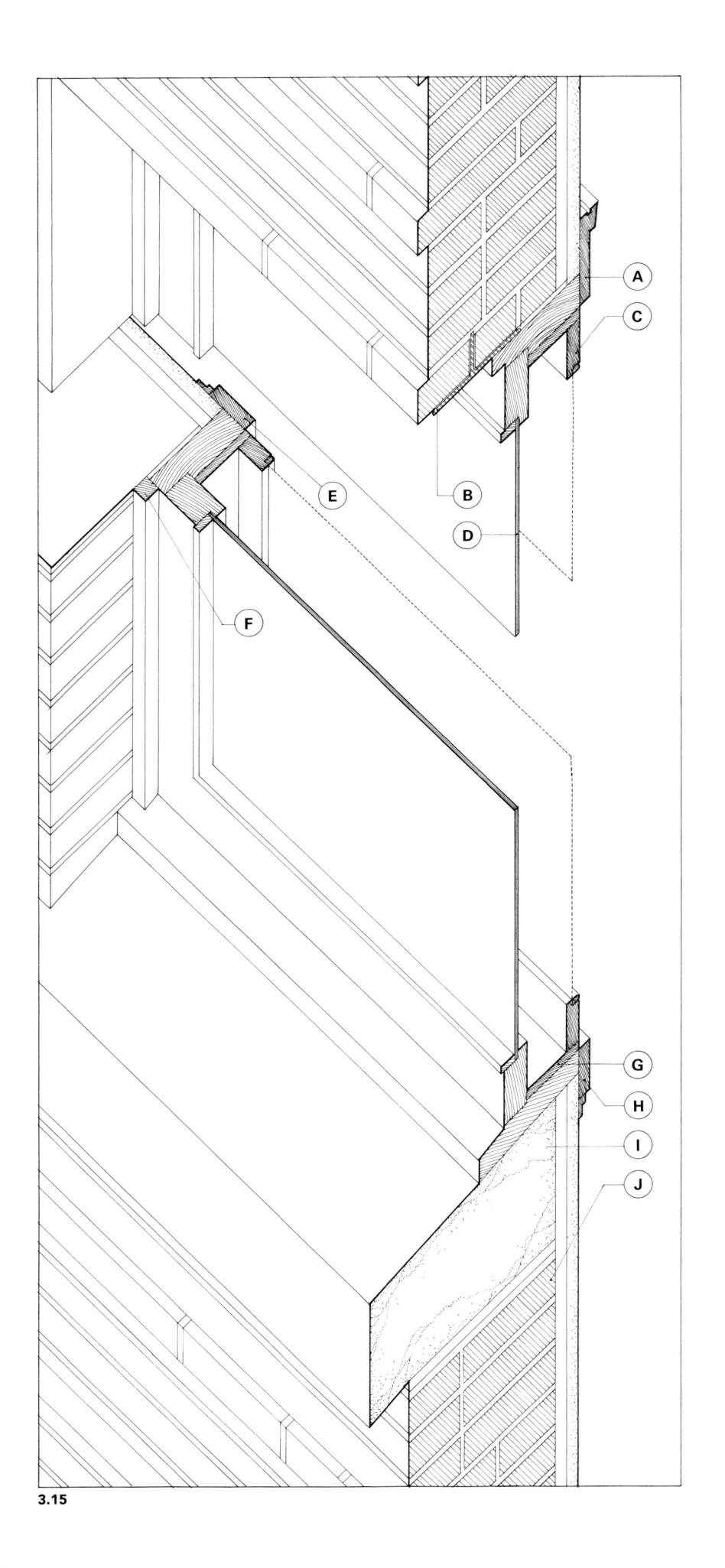

3.15

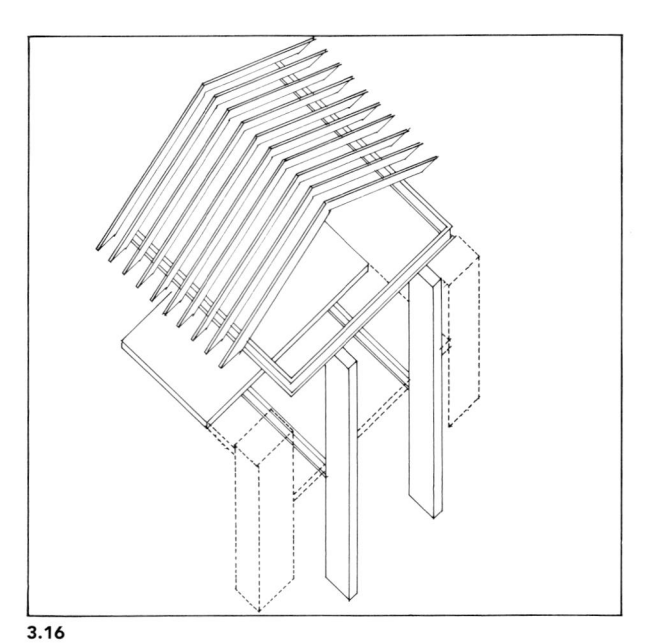

A
C
B
E
D
F

G
H
I
J

3.16

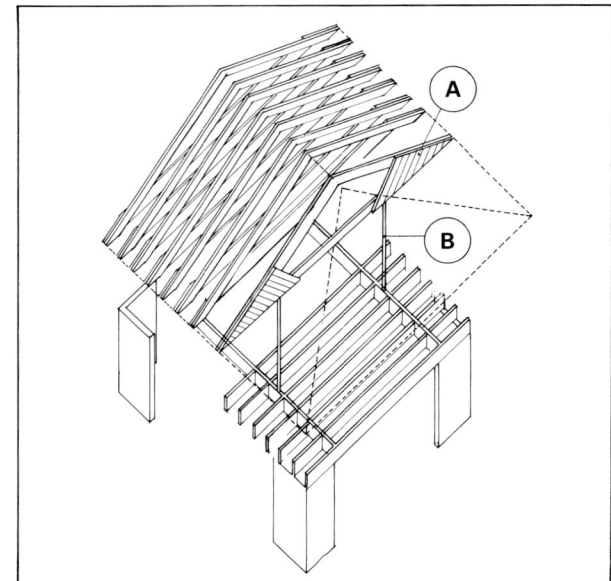

3.17
A
B

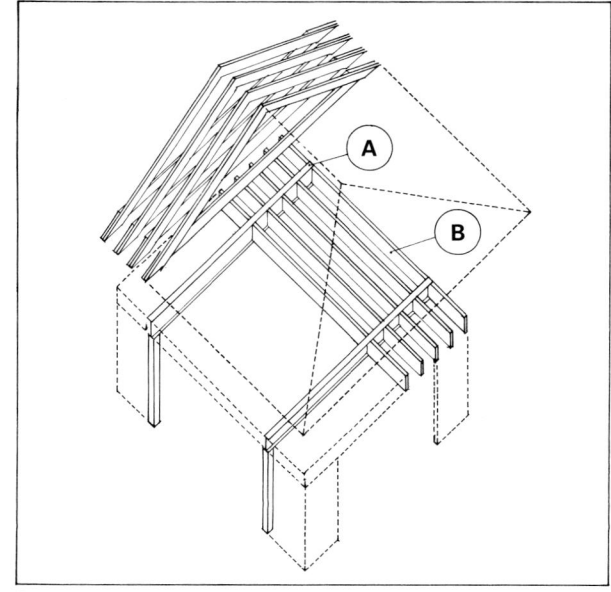

3.18
A
B

Haus A. Heurtley
Frank Lloyd Wright
Oak Park, Illinois, 1902

3.15 Fensterschnitt
A Holzbilderleiste. Sie bildet eine durchgehende horizontale Linie um den Raum herum.
B Stahlsturz. Im Gegensatz zu Wrights anderen Häusern aus dieser Zeit wird der Sturz an der Außenmauer überhaupt nicht gezeigt.
C Fliegengitter im Holzrahmen.
D Nach außen öffnendes Holzflügelfenster.
E Innenholzleiste. Sie deckt die Fuge zwischen Putz und Holzrahmen ab.
F Außenleiste. Sie deckt die Fuge zwischen Mauerwerk und Fenster ab.
G Holzabdeckung der Fensterbank. Wie bei vielen Holzfenstern werden hier zwei Holzbehandlungsarten verwendet; außen Farbanstrich, innen Lasur.
H Innenholzleiste. Das Profil der Holzleiste gleicht dem im Haus Willets.
I Steingesims.
J Mauerwerk.
(Frank Lloyd Wright Foundation, Zeichnung 0204.011)

3.16 Typus Ziegelpfeilerhaus
Prototyp Haus Martin

3.17 Typus Holzkastenhaus
Prototyp der Häuser Bradley und Willets.
A Holzbinder des Dachgeschosses über dem Obergeschoß.
B Hängeprofile aus Stahl tragen die bündigen Holzunterzüge darunter.
(John Eiffler)

3.18 Typus Holzkastenhaus
Haus Willets; ausgeführte Konstruktion.
A Stahlträger und Säule bündig mit den Deckenbalken.
B Holzdeckenbalken.
(John Eiffler)

auf einem vorspringenden Sockel, so daß „alle Teile sowohl für das Auge als auch physisch auf ihren Fundamenten stehen".[22] Die Ziegelmauer erstreckt sich relativ ungebrochen bis zu einem horizontalen Band- oder Gurtgesims an der Fensterbank im Obergeschoß, das zwischen der Fensterbank und dem Dach eine Art Fries bildet. Das Dach ragt weit über die Mauer hinaus, so daß der Fries und die meisten Fenster im Schatten liegen.

Die typische Mauer des Hauses Winslow ist aus orangefarbenen römischen Ziegeln, die genauso breit wie normale Ziegel, aber viel dünner sind. Infolgedessen weist das Haus eine entschieden horizontale Betonung auf. Dies ist ein Verfahren, das wir allgemein mit Wright in Verbindung bringen: bis ins kleinste Detail wird die Horizontale zum Ausdruck gebracht, die Vertikale nicht. Das Haus Winslow ist eine einzigartige Version dieses Verfahrens, da es mit klassischen Elementen versehen ist, die horizontal gedehnt werden. *Abb. 3.4* zeigt den Sockel des Hauses Winslow. Wrights Profile verwenden – wie ein typisches klassisches Profil – das Kymation in Verbindung mit einem kleineren konkaven Viertelstab, aber sein Profil wird weiter hervorgezogen, um eine größere Vorlage zum Sockel und eine ausgeprägte horizontale Betonung zu erhalten.

Das Profil oben am Bandgesims unter den Fenstern erfüllt Viollet-le-Ducs erstes und drittes Kriterium – eine Höhe markieren und eine Vorlage stützen –, da nicht nur das Profil, sondern der ganze Fries leicht aus der Ziegelmauer vorspringt *(Abb. 3.3)*. Das Profil hier ist auch eine Blattwelle, aber sie ist kleiner und tritt allein auf. Hier sehen wir, daß wie im Klassizismus Profile benutzt werden, um Gewicht zu verleihen und Masse hervorzuheben. Unten, wo das Gewicht größer ist, ist auch das Profil größer. Und wo das konvexe Profil größer wird, wird es durch das Hinzufügen des konkaven Viertelstabs „verdoppelt", um das zu erzeugen, was John Belcher „proportionalen Vergleich – das Erzeugen von scheinbarer Größe durch Hinzufügen eines Kleineren" nannte.[23] Dieses Sockeldetail ist im Klassizismus gebräuchlich, in Wrights Werk aber selten. Die Details des Sockels und der Fensterbank mit Bandgesims beim Haus Heurtley *(Abb. 3.32)* werden, obwohl sie in Größe und Material denen des Hauses Winslow ähneln, zu einfacheren Rechtecken reduziert und nur vergrößert, um die Mauer gegen Wasser zu schützen. Das ergibt die geometrische Strenge, die Ashbee und Sturgis so irritierend fanden. Dieser Verzicht auf Profile gibt Wrights späteren Bauten einen ambivalenten Maßstab, so daß sie größer wirken, als sie tatsächlich sind.

Die Profile des Hauses Winslow unterscheiden sich von Wrights Frühwerk wie von seiner Arbeit mit Sullivan. *Abb. 3.8* zeigt das Sockeldetail von Sullivans Adams Bank, *Abb. 3.4* die Basis des Hauses Winslow. Sullivans Profil (in Terrakotta anstatt Stein ausgeführt) ist komplex, setzt aber nicht den „Verdoppelungseffekt" des Hauses Winslow ein; es besteht aus einem konkaven Viertelstab, was den Maßstab des Gebäudes wieder etwas uneindeutig macht. Das Sockelprofil des Hauses Winslow wird verdoppelt, und die Wirkung auf unsere Wahrnehmung der Masse des Gebäudes ist beträchtlich, da die konvexe Rundung des Kyma-Profils das Gewicht des Hauses deutlich zum Boden ableitet. Sullivans konkave Basis erreicht das Gegenteil; sie läßt die Adams Bank weniger massiv erscheinen.

Die Innengestaltung des Hauses Winslow setzt das Thema eines horizontal betonten Klassizismus fort. *Abb. 3.30* zeigt eine typische Holzbasis. Wie an der Fassade wandelt Wright auch hier ein klassisches Profil durch horizontale Vergrößerung ab. Man beachte auch, daß der untere Abschnitt des Profils die Steinbasis an der Außenfassade im kleinen Maßstab wiederholt, aber durch das Profil darüber verdoppelt wird, welches wiederum eine abwechselnd konvexe und konkave Fläche bildet. Die gleiche horizontale Abwandlung ist bei anderen Details im ganzen Haus Winslow zu beobachten.

Im Gegensatz zu den Steinprofilen an der Außenwand ist die Innenbehandlung des Hauses Winslow im Verhältnis zur geringen Größe der Elemente sehr komplex. Dies illustriert zwei weitere Axiome der traditionellen Verwendung von Profilen: daß die Innenbehandlung feiner und zarter als die äußere sein sollte und daß alle Ornamente dem Material angemessen sein sollten.

Die Profile im Haus Winslow entsprechen den drei von Viollet-le-Duc beschriebenen Grundfunktionen: Fundamentbildung (Basis), Höhenmarkierung (Bilderleiste über der Tür) und Mildern eines Übergangs (Scheitelprofil). Allerdings schrieb Viollet-le-Duc über das Bauen in Stein; bei Holzhäusern hingegen ist ein Hauptzweck des

3.19

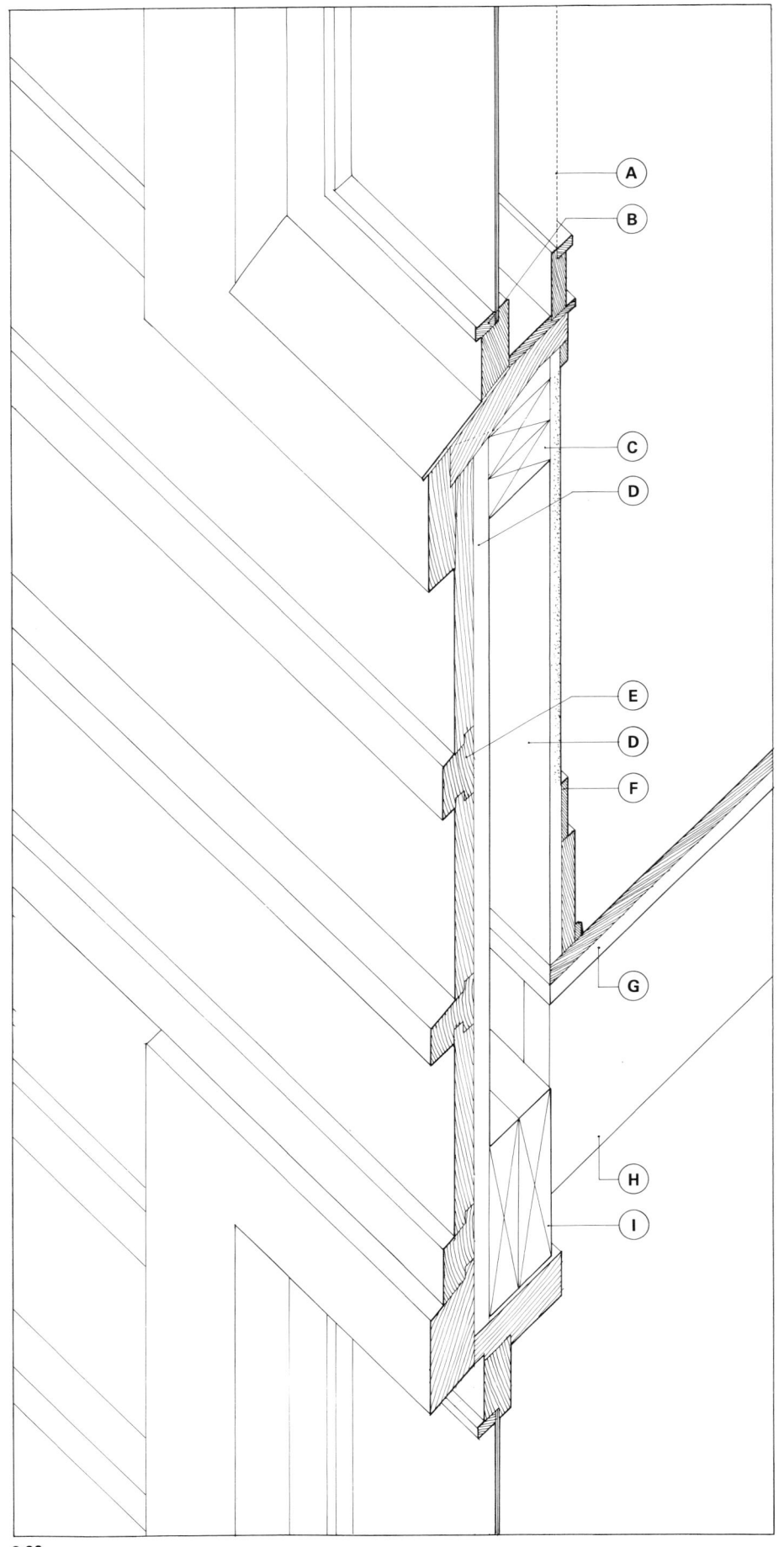

3.21

3.20

Haus W. Glasner
Frank Lloyd Wright
Glencoe, Illinois, 1905

3.19   Außenansicht
       (Art Institute of Chicago)

3.20   **Fassadenschnitt am Fenster**
A   Fliegengitter.
B   Nach außen öffnendes Holzflügelfenster.
C   Zwei Hölzer 5 x 10 cm. Dies ist Teil des Geschoßrahmens, der die Fensteröffnung bildet. Das Holzfenster selbst wurde viel später montiert.
D   Bundstiele 5 x 10 cm, im Achsabstand von 40 cm, mit Verschalung. Damals benuzte Wright Standard-Geschoßrahmen und Großrahmen über zwei Geschosse.
E   Verblendschale. Die Lattenprofile wechseln sich ab mit einem breiten, zurückspringenden und einem schmalen, vorspringenden Profil. Alle sind miteinander verfalzt, um sicherzustellen, daß bei Volumenveränderungen des Holzes durch Temperaturschwankungen und Feuchtigkeit die Fuge geschlossen bleibt.
F   Fußbodenleiste (einfache Version des typischen von Wright abstrahierten klassischen Sockels).
G   Fußboden und Unterbau. Der Unterbau macht den Fußboden eben und verbindet die Deckenbalken konstruktiv miteinander zur Lastverteilung. Damit wird auch gewährleistet, daß die Fußbodenlage erst kurz vor Baufertigstellung aufgebracht werden muß.
H   Gelbkieferbohlenbalken 5 x 30 cm im Achsabstand von 40 cm.
I   Zwei Hölzer 5 x 20 cm, tragen die Wandkonstruktion über der Fensteröffnung.
       (Frank Lloyd Wright Foundation, Zeichnung 0505.011, HABS)

3.21   **Haus B. Bradley,** F.L. Wright, Kankakee, Illinois, 1900, Wohnzimmer.
       (Art Institute of Chicago)

Dekors das Verdecken von Fugen zwischen den Materialien – besonders solchen, die eher unregelmäßig sind oder Bewegungen ausgesetzt. Der wahre Zweck eines Sockelprofils ist, Bewegungen des Holzbodens gegenüber der Wand zuzulassen, und der Zweck des Profils über der Sockelleiste ist es, die rauhe Holzleiste, die den Putz abschließt, zu verbergen.

Trotz ihrer Eleganz stellen die Zierprofile des Hauses Winslow genau jene Praktiken dar, über die sich Wright in *The Art and Craft of the Machine* lustig machte. Ist der Steinsockel nicht ein Beispiel der „meilenlangen bedeutungslosen Bandgesimse, Kornies, Plinthe", die die Maschine produziert? Ist das Holzdekor nicht ein Beispiel für die Ausnutzung „der Holzschnitzerei, um kunsthandwerkliche Muster zu imitieren"? Dieser Widerspruch zwischen dem Charakter der Details und Wrights Auffassung von der Relation des Ornaments zur Maschine erklärt zum Teil die Veränderungen, die bei Wrights Details um das Jahr 1900 festzustellen sind.

Ornamentik und Innengestaltung des Hauses Winslow sagen uns wenig oder nichts über die Art der Konstruktion. Viele sichtbare Elemente sind irreführend. Die Bogenarkade in der Eingangshalle ist ein ausgezeichnetes Beispiel für eine Bauform, die von einer Steinkonstruktion abgeleitet und in Holz ausgeführt wurde; man kann sie kaum als „in der Natur des Materials" bezeichnen. Das eigentliche Tragwerk des Hauses ist der Holzrahmen; im Innern sind die Details, was den Charakter der Konstruktion betrifft, jedoch irreführend und noch häufiger stumm. Das Tragwerk wird weder bloßgelegt noch zum Ausdruck gebracht. Die Decken des Hauses Winslow sind vollkommen eben, bis auf das umlaufende Scheitelprofil. Wright war, selbst nach eigenen Maßstäben, keineswegs verpflichtet, die Konstruktion zum Ausdruck zu bringen. Dennoch behandelte er in seinen späteren Bauten selten mehr eine Decke auf diese Weise; er bemühte sich statt dessen, das darüberliegende Tragwerk sprechen zu lassen, ohne es bloßzulegen.

Die Häuser Heurtley und Winslow haben kompakte Grundrisse, die auf einem einfachen geradlinigen Prisma unter einem Walmdach basieren. Das ist selten bei Wrights Bauten; seine Vorliebe galt einem kreuzförmigen Grundriß, insbesondere wenn die Fassade aus Ziegeln bestand. Trotz der Ziegelverkleidung im Haus Winslow und dem tragenden Ziegelmauerwerk im Haus Heurtley gleichen sich ihre Bausysteme in den Geschoßrahmen mit Balkendecken. Ausnahme ist das Wohnzimmer im Haus Heurtley, wo zwei Holzträger nötig waren, um die große Spannweite zu stützen.

Das Haus Heurtley folgt derselben Grammatik wie das Haus Winslow – ein Stybolat, ein ununterbrochener Ziegelschaft zum Bandgesims an den Fenstern des Obergeschosses, dann ein Fries und eine überhängende Traufe darüber. Aber im Haus Heurtley ist die Grammatik durch eine wichtige Änderung des Grundrisses verdeutlicht. Die Räume, die das meiste Licht benötigen, die Wohn- und Eßzimmer, befinden sich im Obergeschoß, und das Erdgeschoß besteht hauptsächlich aus Versorgungsfläche und braucht deshalb weniger Öffnungen. Dies erhöht die Anzahl der Fenster im Fries, während sie im Sockel reduziert werden.

Der Stylobat und Sockelabsatz des Hauses Heurtley *(Abb. 3.11)* sind etwa von gleicher Größe und Proportion wie die des Hauses Winslow. Weitere Ähnlichkeiten gibt es nicht. Sämtliches Dekor im Haus Heurtley besteht aus einfachen vierseitigen Profilen mit ungebrochenen ebenen Flächen. Die Kombinationen der Rundungen, das Spiel des Lichts auf den gekrümmten Flächen und die maßstäblichen Kontraste der traditionellen Profile fehlen. Das Abweichen von den einfachen geradlinigen Formen hat vor allem funktionale Gründe. Der Stylobat ist oben abgeschrägt, so daß Wasser ablaufen kann. Der Boden des Bandgesimses verläuft schräg nach oben, um eine Tropfkante zu bilden. Die einzige Ausnahme ist die schräge Fläche des Stylobats. Hier nutzt Wright gemäß seiner Lehre von der Kunst der Maschine die geometrische Präzision aus, die die motorbetriebene Steinsäge möglich macht. Diese Elemente sind „ehrlich", was die Materialien und Verfahren angeht, aber sie können im modernen Sinn des Wortes nicht funktional genannt werden, da kein Stück Stein technisch obligatorisch ist. Das Bandgesims schützt die Mauer oben, es hätte aber auch aus Ziegeln sein können, wie in Wrights späteren Häusern, und der Stylobat ist viel breiter als nötig, um den Übergang zur am Boden dickeren Wand zu bilden. Dies ist noch nicht die Grammatik der Moderne; es ist die eines abstrahierten Klassizismus.

Ein subtiler klassischer Einfluß ist in der Mauerkonstruktion des Hauses Heurtley zu erkennen. Wie Lutyens dossiert Wright die Mauerfläche, so daß sie in

3.22

3.23

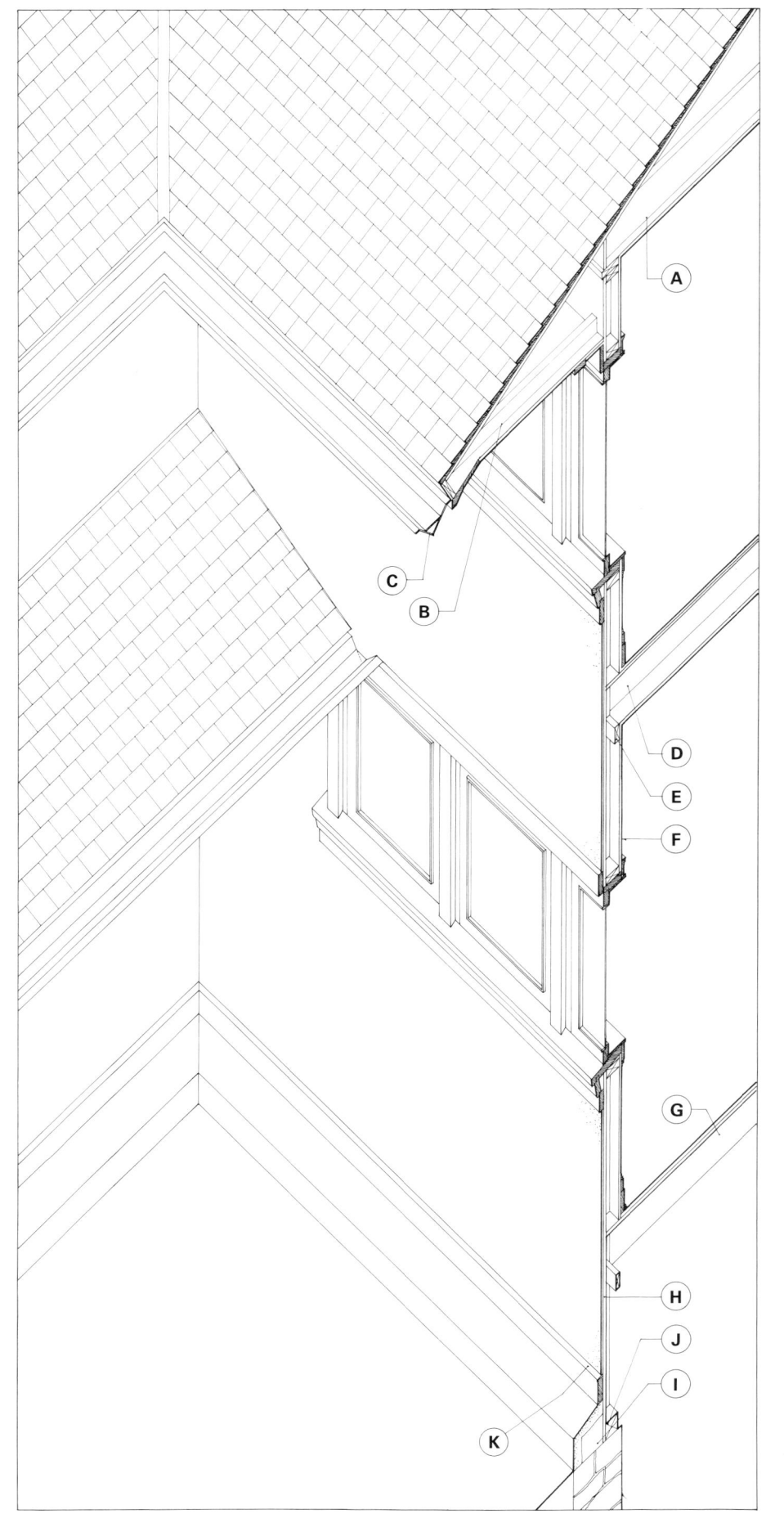

3.24

Haus W. Willets
Frank Lloyd Wright
Highland Park, Illinois, 1902

3.22   Außenansicht
(Art Institute of Chicago)

3.23   Detail: Bandgesims mit Fensterbrett
(John Eiffler)

3.24   Fassadenschnitt im Wohnbereich
A   Dachkonstruktion: Holzschindeln auf 25 mm Holzschalung auf Dachsparren 5 x 15 cm im Achsabstand von 40 cm.
B   Hölzer 5 x 10 cm im Abstand von 40 cm, um die Putzuntersicht zu tragen.
C   Metallregenrinne.
D   Deckenkonstruktion: Holzbalken 5 x 30 cm im Achsabstand von 40 cm auf Stahlträgern.
E   Horizontales Kantholz des Großrahmens; verbindet die Ständer und stützt die Deckenbalken zusätzlich.
F   Innenausbau: Putz auf Holzlatten.
G   Fußbodenkonstruktion: Holzfußboden auf Unterboden über Holzbalken 5 x 30 cm, darunter geputzte Holzlattung.
H   Außenbearbeitung: Glattputz auf Metallgewebe, Ölpapier auf diagonaler Holzschalung.
I   Betonsockel und Bruchsteinfundament.
J   Schwellholz 10 x 10 cm; überträgt die Last der einzelnen Bundstiele auf das Fundament darunter. Daß die Holzschwelle neben und nicht auf dem danebenliegenden Betonsims angebracht wurde, verursachte größere Probleme. Das Wasser, das sich im Lauf der Jahre zwischen beiden ansammelte, ließ die Schwellen faulen.
K   Verzinkte Stahlblechabdeckung auf Holzleiste.
(Frank Lloyd Wright Foundation, Zeichnung 0208.007)

Bodennähe merklich dicker wird und die Masse und das Gewicht der Mauer visuell hervorgehoben werden. (Wright benutzte dieselbe Technik bei den Häusern Hickox und Bradley.) Die erkennbare Differenz ist hier, daß Wright die Binder (die seitwärts gedrehten Ziegel zum Binden des Mauerwerks) über die Mauerfläche auskragen läßt, wodurch eine Reihe horizontaler Schatten entsteht. (Wright wollte vielleicht auch die Haftfunktion der Binder artikulieren.)

Die Innengestaltung des Hauses Heurtley zeigt einen ähnlichen Wechsel vom Klassizismus zur Abstraktion. Die gleichen grundlegenden Elemente sind am gleichen Platz wie im Haus Winslow anzutreffen und weisen ähnliche Verhältnisse zur Fassade auf, aber wiederum sind sie zu fast geradlinigen Formen reduziert. Wie im Haus Winslow kopiert das Sockelprofil in kleinerem Maßstab in Holz den äußeren Sockel aus Stein, komplett mit Abkantung und Dossierung. Die typischen Putzelemente des Hauses Winslow tauchen hier an den gleichen Stellen auf; sie sind nicht weniger komplex, setzen sich jedoch aus vollständigen geradlinigen Formen zusammen *(Abb. 3.32)*. Auch hier nutzt Wright das Potential der modernen Fräsmaschine, um eine Serie von scharfumrissenen Quadraten zu schaffen. In Holz dienten diese ebenen Formen dazu, „die Natur des Materials herauszubringen", d.h. die Holzmaserung durfte sich zeigen.

Der markanteste Unterschied zwischen der Innengestaltung der Häuser Winslow und Heurtley ist das Verhältnis von Dekor zu konstruktivem Ausdruck. Die Ornamentik des Hauses Winslow sagt uns wenig oder nichts über die Art der Konstruktion (und ist, was die Fassade betrifft, sogar irreführend). In den reiferen Präriehäusern setzte Wright das Dekor ein, um ein analoges Konstruktionssystem zu schaffen – ein Ornamentsystem, das die Konstruktion, die es verbirgt, beschreibt.

Wrights Entwürfe für das *Ladies' Home Journal* sahen Balkendecken vor. Ob die Balken massiv oder furniert sein sollten, ist nicht klar, aber wenige Balken, die in Wrights Bauten vor 1920 erscheinen, sind echte, monolithische Sichtbalken. Das Haus Bradley *(Abb. 3.21)* hat in der Eingangshalle versteckte Träger, aber die Decken der Wohn- und Eßzimmer – aus Putz und dünnen Holzleisten – verlaufen parallel zu den Deckenbalken.

Die Deckenornamentik des Hauses Heurtley ist komplexer, da sich über den Wohn- und Eßzimmern keine Räume befinden und die Decken ins Dachgeschoß ragen können. Wohn- und Eßzimmer haben Decken, die das Walmdach imitieren. Die Deckenformen folgen grob dem Profil der Dachkonstruktion, da sie aber über eine eigene Sparrenlage verfügen, die den Putz unabhängig von den Dachbalken trägt, muß man sie als das, was Pugin „gebautes Ornament" nannte, sehen. Die Profile des Wohnzimmers folgen den Kanten des Walmdaches, aber die Eßzimmerdecke weist Bänder auf, die parallel zu den Sparren darüber verlaufen, obwohl die Abstände der Profile viel größer sind als die Abstände der Balken. Wright folgt der darüberliegenden Konstruktion nicht ganz genau, aber jeder Balken ist so gestaltet, daß er nicht für einen monolithischen gehalten werden kann. Die analogen Balken liegen weiter auseinander als die eigentlichen Deckenbalken darüber, und Wright geht die Ecken der Verkleidung nicht, sondern die beiden vertikalen Teile können sich über die Unterseite des Balkens hinaus ausdehnen, womit deutlich gemacht wird, daß er sich aus drei Holzstücken zusammensetzt.

Ein ähnliches Element wird bei den Wanddetails verwendet. *Abb. 3.29* zeigt einen typischen Gewändepfosten zwischen zwei Fenstern im Wohnzimmer des Hauses Willets, der denjenigen des Hauses Heurtley gleicht. Hier sind zwei Holzbretter (5 x 10 cm), die das Dach stützen sollen, mit Deckholz verblendet. Wiederum verlängert Wright die Seitenstücke, um klarzustellen, daß es sich hier um ein verkleidetes und kein monolithisches Bauelement handelt.

In den Häusern Winslow oder Heurtley ist wenig technisch Innovatives vorhanden. Im wesentlichen gestaltete Wright die traditionellen Systeme der Außen- und Innenprofile neu, und er benutzte diese Elemente auf eine Weise, die Viollet-le-Duc und Schuyler für richtig hielten: um Fugen zu verdecken und die Übergänge zwischen den Hauptteilen der Konstruktion zu markieren. Diese konventionelle Behandlung der Ornamentik reflektiert zum Teil die konventionelle Natur der Konstruktion. Die ungewöhnlichsten Ornamentierungssysteme sind in Wrights baulich innovativsten Gebäuden, insbesondere den größeren Präriehäusern, anzutreffen.

3.25

3.26

Haus W. Willets

Frank Lloyd Wright

Highland Park, Illinois, 1902

3.25 **Außenansicht**
(John Eiffler)

3.26 **Wohnzimmer**
Der Deckenbalken im Vordergrund ist eher dekorativ als konstruktiv, aber er markiert die Lage des Stahlträgers darüber.
(Art Institute of Chicago)

3.27 **Details des äußeren Sockels**
(Frank Lloyd Wright Foundation, Zeichnung 0208.007 und Fotografien)

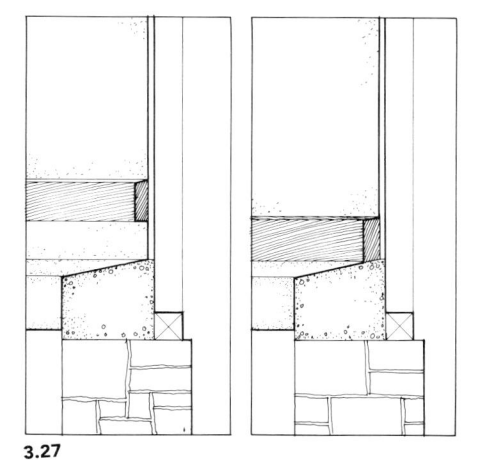

3.27

DAS HAUS WILLETS

Seine einzige formelle Architekturausbildung erhielt Wright über sein Ingenieurstudium an der University of Wisconsin, das er nie abschloß. Später sagte er gern, er habe dort gerade genug Zeit verbracht, um zu lernen, daß sich die beste Stelle, an der man eine Platte oder einen Balken stützt, nicht in den Ecken befinde, sondern an zwei Punkten zwischen dem Ende und der Mitte. Unter bestimmten Bedingungen, z.B. bei gleichmäßiger Belastung, minimiert diese Konstruktion die Biegespannungen in der Mitte des Balkens; dies ist jedoch keine universale Formel für konstruktive Ökonomie (Abb. 3.34). Der Vorteil dieses Systems lag darin, daß die Ecken offen sein konnten. Wright führte diese Idee nie präzise aus (am ehesten im Haus Bach und im Unity Temple), aber in modifizierter Form war dieses Prinzip in den größeren Präriehäusern wichtig.

Abb. 3.16 und *3.17* zeigen die Konstruktion der zentralen Pavillons der Häuser Willets und Martin, wie sie ursprünglich geplant waren. In einem typischen Geschoßrahmen werden die Balken von den zwei Seitenwänden gestützt. Die konstruktiv logische Stelle für eine Öffnung befindet sich in der Mitte der nichttragenden Wand parallel zu den Balken. Öffnungen können in den Seitentragwänden angebracht werden, aber je mehr Öffnungen, desto schwächer die Wand. Am schwierigsten läßt sich eine Öffnung in der Ecke unterbringen, denn die Ecke ist bei einem Holzfachwerkhaus einer der Punkte, über die der Bau Seitenlasten standhalten kann.

Das Haus Willets ist aus Holz und Stahl, das Haus Martin aus Stahl, Beton und Holz gebaut. Aber diese beiden Häuser tragen ihre Dächer und Decken auf ähnliche Weise. Statt zwischen den Querwänden zu überspannen, werden die Dachbalken und -sparren nicht an ihren Enden gestützt, sondern an zwei Zwischenpunkten. Die Methoden sind unterschiedlich, aber die Resultate gleichen sich: ein ununterbrochenes Fensterband unter der Traufe mit einer offenen Ecke. Dies gilt jedoch nur für das Obergeschoß; unterhalb der Fensterbänke bleiben die Ecken bestehen. Das Dach tragen sie zwar nicht, aber sie geben dem Bau doch seitliche Verstärkung.

Die Festigkeit der Ecke wird durch die Art, wie sie im Haus Martin umgekehrt wird, leicht verdeckt, so daß sie eher aus zwei unabhängigen Pfeilern zu bestehen scheint. Für Wright war dies eine andere Möglichkeit, die Natur des Materials zum Ausdruck zu bringen: „Ziegel bilden natürlicherweise Ecken, und Ecken können leicht für das Spiel von Licht und Schatten eingesetzt werden. Das Haus Martin ist ein organisiertes Ziegelpfeilerhaus. Wenn die Pfeiler in rhythmischer Beziehung zum Ganzen zusammengestellt werden, kommt der Mauerwerkstein seiner Natur gemäß am besten zur Geltung."[24] Wright hielt sich im allgemeinen an diese Regel der schachtelartigen volumetrischen Behandlung für Glattputz und mehr pfeilerartige Formen für Ziegel, es gibt aber bemerkenswerte Ausnahmen: das Haus Gale, aus vielen Flächen mit Glattputz zusammengesetzt, und das Haus Barton mit seiner schachtelartigen Ziegelkomposition.

Die zunehmende bauliche Komplexität der größeren Häuser zeigte sich auch im Dekor und Ausdruck. Ohne sich gänzlich von den klassischen Ursprüngen zu befreien, begann Wrights Ornamentik die Qualität anzunehmen, die Wright später als Plastizität beschrieb, worunter er eine Ornamentik verstand, die konstruktive Kontinuität ausdrückte. Traditionelle Ornamente und Schmuckwerk in der Betonung von Fugen und Übergängen hoben die Unabhängigkeit von der Konstruktion hervor. Wright meinte, daß das Ornament aufgrund der integrierten Natur von Stahlbeton Kontinuität hervorheben sollte. Seine Schriften zu diesem Konzept erschienen viele Jahre nach den Präriehäusern; er schrieb, daß die Idee vor 1910 nicht klar, zumindest nicht wörtlich formuliert, vorgelegen habe.

Dennoch wird sie – beginnend mit dem Unity Temple (1906) – für sein Werk immer charakteristischer.

Es fiel Wright ebenso wie Sullivan nie ein, diese Konstruktionssysteme bloßzulegen. Es sind alles Ausdrücke seines Fleisch-und-Knochen-Konzepts von Tragwerk und Form und gilt vor allem für das Haus Martin mit seinen Stahlbetonbalken. Ornamentik und Dekor waren, was Wright das „Aufblühen" nannte, was den Charakter jenes Baus ausdrückte.

In einfachster Form können wir dies am Haus Willets sehen, wo die bei der Decke des Hauses Heurtley angewandte analoge Konstruktion für die Glattputzfassade eingesetzt wird. Die horizontalen und vertikalen Bretter sind einfach an der Schalung

3.28

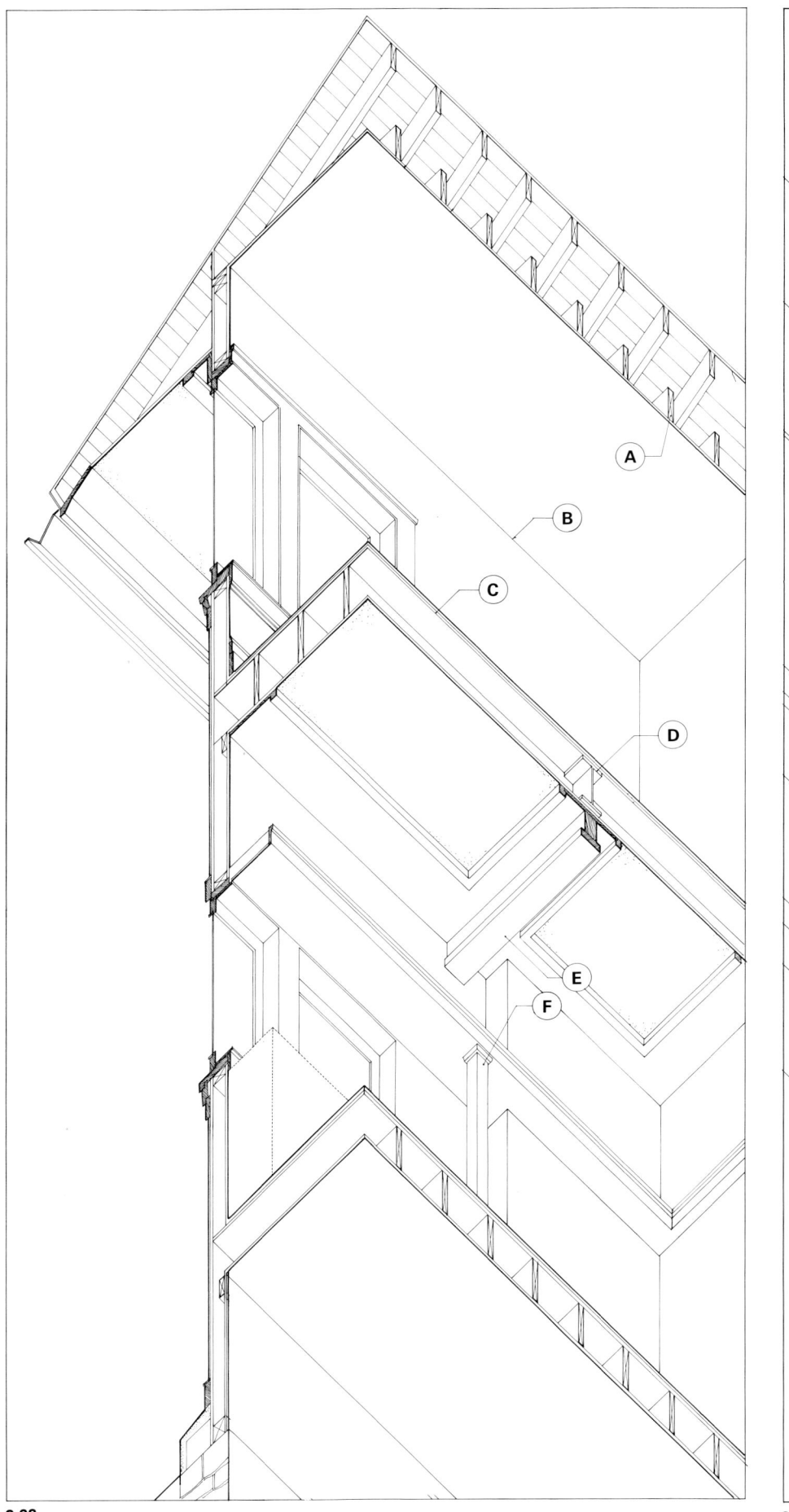

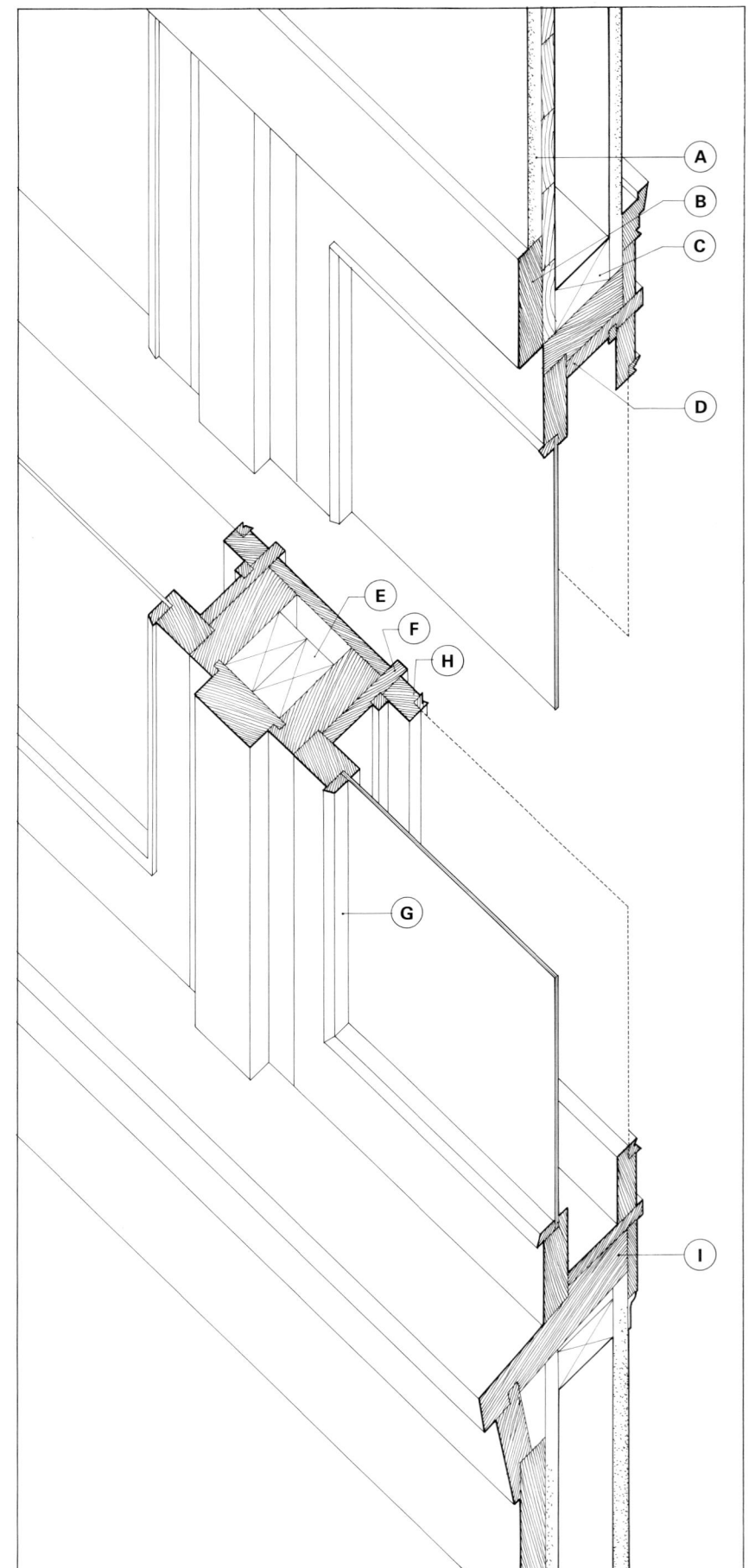

3.29

Haus W. Willets
Frank Lloyd Wright
Highland Park, Illinois, 1902

3.28 Schnitt im Wohnzimmerbereich

A Typische Dach- und Deckenkonstruktion: Dachsparren 5 x 15 cm im Abstand von 40 cm mit Deckenbalken 5 x 25 cm.

B Ein Decke-Wand-Übergangsprofil ist in den Schlafzimmern im Obergeschoß weggelassen worden, da Wright Schmuckwerk zunehmend auf Flächen anstatt in Ecken anbrachte.

C Holzbalken 5 x 30 cm im Achsabstand von 40 cm.

D 30 cm hoher Stahlträger; trägt die Deckenbalken und läßt große Fensterbereiche in den Wänden zu; wird von einem Stahlprofil unterstützt, das in der Wand versteckt ist.

E Nichttragender Holzbalken parallel zum Stahlträger darüber.

F Holzsäule an der Anrichte; markiert die Lage der Stahlsäule in der Wand dahinter (siehe Abb. 3.18).
(Frank Lloyd Wright Foundation, Zeichnung 0208.007)

3.29 Fensterschnitt

A Typische Holzständer-Außenwand.

B Äußere Holzverkleidung; deckt die Fuge zwischen der Holzschalung und dem Fenster ab. Es ist mit verzinktem Metall abgedeckt, um die horizontale Fläche des Holzes vor Wasser zu schützen.

C Holzriegel 5 x 10 cm; sie sind Teil des Großrahmens des Hauses und tragen die Last der darüberliegenden Wand, die über dem Fenster abgefangen werden muß.

D Fugenanschlag. Die Z-förmige Fuge stellt sicher, daß die Fuge zwischen Fenster und Rahmen dicht bleibt, wenn das Holz quillt oder austrocknet.

E Zwei Pfosten 5 x 10 cm. Sie stützen die Wand und den Sturz über dem Fenster. Das Fenstergewände ist nichttragend und wird erst nach Rohbaufertigstellung eingesetzt.

F Innenprofilierung.

G Nach außen öffnender Fensterflügel mit vorspringender Glasfalzleiste.

H Nach innen öffnendes Fliegengitter.

I Holzsims.
(Frank Lloyd Wright Foundation, Zeichnung 0208.007)

angebracht und lediglich Symbole der dahinterliegenden Ständer (die in viel geringeren Abständen als das Holzdekor stehen).

Die Außengestaltung folgt dem Muster der vereinfachten klassischen Elemente wie beim Haus Heurtley, das ein Jahr später entworfen wurde. Wright versucht hier eine Variation, indem er einen Großteil der Elemente leicht abschrägt, um den Licht- und Schattencharakter klassischer Zierprofile beizubehalten und die geometrische Einfachheit nicht zu opfern. Das Sockeldetail ist genau so, wie Wright es 1908 in einem Artikel im *Architectural Record* beschrieb. Die Holzrahmenwände werden in die Gründungsmauern gezogen, um einen vorspringenden Sockel zu erhalten. Wegen der dünnen Holzwand (im Verhältnis zum Fundament darunter) wird ein flaches Holzband am Putzabschluß neben dem Beton angebracht. Es dient nur dem Zweck, einen visuellen Übergang zu schaffen. In anderen Präriehäusern hob Wright dieses Stück leicht an und erhielt so zwischen dem Betonsockel und dem Holzdekor eine Aussparung *(Abb. 3.27)*. Es ist schwer, in diesem Detail nicht genau das zu sehen, was Sturgis sah: die Basis eines ionischen oder korinthischen Kapitells mit seiner konkaven Unterschneidung zwischen zwei konvexen Tori, wobei der am Boden befindliche etwas größer ist. Wright änderte weder den konzeptionellen noch den spezifischen Charakter eines klassischen Ornaments; er gestaltete es einfach zu einer abstrakten Form um.

Für das Profil des Bandgesimses unter den Fenstern des Obergeschosses wählte Wright eine wörtlichere klassische Form als beim Haus Heurtley, aber sie erfuhr eine gleichermaßen abstrakte Verwandlung. Bei früheren Entwürfen hatte er eine einfache geradlinige Steinfensterbank (wie beim Ziegelwerk des Hauses Heurtley) oder eine stark abgeschrägte Holzfensterbank (wie im Haus Bradley oder in den Glattputzabschnitten des Hauses Heurtley) benutzt. Im Haus Willets führte er direkt unter der eigentlichen Fensterbank ein Zwischenstück aus Holz ein *(Abb. 3.29)*, das nach hinten geneigt ist, um einen Übergang zur ebenen Verkleidung darunter zu bilden. Auch dieses Stück ist unnötig; es dient wie ein Profil nur dazu, die Fensterbank und das darunterliegende Element optisch zu verbinden. Der Übergang ist hier längst nicht so hart wie beim Haus Heurtley, obwohl ihm die Raffinessen von Licht und Schatten fehlen, die traditionell gebogene Formen bieten würden. Dieses Detail wiederholt sich in derselben Form und Größe an der Fensterbank im Erdgeschoß und auf den niedrigen Böschungsmauern. Klassische Proportionsregeln würden anderes fordern, besonders an der niedrigen Mauer.

Die Innendetails setzen das Thema der Nachahmung klassischer Elemente durch winkelförmiges Schmuckwerk fort. Die Hauptdetails der Innenbehandlung des Hauses Willets weisen, auch im Vergleich zum Haus Winslow, solche Profile auf; gekrümmte Linien kommen einfach nicht vor. Dies gilt besonders für das halbhohe Wandpaneel und die Bilderleisten. Gleichzeitig können wir Hinweise auf Wrights reifen Stil erkennen. Die Glasleisten der Fenster beispielsweise springen vor, anstatt zurückzuweichen – ein Detail, das in allen Usonienhäusern der dreißiger Jahre verwendet wurde.

Wie auch im Haus Heurtley wird im Haus Willets Schmuckwerk verwendet, um eine Verkleidung analog zur Konstruktion zu schaffen. Sie ist jedoch ausgefeilter, einschließlich falscher Säulen und Balken, und beschreibt wie viele analoge Konstruktionssysteme mit unterschiedlicher Genauigkeit das eigentliche Tragwerk. Die Unterschiede bei der Innengestaltung können als Spiegelbild des unterschiedlichen konstruktiven Aufbaus interpretiert werden.

Ursprünglich sollte das Wohnzimmer von Haus Willets nahezu das gleiche Tragwerk wie das des Hauses Bradley erhalten *(Abb. 3.17)*: Holzbalken im Abstand von 40 cm (mittig), gestützt von zwei bündigen Trägern, die mittels Stahlzugankern von Holzbindern im Dachboden abhängen sollten. Dieses System erwies sich als schwierig auszuführen, vor allem deshalb, weil das Obergeschoß vor dem Erdgeschoß gebaut werden mußte, damit die Stahlanker angebracht werden konnten. Der Bau wurde dann wie in *Abb. 3.18* zu sehen verändert, wobei Holzbalken, die in Gegenrichtung zum ursprünglichen Entwurf verliefen, von Stahlträgern und Stützen gehalten werden.

Das analoge System des Holzdekors, das diese Konstruktion aus Stahl und Holz beschreibt, ist in Abb. 3.26 und 3.28 dargestellt. Die Stahlträger sind in der Holzdeckenkonstruktion verborgen, aber entsprechend jedem Stahlträger gibt es ein Holz-

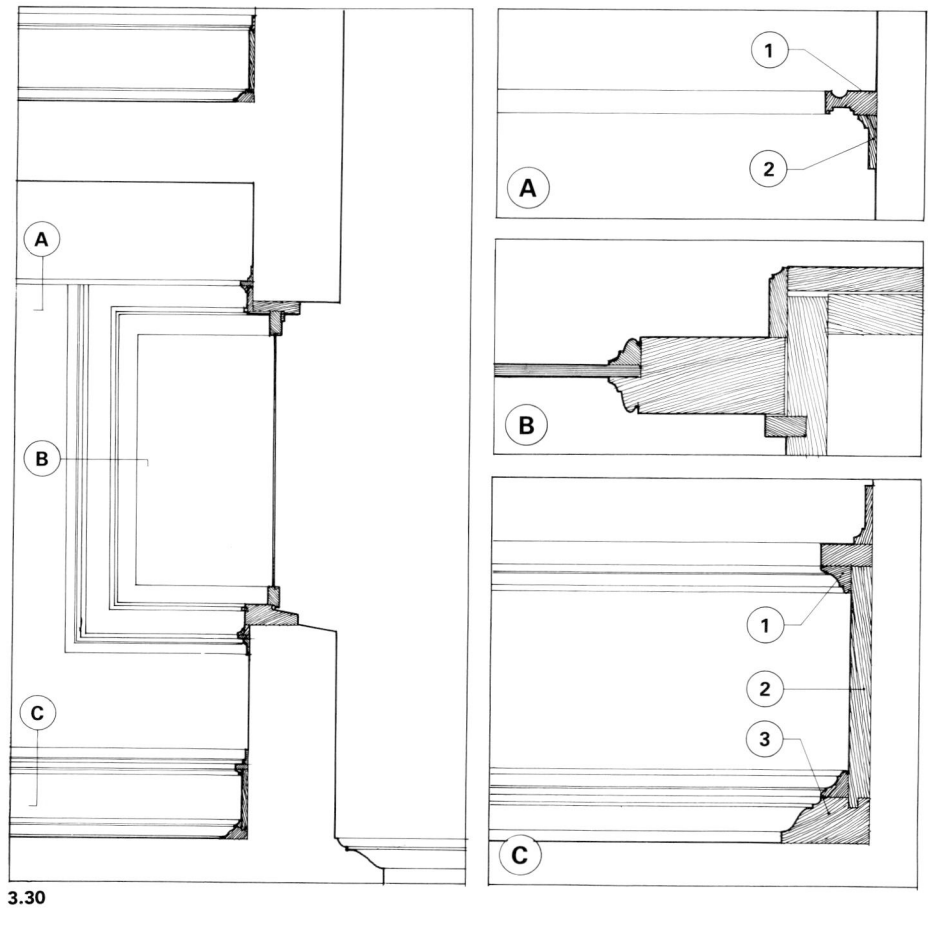

3.30 Haus Winslow, Innengestaltung.
Die Innengestaltung des Hauses Winslow ist im traditionellen klassischen Stil, wenn auch horizontal leicht verzerrt. Entsprechend der klassischen Ornamentik werden konkave und konvexe Rundungen kombiniert, die von Rechtecken unterbrochen werden.

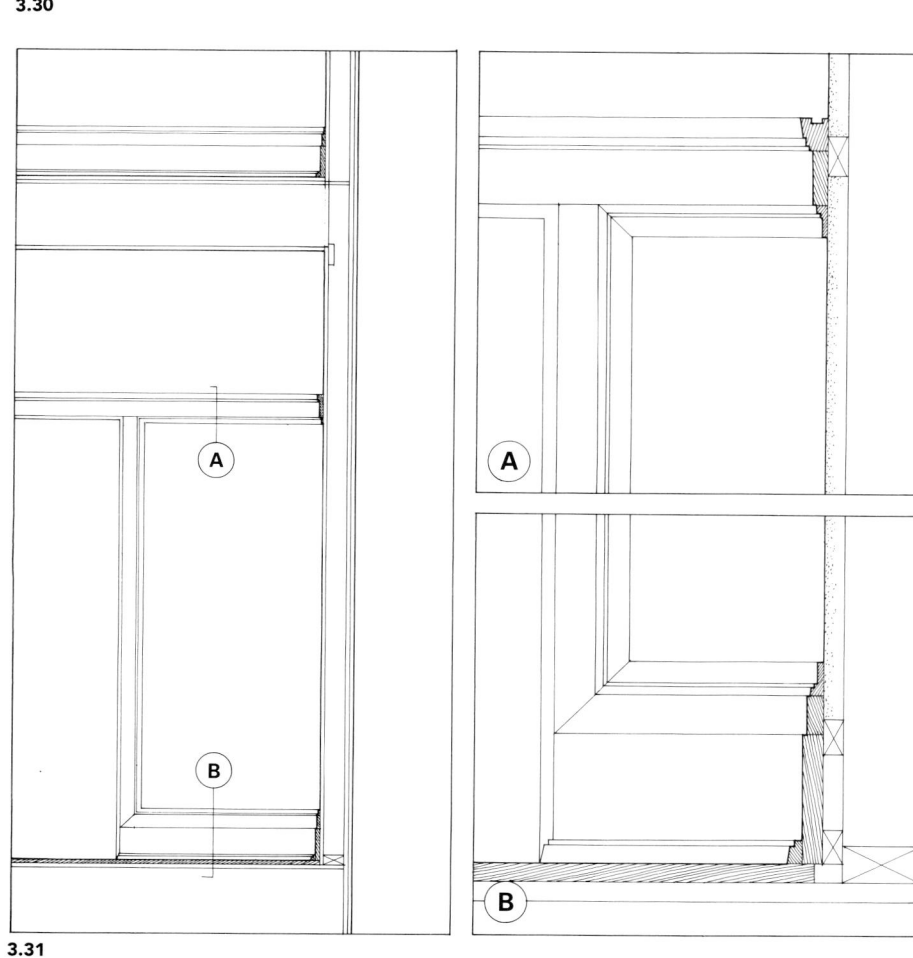

A Bilderleiste.
   1 Die Bilderleiste ist für Bilderhaken vorgesehen; ihr eigentlicher Zweck ist aber das Festlegen des Maßstabes im Raum.
   2 Paneel-Profilierung. Dieses längliche Teil mit dem konkaven Viertelstab wird als Abdeckung aller Fugen zwischen Putz- und Dekorelementen verwendet.

B Fenstergewände. Abgesehen von der Hinzufügung des kleinen Viertelstabs, ist das Profil der Glasverleistung mit einem typisch klassischen Profil identisch.

C Sockeldetails.
   1 Schmuckleiste. Dieses Teil wird typischerweise benutzt, um ein horizontales und ein vertikales Stück Holz miteinander zu verbinden und den Übergang optisch zu mildern.
   2 Sockelteil 19 mm. Es wird in den Sockel eingefalzt, um eine geschlossene Fuge zu erhalten.
   3 Sockelprofil. Es deckt die Fuge zwischen Holzboden oder Teppich und der Wand ab, die wegen der Verbindung unähnlicher Materialien meist grob ist.
(Frank Lloyd Wright Foundation, Zeichnung 9305.011)

3.31 Haus Willets, Innengestaltung.
A Detail an der Bilderschiene. Man vergleiche das Tafelprofil hier mit dem des Hauses Winslow. Die gerundeten Profile sind zu Winkeln abgewandelt worden.
B Sockeldetail. Wie beim Paneelprofil sind die Viertelkreis- und kymatischen Profile des Hauses Winslow zu glatt abgetreppten Formen geworden, die – wie Wright meinte – besser zum Material und zur Funktionsweise der Holzbearbeitungsmaschinen paßten.
(Frank Lloyd Wright Foundation, Zeichnung 0208.007)

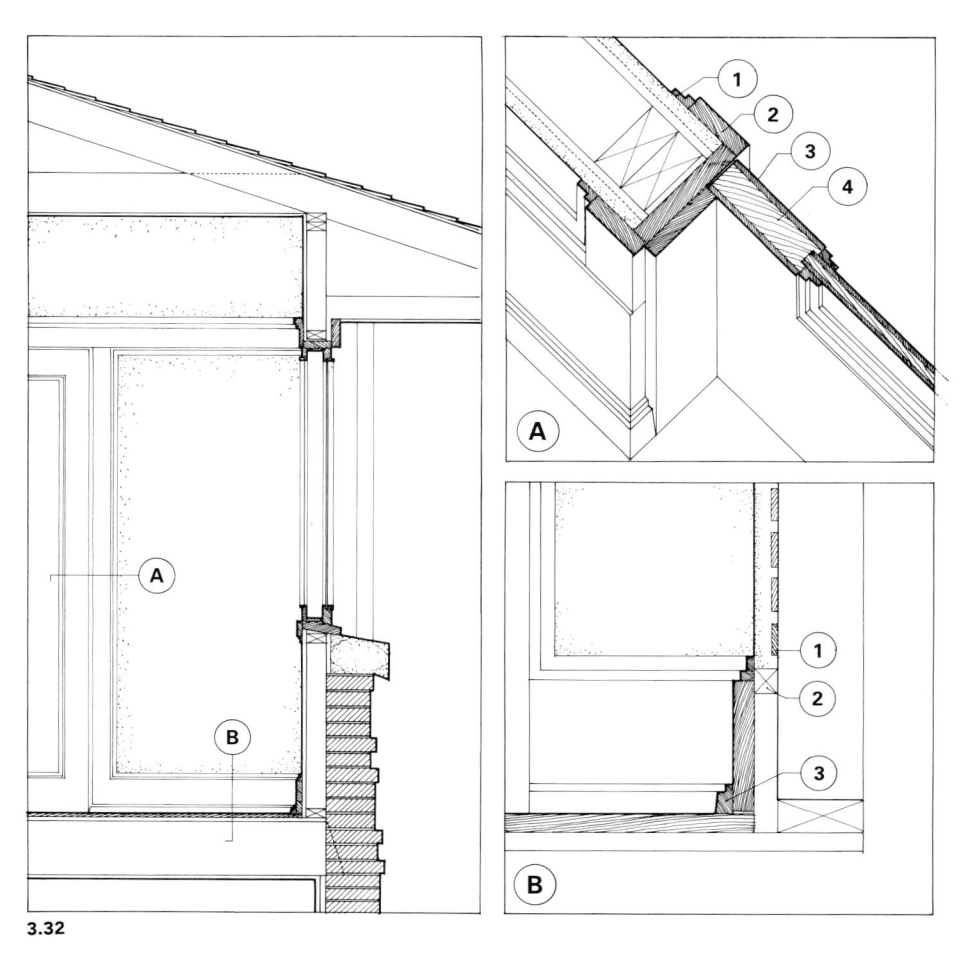

3.32 Haus Heurtley, Innengestaltung.
A   Türdetail. Man beachte das Furnier der mittleren Türfüllung.
    1 Typisches Abschlußleistenprofil.
    2 Türbekleidung; deckt die Fuge zwischen dem Türrahmen und dem Putz ab.
    3 Holzfurnier.
    4 Holzkern.
B   Sockeldetail. Wright verwendet eine Variante des im Haus Willets benutzten abgetreppten Profilsystems.
    1 Holzlattung, auf die Holzständer genagelt; bildet die Grundlage für den Putz.
    2 Holzleiste; dient als Richtleiste für den Putzer und als Unterlage für die Sockelleiste.
    3 Sockelprofil; entspricht dem Profil des Steinsockels an der Außenmauer.
(Frank Lloyd Wright Foundation, Zeichnung 0204.011)

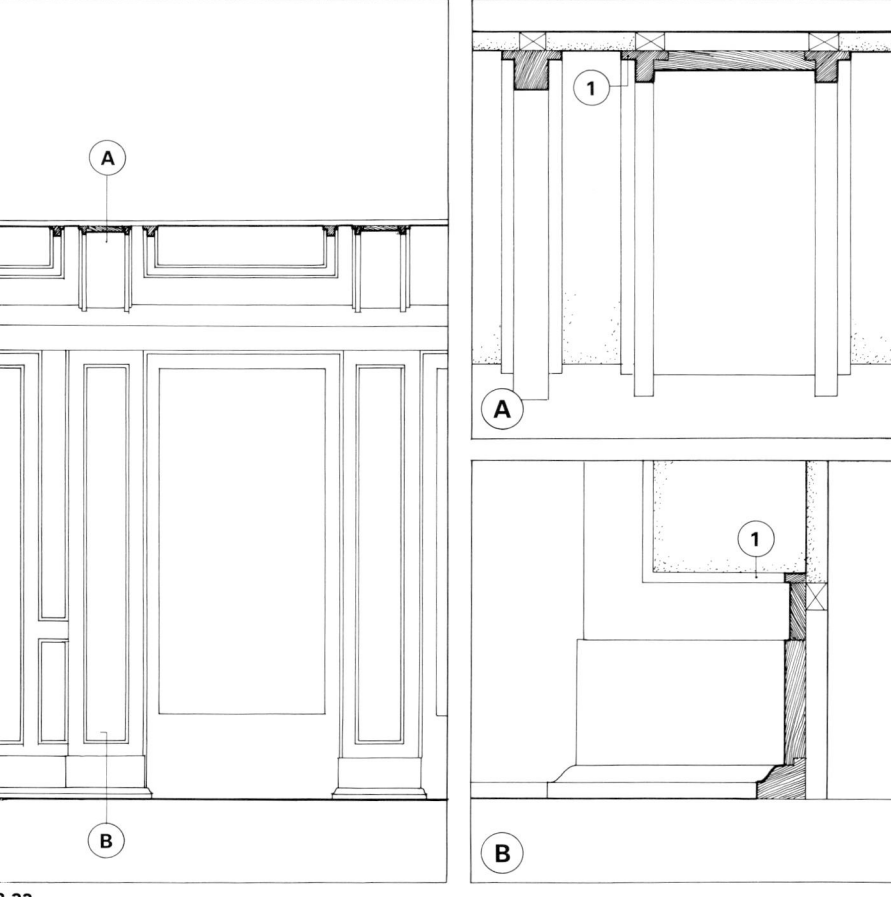

3.33 Haus Robie, Innengestaltung.
A   Detail der Deckenverkleidung. Im Gegensatz zum Sockel stehen die Schmuckprofile hier in keiner Beziehung zu den Fugen, was Material oder Verbindungspunkte von Wand und Decke betrifft. Man beachte, daß der Falz, der die beiden Holzteile auf einer Seite verbindet, auf beiden Seiten der Leisten vorhanden ist.
B   Detail am Sockel. Das Abschlußprofil ist hier im Vergleich zum Haus Winslow umgekehrt, es springt vor, anstatt zurückzutreten.
(Survey)

3.34 Grafische Darstellung des Balkenauflagers
A1 Balken, an den Enden einfach gestützt.
A2 Durchbiegung dieses Balkens.
A3 Diagramm der Biegespannungen, die in der Feldmitte am größten sind.
B1 Balken, an den Viertelpunkten gestützt.
B2 Durchbiegung von Balken B.
B3 Diagramm der Biegespannungen im Balken B, die in der Feldmitte am geringsten sind.

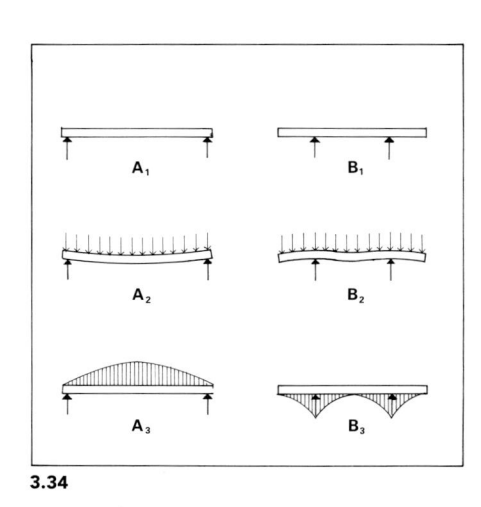

61 Frank Lloyd Wright: Die Zeit der Präriehäuser

3.35

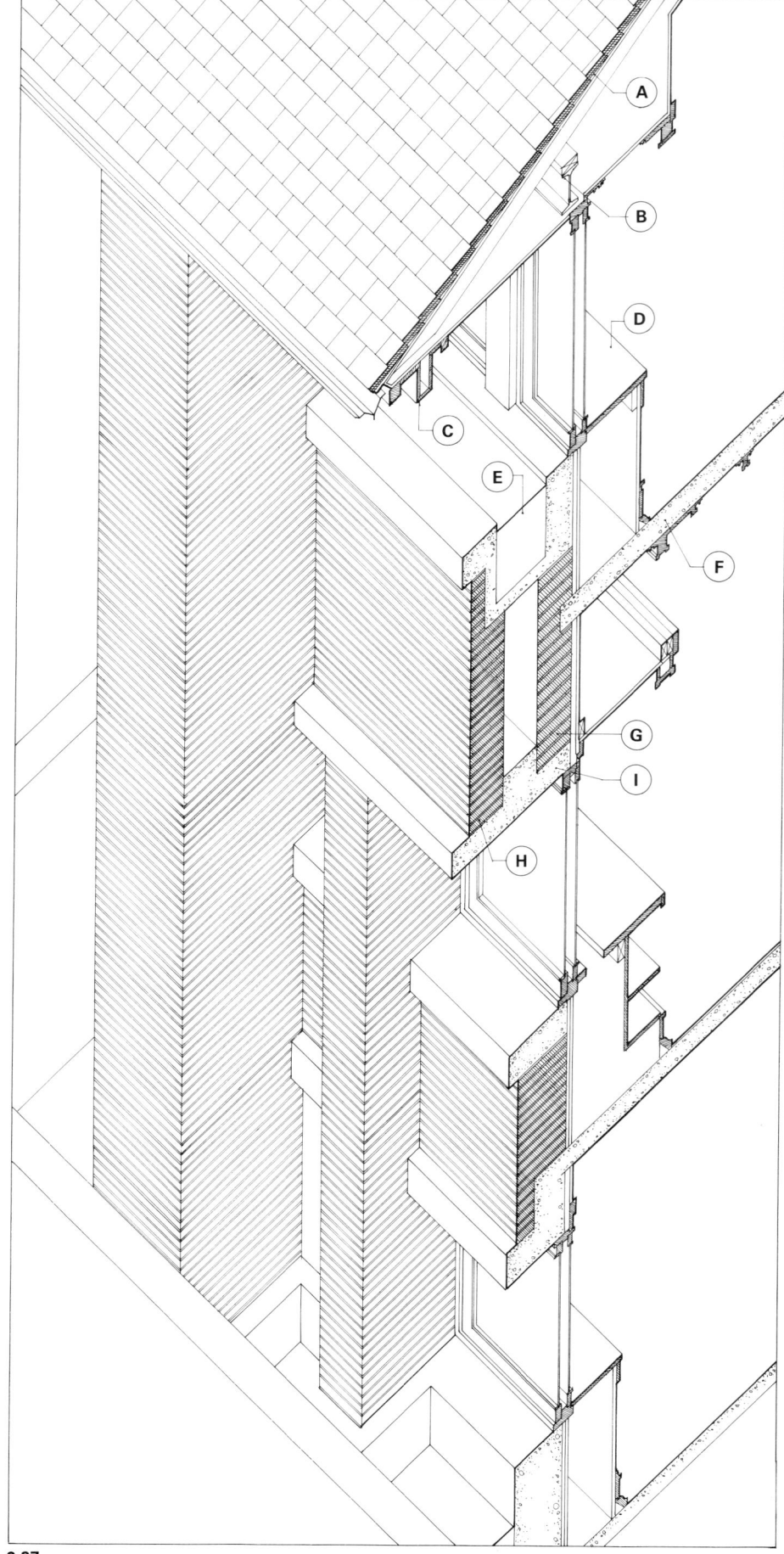

3.36

3.37

Haus D. D. Martin

Frank Lloyd Wright

Buffalo, New York, 1904

3.35 **Außenansicht**

3.36 **Fassadenausschnitt**
Der Mörtel ist in den senkrechten Fugen bündig mit den Ziegeln und liegt in den waagrechten Fugen vertieft.

3.37 **Fassadenschnitt an der Bibliothek**
A Dachkonstruktion: Holzbalken 5 x 20 cm im Achsabstand von 40 cm mit Holzschalung.
B Stahlträger mit Kanthölzern. Das Kantholz ist am Träger festgeschraubt, als Auflager für die Holzbalken.
C Putzuntersicht mit Holzwerk.
D Holzverkleidung für den Heizkörper.
E Betonfensterbank und Pflanzenschale.
F Betonbodenplatte.
G Ziegelinnenmauer.
H Ziegelaußenmauer. Die Außenschicht ist aus römischen (flachen) Ziegeln.
I Betonsturz.
(Frank Lloyd Wright Foundation, Zeichnung 0405.009, HABS, Survey)

deckenelement, das die Form eines breiten Flanschbalkens hat, obwohl es nur Ornament ist. Die Stahlstützen sind in der Wandkonstruktion verborgen, aber ihre Lage ist durch eine dekorative Holzstütze markiert, die, obwohl sie sich direkt unter der Holzverkleidung und dem Stahlträger befindet, nur den Sturz über dem Fenster trägt.

Wright gestaltete diese analogen Balken auf eine Art, die deutlich macht, daß sie weder tragend noch monolithisch sind. Die Seitenteile der Eßzimmerbalken erstrecken sich vertikal bis zur Unterseite des Balkens *(Abb. 3.28)*, und das untere Stück des Wohnzimmerbalkens dehnt sich horizontal aus; in beiden Fällen wird demonstriert, daß es sich hier um einen verkleideten und keinen monolithischen Balken handelt.

Warum vermischte Wright diese beiden Bausysteme nicht miteinander? Offensichtlich wollte er tragende Stahlteile nicht bloßlegen, aber er hatte noch ein anderes Problem zu bewältigen: Deckholz – z.B. Eiche – war nur in kleinen Stücken verfügbar. Außerdem mußte es, um Beschädigungen zu vermeiden, am Ende des Bauprozesses angebracht werden. Die eigentliche Konstruktion wurde also zuerst errichtet und die analoge zuletzt (nach Fertigstellung des Daches, der Putzarbeiten usw.).

DAS HAUS MARTIN

Das Haus Martin wurde fast gleichzeitig mit dem Larkin Building entworfen und gebaut. Dies erklärt viele seiner atypischen Merkmale, u.a. die Anwendung eines Stahlbeton-Verbundsystems. Diese Bauweise ist in der Wohngebäudearchitektur ungewöhnlich. Selbst Wrights Wohnhäuser waren meist aus Stahl und Holz oder nur aus Holz. Aber auch im Larkin Building wurde dieses System verwandt. Das Haus Martin ist demnach auch ein Versuch, ein universelles Bausystem zu entwickeln, das sowohl für Groß- als auch Wohnhausprojekte einsetzbar ist.

Denkt man an Wrights Vorstellungen über die Beziehung zwischen Ausdruck und Ornament und geht man von einer verkleideten Konstruktion aus, würde man für das Haus Martin unterschiedliche Ornamentierungssysteme entsprechend den unterschiedlichen Bausystemen erwarten, was auch zutrifft. Es gibt verschiedene Verkleidungs- und Ornamentsysteme, die genau beschreiben, welche Teile aus Beton und welche aus Holz sind, und die Wrights Interpretation der Bausysteme, die sie verkleiden, ausdrücken.

Vielleicht ist es die nahe Verwandtschaft mit dem Larkin Building, die dem Haus Martin seinen einzigartigen Charakter verleiht: der Gebrauch konstruktiver Untersysteme zur Festlegung der Maßstäblichkeit. Da Profile fehlen, ist diese Aufgabe erschwert. Hier untersucht er eine Reihe von Alternativen, insbesondere den Gebrauch dessen, was Sir John Summerson *Ädikulä* nennt – kleinere Bauten in einem großen.

Man vergleiche den Hauptpavillon von Haus Martin *(Abb. 3.16)* mit dem entsprechenden Pavillon von Haus Willets. Wie im Haus Willets werden paarige Träger – hier aus Stahl – benutzt, um die Deckenbalken und die Betonplatte an ihren dritten Punkten zu stützen und die Seitenwände für größere Öffnungen freizuhalten. Aber wo das Haus Willets seinen volumetrischen Charakter beibehält, ist das Haus Martin als ein Ensemble von Pfeilern und Sturzbalken entwickelt. Von außen scheint der Hauptpavillon des Hauses Martin aus drei unabhängigen Konstruktionssystemen zu bestehen *(Abb. 3.35)*: das größte ist dabei das Dach (das von zwei großen Pfeilern vorn gestützt wird), das zweitgrößte das Obergeschoß (das von den beiden Eckpfeilern gestützt wird) und das kleinste die beiden kleinen Ziegelpfeiler, die die Stürze zu stützen scheinen. Die drei Systeme sind miteinander verbunden, so daß sie eigentlich nicht unabhängig voneinander funktionieren. Die beiden Haupteckpfeiler sind als Seitenversteifung miteinander verbunden, und bis zu einem gewissen Grad stützen alle drei Ziegelpfeilerpaare das Obergeschoß. Wright wollte hier mit Hilfe mehrerer Ordnungen den Maßstab festlegen, so wie Palladio eine sehr große und eine kleinere Ordnung miteinander verbunden hätte, um einer Fassade einen Maßstab zu verleihen.

Das Außendekor des Hauses Martin ist selbst für Wright sachlich und einfach. Die Bandgesimse sind einfache Rechtecke wie der Sockel, dem selbst die für die anderen Präriehäuser typische Kerbe und Dossierung fehlen. Dies ist auf die Sichtbetonornamentierung zurückzuführen, die Wright hier zum ersten Mal benutzte. Ortbeton eignet sich nicht allzu gut für feine, kleinteilige Formen, was Wright jedoch nicht davon abhielt – zuerst 1904 am Unity Temple – mit Ornamenten aus Ortbeton zu experimentieren.

3.38

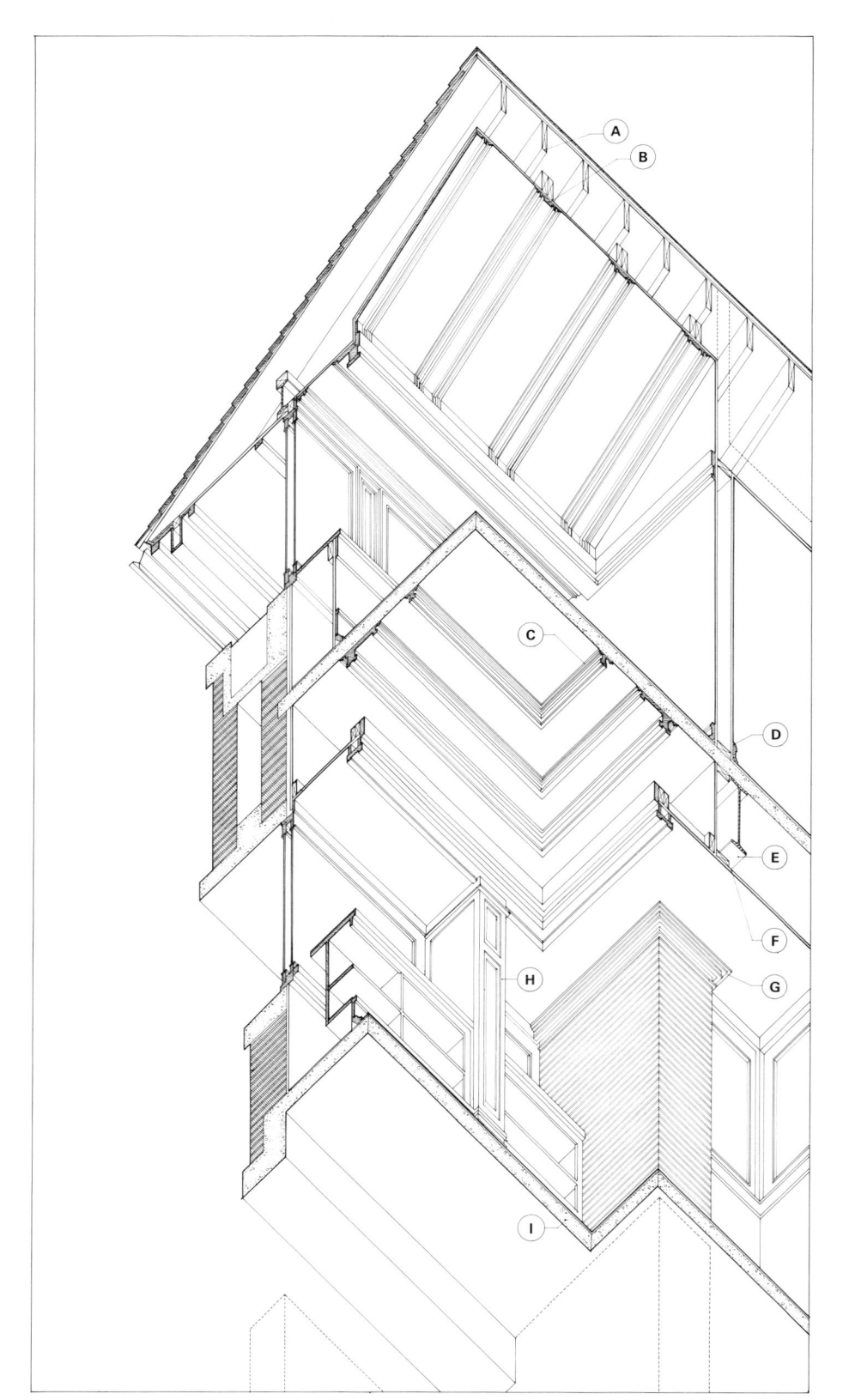

3.40

3.39

Haus D. D. Martin
Frank Lloyd Wright
Buffalo, New York, 1904

3.38 **Detail**

3.39 **Innenwandschnitt in der Bibliothek**
(umgekehrte Ansicht von Abb. 3.37)
A Dachkonstruktion: Holzsparren 5 x 20 cm im Achsabstand von 40 cm mit Schalung.
B Deckenunterkonstruktion und profilierte Holzdecke. Man beachte den unterschiedlichen Charakter der Deckenornamentierung bei der Obergeschoßdecke (Verkleidung einer Holzkonstruktion) und der Deckenbehandlung des Erdgeschosses (Verkleidung einer Betonkonstruktion).
C Holzwerk auf Betonplatte *(siehe Abb. 3.49).*
D Holzwerk im Obergeschoß (Sockel).
E 20 cm hoher Stahlträger; trägt die Betonplatte und liegt auf dem Ziegelpfeiler auf *(siehe Abb. 3.42).*
F Putzdecke; überdeckt den Stahlträger und verkleinert den Raum.
G Holzwerk auf dem Ziegelpfeiler.
H Holz-und-Putz-Innenpfeiler; entspricht der Lage des Ziegelpfeilers an der Außenseite.
I Betonplatte über dem Sockelgeschoß.
(Frank Lloyd Wright Foundation, Zeichnung 0405.009, HABS, Survey)

3.40 **Haus Willets,** Detail
Diese Aufnahme, die während der Restaurierung gemacht wurde, zeigt die Untersicht einer der überhängenden Dachtraufen. Die beiden V-förmigen Putzstreifen markieren die Lage eines verdeckten Stahlträgers im Dach.
(John Eiffler)

Im Gegensatz zu den Häusern Heurtley und Willets, wo die Innengestaltung in verkleinertem Maßstab die Außenprofile aus Stein reproduziert, sind die Holzprofile im Inneren des Hauses Martin viel variierter und komplizierter als die strengen Betonformen an der Fassade. Es mag daran liegen, daß ein Großteil der Innenprofile anderen Zwecken dient oder in vielen Fällen aufgrund der angewandten Konstruktionssysteme überhaupt keine Funktion hat.

Die meisten der von Wright vor 1910 gebauten Häuser weisen verdeckte oder zumindest teilweise verdeckte Konstruktionssysteme auf. Der Holzrahmen des Hauses Willets ist innen und außen verputzt, und die Ziegelmauern und Sparren des Hauses Heurtley sind innen mit Putz und Schmuckelementen verdeckt. Dies ist eine mehrschichtige und keine monolithische Bauweise. Viele von Wrights späteren Häusern und ein Großteil der modernen Architektur waren monolithisch, und das Haus Martin, der Unity Temple und das Larkin Building repräsentieren den Beginn dieses Trends.

Der Beton des Erd- und Obergeschosses des Hauses Martin ist sichtbar; die meisten tragenden Wände und Pfeiler sind, zur Fassade passend, aus römischen Ziegeln. Nur am Dach ist der Bau verputzt, da er aus Stahl und Holz besteht und somit verdeckt werden mußte. Analog zu den beiden Konstruktionsweisen entwickelte Wright zwei Profilsysteme.

Die Innenräume im Erdgeschoß von Haus Martin sind mit viel Schmuckwerk aus Eiche ausgestattet. Obwohl die traditionelle Verwendung eingehalten wird, um ein Fundament zu bilden, eine Höhe zu markieren und eine Vorlage zu stützen, dient es keinem funktionalen Zweck. Im Wohnhausbau sollen Verzierungen vor allem Fugen verdecken, insbesondere jene, die baulichen Unregelmäßigkeiten und thermisch bedingten Verschiebungen ausgesetzt sind. Die Anschlüsse im Haus Martin (Fliesenboden an Ziegelpfeiler, Ziegelpfeiler an Betonbalken) benötigen keine Abdeckung, wie das Fehlen solcher Übergangsprofile an der Fassade deutlich macht.

Traditionell ist das Material eines Sockels härter als das Material der darüberliegenden Mauer, um letztere vor Schäden zu bewahren. Einen Eichensockel für einen Ziegelpfeiler zu benutzen, ist eine Umkehrung funktionaler Logik, da das Holz verletzlicher als der darüberliegende Ziegel ist. Aber niemand würde behaupten, das Haus Martin wäre ohne dieses Dekor ein besserer Bau. Es verleiht dem Innenraum Maßstab, der vielen späteren Gebäuden von Wright fehlt. Diese Definition des Maßstabs ist nicht nur auf die Kombination verschiedener Profile, sondern auch auf die wechselnden Elemente zurückzuführen.

Abb. 3.49 – 3.52 zeigen verschiedene Sockeldetails im Haus Martin. Diese Details variieren entsprechend ihrer Position in Höhe und Entwurf. Die Profile im Obergeschoß sind kürzer als die des Erdgeschosses; das Kyma-Profil hat etwa die gleiche Größe. Die Sockel für Ziegel- und Putzwände sind im Erdgeschoß identisch; dem Sockel an der Putzwand wurde jedoch das typische halbhohe Wandpaneel hinzugefügt. Gleichzeitig weist das Mobiliar im Erdgeschoß einen Sockel auf, der ähnlich, aber merklich kleiner ist. Dieses Vorgehen ist wiederum eine Abstraktion des Klassizismus, der nicht nur vorschreibt, daß die Höhe des Sockels im richtigen Verhältnis zur Höhe der Wand sein muß, sondern daß er optisch das größere zu tragende Gewicht zeigen muß. Die Möbelprofile sind im Haus Martin kleiner als die Wandprofile, und das Kyma-Profil ist vergrößert, um das größere Gewicht, das es trägt, zu begründen. Die Abweichung des Details hat den zusätzlichen Vorteil, daß der Maßstab des Gebäudes definiert wird; wie die Kombination großer und kleiner Rundungen an Profilen und großer und kleiner Teile an der Fassade zur Festlegung des Maßstabes dienen, dient auch die Kombination großer und kleiner Sockeldetails diesem Zweck.

Die komplexe Deckengestaltung des Hauses Martin beschreibt die Konstruktionen, die es verkleidet. Da die Konstruktion eine Kombination traditioneller und moderner Bausysteme darstellt – Pfosten- und Sturzbalkensysteme aus Mauerwerk und Holz und Rahmensysteme aus Stahlbeton –, gibt es zwei Ornament- und Profilsysteme: eines, das Fugen und Übergänge traditioneller Bauart artikuliert, und eines, das die visuelle und konstruktive Kontinuität des modernen Bauens hervorhebt.

Die Pfeiler erhalten an der Decke ein traditionelles Profil, das mit dem Sockel zusammenwirkt, um die klassische Komposition aus Sockel, Schaft und Kapitell zu bilden. Dieses Profil markiert eine Höhe, trägt ein Gewicht und artikuliert einen Übergang. Darüber verläuft ein kontinuierliches Band, das vor allem durch seine unun-

3.41

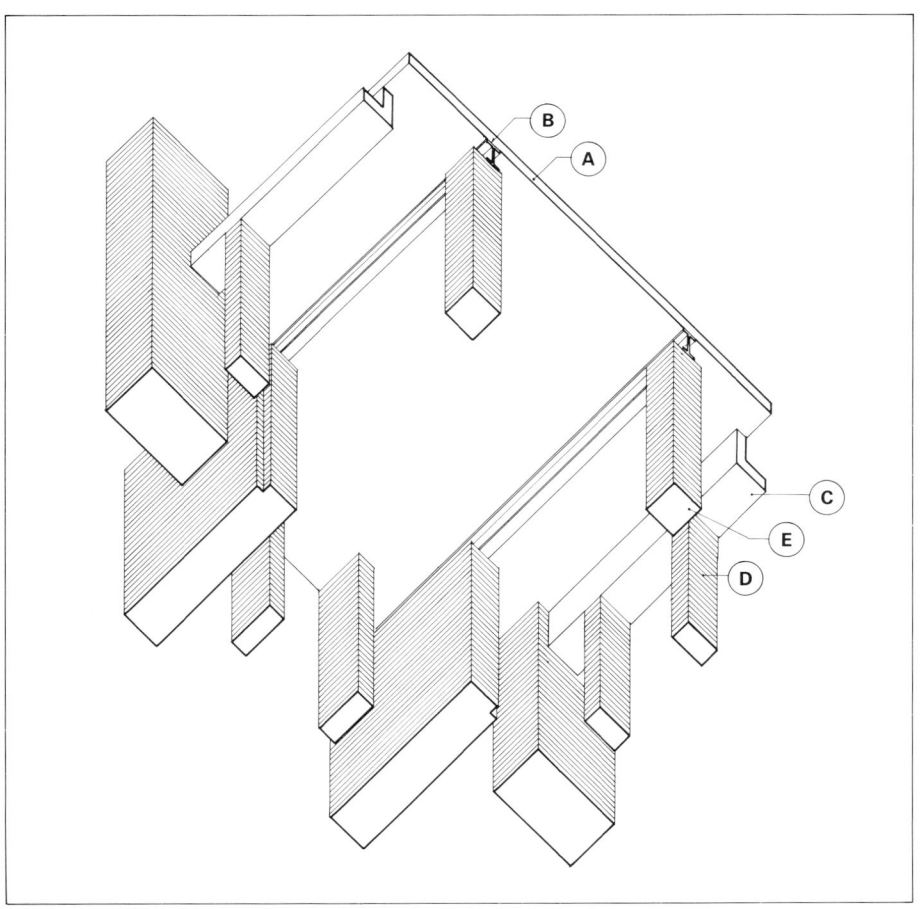

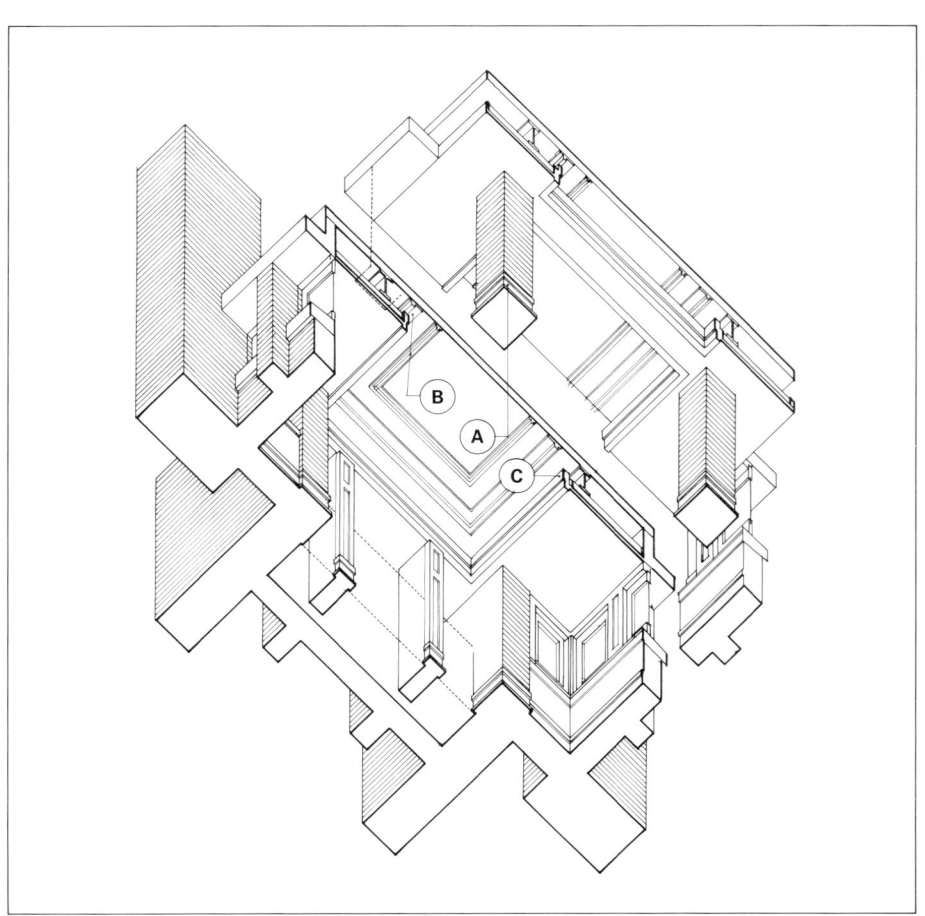

3.43

3.42

3.44

Haus D. D. Martin
Frank Lloyd Wright
Buffalo, New York, 1904

3.41 Wohnzimmer
(Canadian Center for Architecture)

3.42 Konstruktiver Aufbau der Bibliothek
Nur tragende Teile sind dargestellt)
A   Betonplatte 15 cm.
B   20 cm hoher Stahlträger.
C   Betonsturz; trägt das Ziegelwerk darüber und unterstützt auch die Betondeckenplatte.
D   Kleine Ziegelpfeiler. Sie tragen vor allem den Sturz, übernehmen aber wahrscheinlich auch einen Teil der Deckenlast.
E   Große Ziegelpfeiler. Sie tragen die Stahlträger und somit die Betondeckenplatten.
(Frank Lloyd Wright Foundation, Zeichnung 0405.009, HABS, Survey)

3.43 Innenansicht mit Heizung und Beleuchtung
(Canadian Center for Architecture)

3.44 Deckenplan der Bibliothek
A   Holzwerk am Fuß des Ziegelpfeilers. Dieses Schmuckwerk dient im Gegensatz zur Ornamentik in einer Holz/Putz-Wand keinem funktionalen Zweck.
B   Holzdekor auf Betonplatte. Das Schmuckwerk hat hier nichts mit Fugen oder Übergängen zu tun und nimmt eine völlig andere Form ein als unter den Holzdecken.
C   Putzuntersicht, getragen von Holzrahmen aus Latten 5 x 10 cm, an Stahlträgern hängend.
(Frank Lloyd Wright Foundation, Zeichnung 0405.009, HABS, Survey)

terbrochene Zahnverzierung an ein Gebälk denken läßt. Wright benutzt dieses Element manchmal traditionell, um für die Ziegelsäule ein Gebälk zu bilden, und manchmal plastisch, um konstruktive Kontinuität zu beschreiben.

Dieses Schmuckdetail wird an den Hängebalken in der Bibliothek und im Eßzimmer als Kante benutzt. Es ist nicht an der Wand befestigt, und obwohl es zwischen zwei Pfeilern verläuft, berührt es an keinem Punkt das Säulenkapitell. Wright wollte hier eine analoge Konstruktion schaffen. Die wahre Konstruktion dieser Räume besteht aus Stahlträgern, die eine Betonplatte tragen, und dieses Holzgebälk wird ganz allgemein benutzt, um die Lage der Stahlträger zu definieren *(Abb. 3.42, 3.44)*.

Der Decke fehlt das traditionelle Decke-Wand-Übergangsprofil, und da es darüber keine Holzkonstruktion gibt, sind keine analogen Holzbalken vorhanden. Wright brachte auf der Betonfläche ein Profil an und ließ es ungestört an einigen Ziegelpfeilern vorbeilaufen, wobei größere Flächen als die vom Gebälk darunter beschriebenen definiert wurden. *Abb. 3.47* zeigt einen Blick ins Wohnzimmer und in die Vorhalle. Die Decke vereint diese beiden Räume mit Hilfe ihrer einfachen rechtwinkligen Form. Gleichzeitig verläuft das Gebälk darunter zwischen dem Kamin und den Pfeilern und unterteilt das Rechteck in zwei Räume. Dieser Einsatz zweier überlappender Figuren (Robert Venturi würde es eine räumliche „Sowohl-als-auch"-Zweideutigkeit nennen) wäre unmöglich ohne den Gebrauch verschiedener Profile, um diese Räume als Figuren, als komplette Formen, die sich überschneiden, zu definieren. Und als Wright die Verwendung von Schmuckdetails aufgab, gab er damit auch diese Methode der räumlichen Komposition auf und setzte statt dessen die kontinuierlichen und fließenden Kompositionen ein, die wir mit seinen späteren Bauwerken in Verbindung bringen.

In den Holzrahmenteilen des Hauses Martin benutzte Wright ähnliche Ornamentsysteme wie im Haus Willets. Die Decke des Hauptschlafzimmers ist, im Gegensatz zu den ungebrochenen Flächen der Bibliothek, mit einer Reihe von flachen Holzleisten versehen, um die Dachbalken und -sparren darüber zu beschreiben. Die gleiche Detailart wird durchweg im Obergeschoß verwendet, über dem sich auch eine Holzkonstruktion befindet. Die Detailgestaltung dieser Teile gleicht den analogen Balken des Hauses Willets – mit einigen bedeutenden Unterschieden: anstatt am Deckenrand abzuschließen, setzen sie sich über die Wandfläche bis zum Schmuckprofil des Gebälks fort, und das Übergangsprofil zwischen Decke und Wand wird wiederum ganz weggelassen *(Abb. 3.41)*. Dies ist ein Beispiel von Wrights Konzept der „Plastizität" im Ornament.

Das Haus Martin gehört in mancher Hinsicht zu Wrights innovativsten Gebäuden. Das Stahlbeton-Bausystem, die monolithischen Wandkonstruktionen, die Integration der Haustechnik und der Einsatz überlappender räumlicher Figuren kommen hier deutlicher zum Ausdruck als in vielen früheren oder späteren Präriehäusern.

Die wechselnden Details im Haus Martin, besonders der Sockelhöhen, sind für Wrights Werk atypisch. Im Haus Willets sind die Sockel-, Bandgesims- und Fensterbankdetails im ganzen Haus identisch, und zwar ungeachtet ihres proportionalen Verhältnisses zu den Wänden, an denen sie angebracht sind. In gewissem Maße ist dies ein Produkt seiner endlosen Experimente. Häufig kehrte er nach dem Experimentieren mit neuen Details zu alten zurück; beispielsweise setzte er 1908 im Haus Coonley Details ein, die mit denen des Hauses Bradley, das er acht Jahre zuvor entworfen hatte, identisch waren. Aber der Wunsch, Maßstäbe festzulegen, und das entsprechende Vorgehen werden nach 1910 immer seltener. Die Vielfalt der Schmuckdetails in Form und Größe und die Formenwiederholung des ganzen Gebäudes in kleinerem Maßstab wurden nie mehr so systematisch wiederholt. Dies lag nicht an einem zunehmenden Interesse an geometrischer Abstraktion, sondern an einer Neudefinition der für Behandlung und Ornamentik in der Architektur geltenden Regel.

DAS HAUS ROBIE

Wright wendete kaum noch das Stahlbeton-Verbundsystem an; die meisten nachfolgenden Präriehäuser mit großen baulichen Anforderungen waren aus Stahl und Holz. (Das Coonley Playhouse, das Hitchcock als Betonbau beschreibt, ist aus tragenden Ziegelblöcken und Holz gebaut und mit Glattputz abgedeckt.)

Die Bau- und Detailsysteme des Hauses Robie sind viel weniger dogmatisch als jene im Haus Martin. Hier wird nicht versucht, ein universales Konstruktionssystem

3.45

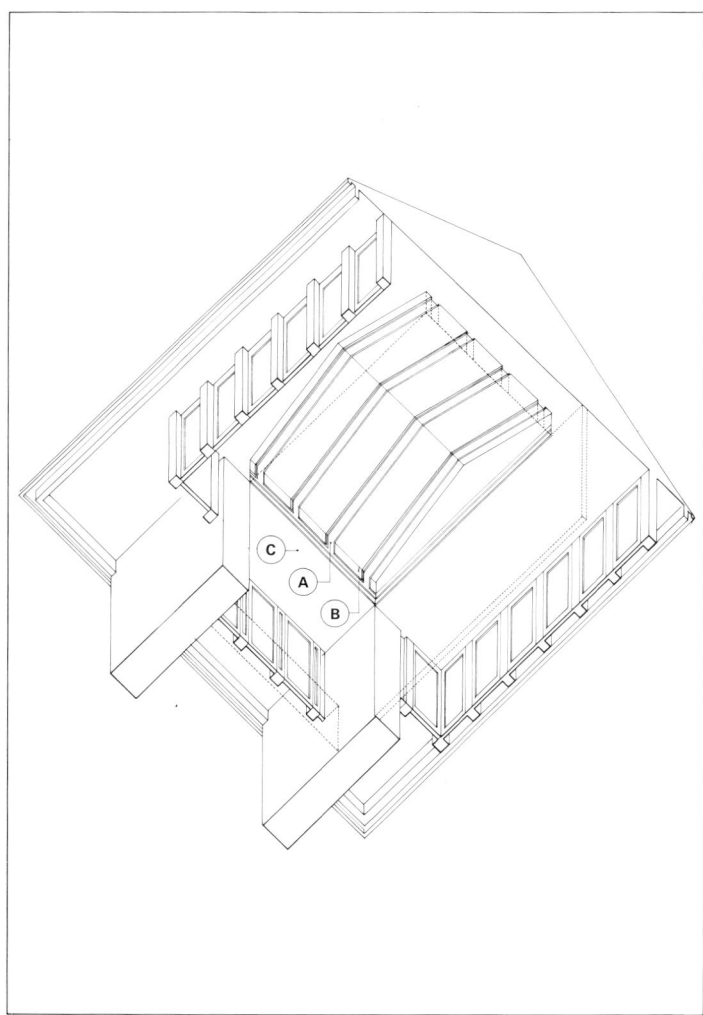

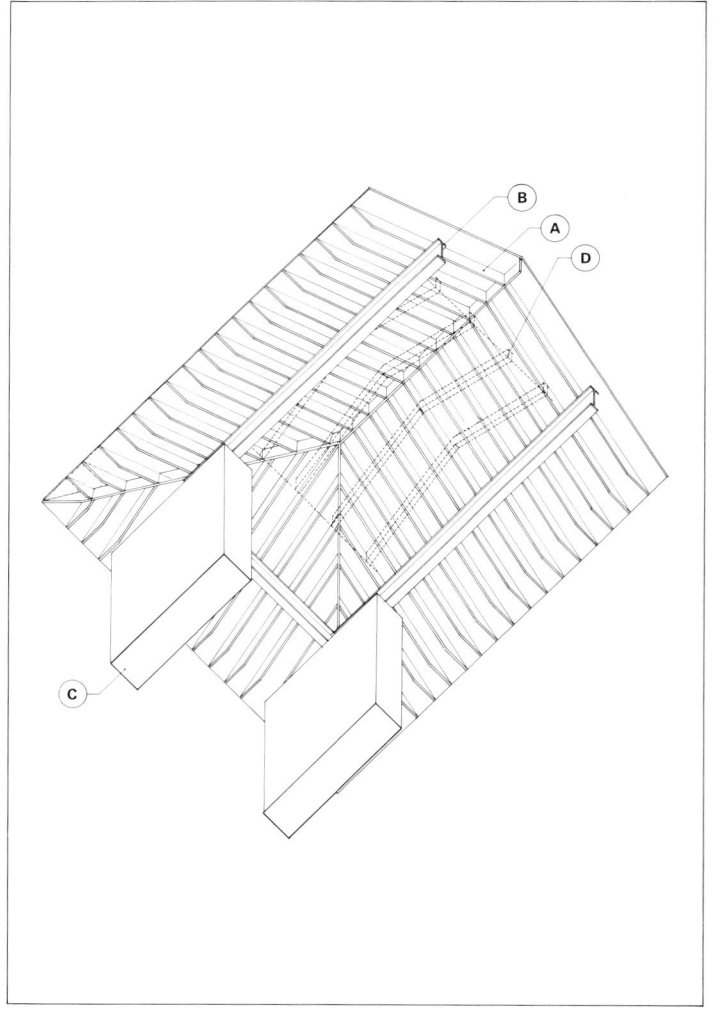

3.47

3.46

3.48

Haus D. D. Martin
Frank Lloyd Wright
Buffalo, New York, 1904

3.45 **Speisezimmer**
(Canadian Center for Architecture)

3.46 **Deckenplan des Hauptschlafzimmers**
A   Innenholzschmuck. Er folgt der Linie der darüberliegenden Sparrenpaare. Diese Deckenornamentik ist Wrights früherer Deckenbehandlung ähnlicher, da sie eine Holz- und keine Betondecke verkleidet.
B   Das Scheitelprofil ist weggelassen, so daß die beiden Putzflächen einfach zusammenstoßen. Dies ist ein Beispiel für den Anfang von Wrights „plastischem" Ornament.
C   Decke: Putz auf Holzlatten.
(Frank Lloyd Wright Foundation, Zeichnung 0405.009, HABS, Survey)

3.47 **Empfangsraum**
(Canadian Center for Architecture)

3.48 **Dachkonstruktionssystem über dem Hauptschlafzimmer**
A   Dachkonstruktion: Holzschalung auf Dachsparren 5 x 20 cm im Achsabstand von 40 cm (was einer wirtschaftlichen Spannweite der Schalung entspricht). Normalerweise würden die Sparren mit einem horizontalen Unterzug verbunden werden, um ein Dreieck und somit ein Fachwerk zu bilden, aber die Innendeckengestaltung läßt dies nicht zu.
B   Stahlträger (20 cm hohes Doppel-T-Profil). Wegen der großen horizontalen Öffnungen in der Wand muß die Last der Sparren vom Stahlträger aufgenommen und zu den Ziegelpfeilern übertragen werden.
C   Ziegelpfeiler. Sie tragen fast die ganze Last, aber Bundstielpaare innerhalb der Fensterpfosten können das Dach mit stützen.
D   Doppel-Dachsparren aus 26 x 15 cm-Hölzern. Sie tragen nur die Putzdecke darunter, die quer zu den darüberliegenden Dachsparren geneigt ist.
(Frank Lloyd Wright Foundation, Zeichnung 0405.009, HABS, Survey)

aus Stahl und Beton zu entwickeln. Obwohl die dramatischen Effekte auf Stahl angewiesen sind, ist der Bau im wesentlichen eine Kombination aus tragendem Ziegelwerk und Geschoßrahmen, stark modifiziert durch die Einführung von Stahlteilen.

Obwohl es viel einfacher als das Haus Martin erscheint, ist das Haus Robie baulich viel komplexer. Es fehlt ihm die enge Korrespondenz zwischen Konstruktion und Form, die in Bauten wie dem Larkin Building vorhanden ist, und viele der primären Konstruktionselemente sind unkenntlich oder verdeckt. Wie im Haus Willets werden die Sparren an ihren dritten Punkten, gleich unter dem Kehlbalken, gestützt. Doch die Pfeiler, die diese Balken an den Gebäudeenden stützen, stehen fast vollständig innerhalb des Hauses, und die großen Eckpfeiler, die außerhalb sichtbar sind *(Abb. 3.62)*, sind baulich von sekundärer Bedeutung.

Die U-Profile, die den Balkon tragen, können den Abstand ohne zusätzliche Unterstützung nicht überspannen. Dies geschieht mit Hilfe eines zweiten Stahlträgers, der vom Kamin her auskragt, um den U-Stahl in der Feldmitte zu stützen, aber im äußeren Ausdruck des Gebäudes weist nichts darauf hin. Am irritierendsten ist die Konstruktion des zweiten Obergeschosses, die so ungeschickt auf den Bau darunter trifft, daß sie aus Ziegelverblendung auf Holzfachwerk bestehen muß, um ihr Gewicht zu reduzieren, da die Konstruktion nicht ausreicht, um Mauerwerk zu tragen. Als architektonische Gesamtheit ist das Haus Robie dem Haus Martin vielleicht vorzuziehen; aber was die Klarheit des baulichen Ausdrucks betrifft, ist letzteres bei weitem überlegen.

Doch durch das, was der Stahlrahmen möglich macht, findet auch das Haus Robie seine Nische in der Architekturgeschichte. Kritiker halten es seit langem für das beste der Präriehäuser, und zwar vor allem deshalb, weil es einige Charakteristika der Moderne vorausempfand. Für Kritiker wie Nikolaus Pevsner und Sigfried Giedion wurden Bauten wie das Haus Robie dahingehend bewertet, ob sie Präzedenzfälle des Internationalen Stils schafften oder nicht. Ob man nun mit ihren Einschätzungen übereinstimmt oder nicht (Wright hielt das Haus Avery Coonley für das beste jener Zeit) – man muß zugeben, daß es das protomodernste seiner frühen Häuser ist und daß es das Potential des Stahls am besten nutzt. Die Häuser Heurtley und Martin mit ihren geringen Spannweiten und kleinen Öffnungen scheinen die Grenzen der Ziegel- und Holzkonstruktion nicht zu überschreiten. Wenn wir nicht genau wüßten, daß es Stahl enthält, kämen wir nicht ohne weiteres darauf. Beim Haus Robie ist es ganz anders; die riesigen Auskragungen machen deutlich, daß etwas anderes als Ziegel und Holz vorhanden ist. Dieses Haus scheint Ruskins Prophezeiung, daß die alten Kompositionsregeln (auf den Grenzen des Mauerwerks basierend) mit dem Einsatz von Stahl als Baumaterial verschwinden würden, genauestens zu erfüllen.

Bevor wir über die Details des Hauses Robie sprechen, sollten wir uns das Modulsystem anschauen, das bei der Ornamentierung eine so wichtige Rolle spielt. Seit etwa 1905 plante Wright jedes seiner Gebäude in einem gleichförmigen, räumlich streng eingeteilten Raster. 1928 schrieb er, daß die Raster auf der „Natur des Materials" basierten. Somit weist das Haus Martin ein Modul von 115 cm (Ziegel) auf, Unity Temple hat ein Modul von 60 cm (Beton) und das Haus Coonley eines von 122 cm (Glattputz). Auch das Haus Willets scheint ein Modul zu haben, was aber nicht zutrifft; die Abstände zwischen den Wohnzimmerfenstern sind beispielsweise um 25 mm größer als die Eßzimmerfenster. Für das Haus Martin ein Modul von 115 cm zu wählen, ist merkwürdig. Ein Modul von 122 cm ist jedoch für Ziegel oder Holz logisch, da es drei Zwischenräumen von 40 cm sowie Standardbrettlängen und sechs Ziegeln von 20 cm oder vier Ziegeln von 30 cm entspricht. Das verwendete Modul von 115 cm ist durch kein anderes Baumaterial zu teilen und kann nur aus rein ästhetischen Gründen gewählt worden sein. (Tatsächlich stimmen viele Teile dieses Hauses nicht mit diesem Modul überein, und Wright hat möglicherweise entsprechend dieser Tatsache rationalisiert.) Das Modul des Hauses Robie mißt 122 cm, was, unabhängig vom Material, schnell zum Standardmaß für alle geradlinigen Raster wurde. Am deutlichsten wird es im Haus Robie an den Abständen der Ziegelpfeiler, aber es beeinflußt auch alle anderen Entwurfsaspekte, insbesondere die Schmuckdetails.

Die Außengestaltung des Hauses Robie ist noch einfacher als beim Haus Martin. Im Haus Martin sind die horizontalen Elemente je nach Lage unterschiedlich in der Größe, aber nicht unbedingt in der Form. Im Haus Robie sind bis auf den Sockel, der ein einfaches Rechteck ist, alle Bandgesimse 20 cm hoch, woraus zu sehen ist, daß Wright im Haus Robie – im Gegensatz zum Haus Martin – keinen Maßstab festlegen wollte.

3.49

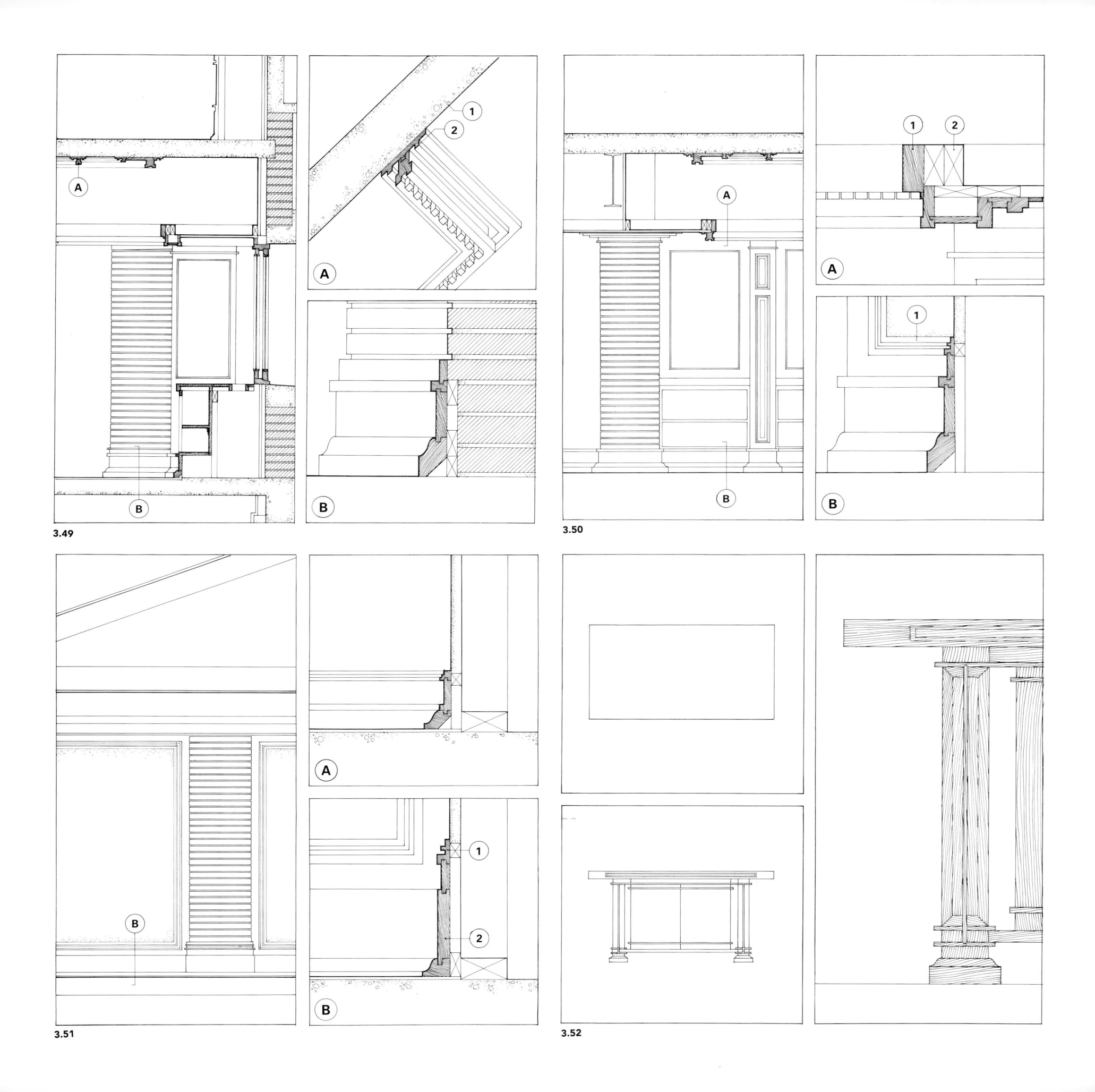

3.50

3.51

3.52

Haus D. D. Martin
Frank Lloyd Wright
Buffalo, New York, 1904

3.49 Innengestaltung der Bibliothek
A Schmuckprofilierung an der Betonplatte.
  1 Betonplatte.
  2 Die sichtbaren Falzstege des horizontalen Teils entsprechen genau den verdeckten, die die Verbindung mit dem vertikalen Teil herstellen. Die vorspringenden Zähne sind genauso groß wie der verdeckte Steg. Dies kann als Beispiel für Wrights Forderung nach einem maschinengemäßen Ornament interpretiert werden.
B Sockeldetail. Verbindungen sichtbarer Vollholzteile werden üblicherweise mit Hilfe von Falzfugen hergestellt, wobei die Teile ineinander greifen und nicht aufeinanderstoßen. Damit wird sichergestellt, daß sich die Fugen nicht öffnen, wenn sich das Holz zusammenzieht oder bei entsprechender Feuchtigkeit quillt.
(Survey)

3.50 Innengestaltung der Bibliothek
A Details der Bilderschiene.
  1 Holzkante.
  2 Holztragrahmen aus Latten 5 x 10 cm.
B Sockeldetail.
  1 Rahmenprofil. Die sichtbaren Falzstege sind gleich mit den verdeckten für die gefalzten Anschlüsse.
(Survey)

3.51 Innengestaltung im Obergeschoß
A Sockeldetail an der Putzwand im Schlafzimmer. In Räumen, wo kein anderer Wandschmuck vorhanden ist, ist die Fußleiste wesentlich kleiner.
B Sockeldetail an der Putzwand in der Halle des Obergeschosses.
  1 Abschlußprofil.
  2 Sockel. Der unterste Teil des Sockels ist hier kleiner als im Erdgeschoß *(siehe Abb. 3.50)*, wo die Decke höher ist.
(Survey)

3.52 Tisch
Man beachte, daß das Fußprofil des Tischbeins eine Version des angrenzenden Wandsockels in kleinerem Maßstab ist.
(Survey)

Eines der dramatischsten Elemente des Hauses Robie ist die Kupferrinne auf dem Hauptdach. Wrights Dachrinnen sind die am vielfältigsten gestalteten Elemente der Präriehäuser, woraus man schließen kann, daß er mit allen Lösungen unzufrieden war. Was der Grund auch sein mag – es sind die Dachrinnen- und Traufendetails, die vielen Präriehäusern ihren Charakter verleihen. Im Haus Dana setzte Wright ein Dachrinnen- und Windbrett bündig mit den Sparrenenden ein, um eine starke und schwere Dachkante zu bilden. Dieses Detail verleiht dem Haus Dana mit dem Giebeldach seine einzigartige Note. Später versuchte Wright, dem Dach ein möglichst leichtes Aussehen zu geben, indem er das Profil auf eine messerartige Kante reduzierte *(Abb. 3.58)*. In den Häusern Heurtley und Willets ist die Traufe parallel zu den Dachsparren nach hinten geneigt, und das Sparrenende ist in einem Winkel zugeschnitten; beides betont die optische Leichtigkeit des Daches. Die abstrakte Version einer herkömmlichen Dachrinne hat ebenfalls scharfe Kanten, um ihr Profil zu verringern. Fallrohre präsentierten aufgrund des Abstands der Dachrinne zur Mauer ein optisches Problem, das aber leicht, wenn auch nicht professionell, zu lösen war, indem man das Fallrohr einfach wegließ und das Wasser an einem so weit wie möglich von der Mauer entfernten Punkt zur Erde leitete.

In seinen Ziegelpfeilerhäusern zog Wright es vor, die Untersicht parallel zum Boden verlaufen zu lassen, um die verschiedenen Pfeiler auf eine gleichmäßig ebene Fläche treffen zu lassen. Im Haus Martin behielt Wright die dreieckige Dachrinne bei und fügte direkt hinter dem Traufenpunkt ein Schmuckprofil an; vielleicht meinte er, daß irgendein Übergangselement wegen der Schwere des Sockels nötig wäre. Die für das Haus Robie entwickelte Lösung ist dieser Ausführung in jedem Fall überlegen. Die Dachrinne am Haus Robie ist ein flacher Ablauf aus Kupfer mit an der Unterseite aufgeprägtem Ornament. Dieser Ablauf fungiert zwar noch als Rinne, ist aber gleichzeitig eine papierdünne Dachkante. Der leichte „Aufschwung" verleiht dem Dach einen gewichtslos wirkenden Charakter, so daß es auf die Ziegelpfeiler herabgeschwebt zu sein scheint.

Die Innengestaltung im Haus Robie ist wie im Haus Martin unterschiedlich. Das Sockeldetail variiert vom Erd- bis zum Obergeschoß bis hin zu den Möbeln. Die Wirkung ist jedoch erheblich geringer, da das Haus Robie keine Pfeiler, keine Nebenpfeiler und keine „Häuser im Haus" hat, die das Haus Martin charakterisieren. Das Kyma-Profil wird wieder am Sockel verwendet, es ist jedoch viel kleiner und ohne Zahnverzierung. Schmuckdetails werden jedoch auf ganz andere Art verwendet.

In den frühen Präriehäusern werden Profile benutzt, um Übergänge zu schaffen und Fugen abzudecken. Somit sind die Verbindungen von Wand und Boden, Wand und Decke und von Säule und Balken alles Stellen, die kunstvoll ausgearbeitet werden können. Im Haus Robie wird Dekor vor allem zur Beschreibung der Konstruktion verwendet. Andere Einsatzmöglichkeiten von Profilen werden eliminiert oder reduziert. An den Decken- und Wandverbindungen gibt es weder über den Fenstern noch am Gurt Scheitel- oder andere Übergangsprofile. Es gibt kein Profil, wo der Ziegelkamin den Boden und die Decke berührt. Im Haus Martin verlief es entlang der inneren und äußeren Ecken des Deckenwinkels *(Abb. 3.49, 3.50)*. Die Decke im Haus Robie hat einen ähnlichen Umriß, aber die Ecken sind bloßgelegt, und das Profil verläuft ununterbrochen über die Flächen und um die Ecken der Decke herum.

In Anbetracht der tragenden Grundlage der Ornamentierung ist es nicht verwunderlich, daß das Schmuckwerk der Häuser Martin und Robie so unterschiedlich ist. Das Haus Martin ist aus Beton, das Haus Robie aus Holz und Stahl, und das Profil, das über seine Decke verläuft, ist einfach eine kunstvollere Version der analogen Holzbalken früherer Häuser. Aber Wright versuchte auch, ein Schmucksystem zu entwickeln, das den Qualitäten der modernen Konstruktionssysteme entsprach. Er bezeichnete beide Effekte als Plastizität. Baulich bezog sich dieser Begriff auf die Kontinuität der Stahlbeton-Konstruktion. In späteren Schriften beschrieb er Plastizität als Ausdruck moderner Materialien. In traditionellen Holz- und Steinbauten sind Säulen und Balken auch nach ihrer Verbindung noch größtenteils unabhängige Bauteile. Für Stahl oder Beton trifft dies nicht zu. Wright sah traditionelle Profile und Elemente korrekt als Ausdruck dieser Verbindungen und deren Eliminierung als Ausdruck des Charakters der Stahl- und Betonverbindung an. Vor 1910 kam dieser Gedanke nicht als Beseitigung der Ornamentik, sondern als Unabhängigkeit von Ornamentik und Verbindungen zum Ausdruck. In Wrights Worten: „Decken können vergrößert

3.53

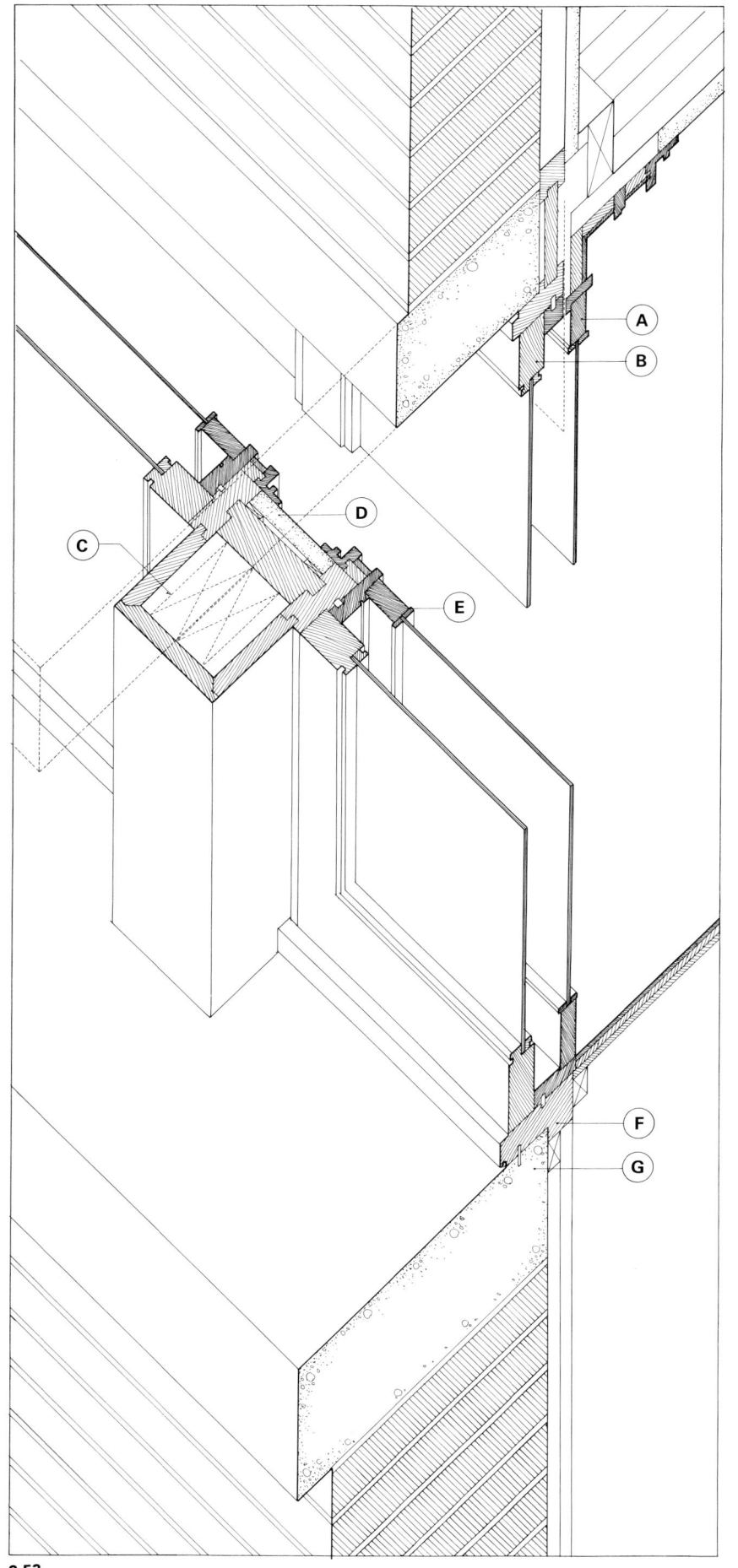

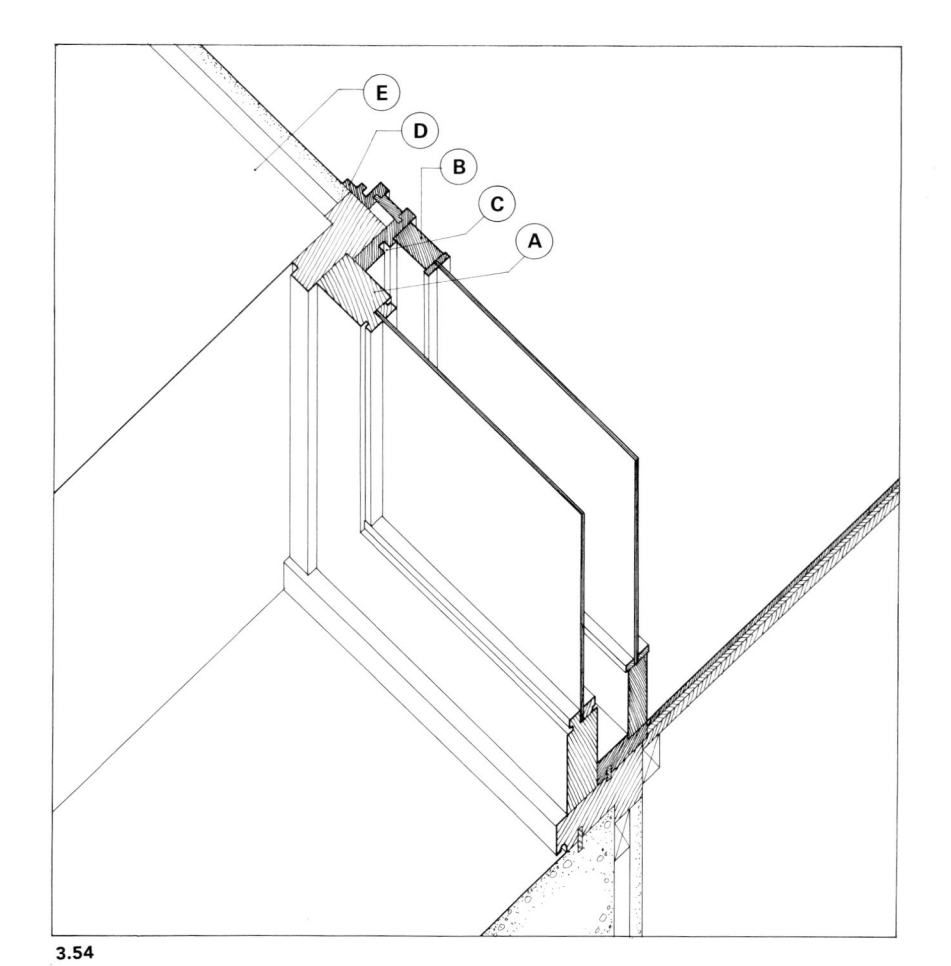

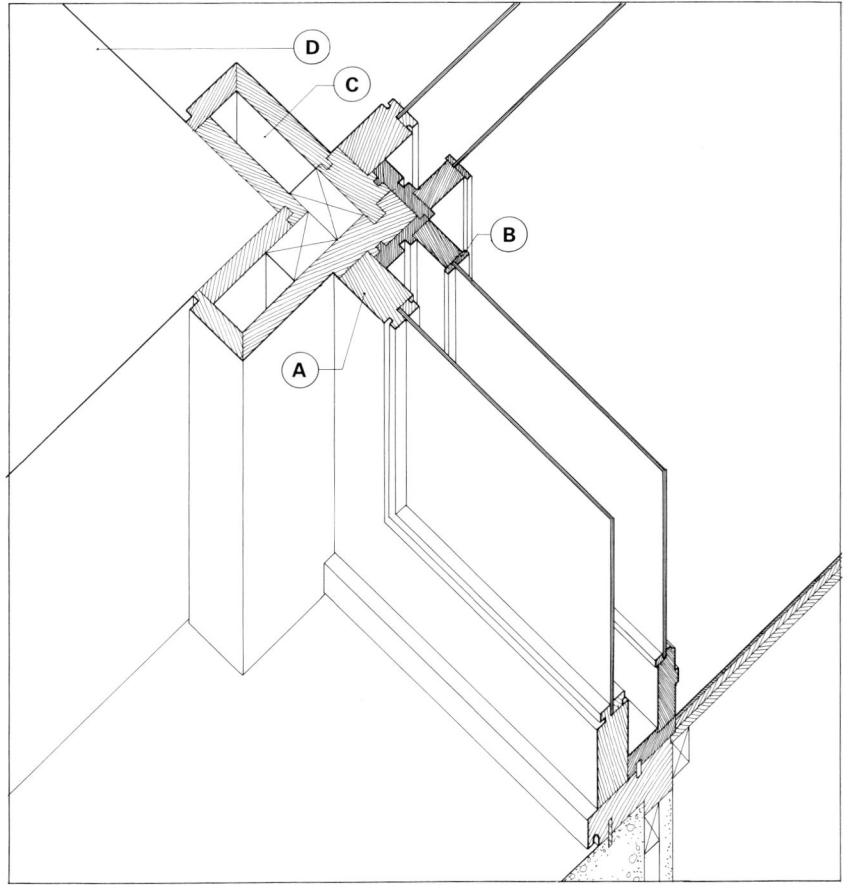

3.54

3.55

Haus D. D. Martin
Frank Lloyd Wright
Buffalo, New York, 1904

3.53 Fensterdetails
A Eicheninnenfenster mit Betonsturz darüber (nicht abgebildet).
B Holzaußenfenster. Der auf dem Eichenholz aufgetragene transparente Innenlack hält den Witterungseinflüssen nicht stand, deshalb ist hier ein billigeres Holz, wie z.B. Kiefer, verwendet worden.
C Holzständer 5 x 10 cm; unterstützt das darüberliegende Dach. Für die nicht sichtbare Konstruktion ist das billigste Holz verwendet worden.
D Putz auf Holzlatten.
E Glasfalzleisten; sie halten das Glas fest, das auch ausgewechselt werden kann. Wright benutzt für das Innenfenster den typischen vorspringenden Anschlag.
F Holzfensterbank mit Tropfkante.
G Betonfensterbank. Sie ist abgeschrägt, damit Wasser ablaufen kann; am Boden befindet sich jedoch keine Tropfkante.
(Frank Lloyd Wright Foundation, Zeichnung 0405.009, Survey)

3.54 Fensterpfosten an Ziegelpfeiler und Putzmauer
A Holzaußenfenster.
B Eicheninnenfenster.
C Führungsnut für die Jalousie.
D Abschlußprofil; verdeckt die Fuge zwischen dem Holzrahmen und dem Wandputz.
E Ziegelpfeiler, innen verputzt.
(Frank Lloyd Wright Foundation, Zeichnung 0405.009, Survey)

3.55 Fensterpfosten am Ziegeleckpfeiler
A Holzaußenfenster.
B Eicheninnenfenster.
C Außenholzprofile.
D Ziegelpfeiler.
(Frank Lloyd Wright Foundation, Zeichnung 0405.009, Survey)

werden, indem man sie nach unten verlängert, wie der Streifen Wand über den Fenstern auch kleinen Räumen nach oben hin Großzügigkeit verleiht. Der Eindruck des Ganzen wird erweitert und durch dieses Hilfsmittel auch plastisch gemacht. Damit wird bewirkt, daß die umschließenden Wände und Decken zusammenfließen. Hier kommt das wichtige Element der Plastizität dazu – unerläßlich für den erfolgreichen Einsatz der Maschine, dem wahren Ausdruck der Modernität."[25] Daß Wright diesen Gedanken in den Präriehäusern einbrachte, geschah, wie er zugab, meist intuitiv, kaum stringent und in vielen Beispielen rein ästhetisch.

Ein weiterer innovativer Aspekt des Schmuckwerks im Haus Robie ist das, was man Inversion nennen könnte: die Umkehr eines Details von dem, was man erwarten würde. Zum Beispiel springen die Glasfalzleisten der Fensterflügel, die normalerweise hinter den Fensterrahmen zurückgesetzt sind, hier vor und bilden einen Rahmen um das Fenster. Wright verfuhr mit dem halbhohen Wandpaneel ebenso *(Abb. 3.33)*. In den Häusern Winslow und Willets war es zurückgesetzt, im Haus Robie springt es vor. Wright tat dies schon früher, aber nie so umfassend wie hier. In seinen späteren Bauten wiederholte und erweiterte er dieses Konzept.

Der Bau des Hauses Robie scheint ziemlich reibungslos und zur Zufriedenheit aller vonstatten gegangen zu sein, obwohl Wright sein Büro und das Land verließ, während die Arbeit noch im Gange war, und obwohl behauptet wird, ihm sei der Baufortschritt seiner Projekte gleichgültig gewesen und er habe sich geweigert, Briefe zu beantworten, in denen er um Rat gebeten wurde. Daß die Arbeit erfolgreich zu Ende geführt wurde, war wohl auch der Fähigkeit des Bauunternehmers und Wrights Angestellten sowie dem Wohlwollen des Bauherrn zu verdanken. Es ist jedoch zu bemerken, daß das Haus Robie technisch nicht so revolutionär war, wie angenommen wurde. Bei seinen späteren Häusern in Faserblock-Bauweise und der Usonian-Reihe versuchte Wright, nicht nur die Form der modernen Wohnarchitektur, sondern auch die Materialien und Verfahren zu ändern. Später lehnte er zunehmend die üblichen Ständerwerk- und Mauerwerksysteme, die in Amerika typischen Hausbaumethoden, ab, im Haus Robie jedoch noch nicht. Trotz der Stahlmenge und der vielen technischen und architektonischen Innovationen wurde es mit relativ konventionellen Methoden, mit tragenden Ziegelwänden, Holzrahmendecken und mit einem Standard-Großrahmen errichtet. Er nutzte diese Systeme bis an ihre Grenzen aus, weiter ging er jedoch nicht.

DAS LARKIN BUILDING
Wright brachte zwischen 1893 und 1910 mehr als hundert Projekte zur Fertigstellung, die meisten davon Wohnhäuser. In bezug auf Großbauten hatte er im Büro von Alder und Sullivan Erfahrung gesammelt. Paul Mueller, der Bauunternehmer und vielleicht auch Ingenieur des Larkin-Projekts, hatte ebenfalls für Alder und Sullivan gearbeitet. Dennoch hat das Gebäude mit den ausgereiften Bürobauten der Chicagoer Schule wenig Ähnlichkeit. Am ehesten ist es mit den angrenzenden Fabriken der Larkin Company in Betonrahmenbauweise verwandt. In erster Linie ist es jedoch, was die technischen Systeme betrifft, ein Originalwerk. Im Gegensatz zu den meisten Präriehäusern war das Larkin Building „dieser Welt nicht angepaßt". Die Integration von Konstruktion und Haustechnik, die zum Ideal moderner Bauweise werden sollte, war hier zum ersten Mal zu sehen. Doch trotz des genialen Resultats steht es außerhalb des Entwicklungskurses modernen Bauens (im Gegensatz zur modernen Architektur). Diese Konstruktionsart wird von den Bürohäusern des Chicagoer Stils, wie das Wainwright Building, viel eher repräsentiert.

Die bekannten Schwarzweißaufnahmen des Larkin Building sind irreführend. Größtenteils wurden als Außenmaterialien zimtfarbener Sandstein und dunkelrote Ziegel verwendet. Von der Farbe her war es dem Wainwright Building sehr ähnlich, das auch primär rot ist. Der Hauptunterschied zwischen den beiden Gebäuden liegt in ihrer Konstruktion. Das Larkin Building besteht aus integriertem Tragwerk und Außenhaut; die Haut des Wainwright Building wird von einem völlig selbständigen Stahlrahmen getragen. Das großzügige Mauerwerk der Fassade ist nur Verkleidung. Deckschicht und Tragwerk sind voneinander unabhängig. Die Ziegelpfeiler des Larkin Building sind tragend, obwohl sie betonummantelte Doppelstahlträger stützen. Das Larkin Building ist eine tragende Mauerwerkkonstruktion, und Tragwerk und Deckschicht sind eins. Dies stellt einen effizienteren Einsatz der Materialien dar, sollte aber

3.56

3.57

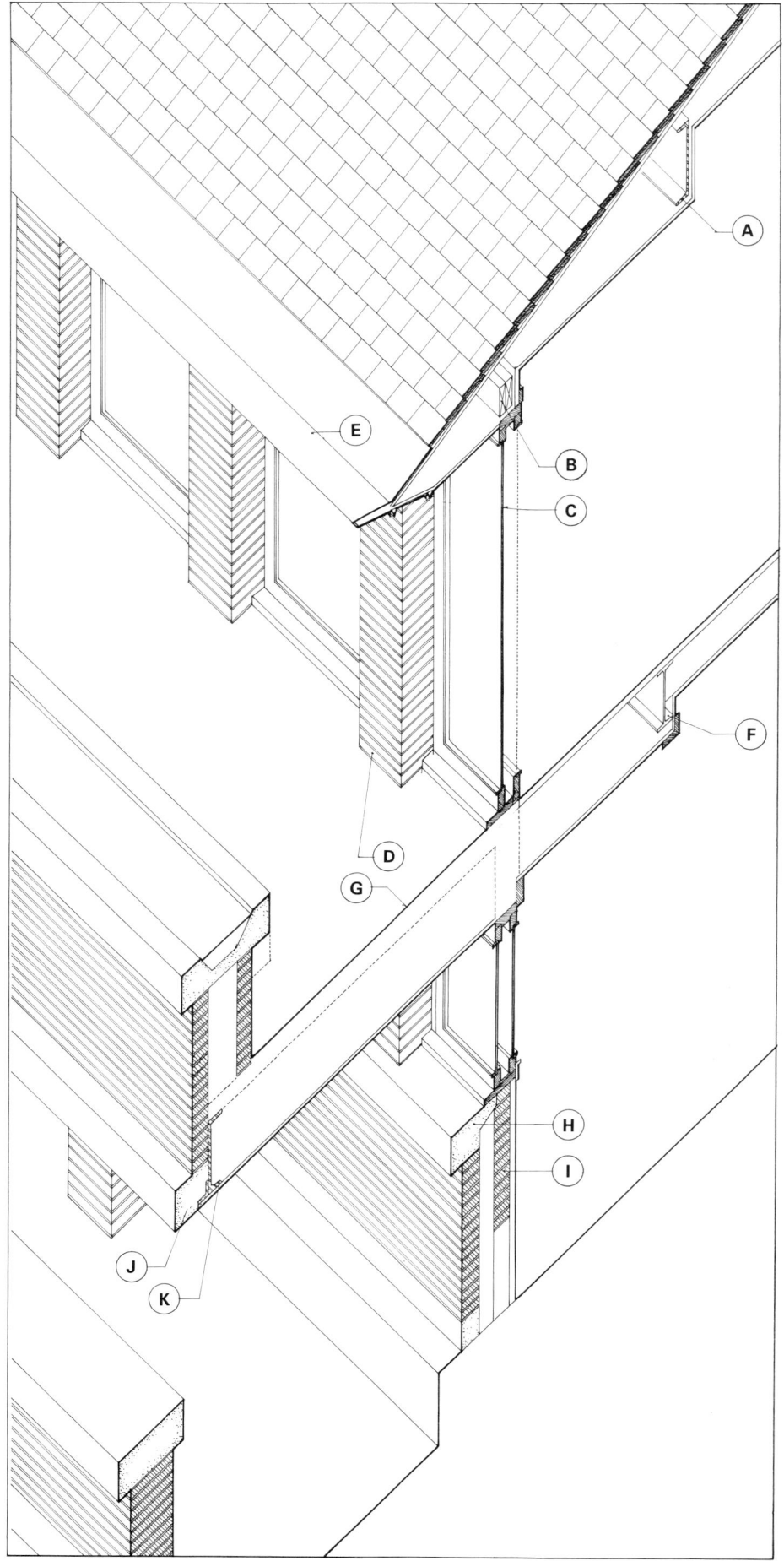

3.58

Haus F. C. Robie
Frank Lloyd Wright
Chicago, 1909

3.56   Außenansicht

3.57   Detail

3.58   **Fassadenschnitt**
Diese Zeichnung basiert auf den Originalbauplänen. Änderungen erfolgten beim Bauen, vor allem an der Pflanzschale am Terrassenrand und an der Wand-Decken-Konstruktion im Erdgeschoß.

A   U-Profil aus Stahl 38 cm, Hauptauflager der Holzsparren 5 x 20 cm; wird von großen Ziegelpfeilern und vom Kamin getragen.

B   Träger aus zwei Hölzern 5 x 20 cm; Nebenauflager der Sparren an ihren Enden.

C   Holzfenster.

D   Ziegelpfeiler, den Holzträger stützend.

E   Kupferregenrinne, gestützt von T-Eisen.

F   Doppel-T-Stahlträger 38 cm. Der größte Teil der Konstruktion des Erdgeschosses ist aus Stahl.

G   Balkondecke.

H   Fensterbank aus Kalkstein.

I   Ziegelmauer. Im Gegensatz zu den vielen früheren Mauerwerkhäusern von Wright handelt es sich hier um Luftschichtmauerwerk.

J   Kalkstein-Blendstreifen; scheint das Ziegelwerk zu tragen, wird jedoch selbst vom Stahlträger gestützt. Die obere horizontale Fläche hatte wenig Neigung, deshalb drang an dieser Stelle viel Wasser ins Ziegelwerk ein.

K   U-Profil aus Stahl 38 cm mit Stahlwinkel 8 x 8 cm, trägt Holzdecken und Kalkstein-Blendstreifen.
(Frank Lloyd Wright Foundation, Zeichnung 0908.24, HABS, Survey)

---

nicht zu einer effizienteren Bauweise werden, da die Entwicklung in Richtung unabhängiger Systeme und Subunternehmer ging.

Reyner Banham hat die Integration von Haustechnik und Tragwerk im Larkin Building ausgiebig beschrieben.[26] Teile des Tragwerks sind ausgehöhlt, um die Leitungssysteme aufzunehmen, wobei es aber nicht verdeckt wird. Die vertikale Verteilung erfolgt durch hohle Ziegelschächte, die horizontale in den Hohlräumen zwischen den Doppelstahlträgern. Das Konzept läßt an einen Organismus denken, was nicht überrascht. Architekten eiferten später diesem Beispiel nach, aber wie bei der Konstruktion ging der Trend eher zu unabhängigen als integrierten Systemen. Die Hausleitungen in einem modernen Bürogebäude werden vertikal in einem zentralen Kern durch Schächte und horizontal in einem Hohlraum zwischen der Deckenkonstruktion und der Putzdecke verteilt. Was dieses System an Ausdruck einbüßt, gewinnt es an Effizienz, da Leitungssysteme und Tragwerk unabhängig voneinander geplant und gebaut werden können. Ein Hauptvorteil von Wrights Konzept war die Tatsache, daß der Bau monolithisch bleiben konnte. Konstruktion wurde durch Freistellung ausgedrückt.

Wright sagte über das Larkin Building: „Es ist die einfache würdevolle Äußerung eines schlichten utilitaristischen Typs mit nackten Ziegelmauern und einfachen Steinabdeckungen."[27] Das stimmt natürlich nicht. Im Larkin Building gibt es eine Menge Elemente, die keinen funktionellen Zweck haben, vor allem im Steinwerk. Russell Sturgis interpretierte die Steinornamentik korrekt als höchst abstrakte klassische Ordnung. Die beiden geradlinigen Bänder an der Basis der Pfeiler entsprechen dem Torus und der Skotie einer ionischen Basis *(Abb. 3.5, 3.6)*, und die Terrakotta-Kapitelle auf den Pfeilern bilden ein höchst abstraktes Äquivalent korinthischer Säulen.

1909 schrieb Wright eine Antwort auf Sturgis' unfreundliche Kritik. In dieser Antwort, die aus Rücksichtnahme, weil Sturgis gerade gestorben war, nicht veröffentlicht wurde, rechtfertigte er viele formale Charakteristika – insbesondere die Abwesenheit von Zierprofilen und Schmuckelementen –, die er 1901 in seinem Hull-House-Vortrag verteidigt hatte. Seiner 1909 vorgebrachten Argumentation fehlen jedoch die Bezüge auf Handwerk und Industrie, die seinen früheren Vortrag charakterisiert hatten. Es gibt Hinweise auf die einzigartigen industriellen Bedingungen in Amerika, und bestimmte Details werden auf der Grundlage des Ausdrucks des Materials verteidigt, aber im großen und ganzen ist Wrights Ton eher abstrakt, hermetisch und rein architektonisch. Der Kernpunkt ist (wie bei Schuyler und Ashbee), daß das Larkin Building zahlreiche Sockel, Plinthe, Kapitelle, Architrave und Gebälke aufweist, die nicht durch Zierprofile gemildert werden. Wright argumentiert zunächst – Owen Jones wiederholend –, daß traditionelle Profile, wie diejenigen, die Sturgis vorschlägt, aufgesetzt und nicht integriert und somit „konstruktives Ornament" und keine ornamentale Konstruktion seien: „... wir sind weiter als je zuvor von einem lebenden Architekturstil entfernt, und zwar hauptsächlich wegen der im Kopf von Architekt und Kritiker gleichermaßen festsitzenden Vorstellung, daß die Architektur aus einem mit Licht und Schatten flimmernden Stoff besteht, der mit Hilfe von Schmuckprofilen und Kantenschlägen, die an ein Haus geklebt werden, wie man ein poröses Pflaster auf einen schmerzenden Rücken klebt, angefertigt wird. ..."[28]

Obwohl dem Larkin Building der „plastische" Ornamentcharakter fehlt, der im Unity Temple und Haus Robie anzutreffen ist, wo Ornament und Tischlerarbeit getrennt sind, argumentiert Wright, daß Profile und Ornamente unnötiges Zubehör eines Bauwerks sind: „... ein Zierprofil ist nur ein Mittel, um die Konstruktionselemente zu artikulieren. ... Profile hätten in diesem Bau nichts sagen können, was nicht ohne sie oder durch die schlichten Steinschichten, die alles ausdrücken, was künstlerisch notwendig ist, gesagt werden könnte."[29] Wright verteidigt außerdem das Fehlen von Ornamenten (oder Verzierungen). Ornamentik ohne Profile ist natürlich möglich; das Imperial Hotel ist ein gutes Beispiel dafür. Wright schrieb über das Larkin Building:
Es sind nicht die ungeschickten Gruppierungen von Massen, die Mr. Sturgis beunruhigen, sondern einfach die Tatsache, daß sie nicht mit Anmut verändert werden, die er haben muß, wenn es für ihn „Architektur" sein soll. ... Wenn Formen verändert werden, sollte die Veränderung etwas bedeuten. Wenn man nicht weiß, was die Veränderung bedeutet, läßt man die Form am besten in Ruhe. ...
Das Gebäude ist, offen gesagt, „eine Gruppe nackter, rechtkantiger Parallelepipeda", ... aber organisch und mit ästhetischer Absicht und höchster Verachtung des so lange verehrten

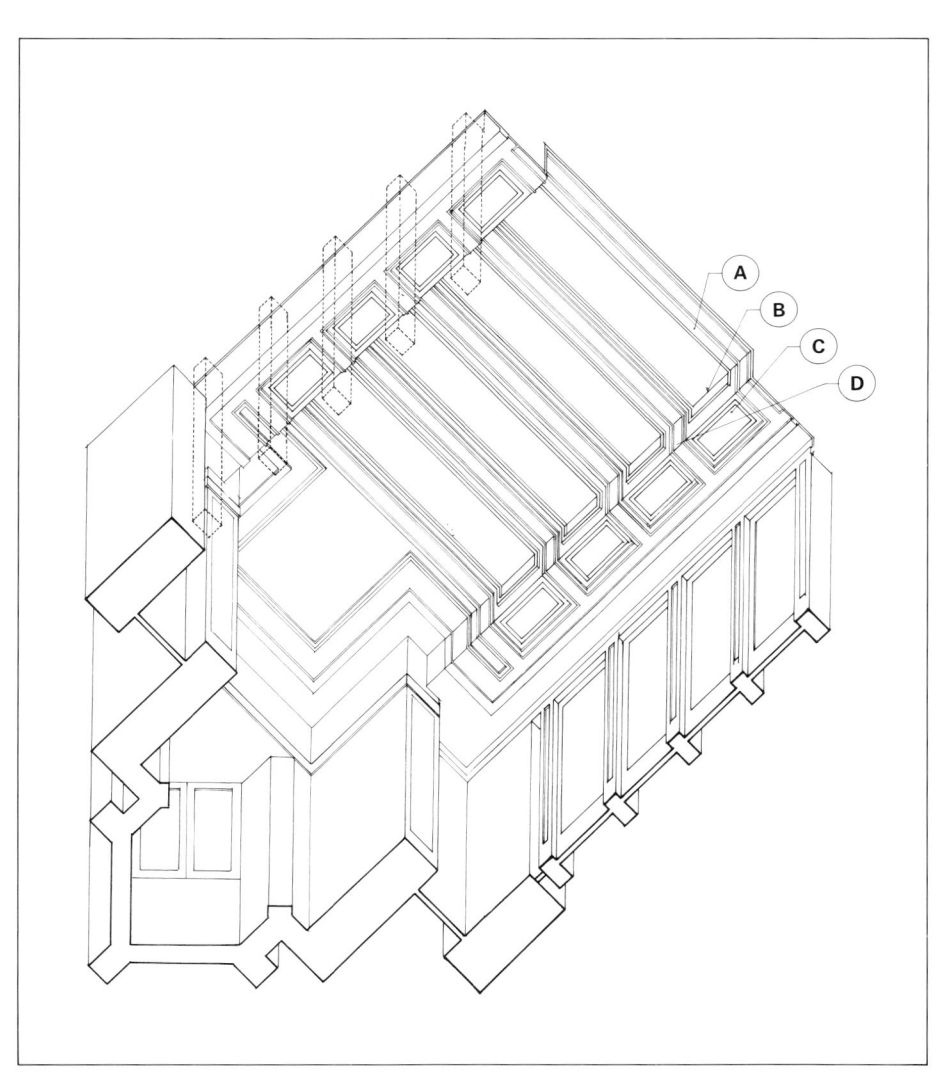

Haus F.C. Robie

Frank Lloyd Wright

Chicago, 1909

3.59 **Eßzimmer**
(Art Institute of Chicago)

3.60 **Deckengestaltung im Wohnzimmer**
A Holzdekor. Es verläuft parallel zu den Balken und Sparren darüber; die Abstände sind jedoch viel größer.
B Ein Eckprofil ist weggelassen worden, und der Putz bildet eine einfache Ecke. Wright hat die traditionelle Schmuckfunktion (das Abdecken von Fugen und Schaffen von Übergängen) zugunsten einer Ornamentik aufgegeben, die das verkleidete Tragwerk spürbar macht, ohne es einfach zu doppeln.
C Holzgitter, das die Deckenbeleuchtung verdeckt.
D Aufputz-Kugellampen (nicht abgebildet).
(Frank Lloyd Wright Foundation, Zeichnung 0908.24, HABS, Survey)

Haus F. C. Robie
Frank Lloyd Wright
Chicago, 1909

3.61 **Baustellenfotografie**
(Regenstein Library, University of Chicago)

3.62 **Konstruktionsplan**
A   U-Profil aus Stahl 38 cm, die Sparren stützend.
B   Sparren 5 x 20 cm, im Achsabstand von 40 cm. Sie tragen 25 mm dicke Bretter, die die Dachdecke bilden.
C   Zwei Hölzer 5 x 20 cm als Auflager der Sparren an deren Enden.
D   Ziegelpfeiler, die Auflagerhölzer (C) stützend.
E   Kehl- und Deckenbalken 5 x 20 cm im Achsabstand von 40 cm. Die Sparren neigen dazu, bei Belastung des Daches nach außen zu schieben. Dieser Balken fungiert als Zugglied, um sie zusammenzuhalten und gleichzeitig die Putzdecke zu tragen.
F   Ziegelpfeiler, den Stahlträger stützend.
(Frank Lloyd Wright Foundation, Zeichnung 0908.24, Survey)

3.63 **Baustellenfotografie**
(Regenstein Library, University of Chicago)

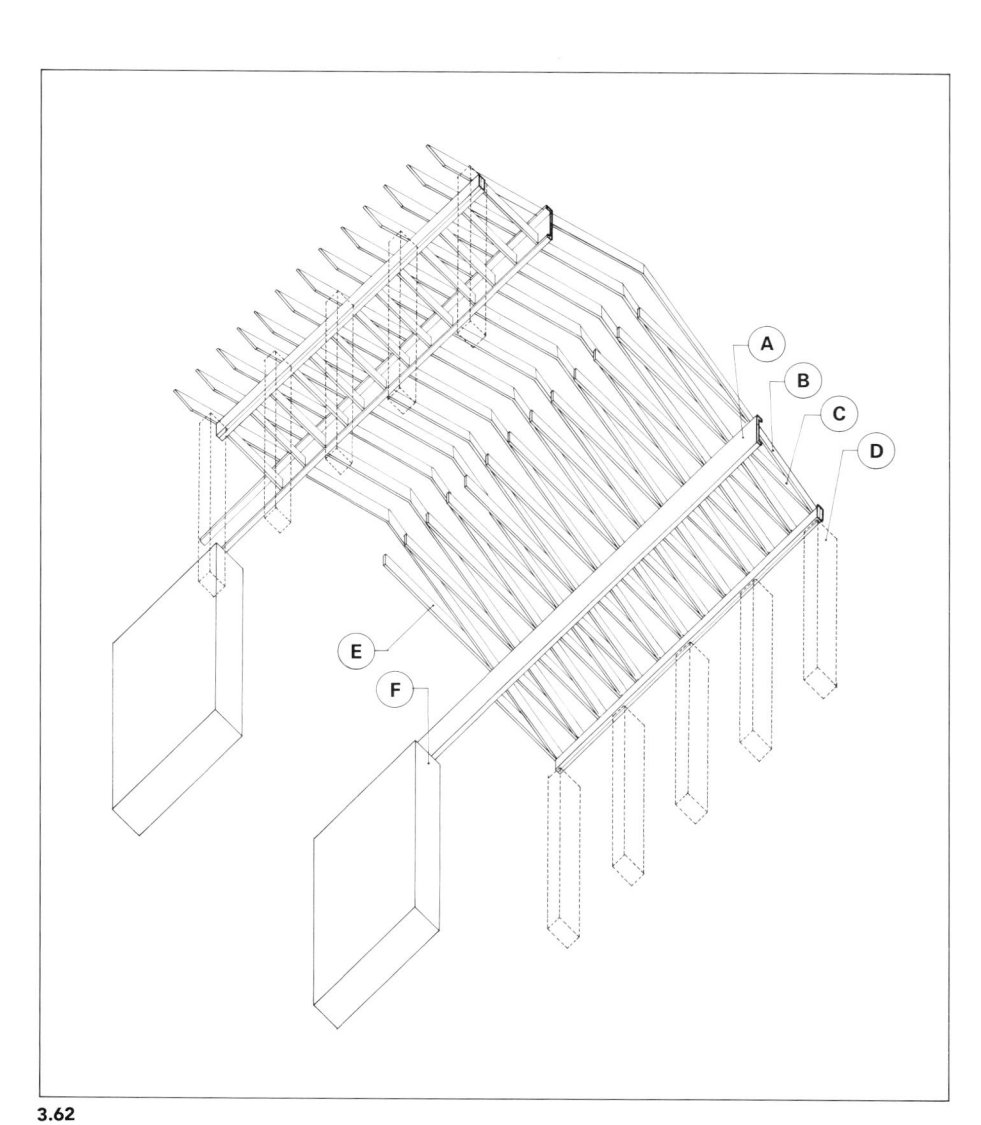

77   Frank Lloyd Wright: Die Zeit der Präriehäuser

3.64

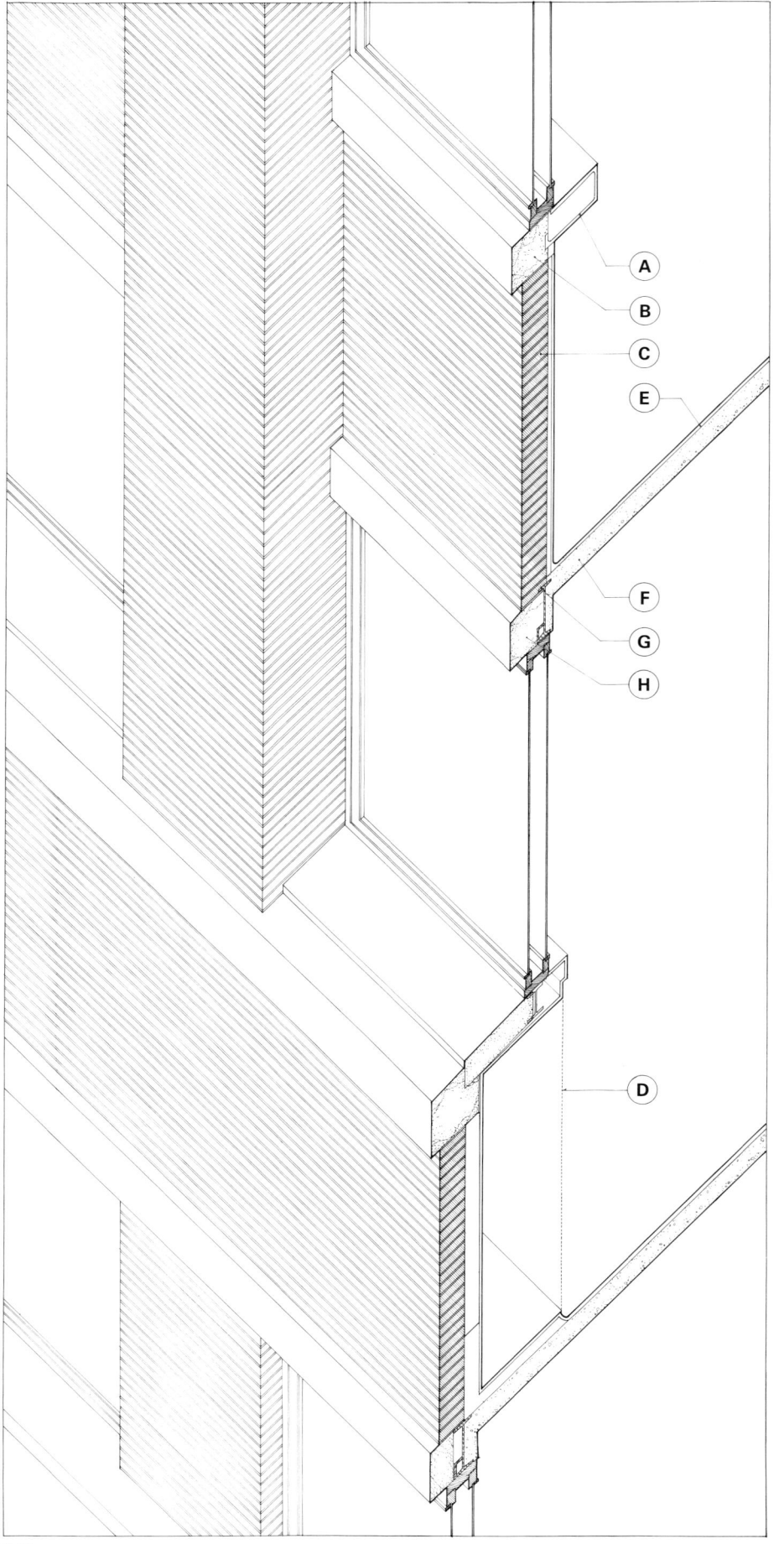

3.65

Larkin Building
Frank Lloyd Wright
Buffalo, New York, 1904

3.64 Außenansicht
(Buffalo and Erie County Historical Society)

3.65 Fassadenschnitt
A Innenfensterbank aus Terrakotta. Obwohl die Innenbehandlung der Außenbehandlung gleicht, was die Form betrifft, sind die Materialien – kaum merklich – unterschiedlich: Terrakotta statt Steinwerk und eine andere Ziegelsorte.
B Außenfensterbank aus rotem Sandstein.
C Ziegelmauer. Die Ziegelpfeiler sind tragend und umschließen keine Stahlstützen.
D Raum für Ablageschränke (nicht abgebildet).
E Magnesiaestrich. Magnesia ist ein Ortbeton-Fußbodenmaterial aus Magnesiumkarbonat enthaltendem Zement.
F Betondeckenplatte.
G Stahlträger und Winkel. Obwohl die Ziegelmauer vom Sandsteinsturz gestützt zu werden scheint, werden beide von diesem Stahlträger, der sich zwischen die Ziegelpfeiler spannt, getragen.
H Holzdoppelfenster. Zwei Fenster werden hier verwendet, um ähnlich wie die heutige Doppelverglasung Wärmeverluste zu reduzieren.
(Frank Lloyd Wright Foundation, Zeichnung 0403.083)

Fetischs, daß die Architektur aus dem Beschneiden von Kanten oder Beladen von Oberflächen mit irrelevanten Sinnlichkeiten besteht, aneinander gepaßt.[30]

Wie viele seiner Zeitgenossen suchte Wright nach einer astilistischen Architektur, einer Architektur ohne spezifische historische Assoziationen. Die Arts and Crafts-Architekten vermieden eine stilistische Assoziation der Profile durch eine Strategie der bewußten Naivität, wobei einheimische Beispiele kopiert und einfache und traditionelle Profile ungekünstelt eingesetzt wurden. Wright tat dasselbe, indem er Zierprofile ganz und gar wegließ.

Aber das dominante Thema von Wrights Verteidigung des Larkin Building ist die Tugend der Geometrie – nicht weil sie der Ausdruck der Maschine ist oder weil es keine historischen Assoziationen gibt, sondern weil sie in sich schön ist: „Ich gestehe meine Vorliebe für eine saubere Kante, den Würfel finde ich tröstlich, die Kugel inspirierend. ... Ich kann diese Formen auf unterschiedliche Weise verheiraten, ohne sie zu verändern, aber ich liebe sie rein, stark und unbefleckt."[31]

Die Kritik von Ashbee, Schuyler und Sturgis muß Wright tief verletzt haben, denn 1923, nachdem Sturgis und Schuyler schon lange tot waren und Ashbee mehr oder weniger im Ruhestand, schien er ihnen in seiner Beschreibung des Imperial Hotel Antwort zu geben:

... Sein Bau behauptet sich so kühn, daß es den empfindsamen Betrachter schmerzt, der sich dem vergütenden Element durch Gewohnheit verpflichtet fühlt. Da ich mein Leben der Aufgabe gewidmet habe, dieses Hilfsmittel in der Architektur oder in der Gesellschaft oder im Leben loszuwerden – begreife ich nur mit Schwierigkeit den Schock, den die absolute Vernachlässigung dieses Elements bei empfindsamen Renaissance-Nerven ausgelöst hat.[32]

In seinem Hull-House-Vortrag verteidigte Wright 1901 das Fehlen von Zierprofilen in seinem Werk aus fast ausschließlich ästhetischen Gründen, und es ist kein Zufall, daß diese Haltung mit dem Ende seiner Oak-Park-Periode zusammentrifft.

NACHGEDANKEN

Als Ashbee 1908 nach Chicago zurückkehrte, stellte er sowohl, was das intellektuelle Klima der Stadt als auch Wrights Haltung anbetraf, eine Veränderung fest: „Die große Prahlerische ist nicht mehr, was sie war. Sie ist nicht so vermessen selbstsicher, nicht ganz sie selbst. ... Die Seele der Stadt ist krank. ... Lloyd Wright, der vor acht Jahren so voller Feuer und Glauben war, ... ist bitter geworden. Er hat sich in sich zurückgezogen. Es ist die Bitterkeit eines archaischen Sozialismus."[33] Ashbee hatte zumindest teilweise recht mit seinem Gefühl, was Wrights Stimmung betraf. Ein Jahr später verließ Wright seine Familie, sein Büro und Oak Park.

Inwieweit Wrights Rückzug auf sein Privatleben und inwieweit er auf „die Bitterkeit eines archaischen Sozialismus" zurückzuführen war, wird niemals vollkommen aufgedeckt werden. Ashbees Ausdruck ist merkwürdig; Wright hätte es nicht gefallen, Sozialist, archaisch oder sonstwie genannt zu werden. Sah Ashbee in Wright seine eigene Desillusionierung mit der Arts and Crafts-Bewegung, oder teilte Wright diese Desillusionierung? Wie viele Architekten der Moderne, sah Wright seine Abstraktionen durch die sozialen und industriellen Bedingungen gerechtfertigt, aber er sah Abstraktion im rein ästhetischen Sinne als rechtschaffen an.

Wright hatte sich tatsächlich „in sich zurückgezogen". Vor 1910 war er ein Exzentriker gewesen; nach 1910 war er ein Außenseiter. N. K. Smith hat geschrieben, daß Wright Oak Park verließ, weil er versagt hatte:

Siebzehn Jahre lang rang er mit dem Problem, die polare Spannung zwischen dem Persönlichen und dem Institutionellen, zwischen der Freiheit und der Loyalität, zwischen dem Individuum und dem Staat, zwischen der Musik und der Architektur zu lösen; und während dieser Zeit hatte er viele verschiedene Formen erfunden, stets im Bemühen, für diese Lösung in der öffentlichen Kunst des Bauens einen adäquaten Ausdruck zu finden. Aber hatte er an einem einzigen Punkt gesiegt?[34] *... Er muß das Gefühl gehabt haben, sich durch das Hinwegsetzen über Gesetz und Brauch aus der Falle der Konventionalität, in der er sich gefangen glaubte, zu befreien und sich den Weg für ein neues Leben zu bahnen, das jetzt auf dem Gedanken der Überlegenheit der individuellen Freiheit über der sozialen Konformität aufgebaut werden mußte, in welcher Form auch immer.*[35]

Smith weist darauf hin, daß viele Elemente und Ordnungsmuster, die Verbindungen zur Gesellschaft kennzeichnen, wie z.B. förmliche Speisezimmer, in Wrights Häusern nach 1910 selten anzutreffen sind.

3.66

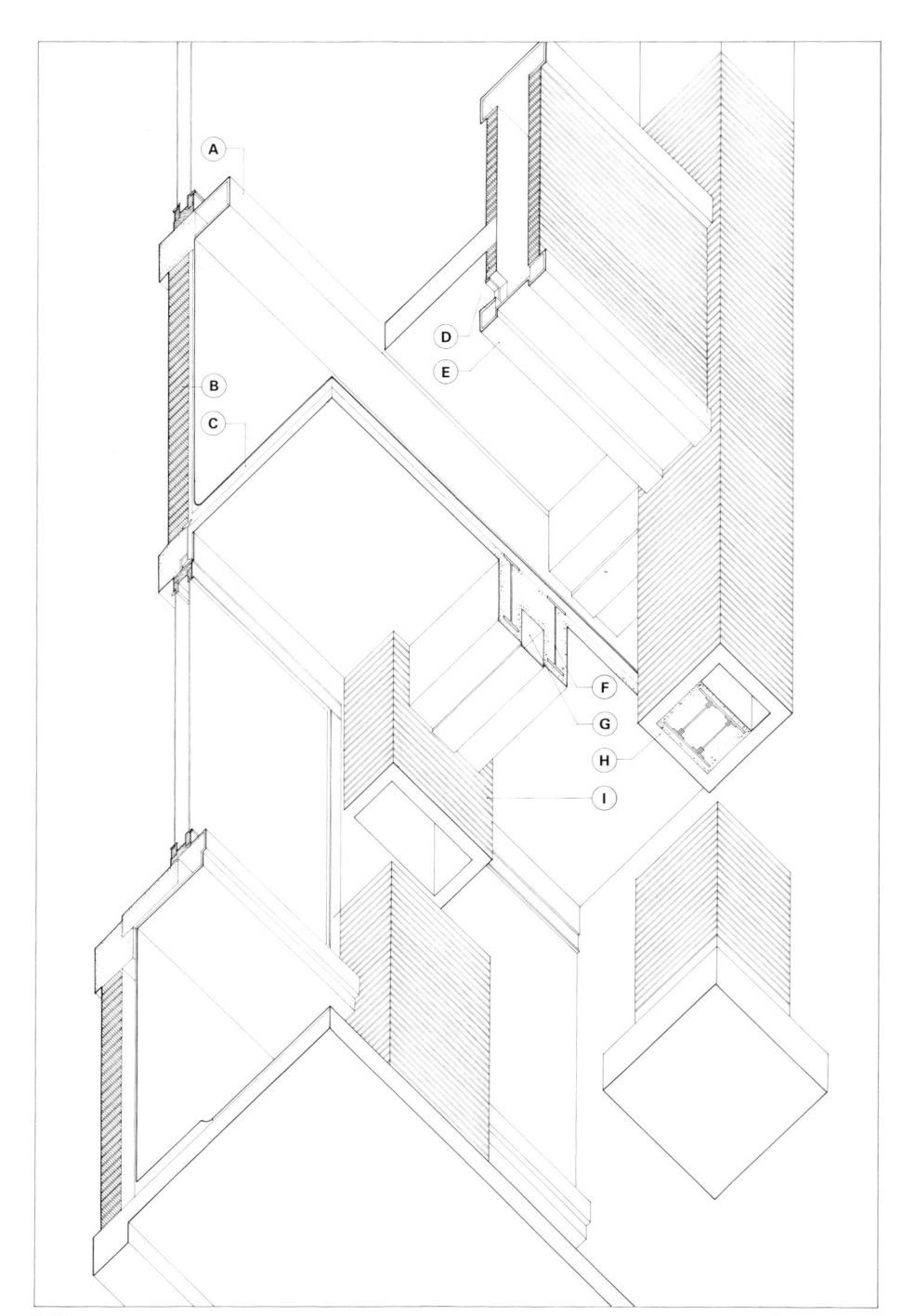

3.67

3.68

Larkin Building
Frank Lloyd Wright
Buffalo, New York, 1904

3.66 Innenansicht
(Buffalo and Erie County Historical Society)

3.67 Teilansicht der vorhandenen Mauer

3.68 Innenwandschnitt
(umgekehrte Ansicht von Abb. 6.65)
A   Innenfensterbank aus Terrakotta mit Außenfensterbank aus Sandstein.
B   Typisches Ziegelaußenmauerwerk.
C   Betonplatte.
D   Innenziegelsturz mit Öffnungen für die Lüftung.
E   Terrakotta-Zierbalken.
F   Zwei 46 cm hohe Stahlträger.
G   Kanal im Träger für das Lüftungssystem zu den Öffnungen am Boden des Trägers.
H   Typischer Innenpfeiler. Die Außenpfeiler sind tragendes massives Ziegelwerk, die Innenpfeiler sind aus Stahl, mit Ziegeln und Beton ummantelt. Der Hohlraum kann einen Luftschacht aufnehmen, der Luft aus dem Untergeschoß zu den Hohlräumen in den Unterzügen und Trägern transportiert.
I   Typischer Außenziegelpfeiler mit Luftschacht. Luft aus allen Stockwerken wird aus Entlüftern in Fußbodennähe abgesaugt.
(Frank Lloyd Wright Foundation, Zeichnung 0403.083)

Diese Abwendung beeinflußte Wrights Muster für den Bau und die Detailgestaltung ebenfalls. In seinen Bauwerken vor 1910 war er optimistischer und eher mit der Welt versöhnt, so wie sie war. Er war ganz sicher ein Reformator, aber ein sozialer Revolutionär war er noch nicht. Seine Häuser waren vielleicht revolutionär, aber das Muster der amerikanischen Städte oder das Muster des amerikanischen Bauens wies er noch nicht zurück. Er wollte es ändern, es verbessern, aber er wies es nicht zurück. Erst 1920, nachdem er sich von der Gesellschaft, oder sie sich von ihm abgewandt hatte, versuchte er, amerikanisches Bauen wiederaufleben zu lassen.

Wrights Bauwerke nach 1910 sind größtenteils monolithisch und ohne Schmuckprofile, wenn auch oft reich verziert. Konstruktionssysteme sind meist bloßgelegt, und zwischen Bau- und fertigen Materialien wird kaum unterschieden. Nichts davon trifft für seine früheren Häuser zu, wo Ornamentik im Überfluß vorhanden ist und die Konstruktion verdeckt und von Systemen beschrieben wird, mit denen sie verkleidet ist. Wrights Dissoziation in bezug auf Schmuckdetails an Fugen und Übergängen und seine Entwicklung von Holzornamenten, die zu den modernen Formtechniken passen – vielleicht seine bedeutendsten Leistungen –, fehlen in seinem späteren Werk.

Trotz der Brillanz seiner Arbeit in den 30er Jahren ist es bedauerlich, daß Wright diese Haltung aufgab, die der Richtung, in der sich das Bauwesen entwickelte, viel näher war. Seine Baumethoden der 30er Jahre waren so revolutionär wie seine Formen. Sie waren so utopisch wie der Broadacre City Plan und für die Gesellschaft, für die sie bestimmt waren, ungeeignet – und das war durchaus Absicht. Obwohl Wright viele seiner Ideen in bezug auf Verzierung und Ornamentik dahin führte, was in den 20er Jahren vielleicht ihr logischer Schluß war, gab er die Idee, Standardbausysteme zu verändern, zugunsten völlig neuer Systeme auf. Trotz allem gibt es in Wrights frühem Werk weit mehr zu entdecken als Präzedenzfälle für spätere Ausdrucksweisen der Moderne, einschließlich seiner eigenen Moderne.

4 Otto Wagner und Adolf Loos:
Der Wiener Rationalismus

Im Jahr 1898 fertigte Otto Wagner einen Entwurf für die Akademie der Bildenden Künste in Wien an. Von seinen der Moderne verschriebenen Bewunderern ist er weitgehend ignoriert worden, da es voller Symbole ist, die ihnen unbehaglich sind. Schlangen winden sich um Säulen, rauchende Urnen auf Dreifüßen schmücken die Fenster, und Siegesstatuen halten uns Lorbeerkränze entgegen. Diese Elemente können verschieden interpretiert werden. Manche sind programmatisch, d.h. sie beschreiben die Funktion des Gebäudes. Wie Wagner schrieb, stellen die Figurengruppen an den Ecken die Künste der Architektur, Skulptur, Malerei und Grafik dar, die Figuren daneben repräsentieren Lehrer und Schüler, und das Blumenornament an den Ecken identifiziert das Tragwerk dieser Pfeiler. Das erklärt aber nicht die Schlangen, und man kann annehmen, daß die Elemente auf einer zweiten Ebene eine mythische Bedeutung haben. Die Schlangen, Dreifüße und Lorbeerkränze der Fassade sind Elemente aus der Geschichte von Apoll und der Gründung des Tempels von Delphi. Joseph Rykwert hat die Bedeutung dieses Mythos im Hinblick auf die Ursprünge der Architektur erklärt. Auf einer dritten Ebene spiegeln diese Elemente jedoch auch den Einfluß Gottfried Sempers wider, denn der Dreifuß, die Urne und der Kranz sind drei Hauptelemente der dekorativen Künste, aus denen sich, wie Semper meinte, die Sprache der Architektur entwickelte.

Auch Semper ging von der mystischen Bedeutung des delphischen Dreifußes aus, wichtiger waren für ihn jedoch die Abwandlungen, die diesem im Laufe der Entwicklung der Kunst widerfuhren. Seiner Ansicht nach repräsentieren Dreifuß und Kessel wie der Ständer des rituellen Kelches die Ursprünge des charakteristischen Ornaments der korinthischen Ordnung, und es ist kein Zufall, daß sich die Dreifüße in Wagners Bau genau da befinden, wo man eine Säule erwarten würde. Für Semper entstanden die Ornamente des Klassizismus nicht aufgrund der Beschaffenheit des Steines oder als Abwandlung einer primitiven Holzkonstruktion, sondern leiteten sich von den Ritualgegenständen der Tempel des Altertums her. Der Kranz war das elementare Textilobjekt und das archetypische Kunstwerk.

Semper war der Meinung, daß die Sprache der Architektur nicht aus den Zweigen der Urhütte Laugiers geboren worden war, sondern aus den Kunsterzeugnissen – Textilien, Keramik, Metall –, die an ihren primitiven Holzrahmen gehängt wurden. Nicht zufällig wählte Wagner aus Sempers vier Hauptkategorien von Artefakten jeweils eines aus: Textilien (Kranz), Keramik (Urne), Metallarbeit (Dreifuß) und Stereometrie

4.1

4.2

PRINCIPLES OF POINTED OR

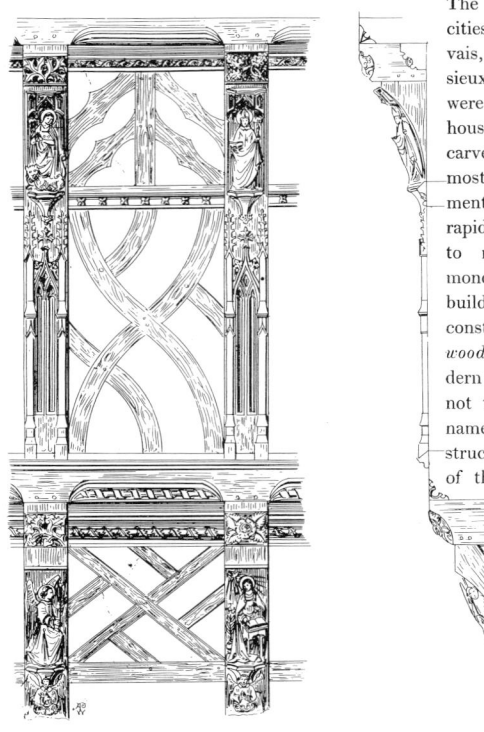

The ancient French cities, Rouen, Beauvais, Abbeville, Lisieux, and others, were full of timber houses covered with carved beams and most varied ornaments; but these are rapidly disappearing to make way for monotonous plaster buildings, which are constructed also of *wood*; but as modern architects have not the skill to ornament that construction, the whole of the timbers are

Example of *ornamented construction* in an ancient timber house.

concealed by mock cornices and pilasters, so that the houses of modern

4.3

4.1 **Akademie der Bildenden Künste**
Otto Wagner
(Entwurf) 1898.
(*Wagner, Einige Skizzen, Projekte und Ausgeführte Bauwerke*)

4.2 Ausschnitt altes Fachwerkhaus, aus Pugins *Principles of Pointed or Christian Architecture*.

4.3 Schweizer Holzhaus, aus Sempers *Der Stil*.

4.4 Kranz, aus Sempers *Der Stil*.

4.5 Dreifuß auf dem Monument des Lysikrates, aus Sempers *Der Stil*.

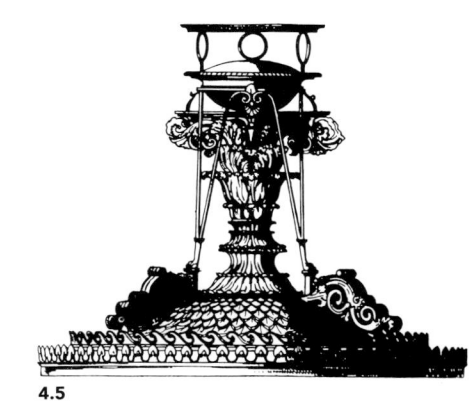

(das Gebäude selbst). Obwohl Wagner Semper dafür kritisierte, daß dieser bei einer Symbolik des Bauens stehenblieb, und obwohl diese symbolischen Elemente in Wagners Arbeit nach 1905 viel seltener auftreten, verschwinden sie nie ganz, wobei der Kranz das vorherrschende Ornament der Postsparkasse und der Kirche am Steinhof sind. Aber die Beziehung zwischen Semper und Wagner geht weit über die Symbolik hinaus. In Wagners späterem Werk nehmen zwei Ideen von Semper erheblichen Einfluß: die Theorie der Bekleidung und die Theorie des Stoffwechsels. Diese beiden Konzepte stellen eine Position dar, die zu derjenigen vieler Zeitgenossen Wagners und vor allem der „Gothic Revivalists" konträr ist.

GOTTFRIED SEMPER UND DIE RATIONALE ARCHITEKTUR

1855, zwei Jahre nach Pugins Tod, schloß Gottfried Semper das Manuskript des ersten Bandes von *Der Stil* ab, eine geplante dreibändige Studie sämtlicher dekorativen Künste. Er hatte beabsichtigt, ein Buch über Architektur zu schreiben, stellte aber im Gegensatz zu Pugin oder Viollet-le-Duc fest, daß ihm dies nur möglich wäre, wenn er zunächst das erörterte, was er die technischen Künste nannte – Keramik, Textilien und Metallarbeit. An seinen Verleger Vieweg schrieb er:

„Ich theilte Ihnen mit, daß ich wesentliche Änderungen des Planes des Werkes im Sinn hatte und die technischen Künste der Baukunst voranschicken wollte, weil an den Werken der ersteren sich die Regeln des Styles und die in der Baukunst später angewendeten Symbole zuerst ausbildeten und sich daher auch am leichtesten und anschaulichsten elementarisch nachweisen lassen ..." [1]

Aus dieser unvermuteten Quelle entstand die zweite bedeutende Bautheorie des späten neunzehnten Jahrhunderts – eine, die in der Praxis das Gegenteil der gotisch-rationalistischen Schule der monolithischen Sichtbauweise war. Semper sollte deutlich machen, was in den Lehren der Schönen Künste nur angedeutet war: daß mit Hilfe analoger Konstruktionssysteme und Materialien, die die eigentlichen Konstruktionssysteme, die sie abdecken (oder, wie Semper es ausdrückte, maskieren), beschreiben, eine rationale Architektur erzielt werden könnte.

Semper war Architekt, ein Klassizist und in jeder Hinsicht ein besserer Entwerfer als Pugin oder Viollet-le-Duc. Trotz der Tatsache, daß seine Hauptwerke nie ins Englische übersetzt wurden, beeinflußten seine Ideen das nachfolgende architektonische Denken, und zwar über H. P. Berlage, aber merkwürdigerweise auch über Louis Sullivan und John Root in Chicago. Aber Sempers Denken lief schließlich den Bautheorien der Moderne zuwider. Mit der Abhängigkeit von Symbolen statt den Gegebenheiten war das nicht anders denkbar. Sempers Einfluß auf die Bewegung der Moderne in Wien, wo einige seiner besten Arbeiten entstanden, war jedoch enorm.

Die englische Bewegung des „Gothic Rationalism" hatte unter Bezugnahme auf die Baukunst der Gotik argumentiert, daß in der Architektur nur monolithische Komponenten und sichtbare Tragwerke zulässig seien. Pugin pries die englischen Holzhäuser des Mittelalters, bei denen „wir kein einziges Merkmal über das hinaus vorfinden, was für die wesentliche Konstruktion notwendig ist".[2] Und mit der Kritik am Einsatz von Putzdecken, um Dachbinder zu verstecken, und von Sichtblenden, um Stützpfeiler zu überdecken, befürwortete Pugin eine Architektur, bei der verkleidende Materialien eliminiert wurden und nur die tragenden Teile verblieben. Gleichermaßen verpönt waren Formen, die sich aus den Beschränkungen eines Materials entwickelt hatten und dann in Materialien von unterschiedlichem Charakter ausgeführt wurden. Der Bogen und das Gewölbe waren Formen, die ursprünglich aus Stein gefertigt worden waren, und sie in Holz oder Putz auszuführen, war für Pugin Betrug.

Für Viollet-le-Duc rührt die ganze Architektur vom Tragwerk her, und die erste Bedingung, die sie sich zum Ziel setzen sollte, ist, die äußere Form mit diesem Tragwerk in Einklang zu bringen.[3] Um dies zu bewerkstelligen, muß die Konstruktion sichtbar sein, sowohl innen als auch außen, und somit muß das Gebäude im wesentlichen monolithisch sein. Er erkannte, daß es manchmal wünschenswert ist, das Tragwerk abzudecken und durch Verblendungen den Verbrauch wertvoller Materialien zu verringern, dies müsse jedoch auf eine Art und Weise geschehen, die weder versteckt noch vortäuscht. Für Viollet-le-Duc repräsentierte die mittelalterliche Kirche mit ihren Steinwänden und dem Holzdach das konstruktive Ideal: massive Balken, bloßgelegtes Holzflachteil innen und Metalldach außen sowie monolithische Steinmauern. Alles war sichtbar. Alles war klar. Alles war massiv.

4.6

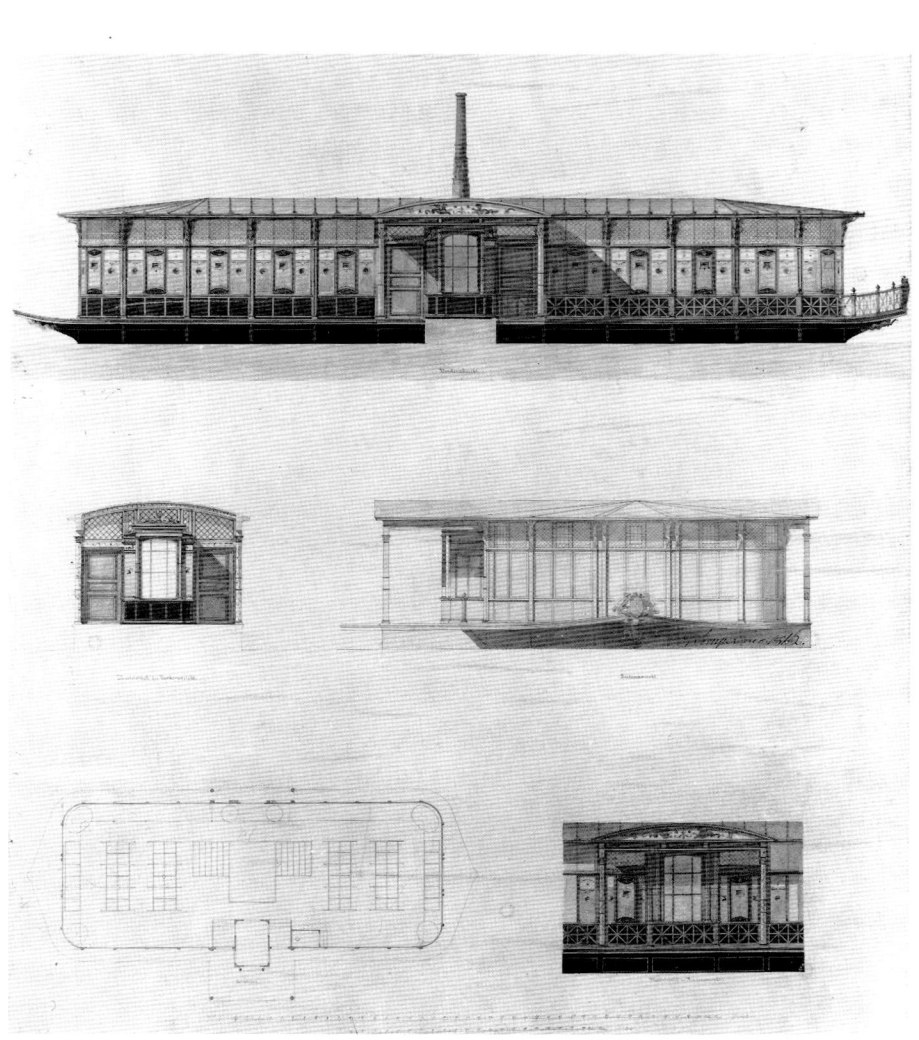

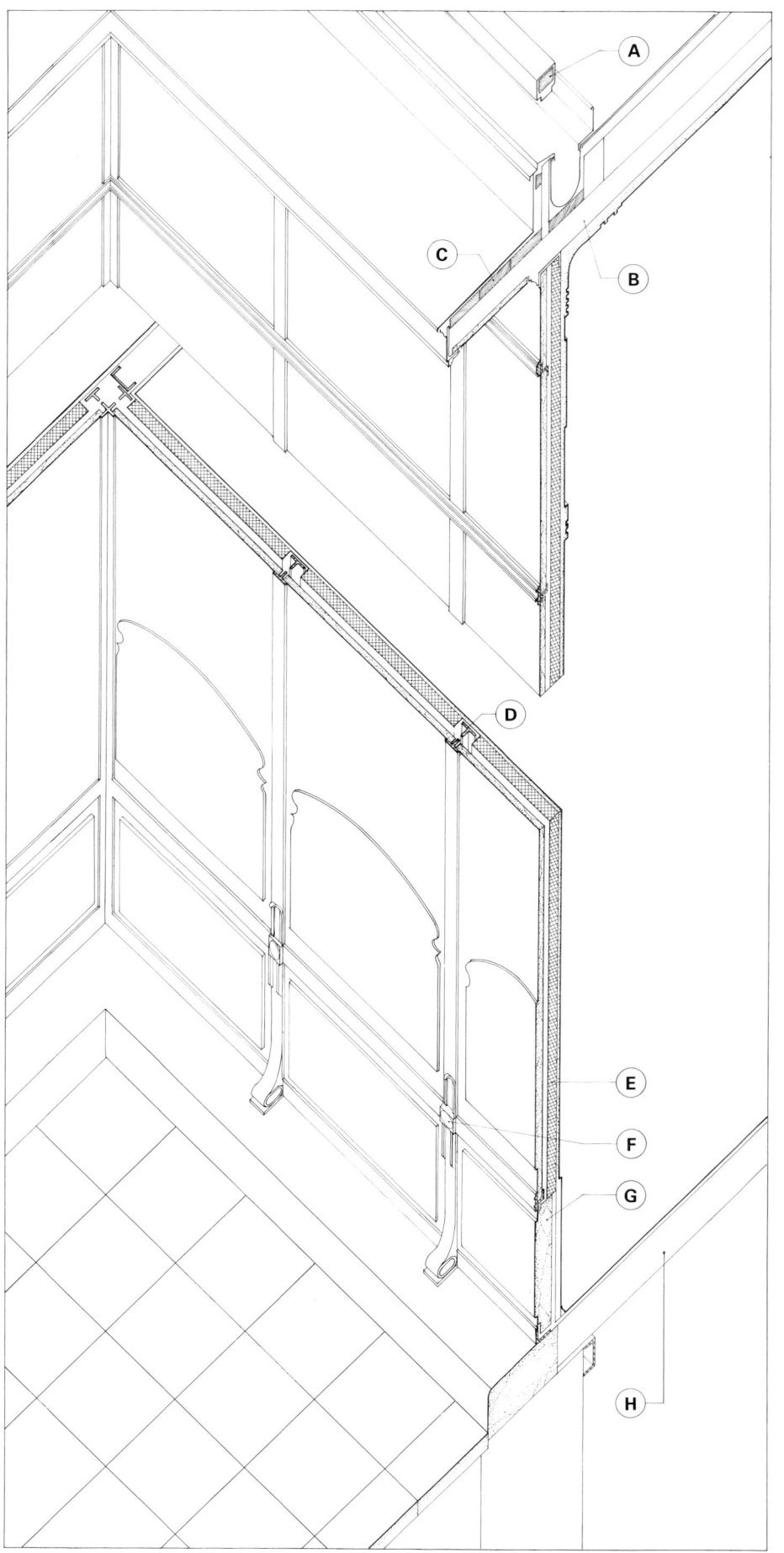

4.8

4.7

Station Karlsplatz
Otto Wagner
Wien, 1896

4.6 **Eingang**
4.7 **Fassadenschnitt**
A Dachrandprofil.
B Dachkonstruktion: Holzbohlen auf Balken. Im Gegensatz zur Wand besteht das Dach aus einer herkömmlichen Holzkonstruktion.
C Gesims: blechummantelte Holzabdeckung auf Metallkonsolen.
D Typische Stütze (*siehe Abb. 4.13*).
E Wandkonstruktion: 2 cm Marmorplatte auf 5 cm Gipsbauplatte, innen verputzt.
F Gußeisenornament.
G Rustikasockel aus Granit 5 cm
H Fußbodenkonstruktion: Eisenträger tragen Profilbleche mit Betonverguß. Der Bau steht auf einer Stahlbrücke, die die darunterliegenden U-Bahn-Schienen überspannt.
(*Kartographische Sammlung, Wiener Stadtarchiv*)

4.8 **Semper, Entwurf für ein Wäschereiboot**, Paris, 1862.
(*Semper Archiv, Eidgenössische Technische Hochschule, Zürich*)

Für Semper war eine Konstruktion von Natur aus mehrschichtig und nicht monolithisch. Architektur war immer Tragwerk plus Verkleidung. In seiner Besprechung eines Schweizer Holzhauses – ähnlich dem, das Pugin beschrieb – weist er darauf hin, daß der eigentliche Rahmen immer hinter Brettern und der geschnitzten Holztäfelung verborgen ist. Diese drücken manchmal die Holzkonstruktion aus, häufiger aber sind es alte Ornamente, die ursprünglich aus anderen Materialien gefertigt worden waren, wie z.B. das Zopfprofil (das seinen Ursprung im Textilbereich hatte) und die Faltwerkkante (ursprünglich aus Mauerwerk). Semper schreibt über diese Bauten:

Im Gothischen [Holzhaus] sind erstere der Tendenz desselben gemäss häufig nach dem Prototyp des Strebepfeilers oder doch mit Anklängen desselben gebildet, Wassernasen, Rücklagen, Figurennischen, mit Kragstein und Baldachin, zur Aufnahme einer Holzstatue, Falen, Wasserspeier, Wappen und dergl. Das zwischengespannte Geschränk ist entweder einfach konstruktiv ... oder nach dem Subordinationsprinzip des gotischen Masswerkes ... behandelt. In der Spätzeit verhüllt sich das schräge Geschränk hinter Holzfüllungen; gefältete Pergamentrollen, den Steinbalustraden entlehnte Durchbrechungen und sonstige Motive der Spätgothik bedecken sie.
Diese Tendenz, die schrägen Stützen des Geschränks theils zu verbergen, theils in Motive der Dekoration gleichsam aufzulösen, so dass ihre antimonumentale Thätigkeit nicht mehr hervortritt, gewinnt endlich während der Renaissance die Ueberhand...
Dem struktiven Gerüst gegensätzlich stehen die Zwischenfelder desselben. Dieser Gegensatz ist, wie gezeigt wurde, zu betonen. Da die Zwischenfelder nicht dynamisch thätig sind, bilden sie Ruheplätze und gleichsam Tafeln für die Entfaltung frei dekorativer und tendenziöser Kunst, die auf struktive Thätigkeit keinerlei Bezug hat; hierin das Gegentheil jener ersterwähnten stützenden, tragenden und getragenen Theile des Holzgezimmers, deren Dekoration ihre Thätigkeit und Bestimmung hervorheben und bildlich versinnlichen darf und soll. Dies berücksichtigt der gothische Baustyl selten; er verwendet mit Vorliebe tendenziöse Motive zur Belebung der Strukturtheile; das reine Ornament auf ihnen geht mehr aus ihrer handwerklichen Handhabung hervor, als es deren zweckvlich dynamisches Wirken bildlich versinnlicht.[4]

Sempers Auffassung von Dekor ist komplex; sie läßt die Ornamentik gleichzeitig das Tragwerk und die Kunst des Handwerkers zum Ausdruck bringen und erlaubt den Einsatz dekorativer Kunstformen, die traditionell in ganz anderen Materialien ausgeführt worden sind.

Semper erkannte, daß Formen in der Architektur, die sich aus den Eigenschaften eines Materials entwickelten, einem anderen unweigerlich angepaßt wurden, er erkannte aber auch, daß die neuen Prozesse und Materialien, in denen sie ausgeführt wurden, diese Formen verändern würden. Stil war evolutionär, und obwohl Semper die Existenz rudimentärer (von ihren technischen Ursprüngen losgelöster) Formen zuließ, erkannte er, daß diese möglicherweise irgendwann verschwinden würden.

Wolfgang Herrmann schreibt: „[Semper] ist der Ansicht, daß die dekorativen Glieder griechischer Baukunst eng mit der Konstruktion verbunden sind, und daß ihre Aufgabe darin besteht, die technische Funktion der konstruktiven Teile – das Tragen, die Last, die Spannung – symbolisch auszudrücken. `Die griechischen Ornamente', erklärt er in einem Vortrag, `sind Emanationen der konstruktiven Formen und zugleich die Symbole der dynamischen Funktionen der Teile, zu denen sie gehören.'... war der Meinung, daß die dekorativen Teile der griechischen Architektur eng mit der Konstruktion verbunden waren und daß ihr Zweck der symbolische Ausdruck der mechanischen Funktionen der tragenden Teile sei – stützen, Last tragen und Druck entgegenwirken. `Griechische Ornamente', erklärte er in einem englischen Vortrag, `sind Folgen der konstruktiven Formen, und sie sind gleichzeitig Symbole der dynamischen Funktionen der Teile, zu denen sie gehören.' ... `[Die hellenische Tektonik] umkleidet die nackte Form mit einer erklärenden Symbolik.'"[5] Die griechische Architektur illustriert sehr deutlich die unabhängige Entwicklung von konstruktiven Formen und Ornamentik, die zu rudimentären Formen und manchmal zur Fusion zweier Elemente in eines führen kann; der griechische Tempel enthält in seiner Steinbauweise nicht nur Überreste einer Holzkonstruktion, sondern es sind in ihm auch Tragwerk und Verkleidung miteinander verschmolzen.

Ein Beispiel dieses Einflusses der dekorativen Künste auf die Architektur ist die Beziehung des Dreifußes von Delphi zur korinthischen Säule, die Wagner in seinem Entwurf für die Akademie der Bildenden Künste thematisierte. Für Semper ließ sich

4.9

4.10

Station Karlsplatz
Otto Wagner
Wien, 1896

4.9   Ausschnitt Dachuntersicht

4.10 Sockeldetail

diese Beziehung durch das Beispiel des Bauwerks nachweisen, bei dem seiner Meinung nach die korinthische Ordnung zuerst aufgetaucht war: das Lysikratesdenkmal in Athen. Semper schrieb darüber:

In diese Periode also fällt, wohl nicht die Erfindung, aber doch die definitive Feststellung und Verbreitung der eigentlichen ratio generis Corinthii, der korintischen Ordnung ... Unter den noch erhaltenen früh-korintischen Werken ist keins so wichtig und lehrreich wie das choragische Monument des Lysikrates zu Athen. Von ihm lässt sich die Physiologie dieser Weise so deutlich ablesen, dass sie gleichsam als eine lapidarische Abhandlung darüber erscheint und wohl mag der Bildner desselben dergleichen dabei im Sinne gehabt haben!

Den eigentlichen Schlüssel dazu aber gibt der diesen Bau bekrönende korintische Aufsatz. Der Omphalos, die mittlere Stütze des geweihten Dreifusses, für den das ganze Monument nur als prachtvoller Untersatz dient.

Dieser Aufsatz nun enthält den dorisch-korintischen Blattüberwurf, als Ausdruck aufgerichteter Spannkraft, in vielfacher aufwärts und unterwärts gesteigerter Wiederholung, zuletzt als üppigstes zwischen den Dreifüssen des (fehlenden) Weihekessels allseitig hinaus wuchernden Ankanthusgerank. Er ist der Inbegriff der peripterischen Säule in ihrer plastisch-korintischen Auffassung, in ihm sind die in der Basis, dem Schaft und dem Knaufe der Säule enthaltenen Ideen in realistisch üppiger dem alexandrinischen Zeitgeist entsprechender Weise zusammengefasst. Mit dieser sinnvollen Bekrönung des Werks stehen die einzelnen Säulen des Monuments in vollstem Einklang.[6]

Semper betont drei wichtige Aspekte der korinthischen Ornamentik. Erstens leitet sie sich von einem Symbol her, dem Omphalos – in der griechischen Mythologie der Nabel oder Mittelpunkt der Welt. Sie wird außerdem von der Ornamentsprache eines uralten Mobiliars von mystischer Bedeutung, dem Dreifuß aus Delphi, abgeleitet, ist aber auch Ausdruck der konstruktiven Kräfte in der Säule. Die Tatsache, daß diese Symbole von Einrichtungsgegenständen in die Architektur übertragen worden sind, oder von Metall auf Stein, hat ihre symbolische oder konstruktive Bedeutung nicht verändert.

Sempers Vorstellungen vom Charakter des konstruktiven Ornaments beruhten – wie bei Laugier – auf Theorien über den primitiven Ursprung der Architektur. Eine karibische Hütte als Paradigma benutzend, stellte sich Semper den Ursprung des Bauens als Holzdach vor, das von Pfosten gestützt und mit Flechtwerk eingefaßt wurde. Dies wurde dann mit Teppichen, Matten oder Geweben abgedeckt, was den Ursprung der Verkleidung darstellte. Aus diesem Grund sah Semper die Ursprünge der architektonischen Ornamentik in den technischen Künsten der Textilien-, Keramik- und Metallbearbeitung. Da dies die ursprünglichen Verkleidungssysteme sind, waren ihre Charakteristika besonders wichtig.

Laut Rykwert war Semper der Meinung, daß „der Kranz wichtigstes Beispiel eines Textilobjekts ist. Die Funktionen, die den Menschen ursprünglich dazu geführt haben, Stoffteile zusammenzufügen ... waren erstens der Wunsch zu ordnen und zu binden und zweitens zuzudecken und zu schützen, Grenzen zu setzen. ... Der Knoten ist 'vielleicht das älteste technische Symbol und der Ausdruck erster kosmogonischer Ideale, die unter den Menschen entstanden'."[7] Dies bezieht eine andere Art des Schmückens und Zusammenfügens als die klassischen und gotischen Systeme mit ein, die theoretisch auf primitiven Systemen der Holz- und Steinkonstruktion beruhten, da sich die Techniken der Verbindung von Textilfasern und die sich daraus ergebende Ornamentik grundlegend von der Weise, wie Holz- oder Steinstücke zusammengefügt werden, unterscheiden.

Auch Metall gehörte zu Sempers uranfänglichen Verkleidungsmaterialien. Mit dem allmählichen Verschwinden des Holzsockels entstand ein röhrenförmiges hohles Metallkonstruktionssystem, das er im Vergleich zum monolithischen Bauen für überlegen hielt. Für Semper bestand der richtige Einsatz von Metall in Gebäuden aus Blechdecken und gußeisernen Hohlstützen. Gleichzeitig war er gegen die Verwendung von Baustahlträgern.

Laut Semper führte der Ursprung der Wände (Teppichwände) zu einer Ornamentsprache, die auf der Textilkunst – Naht und Saum – fußt. Die Naht war somit, wie Rykwert sagte, „ein Analogon und Symbol mit archaischen Wurzeln, um ursprünglich getrennte Flächen zusammenzufügen".[8]

Mosaike, schrieb Semper, hatten Teppiche zur Vorlage, und somit gehören Keramikfliesen und Ziegel zum Ursystem. Semper wies aber auch darauf hin, daß die Ver-

4.11

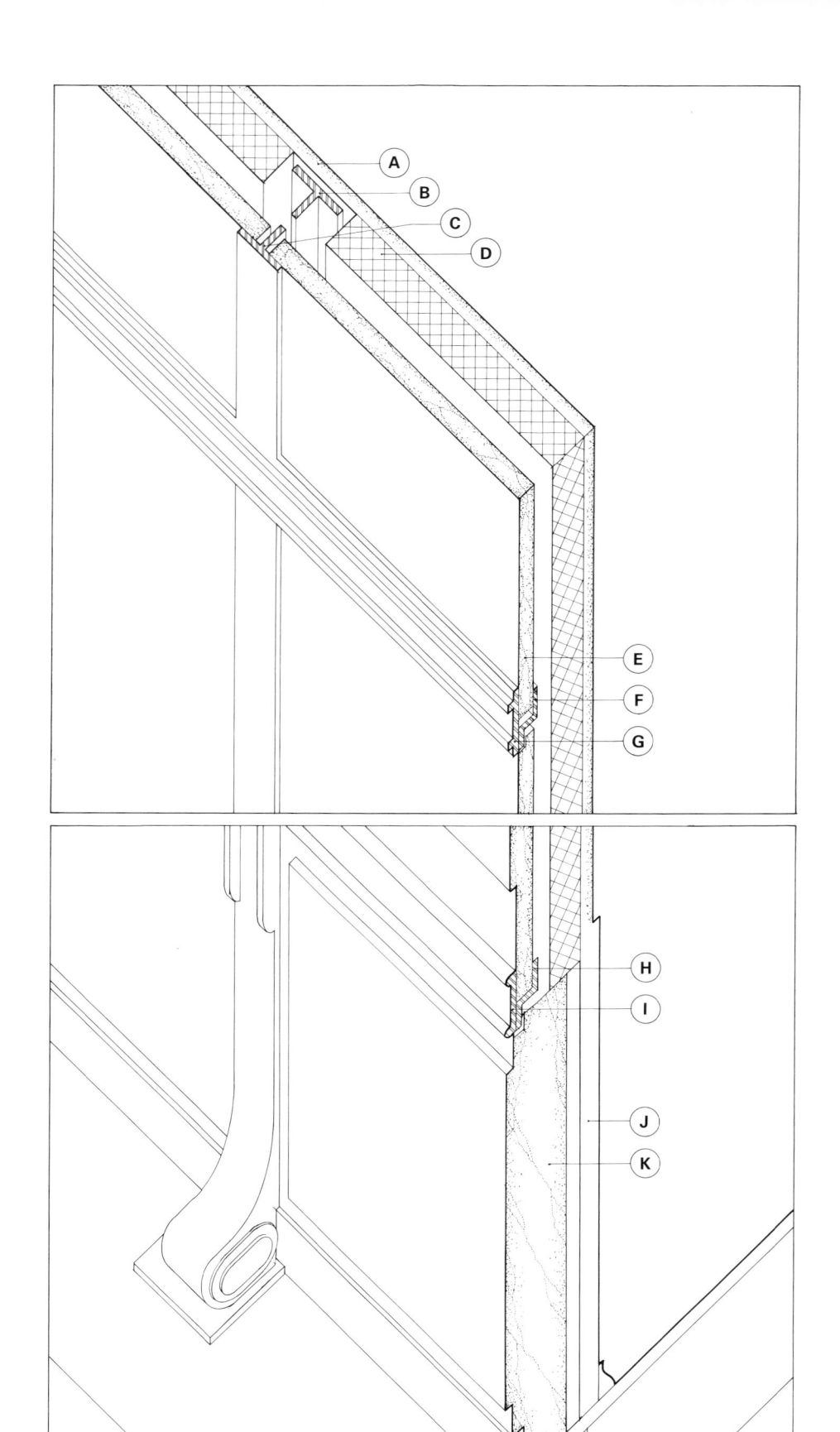

4.12

4.13

Station Karlsplatz
Otto Wagner
Wien, 1896

4.11 Übergang Fassade zum Dach

4.12 Sockeldetail

4.13 Wanddetails
A Putz.
B Doppel-T-Eisenprofil 7 x 10 cm, zusammengesetzt aus zwei T-Profilen.
C T-Profil außen. Da es erst befestigt werden kann, nachdem der Marmor angebracht wurde, ist es vor allem Ornament und Teil der Verkleidung.
D 5 cm-Gipsplattenwand.
E 2 cm-Marmorverkleidung.
F Z-Profil, trägt den Marmor, wird von den dahinterliegenden Stützen getragen.
G Profiliertes Eisenband.
H Z-Profil aus Eisen.
I Profiliertes Eisenband.
J Putzsockel der Innenwand.
K 10 cm dicker Rustikasockel aus Granit. Bei der klassischen Architektur ruhen Marmormauern oft auf Granitsockeln, da Granit nicht so leicht beschädigt werden kann.
L Eisenwinkel 7 x 7 cm. Obwohl der Granitsockel signalisiert, daß es sich um eine tragende Wand handelt, zeigt der Metallwinkel das Gegenteil an.
(Kartographische Sammlung, Wiener Stadtarchiv)

---

zierung der primitiven (in diesem Fall assyrischen) Wände nicht aus glasierten Ziegeln, sondern aus einer vom tragenden Mauerwerk unabhängigen Emailleschicht bestand.[9]

WAGNERS THEORIE

Otto Wagner ließ sich stark von Sempers Schriften beeinflussen, hatte aber Schwierigkeiten, einige seiner Hauptprämissen zu akzeptieren. Diese Ambivalenz wird in Wagners großem theoretischem Werk *Moderne Architektur* deutlich, das 1896 geschrieben und in späteren Jahren periodisch überarbeitet wurde. An manchen Stellen gibt es viele Ähnlichkeiten mit Sempers Werk *Der Stil*, wie z.B. Wagners Beschreibung der Ursprünge des Bauens: „Die erste menschliche Bauform war das Dach, die schützende Decke, sicher zum Ersatze mangelnder Höhlen. Das Dach war eher als die Stütze, eher als die Wand, selbst eher als der Herd. Dem Dache folgte die Stütze, die künstliche aus Baumstämmen und Steinen, schließlich das Flechtwerk, die Wand, die Mauer."[10] Aber Wagner benutzte diese Argumente für etwas, was Semper nie getan hatte – er forderte einen neuen Architekturstil, der auf modernen Materialien beruhte:

Artis sola domina necessitas. Kein Geringerer als Gottfried Semper hat zuerst unsere Aufmerksamkeit auf diese Wahrheit gelenkt (wenn er auch später leider davon abging) und dadurch allein schon ziemlich deutlich den Weg gewiesen, welchen wir zu wandeln haben. ... Jede Bauform ist aus der Konstruktion entstanden und sukzessive zur Kunstform geworden.... Es kann daher mit Sicherheit gefolgert werden, daß neue Zwecke, neue Konstruktionen und deshalb auch neue Formen gebären müssen.[11]

Wagner war mit Semper in vielen Fragen einer Meinung, z.B. was die Wichtigkeit der Symmetrie betraf. Als er *Moderne Architektur* schrieb, konnte er jedoch dessen Auffassung von Verkleidung nicht vollkommen akzeptieren: „Wie Darwin aber hatte [Semper] nicht den Mut, seine Theorien nach oben und unten zu vollenden, und hat sich mit einer Symbolik der Konstruktion beholfen, statt die Konstruktion selbst als die Urzelle der Baukunst zu bezeichnen. Immer geht die Konstruktion voran, denn ohne sie kann keine Kunstform entstehen, und die Aufgabe der Kunst, Bestehendes zu idealisieren, ist ohne Bestehen des Objektes unmöglich."[12]

Trotz Wagners Kritik an der Rolle der Verkleidung bei Semper zeigen seine Gebäude deutlich deren Auswirkung. Was er verabscheute, war nicht so sehr dessen Verkleidungssystem an sich, sondern die Vorstellung, daß die konstruktive Sprache der Verkleidung unabhängig von ihrer tragenden Basis sein könne. Er strebte nicht, wie Pugin, die Einheit von Tragwerk und äußerer Erscheinung an. In Wagners Werk koexistieren verschiedene Bauarten: monolithisch sichtbare Tragwerke, Tragwerke, die in Übereinstimmung mit ihrem Unterbau verkleidet sind, und Gebäude, die mit rudimentären stilistischen Elementen verkleidet sind.

Aber wie sollten die neuen Formen sein? Wie wirkte sich die moderne Technologie auf das Bauen aus? In Anbetracht der Tatsache, daß diese Auswirkungen im Jahr 1900 in Wien erst wenig spürbar waren, ist Wagners Analyse der neuen Technologie bemerkenswert für ihre Wahrnehmung des Kurses, den das moderne Bauen einschlagen sollte. Obwohl in Wien um die Jahrhundertwende Stahlbetonrahmen eingesetzt wurden und sich die Steinindustrie mit dem Einsatz moderner Geräte änderte, waren die Baumethoden im Vergleich zu Amerika noch traditionell. In Wagners Postsparkassenamt, das 1910 fertiggestellt wurde, kamen moderne Techniken, wie Betonrahmungen und Marmorpaneele, zum Einsatz, das Gebäude hat aber auch tragende Außenwände und enthält wenig Fahrstühle. Im Gegensatz dazu war das Bürogebäude im Chicagoer Stil mit seinem selbsttragenden Stahlrahmen und seiner im Kern zusammengefaßten Reihe von Aufzügen bereits 1890 vollständig entwickelt. Vor diesem Hintergrund ist Wagners Analyse mit ihrem Einblick in die moderne Konstruktion bemerkenswert. Wagner, der moderne Bausysteme nur in beschränktem Maße kennenlernte, erkannte deren Konsequenzen klarer als Le Corbusier oder Louis Kahn.

Wagner sah zwischen dem modernen und dem traditionellen Bau (oder Renaissance-Bau, wie er es nannte) drei Hauptunterschiede:

Die Bauzeit. Wagner schrieb in *Moderne Architektur*: „Durch die Bauweise aller Epochen zieht die deutliche Tendenz, den geschaffenen Werken eine möglichste Stabilität und Unveränderlichkeit zu verleihen, um einer der wichtigsten Thesen der Baukunst, `ewige Dauer', gerecht zu werden. Nachdem unsere modernen Verhältnisse in

4.14

4.15

4.16

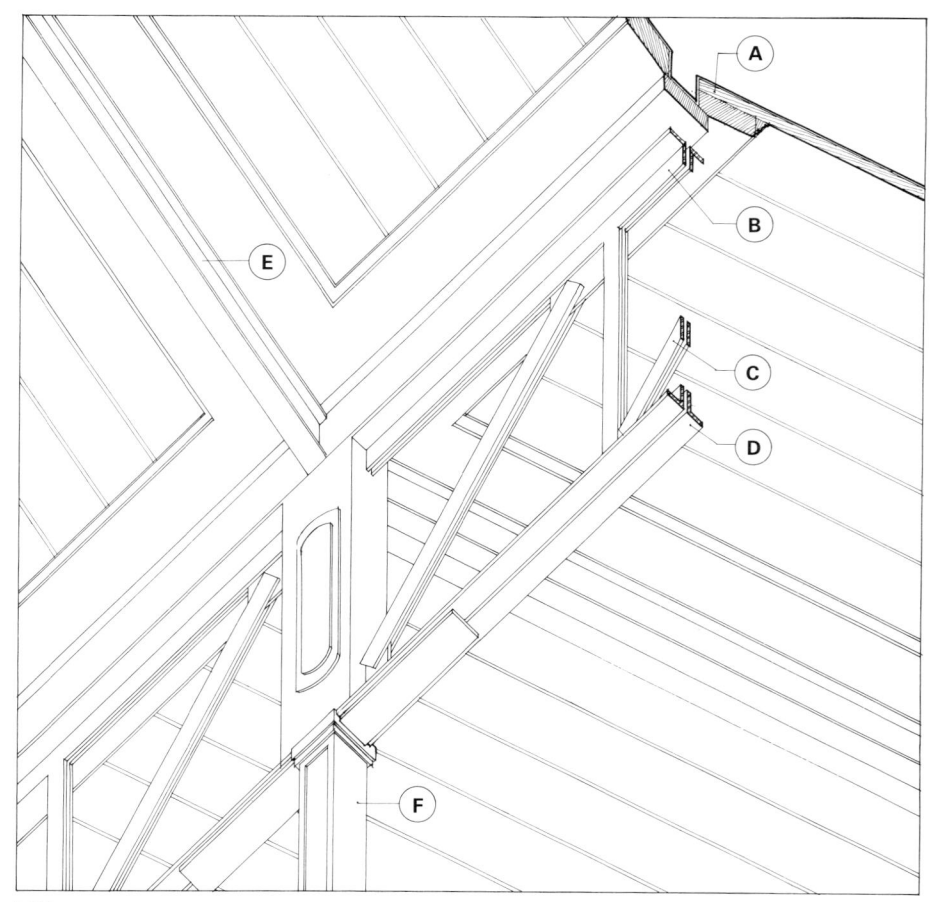

4.17

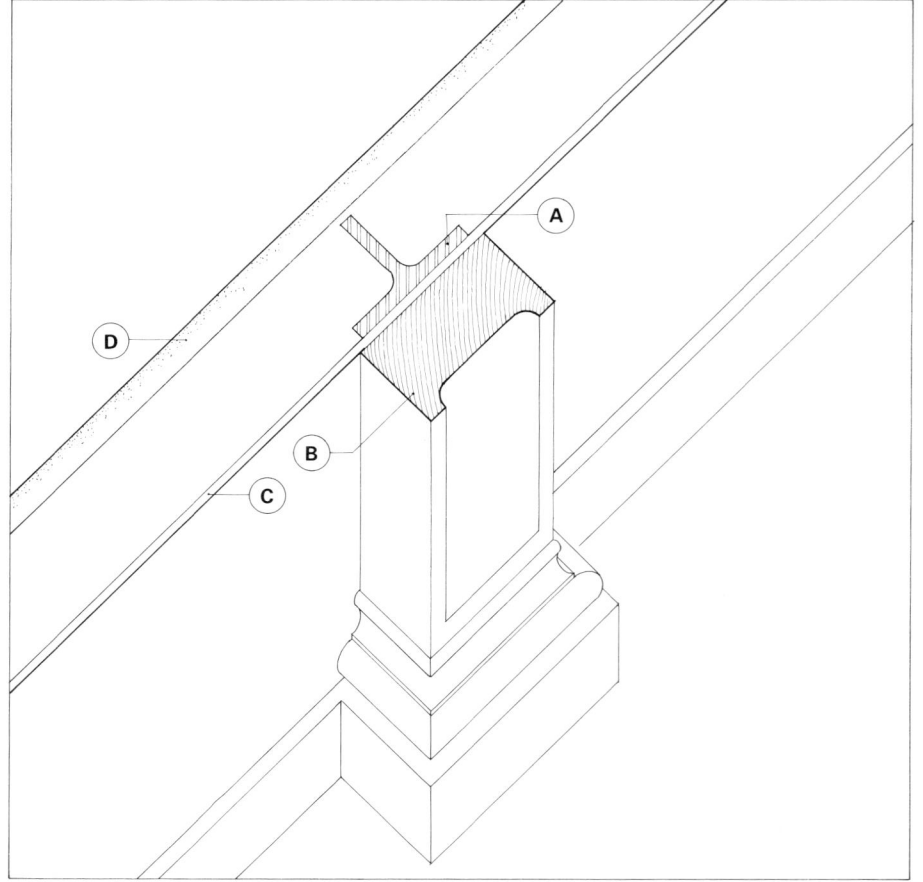

4.18

Station Schönbrunn
Otto Wagner
Wien, 1896

4.14 Außenansicht

4.15 Träger (Ausschnitt)

4.16 Trägerauflager (Ausschnitt)

4.17 Trägerdetail
Die Metallornamentierung ist in der Zeichnung der Klarheit wegen weggelassen worden.
A Dachkonstruktion: Holzbohlen mit sichtbarer Unterseite tragen das Metalldach darüber.
B Zwei Eisenwinkel 6 x 6 cm bilden den Obergurt.
C Zwei Eisenstäbe 4,5 cm bilden die Streben.
D Zwei Eisenwinkel 6 x 6 cm bilden den Untergurt.
E Doppel-T-Eisenprofil.
F Stütze aus Gußeisen.
(Kartographische Sammlung, Wiener Stadtarchiv)

4.18 Semper, Plan für ein Wäschereiboot, Stützendetail
A Tragende Stütze aus T-Eisen. Der Eisenrahmen ist innen und außen vollständig verdeckt.
B Holzpfeiler. Obwohl diese nicht tragend sind, befinden sie sich an der gleichen Stelle wie die Eisenstützen; somit beschreiben sie, was sie verbergen.
C Außenverkleidung (vermutlich Blech).
D Innenwand: Putz.
(Semper Archiv, Eidgenössische Technische Hochschule, Zürich, Zeichnung 20-168-A-10)

Betreff der aufzuwendenden Arbeitszeit eine völlige Umwälzung geschaffen haben, der Grundsatz der ewigen Dauer in der Kunst aber derselbe bleibt, muß die Konstruktion, welcher die Lösung dieser Aufgabe zufällt, zu neuen Mitteln greifen, um dieser Anforderung zu entsprechen. Diese Mittel hat sie zum größten Teile in Verwendung neuer Materialien und in der Einführung der Maschinen gefunden. Der Einfluß derselben auf die Kunstform muß daher selbstredend zutage treten. ... Kunstformen, bei denen die Herstellungszeit nicht dem Effekte oder dem Herstellungsmaterial entspricht, haben immer etwas Lügenhaftes oder Gequältes."[13] Der Gedanke, daß die Bauzeit in der Form ausgedrückt werden sollte, war ungewöhnlich; er hatte wenig Vorläufer und noch weniger Anhänger. Wagners wesentlichstes Mittel zur Erzielung dieses Ausdrucks war die Verwandlung der traditionellen klassischen Konstruktion mit Hilfe von Verblendungen, sichtbaren Befestigungsmitteln und den traditionellen Mauerwerksformen in Sichtmetall. Aber dies war nur ein Teil eines Gesamtsystems der Komponententrennung.

Unabhängige Systeme. Wagner schrieb: „Es muß als natürlich bezeichnet werden, daß moderne Menschen, welche den Wert der Zeit zu würdigen wissen, auch jene Konstruktionen propagieren werden, welche imstande sind, ihre diesbezüglichen Wünsche zu befriedigen. Dies geschieht nun naturgemäß durch Zuziehung von Materialien, welche sich jederzeit schnell und gut beschaffen lassen, und durch Teilung der Arbeit, also durch gleichzeitige Inangriffnahme verschiedener Konstruktionsbestandteile, so daß daraus eine raschere Art von Zusammenfügung des Werkes resultiert. Ist das so Zusammengestellte auch solid, so wird es trotz höherer Kosten das Bisherige verdrängen. Selbstredend muß aus einem solchen Vorgehen immer eine neue Formgebung entstehen."[14] Viele Zeitgenossen und Nachfolger von Wagner erkannten, wie wichtig spezialisierte Arbeitskräfte waren; da sie sich aber mit der Industrialisierung befaßten, hielten sie die Fertigbauelemente für wesentlicher. Wagner war einer der wenigen, der verstand, daß dies die Unabhängigkeit der Systeme verstärken und zu einer Spezialisierung der Arbeiten an der Baustelle führen würde. Achtzig Jahre später ist leicht zu sehen, daß dies eine wichtigere Konsequenz der Spezialisierung als das Fertigbauwesen darstellte.

Stahlgebäude. Ein Großteil des Bauabschnitts in *Moderne Architektur* ist dem Lob des Eisenbaus gewidmet: „Die Eigenschaften des Eisens sind aber tatsächlich so außerordentliche, daß es fast jede Forderung zu erfüllen imstande ist ... Die Möglichkeit und die Erleichterung so vieler Bauherstellungen, die Unbeschränktheit in der Annahme von Raumgrößen, die Durchführung des ausgesprochenen Pfeilerbaues, die freie Wahl jeder Deckenform mit beliebiger Raumbelichtung, die starke Verminderung der Mauerstärken, die Feuersicherheit, die so bedeutend verringerte Bauzeit und so vieles andere sind Dinge, welche wir nur der Verwendung dieses Materiales verdanken."[15]

Dies ist ein merkwürdiger Absatz, da Wagner wenig Eisen- bzw. Stahlgebäude baute, die ein vollständiges Eisenskelett enthielten. (Bei den Brücken, die er für die Stadt Wien errichtete, setzte er häufig Eisentragwerke ein.) Die meisten seiner Großbauten wurden mit Beton gerahmt, einem Material, das in *Moderne Architektur* kaum Erwähnung findet. Als Wagner die ursprüngliche Fassung schrieb, hatte er erst ein Gebäude (die Länderbank) fertiggestellt, in dem viel Eisen verwendet wurde, aber auch dieser Bau enthielt keinen vollständigen unabhängigen Eisenrahmen. Es ist wichtig, diese Bemerkungen nicht ohne ihren Zusammenhang zu zitieren. Der komplette und unabhängige Stahlrahmen mit Vorhangwand, der sich in Chicago längst durchgesetzt hatte, war im damaligen Wien relativ selten. Zwei der bekanntesten Bauten Wagners (die Stadtbahnstation Karlsplatz und die Haupthalle der Postsparkasse) enthalten – wie es scheint – Sichtmetallrahmen, aber seine übrigen Gebäude weisen tragende Außenwände mit Betonrahmen im Innern auf und sind deshalb vielen amerikanischen Gebäuden, die vor 1880 errichtet wurden, in ihrer Konstruktion ähnlich.

Wagners Beschreibungen der Möglichkeiten des Stahls – insbesondere seine Beschreibungen der ästhetischen Veränderungen, die Stahl möglich machen könnte – scheinen die Einstellungen der Moderne vorauszuempfinden, aber das ästhetische Thema von *Moderne Architektur* ist in vieler Hinsicht konservativ. Ruskin und Semper hatten den Einsatz von Eisen und Stahl als Baumaterialien kritisiert, indem sie argumentierten, daß die Wahrnehmung der architektonischen Form auf dem Wissen der baulichen Grenzen von Stein beruhten und daß die langen Spannen und großen Öffnungen, die Stahl möglich mache, optisch störend seien und die Wirkung der Masse

4.19

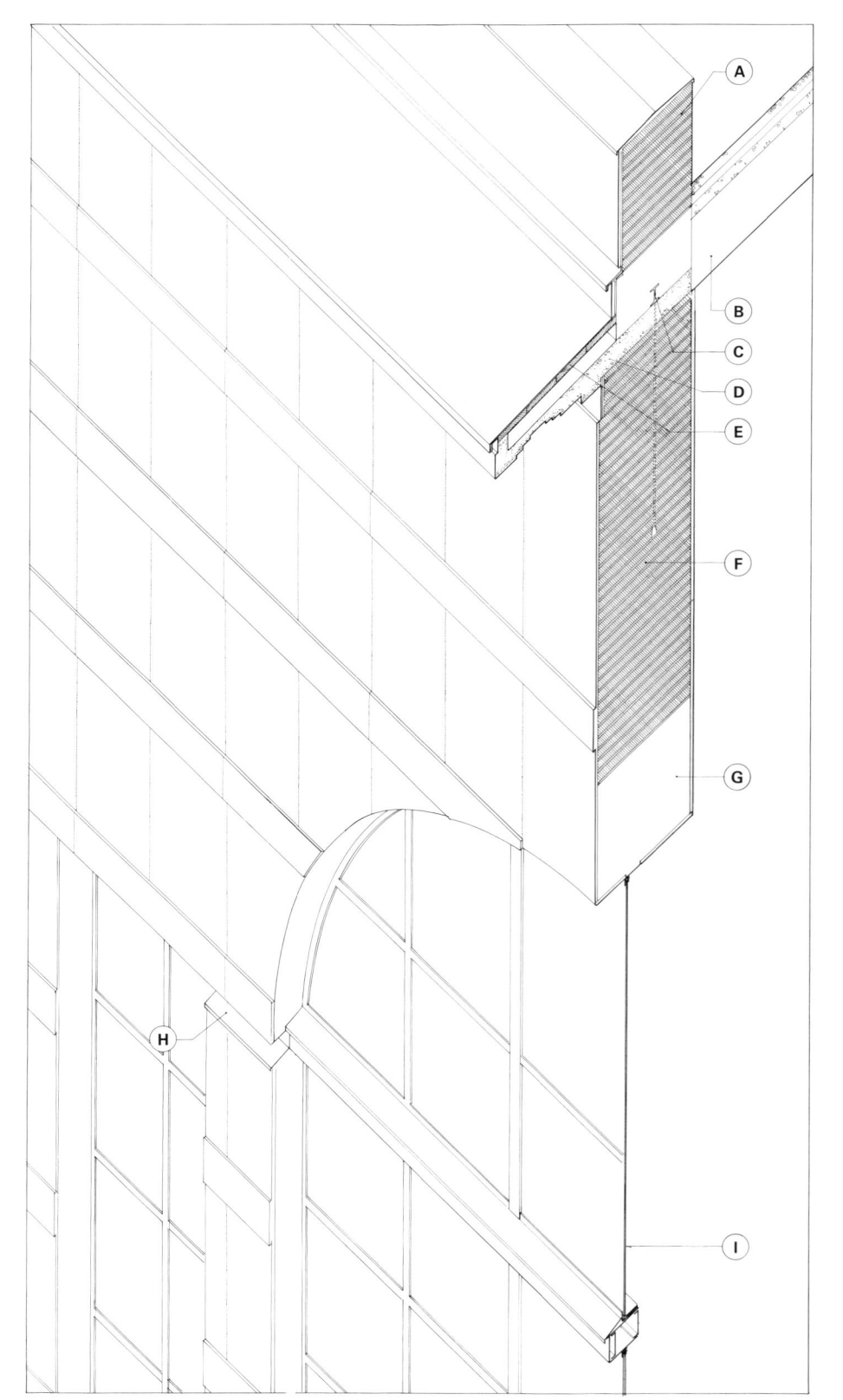

4.20

4.21

Kirche am Steinhof
Otto Wagner
Wien, 1907

4.19 **Außenansicht**

4.20 **Ansicht der Seitenfront**

4.21 **Fassadenschnitt**
A Attikabrüstung: typische marmorverkleidete Ziegelmauer mit Blechabdeckung.
B Dachkonstruktion: Zementasphalt auf Betonplatte.
C 8 cm hohes Doppel-T-Profil, 70 cm lang. Es ist in den Betonsims eingegossen, um die Stahlstäbe, die in die Ziegel hineinragen, zu verankern. Die weite Auskragung des Simses macht eine Verankerung in der Wand erforderlich.
D Betongesims.
E Gesimsabdeckung aus Holz und Metall. (*siehe Abb. 4.22, 4.23*).
F Wandkonstruktion: 2 cm dicke Marmorverkleidung auf massiver Ziegelmauer, im Inneren verputzt.
G Ziegel- oder Betonbogen, der die Wand über der Fensteröffnung trägt.
H Das U-Profil läuft über den Pfeiler hinweg und bildet den Sturz. Über dem kleinen Fenster befindet sich ein Betonsturz.
I Fenster aus Eisen, Kupfer und Glas. (*siehe Abb 4.28*).
(*Psychiatrisches Krankenhaus Baumgarten, Technische Betriebsleitung.*)

und das Wechselspiel zwischen massiv und hohl, die in der traditionellen Steinarchitektur anzutreffen sind, zunichte machten. Wagner begrüßte die funktionalen Vorzüge der Stahlrahmen, die seiner Meinung nach die architektonische Form verändern würden, er bestand jedoch darauf, daß die erwiesene Dauerhaftigkeit, Solidität, Stabilität und Monumentalität der traditionellen Architektur beibehalten werden sollten. Wagners Architektur hat trotz ihrer abstrakten Zwischentöne nichts von der Schwerelosigkeit, Straffheit oder dem membranhaften Charakter des Internationalen Stils.

DIE STADTBAHNSTATION KARLSPLATZ

1898, dem Jahr der zweiten Ausgabe von *Moderne Architektur* und des Entwurfs für die Akademie der Bildenden Künste, vollendete Wagner den Bahnhof Karlsplatz. Die wenigen Symbole, die er in diesem Bau verwendete, wie z.B. die Sonnenblume, stammten nicht von Semper. Die Form mit ihren Säulen in kleinem Maßstab und den abgeschrägten Ecken gleicht Sempers Plan von 1862 für eine Wäscherei in Paris, aber Sempers Einfluß liegt bei diesem Projekt weniger in der Form als in der Konzeption, in der Anwendung der Theorien zur Verkleidung, Inkrustation und den Urformen auf den Metallrahmenbau.

Es ist schon erstaunlich, daß der Bahnhof Karlsplatz Wagners einziges Bauwerk mit komplettem Metallrahmen ist. Zwanzig Jahre nach den ersten Stahlrahmen-Wolkenkratzern in Chicago errichtete Wagner Gebäude mit tragendem Mauerwerk und Holz- oder Betonfußböden. Man sollte meinen, daß die Verwendung eines Sichtrahmens im Widerspruch zur Verkleidung steht; was jedoch der Rahmen zu sein scheint, ist gar nicht der eigentliche Rahmen, sondern ein Netzwerk aus Eisen, das das wahre Tragwerk überlagert. Die Eisenstützen, die das Dach tragen, sind in der Block- und Putzwand verborgen, entsprechend jeder Stütze befindet sich jedoch ein T-Stahl an der Fassade des Gebäudes. Dieses T-Stück ist nicht tragend; obwohl es die Marmorverblendung festhält, wurde es nach der Montage des Tragrahmens angebracht. Die eigentliche Rahmenkonstruktion ist mit einem analogen Rahmen verkleidet worden, der den Rahmen dahinter beschreibt, ohne ihn zu duplizieren.

Wo Sempers Verkleidungen eine Lage von rudimentären Elementen umfassen, die als Symbole fungieren, umfaßt Wagners Verkleidung eine Lage von tragenden Elementen, die größtenteils symbolisch sind. Obwohl die Station Karlsplatz keine Urnen, Schlangen oder Kränze vorweist, enthält sie doch zahlreiche tragende Urelemente: einen Sockel mit Bossenwerk, ein Dachgeschoß, ein Gesims und (in abgeschwächter Weise) Säulenfüße und Kapitelle. Jedes dieser Elemente ist von den Materialien und Verfahren des modernen Bauens verändert worden. Der Sockel ist Rustikagranit und kontrastiert mit dem glatten Marmor der Hauptwand. In der Sprache des traditionellen Klassizismus verstärken seine dunkle Farbe, rauhe Oberfläche und größere Dicke die Masse des Gebäudes an der Basis. Bei einer herkömmlichen tragenden Wand hatte dies die Aufgabe, das Gebäude funktional und visuell zu stärken, indem die Tragfähigkeit der Wand am Boden erhöht und diese Massivität sichtbar gemacht wurde. Bei der Station Karlsplatz, wo die Eisenrahmen nicht auf dem Boden ruhen, sondern auf Trägern, die die darunterliegenden Schienen überspannen, hat der Sockel keine tragende Funktion; daher wird er auf allen vier Seiten von Eisenwinkeln eingefaßt, was anzeigt, daß er ein gestütztes und kein stützendes Element ist. Er ist, laut Semper, zu einer rudimentären Form geworden, einer, die sich einer neuen Manifestation entgegen entwickelt. Die Marmorplatten sind poliert, der Maserung entsprechend aufeinander abgestimmt und schabloniert, womit ihre Feinheit und Leichtigkeit betont wird. Diese Unterbetonung des Gewichts wird durch das Gesims noch dramatischer, bei dem Marmorplatten an Eisenkonsolen hängen.

Der größte Teil des – realen und analogen – Tragwerks besteht aus Walzstahlwinkeln und T-Stücken, an denen gußeiserne Ornamente befestigt sind, die wesentlich komplexer ausgeführt sind. Stahl und Eisen des neunzehnten Jahrhunderts waren in bezug auf Festigkeit und Dehnbarkeit heutigem Stahl weit unterlegen, aber die Architekten hatten den Vorteil, Walz- und Gußprofile frei miteinander mischen zu können. Die Profile von gewalzten Teilen können nur auf einer Ebene und in beschränktem Maße variiert werden. Gußteile, die hinsichtlich ihrer Tragfähigkeit weit unterlegen sind, können zu viel komplexeren Konfigurationen entwickelt werden, wobei die Haupteinschränkung darin liegt, daß die Gesamtdicke innerhalb des gleichen Profils nicht stark variiert werden kann. Diese Kombination aus Guß- und Walzprofilen

4.22

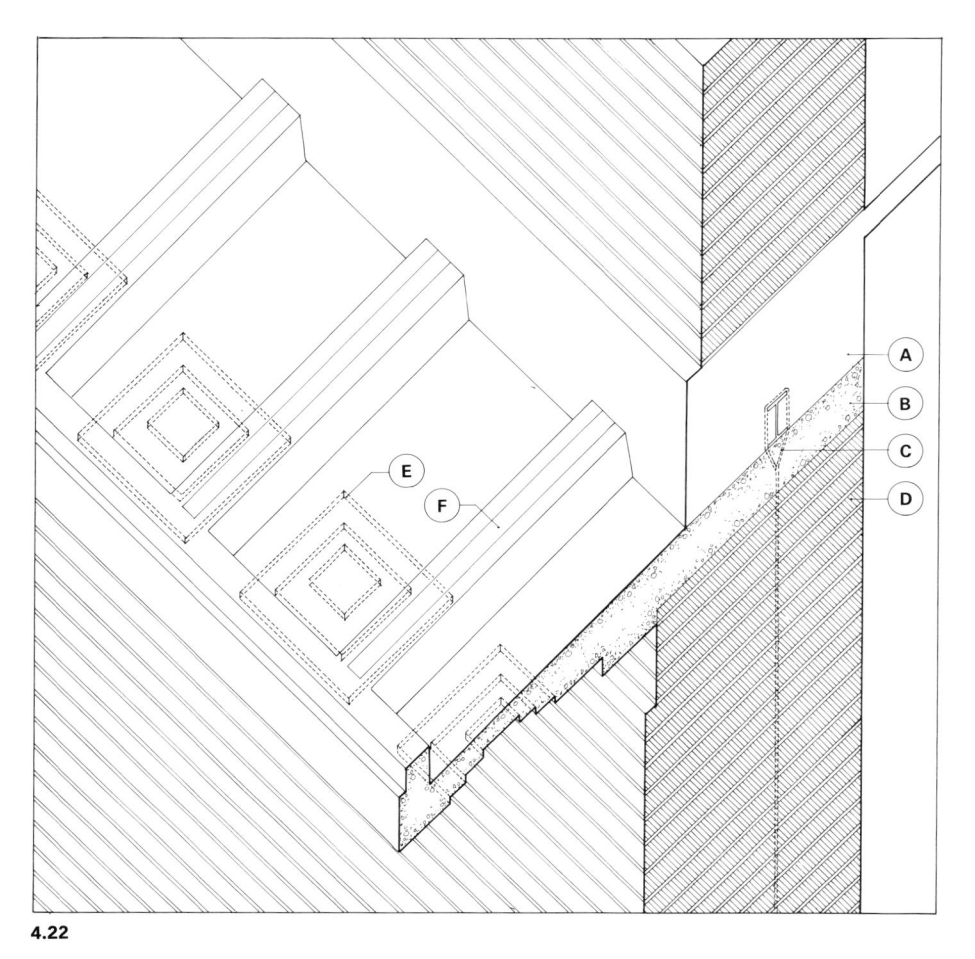

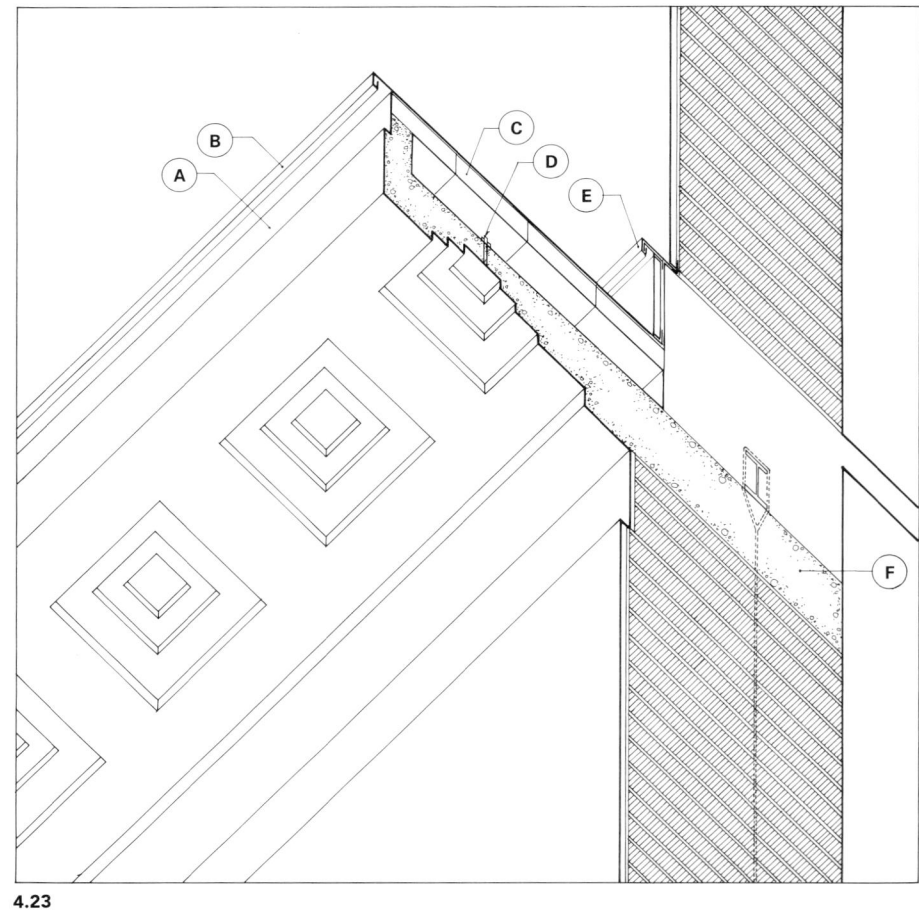

4.23

4.24

4.25

Kirche am Steinhof
Otto Wagner
Wien, 1907

4.22 **Tragkonstruktion des Gesimses**
A Betondachabdeckung: Einseitig gespannte Rippenplatte, zur Wasserableitung leicht geneigt.
B Betongesims.
C Doppel-T-Eisenprofil, 8 cm hoch und 70 cm lang, mittels 1,60 m langen Metallbändern in der Ziegelmauer verankert. Die Verankerung hält das weit auskragende Betongesims.
D Ziegelmauer.
E Darunterliegende Kassette.
F Betonrippe mit eingegossenen Holzlatten. Sie versteifen die Platte und bilden die Befestigungsunterlage für die Holzverkleidung.
(Psychiatrisches Krankenhaus Baumgarten, Technische Betriebsleitung)

4.23 **Gesims mit Verkleidung**
A Betongesims. Es ist das einzige sichtbare tragende Element des Bauwerks.
B Kupferdach.
C Holzbohlenabdeckung über den Betonrippen, darauf das Metalldach.
D Bolzen zur Verankerung der Rosette (nicht gezeigt). Dies ist das klassischste Element des Gesimses.
E Kupferanschlußstreifen. Sowohl die Kappleiste als auch das Deckblech greifen hinter die Marmorverkleidung und sind nach dort aufgekantet, um zu verhindern, daß Wasser durch die horizontale Fuge dringt. Dachblech und Halteprofil ragen auch über die Wand und die Gesimsfront hinaus und sind dort nach unten abgekantet.
F Ziegelmauer, außen mit Marmor verkleidet, innen verputzt.
(Psychiatrisches Krankenhaus Baumgarten, Technische Betriebsleitung)

4.24 **Ausschnitt Vorderfassade und Kuppel**

4.25 **Innenansicht**

befähigte die Architekten des neunzehnten Jahrhunderts, Verbindungen und Abschlüsse zu artikulieren und Teile auf eine Weise zusammenzufügen, die an den Klassizismus erinnert.

Trotz der formalen Ähnlichkeiten mit Sempers Werk, die in der Station Karlsplatz zu erkennen sind, liegt Sempers Einfluß auf Wagners reifere Arbeit eher im theoretischen Bereich und nicht in den Formen. Sempers Auffassung von Verkleidung war die Artikulation eines historischen Phänomens; sie hatte wenig mit seinem architektonischen Werk zu tun. Wagner war es, der die Verkleidungstheorie zu einer Bautheorie machte – aber seine Gründe oder zumindest seine Argumente dafür waren nicht historisch, sondern pragmatisch.

Wagner entwarf über vierzig Stationen für die Wiener Stadtbahn; die meisten waren Variationen einer Serie von Standardentwürfen. Diese Stationen waren, was die Materialien betraf, viel weniger opulent und, was die Technologie betraf, viel konventioneller als der Bahnhof Karlsplatz. Es waren Ziegelwände mit Glattputz und Holzrahmendächern. Sichteisen wurde bei den Vorhallen und Vordächern benutzt, aber größtenteils wendete Wagner die Technologie des herkömmlichen tragenden Mauerwerks an.

Eine typische Station der Stadtbahn ist Schönbrunn *(Abb. 4.14)*. Ein quadratischer Mauerwerksblock trägt ein pyramidenförmiges Holzrahmendach. Aus der Mitte herausgeschnitzt ist ein Eingangsportikus, der von Eisensäulen und Konsolen gestützt wird. Die Vollholzrahmung des Innenraums ist vollständig verdeckt. Die Rahmung des Portikus ist aus Eisen und Holz und sichtbar. Beide Rahmungen weisen spezifische Details auf. Die Mauern haben viel vom traditionellen Wiener Klassizismus; tragende Ziegelwände sind mit Glattputz versehen, der dann geformt wurde, um wie Stein auszusehen. In diesem Teil des Gebäudes können Fugen, Profile und Schmuckwerk auch nicht im entferntesten als eine Interpretation des verkleideten Tragwerks angesehen werden. Sie können nur als Reste einer Hausteinkonstruktion betrachtet werden. Die Eckenelemente sind mit Bossenwerk verziert und vom Rest der Wand durch eine Leibung abgetrennt, aber die Andeutung dieses Details, das Detail einer Rahmen-und-Vorhang-Wand zu sein, ist baulich nicht korrekt, da beide Wandabschnitte tragend sind (um dies vielleicht hervorzuheben, ist die Artikulation zwischen den einzelnen Teilen – z.B. zwischen Säule und Gebälk – minimal). Der Portikus dagegen ist eine ornamentierte Konstruktion. Ein aus T-Stücken und Winkeln gefertigter Binder wird an seinen dritten Punkten von zwei gußeisernen Säulen gestützt. An dieser Konstruktion sind schmiedeeiserne und gußeiserne Ornamente befestigt. Die Säulen tragen Kränze, die denen Sempers stark ähneln, und die floralen Elemente auf den Diagonalen des Binders lassen an Sempers Beschreibung der geschmückten Urhütte denken.

DIE KIRCHE AM STEINHOF

Mit dem Bau der Kirche am Steinhof kam Wagner vielleicht einer Umsetzung von Sempers Gedanken am nächsten. Nicht zufällig gehört sie zu den Bauten, die am wenigsten rational sind, zumindest nach den Regeln der Moderne des Internationalen Stils. Die Form der 1907 vollendeten Kirche, der die Bedürfnisse des modernen Lebens und Bauens zugrunde gelegt wurden, ist nicht neu. Es ist eine archaische Form, die den Bedingungen des modernen Lebens entsprechend abgewandelt wurde. Dies stand in direktem Widerspruch zum Dogma der gotischen Rationalisten, für die Form und Material untrennbar waren und für die Formen, die sich aus den Eigenschaften eines bestimmten Materials ergaben, sich nicht für Materialien eigneten, die andere Charakteristika aufwiesen.

Semper, der sich für die Beziehung von Form und Material interessierte, gab zu, daß Formen „rudimentär" sein und gültig bleiben konnten, auch wenn ihr funktionaler Zweck nicht mehr existierte. Die Kirche am Steinhof ist voller rudimentärer Formen; deren Detailbehandlung steht nicht nur mit Sempers Vorstellung von Verkleidung im Einklang, sondern auch mit Wagners Forderung nach einem Ausdruck, der dem modernen Bauen Rechnung trug.

Die wesentlichste Urform der Kirche am Steinhof ist die Kuppel. Im Schnitt gleicht sie Wrens Kuppel der St. Paul's Cathedral. Die inneren und äußeren Formen sind beinahe unabhängig voneinander. Die Innenstützen bilden einen Kegel. Dies ist genau

4.26

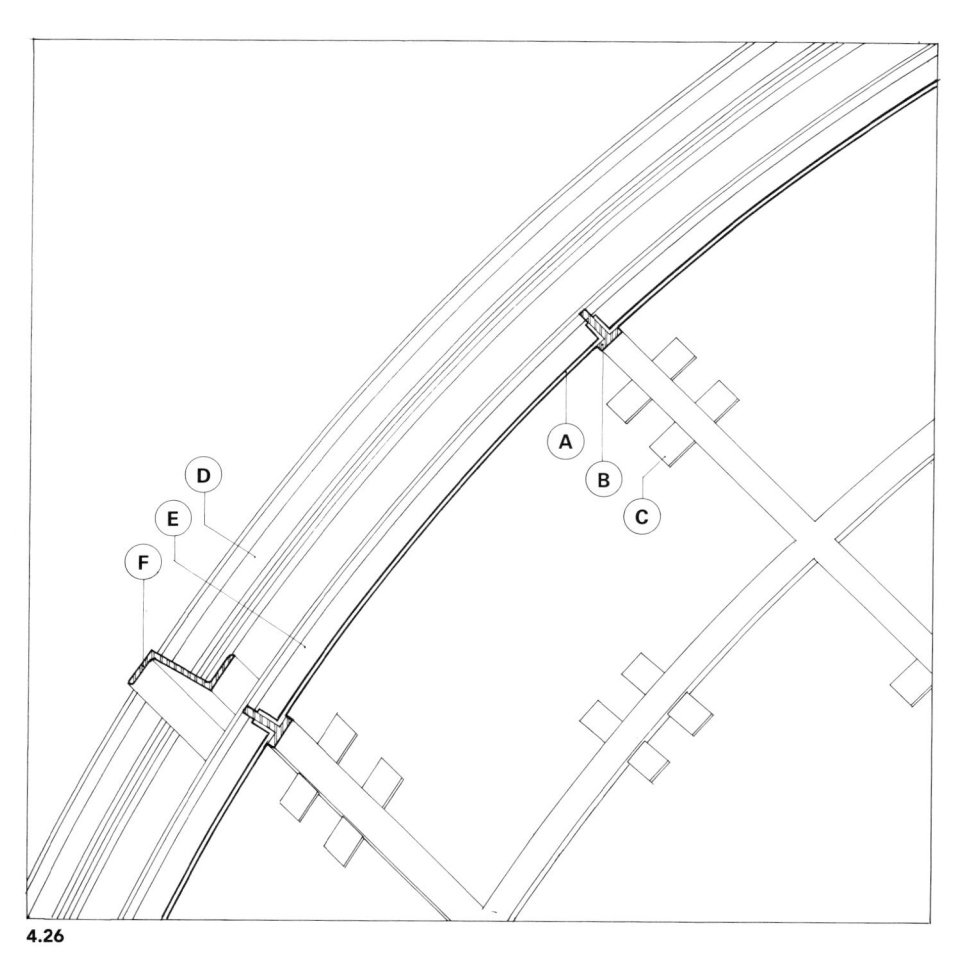

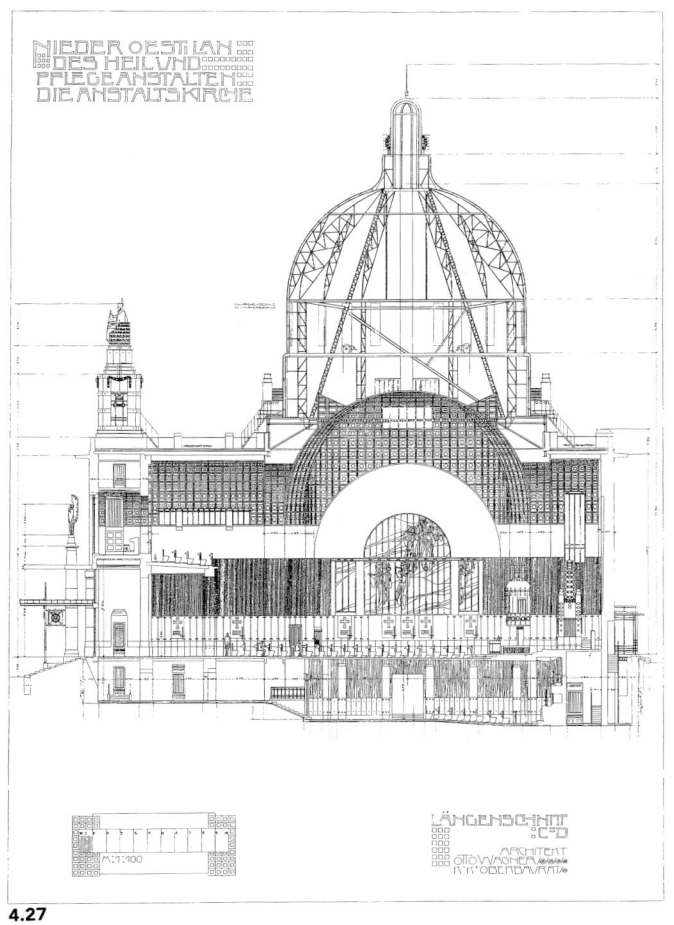

4.27

4.28

4.29

4.30

Kirche am Steinhof
Otto Wagner
Wien, 1907

4.26 Deckenkonstruktion
A   Rabitztafel.
B   Sichtbare T-Eisenprofile 3 x 4 cm. Diese bilden ein Gitter, auf dem die Rabitztafeln aufliegen. Die Sichtflächen der Profile sind vergoldet.
C   Scheinbar eine Halterung für die Tafel, hat tatsächlich aber vor allem ornamentalen Charakter.
D   Obergurt des Eisenträgers aus zwei Eisenwinkeln trägt das darunterliegende Z-Profil.
E   T-Eisenprofil verbindet die Träger des Gitters miteinander, gleichzeitig Aufhängung der Tafeln am darüberliegenden Z-Profil.
F   Z-Eisenprofil 5 x 8 cm als Hauptträger der Decke; oberhalb jedes dritten sichtbaren T-Eisenprofils.
(Psychiatrisches Krankenhaus Baumgarten, Technische Betriebsleitung)

4.27 Schnitt
(Wagner, Einige Skizzen, Projekte und Ausgeführte Bauwerke)

4.28 Majolikahaus, Otto Wagner, 1889. Gesims.

4.29 Kaiserbad Dam
Otto Wagner, 1908. Gesims. Hier wurde das traditionelle klassische Gesims auf eine Reihe von metallenen Haltern reduziert, die schabloniert verzierte, genutete Bretter tragen.

4.30 Villa Wagner II, Otto Wagner Wien, 1912. Gesims.

die Art von Kuppel, die die gotischen Rationalisten verabscheuten. Sie wären noch entsetzter gewesen, wenn sie entdeckt hätten, daß die Kuppel nicht aus Stein, sondern aus Metall ist. Im unbewehrten Mauerbau ist ein Gewölbe oder eine Kuppel notwendig, um einen großen Raum zu überdecken. Bei Stahl ist dies nicht der Fall; damit hätte sich leicht eine derartige Entfernung ohne Krümmung überspannen lassen. Nach den Ideen des gotischen Rationalismus war dies unverzeihlich, in Sempers Überlegung war es jedoch logisch. Zu den primitiven Verkleidungsmethoden gehörte die Abdeckung von Holzkonstruktionen mit Metallplatten. Im Laufe der Entwicklung verschwand dann die innere Konstruktion und hinterließ das Rohrbausystem. Konzeptionell ist die Kuppel eine derartige Rohrkonstruktion, wobei das Holz durch Metall ersetzt und innen und außen mit Platten verkleidet wurde.

Der primäre Rahmen der Kuppel ist ein Netzwerk aus T-Stücken und Winkeln aus Metall. Auf der Außenseite ist das Ganze mit einem Holzunterbau und Falzkupferplatten abgedeckt. Die Innenkuppel (eigentlich ein Kreuzgewölbe) besteht aus Rabitztafeln in einem Raster aus vergoldeten Eisen-T-Stücken. In dieser bloßgelegten Falzeindeckung wird Sempers Gefühl für den Ursprung des Ornaments in der Textilkunst reflektiert. In den Rasterdetails und in der Art, wie an manchen Stellen Buntglas statt der Rabitztafeln eingesetzt wurde, wird deutlich, daß dies kein richtiges Gewölbe ist, sondern das, was wir heute eine Hängedecke nennen würden.

Die Wände wurden mit zwei gegensätzlichen Verfahren errichtet, und auch dies ist eine Reflektion von Sempers Ideen zu den Ursprüngen des Bauens. Der Sockel ist monolithisch und setzt sich aus rauhen Granitsteinen zusammen, die an der Außenfläche nicht rechtwinklig zugerichtet sind. Der Stein ist in einer Art eingesetzt, die Semper „Polygoneck" nannte und seiner Meinung nach die kristalline Beschaffenheit des Steins wiedergibt. Die darüberliegende Mauer ist dagegen mehrschichtig und verkleidet und besteht aus dünnen Marmorplatten, die mit Bolzen an der tragenden Ziegelmauer befestigt sind.

Die Detailbehandlung der oberen Mauer sollte ihren verkleideten Charakter hervorheben und die nichttragende Verkleidung sowie die Art ihrer Errichtung und die Bauzeit artikulieren. Das typische Fugenmuster (an Stelle von „Voisseurs" um die gebogene Öffnung) wird am Rand des Bogens einfach abgeschnitten und legt die Marmorkante bloß *(Abb. 4.21)*. Der echte Bogen aus Ziegeln oder Beton liegt dahinter verborgen. Das U-Profil, das die Grundlinie des Bogens bildet, verläuft quer über den Pfeiler *(Abb. 4.34)* und unterbricht damit den Stein an seinem wichtigsten Tragpunkt. Obwohl die Mauer die Form des Bogens beibehält, wird sie wie eine Verkleidung behandelt.

Die Mauer ist oben mit bronzenen Kranzornamenten (Sempers technisches Ursymbol) und einem Gesims verziert. Diese Mauer und ihr Gesims ist ein abgewandeltes klassisches Element. Es stimmt mit Sempers Verkleidungstheorie, aber auch mit Wagners Theorie der modernen Konstruktion überein. In *Moderne Architektur* beschrieb Wagner den Charakter der Renaissance-Konstruktion, wie er sie nannte, im Vergleich zur modernen Konstruktion, so:

Bei einem hervorragenden Monumentalbau wird eine Säulenstellung samt Gebälke als Hauptmotiv der architektonischen Durchbildung des Obergeschosses ausgeführt. Der Bau wird in Steinschichten durchgeführt und das Material mit großem Aufwande an Zeit und Geld beschafft. Zu den Untergliedern des Hauptgesimses werden ungeheure, an die Bauweise der alten Römer erinnernde Steinblöcke, aus welchen, konstruktiv bedingt, sogar die Konsolen des Hauptgesimses herausgearbeitet worden sind, verwendet. Die Bearbeitung und Beschaffung dieser Werkstücke erfordert große temporäre und pekuniäre Opfer. Diese Art der Herstellung soll als `Bauart der Renaissance' bezeichnet und ihr im Nachstehenden eine `moderne Bauart' gegenübergestellt werden. Zur äußeren Bauverkleidung (naturgemäß bei gleichen Prämissen) werden (für die glatten Flächen) Platten verwendet. Diese Platten können in ihrer Kubatur bedeutend geringer angenommen werden, dafür aus edlerem Materiale (beispielsweise aus Laaser Marmor) projektiert sein. Die Befestigung dieser Platten würde durch Bronzeknöpfe (Rosetten) erfolgen. Zum Tragen des weit ausragenden, in kleine Schichten geteilten Gesimses werden verankerte Eisenträger angewendet, welche mit einer Bronzehülle konsolartig zu verkleiden sind, etc. etc.

Das Resultat dieser Gegenüberstellung wird ungefähr folgendes sein: Die Steinkubaturen sinken auf 1/8 bis 1/10 der ersteren Annahme, die Anzahl der Werkstücke wird geringer, die monumentale Wirkung wird durch das edlere Material erhöht, die aufgewandten peku-

4.31

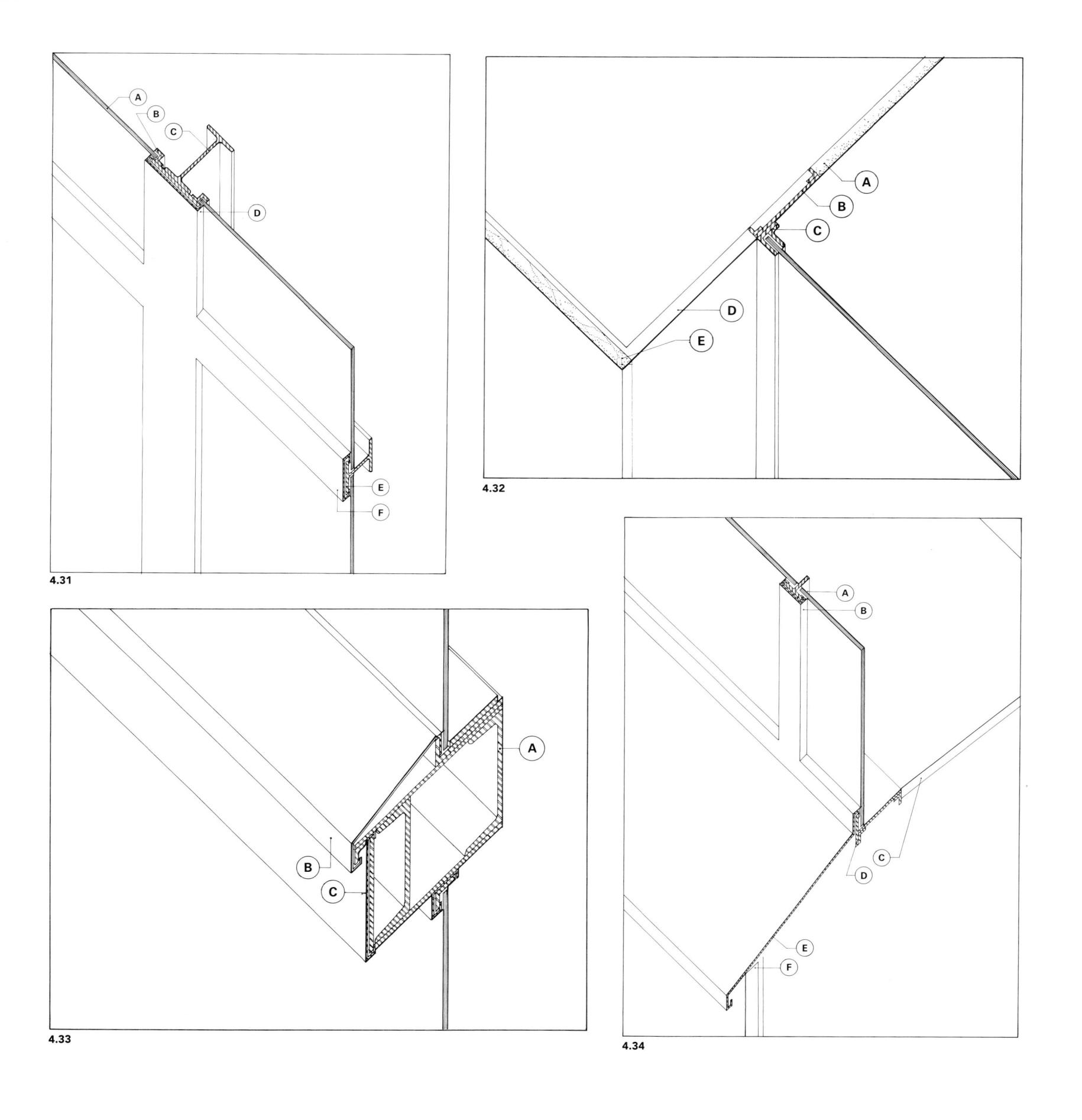

4.32

4.33

4.34

Kirche am Steinhof
Otto Wagner
Wien, 1907

4.31 Schnitt durch Fenster am Längspfosten

A Bemalte Bleiverglasung (nicht gezeigt).
B Z-Eisen, hält die Verglasung.
C Gewalztes Doppel-T-Profil als senkrechter Hauptfensterpfosten.
D Verkleidung aus Kupferblech auf der Außenseite des Pfostens. Das Kupfer schützt das Eisen vor Korrosion; es entspricht aber auch Sempers und Wagners Auffassung von Verkleidung in der Architektur.
E Kleiner Kämpfer.
F Kupferblech
(Psychiatrisches Krankenhaus Baumgarten, Technische Betriebsleitung)

4.32 Schnitt durch Fenster am Gewände

A Innenputz.
B Eisenplatte mit Winkeln.
C Fensterpfosten aus zwei Winkeln.
D 2,5 cm starker Putz.
E 2 cm starke Marmorverkleidung
(Psych. Krankenhaus Baumgarten, Techn. Betriebsleitung)

4.33 Schnitt durch Fenster am Kämpfer

A Waagrechter Hauptfensterpfosten aus zwei gewalzten U-Profilen, durch flache Metallstücke verbunden.
B Geneigtes Kupfergesims mit Tropfkante. Diese leitet das Wasser vor der Glasscheibe ab.
C Verkleidung aus Kupferblech auf Eisenplatte.
(Psych. Krankenhaus Baumgarten, Techn. Betriebsleitung)

4.34 Schnitt durch Fenster an der Solbank

A Kleiner Längspfosten.
B Kupferverkleidung.
C Innere Fensterbank.
D Fensterrahmen an der Solbank, ähnlich dem am Gewände.
E Äußere Fensterbank aus Metall.
F Außenwand: Ziegelmauer mit 2 cm starker Marmorverkleidung.
(Psych. Krankenhaus Baumgarten, Techn. Betriebsleitung)

niären Mittel fallen um Ungeheueres und die Herstellungszeit wird auf ein übliches, normales und erwünschtes Maß herabgedrückt.[16]

Die Mauerkonstruktion der Kirche am Steinhof unterscheidet sich in manchen Einzelheiten vom idealen System, das in *Moderne Architektur* beschrieben wird. Das Gesims ist nicht aus Stein, sondern eine gerippte Betonplatte mit Kassetten an der Unterseite und Rippen oben, um die Holznagelstreifen für das Metalldach zu halten. In früheren Gebäuden hatte Wagner ein Gesims verwendet, das dem in *Moderne Architektur* beschriebenen glich, wie beim Kaiserbad Dam (1906), wo er Gußmetall benutzte, um eine Holzdielenplattform zu stützen, die danach schabloniert wurde. Das Betongesims in der Kirche am Steinhof sieht schwerer aus und gleicht eigentlich viel mehr dem klassischen Prototyp. Daß Wagner es hier einsetzte, lag wahrscheinlich eher an finanziellen Einschränkungen als an einer stilistischen Präferenz, da er bei der Erweiterung des Postsparkassenamts 1912 darauf zurückkam.

Einige Elemente im Innern der Kirche wurden eher im monolithischen als verkleideten Stil behandelt, was ihrer Eleganz keinen Abbruch tut. Beichtstuhl und Bankreihen bestehen aus monolithischen Holzrahmen, die Längs- und Quer-Täfelungen gleichen, außer daß die Holztafeln hier gespundete Bretter sind, die in den Rahmen gefalzt wurden *(Abb. 4.33)*. Mit ihren massiven Teilen und ornamentierten Fugen scheinen sich die Einrichtungen viel eher an der zeitgenössischen britischen Arts and Crafts-Detailbehandlung zu orientieren als an Wagners anderen Werken.

DAS POSTSPARKASSENAMT

Viele heutige Architekten sehen im Postsparkassenamt ein ideales Bauwerk, in dem gute städtische Planung und die Qualitäten klassischer Gebäude beibehalten wurden, ohne auf unmittelbar klassische Formen zurückzugreifen und ohne die modernen Bausysteme abzulehnen. Es liegt eine gewisse Gefahr in einer derartigen Betrachtung des Gebäudes, denn trotz seiner fortschrittlichen Wirkung ist es in seiner Technologie dennoch zum Teil veraltet. In der Kirche am Steinhof benutzte Wagner traditionelle Formen, wie die Kuppel, die ihren ursprünglichen tragenden Zweck, wenn nicht gar ihre symbolische Bedeutung eingebüßt hatten. Bei der Sparkasse kommen diese Formen weniger vor, sie ist jedoch ebenfalls ein abgewandelter klassischer Bau. Der Unterschied ist, daß die Verwendung traditioneller Formen mit den aktuellen Bausystemen nicht so sehr im Widerspruch steht.

Im Gegensatz zu den modernen Betonbauten, in denen der Rahmen selbsttragend und das Mauerwerk eine nichttragende Ausfüllung ist, ist das Postsparkassenamt ein hybrides Gebäude mit einem Betonfußboden und Balken, die im Innern von Betonstützen und außen von tragendem Mauerwerk gestützt werden. Es ist weder eine echte Skelett- noch eine echte Stütze-Last-Konstruktion. Diese Konstruktionsart ist heutzutage unüblich, aber Ende des neunzehnten Jahrhunderts war sie beliebt. Bei vielen amerikanischen Gebäuden wurden tragende Außenmauern mit inneren Stahl- oder Betonrahmen verwendet. Historiker wie Carl Condit haben diese Konstruktionsart als rückständig bezeichnet, da die ersten Vorhangwand-Gebäude in Chicago bereits mehr als 20 Jahre alt waren. Aber diese Historiker verfolgten die Entwicklung der Glas-und-Stahlsysteme der fünfziger Jahre. Wenn die hier eingesetzte Menge an Mauerwerk aus architektonischen Gründen erwünscht ist, erscheint es nur logisch, daß sie als Tragwerk benutzt wird. Was dieses System veralten ließ, ist die Art der engen Verzahnung von Ziegeln und Beton. Im Jahr 1905 war es eine logische Bauweise, da sich das heutige System der ausgesprochen unabhängigen Gewerke und Gebäudesysteme gerade erst entwickelte (obwohl Wagner einer der wenigen war, der diesen Trend erkannte). Was noch wichtiger ist: Wagner mußte sich, im Gegensatz zu späteren Vertretern der Moderne, nicht mit dem Problem befassen, die Sprache des Klassizismus mit der Vorhangwand in Einklang zu bringen. Auguste Perret, der ebenfalls versuchte, die Regeln des Klassizismus auf den Betonbau zu übertragen, mußte Regeln, die verlangten, daß Stützen im Abstand von zwei Durchmessern angebracht wurden, mit einem Konstruktionssystem abstimmen, das leicht das Zehnfache dieses Abstands überspannen konnte. Wagner mußte keine derartigen Widersprüche ausgleichen. Die Regeln des Klassizismus wurden durch tragendes Mauerwerk festgelegt, und er baute eine tragende Mauer.

Die Frontfassade des Postsparkassenamts basiert wie die Kirche am Steinhof auf einem Urbild. Wenn wir die Zwischenräume zwischen den Fenstern *(Abb. 4.35)* als

4.35

4.36

4.37

Postsparkassenamt
Otto Wagner
Wien, 1906

4.35   Hauptfassade

4.36   Fassadenausschnitt

4.37   Fassadenschnitt
(Diese Darstellung basiert auf einem erhalten gebliebenen Schnitt des Gebäudes und zeigt eine frühere Fassung des Entwurfs, obwohl es beim Bau scheinbar zu keinen größeren Abweichungen kam.)

A   Blechabdeckung zum Feuchteschutz der Mauer aus Ziegeln und Marmor.
B   Dachkonstruktion: Betonplatte, mit Asphalt, Kies und Sand gedeckt.
C   Ziegelmauer.
D   2 cm starke Marmorverkleidung, mit 4 x 12 cm Eisenstiften befestigt, die anschließend mit Blei abgedeckt und einer Aluminiumkappe versehen wurden. Möglicherweise sind zusätzliche versteckte Halterungen benutzt worden.
E   Anschlußstreifen aus Blech.
F   Rinne, nimmt das vom Gesims ablaufende Wasser auf.
G   Gesims. Wagners Argumentation zufolge ist das Gesims ein funktionales Element, da an der Fassade hinunterlaufendes Wasser den Marmor verschmutzen würde.
H   Betonsturz.
I   Nichttragender Sturz. Obwohl er das Mauerwerk zu tragen scheint, ist er eigentlich nur ein vergrößerter Teil des Fensterrahmens.
J   Äußeres Fenster aus Eisen, mit Aluminiumverkleidung und Tafelglasung. Das Doppelfenster ist eine typische mitteleuropäische Lösung zur Wärmeisolierung.
K   Inneres Fenster aus Eisen.
L   Solbank aus Blech.
(Postsparkasse)

Stützen betrachten – wie Franco Borsi es gezeigt hat –, wird diese Fassade zu einem Portikus zwischen zwei Türmen, die an einige der Schinkelschen Kirchen erinnern. Die Aluminiumornamente der Fassade können auch als Säule, Basis, Kapitell und Fries angesehen werden, die auf dem Marmor angebracht worden sind. Für Wagner wie für Semper war die Architektur eher evolutionär als revolutionär, und er zwang den Klassizismus in seine nächste Phase – eine Phase, in der klassische Elemente mehrschichtiger und abstrakter wurden. Die Idee, dreidimensionale Objekte in zweidimensionale Symbole zu verflachen, findet sich übrigens konzeptionell, wenn nicht sogar formal, überraschenderweise auch bei Robert Venturi.

Die Wand der Sparkasse weist die Basis, den Schaft und das Gesims auf, die für den Klassizismus typisch sind, aber die Detailbehandlung folgt dem in *Moderne Architektur* beschriebenen und in der Kirche am Steinhof angewendeten System – mit Raffinements. Der Sockel ist hier nicht monolithisch, sondern verblendet und so bearbeitet, daß er massiver als die Mauer selbst wirkt, d.h. es ist ein Sockel mit Bossenwerk, der durch moderne Bauprozesse abgewandelt wurde. Die dünnen Steinplatten sind zum Boden hin stark gekrümmt, um eine Schattenlinie zu bilden und visuell das Gewicht zu erhöhen, gleichzeitig machen aber die bloßgelegte Kante an der Ecke *(Abb. 4.39)* und die vertieften Bolzenlöcher deutlich, daß es sich hier um eine Verblendung und kein massives Mauerwerk handelt.

Die Steinverblendungen der typischen Böden weisen drei Muster auf. In früheren Werken hatte Wagner den Stein in verbundener statt Rasterkonfiguration angebracht. Das Verbundmuster betont den tragenden Charakter der Wand, das Raster dagegen den verblendenden Charakter der Platten. Hier verwendete Wagner beide. Es gibt drei Hauptmuster: (1) Die Steine des mittleren Abschnitts sind flache Quadrate in einem Raster. (2) Die Platten der beiden flankierenden Türme bilden ein Verbundmuster, und jeder Stein weist eine leicht konvexe Krümmung auf. Diese werden mit Eisenbolzen befestigt, die mit einer Bleischicht und einer Aluminiumkappe abgedeckt sind. (3) Die Steinplatten der Seitenwände, die zur Straße zeigen, sind ebenfalls rasterförmig angeordnet, aber die Aluminiumhalterungen haben ein vereinfachtes Design.

Architekten und Historiker haben die Sichtbolzen dieser Fassade bewundernd hervorgehoben. Heute wird diese Technik allerdings kaum mehr verwendet, da es leichter ist, die Steinhalterungen durch die Ränder der Tafeln zu verbergen, wo sie vor Wasser geschützt sind und wo ihre Ausführung und Bearbeitung grober sein darf, da sie versteckt werden. Aber die Bolzen, die wir sehen, sind eher Symbol als Werkzeug. Was wir sehen, sind in Wirklichkeit Aluminiumabdeckungen, die die eigentlichen Bolzen verbergen, und in vielen Fällen sind die Tafeln auch durch Halterungen an ihren Rändern befestigt, was die Sichtbolzen in gewisser Weise dem Verkleidungssystem zuordnet.

Im Werk Wagners gibt es zwei widersprüchliche Ausdrucksweisen. Die erste folgt der Tradition der bloßgelegten und deutlich artikulierten Bauweise, die zweite ist mehr daran interessiert, die Verblendung zu artikulieren als das Tragwerk, das sie verkleidet. Die beiden Tendenzen und Wagners Schwanken zwischen beiden sind in der Entwicklung der Fensterdetails zu erkennen. Wagners erste Wettbewerbszeichnungen betonen die tragenden Eigenschaften des Sturzes. Der äußere Stahlsturz wird bloßgelegt und erhält durch zwei freistehende Metallstützen sein eigenes Tragwerk *(Abb. 4.40)*. Die Auflager des Sturzes auf den Gewändepfosten sind ebenfalls sichtbar, artikuliert und ornamentiert. Wagner hat beinahe eine Ädikula oder ein Miniaturgebäude geschaffen, um das obere Mauerwerk zu stützen. Im Jahr 1900 waren Stahl- und Eisenstürze relativ neu, aber gebräuchlich, und es war für traditionelle Architekten undenkbar, das Mauerwerk ohne sichtbare Stützung einfach über die Öffnung verlaufen zu lassen, wie es heute oft gemacht wird. Das Mauergewicht und das Unvermögen des Mauerwerks, eine große Öffnung zu überspannen, mußten zum Ausdruck gebracht werden. Das übliche Verfahren war, vor dem Metallsturz einen Steinsturz oder Bogen anzubringen. Hier arbeitete Wagner auf eine Weise, die der gotisch-rationalistischen Schule vollkommen entgegengesetzt war, indem er den Metallsturz selbst bloßlegte und ornamentierte. In der ausgeführten Version ist der Entwurf – vielleicht aus finanziellen Gründen – stark vereinfacht worden, aber das Detail ist zu einem verkleideten Ausdruck im Semperschen Sinne geworden. Obwohl die Form des Balkens, der von zwei Stützen getragen wird, bleibt, ist es eine rein ornamentale Form und stützt

4.38

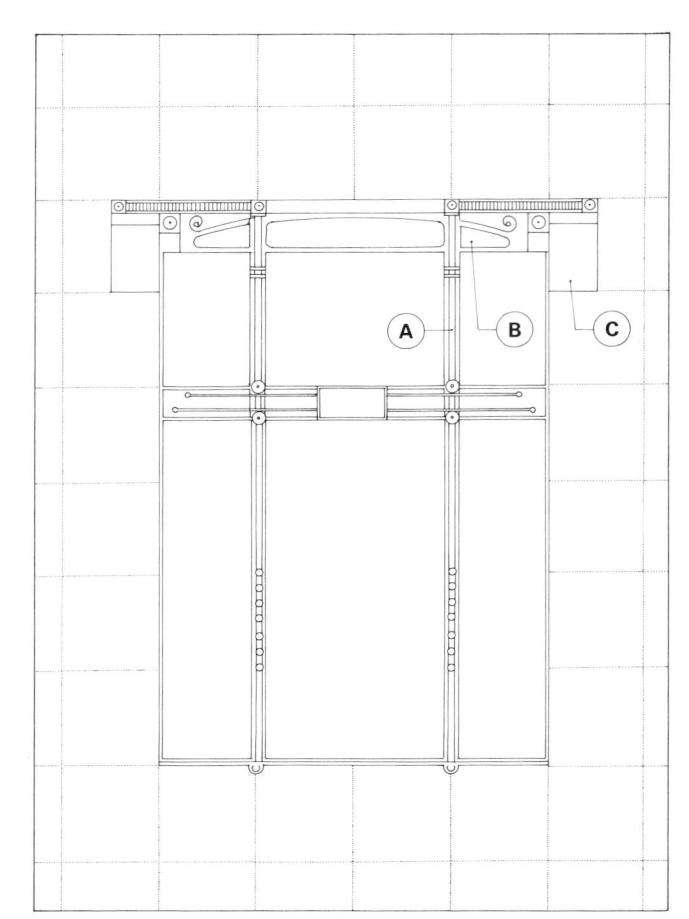

4.40

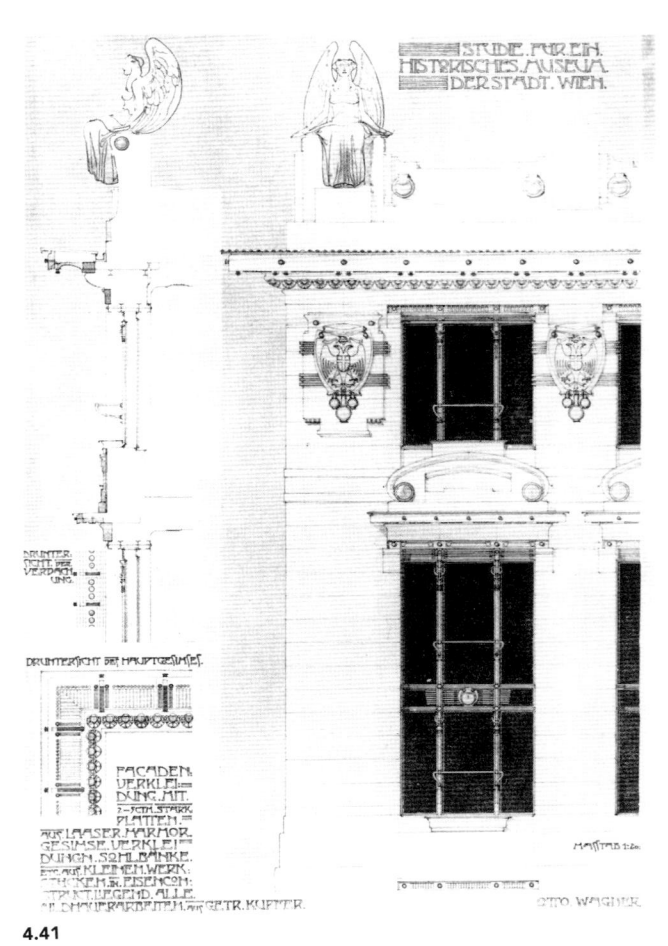

4.39

4.41

Postsparkassenamt
Otto Wagner
Wien, 1906

4.38 Fassadenausschnitt
Während der Sturz nicht wie bei dem ursprünglichen Entwurf (*siehe Abb. 4.40*) sich an den Seiten über das Fenster hinaus erstreckt, ist doch die Metallornamentierung der Marmorverkleidung unmittelbar neben dem Sturz anders gestaltet.

4.39 Detail des Granitsockels

4.40 Der Sturz im Wettbewerbsentwurf
A Längspfosten. Obwohl er wahrscheinlich nicht tragend ist, deutet seine Form an, daß er einen Teil der Last des Sturzes darüber aufnimmt.
B Metallsturz. Obwohl nicht vollständig ausgeführt, läßt sich vermuten, daß es sich hier um das vorderste in einer Reihe von parallel liegenden Doppel-T-Profilen handelt, die das Mauerwerk darüber stützen (*siehe Abb. 4.41*).
C Kragstein. Dieses Element ist wohl konstruktiv unnötig, da der Sturz nicht auskragt, es macht aber deutlich, daß der Sturz von der Mauer getragen wird.
(*Historisches Museum, Wien*)

4.41 Entwurf für das Kaiser Franz Josef-Stadtmuseum
Otto Wagner, 1902. Fassadenausschnitt mit Gesims und Sturz.
(*Historisches Museum, Wien*)

die darüberliegende Wand eindeutig nicht. Der Sturz liegt verdeckt, und seine Blechabdeckung hört am Gewändepfosten auf. Er ist, wie die Kuppel der Kirche am Steinhof, zu einer rudimentären Form geworden. Er hat seine tragende Funktion verloren, ist aber bearbeitet worden, um klarzustellen, daß es sich um eine Verblendung handelt.

Das Gesims ist, wie bei der Kirche am Steinhof, ein klassisches Steingesims, das in Metall umgewandelt worden ist, und das Dachgeschoß wird an drei Stellen mit Sempers Kränzen geschmückt. Siegesgöttinnen auf beiden Seiten der Hauptfassade halten in jeder ausgestreckten Hand einen Kranz, und der mittlere Abschnitt des Dachgeschosses weist auf jedem Pfeiler einen Kranz auf.

ADOLF LOOS

Loos' Detailbehandlung kann nur kurz erörtert werden, und zwar nicht, weil sie nicht wichtig wäre, sondern weil sie nicht nachweisbar ist. Loos vernichtete viele seiner Zeichnungen, und für viele seiner Details hat es vielleicht nie Zeichnungen gegeben, denn Loos löste Detailprobleme am liebsten gleich an der Baustelle. Richard Neutra erinnert sich:

Im Jahr 1900 begann Adolf Loos gegen die Praxis, Abmessungen in Zahlen oder Maßketten anzugeben, zu revoltieren. Er meinte, daß ein derartiges Verfahren den Entwurf entmenschlicht. „Wenn ich Täfelungen von einer bestimmten Höhe haben möchte, stelle ich mich hin, halte meine Hand in die gewünschte Höhe, und der Zimmermann bringt seine Bleistiftmarkierung an. Dann mache ich einen Schritt zurück, betrachte es von diesem Punkt und von jenem aus und stelle mir das fertige Ergebnis mit ganzer Kraft vor. Dies ist der einzige menschliche Weg, die Höhe einer Täfelung oder die Breite eines Fensters zu entscheiden." Loos benutzte so wenig Pläne wie möglich; er hatte alle Details, auch die komplexesten Entwürfe, im Kopf und war stolz darauf, ein Architekt ohne Bleistift zu sein.[17]

Wie viele seiner Zeitgenossen, wurde auch Loos von der damaligen englischen Wohnhausarchitektur beeinflußt. Wie die obige Passage schon andeutet, beeinflußten ihn aber auch die Arts and Crafts-Bewegung und deren Ideen zur handwerklichen Ausführung, zu den Materialien und zum „ehrlichen" Bauen. Trotz seiner Vorliebe für die angelsächsische Kultur und seiner Abneigung gegen einen Großteil der deutschen Kultur war die vorherrschende Quelle seiner Bauideen Gottfried Semper.

Wenn Otto Wagner das Potential der Verkleidungstheorie in der modernen Ära sah, so war es Adolf Loos, der ihre Gefahren sah. Und wenn Wagner erkannte, daß moderne Bauverfahren eine Sprache der Architektur ermöglichen, die im großen und ganzen analog und symbolisch im Ausdruck war, so erkannte Loos, daß sie eine Sprache des Kitsches ermöglichte.

Loos und Semper hatten viele gemeinsame Interessen: der evolutionäre Charakter von Kultur und Architektur, die Beziehung zwischen Modedesign und architektonischem Entwurf und – am wichtigsten – die Theorie der Verkleidung. Loos schrieb wie Semper ein Essay über dieses Thema mit demselben Titel („Das Prinzip der Bekleidung"), und viele von Loos' Passagen sind beinahe wörtliche Zitate von Semper. Aber Loos' Konzept von Verkleidung wurde auch von den Ideen John Ruskins beeinflußt, vor allem dessen Vorstellung von der Ehrlichkeit beim Bauen.

Loos' Ideen hinsichtlich des Charakters und der Ursprünge des Bauens stimmen mit Sempers Vorstellungen weitgehend überein, insbesondere was die Bedeutung der Textilien (vor allem über Holzrahmen gehängte Teppiche) als Quelle des Bauens betrifft:

Der architekt hat etwa die aufgabe, einen warmen, wohnlichen raum herzustellen. Warm und wohnlich sind teppiche. Er beschließt daher, einen teppich auf dem fußboden auszubreiten und vier aufzuhängen, welche die vier wände bilden sollen. Aber aus teppichen kann man kein haus bauen. Sowohl der fußteppich als der wandteppich erfordern ein konstruktives gerüst, das sie in der richtigen lage erhält. Dieses gerüst zu erfinden ist die zweite aufgabe des architekten.

Und wie Semper benutzt Loos diesen Gedanken, um das Prinzip der Verkleidung als Basis der Architektur zu rechtfertigen:

Im anfange war die bekleidung. Der mensch suchte schutz vor den unbilden des wetters, schutz und wärme während des schlafes. Er suchte sich zu bedecken. Die decke ist das älteste architekturdetail. Ursprünglich bestand sie aus fellen oder erzeugnissen der textilkunst. ... Die decke mußte irgendwo angebracht werden, sollte sie genügend schutz für eine familie bieten! Daher kamen die wände dazu, die zugleich seitlichen schutz boten. Und so entwickelte sich der bauliche gedanke sowohl in der menschheit als auch im individuum.[18]

4.42

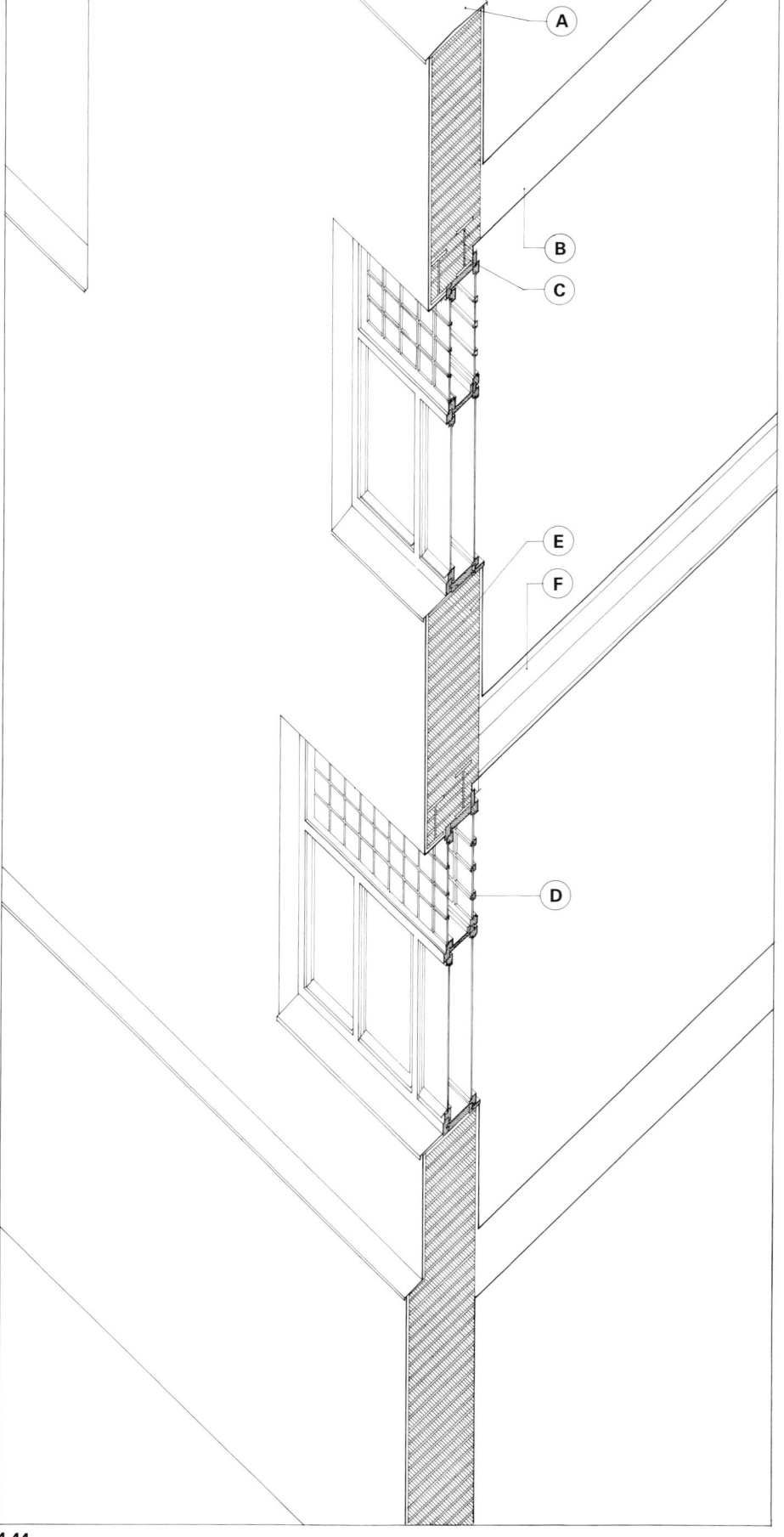

4.43

4.44

Haus Scheu
Adolf Loos
Wien, 1912

4.42 Aufriß
(Gustav Pichelmann)

4.43 Arbeitszimmer
(Gustav Pichelmann, Michael Stoger)

4.44 Fassadenschnitt
A Metallabdeckung am Dachrand. Wie beim Bauen mit Glattputzwänden üblich, sind die horizontalen Flächen mit Blech abgedeckt, um die Mauer vor Wasser zu schützen.
B Dachkonstruktion: Holzschalung auf Holzbalken. Die meisten dieser Balken liegen unter Putzdecken.
C Stahl- oder Eisenträger nehmen die Last des Mauerwerks über den Fensteröffnungen auf. Diese Stürze werden nicht artikuliert, nur an manchen Stellen im Inneren des Gebäudes sind sie durch Holzdekor markiert.
D Holzdoppelfenster *(siehe Abb. 4.47)*.
E Ziegelmauer mit Glattputz.
F Deckenkonstruktion: Holzschalung auf Holzbalken.
(Fußboden-Zeichnungen von Gustav Pichelmann)

Für Loos wie für Wagner trafen ihre Vorstellungen von Verkleidung mit einer der Hauptauswirkungen der Industrialisierung zusammen: dem zunehmenden Gebrauch von Verblendungen. Aber für Loos, der 1898 schrieb, waren die nachteiligen Auswirkungen dieser Bauweise viel klarer, als sie es 1855 für Semper gewesen waren. Die Praxis des Verblendens und die Entwicklung synthetischer Materialien hatten zu etwas geführt, was viele, darunter auch Loos, als „unehrliches Bauen" ansahen. Loos wählte besonders Terrakotta und Zement zur Nachachmung von Stein, wobei er zeitgenössische Wiener Beispiele zitierte: „Jetzt nagelt man schon die konstruktion mit aplomb auf die fassade und hängt die ‚tragsteine' mit künstlerischer berechtigung unter das hauptgesims."[19] Architekten des Gothic Revival, wie Street und Pugin, hatten eben aus diesem Grund den Einsatz monolithischer Systeme ohne Verblendungen vorgeschrieben oder zumindest gefordert. Vielleicht sich nach Ruskin richtend, der in Verblendungen nichts Falsches sehen konnte, vorausgesetzt, sie waren nicht „trügerisch", entwickelte Loos das „Gesetz der Bekleidung":

Das gesetz lautet also: Es muß so gearbeitet werden, daß eine verwechslung des bekleideten materials mit der bekleidung ausgeschlossen ist. Das heißt: holz darf mit jeder farbe angestrichen werden, nur mit einer nicht – der holzfarbe. ... Auf die stukkateure angewendet, würde das prinzip der bekleidung lauten: Der stuck kann jedes ornament erhalten, nur eines nicht – das des ziegelrohbaus. ... Ein bekleidendes material kann seine natürliche farbe behalten, wenn das gedeckte material dieselbe farbe aufweist. So kann ich schwarzes eisen mit teer bestreichen, ich kann holz mit einem andern holz bedecken (fournieren, marquetieren und so weiter), ohne das bedeckende holz färben zu müssen; ich kann ein metall mit einem andern metall durch feuer oder galvanisch überziehen. Doch verbietet es das prinzip der bekleidung, durch einen farbstoff das darunter befindliche material nachzuahmen. Daher kann eisen wohl geteert, mit ölfarbe gestrichen oder galvanisch überzogen, nie aber mit bronzefarbe, also einer metallfarbe, verdeckt werden.[20]

Loos wiederholte ständig einen Gedanken, den er mit Semper und den Arts and Crafts-Autoren gemein hatte, nämlich wie wichtig das Material für den Entwurf ist:
Ein jedes material hat seine eigene formensprache, und keines kann die formen eines anderen materials für sich in anspruch nehmen. Denn die formen haben sich aus der verwendbarkeit und herstellungsweise eines jeden materials gebildet, sie sind mit dem material und durch das material geworden. Kein material gestattet einen eingriff in seinen formenkreis. Wer einen solchen eingriff dennoch wagt, den brandmarkt die welt als fälscher. Die kunst hat aber mit fälschung, mit lüge nichts zu tun. Ihre wege sind zwar dornenvoll, aber rein.[21]

Loos' Haus Scheu basiert auf einem Würfel, bei dem ein Quadrant fehlt, um einen abgetreppten Körper mit Dachterrassen zu bilden. Entgegen den Erwartungen verlaufen die Treppen des Hauses parallel und nicht rechtwinklig zur Straße. Das Innere zeigt Loos' Konzept des Raumplans, aber auch die Ähnlichkeit des Raumplans mit englischen Hausplänen, wie die von Voysey oder Baillie-Scott. Die Hauptwohnbereiche sind miteinander verbunden, behalten aber ihre unverkennbare Identität bei. Jeder der Hauptwohnräume hat seinen eigenen Charakter durch unterschiedliche Decken, Täfelungen und Schmuckwerk. Dies steht in krassem Gegensatz zur Fassade, die die Funktion der Räume dahinter eher verbirgt als artikuliert.

Das Haus Scheu läßt Loos' Einstellung zum Tragwerk, zur Form und zu den Umsetzungen der modernen Technologie erkennen. Trotz seines abstrakten Charakters und seiner oberflächlichen Ähnlichkeit mit Häusern des Internationalen Stils ist seine Konstruktion völlig traditionell. Drei Ziegelquerwände, die rechtwinklig zu den Terrassen verlaufen, stützen Holzbalken und eine Holzunterlage. Die tragende Wand in der Mitte schränkt die Innenplanung stark ein, und im Wohnzimmer sind große Stahlstürze erforderlich, um die große Öffnung zu rahmen. Andererseits kann man sagen, daß sich die traditionelle Mauerwerk- und Holzbalkenkonstruktion, die zur zellenartigen Grundrißaufteilung tendiert, bestens für Loos' Raumplan mit seiner zellularen Raumanordnung eignet.

Die Artikulation dieser Konstruktion illustriert die Unterschiede zwischen Loos' und Wagners Verkleidungskonzept. Die Deckenbalken liegen unter flachen Putzdecken, jedoch nicht im Speisezimmer, in der Halle und der Kaminsitzecke, wo die Balken mit Eichenholz verschalt sind *(Abb. 4.46)*. Im Gegensatz zu Wright schließt Loos diese Balken nicht mit einem Brett ab, wo sie an die Wand stoßen; er führt sie direkt an den Putz heran, um ihre Kontinuität darzustellen. Balken in einem Raum bloßzulegen oder zu artikulieren und in einem anderen zu verdecken war im neunzehnten

4.45

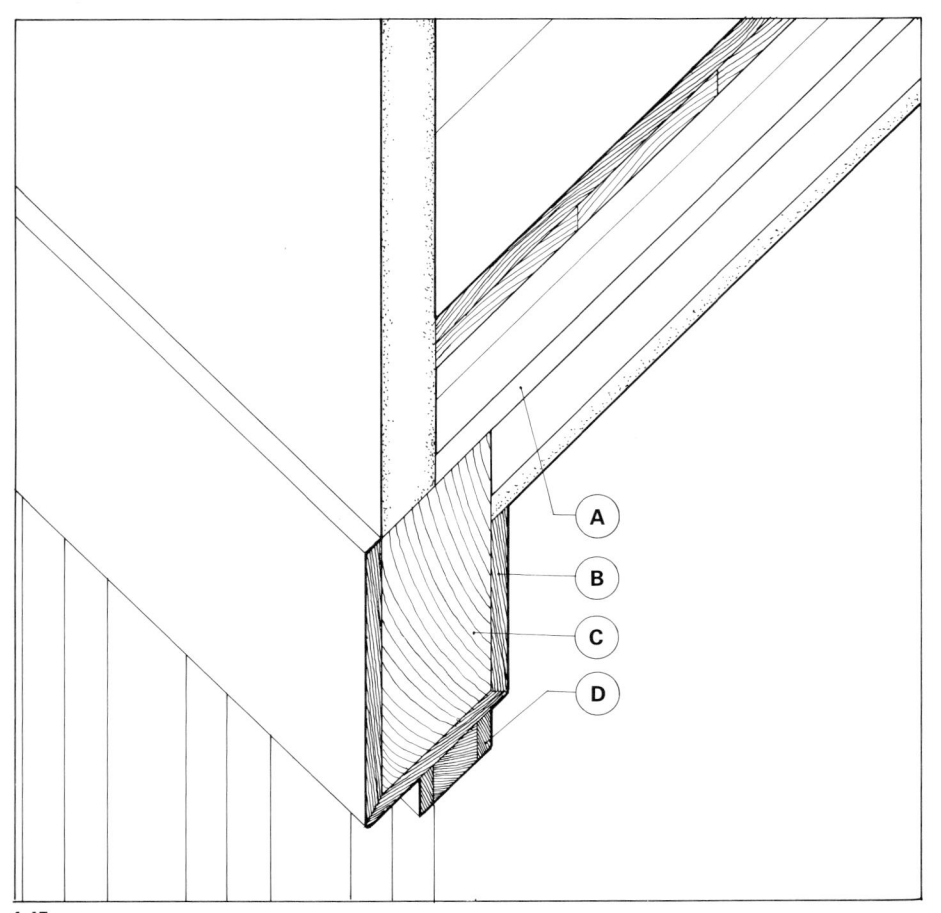

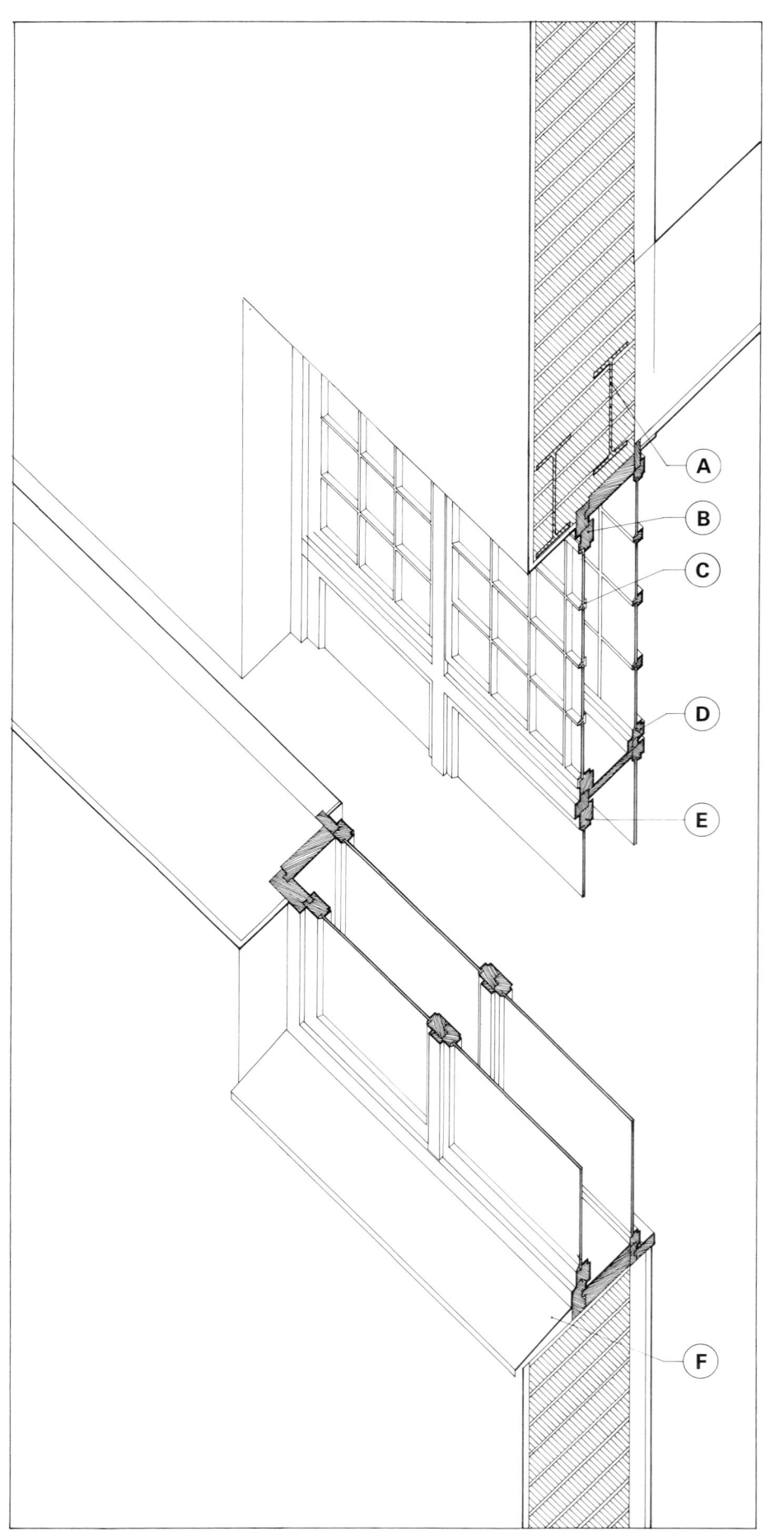

4.46

4.47

Haus Scheu
Adolf Loos
Wien, 1912

4.45 Schnitt durch den Balken an der Treppe
A Fußbodenkonstruktion: 20 mm starke Holzbretter auf Balken.
B Verkleidung des massiven Balkens durch poliertes Holz. Hier mißachtet Loos sein eigenes Gesetz der Verkleidung, indem er Holz mit Holz verkleidet.
C Massiver Holzbalken 14 x 24 cm.
D Holzleiste zur Sicherung des Treppengeländers.
(Aus Zeichnungen von Gustav Pichelmann)

4.46 Haupttreppenaufgang
(Gustav Pichelmann, Michael Stoger)

4.47 Schnitt durch Fenster
A Stahl- oder Eisenträger halten das Mauerwerk über den Fensteröffnungen.
B Rahmen des äußeren Fensters aus Holz.
C T-Sprosse aus Metall. Die Sprossen innen sind im Gegensatz zu den äußeren aus Holz. Durch das Metall ergibt sich außen ein flacheres Profil.
D Innerer Fensterrahmen aus Holz.
E Äußere Fensterflügel aus Holz.
F Blech-Fensterbank. Sie verhindert, daß Wasser hinter den Glattputz gelangen oder an der Fassade hinunterlaufen kann, wo es Flecken bilden würde.
(Aus Zeichnungen von Gustav Pichelmann)

Jahrhundert üblich, aber Loos ging einen Schritt weiter. Die beiden Stahlträger, die die Öffnung in der Mauer zwischen dem Wohnzimmer und der Bibliothek stützen, sind ebenfalls mit Eichenholz ummantelt, um visuell zu erklären, wie die Öffnung gestützt wird. Wo der Stahlträger endet – gleich hinter der Kaminsitzecke –, endet auch dieses Holzwerk, so daß es nicht als Teil der Täfelung (deren Leisten viel kleiner sind – *Abb. 4.49*) interpretiert wird.

Wie bei vielen von Loos' Häusern könnte man die Fassade des Hauses Scheu für das Werk eines anderen Architekten halten. Abgesehen vom vorspringenden Sockel und der Fenstergestaltung weist es wenig architektonische Elemente auf: kein Gesims, kein Schmuckwerk, keine Rustika. Es scheint beabsichtigt, daß die Fenster den Durchblick auf die Räume eher verhindern als erklären. Es sind Modulfenster, wobei jedes aus mehreren dieser Grundelemente besteht, d.h. einem einscheibigen Flügelfenster unten und einem durch Sprossen unterteilten Flügelfenster oben. Ein typisches Schlafzimmer hat zwei dieser Einheiten, das Speisezimmer und die Halle jeweils vier und das Wohnzimmer fünf, so daß sie doch die relative Bedeutung der jeweiligen Räume artikulieren. Von außen erwecken sie den Eindruck, als seien sie nach dem Grundriß ausgerichtet, während das sich daraus ergebende Muster auf der Fassade außer acht gelassen wurde. Meist trifft dies zu, aber manche Fenster stehen asymmetrisch im Zimmer und sind nach dem darüber- oder darunterliegenden Fenster und der Fassade ausgerichtet.

Wie Fassade und Inneres des Hauses Scheu stehen auch die Innengestaltungen der Villa Wagner und des Hauses Scheu im Kontrast zueinander. Beide Innenräume verwenden Abstraktionen klassischer Profile. Bei beiden sind einfache rechtwinklige Holzteile als Sockel- und Bilderleisten verwendet worden *(Abb. 4.49, 4.51)*. Beide weisen kassettierte Täfelungen auf, die zu einfachen Rechtecken ohne Profile abstrahiert worden sind, um die Übergänge zu mildern. Türen sind auf ähnliche Weise gefertigt. Die Hauptunterschiede sind Wagners „Inversionen". Bei seinen Täfelungen und Türen ist die Anordnung von Stiel und Riegel umgekehrt, so daß der Stiel vorspringt und seinen furnierten und mehrschichtigen Charakter verdeutlicht. Loos behält die traditionelle Konfiguration bei, während er ihr alle Profile oder Ornamente nimmt, die stilistische Assoziationen hervorrufen könnten. Obwohl Loos' Täfelung einer englischen Arbeit gleicht, sind die Absichten und Ergebnisse andere. Wo Voysey eine einfache Täfelung mit minimalem Schmuckwerk und grobe Verbindungstechniken einsetzte, um den regionalen Stil anzudeuten, läßt Loos das Schmuckwerk weg, um alle stilistischen Assoziationen auszuschalten.

Die Täfelung in diesen beiden Häusern illustriert auch eine weitere wesentliche Differenz zwischen Wagner und Loos: ihre unterschiedliche Einstellung zum Material. Loos' Eiche wurde leicht gebeizt, um die kräftige Maserung herauszubringen; Wagner beizte sein Holz immer dunkelbraun oder schwarz. Wagner unterdrückte gern den natürlichen Charakter seiner Materialien; Loos verwendete so kräftig gezeichnete Materialien, daß häufig ihre Form kaum zu erkennen war. Wagners Marmor war fast rein weiß; Loos' Buntmarmor hatte oft so kräftige Adern, daß er für viele Architekten nicht akzeptabel war. Diese Oberflächenbetonung sollte den Verblendungscharakter des Steins hervorheben (in einigen von Loos' Häusern wirkt er wie Tapete). Seine Absicht stimmte mit der Wagners überein, aber seine Mittel waren andere. Wagner artikulierte die Verkleidung, indem er die Anordnung der traditionellen Elemente veränderte; Loos tat dies durch seine Materialverwendung.

Fenster und Täfelung im Haus Scheu illustrieren noch einen anderen wichtigen Aspekt von Loos' Detailbehandlung, der besonders auf die Detailgestaltung des Internationalen Stils Einfluß nahm: Loos ließ Ornamente und Profile weg, nicht jedoch das Holzwerk. Fenster- und Türeinfassungen, Fußleisten und andere traditionelle Elemente sind in seinen Häusern vorhanden; sie werden einfach zu rechtwinkligen Formen gemacht. Loos wollte weder die nahtlose Perfektion vieler Befürworter der Moderne noch die Verschwendung von qualifizierter Arbeitskraft, die er zu diesem Zweck für erforderlich hielt.

Man vergleiche die Fenster des Hauses Scheu mit denen der zweiten Villa von Wagner *(Abb. 4.47, 4.50)*. Beide weisen Doppelflügel auf, wie sie damals in Österreich und Deutschland üblich waren. In beiden Fällen sind die Fenster bündig mit der Innenwand und außen in der Fensteröffnung zurückgesetzt, um auf der Fassade einen Schatten zu bilden. Alle Fenster sind mit Holzwerk verkleidet, das immer rechtwinklig

4.48

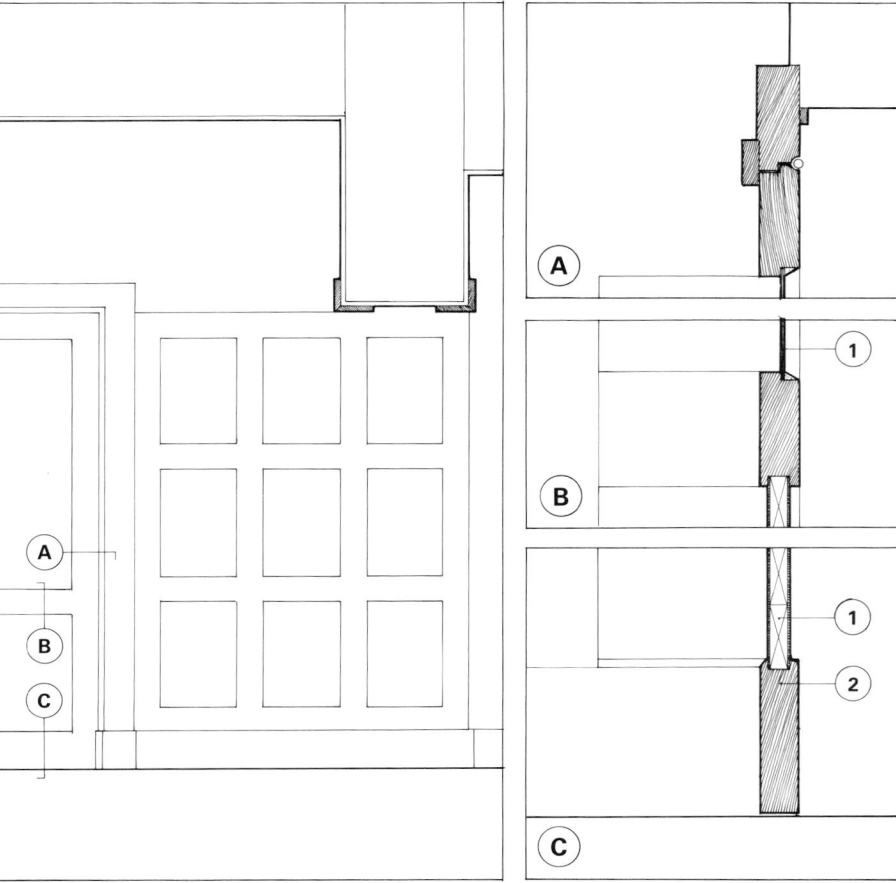

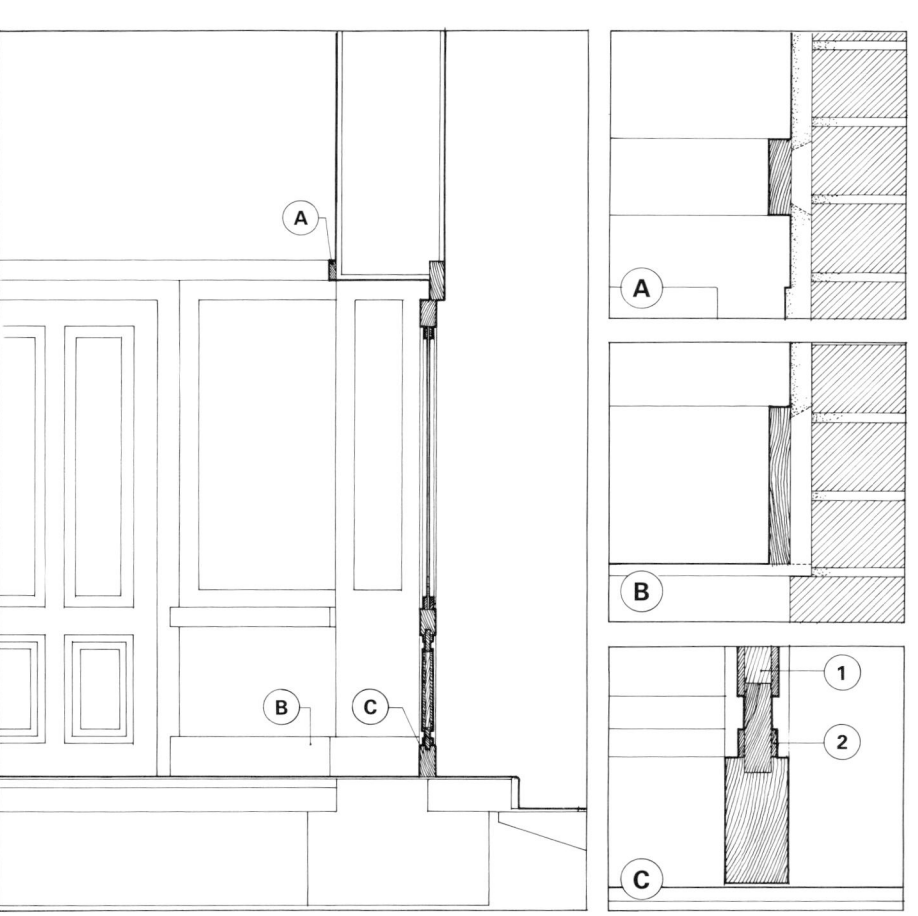

4.49

4.50

4.51

Haus Scheu
Adolf Loos
Wien, 1912

4.48 **Bibliothek**
(Gustav Pichelmann, Michael Stoger)

4.49 **Details der Täfelung**
A Türpfosten.
B Waagrechtes Rahmenholz.
   1 Glas.
C Sockelrahmenholz der Tür.
   1 Füllung mit Holzfurnier.
   2 Massivholzleiste.
(Aus Zeichnungen von Gustav Pichelmann)

Villa Wagner II
Otto Wagner
Wien, 1913

4.50 **Außenansicht**

4.51 **Dekordetails im Inneren**
A Horizontale Schmuckleiste. Wie Loos läßt Wagner die meisten Profile und Übergänge weg.
B Sockeldetail.
C Sockelrahmenholz der Tür.
   1 Furniertes Sperrholz.
   2 Profil.
(Historisches Museum, Wien)

und nie profiliert ist (obwohl Loos in die Ecke eine rechteckige Kerbe schnitt, um die augenscheinliche Breite des Pfostens zu verringern). Viele Architekten bestanden darauf, daß Stürze bloßzulegen oder auszudrücken seien, aber weder Wagner noch Loos richteten sich danach. Wagner brachte ein großes Stück Holzwerk an der Oberseite des Fensters an, um die Wand visuell zu stützen. Loos befaßte sich damit nicht, und beim Haus Scheu deutet nichts an der Fassade auf die großen Stahlstürze dahinter. Wagners Fenster sind – wie die von Loos – sich wiederholende Einheiten, aber ihre Zusammenstellung läßt, wie beim Postsparkassenamt, an eine klassische Ordnung denken. Gleichzeitig sind sie mit den Abständen der Innenbalken abgestimmt. Wagner arbeitete mit einem abgewandelten Klassizismus, während Loos bewußt jeden stilistischen Hinweis – wie entfernt auch immer – vermied. Wagner suchte das Tragwerk über die Verkleidung zu artikulieren; Loos vermied die Verwendung einer bestimmten Sprache, und das Tragwerk bildet sich daher auch in keiner Weise auf der Fassade ab. Derselbe Gegensatz manifestiert sich auch bei anderen Fassadenelementen. Beide Häuser haben vorspringende Sockel. Wagners Sockel ist jedoch gerillt, um einen Sockel mit Bossenwerk anzudeuten, ohne diesen zu imitieren; Loos' Sockel springt einfach vor und hat außer seiner Metallabdeckung keinen weiteren Ausdruck.

NACHGEDANKEN

Sowohl Wagner als auch Loos waren Klassizisten, jeder auf seine Weise. Wagner strebte einen abgewandelten Klassizismus an, während für Loos ein abgewandelter Klassizismus kein Klassizismus mehr war. Klassische Elemente (vor allem die dorische Ordnung) kommen in Loos' Arbeiten häufig vor, sie werden aber niemals abgewandelt, auch nicht in manieristischer Weise. Dies ist vielleicht der Grund, warum es in Loos' Werken – im Gegensatz zu Wagners Arbeiten – so sehr an konstruktivem Ausdruck mangelt. Um den Umfang an konstruktivem Ausdruck, der sich in Wagners Arbeiten findet, zu erzielen, hätte Loos die klassische Sprache (die einzige architektonische Sprache, die er für akzeptabel hielt) manipulieren und abwandeln müssen. Dies wollte er nicht. Loos schrieb in *Ornament und Verbrechen*: „Da das ornament nicht mehr organisch mit unserer kultur zusammenhängt, ist es auch nicht mehr der ausdruck unserer kultur."[22]

Eines von Loos' besseren Essays über die Detailbehandlung lautete *Ornament und Erziehung*, das er 1924 schrieb. Zu dieser Zeit fühlte Loos sich bereits unbehaglich ob der Art, wie seine Ideen und Formen von Architekten wie Le Corbusier umgesetzt wurden. „Unsere erziehung", schrieb Loos, „beruht auf der klassischen bildung. ... Der zeichenunterricht hat vom klassischen ornament auszugehen. Der klassische unterricht hat trotz der verschiedenheit der sprachen und grenzen die gemeinsamkeit der abendländischen kultur geschaffen. ... Daher ist nicht nur das klassische ornament zu pflegen, sondern man beschäftige sich auch mit den säulenordnungen und profilierungen."[23]

Um die Unterschiede in der Detaillierung zwischen Wagner und Loos zu verstehen, müssen wir ihre Haltung gegenüber den technischen Entwicklungen des neunzehnten Jahrhunderts betrachten, und um ihre Haltung zur Technologie zu verstehen, muß man ihre Haltung zur Gesellschaft verstehen. Wagner war trotz der zahlreichen Enttäuschungen und Schmähungen, denen er ausgesetzt war, viel etablierter als Loos. Er war ein erfolgreicher Architekt und führte eine Reihe von großen Aufträgen aus. Er begrüßte die Neuerungen in der Architektur, die sich durch den Stahlbeton und durch die modernen Verfahren zur Bearbeitung alter Materialien ergaben. Loos schuf vor allem Wohnhäuser und war finanziell nicht erfolgreich. Er war zwar kein Ausgestoßener, aber auf jeden Fall mehr Bohemien als Wagner. Er war dreißig Jahre jünger als Wagner und hatte nicht dessen Glauben an die Zukunft der Technologie oder der Gesellschaft. Er setzte moderne Materialien, wie Beton, ein; dies hatte aber wenig Einfluß auf die Formen seiner Gebäude.

Das derzeit große Interesse an Wagner und Loos ist auf dieselben Gründe zurückzuführen, die bei den Architekten der zwanziger und dreißiger Jahre so viele Vorbehalte hervorriefen: die klassischen Elemente in den Werken beider Männer und der pessimistische Ton vieler Schriften von Loos. Der wichtigste Aspekt ihrer Arbeit und ihres Denkens ist jedoch leider in Vergessenheit geraten.

5   Le Corbusier: Die klassischen Villen

„Finden Sie nicht, daß sie die wunderbarste Frau der Welt ist?" fragte Paul.
„Nein", sagte der Professor (Silenius, der neue Architekt) nach kurzer Überlegung. „Das kann ich nicht sagen. Wenn man sie mit anderen Frauen ihres Alters vergleicht, sieht man, daß die Einzelheiten, in denen sie sich von ihnen unterscheidet, im Vergleich mit den Ähnlichkeiten winzig sind. Ein paar Millimeter hier, ein paar Millimeter dort, solche Abweichungen sind im menschlichen Fortpflanzungssystem unvermeidlich; aber in allen ihren wesentlichen Funktionen – ihrer Verdauung zum Beispiel – entspricht sie der typischen Frau."
Evelyn Waugh, *Decline and Fall*

Wenige große Architekten des zwanzigsten Jahrhunderts mußten so viel Kritik für die technischen Unzulänglichkeiten ihrer Bauten einstecken wie Le Corbusier, allerdings – um ehrlich zu sein – häufig verdientermaßen. Fehler bei Architekten seines Formats zu finden, ist ein beliebter Zeitvertreib, aber die anscheinend endlose Reihe von Geschichten über undichte Dächer, bröckelnde Mauern, unbewohnbare Räume und konstante Instandsetzungen scheinen darauf hinzuweisen, daß Le Corbusiers Ambitionen seine Fähigkeiten überstiegen, daß ihm die Geduld fehlte, sich mit technischen Einzelheiten zu befassen, damit seine Ideen funktionierten, und daß er nicht bereit war, sie von anderen für sich ausführen zu lassen. Es ist vielleicht kein Zufall, daß sein Bau mit den besten Details, der Heidi-Weber-Pavillon in Zürich, nach seinem Tod von anderen fertiggestellt wurde.

Viele der in Le Corbusiers Gebäuden verwendeten Systeme sind inzwischen veraltet. Heute arbeitende Architekten, die Le Corbusier stilistisch zu Dank verpflichtet sind, wie Richard Meier und Werner Seligmann, setzen ganz andere Materialien und Systeme ein. Es wäre sinnlos, der Kritik an Le Corbusier mehr hinzuzufügen. Man kann jedoch eine Menge lernen, begutachtet man seine Bauwerke nach ihren eigenen Maßstäben. Inwieweit waren die Details nach Le Corbusiers Kriterien gelungen und inwieweit haben sie versagt? Welche technischen Überlegungen waren notwendig? Welche Optionen gab es? Wurde die richtige Wahl getroffen?

LE CORBUSIER UND SEINE VORGÄNGER
Abb. 5.4 zeigt Le Corbusiers Haus für seine Eltern (Villa le Lac) aus dem Jahr 1924 und *Abb. 5.2* eines seiner Vorgänger: Tony Garniers Plan für ein Haus in der Cité Industrielle. Alle Corbusierschen Elemente, wie der Schnitt sie zeigt, sind in Garniers Projekt vorhanden: die Dachterrasse, das Fehlen der Gesimse und der Fensteraußenprofile und der in einer Aussparung über dem Fenster zurückgesetzte Rolladen. Das konstruktive System der Bodenplatten ist mit dem von Le Corbusier fast identisch, aber der Unterschied liegt in der Auflagerung dieser Platten. Trotz seiner Modernität hat das Haus von Garnier traditionelle tragende Außenwände (wie die schmalen Fensteröffnungen beweisen). Die Villa le Lac ist mit ihren Rohrstützen die primitive Version eines Gebäudes mit Skelett- und Vorhang-Konstruktion.

Die meisten der von Le Corbusier in den zwanziger Jahren entworfenen Gebäude fußen auf demselben Konstruktionsprinzip für die Geschoßdecken, eine Abwandlung

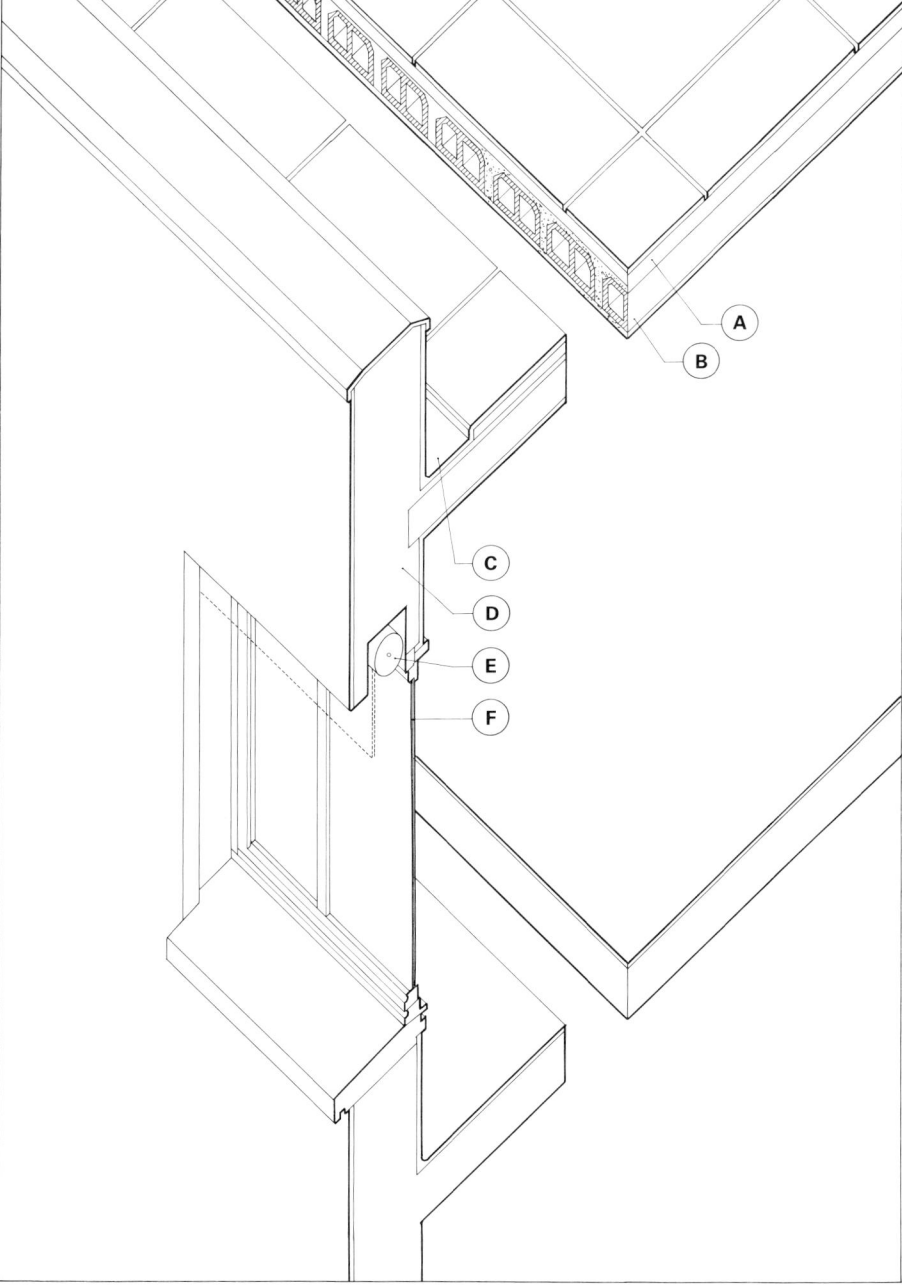

Haus in der Cité Industrielle

Tony Garnier

1904

5.1 **Außenansicht**
(A. Morancé, L'Architecture Vivante)

5.2 **Typischer Fassadenschnitt**
(Straßenseite)
A   Dachterrasse.
B   Betongeschoßdecke als Stahlbetonrippendecke mit nichttragenden Hohlziegeln.
C   Regenrinne und Abdeckung. Der waagrechte Mauerabschluß und die Fuge zwischen Dach und Brüstung sind für Wasserschäden besonders anfällig; die Blechabdeckung schützt beide.
D   Typische Mauerkonstruktion. Obwohl man aus den Zeichnungen auf eine Mauer aus Beton schließen könnte, wäre sie sicher aus wirtschaftlichen Gründen aus Mauerwerk und Glattputz errichtet worden, wenn das Projekt realisiert worden wäre.
E   Rolladen.
F   Holzfenster.
(A. Morancé, L'Architecture Vivante)

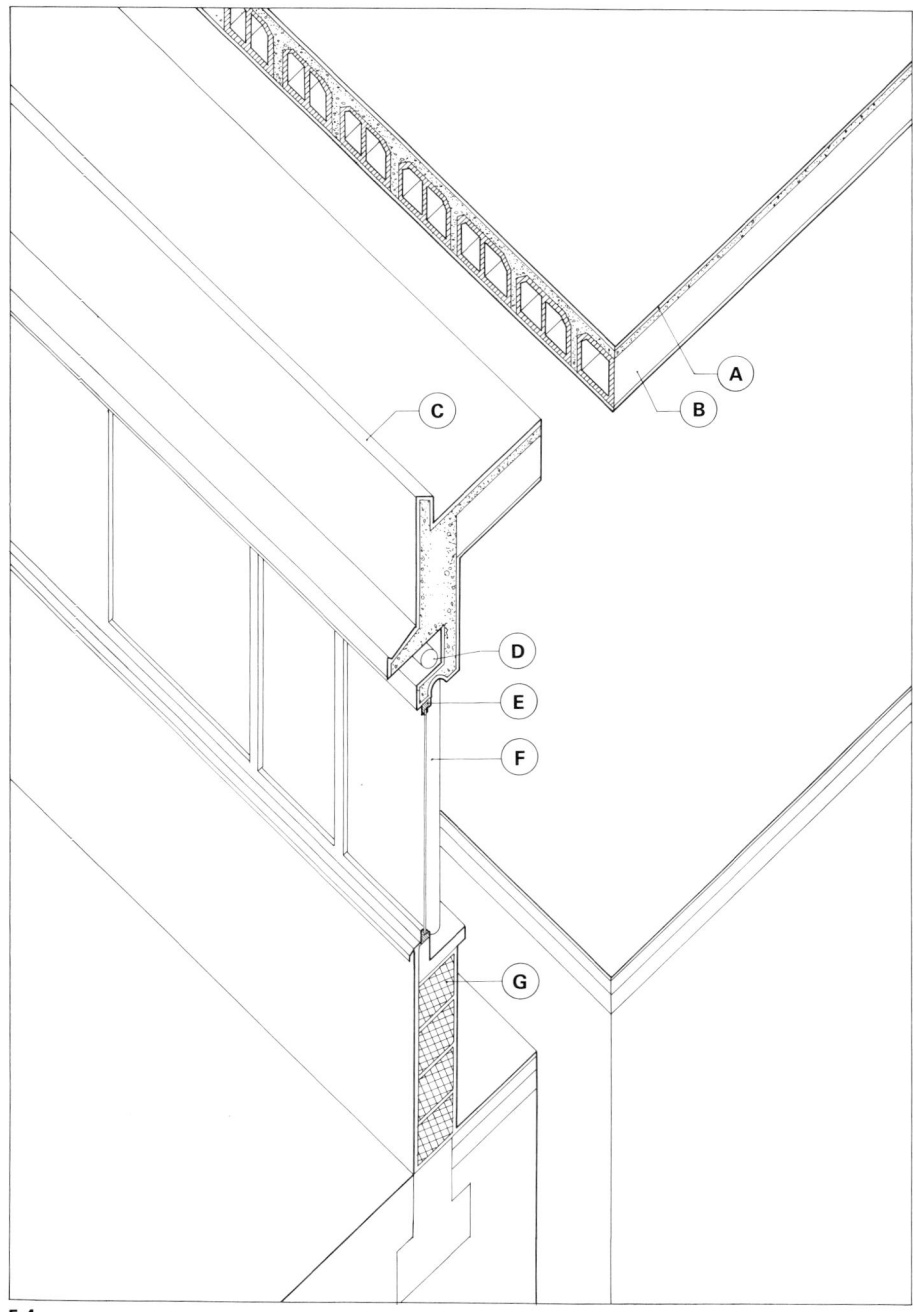

Villa le Lac
Le Corbusier
Genfer See, 1924

5.3 Modell
(Foto Bruce Abbey, Modell Brian Sawyer)

5.4 Schnitt der Südfassade
A   Betondachkonstruktion als Stahlbetonrippendecke mit nichttragenden Hohlziegeln.
B   Hohlziegel.
C   Dachrand. Le Corbusiers typische Abdeckung am Dachrand bestand im Überputzen. Das üblichere Verfahren der Metallabdeckung hätte Tropfkantenprofilierungen erfordert, was er zu vermeiden suchte. Dies ist wohl eine der Hauptursachen für die Undichtigkeiten in seinen Gebäuden.
D   Rolladen.
E   Holzrahmenfenster mit beweglichem Stahlrahmen.
F   Stütze aus Stahlrohr.
G   Typische Mauerkonstruktion: Mauerwerk aus Betonsteinen, beidseitig verputzt.
(Fondation Le Corbusier, Zeichnung 415)

5.5 François Hennebiques Hohlziegel-Deckensystem
A   Stahlträger als Unterlage für die Holzschalung (werden später entfernt).
B   Hohlziegel.
C   Rundeisenarmierung.
D   Beton.
(Fondation Le Corbusier, Gregh, „The Dom-Ino Idea")

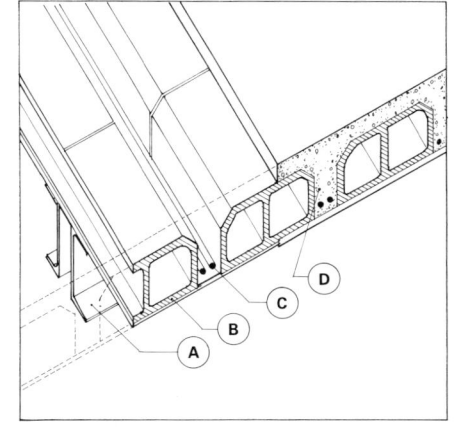

Cité Frugès
Le Corbusier
Pessac, Bordeaux, 1925

5.6 **Straßenansicht**
(A. Morancé, L'Architecture Vivante)

5.7 **Typisches Fenster**
A Abdeckung aus Blech.
B Rolladen.
C Fensterrahmen aus Stahl. In Le Corbusiers Zeichnungen finden sich noch zwei andere Fenstersysteme: ein System ganz aus Stahl und eines ganz aus Holz, ähnlich dem der Villa Cook. Vermutlich wurde diese Lösung aus Kostengründen gewählt.
D Nach innen öffnender Holzflügel.
E Abnehmbares Abdeckprofil, um die Scheibe auswechseln zu können.
F Fensterbank aus Metall.
(Fondation Le Corbusier, Zeichnung 30.581)

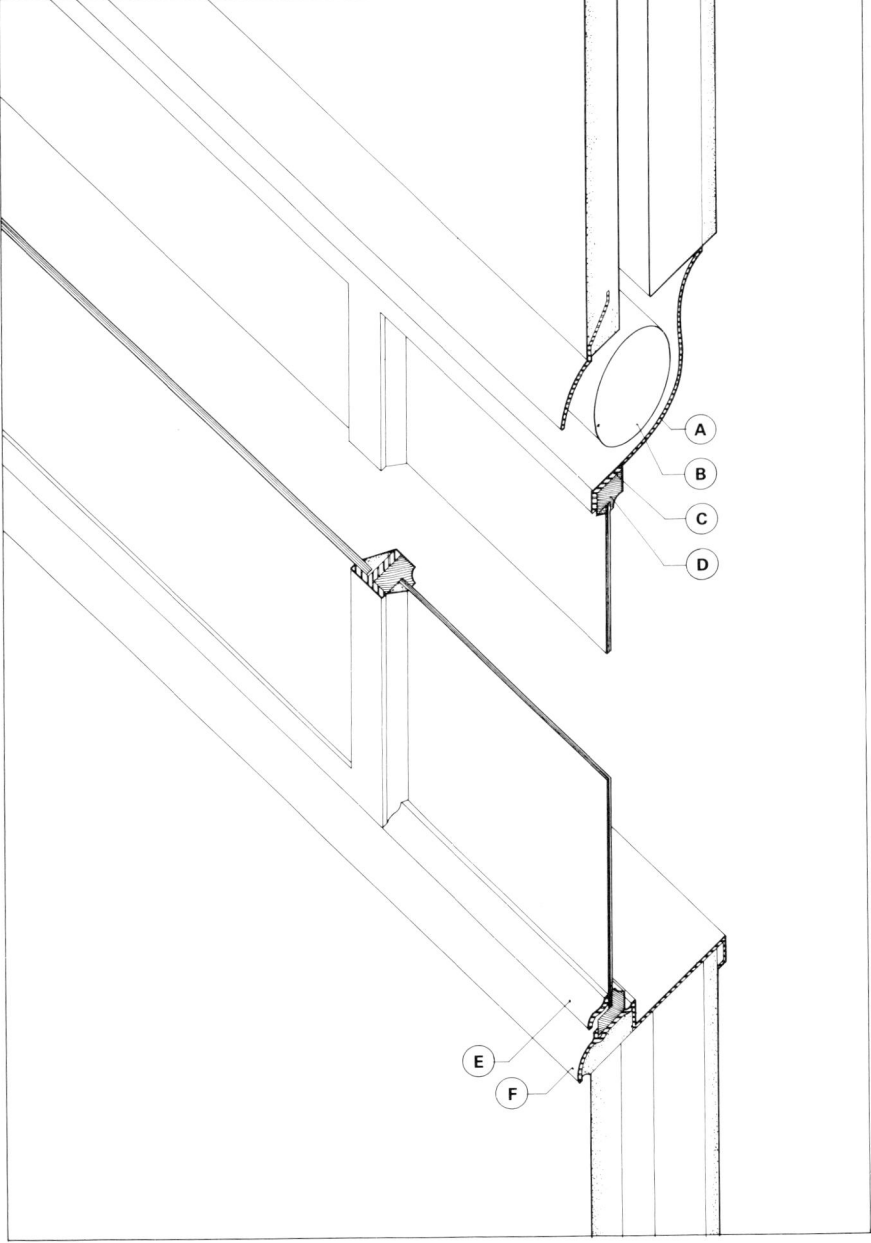

5.8 **Fenstertypen**

5.9 **Konstruktionsfelder der Villen Le Corbusiers**
1 Cité Frugès, Pessac.
2 Weißenhof I.
3 Weißenhof II.
4 Villa Cook.
5 Villa de Monzie (Garches).
6 Villa in Karthago.
7 Villa Savoie (Poissy).

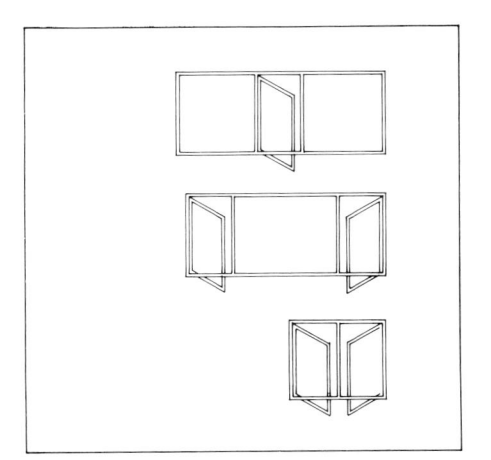

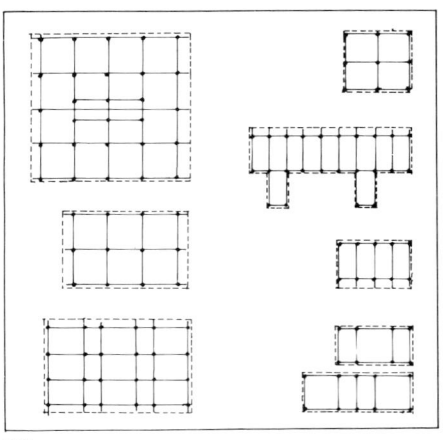

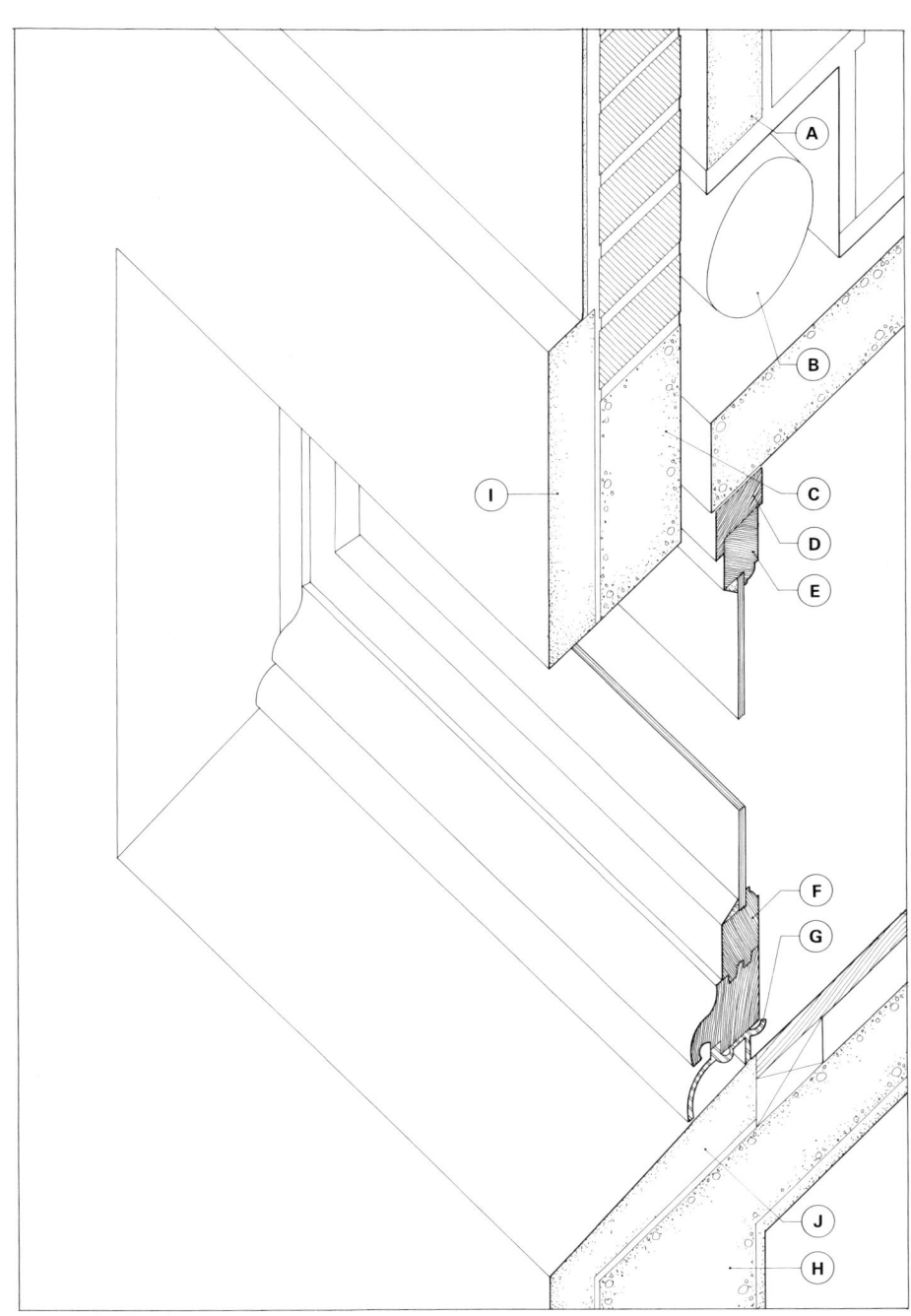

Haus in der Rue Nansouty

Auguste Perret

Paris, 1924

5.10 Schnitt durch Fenster der Hauptfassade, erstes Obergeschoß

A Typische Mauerkonstruktion: Die äußere Schicht der Mauer besteht aus Ziegeln mit Putz, die innere Schicht aus verputzten Gipsplatten.
B Rolladen.
C Sturz als Teil der Betongeschoßdecke.
D Fester Holzrahmen.
E Oberer Rahmen des nach innen öffnenden Holzflügels.
F Unterer Rahmen des Flügels. Das gebogene Profil schützt die darunterliegende Fuge vor Wasser, das an der Wand oder der Scheibe herunterläuft.
G Metallschwelle. Die profilierte Fugenausbildung verhindert, daß Wasser durch Wind- oder Luftdruck ins Gebäude dringt.
H Typische Deckenkonstruktion: flache Betonplatte, von tragenden Wänden und Betonstützen unterstützt.
I Fenstereinfassung aus Putz.
J Fensterbank aus Putz.
(A. Morancé, L'Architecture Vivante)

5.11 Außenansicht
(A. Morancé, L'Architecture Vivante)

117 Le Corbusier: Die klassischen Villen

5.12

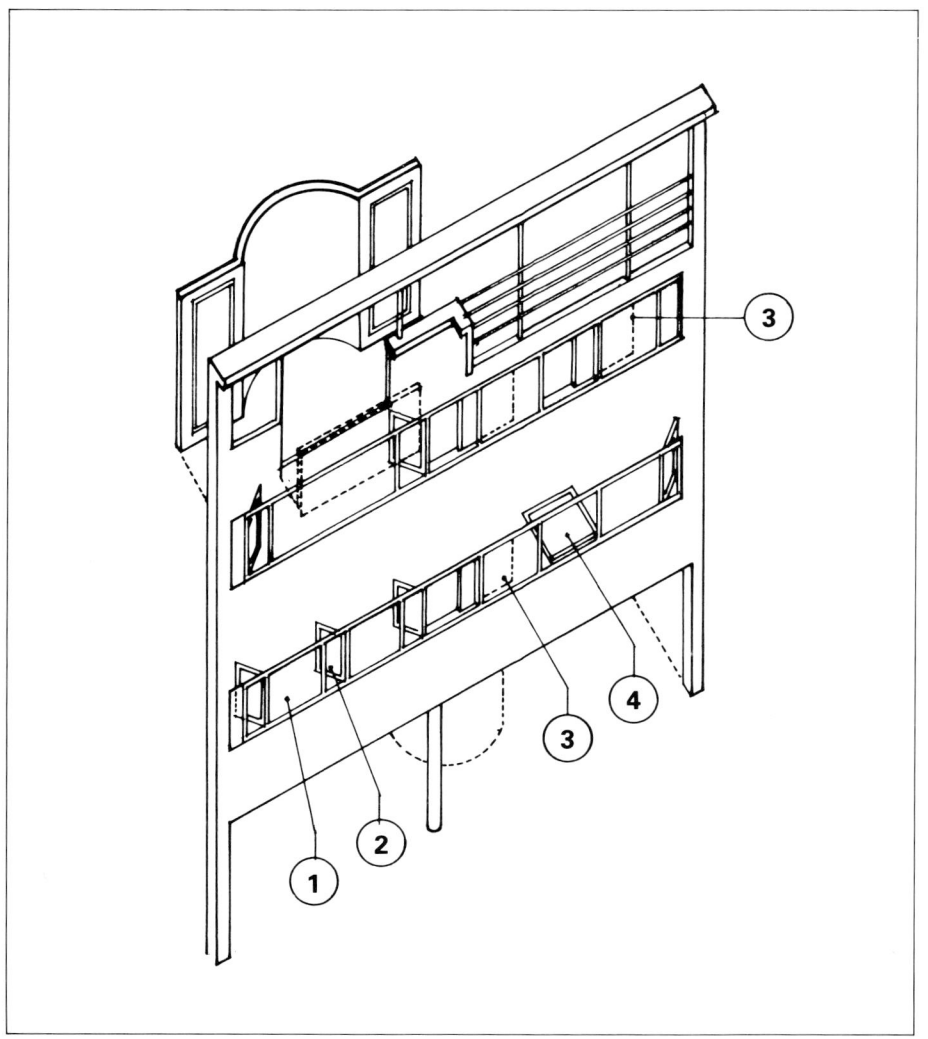

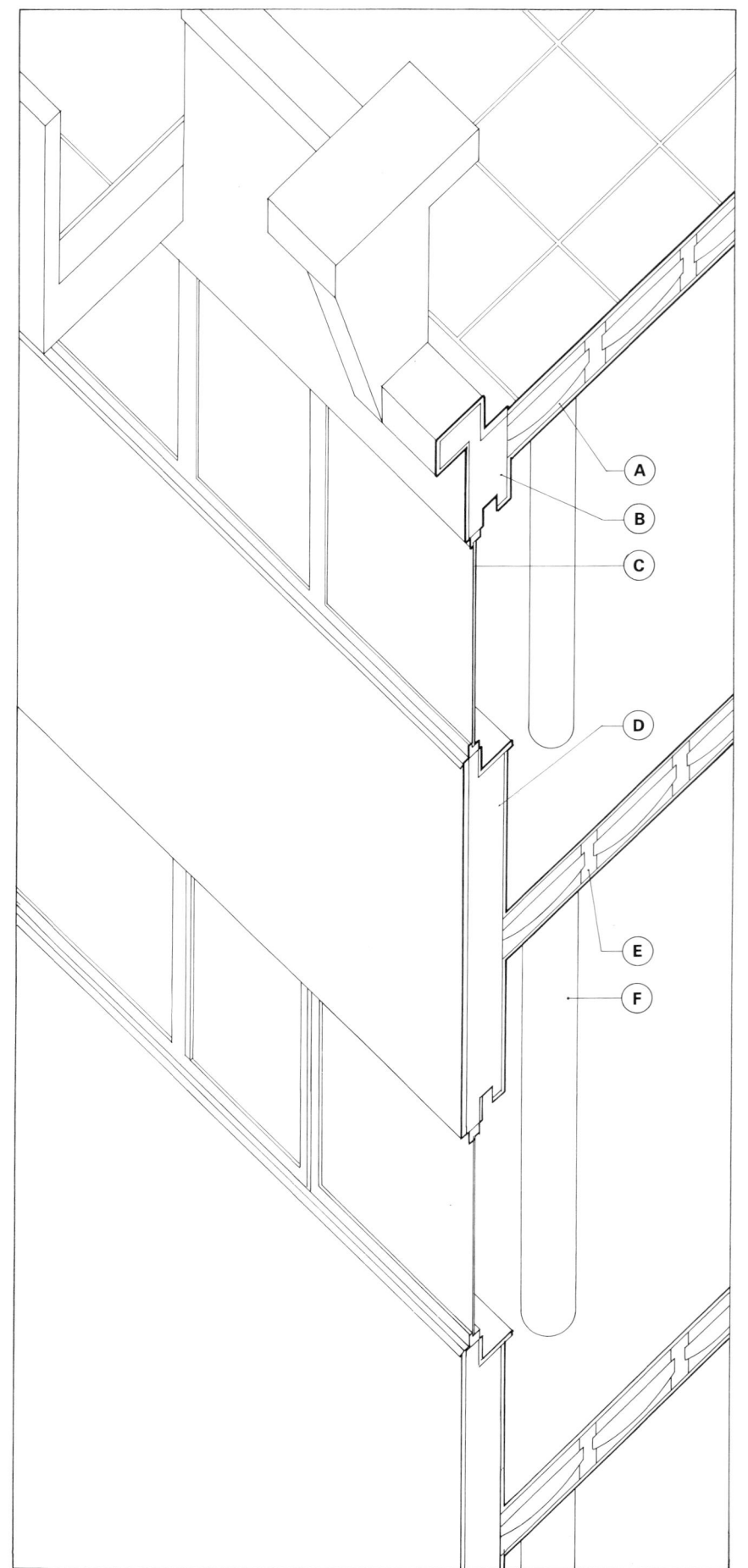

5.13

5.14

Villa Cook
Le Corbusier
Paris, 1926

5.12 Außenansicht
(Fondation Le Corbusier)

5.13 Fenstertypen
1 Feststehendes Holzfenster.
2 Nach innen öffnender Fensterflügel aus Metall.
3 Holzschiebefenster.
4 Nach innen öffnendes, waagrechtes Drehfenster.
(Fondation Le Corbusier, Zeichnung 748)

5.14 Schnitt durch die Straßenfassade
A Dachterrasse. Die typische Corbusiersche Dachterrasse besteht aus Pflasterplatten auf einem Sand- und Kiesbett, das durch eine Teerschicht von der Betonunterlage isoliert ist. Die Deckenkonstruktion ist mit der der darunterliegenden Geschoßdecke identisch.
B Betonbalken.
C Holzfenster *(siehe Abb. 5.15)*.
D Typische Wandkonstruktion: Mauerwerk mit Glattputz außen und Putz innen.
E Typische Geschoßdecke *(siehe A)*. Von Le Corbusiers frühen Betonbauten ist dieser der einzige, der das Hennebique-Verfahren *(siehe Abb. 5.5)* nicht anwendet.
F Betonstütze. Der Durchmesser dieser Stützen verringert sich mit jedem Stockwerk.
(Fondation Le Corbusier, Zeichnungen 698, 8293)

---

des Hennebique-Verfahrens für Stahlbeton, das Corbusier zum ersten Mal im Dom-Ino-Hausprojekt von 1914 einsetzte. Leider erweckt die bekannte zeichnerische Darstellung dieses Systems den Eindruck, daß es sich um eine einfache Betonplatte von gleichmäßiger Dicke handelte. Es war jedoch eine Rippenplatte, die im Hohlziegelverfahren hergestellt wurde, das viel leistungsfähiger ist, weniger Beton verbraucht und erheblich weniger wiegt. Bei diesem Verfahren werden Hohlziegel auf flache Holzgerüste gelegt, wobei zwischen den einzelnen Blöcken Leerräume bestehenbleiben. Wenn auf diese Ziegel Beton gegossen wird, entsteht eine Rippenplatte. Nach dem Entfernen des Gerüsts bleiben die Ziegel im Beton eingebettet und bilden an der Unterseite der Platte eine ebene Fläche. Colin Rowe hat darauf hingewiesen, wie sehr die Idee des offenen Grundrisses von diesem System abhängig war, da jede Konstruktion, die Balken oder Rippen unterhalb der Platten erforderte, dadurch eine Unterteilung des Innenraums andeutete.[1]

In Anbetracht dieser beiden Auffassungen hinsichtlich der Rolle der Wand – die tragende Masse von Garnier und die unabhängige Ebene von Le Corbusier – würde man auch eine entsprechende Differenz im Detail erwarten.

Die Fenster der Villa le Lac könnten als ideale Illustration von Le Corbusiers Konzept der freien Fassade dienen. Wo die tragende Wand von Garniers Haus schmale Lochöffnungen verlangt, macht Le Corbusiers Vorhangwand das *fenêtre en longueur* möglich. Die Details der beiden Fenstersysteme dienen auch dazu, diesen Unterschied visuell hervorzuheben. Garniers Fenster springen weit zurück, wobei sie die volle Wanddicke verdeutlichen und am Kopf einen tiefen Schatten bilden; dies verleiht der Wand Masse, obwohl sie nur aus einer Scheibe besteht. Wenngleich man nicht sagen kann, daß Le Corbusiers Wand nur als Membran wahrgenommen wird, wie die Wände einiger späterer Bauten des Internationalen Stils, ist sie visuell leichter als die von Garnier. Beide Häuser sind wegen ihres fehlenden Schmuckwerks kunsthistorisch interessant, besitzen aber doch einige schmückende Elemente. Die Villa le Lac hat einen dünnen vorspringenden Metallsims an der Fensterbasis, und Garniers Haus weist die dicke vorspringende Fensterbank der traditionellen Architektur auf (wenn auch aus Beton und in vereinfachter Form). Le Corbusier erschien wohl im Bereich oberhalb des Fensters ein artikuliertes Element notwendig, und er setzte zu diesem Zweck eine Abdeckung der Rolladenöffnung ein. (Spätere Entwürfe, wie in Garches, verbergen den Rolladen fast vollständig.)

Abb. 5.10 zeigt das Fenster eines Hauses von Perret in der Rue Nansouty, das ebenfalls 1924 entworfen worden war. Perrets Befensterung hat mehr mit Garniers als mit Le Corbusiers System gemeinsam. Seine Fenster sind in der Mauer weit zurückgesetzt, und obwohl sie nicht so klein wie Garniers Fenster sind, erstrecken sie sich von Bodenplatte zu Bodenplatte und nicht von Wand zu Wand. Für Perret war ein Fenster anthropomorph. Seine Fenster sind keine einfachen Einschnitte in eine Masse wie Garniers; jedes ist von einem vorspringenden Rahmen umgeben. Die typische Perret-Fassade ist ein Rahmen mit Füllung; der Rahmen in Gebäuden wie in der Rue Franklin stellt das eigentliche Tragwerk des Baus dar. In diesem Fall stehen die Fenstereinfassungen in keinem Verhältnis zu den Betonstützen dahinter und sind lediglich eine Verdickung der Putzmauer. Diese vorgezogenen Fenster sind kein Ausdruck einer verdeckten Konstruktion, sondern eine entblößte und vereinfachte Version der klassischen Fenstereinfassung. Perret wollte den Klassizismus modernisieren, keine neue Architektur schaffen.

Ein Vergleich der Fensterdetails von Perrets Haus in der Rue Nansouty mit den typischen Fensterdetails von Le Corbusiers Entwurf für Pessac zeigt deutlich das klassische bzw. moderne Verständnis vom Fenster. Beide benutzen die gleichen Materialien (Metall und Holz), dieselbe Funktionsweise (Flügel öffnen nach innen) und meist die gleichen Standardelemente (z.B. die Metallschwelle an der Fensterbank; *Abb. 5.10*). Der Rahmen von Perrets Fenster ist ziemlich breit, um ein entsprechend dickes Übergangselement zwischen Wand und Laibung zu erhalten, und das Profil setzt sich aus einfachen und verbundenen geometrischen Kurven zusammen. Das Fenster weist bei Le Corbusier Spuren all dieser Charakteristika auf, so wie der umgekehrte Viertelstab auf der Innenseite des Holzflügels; es zeigt aber auch die Richtung an, die das typische moderne Fenster einschlagen sollte. Die Rahmen sind so dünn, wie es die jeweiligen Materialien erlauben, und man kann an diesen beiden Darstellungen erkennen, welche Möglichkeiten Stahlrahmenfenster im Hinblick auf dünnere Profile

5.15

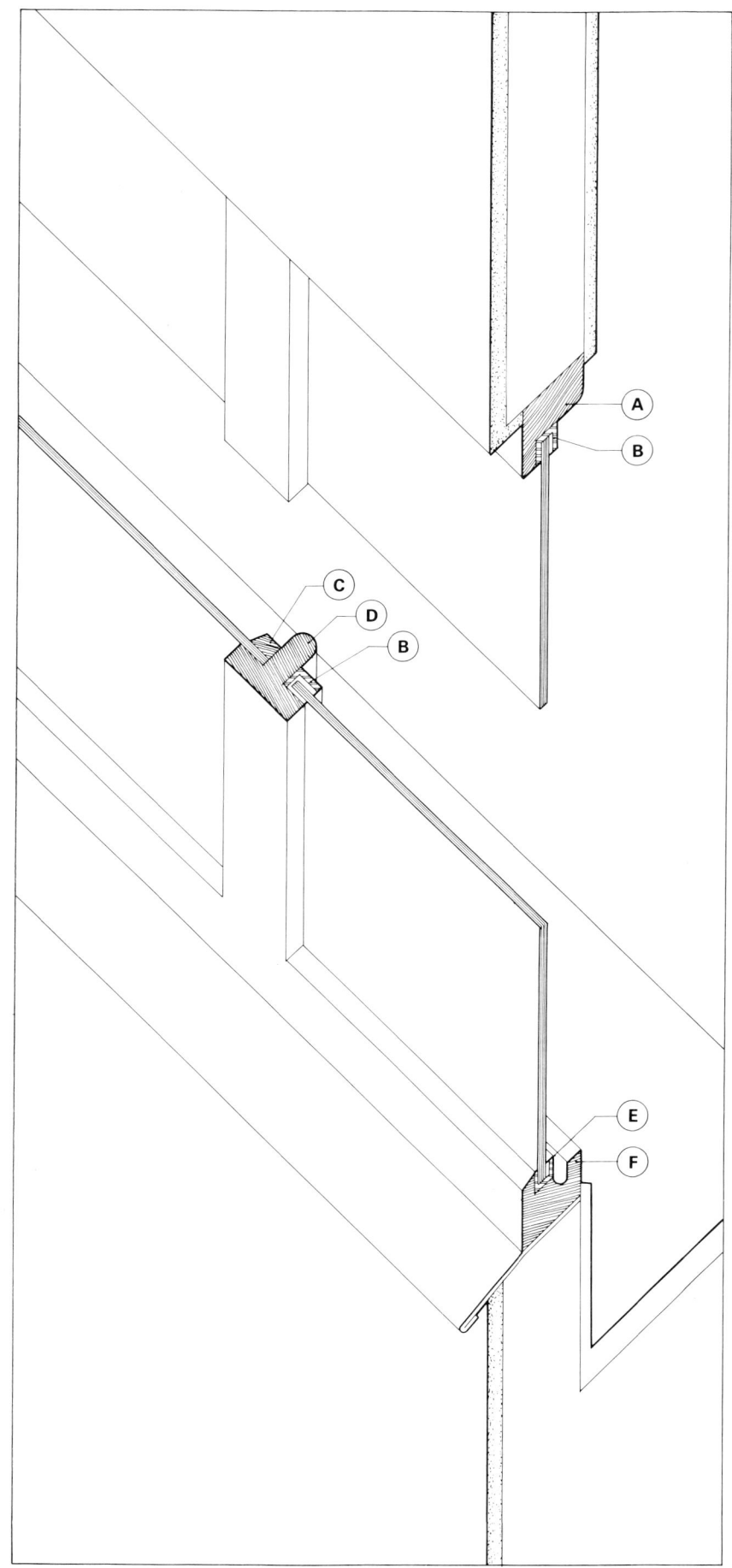

5.16

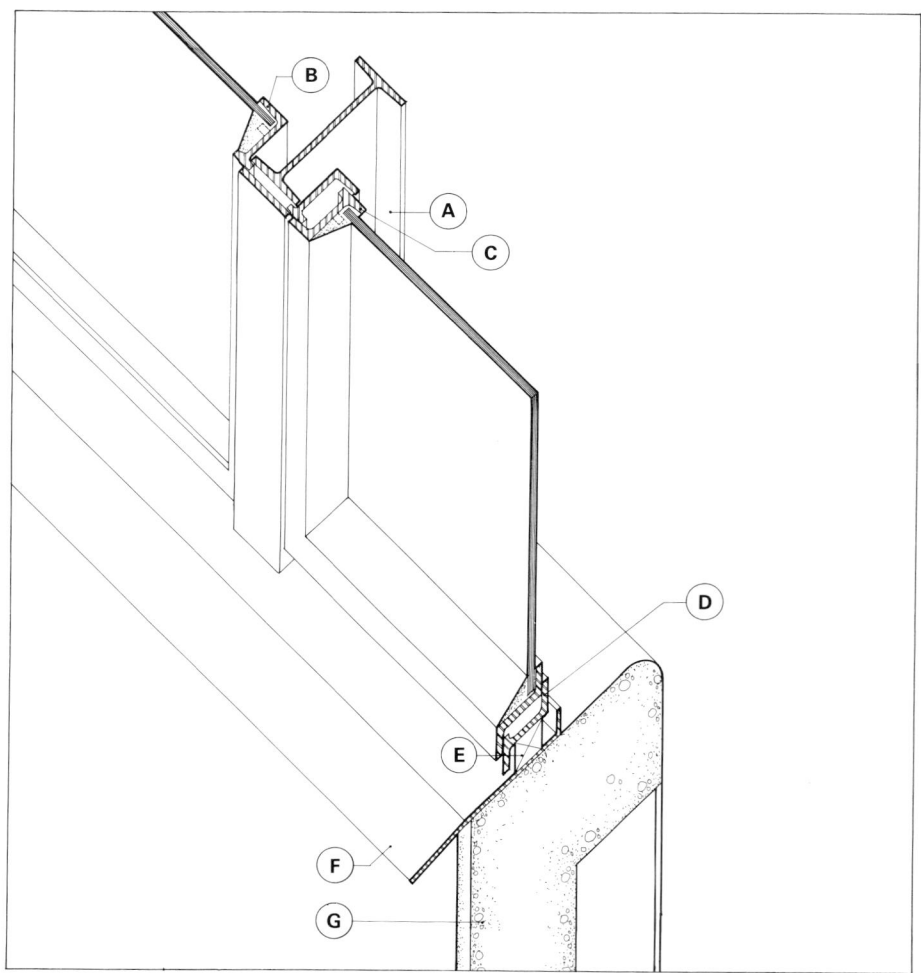

5.17

Villa Cook
Le Corbusier
Paris, 1926

5.15 Schnitt durch Fenster
A Feststehender Holzrahmen, oberer Teil.
B Beweglicher Metallrahmen. Um sein Profil zu verringern, ist das Metallelement schmal und relativ schwach.
C Glasfalzleiste aus Holz, die das Auswechseln der Scheibe erlaubt.
D Senkrechter Holzrahmen. Im Gegensatz zu den meisten Fenstern, die aus feststehenden und beweglichen Elementen bestehen, erfordert dieser bewegliche Rahmen keinen größeren, der ihn aufnimmt.
E Kondenswasserrinne. Sie ist mit Entwässerungslöchern versehen, durch die das Wasser nach draußen abfließen kann.
F Feststehender Holzrahmen, unterer Teil. Trotz der ästhetischen Vorzüge ist dies eine sehr unbefriedigende Lösung, um das Eindringen von Wasser zu verhindern.
(Fondation Le Corbusier, Zeichnung 9.415)

5.16 Freiluftschule
Johannes Duiker
Amsterdam, 1930
(William Wischmeyer)

5.17 Sanatorium Zonnestraal
Johannes Duiker, Hilversum, 1928
Fenster
A Feststehender Pfosten aus Doppel-T-Stahl.
B Feststehender Stahlrahmen.
C Beweglicher Fensterflügel aus Stahl. Er weist am Rahmen das für Flügelfenster typische Z-Profil auf.
D Feststehender Rahmen.
E Holzleiste. Dient als Ausgleichsstück bei Abweichungen zwischen der Größe des fabrikgefertigten Fensters und der ausgesparten Öffnung und trägt das Gewicht des Fensters.
F Fensterbank, wahrscheinlich aus Zinkblech. Sie leitet das am Fenster herablaufende Regenwasser von der Wand ab und verhindert, daß es durch die Fuge unter dem Fenster in die Wand dringt.
G Betonwand.
(P. Bak et al., J. Duiker Bouwkundig Ingenieur)

bieten. Die Dicke und Masse des traditionellen Holzrahmens war für die klassische Ästhetik wesentlich, weil er eingesetzt werden konnte, um Übergänge zu mildern und Öffnungen zu rahmen und hervorzuheben. Der Stahlrahmen wurde für die Moderne in gleichem Maße wichtig, weil seine Dünne und Leichtigkeit die einfachen geometrischen Formen und Öffnungen möglich machten, die wir mit dem Internationalen Stil in Verbindung bringen. Wie jedoch noch gezeigt werden wird, war Le Corbusiers reifer Stil in der Detailbehandlung nicht rein modernistisch.

Obwohl die Fensterdetails von Pessac nicht besonders bemerkenswert sind (sie stören zwar den beabsichtigten Ausdruck des Gebäudes nicht, tragen aber nicht unbedingt dazu bei), demonstrieren die Fenster dennoch den Aspekt der Komposition, der Le Corbusier meist gut gelang. Die Struktur der Befensterung ist ein Modell der Struktur des Gebäudes als Ganzes. Le Corbusier war zu jener Zeit sehr an Strukturen interessiert, die auf dem Vielfachen eines festen Moduls basierten. Die Entwürfe für die Baueinheiten in Pessac beruhen auf einem Modul von 2,50 x 5 m und seinem Doppel (5 x 5 m), auf vielfache Weise kombiniert und variiert. Die Fenster werden auf ähnliche Weise entwickelt. Die Grundeinheit ist ein Flügelfenster, und ihr Doppel ist ein feststehendes Fenster von doppelter Größe. Alle Fenster und Öffnungen in jeder Einheit sind Variationen dieses Grundmoduls. Der Aufbau der Elemente fußt auf dem Aufbau des Ganzen.

DIE DETAILBEHANDLUNG DER KLASSISCHEN VILLEN
Wenige würden Le Corbusier als einen großen Detaillierer beschreiben. Ihm fehlten die Geduld, das Auge für Präzision und vielleicht sogar die technischen Kenntnisse. Kahn, Mies, Aalto und sogar Gropius entwickelten Details, die für den Erfolg oder Mißerfolg ihrer architektonischen Arbeit mitverantwortlich waren. Für wie überlegen man Le Corbusier auf anderen Gebieten auch erachten mag, als Detailgestalter war er ihnen eindeutig unterlegen. Seine Stärke war es jedoch, Strukturen im kleinen zu entwickeln, die den Aufbau des Gebäudes als Ganzes wiederholen.

Diese Beziehung zwischen Detail und Ganzem bestimmt auch seine Gedanken zur Standardisierung und Typisierung. Seine reifen Arbeiten zeigen ein bemerkenswertes Maß an Normung, selbst auf kleinster Ebene. Alle Häuser in Pessac (1924) bis zur Villa Savoie (1931) haben bestimmte Elemente und Systeme gemeinsam: (1) Alle haben Konstruktionsraster von 5 x 5 m oder 2,50 x 5 m und weisen Betongeschoßdecken im Hohlziegelverfahren auf. (2) Die Fenster aller größeren Räume (Wohnzimmer, Eßzimmer, Schlafzimmer usw.) setzen sich aus Kombinationen eines einzelnen Moduls – einem Schiebeholzfenster von 1 x 2,50 m – zusammen, so daß jedes Joch ein oder zwei Fenster breit ist. (3) Fenster in Nebenräumen, Erdgeschoßräumen und Verkehrsflächen sind nicht beweglich und aus Stahl. Die Villen in Garches und Karthago, die Weißenhofsiedlung, die Villa Savoie und das Projekt des Völkerbunds stimmen weitgehend mit diesem Modell überein. Es gibt Ausnahmen, vor allem die Villa Cook, aber im großen und ganzen kam dieses System unabhängig von der Nutzung, der Größe und der inneren oder äußeren Organisation schonungslos zum Einsatz.

Die Villa de Monzie (Garches) stellt seine reinste Ausprägung dar; die Villa Savoie (Poissy) ist seine interessanteste Variante. Beide Gebäude verwenden das Hohlziegelsystem mit Ortbeton, das für das Konzept des freien Grundrisses so wesentlich war, und beide verwenden standardisierte Konstruktionsraster von 2,50 x 5 m und 5 x 5 m Größe. Beim Rasterfeld in Garches fällt eine merkwürdige Inkonsequenz auf: das typische 5-Meter-Feld ist kein Mehrfaches der typischen Plattenbreite. Obwohl die Größe des Rasterfeldes erstaunlich konstant ist, variiert die Größe der Platten, aus denen es sich zusammensetzt, von Gebäude zu Gebäude. Daß eine Größe von 5 m gewählt wurde, war also eine formale oder programmatische Entscheidung, aber keine konstruktive. In Garches richtet sich die Anordnung der Stützen genau nach dem Raster; in der Villa Savoie sind sie versetzt oder auf zwei verteilt, wo sie mit dem Grundriß in Konflikt gerieten (am deutlichsten dort, wo die mittlere Säulenreihe der Rampe Platz macht). Genauso orthodox wird in Garches die Unterseite der Geschoßdecke mit Rücksicht auf den offenen Grundriß plan gehalten. Die Villa Savoie dagegen zeigt wiederum eine Abwandlung des Systems: die Hauptträger (die die Lasten der kleineren Träger innerhalb der Platten ableiten) liegen unterhalb der Decke und bilden eine Reihe von Rahmen parallel zur Haupterschließungsachse, auf der auch die Rampe liegt.

5.18

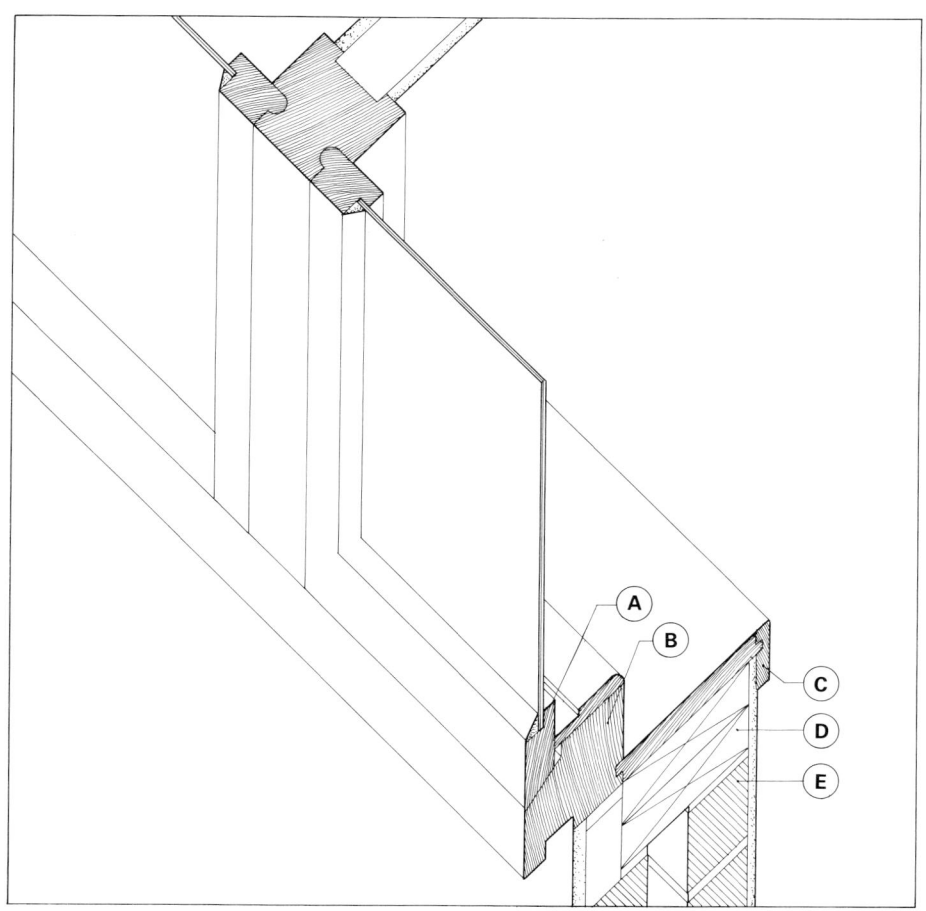

5.19

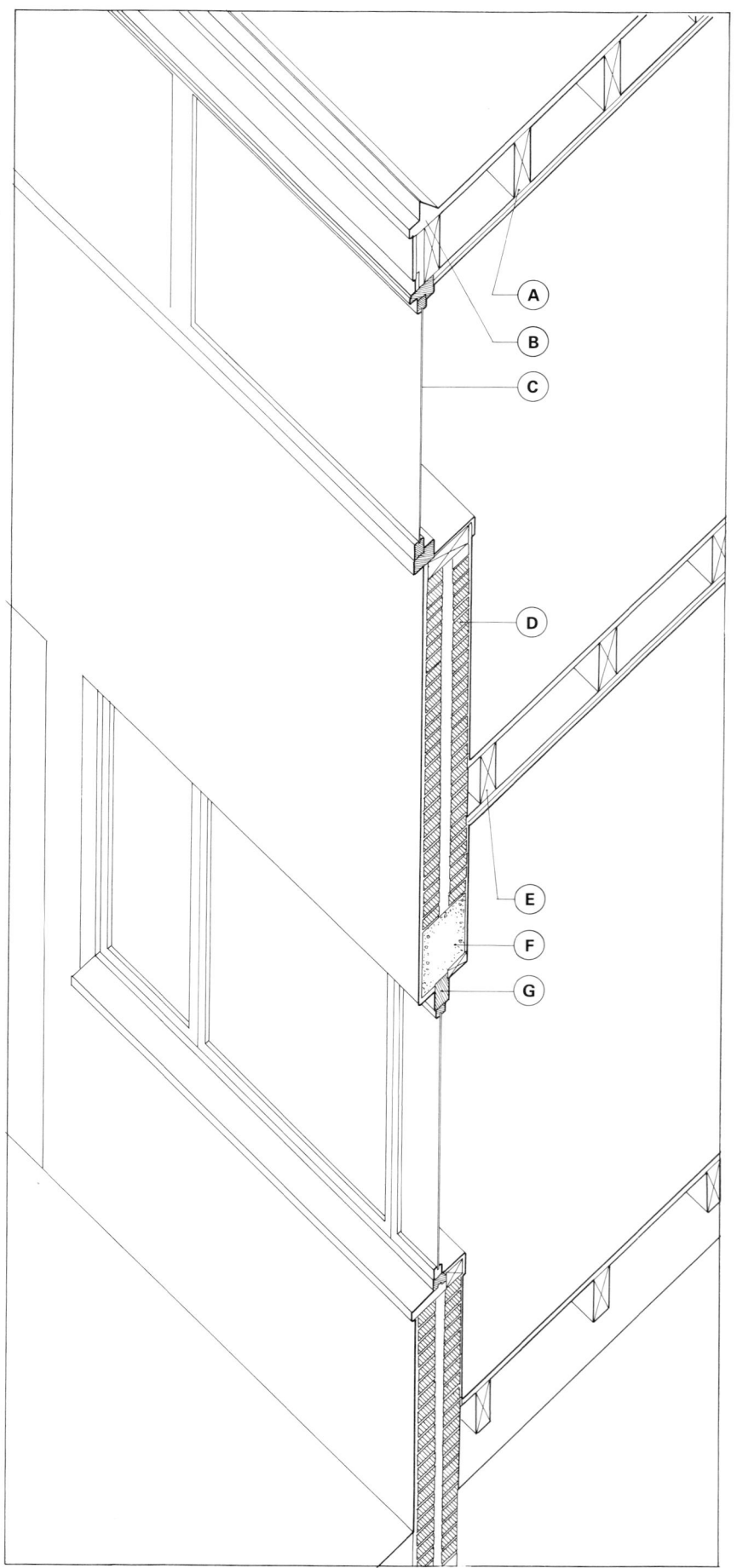

5.20

Siedlung Kiefhoek
J.J.P. Oud
Rotterdam, 1930

5.18 Außenansicht
(A. Morancé, L'Architecture Vivante)

5.19 Fenster im Obergeschoß
A   Beweglicher Holzflügel. Auch dieses Fenster bildet das typische Z-förmige Rahmenprofil.
B   Feststehender Holzrahmen.
C   Fensterbank aus Holz mit Schutzleiste. Außer den architektonischen Vorteilen, die sich durch das Vorspringen des Fensters vor die Ebene der Wand ergeben, entfällt dadurch auch die vorspringende Fensterbank und die Tropfkante.
D   Futterleisten. Es ist schwierig, mit Holz direkt an Mauerwerk anzuschließen, da die Öffnungen in den Abmessungen nicht ganz genau und die Befestigungsmöglichkeiten beschränkt sind. Die Futterleisten ermöglichen die Justierung und bieten eine Befestigungsfläche für das Holzfenster.
E   Typische Wandkonstruktion.
(A. Morancé, L'Architecture Vivante)

5.20 Fassadenschnitt
A   Typische Dachkonstruktion. Die Grundkonstruktion des Hauses ist die eines traditionellen Reihenhauses: Holzbalken im Achsabstand von 50 cm liegen auf zwei gemauerten Trennwänden auf. Jeder Dachbalken ist in einer geringfügig verminderten Höhe angebracht, um eine Neigung zur Entwässerung zu erhalten.
B   Metallabdeckung.
C   Oberer Fensterflügel aus Holz.
D   Typische Wandkonstruktion. Die Wand besteht aus zwei Ziegelschalen mit verputzten Sichtflächen. Das Luftschichtmauerwerk ist einer massiven Wand in bezug auf Feuchteschutz und Isolierung überlegen.
E   Typische Deckenkonstruktion. Die Grundkonstruktion folgt der des Daches, siehe A.
F   Betonsturz, trägt das Mauerwerk über der Fensteröffnung.
G   Unteres Flügelfenster.
(A. Morancé, L'Architecture Vivante)

5.21 Völkerbund (links) und Villa de Monzie (rechts)
Schnitte durch die Außenwand
(Une Maison – Un Palais; Fondation Le Corbusier, Zeichnung 10.578)

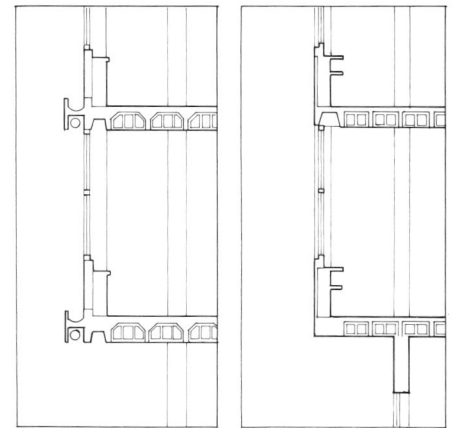

5.21

Die Befensterung der beiden Gebäude entspricht ebenfalls dem streng angewendeten System (in Garches) bzw. dem abgewandelten System (in Poissy). In Garches sitzen die typischen 2,50-Meter-Schiebefenster regelmäßig in den Fassaden des ersten und zweiten Obergeschosses, mit einfacher Fensterhöhe auf der Hauptfassade (Norden) und mit zweifacher Fensterhöhe auf der Rückseite. Die regelmäßigen Abstände und Rhythmen der Fenster bleiben von den inneren Trennwänden und dem Raumprogramm unbeeinflußt. Alle anderen Fenster – im Erdgeschoß und auf der Nordseite der Terrasse – sind von unterschiedlicher Größe und Form und bestehen aus einem System eng gesetzter Stahlsprossen, die zum größten Teil feststehen. In der Villa Savoie wird das 2,50-Meter-Fenster nur bei dem im ersten Obergeschoß umlaufenden Fensterband eingesetzt. Alle Erdgeschoßfenster, einschließlich der gewölbten Glaswand am Eingang und der dreieckigen Glasflächen an der Rampe, verwenden den gleichen Walzstahlrahmen mit eng gesetzten Stahlsprossen wie im Erdgeschoß in Garches. Die Glasschiebetür zwischen Dachterrasse und Wohnzimmer konstituiert ein drittes System. *Abb. 5.33* zeigt die Südfassade, wie sie im Band *Œuvre Complète* von 1910 – 1929 (im Stadium des abgeschlossenen Entwurfs) illustriert wurde, und die ausgeführte Form. Der Originalentwurf, der weitgehend mit den in Garches festgelegten Prinzipien übereinstimmte, wurde aus mehreren Gründen bei der Ausführung geändert. Das typische Feld wurde von 5 m auf 4,75 m reduziert, und statt die Größe seines Standardfensters zu ändern, machte Le Corbusier die Fensteranordnung unabhängig von den Achslinien der Stützen. Andere Veränderungen, wie der Einsatz von Fenstern völlig anderer Abmessungen, wurden durch die Umstellung der Trennwände notwendig – ein Problem, das im Entwurf nicht erkannt worden war. Dieses Befensterungssystem, das Wandabstände in einem Vielfachen von 2,50 m vorschrieb, konnte der Komplexität des Aufbaus der Villa Savoie nicht genügen.

Man sollte bei diesen Änderungen nicht zu tief nach architektonischer Bedeutung suchen. Tim Benton hat die Änderungen, die zwischen den ersten und den endgültigen Entwürfen vorgenommen wurden, analysiert. (Die Größe des Gebäudes wurde stark reduziert.) Die Änderungen erfolgten weniger aus einer architektonischen Laune heraus, sondern eher aus wirtschaftlicher Notwendigkeit. Standardisierung ist schön und gut, aber am ehesten ließen sich die Baukosten verringern, indem man die Größe des Gebäudes reduzierte – was natürlich auch heute noch zutrifft. Was Le Corbusiers Ehrgeiz angeht, bei der Ausgestaltung *objects-types* zu benutzen, ist Poissy ein relativer Mißerfolg und Garches ein relativer Erfolg.

Überhaupt ist es merkwürdig, daß Le Corbusier Schiebefenster verwendet. Bei einem feststehenden oder einem Flügelfenster befinden sich alle Glasscheiben und alle Rahmen meist in derselben vertikalen Ebene; bei einem Schiebefenster ist dies nicht möglich, da sich ein Rahmen hinter den anderen schieben muß. Das Gelingen oder Mißlingen einer Fassade hängt oft davon ab, in welchem Verhältnis Wandfläche und Glasfläche zueinander stehen. Bei einem Schiebefenster mit seinen zwei Glasebenen ist dieses Verhältnis schwerer zu etablieren. Die andere Merkwürdigkeit ist die Wahl eines Holz- statt eines Stahlrahmens, da ein Holzrahmen viel größer und dicker sein muß. Die allgemeine Tendenz der Moderne ging in Richtung einer leichten Membran in einer klaren, geometrisch reinen Öffnung, eine Wirkung, die viel einfacher mit einem dünnen Stahlrahmen als mit einem dicken Holzrahmen zu erzielen ist.

Die Innenansicht der Villa Savoie *(Abb. 5.35)* gibt vielleicht einen Hinweis darauf, was Le Corbusier an einem Holzschiebefenster vorteilhaft fand. Die zurückspringende Kerbe im oberen Bereich, die vorspringende Fensterbank und die beiden Rahmen des Schiebefensters machen es möglich, daß die Wand im Vergleich zur traditionellen soliden Masse bei Perret oder Garnier wie eine Reihe paralleler Scheiben wirkt. Die Wand wird dadurch zu einem analogen oder Untersystem des Gebäudes selbst. Colin Rowe hat diese Art der räumlichen Organisation in Le Corbusiers Arbeit beschrieben. Viele Bauten Le Corbusiers (insbesondere Garches) können als Abfolge von parallelen Ebenen verstanden werden, die im Raum zurückweichen.

Nicht alle Abweichungen vom Standardsystem sind so leicht zu erklären wie jene in Poissy, was uns zu dem kuriosen Fall der Villa Cook bringt. Oberflächlich betrachtet gleichen sich die Häuser de Monzie und Cook sehr. Beide enthalten die Kernelemente der klassischen Corbusierschen Villa: Pilotis, Dachterrasse, *fenêtre en longueur* und Piano Nobile, integriert in einen Würfel (Cook) bzw. einen Körper, der auf dem Goldenen Schnitt basiert (Garches). Ein Detailvergleich ergibt allerdings große Unterschiede. Das

5.22

5.23

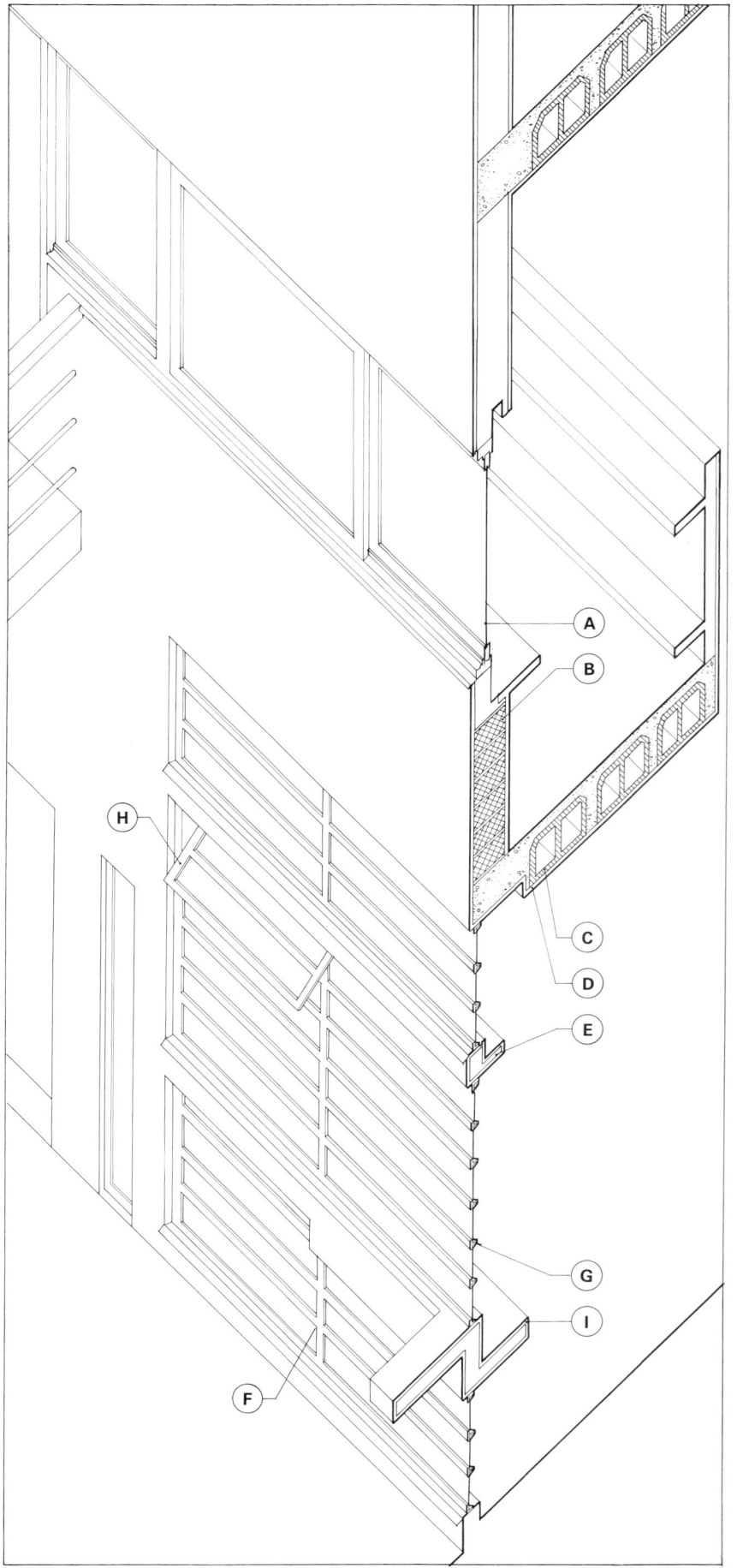

5.24

Villa de Monzie

Le Corbusier

Garches, 1927

5.22 Hauptfassade
(F. R. Yerbury, Architectural Association Library)

5.23 Hauptfassade
(Fondation Le Corbusier)

5.24 Schnitt durch die Hauptfassade

A   Holzschiebefenster, fast identisch mit dem der Villa Savoie (siehe Abb. 5.36).
B   Typische Wandkonstruktion: Luftschichtmauerwerk aus Bimsbeton, innen verputzt, außen Kalkzement. Es gibt weder eine Isolierung noch einen Feuchteschutz.
C   Typische Deckenkonstruktion: Stahlbetonrippendecke mit nichttragenden Hohlziegeln.
D   Tragende Ziegelblöcke.
E   Betonbalken.
F   Stahlrohrstütze. Weil sich die Betonfensterbank und die Fenstersprossen über eine weite Spanne erstrecken, sind zwei Zwischenstützen vorgesehen.
G   Feststehender Teil des Stahlfensters.
H   Kippflügel bzw. horizontal drehbares Fenster.
I   Betongesims.
(Fondation Le Corbusier, Zeichnung 30.235)

5.25 Strukturschema

1 Betonstütze.
2 Betonträger, bündig in die Geschoßdecke eingepaßt.
3 Im Hennebique-Verfahren hergestellte Balken.
(Fondation Le Corbusier, Zeichnung 10.578)

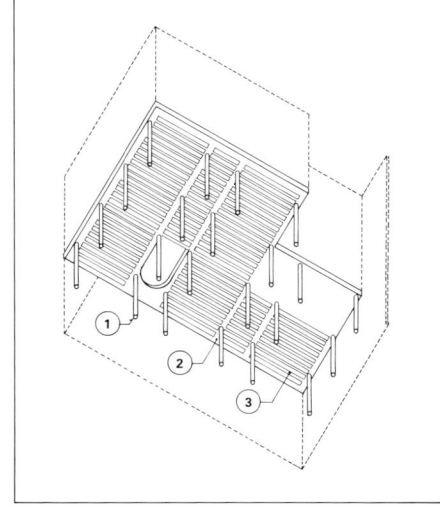

5.25

Haus Cook ist die einzige Villa der zwanziger Jahre, deren Entwurf nicht auf einem Raster von 2,50 m oder 5 m beruht – das Feld beträgt 4,65 m im Quadrat. Dies könnte ein Produkt der Umstände sein wie in Poissy, aber auch das Konstruktionssystem selbst ist völlig anders. An die Stelle des Hohlziegelverfahrens von Garches ist ein Flachdach aus vorgefertigten Doppel-T-Trägern mit leichter Füllmasse getreten.

Bei seinen Idealentwürfen der zwanziger Jahre hatte Le Corbusier die Verwendung von neuen Baustoffen und -methoden für die Wände angestrebt. Die Monol-Häuser (1919) sollten Wände aus zwei Schichten Asbestplatten von 6 mm Dicke erhalten, zwischen die Bauschutt und Zement geschüttet werden sollte, wobei Luftnester zur Isolation entstanden. Mit diesem Vorgehen sollte offensichtlich die Montage von vorgefertigter Präzisionsarbeit (Asbestplatten) durch ungelernte Arbeitskräfte auf der Baustelle ermöglicht werden. Spätere Projekte sollten raffiniertere Techniken nutzen. Das Citrohan-Haus (1922) und das Handwerkerhaus (1922) erhielten Wände aus zwei Schichten Torkretbeton (auf ein Metallnetz gespritzter Zement) mit einem Luftraum dazwischen. Für die Wände des Handwerkerhauses waren eine Hartdämmung aus Preßstrohplatten, 38 cm Torkretbeton außen und Putz innen vorgesehen. Diese Wände sollten Industrieprodukte der Architektur sein – in Analogie zu Autos und Flugzeugen.

Es ist deshalb ein wenig enttäuschend, die rauhe Beschaffenheit der Wände in Le Corbusiers ausgeführten Bauten der späten zwanziger Jahre zu sehen. In Garches gibt es Wände aus einer einzigen Lage Betonblöcke, die außen mit Glattputz versehen und auch innen nur verputzt sind. In der Villa Savoie wurden zwei Schalen (Lagen) aus Mauerwerk mit einem Luftraum dazwischen eingesetzt. Dieser Hohlraum war von geringer wasserabdichtender Wirkung; er verhinderte, daß Wasser, das durch die Außenwand drang, ins Innere gelangte, ließ es aber nicht wieder entweichen. Man hielt diesen Zwischenraum wahrscheinlich für dämmend; sorgt die Isolierung aber nicht dafür, daß die Luft völlig still ist, ist sie nur begrenzt geeignet. Konvektionsströme in diesem Hohlraum sorgen dafür, daß Wärme leicht aus dem Gebäude entweichen kann. Auf jeden Fall ist dieses Verfahren nicht innovativ; schon Perret verwendete es bei dem Haus in der Rue Nansouty.

Das Befensterungssystem der Villa Cook weicht am deutlichsten vom Haustyp in Garches ab. Mit den eng gesetzten Stahlsprossen im Erdgeschoß und einem *fenêtre en longeur* mit Holzrahmen im Obergeschoß scheint es ihm zwar zu gleichen, der Holzrahmen und die Unterteilung sind jedoch völlig anders. Anstelle der regelmäßig angeordneten Schieberahmen gleichmäßiger Größe gibt es mehrere unterschiedliche Glasgrößen, Pfostenabstände und Fenstertypen. Festglas, Schiebefenster, Flügelfenster und sich horizontal drehende Fenster tauchen alle an derselben Fassade auf. Ein Funktionalist würde darin vielleicht gern eine einfühlsame Antwort auf die präzisen Belüftungsanforderungen jedes Raumes sehen; so simpel ist es aber nicht. In einem Zimmer, dem Eßzimmer, sind auf viereinhalb Metern alle vier Typen vertreten. Vergleicht man den Grundriß mit der Fassade, können wir annehmen, daß diese Komplexität durch eine unregelmäßige Anordnung der Fensterpfosten verursacht wurde, die wiederum eine innere räumliche Organisation ausdrücken soll.

Es überrascht nicht, daß die Fenster der Villa Cook von den 2,50-Meter-Standardfenstern von Garches und Poissy abweichen, und zwar aus einem ganz logischen Grund: Bei jedem Fenstersystem, das feststehende und bewegliche Rahmen mischt, muß der Architekt damit fertigwerden, daß der bewegliche Rahmen sichtlich größer und breiter ist als der feste, da er sich aus zwei Teilen zusammensetzt (ein beweglicher und ein unbeweglicher); das Festfenster hat nur einen Rahmen und ist deshalb dünner. Dies gilt auch für das 2,50-Meter-Fenster; aus der Nähe ist bei der Villa Savoie deutlich zu sehen, welche Teile fest und welche beweglich sind. Der bei der Villa Cook verwendete Rahmen ist in dieser Hinsicht eine Besonderheit. Die beweglichen Glasscheiben sitzen in einem dünnen U-förmigen Metallrahmen, der schmal genug für die übliche T-förmige Holzrahmung ist.

Nach 1930 gab Le Corbusier dieses rigide standardisierte System auf, vielleicht zum Teil aufgrund der Schwierigkeiten, die er mit der Villa Savoie hatte. Zuvor schuf er aber noch einen Entwurf, der dieses System auf die Spitze trieb. *Abb. 5.21* zeigt einen Schnitt der Südfassade von Garches und eine typische Wand von Le Corbusiers Völkerbundprojekt im selben Maßstab. Bis auf die Verkleidung (Glattputz statt Stein) und die Unterbringung des Rolladens in einer vorspringenden Rohrrippe sind sie identisch. Le Corbusier war an einem Standardsystem interessiert, das nicht nur bei Wohn-

5.26

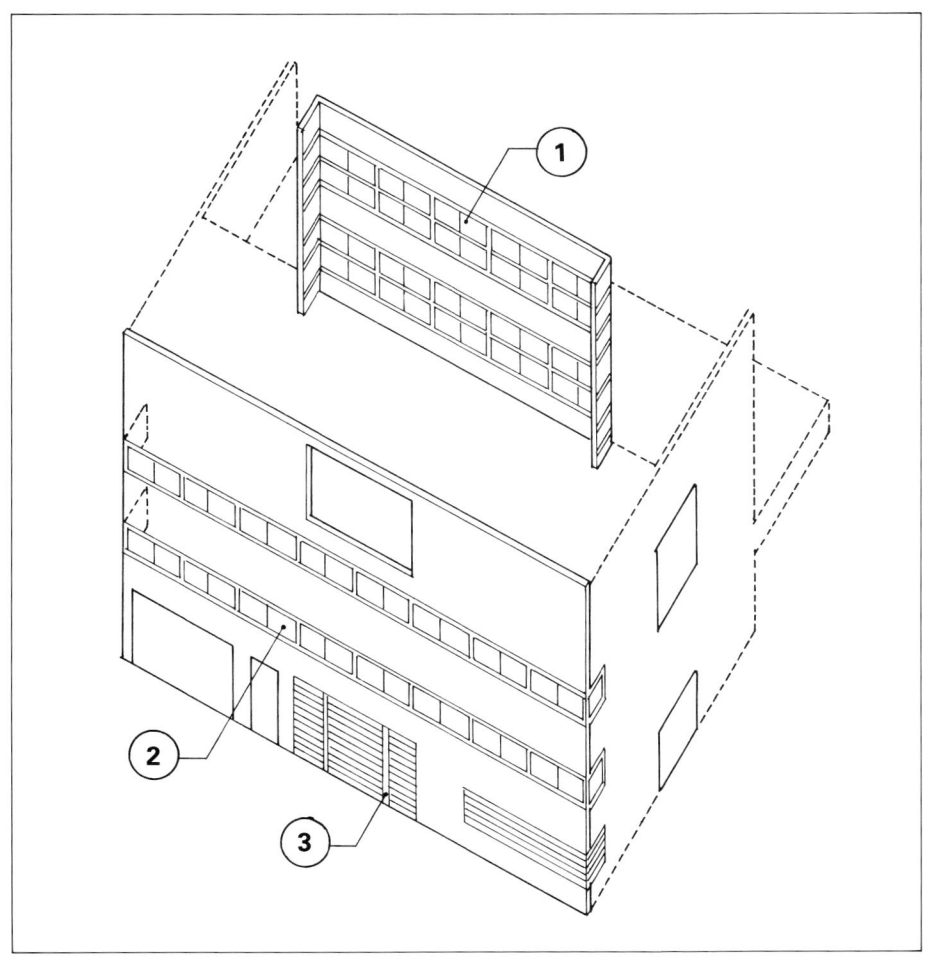

5.27

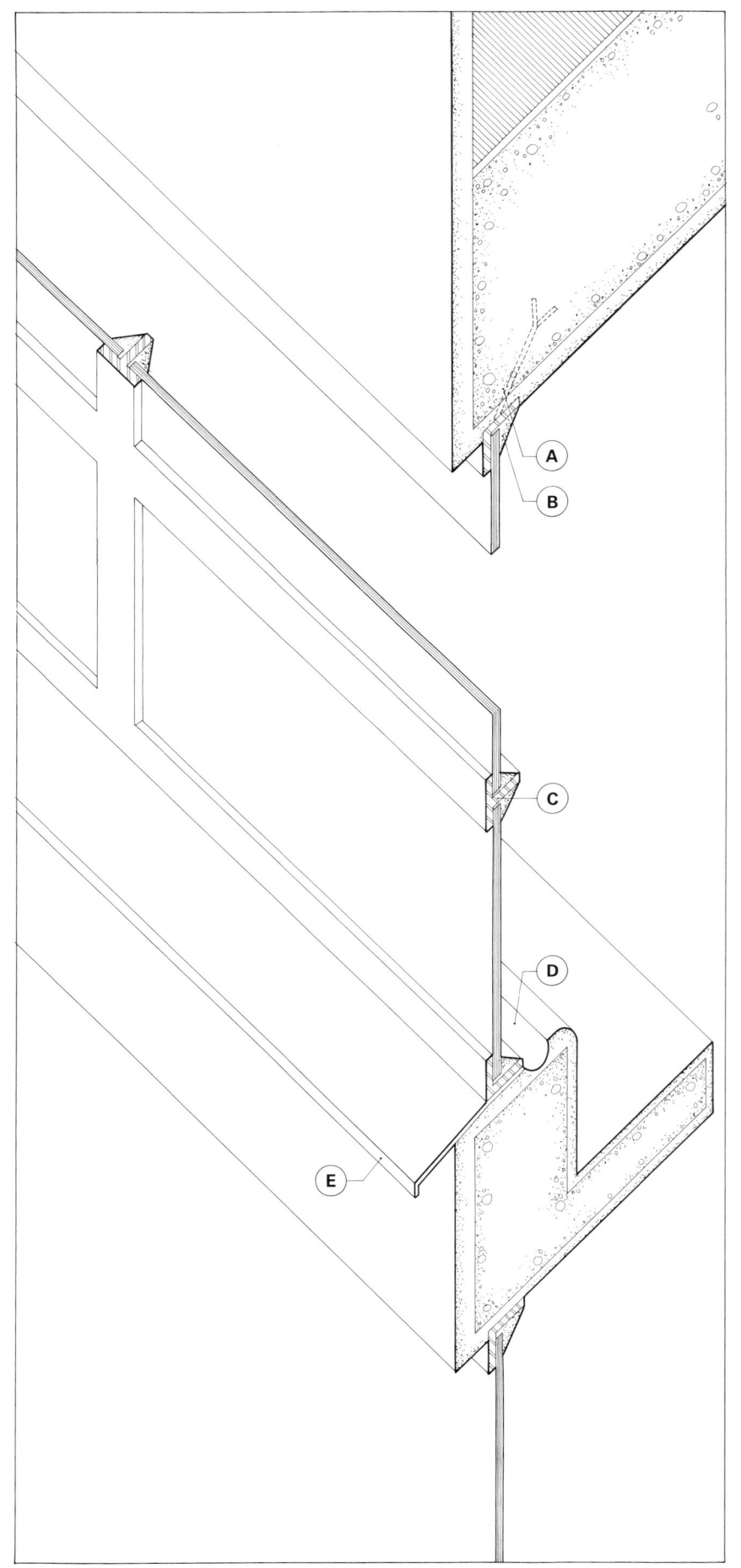

5.28

Villa de Monzie
Le Corbusier
Garches, 1927

5.26 Rückansicht
(F. R. Yerbury, Architectural
Association Library)

5.27 Fenstertypen
1 Doppelreihe von Le Corbusiers
Standard-Holzschiebefenstern
1 x 2,50 m.
2 Einzelreihe von Holzschiebefenstern 1 x 2,50 m.
3 Feststehendes Stahlfenster.
(Fondation Le Corbusier,
Zeichnung 10.420)

5.28 Schnitt durch Fenster im Erdgeschoß
A Oberer Teil des Blendrahmens mit Verankerung. Der Anker ist in die Betonplatte eingesetzt und am Rahmen festgeschraubt.
B Stahlrahmen aus L- und T-Walzstahlprofilen, von innen verglast und verkittet. Es gibt viel mehr Sprossen als konstruktiv nötig.
C Typische mittlere Sprosse, aus Stahl.
D Fensterbank mit Kondenswasserrinne.
E Vorspringende Solbank aus dünnem Zinkblech.
(Fondation Le Corbusier,
Zeichnung 30.235)

bauten, sondern bei allen Haustypen einsetzbar war. Er schrieb sogar ein Buch, *Une Maison – Un Palais*, in dem er dessen Vorzüge besprach und darlegte, daß die Fassade des Völkerbundprojekts ein Mehrfaches der Fassade von Garches sei. Dieses Konzept hat nicht nur profunde architektonische, sondern auch gesellschaftliche Konsequenzen. Wenn die architektonischen Bausteine für alle Haustypen gleich sind, sind sie auch für alle Bewohner, ob reich oder arm, gleich.

Le Corbusier kam nie dazu, einen Großbau mit diesem System zu realisieren, und wahrscheinlich ist es auch besser so, denn er hätte sich in seiner Einschätzung der Entwicklung der *objects-types* kaum mehr täuschen können. Seine Fehler beruhten auf drei Fehleinschätzungen bezüglich der modernen Bauweise: (1) Er erkannte nicht die unterschiedlichen wirtschaftlichen und funktionalen Anforderungen zwischen großen Bürogebäuden und kleinen Wohnhäusern. Große Gebäude verwenden häufig Ortbeton, bei einem Wohnhaus ist ein Ortbetonrahmen allerdings selten ökonomisch, und auch in Ländern mit weniger raffinierten Bauverfahren werden Hohlziegelbetondecken immer noch eingesetzt. Die Häuser der amerikanischen Architekten, die in den siebziger Jahren mit Hilfe eines formalen Vokabulars bauten, das an die weißen Glattputzgebäude der zwanziger Jahre erinnerte, sind durchweg mit Holzrahmen und Stahlbewehrung und niemals mit Beton ausgeführt. (2) Er bewertete die Bedeutung standardisierter Größen von Baukomponenten viel zu hoch. Obwohl die Verwendung einer einzigen Fenstergröße innerhalb eines Gebäudes zweifellos einiges an Kosten einspare, brachte der Einsatz von Fenstern der gleichen Größe bei zwei Gebäuden, die in einem Abstand von zwei Jahren errichtet wurden, kaum Vorteile mit sich. Auf jeden Fall ist dieses Maß an Standardisierung unnötig und inzwischen auch nicht mehr gewünscht. Zwei Haupthersteller von Wohnhausfenstern in den Vereinigten Staaten – Pella und Anderson – produzieren allein 46 bzw. 42 verschiedene Flügelfenster. (3) Er verstand die unterschiedlichen umwelt- und standortbedingten Anforderungen und deren Auswirkungen auf die Architektur nicht. Die zunehmende Geschoßdeckenstärke in Bürogebäuden ergibt sich aus den höheren Anforderungen und der größeren Komplexität der darin verbrachten Haustechnik. Man muß jedoch fairerweise zugeben, daß dies 1930 noch nicht so klar war wie heute. Aber Le Corbusier gelang es nie, eine gute Lösung für die Integration der Servicetechnik in den Deckenaufbau zu entwickeln.

Ebenso wie es verfehlt wäre, dem russischen Konstruktivismus oder dem deutschen Expressionismus fehlende gesellschaftliche Utopien vorzuhalten, wäre es unfair, Le Corbusiers Detailbehandlung zu kritisieren, weil sie seine technologisch utopischen Ziele nicht erreichte. Es ist sinnvoller, sein Detailsystem dahingehend zu bewerten, ob es nach seinen eigenen Kriterien erfolgreich war oder nicht. Schauen wir uns zu diesem Zweck seine typischen Befensterungssysteme näher an, vor allem das 2,50 m breite Standardschiebefenster. Um das Potential und die Grenzen seines Entwurfs zu verstehen, muß man sich überlegen, welche Optionen er überhaupt hatte. Dies funktioniert am besten, wenn man seine Details mit denen seiner Zeitgenossen vergleicht.

LE CORBUSIER UND SEINE ZEITGENOSSEN
Le Corbusier als Vater einer Architektur des Maschinenzeitalters zu sehen, ist natürlich falsch. Im Vergleich mit anderen in den zwanziger Jahren tätigen Architekten war er gegenüber den neuen Methoden und Materialien weder besonders interessiert noch desinteressiert. Es gab damals viele Architekten – die meisten davon mit der De Stijl-Gruppe verbunden –, die sich den Formen der Moderne total verschrieben, der futuristischen Beschäftigung mit der Maschine jedoch neutral oder sogar feindlich gegenüberstanden. Der produktivste Architekt dieser Gruppe war J. P. P. Oud. Seine Kiefhoek-Siedlung in Rotterdam illustriert diese Haltung. Für Henry-Russell Hitchcock und Philip Johnson war Kiefhoek, wie sie 1932 in *The International Style* schrieben, stilistisch ähnlich, wenn nicht sogar identisch mit den Bauten von Le Corbusier, obwohl die Technologie ganz anders war.[2] *Abb. 5.20* zeigt die Konstruktion eines typischen Kiefhoek-Hauses mit Holzbalken in Abständen von etwa 50 cm auf Trennwänden. Das ist eigentlich der Aufbau eines typischen Reihenhauses aus dem neunzehnten Jahrhundert.

Im Gegensatz zu dem ziemlich gängigen Konstruktionssystem ist die Befensterung von Kiefhoek abenteuerlich genug, um eine genauere Analyse zu verdienen. Alle Fenster sind nach außen öffnende Holzflügelfenster mit einem ziemlich dicken und

5.29

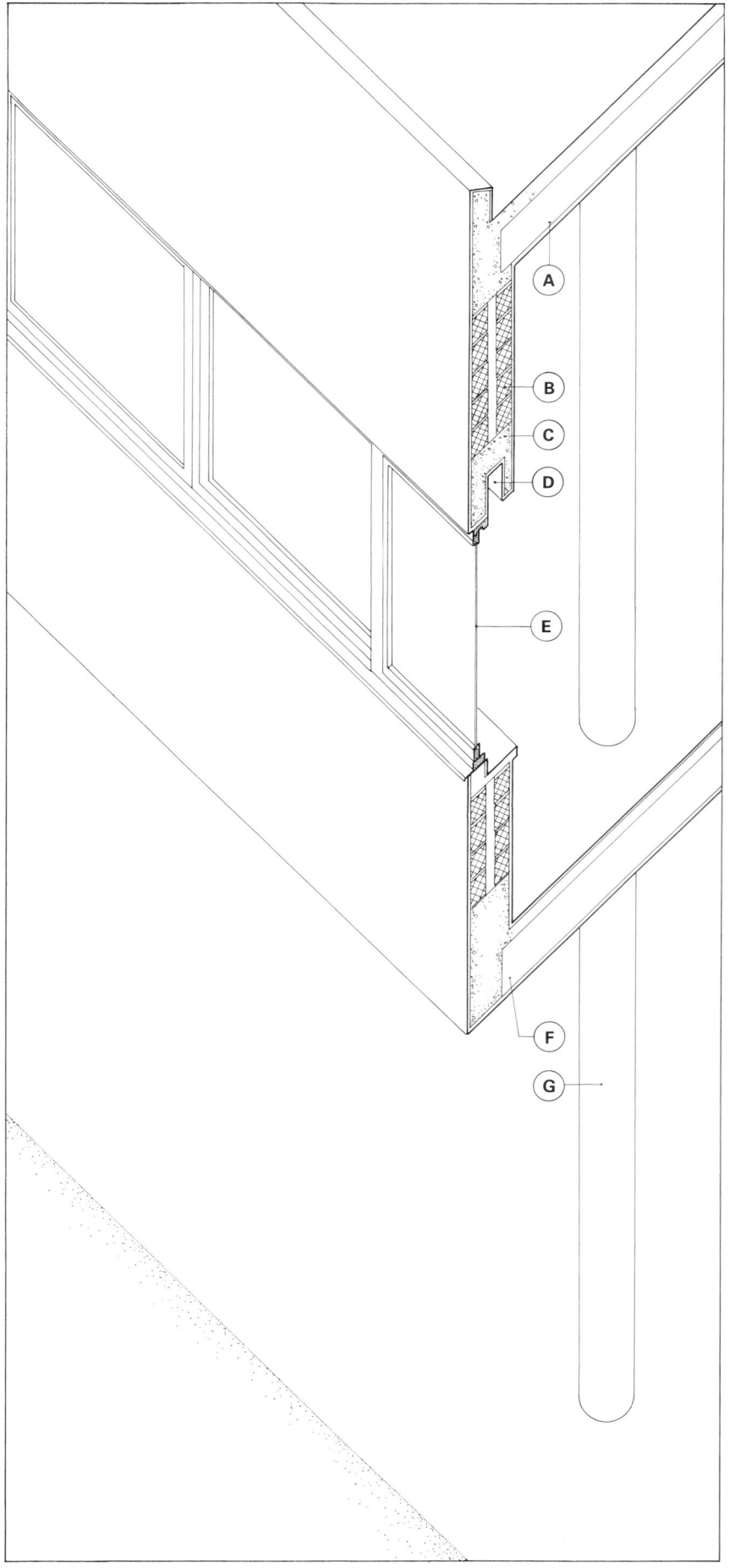

5.30

5.31

Villa Savoie
Le Corbusier
Poissy, 1932

5.29 Außenansicht

5.30 Gebäudeecke

5.31 Schnitt durch die Südfassade
A Dachkonstruktion: eine Schicht bituminöser Mastix (Durumfix) auf Betonplatten, abgedeckt mit einer Schicht Sand und Kies. Dieses Dach wurde ohne eine sichtbare Neigung gebaut.
B Wandkonstruktion: Luftschichtmauerwerk aus Beton.
C Betonsturz trägt das darüberliegende Mauerwerk. Es handelt sich nicht um einen echten Sturz; er ist an der Geschoßdecke aufgehängt, statt auf den Mauern aufzulagern.
D Aussparung im Sturz für die Rolläden.
E Holzschiebefenster, typisch für die Villen der zwanziger Jahre. Es wurde von Le Corbusier und Pierre Jeanneret patentiert.
F Typische Fußbodenkonstruktion: Beton mit Hohlziegeln.
G Betonstütze.
(Fondation Le Corbusier, Zeichnung 19.651, und 1965 angefertigte Baubestandszeichnungen)

5.32 Strukturschema
A Stütze aus Ortbeton.
B Stahlbetonrippenplatte mit Hohlziegeln.
C Öffnung für Rampe.
D Abgesenkte Träger.
E Auskragendes Obergeschoß.
(Nach Baufotos)

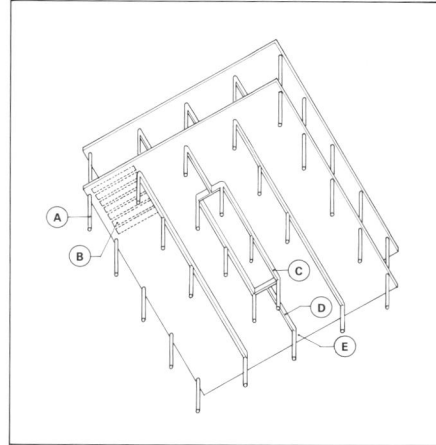

5.32

breiten Profil – eine Abweichung von den allgemein von der Moderne bevorzugten leichten dünnen Stahlrahmen. Das erste Obergeschoß weist ein Fensterband mit Flügelfenstern auf, die sich bis unter das Dach erstrecken und an der Fassade um etwa 8 cm vorspringen. Obwohl die Rahmen ansonsten das gleiche Profil aufweisen, liegen die Fenster des Erdgeschosses vertieft in schmalen punzierten Öffnungen. Dieses Öffnungssystem entspricht der Konstruktion eines Reihenhauses mit tragendem Mauerwerk, und obwohl es von Le Corbusiers System abweicht, ist es (nicht zufällig) bestimmten Häusern von Frank Lloyd Wright, z.B. dem Haus Coonley, sehr ähnlich. Die Art, mit der die Lage der Glasfläche im Verhältnis zur Wand variiert wird – eine immer wiederkehrende Technik in der modernen Architektur –, wurde wahrscheinlich von Gropius abgeleitet. Oud stellte fest, daß eine Wand leichter und straffer erscheint, wenn der Fensterrahmen vorspringt und die Glasfläche vor der Wandfläche liegt – so wie eine Wand massiver wirkt, wenn man die Glasfläche hinter die Wandebene zurücksetzt. Oud wendete beide Techniken an, um die Mauer am Fuß schwerer und oben leichter erscheinen zu lassen, wobei er die gesamte Fassadenkomposition verstärkte. Der Einsatz des schweren Holzrahmens ist zwar nicht so günstig, aber Ouds Fassade ist in dieser Hinsicht viel erfolgreicher als die typische Fassade von Le Corbusier. Die Manipulation der Glasfläche im Verhältnis zur Wandfläche, die in dieser Art von Gebäude oft kritisch ist, gehörte nicht zu den Mitteln, die Le Corbusier in seiner puristischen Phase effektiv einsetzte. Er konnte nicht diese Technik und gleichzeitig das Holzschiebefenster als primäres Element verwenden, da dieses notwendigerweise zwei verschiedene Glasflächen hat. In diesem Sinne ist Ouds Fassade derjenigen der Villa Cook überlegen, wo sich in einem einzigen Fensterband das Glas auf mindestens drei verschiedenen Ebenen befindet.

Nach Le Corbusiers eigenen Kriterien sind seine Befensterungen nicht gelungen. Ein häufig eingesetztes Fensterdetail jener Zeit geht aus *Abb. 5.17* hervor. Das Beispiel stammt von Johannes Duikers Sanatorium Zonnestraal, aber ähnliche Details sind in Bauten von Gropius, Meyer und sogar Oud zu finden. Das Stahlfenster war der bevorzugte Typ der Moderne in den zwanziger Jahren. Es machte nicht nur die leichten, dünnen Glasmembranen des Internationalen Stils möglich, sondern es weckte die Assoziation zur Fabrik, in der es bis dahin primär Anwendung gefunden hatte. Dies ist kurioserweise ein Ansatz, den Le Corbusier zunächst verfolgte und später zugunsten der oben beschriebenen Technik aufgab. Das Haus Ozenfant hat Ganzstahlfenster, und auch für Pessac wurde ein Stahlsystem überprüft. Er benutzte den Stahlrahmen erst wieder als primäres Element, als er die gläsernen Vorhangwände der dreißiger Jahre zu entwickeln begann.

Eine einfache Erklärung für Le Corbusiers Haltung ist die, daß er die Fabrik und ihre Symbolik nicht als Modell für das moderne Haus ansah. Zu sagen, daß ein Haus fabrikgefertigt sein soll oder daß es wie eine Fabrik aussehen soll, sind zwei verschiedene Dinge. Le Corbusier hatte grundlegend andere Vorstellungen vom Charakter der Fassade und der Wand als seine Zeitgenossen und insbesondere die Anhänger der Neuen Sachlichkeit. Er verstand die Wand als Oberfläche eines Feststoffs. Architektur ist das „Spiel der unter dem Licht versammelten Baukörper". Das Problem des Fensters war das Problem „der Modellierung der einheitlichen Oberfläche einer einfachen Ursprungsform", und die Lösung war, sich „die erzeugenden und anzeigenden Elemente dieser einfachen Formen zu eigen zu machen."[3] Duiker und Gropius sahen dagegen die Wand als eine Haut an, die über den Tragrahmen gespannt wurde und ihn ausfüllte. Der Stahlrahmen mit seinem dünnen Schiebefenster und schmalen Profil ist für das Konzept der „Glaswand als Membrane" offenbar viel wesentlicher, und Duiker benutzte ihn auf diese Weise, wickelte Fenster um Ecken herum und dehnte sie ohne Unterbrechung von der Bodenplatte und Spandrille bis zur Decke aus.

DIE ENTWICKLUNG DER VORHANGWAND

Angefangen mit seinen Entwürfen für das Heim der Heilsarmee schlug Le Corbusier eine Richtung ein, die zu seinen Vorschlägen in *Une Maison – Un Palais* entgegengesetzt verlief. Anstatt ein System mit Standardabmessungen zu entwickeln, die bei Gebäuden jeder Dimension und Nutzung gleichförmig einzusetzen wären, wandte er sich dem mehrstöckigen Rahmenbau und dem Rahmeneinzelhaus mit tragenden Außenwänden als eigenständigen Typen zu. Viele Faktoren – einige davon nicht tech-

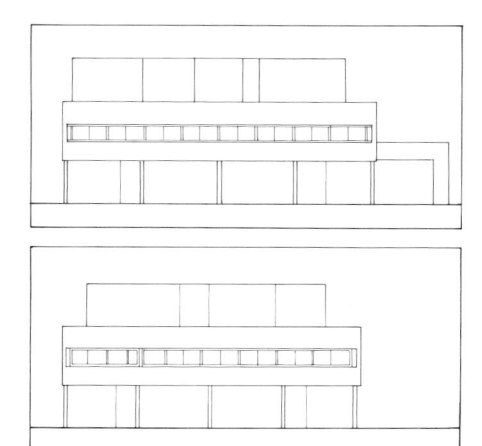

5.33

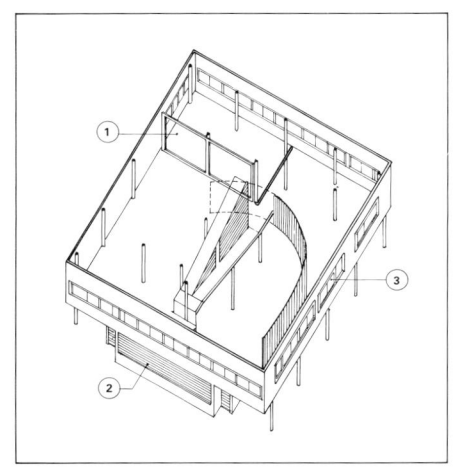

5.34

5.35

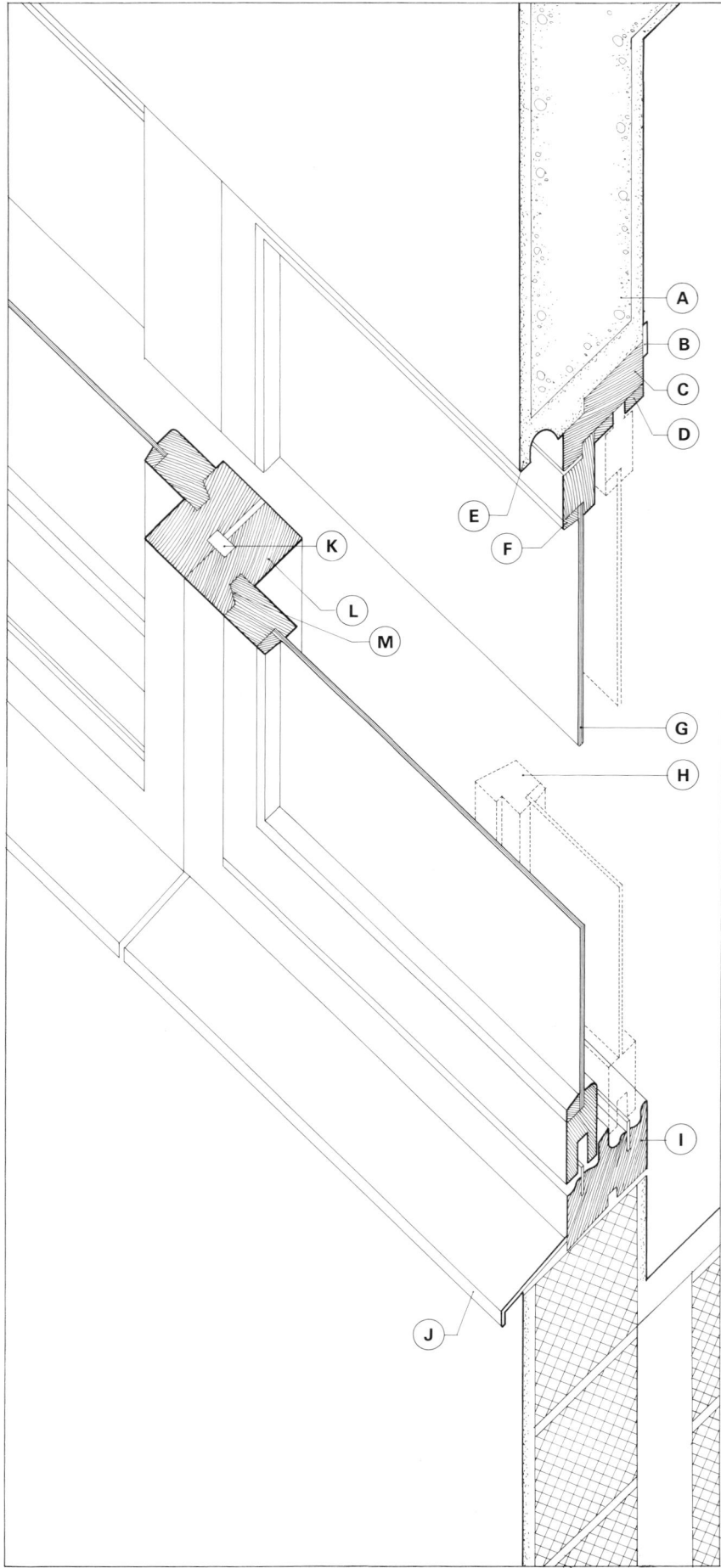

5.36

Villa Savoie
Le Corbusier
Poissy, 1932

5.33 Ursprünglicher und realisierter Aufriß

5.34 Fenstertypen
1 Glasschiebetür, die das Wohnzimmer und die Terrasse miteinander verbindet.
2 Feststehende Stahlfenster vor Verkehrsflächen und Servicebereich.
3 Band mit Le Corbusiers Standard-Holzschiebefenstern 1 x 2,50 m.

5.35 Innenansicht: Fenster

5.36 Schnitt durch Fenster
A Typische Wand *(siehe Abb. 5.32)*.
B Deckleiste. Sie deckt die Fuge zwischen der Wand und dem Holzrahmen ab, der oft uneben ist und arbeitet. Sie ersetzt das traditionelle Holzdekor auf simple Weise und ist ein Beispiel für eine grobe Detaillösung bei Le Corbusier.
C Feststehender Holzrahmen.
D Bewegliche Glasleisten erleichtern Installation und Auswechseln der Glasscheiben.
E Tropfkante. Verhindert, daß an der Wand herunterlaufendes Wasser in die Fuge zwischen Wand und Rahmen gelangt, wo es ins Gebäude dringen könnte. Dies wird häufig durch ein aufgesetztes Profil erreicht; hier wird es unter dem Sturz versteckt, was die klaren Linien der Fensteröffnung erhält.
F Bewegliche Glasleiste.
G Äußerer horizontaler Holzschiebeflügel. Die Rille im unteren Teil des Rahmens nimmt die kleinen Räder auf, die auf der darunterliegenden Schiene laufen.
H Innerer horizontaler Holzschiebeflügel. Die beiden Scheiben müssen in zwei verschiedenen Ebenen liegen.
I Blendrahmen. Die in der Mitte verlaufende Holzführung trennt die beiden Scheiben des Fensters. Die Rillen im Rahmen dienen als Kondenswasserrinnen und sind mit Entwässerungslöchern nach außen versehen. Das gewellte Profil des Rahmens ist ein charakteristisches Element auch der späteren Bauten Le Corbusiers.
J Vorspringende Metallfensterbank.
K Pfostenverstärkung. Dieses Metallteil verleiht dem Rahmen zusätzliche Steifigkeit.
L Feststehender mittlerer Holzrahmen. Die Nut im äußeren Rahmen bildet eine Falzfuge und gewährleistet damit eine gute Abdichtung auch bei witterungsbedingten Veränderungen des Holzrahmens. Die Fuge zwischen den beiden festen Teilen läßt zu, daß größere vorgefertigte Elemente vor Ort montiert werden können.
M Falz.
(Fondation Le Corbusier, Zeichnung 19.455, und 1965 angefertigte Baubestandszeichnungen)

nologischer Art – standen hinter diesem Wandel: u.a. der Wechsel von puristischen und kubistischen zu surrealistischen Strömungen, der Niedergang der futuristisch inspirierten Faszination der Maschine und der Einfluß zeitgenössischer Architekten der Moderne. Ironischerweise nahm das technologische Raffinement der Bausysteme im gleichen Maße zu, wie die Begeisterung für die Industrialisierung abnahm. In dieser Zeit wurden drei wichtige Gebäude mit Vorhangfassaden aus Stahl von Le Corbusier vollendet: Centrosoyus (1935), das Heim der Heilsarmee (1933) und der Schweizer Pavillon in der Cité Universitaire (1932).

Der Schweizer Pavillon ist trotz seiner ausführlich dokumentierten Mängel[4] das bis dahin von Le Corbusier am besten detaillierte Gebäude. Im Gegensatz zu seinem früheren Werk, wo er eine Detailgestaltung analog zum Gebäudeaufbau anstrebte, verwendet er hier nicht den ihm zur Verfügung stehenden vollen Umfang an Techniken und Materialien, insbesondere was die Bearbeitung der Wand- und Glasflächen betrifft (wie der Vergleich mit Oud und Duiker gezeigt hat). Der Schweizer Pavillon setzt andere technische Prioritäten, zeigt ein umfangreicheres Vokabular an Materialien, eine andere Haltung zur Beziehung zwischen Tragwerk und Raum und eine größere Sensibilität für die Beziehung zwischen Wandfläche und Glasfläche. Zweifellos war Le Corbusier von der Arbeit seiner Zeitgenossen beeinflußt worden – von Gropius, den Architekten der Weißenhofsiedlung und sogar von Neutras Haus Lovell (das in den zwanziger Jahren in *L'Architecture Vivante* beschrieben wurde). Aber ein Vergleich mit dem Werkstattblock des Bauhaus-Gebäudes ist hier am ergiebigsten.

Die Bauhauswand ist derjenigen von Duikers Zonnestraal sehr ähnlich – eine Glasmembrane, die sich über das Tragwerk dehnt –, während die Wand des Schweizer Pavillons eher eine Ebene ist, die gemäß den *traces régulateurs* durchbrochen wurde. Die Konstruktionssysteme weisen bestimmte Unterschiede auf. Das Tragwerk des Bauhauses und von Zonnestraal ist das gleiche: eine flache Betonplatte mit sichtbaren Trägern in größeren Abständen, sich den abnehmenden Lasten entsprechend verjüngend. Dieses System läßt wegen der in den Raum ragenden Träger keine freie Anordnung der Trennwände zu wie in Garches mit der vollständig flachen Geschoßdecke, und die Grundrisse der beiden Gebäude geben dies wieder. Die Decken des Schweizer Pavillons basieren auf einem gänzlich anderen Verfahren als die Hohlziegelgeschoßdecken der Einzelhäuser. Le Corbusier benutzte dieses Plattensystem bei mindestens einem Großbau, der Cité de Refuge (Heim der Heilsarmee); danach experimentierte er mit einem System von freiliegenden Trägern ähnlich dem des Bauhauses (am Centrosoyus) und dann mit dem kombinierten Verfahren, das beim Schweizer Pavillon eingesetzt wurde.

Der Schweizer Pavillon besteht aus drei separaten Systemen: (1) einer Betonplatte, die von Betonpfeilern und tragenden Mauern gestützt wird, die die kleinen Nebengebäude im Erdgeschoß bilden; (2) einer Betonplattform, gestützt von Pilotis, die das erste Obergeschoß bildet, auf dem das dritte System sitzt; und (3) einem Stahlkäfig, der Verbundplatten aus Beton, Ziegeln und Stahl trägt und die Schlafräume beinhaltet. Das Konstruktionsfeld von 2,70 x 4 m entspricht einem Raum, und die Stahlstützen sind vollständig innerhalb der Trennwände verborgen (obwohl sie auf der Südfassade sichtbar sind). Dieses System ist das Gegenteil des offenen Grundrisses – da die räumlichen Unterteilungen des Gebäudes vom Tragwerk definiert werden, kann man keine Wand verschieben, ohne nicht auch eine Stütze zu verschieben. Insgesamt werden im Gebäude die verschiedenen Teile des Raumprogramms durch separate Körper mit ihren eigenen Konstruktionssystemen definiert, im Gegensatz zu Garches und Poissy, wo das ganze Programm einem Raster untergeordnet wird. Le Corbusier wendete dieses spezifische Konstruktionssystem nicht wieder an, experimentierte aber weiter mit kombinierten Verfahren von tragenden Elementen und Rahmen. Allerdings verfolgten andere Architekten das Konzept von separaten Körpern und Tragwerken für separate Teile des Raumprogramms mit mehr Interesse als Le Corbusier, vor allem nach 1945.

Die wesentlichste Verbesserung in Le Corbusiers Detailbehandlung im Vergleich zu seinen frühen Villen ist in der Vorhangwand des Wohnheims zu sehen, die auf vielfache Weise ihrem möglichen Vorbild am Bauhaus in Dessau überlegen ist. Es wird weiterhin mit dem Kontrast zwischen Wandebene und Glasmembran gearbeitet, aber die Ausführung hat sich geändert.

Die erste Änderung liegt im Verhältnis von Tragwerk zu Außenwand. Da beim Bauhaus in Dessau die Ränder der Deckenplatten auskragen, sind die Stützen ein Stück

5.37

5.38

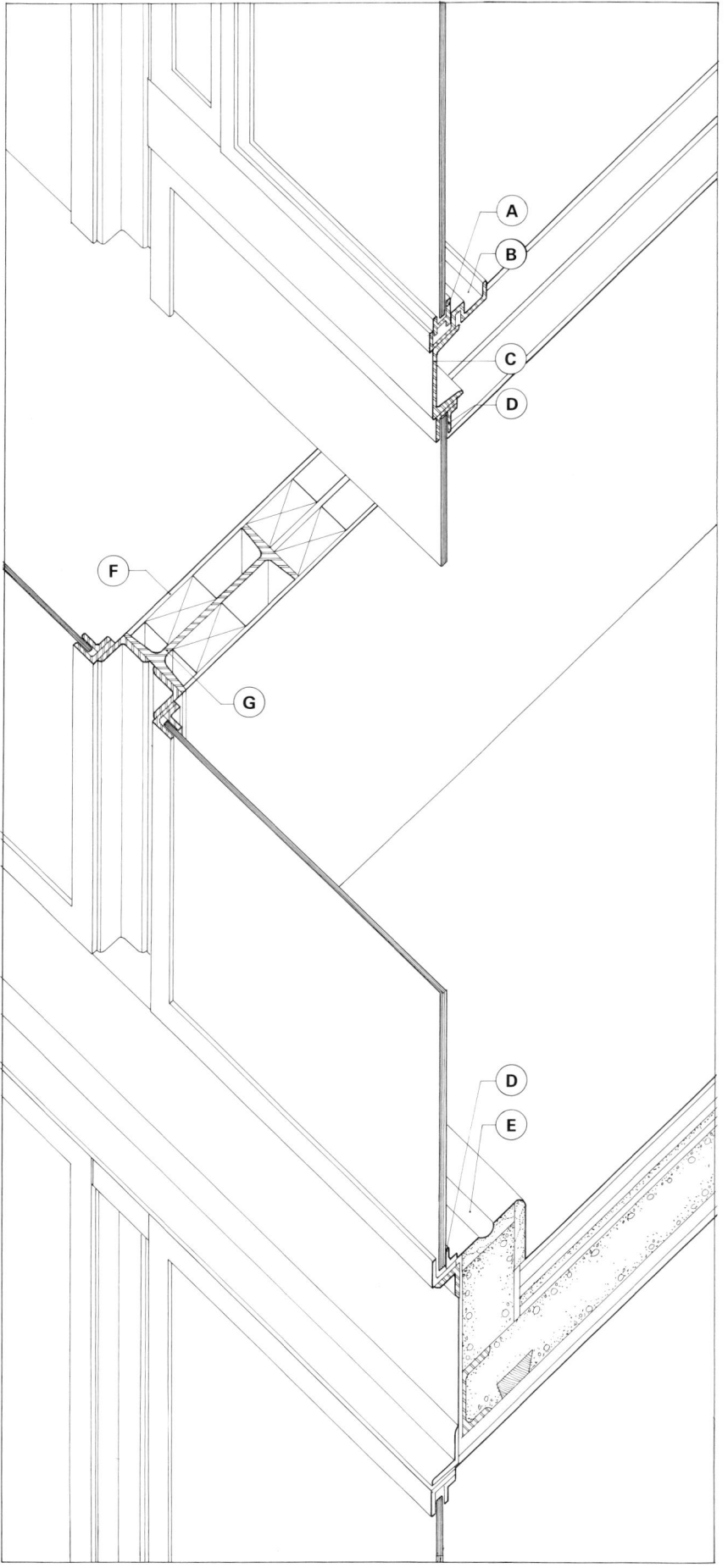

5.39

Schweizer Pavillon

Le Corbusier

Paris, 1932

5.37   Außenansicht

5.38   Fenster

5.39   **Schnitt durch Fenster**
A   Stahlschiebefenster aus zwei horizontalen Schiebeflügeln aus Walzstahlprofilen. Die Schiene, in der sie laufen, ist aus Stahlblech, das zu einer groben W-Form gebogen wurde, um Führungen zu bilden.
B   Führung für Schiebefenster.
C   U-Profil aus Stahl. Es bildet nicht nur die typische Schiene (90 cm über Fußbodenebene), sondern trägt auch das erhebliche Gewicht des Glases und des Rahmens darüber.
D   Typischer Stahlrahmen und Glasleiste aus zwei L-förmigen Walzstahlwinkeln: ein größerer außen, der den eigentlichen Rahmen bildet, und ein kleinerer innen, der die bewegliche Halterung für die Neuverglasung bildet.
E   Fensterbank mit Kondenswasserrinne.
F   Typische Trennwand.
G   Stahlstütze, in der Trennwand verborgen.
(Fondation Le Corbusier, Zeichnungen 15.400, 15.401 und Baufotos)

hinter die Wandfläche zurückgesetzt, werden aber außen mittels eines U-Profils artikuliert, das an dem auskragenden Träger über jeder Stützenreihe ansetzt *(Abb. 5.42)*. Der Tragrahmen des Schweizer Pavillons liegt in einer Ebene mit der Außenwand und ist notwendigerweise da sichtbar, wo die Wand vor allem aus Glas ist; er unterteilt die Fassade dabei entsprechend der Raumgliederung in eine Reihe von Quadraten.

Die Bauhauswand erreicht ihre plastische Wirkung dadurch, daß die Glasfläche um mehrere Zentimeter vor die Außenmauer gesetzt wird, die wiederum ein großes Stück vor der Mauer des Erdgeschosses liegt. Oben springt die Glasfläche jedoch hinter die Wand zurück. Die Mauerkappe wiederum springt über die Wand hinaus vor und bildet einen vereinfachten klassischen Sims. Es wäre schwirig und gefährlich gewesen, die Wand hier auf die Ebene der darunterliegenden Wand zurückzusetzen, weil dadurch der obere Teil des Fensterrahmens an einer Stelle der Witterung ausgesetzt worden wäre, wo Undichtigkeiten wahrscheinlich sind. So ist die Lösung zweifellos technisch besser, verleiht jedoch dem Gebäude eine Oberlastigkeit, die nicht ganz zu seiner schlichten Ästhetik paßt.

Am deutlichsten ist die Ähnlichkeit zwischen Schweizer Pavillon und Bauhaus Dessau an der Außenverglasung, die von innen her installiert wurde. Der Fensterpfosten von Le Corbusier ist ein flaches Rechteck mit der Stirnseite eng an der Glasscheibe, was nach außen eine glatte Oberfläche ergibt. Ebenso wird auch die Glasfläche nicht vor die Vollwand gesetzt, sondern liegt in derselben Ebene mit ihr. Glas- und Wandfläche berühren sich jedoch nie, da sie stets durch eine aus zwei Stahlwinkeln und einer schmalen Platte bestehenden vertieften Fuge getrennt sind. Solche Fugen markieren auch die vertikale und horizontale Gliederung in Räume und Geschosse. Die visuelle Spannung der Fassade wird also keineswegs verringert, sondern im Gegenteil verstärkt. Ein weiterer Beweis, daß sich Le Corbusier des Potentials zur Manipulation der Wandebene und der Glasebene bewußt war, ist die Detailbehandlung der kleinen Lochfenster auf der Nordseite des Gebäudes, wo das Glas tief in die Wand hinein gesetzt wurde, ähnlich wie Ouds Fassadengestaltung in Kiefhoek.

Ein Problem stellte für Le Corbusier wie für Gropius die Einfügung beweglicher Fenster dar, ohne die visuelle Integrität der Fassade zu stören. Le Corbusier hatte bereits versucht, bei einer ähnlichen Vorhangwand am Heim der Heilsarmee ohne sie auszukommen – mit katastrophalen Ergebnissen[5] (das Haus war anfangs unbewohnbar). Gropius verwendete horizontal drehbare Fenster; wenn geschlossen, macht deren Rahmen die Pfosten breiter, was an der Fassade des Gebäudes deutlich zu erkennen ist und ihr eine vertikale Betonung verleiht. Mit seinen ausgeprägten Senkrechten sowie Gesims und Gebälk mutet das Gebäude fast klassisch an. Le Corbusier jedoch hielt an seinem Schiebefenster fest, tauschte allerdings das Holz wieder gegen Stahl ein, um den Fensterrahmen mit dem Charakter der Vorhangwand in Einklang zu bringen. Dadurch wurde er nun aber erneut mit dem Problem zweier verschiedener Glasebenen konfrontiert. Seine Lösung war hier, das verschiebbare Element zwischen zwei feststehenden Teilen einzubetten, d. h. auch an der anderen Seite ein schmales feststehendes Fenster hinzuzufügen *(Abb. 5.41)*. Dies beseitigte das Problem zwar nicht, sorgte aber dafür, daß der zurückgesetzte Teil des Fensters nur mehr eine Öffnung innerhalb des Fensterganzen bildet und nicht direkt auf die Wand stößt (und ergab übrigens eine Fensterbreite von 2,50 m, was nicht überrascht).

Beim zeitgenössischen Publikum kam der Schweizer Pavillon im architektonischen Vergleich gut an, sowohl im Hinblick auf seine Komposition wie auf seine Detailgestaltung. Wie er es bereits in der Vergangenheit getan hatte, übernahm Le Corbusier Detailideen seiner Zeitgenossen und machte sie zu seinen eigenen. Eigentlich ist es aber unfair, ihn mit Oud, Gropius und Duiker zu vergleichen, da seine architektonischen Absichten grundlegend andere waren. Im Gegensatz zu ihnen erscheint er eher als ein Klassizist, der die Möglichkeiten der modernen Technologie für seine Absichten fruchtbar machte, sie aber nicht zelebrierte. Nützlich ist also ein Vergleich mit zeitgenössischen Architekten mit einer traditionelleren Herangehensweise.

Innerhalb der Detailsysteme von Le Corbusier und der Moderne des Internationalen Stils gibt es zwei Linien; eine davon beruht auf der Vereinfachung und Abstraktion traditioneller Details und eine auf der Umkehrung der traditionellen Praxis der Detailbehandlung. Die Werke von Oud und Gropius sind Beispiele für letzteres. Um ein Beispiel für die zuerst genannte Linie geben zu können, muß man Arbeiten von Architekten wie Guiseppe Terragni betrachten.

5.40

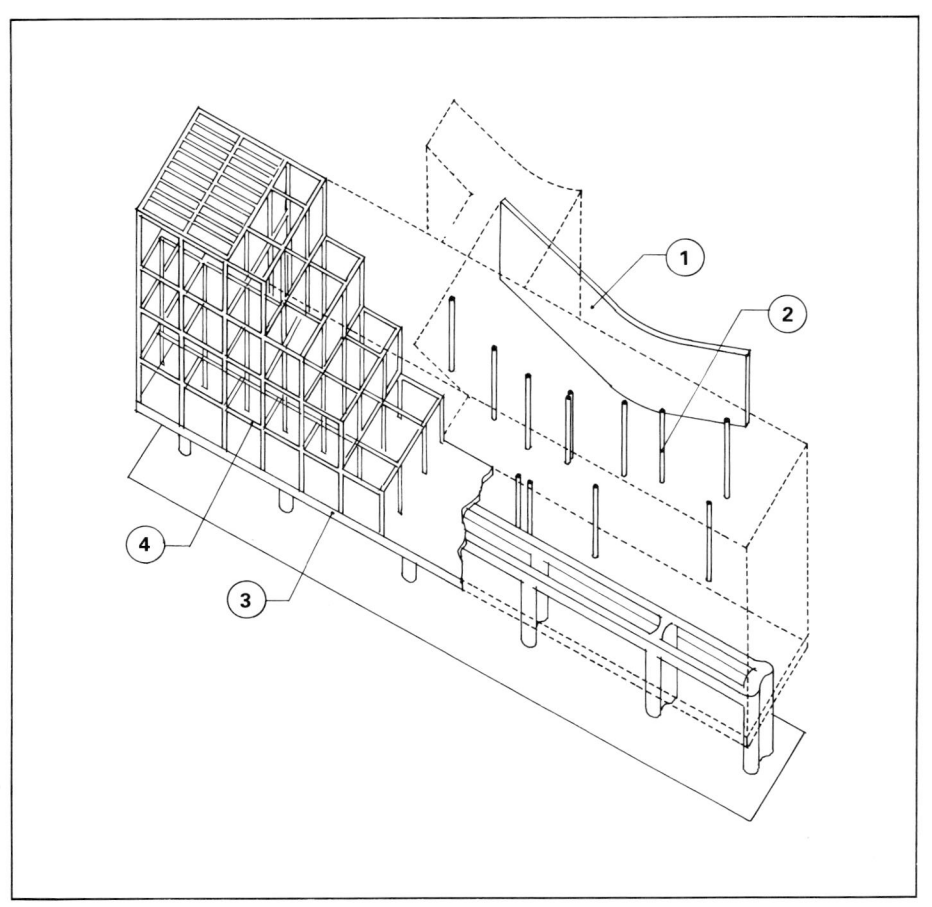

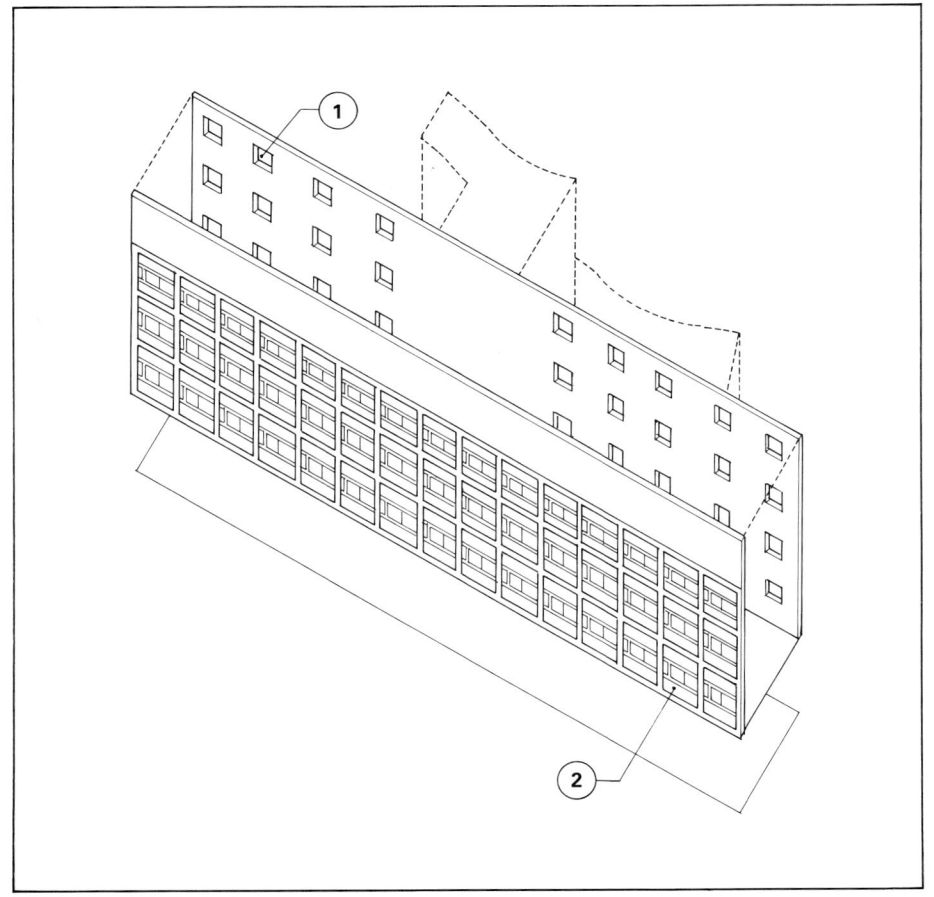

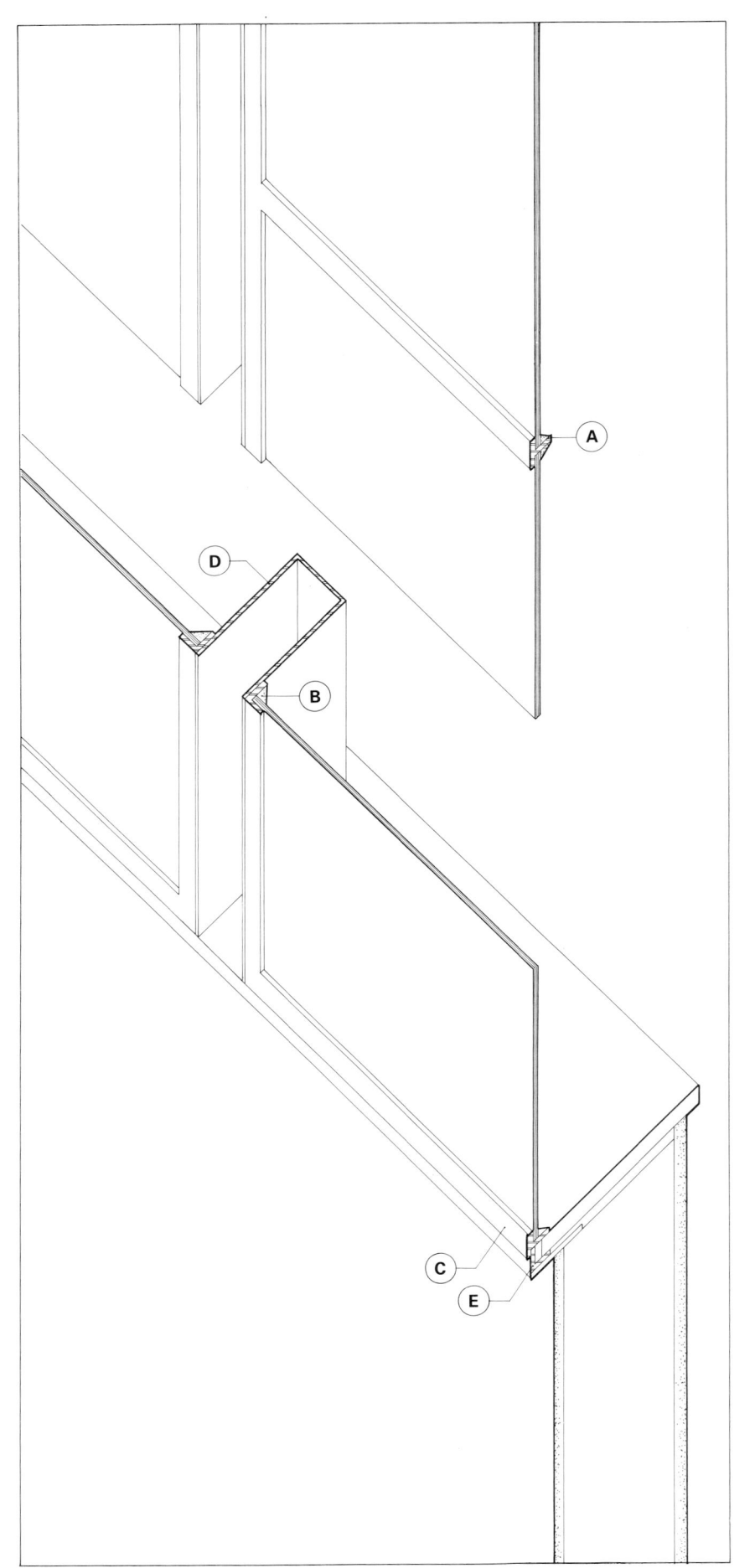

5.41

5.42

Schweizer Pavillon

Le Corbusier

Paris, 1932

5.40 Strukturschema
1 Tragende Feldsteinmauer.
2 Ortbetonstützen rahmen den Gemeinschaftsraum ein.
3 Ortbetonplattform (darunter offen).
4 Stahlrahmen der Schlafsäle.
(Fondation Le Corbusier, Zeichnung 15.518 und Baufotos)

5.41 Fenstertypen
1 Zurückgesetzte konventionelle Fenster.
2 Stahlvorhangwand mit Stahlschiebefenstern in mittlerer Höhe.

Bauhaus

Walter Gropius

Dessau, 1926

5.42 Fenster der Werkstatt
A Typische horizontale Sprosse aus Stahl, Verglasung von innen installiert.
B Rahmen an der Stütze.
C Rahmen an der Fensterbank.
D Typischer Pfosten an der Stütze. Er ist aus Stahlblech geformt und an den Trägern, die in jedem Geschoß aus den Stützen ragen, befestigt, wodurch die Wand verstärkt wird und die Stützenfelder artikuliert werden.
E Stützwinkel an der Fensterbank. Die Glasfläche vor die Ebene der Wand vorspringen zu lassen, verursacht ein erhebliches konstruktives Problem, da das Gewicht der Glaswand nicht mehr vom Mauerwerk getragen wird.
(Architectural Record)

Terragnis Casa del Fascio wurde ursprünglich als traditionelles Gebäude mit Walmdach, einem schweren Sockel mit Bossenwerk und traditionellen Fensteröffnungen entworfen. Im Verlauf seiner Planung entwickelte es sich zu einem modernen Bau, der jedoch Elemente seiner ursprünglichen Komposition beibehielt. Das Haus zeigt eine klassische Massenverteilung, indem es nach oben hin leichter wird. Dieses Merkmal teilen Le Corbusiers Gebäude nicht – insbesondere beim Schweizer Pavillon verläuft die Massenverteilung genau umgekehrt (d.h. das Gewicht des Gebäudes scheint über dem Boden zu schweben). Ansonsten haben die beiden Gebäude vieles gemein: es wurden die gleichen Konstruktionssysteme benutzt, die Öffnungen und Proportionen folgen Maßregeln, und die Außenhaut wird eher als eine Oberfläche behandelt und nicht als Rahmenwerk, das durch die Glasmembran abgedeckt oder ausgefüllt wird. Außerdem gleicht die Casa del Fascio dem Schweizer Pavillon darin, daß sich die Fassade aus eng nebeneinander stehenden Quadraten oder Rechtecken zusammensetzt.

Ein Vergleich der Konstruktion ergibt folgendes: Wie Le Corbusier arbeitet Terragni mit einem Hohlziegelverfahren, um eine einseitig gespannte Rippenplatte zu bilden, jedoch mit einem anderen Ziegel in einem quadratischen Feld. Anstatt, wie Le Corbusier, die Unterseite der Platte flach zu halten, senkte Terragni die Hauptträger entsprechend der Breite der Stützen unter die Platte ab. Somit erhält er aus diesen quadratischen Teilen einen Käfig aus Würfeln, der an die späteren Arbeiten von O. M. Ungers und Arata Isozaki denken läßt. Diese Anordnung läßt keinen offenen Grundriß zu, was auch nicht Terragnis Absicht war. Alle Trennwände im Gebäude befinden sich zwischen Stützen und stoßen deshalb an der Decke auf einen Träger. Dies erlaubt für das Raumprogramm nur wenige Möglichkeiten, da die Räume nur ein Vielfaches des Konstruktionsfelds sein können oder die Feldgröße geändert werden muß, um die Büros unterzubringen. Trotz der Einschränkungen dieses Konzepts (das für ein heutiges Bürogebäude inakzeptabel wäre) bringt es vielleicht den Charakter des Betonrahmens genauer zum Ausdruck. In traditionellen Mauerwerkgebäuden gibt es eine ziemlich exakte Entsprechung zwischen konstruktivem Aufbau und der räumlichen Organisation, also dem Grundriß. Das Konzept des offenen Grundrisses geht davon aus, daß diese Beziehung nicht mehr notwendig und auch nicht wünschenswert ist. Die Casa del Fascio ist gleichsam die Antithese zum offenen Grundriß. Rasterfelder und Raumaufteilung stimmen genau überein, und auf diese konzeptionelle Weise ist Terragnis Bau traditionell in seiner Haltung zur Beziehung von Tragwerk und Raum.

Zu den gelungensten Lösungen der Casa del Fascio gehört das Wandsystem. Obwohl es eine elegante und kunstvoll ausgeführte Reihe von Schiebe- und Drehzapfenfenstern aus Holz aufweist, sind diese von außen gleichsam unsichtbar. Die massiven Abschnitte der Wand und die Fenster liegen auf zwei unabhängigen Ebenen. Das Gebäude ist eine Schachtel in einer Schachtel. Die Fensterrahmen liegen so weit hinter der Außenwandfläche, daß man nur die klaren einfachen Linien der Steinmauer sieht. Obwohl es sich hier um eine extreme Lösung handelt, ist es leicht, die Vorteile dieser Technik zu erkennen: Unterschiede in den Glasflächen und Rahmenprofilen spielen keine Rolle mehr. Andererseits versucht Terragni, die Gebäudehülle auf eine Weise zu konzipieren, die weder die Membrane von Gropius noch die artikulierte reine Form von Le Corbusier ist. Zunächst behandelt Terragni das Glas beinahe so, als ob es unsichtbar wäre – im Gegensatz zu den anderen Beispielen dieses Kapitels würde die Casa del Fascio im Aussehen noch gewinnen, wenn ihr das Glas fehlte. Trotz der abstrakten Modernität von Terragnis Fassade ist die Befensterung in dem Sinne traditionell, daß sie auf der Beziehung zwischen Massivteilen und Hohlräumen beruht und nicht auf der Auffassung von Glas als Membrane. Terragni schiebt die Außenwand leicht vor die Stützen, was ihn von der Notwendigkeit befreit, sie auf der Außenseite zu artikulieren, und ihn gleichzeitig in die Lage versetzt, die Wand manchmal als ununterbrochene Fläche und manchmal als Rahmen zu behandeln.

Trotz ihrer Eleganz wäre diese Fassade heute kein nachahmenswertes Modell mehr. Die kürzesten Spannen der Felder betragen 2,75 und 4,75 m, d.h. beide liegen weit unterhalb ökonomischer Maße für Stahl und entsprechen fast dem Mindestmaß für Beton. Das der Klassik verbundene Ideal, Konstruktions- und Raummodul – im Gegensatz zur räumlichen Unabhängigkeit des offenen Grundrisses – zur Deckung zu bringen, blieb in der Moderne virulent und tauchte in den fünfziger und sechziger Jahren erneut auf.

5.43

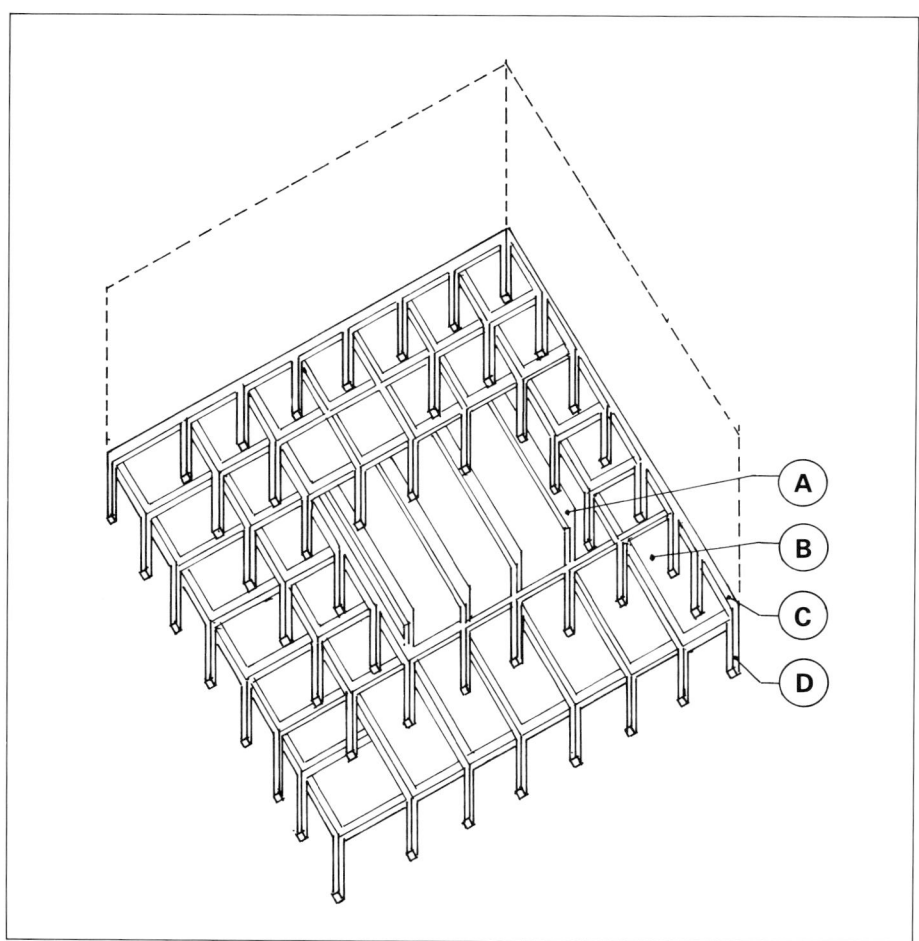

5.44

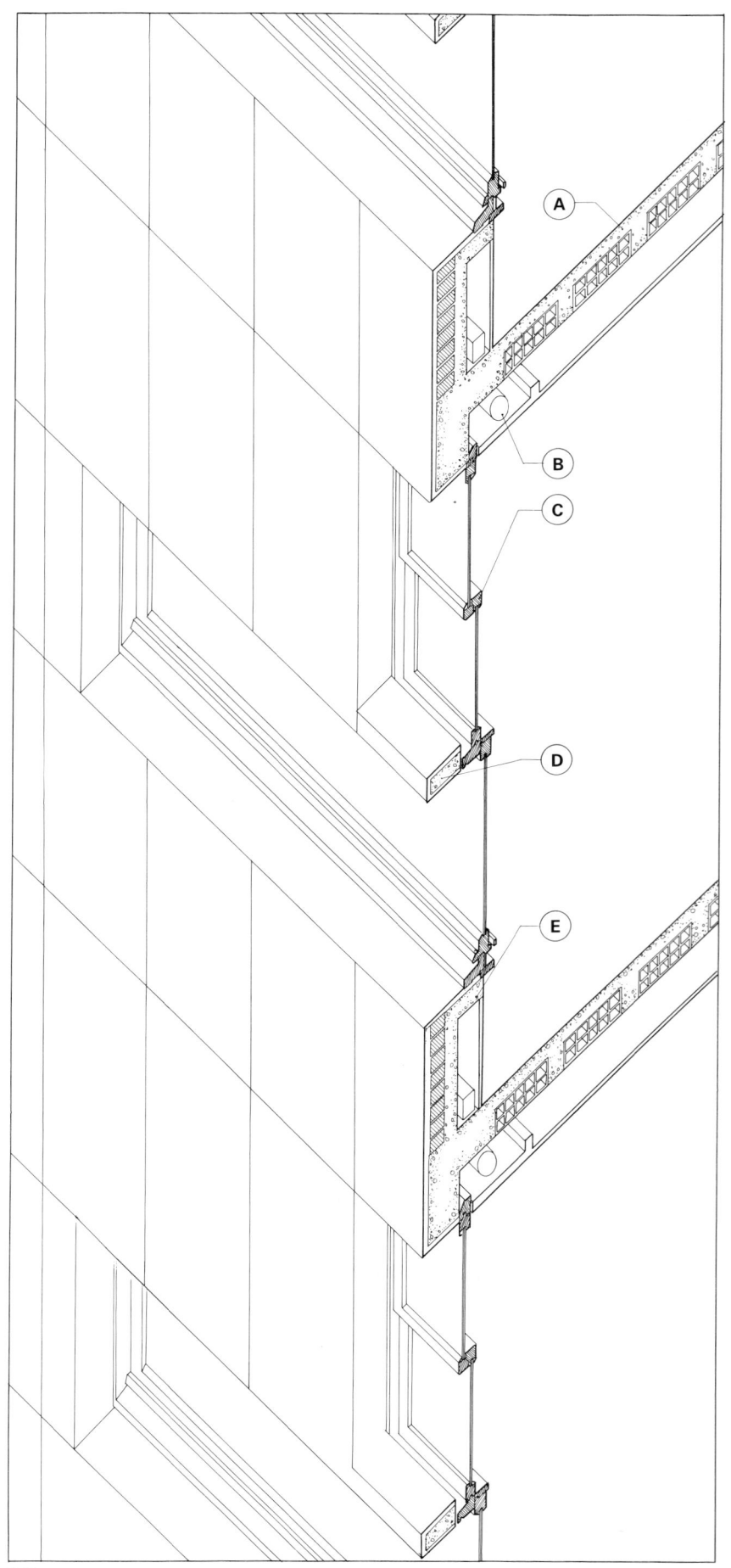

5.45

Casa del Fascio

Guiseppe Terragni

Como, 1936

5.43 Außenansicht
(Quadrante)

5.44 Strukturschema
A   Große Betonträger überspannen den Hof.
B   Geschoßdecke aus Betonplatten.
C   Betonträger, Positionierung exakt wie die Wände.
D   Betonstütze.
(Quadrante)

5.45 Schnitt der Südfassade
A   Geschoßdecke aus Stahlbetonrippenplatten mit Hohlziegeln; die Träger sind abgesenkt.
B   Rolladen.
C   Holzschiebe- und Drehfenster.
D   Betonaußenwand mit Marmorverkleidung bildet die Fensterbank.
E   Typische Wandkonstruktion: eine einzelne Ziegellage, zum Teil von hinten mit Beton verstärkt, wird mit 5 cm starken Marmorplatten verkleidet.
(Quadrante)

NACHGEDANKEN

Der Einfluß Le Corbusiers ging über das rein Formale weit hinaus. So wie seine Gedanken zur Stadtplanung unabhängig vom architektonischen Geschmack ihre Wirkung ausübten, beeinflußten seine konstruktiven Ansätze auch Architekten, die nicht unbedingt zu seinen stilistischen Nachfolgern gehörten. Die Schwierigkeit lag (und liegt) darin, daß sein Schaffen auf zwei Konzepten beruht, die nicht universell anwendbar sind.

Erstens sollten bei den meisten seiner Entwürfe für industrialisierte Bausysteme Wände aus mehreren dünnen Schichten hochspezialisierter und meist synthetischer Komponenten verwendet werden. Diese Entwürfe, wozu die Monol-Häuser von 1919 und die Loucher-Häuser von 1929 zählen, wurden allerdings niemals ausgeführt. Dagegen haben seine weißen Villen der zwanziger Jahre monolithische Wände, sie waren einfach, ohne Dämmung oder Abdichtung. Auch in seinen rustikalen Häusern der dreißiger Jahre beschränkte er sich auf einfache monolithische Wände aus Sichtmauerwerk, vermutlich weil die verfügbaren Budgets und Technologien eine komplexere Wand nicht zuließen. Auf ganz andere Weise wurde die monolithische Wand dagegen bei Perret erzielt, nämlich mittels Betonfertigteilen. In Gebäuden wie seinem Haus Bley machen komplexe Fertigelemente das Tragwerk sowie die Innen- und Außenverkleidung aus. Auf diesem Wege fand man zur Realisierung eines Ideals des neunzehnten Jahrhunderts mit den Mitteln des zwanzigsten Jahrhunderts: zu einem einheitlichen universellen monolithischen Baumaterial. Diese Auffassung vom modernen Bauen ist bis heute sehr lebendig: Die Fertigteilbauten von Ricardo Bofill sind, trotz stilistischer Unterschiede, eine Fortsetzung dieser Richtung.

Das zweite Konzept Le Corbusiers war seine Idealisierung der Auto- und Flugzeugherstellung als Vorbild für die Bauindustrie. Sein Wissen von den tatsächlichen Produktionsbedingungen war allerdings begrenzt, er interessierte sich nur für die Produktionsfaktoren der Standardisierung und der maximierten Montage im Werk und minimierten Fertigung vor Ort. Große Bauelemente sollten in der Fabrik vorgefertigt werden, nur die Endmontage sollte auf der Baustelle geschehen. Wirtschaftlichkeit beim Bauen sollte durch Vereinfachung erzielt werden – eine geringe Zahl von Materialien, eine geringe Zahl von vorgefertigten Bauteilen und wenige Verbindungselemente zur Montage. Die besten Materialien und die besten Bauteile wären demnach jene, die möglichst vielseitig einsetzbar waren. Statt jeweils spezifischer Elemente, Materialien und Arbeitskräfte für Tragwerksbau, Isolierung, Abdichtung gegen Wasser und Verkleidung wurde ein einziges Material und ein Bauteil für alle vier Funktionen angestrebt. Es würden weniger Verbindungen, weniger Arbeiter und weniger Materialien benötigt. Betonfertigteile schienen der ideale Baustoff zu sein. Daß dieses Konzept nichts mit den realen Bedingungen in der Auto- und Flugzeugindustrie zu tun hatte, war nicht bekannt oder wurde einfach ignoriert.

Aus den beiden Gedanken wurde der Schluß gezogen, daß moderne Bauwerke einfache monolithische Konstruktionen sein sollten. Der monolithische Stil existiert heute in Form von Gebäuden aus Betonfertigteilen, aber bis auf die Massensiedlungen Europas und bestimmte amerikanische Bauten (wie Parkhäuser) bestimmt er nicht das vorherrschende Konstruktionssystem. Dies gilt besonders für Amerika, wo die meisten Wohnhäuser mit Holzrahmen und die meisten größeren Gebäude aus Stahl errichtet werden. Holz- und Stahlrahmen bedingen beinahe ein mehrschichtiges Bausystem mit hochspezialisierten Elementen, und die Bemühungen, sie in monolithischen Systemen unterzubringen, sind meist gescheitert.

Der interessanteste Aspekt der Betrachtung von Le Corbusiers Details liegt darin, was sie uns über Le Corbusiers Architektur erzählen. Seine vorrangige Leistung bestand darin, daß er Detailsysteme entwerfen konnte, die exakt seine Formensprache trafen und förderten. Was das Problem betrifft, Materialien und Baugruppen auszuwählen und sie so zu adaptieren, daß sie seine formalen Absichten zum Ausdruck bringen würden, war er weniger erfolgreich; es blieb seinen Nachfolgern überlassen, die seiner Vision entsprechenden Details zu entwickeln. Was Le Corbusier nicht schätzen würde, ist die Ironie dabei: Obwohl seine Formensprache immer noch absolut lebendig ist, ist die Technologie, die ihr integraler Bestandteil war – der Betonrahmen, die standardisierten Holz- und Stahlfenster, die Rastergröße –, absolut tot.

Le Corbusiers Erbe beschränkt sich jedoch nicht nur auf die Formensprache. Seine Gedanken zur Bauindustrie, nunmehr vor sechzig Jahren formuliert, haben ebenfalls

5.46

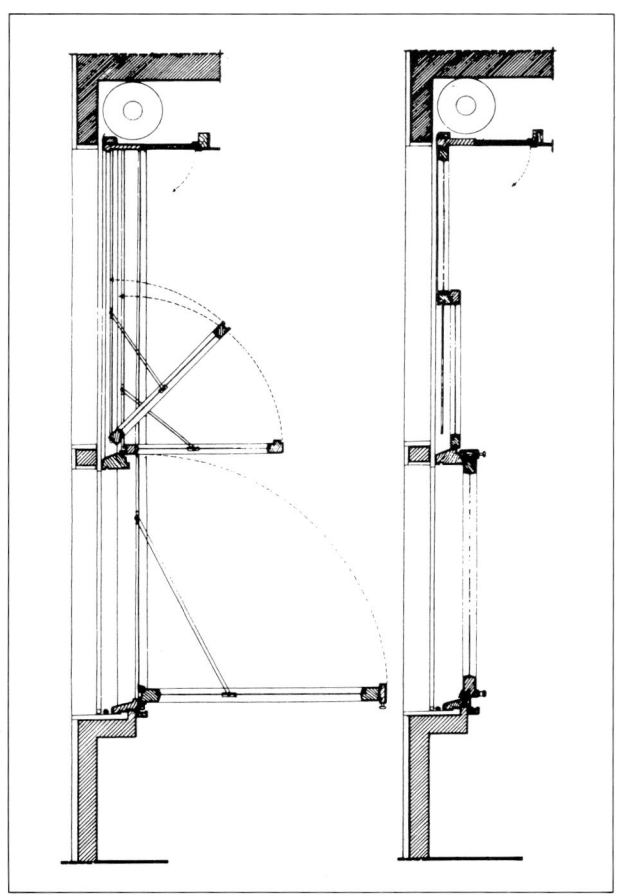

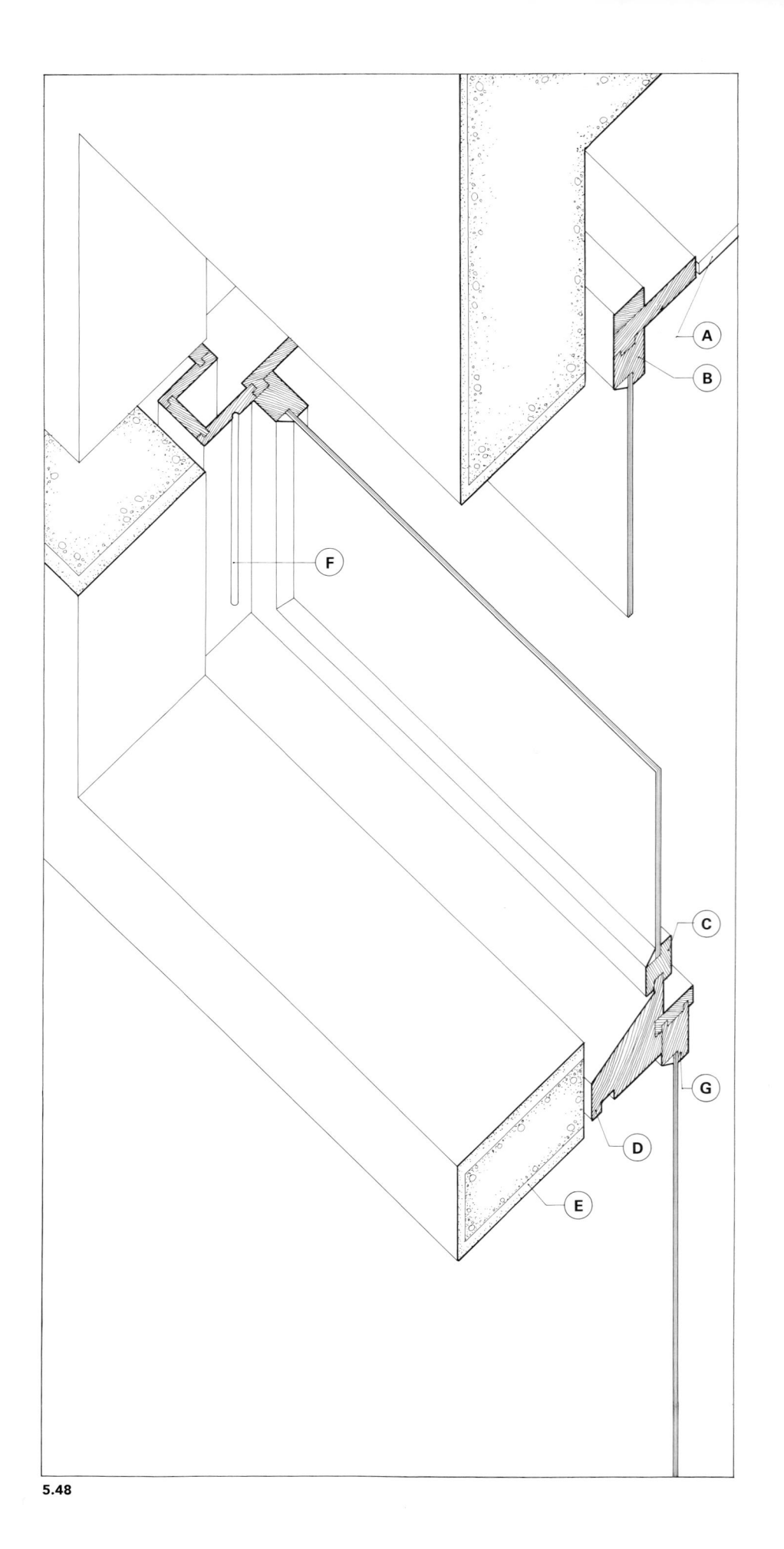

5.47

5.48

Casa del Fascio

Guiseppe Terragni

Como, 1936

5.46 **Innenansicht**
(Quadrante)

5.47 **Funktionsweise der Fenster**
(Quadrante)

5.48 **Schnitt durch Fenster**
A Gelenkig verbundene Holzverkleidung, macht den darüberliegenden Rolladen im Reparaturfall zugänglich.
B Oberer, vertikal beweglicher Holzschiebeflügel. Die typische Nut-und-Feder-Verbindung dient wie die Z-förmige Fuge der Abdichtung auch bei Quell- und Schwindprozessen des Holzrahmens.
C Unterer, vertikal beweglicher Holzschiebeflügel. Im Regelfall erfolgt die Verglasung von außen.
D Feststehendes horizontales Rahmenholz.
E Betonwand mit 5 cm starker Marmorverkleidung.
F Typisches Gewände. Die Rille ist für den oberen Schiebeflügel vorgesehen.
G Holzkippflügel. Funktionsweise (*siehe Abb. 5.47*).
(*Quadrante*)

weitergewirkt. Trotz seiner Überbetonung der Standardisierung, trotz der mangelnden Differenzierung zwischen kleinen und großen Bauvorhaben und trotz seiner allgemeinen Fehleinschätzung der Industrialisierung beherrschen sie noch immer unsere Vorstellungen von der Bauindustrie. Der Gedanke, daß das Bauen der Automobilindustrie zu gleichen habe, daß durch eine durchrationalisierte industrielle Vorfertigung von großen Bauteilen wirtschaftlicher gearbeitet werden könne, hat sich trotz einiger fehlgeschlagener Versuche, ihn in die Praxis umzusetzen, hartnäckig gehalten – vielleicht, weil bisher kein neues Konzept vergleichbarer Größenordnung aufgetaucht ist.

Der Schweizer Pavillon und die Cité de Refuge stellen eigenständige Errungenschaften der Detailgestaltung dar und zeigen erhebliche Verbesserungen im Vergleich zu ihren Vorgängern, aber sie sind ein Ende, kein Anfang. Das System der genormten gleichförmigen Teile sollte dem der fortlaufenden Serien, die auf Modulen basierten, Platz machen.

6   Ludwig Mies van der Rohe und die Stahlkonstruktion

Entscheidend wird allein sein, wie wir uns in diesen Gegebenheiten zur Geltung bringen.

Mies van der Rohe, 1930

Es hat immer zwei Mies van der Rohes gegeben. Es gab den europäischen Mies, der viel entwarf und wenig baute, und es gab den amerikanischen Mies, der von 1950 an bis zu seinem Tod im Jahr 1969 ein größeres Gebäude jährlich baute. Es gab den Mies, der zu De Stijl und zur Novembergruppe gehörte, der die Zeitschrift G mit herausgab und ein Denkmal für Karl Liebknecht und Rosa Luxemburg entwarf, und es gab den Mies, der mit dem Seagram Building Amerikas Unternehmen eine architektonische Sprache gab.

Auch seine Gebäude waren sehr verschieden. Es gab den Mies der expressionistischen Wolkenkratzer aus Glas, des Landhauses aus Backstein und des Barcelona-Pavillons, und es gab den Mies des Hauses Farnsworth, der Crown Hall und der Neuen Nationalgalerie in Berlin. Die europäischen Bauwerke waren unregelmäßig, asymmetrisch, fragmentarisch und vom Expressionismus und De Stijl beeinflußt; die amerikanischen Gebäude waren regelmäßig, symmetrisch und in sich vollendet und erinnerten an das Werk Schinkels. Die europäischen Entwürfe waren nur durch wenige Skizzen und alte Fotos bekannt; die amerikanischen Entwürfe wurden bis zur letzten Schraube dokumentiert. Die europäischen Gebäude waren geheimnisvoll, unzugänglich, rätselhaft und wurden häufig nicht realisiert; die amerikanischen Bauten waren das Naheliegende, enthielten keine Geheimnisse und waren beinah zu gut bekannt, manchmal fast langweilig.

Die Wandlungen in Form und Detail im Verlauf von Mies' Schaffenszeit waren nicht Folge der veränderten Technologie, sondern die Veränderungen der Technologie machten sie möglich und gaben ihnen Richtung und Gestalt. Zwischen einem Haus, das 1930 in Deutschland gebaut wurde, und einem Bürogebäude, das 1960 in New York errichtet wurde, bestehen erhebliche technologische Unterschiede, aber auch solche in der Haltung, in der Detailbehandlung und der Auffassung von Konstruktion. Obwohl sich Mies' Name mit dem Stahlskelett verbindet, tauchten Sichtprofile aus Walzstahl erst 1943 in seinen Arbeiten auf, also sechzehn Jahre nach Neutras Haus Lovell und zehn Jahre nach dem Schweizer Pavillon.

Vor 1940 zog Mies (im Gegensatz zu den meisten Architekten der Moderne) das mehrschichtige System dem monolithischen vor. In seinen Bauten der amerikanischen Zeit ist allerdings letzteres vorherrschend. Ironischerweise konnte er bei vielen seiner späteren Aufträge wegen des Gebäudetypus den Rahmen nicht bloßlegen, und so sind beide Systeme in seinen Häusern vertreten. Mies van der Rohe hatte die große

6.1

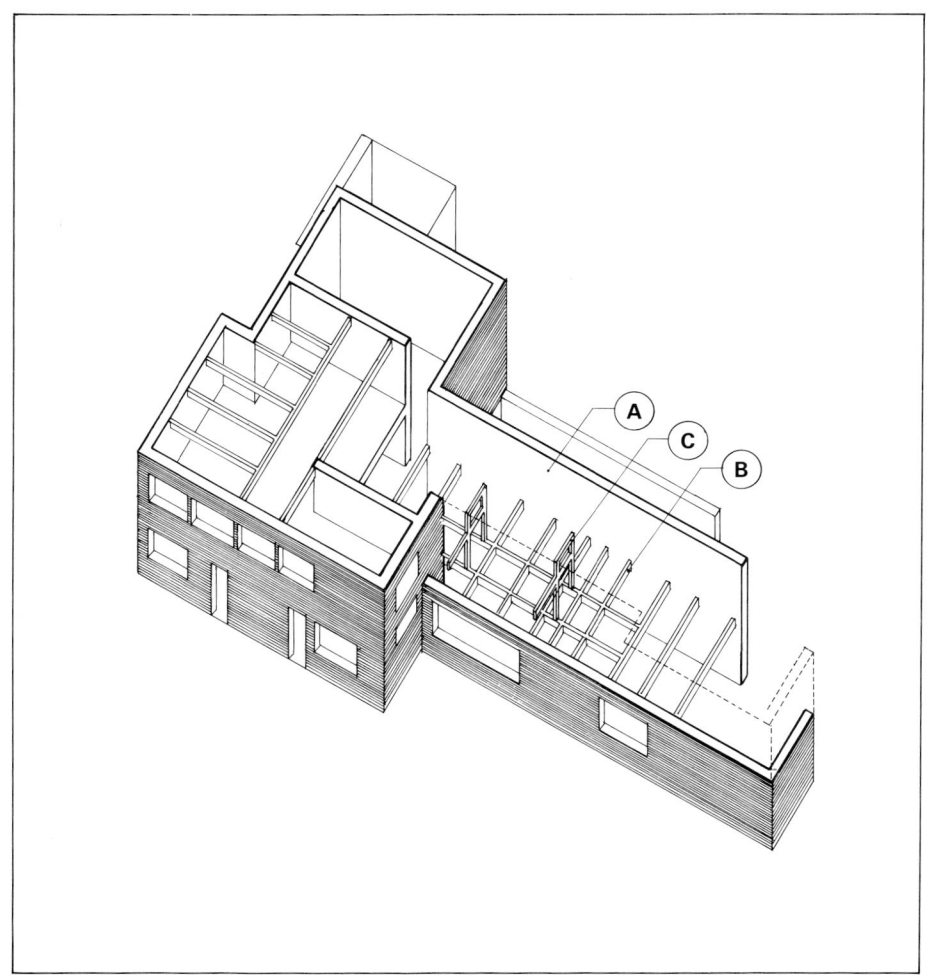

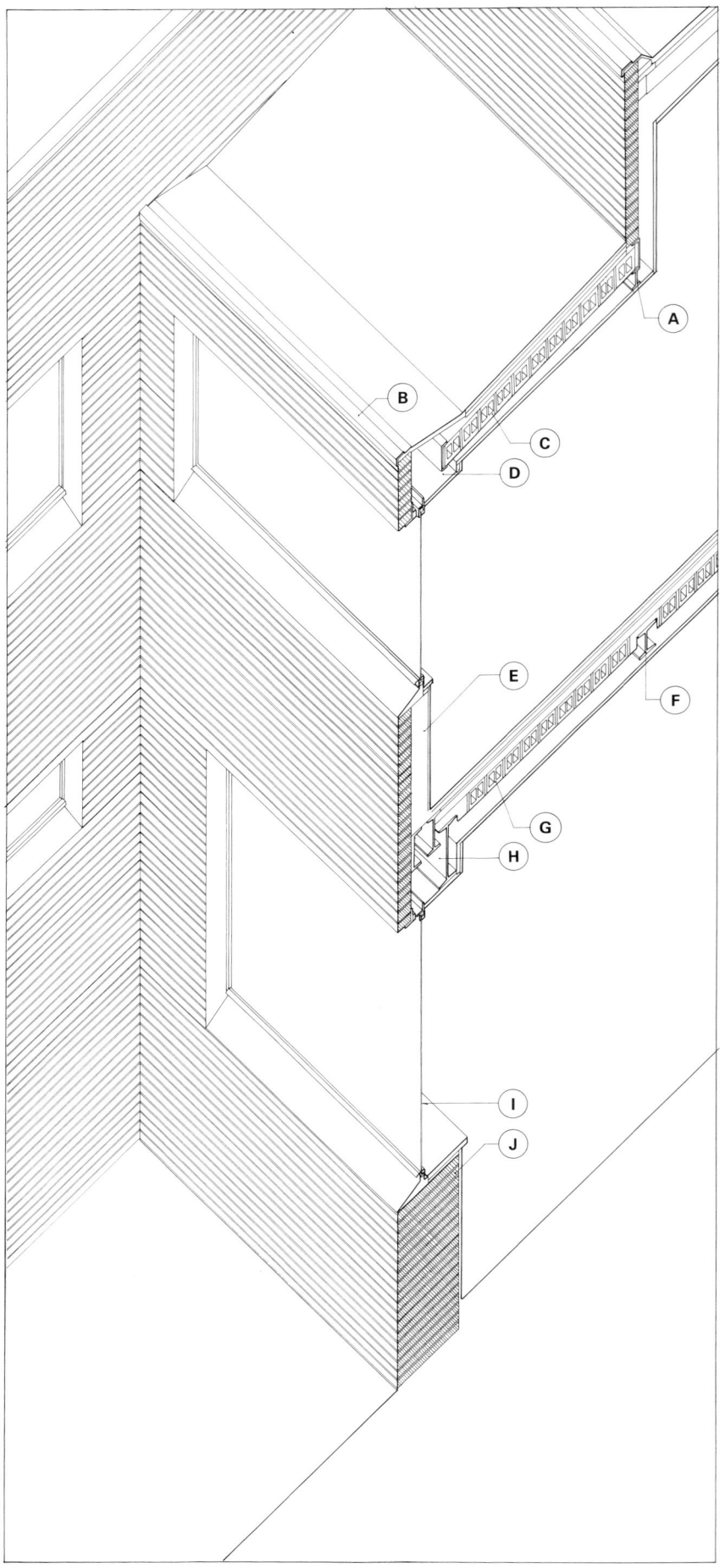

6.2

6.3

Haus Hermann Lange
Ludwig Mies van der Rohe
Krefeld, 1928

6.1 **Außenansicht**
(Mies van der Rohe Archiv, Museum of Modern Art, New York)

6.2 **Strukturschema**
A Tragende Ziegelmauern.
B Stahlträger. Sie bilden zusammen mit dem Mauerwerk das Auflager für die Geschoßdecke aus Beton und Hohlziegeln.
C Stahlstütze. Die zurückspringende Außenwand des Obergeschosses wird im Gegensatz zu den anderen tragenden Wänden von keiner darunterliegenden Wand gestützt. Daher muß sie von einem Stahlrahmen getragen werden, der zwischen zwei tragenden Wänden spannt. In den Wänden des Obergeschosses ist eine Diagonalaussteifung verborgen.
(Mies van der Rohe-Archiv, Museum of Modern Art, New York, Zeichnung 6.30)

6.3 **Fassadenschnitt**
A Doppel-T- und U-Profil aus Stahl tragen das darüberliegende Ziegelwerk. Teil der in Abb. 6.4 gezeigten Stahlaussteifung.
B Dachkante und Dach. Der Rand des Dachaufbaus wird durch ein coupiertes T-Profil aus Walzstahl gebildet statt der üblichen Blech-Kies-Ausbildung. Das verringert die Möglichkeit des Verziehens.
C Dachkonstruktion aus vorgefertigten Elementen: wahrscheinlich mit Beton vergossene Hohlziegel auf Stahlträgern.
D Aussparung für Rolladen.
E Wand des Obergeschosses. Die Wand ist verblendet und nicht monolithisch, wahrscheinlich, um die Stahlstütze aufnehmen zu können.
F Hohlziegelbetondecke mit Stahlträgern.
G Deckenkonstruktion, ähnelt der Dachkonstruktion; abgesehen von den Stahlträgern gleicht sie dem von Le Corbusier angewendeten Hennebique-System *(siehe Abb. 5.5)*.
H Aussparung für den Rolladen.
I Stahlfenster. Die Verwendung eines dünnen Stahlrahmens statt des größeren traditionellen Holzrahmens ergibt eine einfachere und abstraktere Öffnung.
J Untere Ziegelmauer. Die meisten Mauern sind monolithisch und nicht die für das moderne Bauen typischen Hohlmauern.
(Mies van der Rohe Archiv, Museum of Modern Art, New York, Zeichnungen 6.115 und 6.174)

6.4 **Stahlaussteifung im Obergeschoß**
(Mies van der Rohe-Archiv, Museum of Modern Art, New York, Zeichnung 6.174)

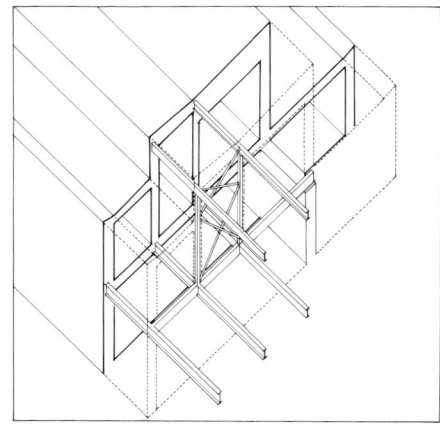

6.4

Fähigkeit, Vorgaben zu akzeptieren, auch wenn sie seinen Grundsätzen zuwiderliefen, und unvoreingenommen das Problem anzugehen.

Mies zog Stahlkonstruktionen vor, akzeptierte aber, wenn nötig, auch Beton. In seinen späteren Jahren tendierte er dazu, Stahl sichtbar zu machen, akzeptierte es aber auch, wenn er verdeckt werden mußte. Die Proportionen waren wichtig, sie konnten aber geringfügig geändert werden, wenn es die jeweiligen Umstände erforderten. Aber *ein* Grundsatz, – die verdeckte Fuge, – blieb unangetastet; dieses Element zieht sich durch sein gesamtes Werk.

Mies behauptete, das Werk von H. P. Berlage – insbesondere die Amsterdamer Börse – habe seine Vorstellungen vom rationalen Bauen geprägt. „Ich wollte immer, daß er über Schinkel redete", erinnert sich Philip Johnson, „aber ... [darüber] wollte er nie diskutieren. ... Der einzige, den er erwähnte, war Berlage. Behrens erwähnte er nie."[1]

Die Amsterdamer Börse ist vielleicht *das* idealtypische Beispiel des monolithischen Baustils. Die Wände bestehen aus monolithischem Ziegelmauerwerk, innen und außen unverputzt, und die Dachbinder der größeren Flächen sind bloßgelegt. Es ist ein Gebäude, das sehr mit der Puginschen Bautheorie übereinstimmt, daß zwischen Tragwerk und Verkleidung bzw. zwischen Tragwerk und Architektur kein Unterschied bestehen soll. Seltsamerweise ist die Amsterdamer Börse völlig ohne Verkleidung, obwohl sich Berlage von Sempers Gedanken in unterschiedlicher Weise beeinflussen ließ. Es ist merkwürdig, daß Mies dieses Gebäude 1910 so bewunderte. Es hat wenig mit seinen Arbeiten zwischen 1910 und 1930 zu tun – ein Zeitraum, in dem Sichtkonstruktionen bei ihm selten sind –, obwohl es große Ähnlichkeiten mit seinen Werken der vierziger Jahre aufweist. Mies setzte bei seinen frühen Bauten in den Vereinigten Staaten viel Ziegelmauerwerk ein, obwohl dies durch die Entwicklung der modernen Hohlmauer und das Aufkommen von Isolierung immer unerwünschter wurde. Die größten Probleme traten jedoch bei seiner Verwendung von Sichtstahlrahmen auf.

Sichtskelette aus Eisen oder Stahl waren im neunzehnten Jahrhundert gebräuchlich, wurden aber im zwanzigsten Jahrhundert immer seltener verwendet. Moderne Brandschutzvorschriften verlangen, daß Stahltragwerke in Häusern, die mehr als zwei Stockwerke hoch sind, eine bestimmte Größe überschreiten oder sich in dichtbesiedelten Gebieten befinden, mit einem feuersicheren Überzug versehen werden. Stahl, der der Witterung ausgesetzt ist, muß oft gestrichen werden. Sichtrahmen verlangen eine bessere handwerkliche Ausführung und sind deshalb teurer. Mies entwickelte eine Reihe von raffinierten Möglichkeiten, mit denen man die Richtlinien bei niedrigeren Gebäuden umgehen und somit den Stahl zeigen konnte, aber bei den Hochhäusern blieb ihm keine Wahl. Für diese Gebäude entwickelte er Wandsysteme, die auf die tatsächliche Konstruktion schließen ließen. In seinen Bauten gibt es viele Sichtstahlprofile, aber selten sind sie ein Teil des echten Tragwerks. Sie sind zwar funktional, bilden aber ein analoges Tragwerk zu dem, welches sie verkleiden. Mies hätte in vielen seiner Gebäude das Tragwerk zeigen können, indem er den Stahl durch Beton ersetzte; es ging ihm aber um ein sichtbares *Stahl*skelett, so daß er statt dessen lieber das Skelett beibehielt und es ornamentiert verkleidete.

Wenn Mies 1910 wirklich von Berlage fasziniert war, muß er einen Hang zu monolithischen Bausystemen und schon ein gewisses Faible für Präzisionsarbeiten gehabt haben. Zu Beginn der zwanziger Jahre kristallisierten sich seine Grundsätze heraus. Wie die meisten seiner Zeitgenossen wurde auch er von der aufgewühlten Atmosphäre im Nachkriegs-Berlin und vom deutschen Expressionismus beeinflußt. Während dieser Zeit, als viele deutsche Architekten (darunter Gropius, die Brüder Taut und Luckhardt) Häuser entwarfen und Manifeste schrieben, die ihnen in späteren Jahren peinlich werden sollten, produzierte Mies seine Wolkenkratzer aus Glas und seine Landhäuser aus Ziegeln und Beton, auf die er auch später noch stolz war. Seine Schriften aus jener Zeit – die zu seinen bekanntesten gehören – haben, ähnlich wie bei Gropius, mit seinem späteren Werk wenig zu tun.

1923 schrieb Mies in der avantgardistischen Zeitschrift *G*:

> *Jede ästhetische Spekulation*
> *jede Doktrin*
> *und jeden Formalismus*   } lehnen wir ab.

6.5

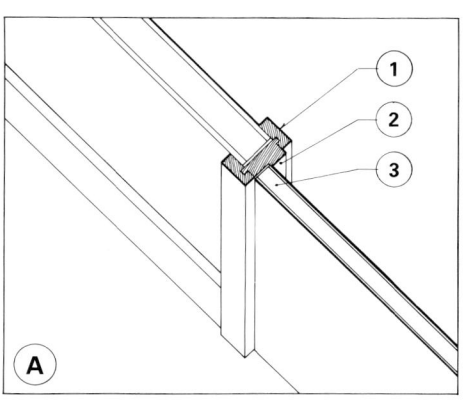

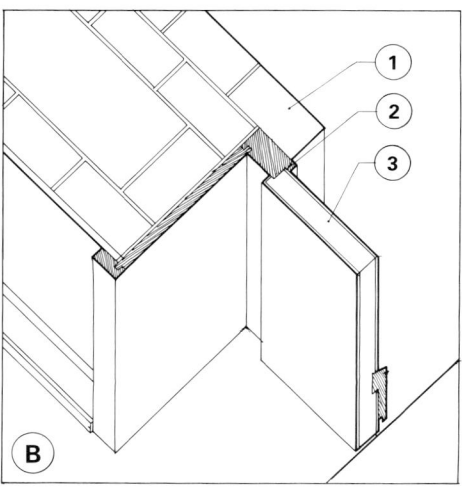

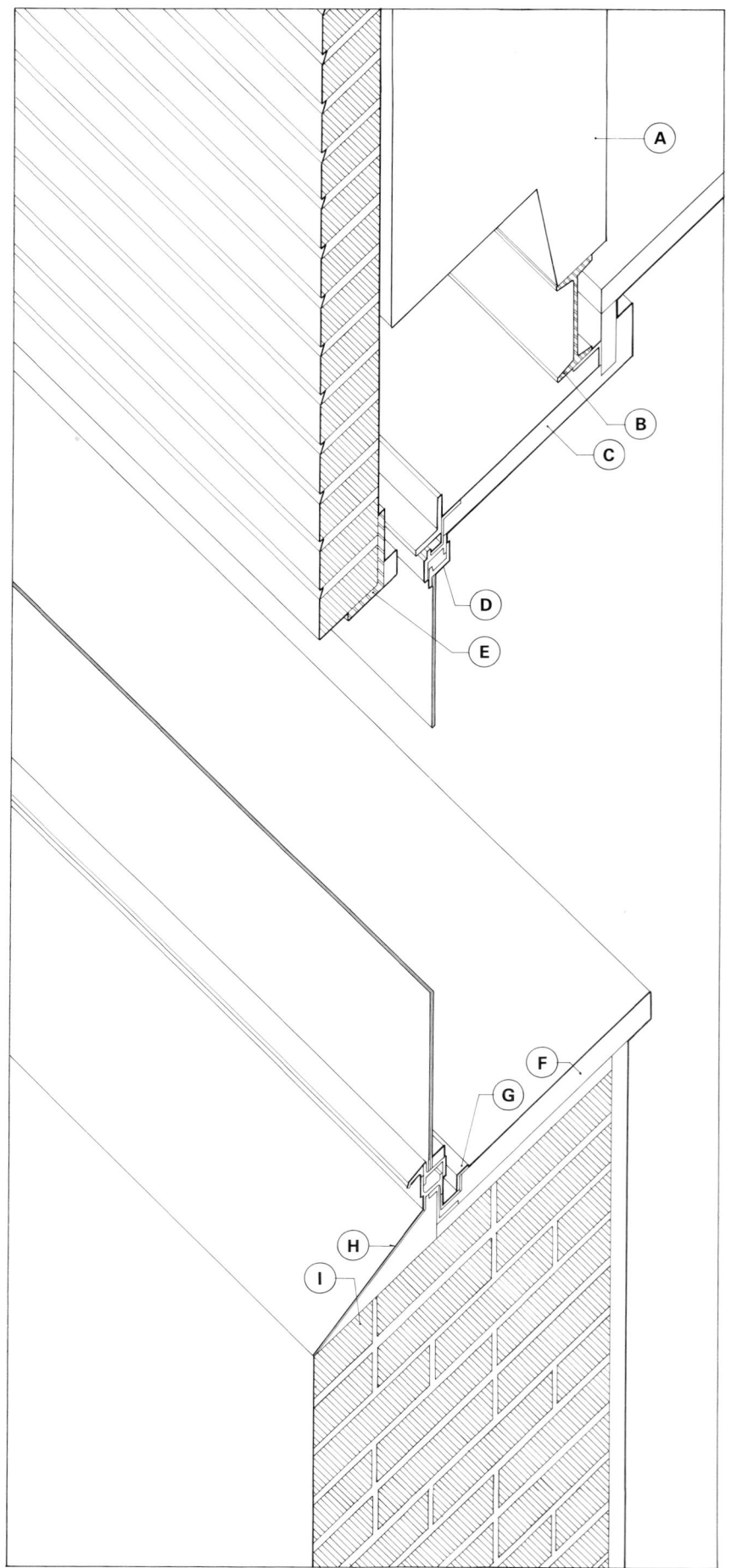

6.6

6.7

Haus Hermann Lange
Ludwig Mies van der Rohe
Krefeld, 1928

6.5 Türen
A Türrahmen innen.
  1 Bekleidung vernutet mit dem Türfutter. Trotz seiner "modernen" geometrischen Einfachheit ist die Bekleidung aufgesetzt (statt zurückgesetzt) und insofern traditionell.
  2 Türfutter.
  3 Furnierte Holztür.
B Türgewände außen.
  1 Tragendes Ziegelwerk. Der Türrahmen ist hinter die Ziegelmauer zurückgesetzt, um die Profilleiste des Rahmens außen visuell zu verringern.
  2 Überfälzung. Die Z-förmige Fuge fungiert als Anschlag für die Tür und schließt auch noch, wenn das Holz quillt oder austrocknet.
  3 Holztür.
(Mies van der Rohe-Archiv, Museum of Modern Art, New York, Zeichnungen 6.70 und 6.86)

6.6 Innenansicht
(Volker Döhne)

6.7 Fensterdetails
A Ortbetonbalken.
B Stahlträger nimmt das Gewicht der Decke über der Fensteröffnung auf.
C Bewegliche Klappe des Rolladenkastens darüber.
D Nach innen öffnender Fensterflügel aus Stahl.
E Stahlwinkel zur Stützung des darüberliegenden Ziegelwerks. Im Gegensatz zur traditionellen Konstruktion, wo der Sturz sichtbar und ein Teil der architektonischen Gestaltung ist, ist dieser Sturz versteckt.
F Innere Fensterbank.
G Kondenswasserrinne aus Metall.
H Äußere Fensterbank aus Blech. Durch die Verwendung von Metall statt Stein ist die Fensterbank von außen nicht zu sehen.
I Ziegelmauer, auf der Innenseite verputzt.
(Mies van der Rohe-Archiv, Museum of Modern Art, New York, Zeichnung 6.174)

Baukunst ist raumgefaßter Zeitwille.
Lebendig. Wechselnd. Neu.

Nicht das Gestern, nicht das Morgen,
nur das Heute ist formbar.
Nur dieses Bauen gestaltet.

Gestaltet die Form aus dem Wesen der Aufgabe
mit den Mitteln unserer Zeit.

Das ist unsere Arbeit. [2]

Wir kennen keine Form, sondern nur Bauprobleme.
Die Form ist nicht das Ziel, sondern das Resultat unserer Arbeit.
Es gibt keine Form an sich.
Das wirklich Formvolle ist bedingt mit der Aufgabe verwachsen,
ja der elementarste Ausdruck ihrer Lösung.
Form als Ziel ist Formalismus; und den lehnen wir ab.
Ebensowenig erstreben wir einen Stil.
Auch der Wille zum Stil ist formalistisch.
Wir haben andere Sorgen.
Es liegt uns gerade daran, die Bauerei von dem ästhetischen Spekulantentum
zu befreien und Bauen wieder zu dem zu machen, was es allein sein sollte, nämlich
BAUEN.[3]

Diese Postulate sind oft nachgedruckt und als gedanklicher Ausdruck hinter Mies' reifem Werk präsentiert worden. Nichts könnte der Wahrheit ferner sein. In der Praxis bestritt Mies nie, daß der Entwurf eine ästhetische Auswahl beinhaltet. Alle seine Gebäude enthalten artikulierte und verborgene tragende Teile, um für das Haus eine bestimmte Deutung zu ermöglichen. Mit Ausnahme der Häuser der vierziger Jahre sind bloßgelegte Tragwerke bei seinen Werken unüblich. Stattdessen gibt es meist ein analoges Verkleidungssystem, das das Tragwerk repräsentiert.

Ein wichtiger Aspekt des revolutionären Eifers der Zwischenkriegszeit war das Interesse an der Industrialisierung. Zu Beginn der zwanziger Jahre war man von den traditionellen handwerklichen Baumethoden besessen, und Gropius und Meyer (die 1914 in Köln den Werkbund-Pavillon aus Glas und Stahl geschaffen hatten) entwarfen das Haus Sommerfeld, das nur als Blockhaus bezeichnet werden kann. Dieser Haltung folgte bald eine ebenso große Begeisterung für die Industrialisierung, an der sich selbst einige Dadaisten beteiligten. Obwohl sich Mies immer für moderne Materialien interessiert hatte, war seine Einstellung zur Industrialisierung eher gemäßigt. Er erkannte mehr noch als Gropius oder Le Corbusier, in welchem Maße die Formen der Moderne von der traditionellen Handwerkskunst abhingen, und hielt dies nicht unbedingt für einen Nachteil:

Der Versuch zu neuen Betriebsformen ist wiederholt unternommen worden und hat nur die Teile des Bauwesens erfaßt, die eine Industrialisierung zuließen. Auch wird der Montagecharakter des heutigen Bauens zweifellos überschätzt. Er ist fast nur bei Hallenbauten für die Industrie und die Landwirtschaft durchgeführt worden, und zwar waren es zuerst die Eisenbaufirmen, die ihre Konstruktionsteile in ihren Betrieben montagefertig herstellten. Neuerdings ist auch die Holzindustrie bestrebt, ihre Konstruktionsteile industriell zu bearbeiten, um einen reinen Montagecharakter für den Bau zu erzielen. Bei fast allen anderen Bauten werden der gesamte Rohbau und große Teile des Innenausbaues seit undenklichen Zeiten in derselben Weise ausgeführt und tragen einen rein handwerklichen Charakter. Dieser Charakter ist weder durch Wirtschaftsformen noch durch Arbeitsmethoden zu verändern, und gerade er sichert den Kleinbetrieben ihre Lebensfähigkeit. Man kann natürlich durch die Verwendung größerer und anderer Steinformate Material und Arbeitslöhne ersparen, wie die neuen Bauweisen zeigen, doch auch das verändert in keiner Weise den handwerklichen Charakter des Bauens; wobei noch zu beachten ist, daß das Ziegelmauerwerk gegenüber diesen neuen Bauweisen unbestreitbare Vorzüge aufweist. Es kommt nicht so sehr auf eine Rationalisierung der bisherigen Werkmethoden an, als auf eine grundlegende Umgestaltung des Bauwesens überhaupt.

6.8

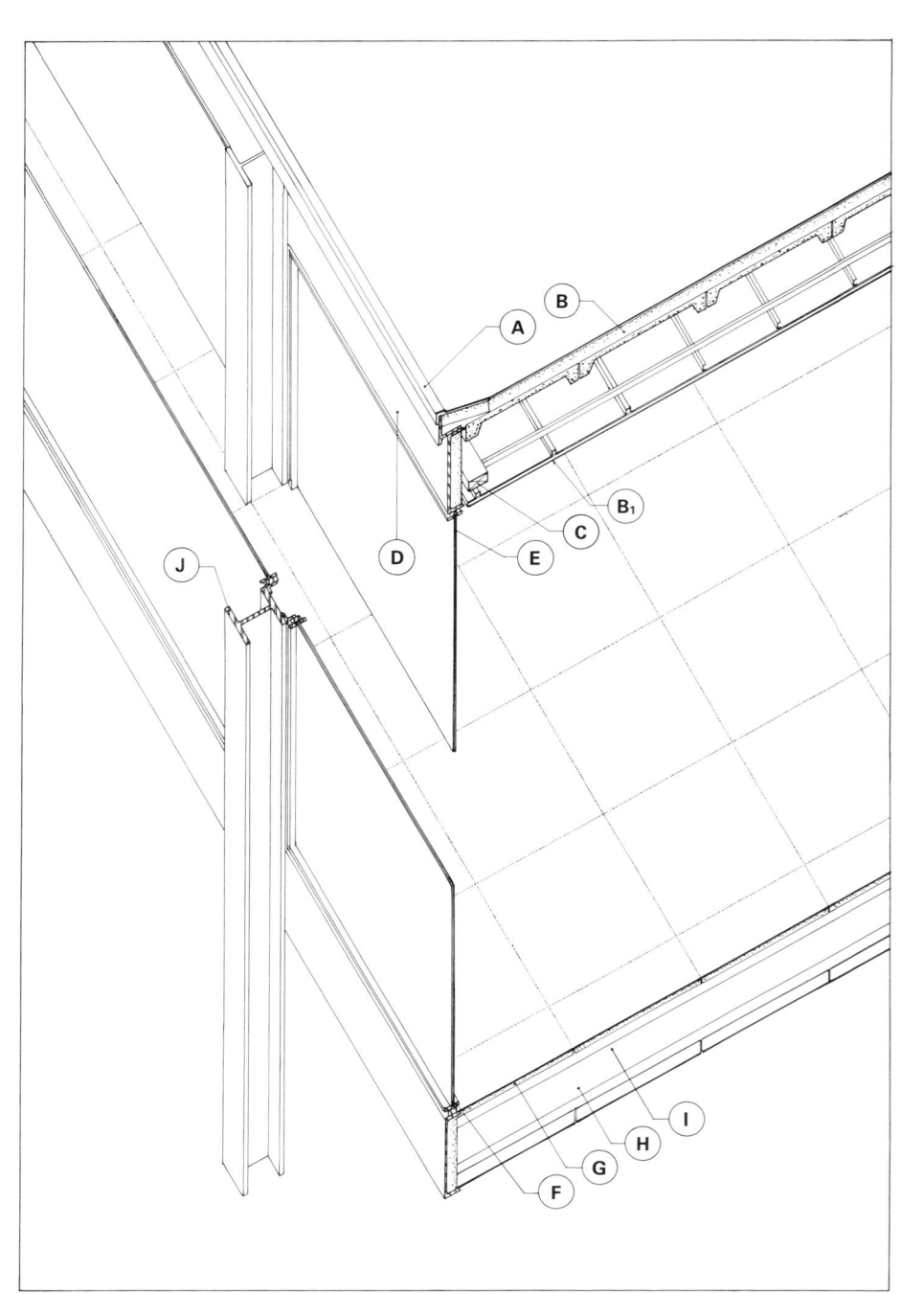

6.9

6.10

Haus Edith Farnsworth
Ludwig Mies van der Rohe
Plano, Illinois, 1950

6.8 Außenansicht
(Hedrich-Blessing)

6.9 Baustellenfotografie
Man beachte die Querbalken des Dachs (bei der fertigen Konstruktion unsichtbar) und die Unterschiede in der handwerklichen Ausführung zwischen diesem Tragwerk und dem des Barcelona-Pavillons,
(siehe Abb. 6.13).
*(Mies van der Rohe-Archiv,
Museum of Modern Art, New York)*

6.10 Schnitt
A Abschlußprofil aus Stahl mit Bleianschluß. Dieses Profil ist wie beim Haus Lange aus einem Walzstahlprofil gefertigt.
B Dachkonstruktion: Flachdach aus Fertigbetonplatten mit Foamglasisolierung, auf Stahlträgern (nicht gezeigt).
B1 Abgehängte Decke, verputzt. Sie verdeckt die stark profilierte Stahlbetonkonstruktion darüber.
C Holzlatte 5 x 10 cm als Randbefestigung der Putzdecke.
D 38 cm hohes U-Profil aus Stahl, mit Isolierung dahinter. Dies ist ein ungewöhnlich hohes U-Profil; ein Breitflanschprofil wäre viel leichter erhältlich gewesen, aber Mies wollte eine gerade Fläche als Fassade.
E 6 mm dickes Tafelglas.
F Fensterrahmen aus einfachen Stahlrechteck-Rohrprofilen 16 x 31 mm und 25 x 50 mm.
G Travertin-Fußboden im Mörtelbett.
H Fußbodenkonstruktion: Fertigbetonplatten, darüber eine Dämmschicht und Ortbeton.
I Schlangen der Strahlungsheizung. Im Fußboden oder in der Decke ist wenig Raum für Haustechnik. Diese Heizung war eine praktische Lösung, da sie nur Rohre erfordert.
J Stahlstütze, im Gegensatz zu der in Barcelona verwendeten Stütze monolithisch und unverkleidet. Auf der verdeckten Seite mit dem U-Profil verschweißt.
*(Mies van der Rohe-Archiv,
Museum of Modern Art, New York)*

Solange wir im wesentlichen dieselben Materialien verwenden, wird sich der Charakter des Bauens nicht ändern, und dieser Charakter bestimmt, wie ich vorhin schon erwähnte, letzten Endes die Betriebsformen.[4]

1930 schrieb Mies:

Auch die Frage der Mechanisierung, der Typisierung und Normung wollen wir nicht überschätzen.
Und wir wollen die veränderten wirtschaftlichen und sozialen Verhältnisse als eine Tatsache hinnehmen.
Alle diese Dinge gehen ihren schicksalhaften und wertblinden Gang.
Entscheidend wird allein sein, wie wir uns in diesen Gegebenheiten zur Geltung bringen.[5]

Mies wünschte Ordnung – nicht das „mechanistische Ordnungsprinzip", nicht das „idealistische Ordnungsprinzip", sondern das „organische Ordnungsprinzip", die erfolgreiche Beziehung von Teilen zueinander und zum Ganzen, wobei jedem Ding der richtige Platz zugeordnet wird und ihm entsprechend seiner Beschaffenheit Gerechtigkeit widerfährt. Zur Massenproduktion nahm Mies eine gleichgültige Haltung ein, aber von einer guten handwerklichen Ausführung war er besessen.

Spricht man von guter Detailbehandlung in der modernen Architektur, fallen am häufigsten die Namen Greene & Greene und Mies van der Rohe. Dies ist verständlich und trotzdem merkwürdig, weil ihre Einstellungen zum Tischlereiwesen und zur Handwerkskunst genau entgegengesetzt waren. Die Brüder Greene meinten wie Kahn, daß die Fuge der Ursprung des Ornaments sei. Bei ihren Arbeiten wird das Verbinden von Materialien hervorgehoben. Sichtbare Halterungen in Hülle und Fülle, und jedes Stück Holz behält seine Identität als Teil eines Ganzen. Oft sind die sichtbaren Befestigungen nur Ornament und verbergen die wahren darunter, aber die Arbeit der Brüder Greene erklärt, wie sie zustande gekommen ist. Mies feierte zwar die Verbindung zwischen Materialien, aber nicht die Art ihres Zustandekommens. Sichtbare Halterungen kommen in seinem Werk fast nicht vor. Wichtige Anschlüsse, wie von einer Stütze zur Platte oder zu einem Balken, sind tief in der Konstruktion verborgen. Es ist meist einfacher, einen Anschluß zu verbergen als bloßzulegen, jedoch gelegentlich auch einfacher, ihn zu zeigen, aber Mies bemühte sich in jedem Fall, die Anzeichen für Verbindungen in seinen Arbeiten zu beseitigen, vor allem beim Stahlrahmen. Allerdings ist Mies für seine Betonung der Fugen beim Zusammentreffen unähnlicher Materialien bekannt; diese treten jedoch nur an Stellen auf, wo Ziegel mit Stahl verbunden wird – die Verbindung von Stahl mit Stahl ist nahtlos und nicht sichtbar. Niemand verlangte von seinen Arbeitern mehr Perfektion als Mies. Er forderte präziseste handwerkliche Ausführung und vermied es, Materialien zu verwenden, die sich dazu nicht eigneten. Sichtbeton fehlt beispielsweise in seinem reiferen Werk. Vielleicht ist dies der Grund, warum bei seinen ersten Häusern, die viel Stahl verwenden – wie das Haus Lange – der Rahmen vollständig verborgen ist.

DAS HAUS LANGE

Es ist schwer zu glauben, daß das Haus Lange fast zur selben Zeit wie der Barcelona-Pavillon entstanden ist. Was die Form und die Technologie betrifft, liegt es genau zwischen Tradition und Moderne. Seine Materialien sind modern (Stahlträger, Betonplatten und Stahlfenster), aber in seinem Aufbau ist es ein Gebäude mit tragendem Mauerwerk. Die Anordnung der Wände entspricht den lockeren offenen Grundrissen des Konstruktivismus und der Stijl-Gruppe, es erreicht aber nicht die vom Tragwerk und voneinander unabhängigen Wände, die den Barcelona-Pavillon charakterisieren. Dieses Haus illustriert jedoch die Anfänge von Mies' Auffassung von modernen Materialien und der Konstruktion und Betonung einer präzisen handwerklichen Ausführung.

Trotz der großen Wandöffnungen und der vom Hauptkörper aus herausgezogenen Wände ist das Haus Lange im wesentlichen ein konventioneller Kasten mit tragenden Ziegelwänden. Die Fußböden sind aus Hohlziegeln (wahrscheinlich aus Ziegelsteinen oder Ortbeton). Die Hohlräume zwischen den Steinen sind mit Beton und Stahlbewehrung ausgefüllt, um Rippenplatten ähnlich Le Corbusiers typischem Fußbodensystem zu bilden. Diese Rippenplatte ruht auf Stahlträgern, die wiederum von der Wand gehalten werden. Eine Ausnahme ist die zurückgesetzte Wand der Hauptfassade, die von einem komplexen Versteifungssystem gestützt wird *(Abb. 6.4)*. Dies ist kein Beispiel für die Klarheit der Konstruktion, von der Mies sprach; statt der Konstruktion, die die Form bestimmen soll, verhält es sich hier umgekehrt. Doch trotz ihrer

6.11

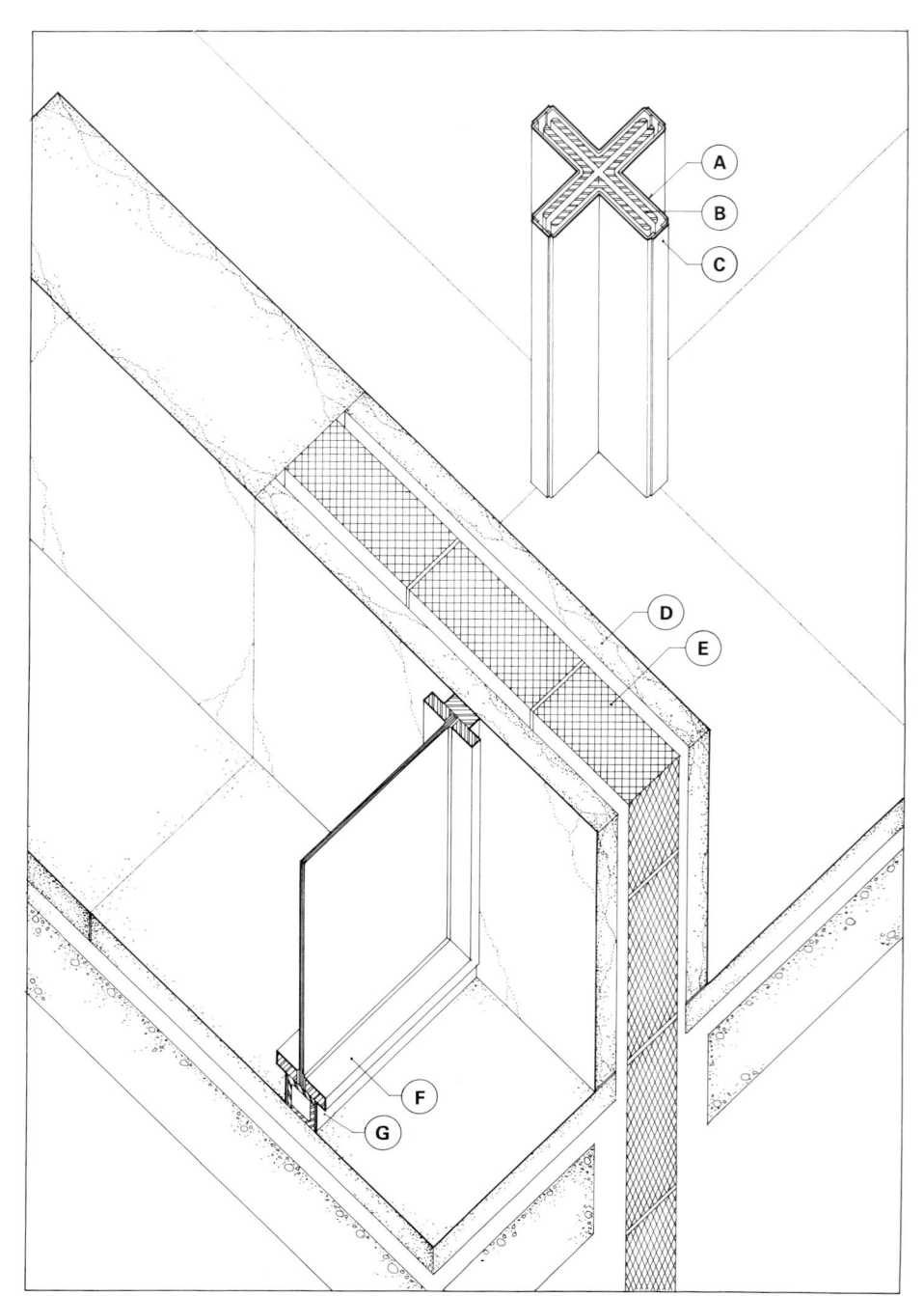

6.12

Deutscher Pavillon
Ludwig Mies van der Rohe
Weltausstellung Barcelona, 1929

6.11 Außenansicht
(Mies van der Rohe-Archiv,
Museum of Modern Art, New York)

6.12 Wanddetails
A Abdeckung aus Chromblech für die Stützen.
B Stütze aus vier zusammengeschraubten Walzstahlwinkeln.
C Mit Maschinenschrauben befestigte Chromblechabdeckung (ein seltenes Beispiel sichtbarer Befestigungen bei Mies).
D Marmorverkleidung. Der Marmor ist aus Kostengründen so dünn wie möglich, nur die Endstücke sind massiv, damit die ganze Wand monolithisch aussieht.
E Kernmauerwerk aus Ziegel- oder Betonsteinen.
F Glasfalzleiste aus Bronze, mit Maschinenschrauben am Sockel befestigt.
G Unterer Fensterrahmen aus zwei Stahlwinkeln mit Verkleidung aus Bronzeblech.
(Mies van der Rohe-Archiv,
Museum of Modern Art, New York,
Zeichnungen 14.9, 14.11, 14.14,
14.20, 14.24)

Komplexität und Modernität bleibt die Geschoßdecke aus Stahlbeton unsichtbar und wird auch nicht artikuliert; sie ist unter einer flachen Putzdecke verborgen.

Das soll nicht heißen, daß es in Mies' frühem Werk keine Verbindung zwischen Technologie und Form gibt. Seine Arbeit vor dem Ersten Weltkrieg war in Form und Technologie traditionell. In der Zeit zwischen 1920 und 1925, in der sich seine Grundsätze herauskristallisierten, baute er wenig, und als er in den späten zwanziger Jahren wieder an Aufträgen arbeitete, basierten seine Bausysteme primär auf Stahlbeton. Damit stand er nicht allein da, und er war auch nicht unbedingt ein Innovator. Die Konstruktionsprinzipien des Hauses Lange sind denen der „Meisterhäuser", die Gropius 1926 für die Lehrer des Bauhauses baute, sehr ähnlich, und auch viele andere (z.B. die Brüder Luckhardt) setzten bei Einfamilienhäusern Stahlbeton ein. Viele Architekten der Moderne verwendeten weiter tragendes Mauerwerk mit Holzrahmen in Einfamilienhäusern, u.a. Peter Behrens und Erich Mendelsohn, und auch Architekten wie Heinrich Tessenow bedienten sich weiterhin traditioneller Formen und Bauweisen. Im Oktober 1928 beklagte sich Walter Esters, der Bauherr des Hauses, das Mies gleichzeitig mit und neben dem Haus Lange baute: „Die Stahlmenge hat sich als ziemlich groß erwiesen. Das liegt hauptsächlich an der freizügigen Verwendung von Peiner-Trägern und den dummen Berechnungen der Tragfähigkeit."[6] Die umfassende Verwendung von Stahlbeton bei Einfamilienhäusern ist aber wohl eher auf architektonisches Dogma als auf wirtschaftliche Analyse zurückzuführen.

Wände und Fenster des Hauses Lange sind am ehesten Elemente der Moderne. Während das konventionelle Fenster die Masse des Gebäudes hervorheben und das Gewicht des Mauerwerks über dem Sturz artikulieren soll, will das moderne Fenster den Membrancharakter der Wand betonen. Die Stahlträger, die das darüberliegende Ziegelwerk stützen, sind verborgen, und im Ziegelmuster gibt es keinen Hinweis auf sie. Die Fenster sind nach vorne geschoben, fast in der Ebene der Fassade, und bestehen aus Stahl – es sind, im Gegensatz zu den traditionellen Holzdoppelfenstern der deutschen Wohnhausarchitektur, „moderne" Fenster. Trotz seines industriegefertigten Aussehens ist das traditionelle Fenster ihm im allgemeinen thermisch überlegen und verlangt weniger Wartung. Der Hauptvorteil liegt in seinem schmalen Profil, das den Rahmen fast unsichtbar macht; Mies war dadurch in der Lage, beim Entwurf mit abstrakten Rechtecken zu arbeiten. Ähnlich unauffällig ist der kleine T-Stahl, der die Dachkante bildet, der (im Gegensatz zu einem aus Stein oder Blech) fast nicht zu sehen ist.

Philip Johnson erzählt in seinem Buch, daß Mies die Verblendziegel persönlich aussortierte, die stärker gebrannten und somit kürzeren Ziegel für die Seitenwände bestimmte und die längeren, zu kurz gebrannten Ziegel für die Vorder- und Rückseite. Die Konstruktionszeichnungen schreiben die Lage jeder senkrechten Fuge vor, während es heutzutage üblich ist, nur waagrechte Fugen festzulegen, da die Ziegel versetzt angebracht werden. Mies' Hang zur Präzision ist wirklich bemerkenswert, man muß sich aber auch fragen, ob sich die Mühe lohnte. Ruskin hat gesagt, daß das Verlangen nach Perfektion auf einem Mißverstehen der Ziele der Kunst beruht. Mies war kein Anhänger Ruskins oder der malerischen Architektur, die dieser befürwortet, aber es erhebt sich die Frage, ob die von ihm angestrebte Ästhetik auch zum vorliegenden Material paßte. Indem Mies ein präzises Anbringen des Ziegelwerks mit exakt ausgerichteten Oberflächen und Fugen verlangte, versuchte er, der Gebäudehülle ein abstrakteres, vielleicht auch industrielleres Aussehen zu verleihen (das Abstrakte und das Industrielle lagen in den zwanziger Jahren nah beieinander); das fertige Gebäude läßt jedoch darauf schließen, daß er dem Material eine Präzision abverlangte, die nicht zu dessen Beschaffenheit paßte.

Die Innengestaltung des Hauses Lange ist anders als die von Mies' späterem Werk, sie ist jedoch ein Ausgangspunkt, wenn man die Innenbehandlung bei Bauten wie dem Haus Tugendhat verstehen will. Dekor, Tür- und Fensterzargen und Scheuerleisten sind allesamt einfache Rechtecke ohne jedwelche Profile, Kurven oder Übergänge. Sie sind in so hohem Maße abstrahiert, wie selbst Wright es nicht getan hätte, und erinnern somit an die Innenbehandlung von Adolf Loos. Sie sind aber einfach nur Abstraktionen des traditionellen Schmuckwerks. Sie werden benutzt, um Fugen zwischen unähnlichen Materialien (wie an den Türen) und Oberflächen (Scheuerleisten) abzudecken, und sie ragen immer über die Flächen, die sie abdecken, hinaus. Dies steht ganz mit der traditionellen handwerklichen Einstellung im Einklang. Anstatt zu verlangen, daß Holz und Putz oder Holz und Holz an einer exakten geometrischen

6.13

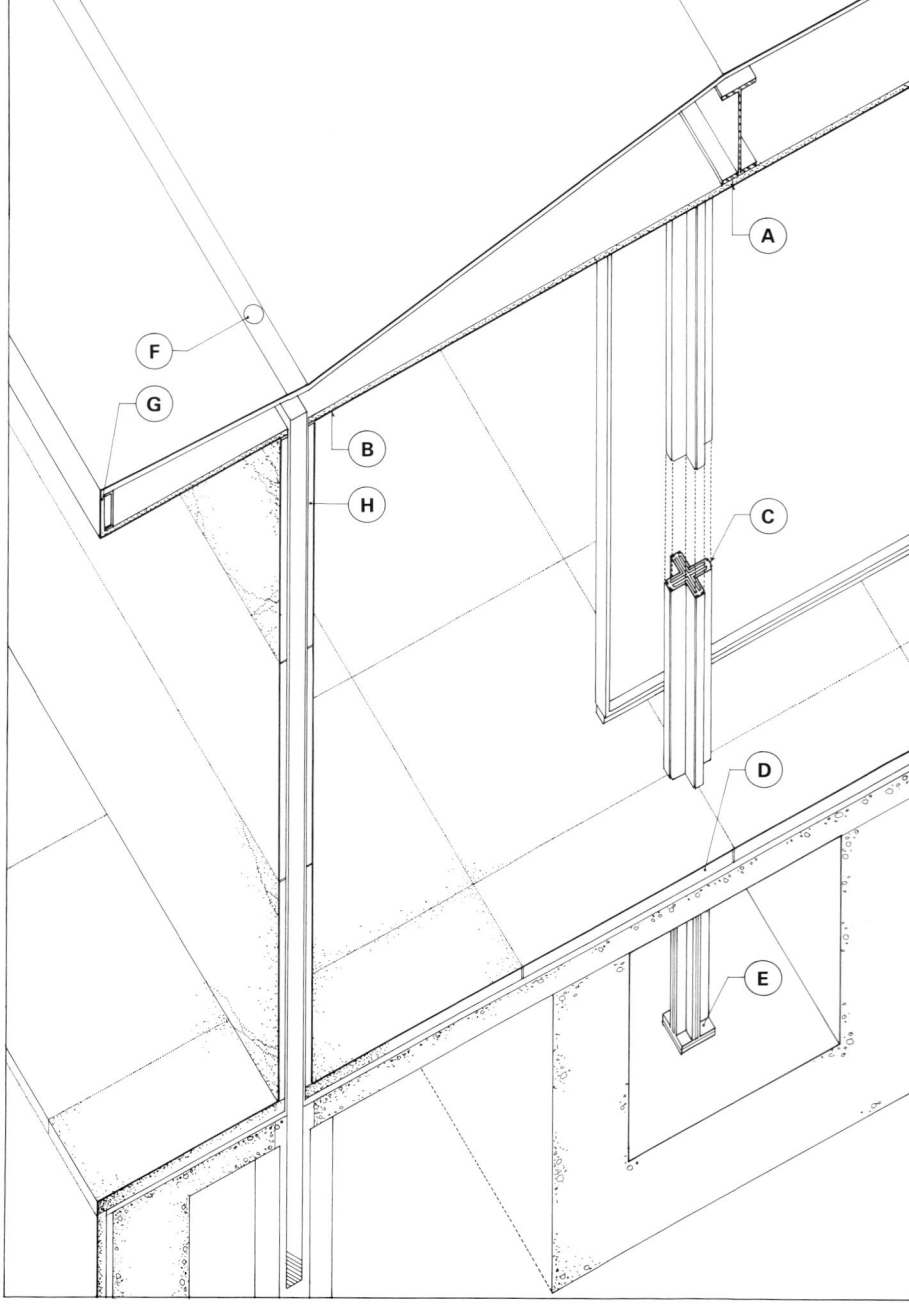

6.14

Deutscher Pavillon
Ludwig Ludwig Mies van der Rohe
Weltausstellung Barcelona, 1929

6.13 Baustellenfotografie
Man beachte die grobe und primitive Ausbildung der Stützen-Träger-Verbindungen, die im fertigen Gebäude durch die Putzdecke verdeckt sind.
(Mies van der Rohe-Archiv, Museum of Modern Art, New York)

6.14 Schnitt
A Stahlträger. Die Stahlunterkonstruktion wird nirgends sichtbar.
B Putzdecke. Die Decke ist vollkommen eben und weist in nichts auf die Stahlträger darüber hin.
C Mit Chromblech verkleidete Stahlstütze.
D Travertin auf Betonplatte.
E Der Fuß der Stahlstütze steht in einem Hohlraum, um die Demontage der Konstruktion zu ermöglichen. Bei einem nicht-temporären Gebäude wäre er in Beton eingegossen worden.
F Dachentwässerung. Die Rohre dafür sind im Mauerwerk versteckt, ebenso wie einige der Stützen.
G Stahl-U-Profil und Dachrandabschluß. Das Dach ist zur Kante hin abgeschrägt, so daß es für den Betrachter wie eine dünne flache Platte wirkt, obwohl es wegen der Stahlträger in Wirklichkeit viel dicker ist.
H Marmorverkleidetes Ziegelwerk oder sonstige Mauer (insgesamt wurden drei verschiedene Sorten Marmor verwendet).
(Building Center Trust)

Stoßfuge aufeinandertreffen, versteckte Mies die Fuge. Seine folgenden Arbeiten weichen allerdings von dieser Lösung ab.

DEUTSCHER PAVILLON, WELTAUSSTELLUNG BARCELONA

Verbund- oder zusammengesetzte Profile wie die Kreuzstützen waren in den zwanziger Jahren üblich. Eine Stütze von beispielsweise 35 cm, die heute aus einem Stück bestünde, wäre damals aus Winkeln und Platten zusammengefügt worden. Manche Architekten schätzten und nutzten die Muster, die durch die Schrauben gebildet wurden. McKims Pennsylvania Station und Wagners Postsparkasse hätten eine Menge eingebüßt, wenn ihre Stützen monolithisch und nicht zusammengesetzt gewesen wären. Für Mies galt jedoch, wenn Schrauben erforderlich waren, sollten sie unsichtbar sein. Und deshalb wurden die Stahlwinkelstützen in Barcelona mit Chromblech verkleidet. Die Grundplatten der Säulen liegen unter dem Steinfußboden verborgen. Die Hauptträger, Balken, Bolzen, Platten und Winkel der Dachkonstruktion liegen alle unter der flachen Putzdecke.

Ein großer Teil des Barcelona-Pavillons läßt sich aufgrund dieses Prinzips begreifen. Mies wollte die Verbindungen des Stahlrahmens und die Ungenauigkeit dieser Stahlkonstruktion verbergen.

Bestimmte Anschlüsse am Barcelona-Pavillon sind artikuliert, und manche Halterungen sind bloßgelegt. Die Fensterrahmen sind mit vorspringenden Glasleisten ausgestattet, die von sichtbaren Maschinenschrauben gehalten werden; zwischen Glasscheiben und Metallrahmen und dem Fußboden und der Decke darüber entstehen präzise, betonte Fugen. Dieses Detail wurde offensichtlich von den vorspringenden Glasleisten und dem Dekor bei Wrights Bauten abgeleitet, die Mies kannte und schätzte, aber Mies setzte diese Technik auf seine eigene Weise ein, um für die Metall- und Glasflächen den Eindruck des Schwebens zu erzielen. Diese Behandlung tauchte in seinen Arbeiten immer öfter auf, am häufigsten bei Fugen zwischen unterschiedlichen Materialien. Wie bei vielen modernen Details handelt es sich um die Inversion eines traditionellen Details; die Glasleiste ist nicht zurückgesetzt, sondern springt über den Rahmen hinaus vor. Bei nachfolgenden Bauwerken wendete Mies diese Art der Inversion auch bei vielen anderen Details an.

Andere Elemente des Gebäudes waren wohl Ad hoc-Lösungen und illustrieren, wie sich die konstruktive Realität vom konstruktiven Bild unterscheidet. Der Dachaufbau ist zu dünn, um die großen Träger aufzunehmen, die für die Auskragungen erforderlich sind. Die Träger verjüngen sich daher an den Enden, um den dünnen Dachrand zu bilden, den Mies wünschte. Zusätzlich zu den acht freistehenden Stützen sind weitere Stützen in den Steinwänden verborgen. Diese groben Kompromisse sind vielleicht auf die Eile zurückzuführen, in der der Pavillon entworfen und errichtet wurde. Bei späteren Gebäuden war Mies systematischer in seinem Freistellen oder Verbergen der Stützen. Andere Aspekte des Barcelona-Pavillons, in denen sich die konstruktive Ausführung von der konstruktiven Intention unterscheidet, sind wichtiger, da sie in Mies' späteren Bauten immer wieder auftauchen.

Im Barcelona-Pavillon gibt es kein sichtbares Tragwerk; er hat ein mehrschichtiges analoges Bausystem, kein monolithisches. Wie erwähnt, sind rohe Kreuzstützen mit Chromblech verkleidet. Der Betonsockel ist mit Travertin verblendet. Der unregelmäßige Rahmen der Dachkonstruktion ist mit Brettern und einer glatten Putzschicht verkleidet. Vieles, was nach monolithischem Steinwerk aussieht, sind tatsächlich dünne, auf Mauerwerk befestigte Platten. Damit konnte Mies nicht nur die Stahlverbindungen verbergen, sondern es genügten auch dünne Schichten der teuren Materialien, und diese Materialien verblenden den rohen Stahlbeton mit der gewünschten handwerklichen Präzision. Der größte Vorteil dieses Systems lag jedoch darin, daß Mies damit bestimmte Aspekte der Konstruktion zum Ausdruck bringen konnte, während andere verborgen blieben. Wenn wir den fertigen Barcelona-Pavillon betrachten, sehen wir, was Historiker stets darin gesehen haben: acht freistehende Säulen, die eine flache Platte tragen, und freistehende Sichtschutzwände, die keine Lasten tragen. Diese Konzeption ist mit Le Corbusiers offenem Grundriß identisch, und wie Le Corbusier verbirgt Mies jene Aspekte der Konstruktion, die diesen Eindruck des Bauwerks verwirren würden. Deshalb werden der Betonrahmen des Podiums, der leichte Stahlrahmen, der die Steinplatten aufnimmt, oder (noch wichtiger) der Dachaufbau nicht artikuliert. Würden diese Teile gezeigt oder zum Aus-

6.15

6.16

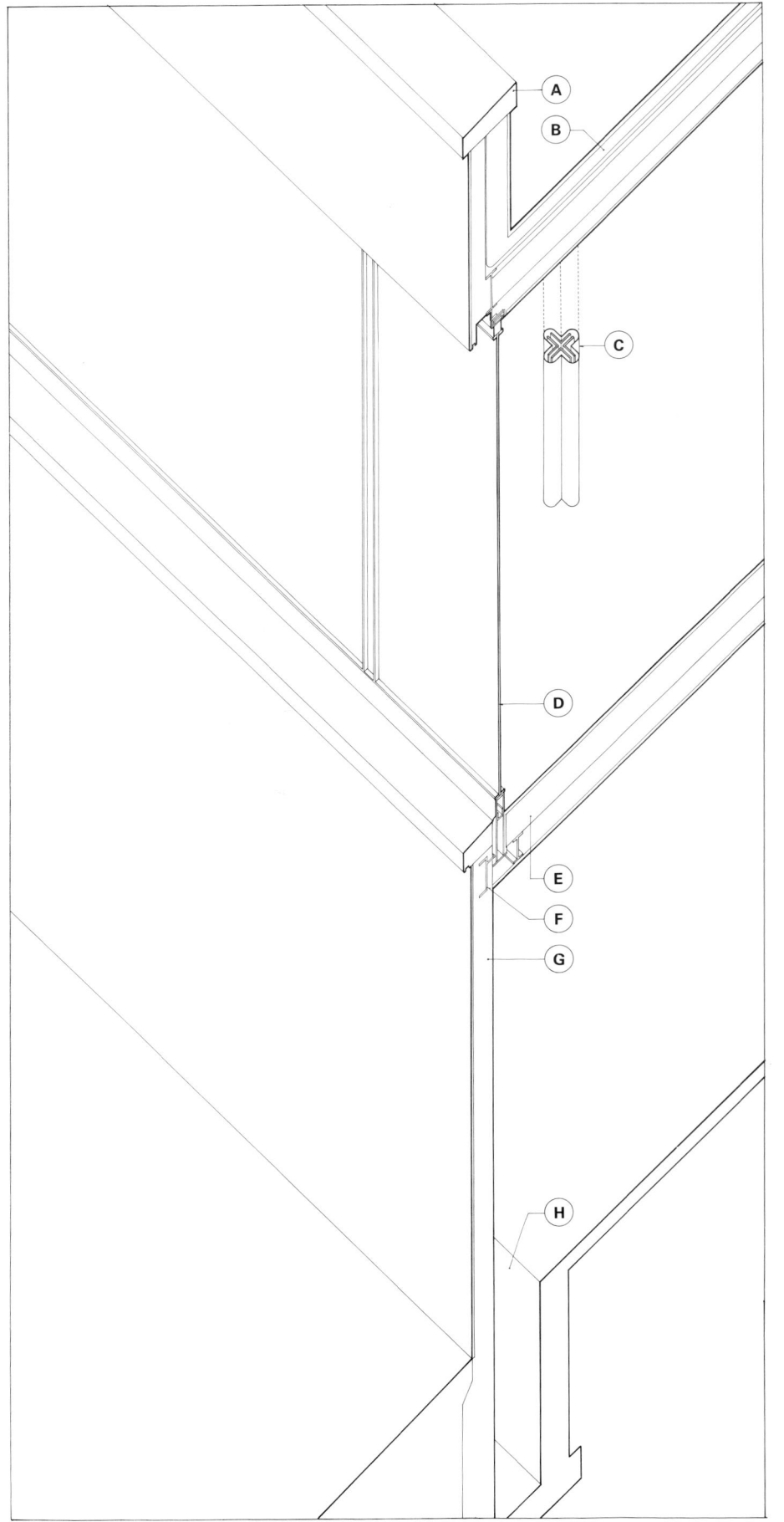

6.17

Haus Tugendhat
Ludwig Mies van der Rohe
Brünn, 1930

6.15 Außenansicht
*(Mies van der Rohe-Archiv,
Museum of Modern Art, New York)*

6.16 Baustellenfotografie
*(Mies van der Rohe-Archiv,
Museum of Modern Art, New York)*

6.17 Fassadenschnitt im Wohnzimmerbereich
(Innengeländer vor dem Fenster und Vorhangschiene nicht gezeigt)

A Dachbrüstung aus Mauerwerk mit Glattverputz.
B Fußboden- und Dachkonstruktion: Hohlziegel mit einer Decke aus Schlackenbeton und Torfoleum-Isolierung und von Stahlträgern gestützt. Das Dach ist mit Asphalt und Pflasterplatten aus gelbem Travertin abgedeckt.
C Stahlstütze: vier zusammengeschraubte Stahlwinkel mit verchromter Bronzeabdeckung.
D Versenkbares Fenster. Die großen Fensterrahmen sind aus Bronze, die kleineren aus Stahl.
E Geschoßdecke: ähnlich wie die Dachkonstruktion, allerdings mit Linoleumbelag.
F U-Profil aus Stahl.
G Wandkonstruktion: Ziegelmauer mit Zementputz außen und einer verputzten Lage Torfoleumisolierung (Preßtorf) innen.
H Fundament mit Aussparung für das versenkbare Fenster.
(Mies van der Rohe-Archiv, Museum of Modern Art, New York, Zeichnungen 2.108, 2.249, 2.265)

druck gebracht, würden sie erheblich von dem offenen Grundriß ablenken. Bei einer flachen Decke können Trennwände unabhängig von der Konstruktion überall angebracht werden; hat eine Decke ein Balkenraster mit Stützen, unterteilt sich der Raum in Zellen, die vom Konstruktionsfeld definiert werden. Und Trennwände in voller Höhe müssen sich unweigerlich nach dem darüberliegenden Balkenraster richten, wenn man ein visuelles und konstruktives Chaos vermeiden will. Was wir in Barcelona sehen, ist ein analoges, kein unmittelbares Konstruktionssystem, und es ist das unausweichliche Ergebnis des mehrschichtigen Bauverfahrens.

Eine weitere Erklärung dafür liegt bei den Materialien selbst. Mies liebte teure Materialien wie Onyx, Marmor, Ebenholz und Bronze, und wenn man ihre Kosten bedenkt, ist es verständlich, daß er sie nur als Verblendungen nutzte. Wände aus massivem Marmor oder einzeln verchromte Stahlwinkel der Stützen wären viel zu teuer, wenn nicht gar unmöglich gewesen. Mies achtete jedoch darauf, daß der Anschein eines monolithischen Baus gewahrt blieb. Nur die Enden der Marmorwände (wie auch die Onyxscheibe) sind massiv, so daß die Äderung ungebrochen die Ecken und Ränder umläuft. Wagner dagegen legte die Ränder seiner Verblendungen bloß.

Mit seiner Entscheidung für eine verkleidete Konstruktion folgte Mies in seiner Detailbehandlung den Prinzipien von Wagner und Loos. In seiner Reduktion der Baustruktur auf ein System aus Platten und Stützen erinnert er hingegen an Le Corbusier. Seine Verkleidungssysteme sind allerdings weniger ausgeklügelt als die von Wagner, und seine Abstraktionsmittel sind weniger stimmig als Le Corbusiers monolithischer Beton. Die Hauptvorzüge des Pavillons liegen in der handwerklichen Ausführung. Durch die präzise Verkleidung des groben Tragrahmens mit Putz, Stein und Blech verringerte Mies die Anzahl der nötigen sichtbaren Verbindungen und dadurch auch die Anzahl der sichtbaren Fugen und Halterungen. Es gibt eine Hierarchie der handwerklichen Bearbeitung, vom Groben bis zum sehr Genauen, und jedes Konstruktionselement und jedes Material ist mit einer seinen Eigenschaften angemessenen Präzision bearbeitet. In dieser Hinsicht steht der Barcelona-Pavillon viel mehr im Einklang mit der Entwicklung des modernen Bauens als Mies' spätere Arbeiten (z.B. Haus Farnsworth, das einen monolithischen Sichtstahlrahmen hat und dessen handwerkliche Ausführung durchweg ein gleichbleibend hohes Niveau aufweist).

HAUS TUGENDHAT

Mies sagte, der Barcelona-Pavillon sei das erste Gebäude, in dem er eine Unabhängigkeit von Stütze und Wand erzielt habe. Er hätte hinzufügen können, daß es auch das letzte war. Bei den meisten späteren Häusern wurden vollständige, regelmäßige Stahlskelette verwendet – im Gegensatz zu den tragenden, gegeneinander versetzten Volumen des Hauses Lange –, aber sie sind meist teilweise verdeckt.

Abb. 6.20 zeigt die Grundrisse verschiedener Haustypen aus den zwanziger und dreißiger Jahren von Mies van der Rohe. Der erste Typ, der auf den Bauausstellungen von Barcelona 1929 und Berlin 1931 gezeigt wurde, besteht aus einem regelmäßigen Rahmen aus freistehenden Stützen mit augenscheinlich nichttragenden Wänden. Beim zweiten Typ, den das Haus Tugendhat repräsentiert, sind nur einige Stützen bloßgelegt, die anderen sind in den Wänden verborgen. Der dritte Typ, durch die Entwürfe für eine Gruppe von Hofhäusern (1931) und für das Haus Hubbe (1935) vertreten, besteht aus zwei sich durchdringenden, aber unabhängigen Volumen, wovon das eine ein regelmäßiger Rahmen und das andere ein tragender Körper ist, wobei die Stützen manchmal durch Wände ersetzt werden. Daß der erste Typ eine Idealform darstellte, beweist die Tatsache, daß er nur als Ausstellungspavillon errichtet wurde. Der zweite Typ basiert wahrscheinlich auf einem Kompromiß. Mies hatte beabsichtigt, alle Stützen des Hauses Tugendhat freizustellen, aber auf Verlangen des Bauherrn wurden sie in den kleineren Räumen in die Wände versetzt. (Die Zeichnungen des Hauses Nolde lassen auf eine ähnliche Geschichte schließen.) Der dritte Typ, bei dem die Wand- und Rahmenkonstruktion auf systematischere Weise behandelt wird, ist offensichtlich als weiterer Prototyp gedacht, den Mies entwickelte, um der Abneigung der Bauherren gegenüber freistehenden Stützen in kleinen Räumen zu begegnen. Mies war vielleicht auch an den rein formalen Möglichkeiten der Kombination von Stütze-Last- und Rahmenkonstruktionen interessiert; mit ähnlichen konstruktiven Konzepten experimentierten etwa zur gleichen Zeit Alvar Aalto und Le Corbusier bei der Villa Mairea bzw. dem Schweizer Pavillon.

Haus Tugendhat
Ludwig Mies van der Rohe
Brünn, 1930

6.18 **Innenansicht**
(Art Institute of Chicago)

6.19 **Strukturschema**
A   Stahlträger. Wie beim Barcelona-Pavillon sind alle Träger durch die glatten Flächen der Putzdecken verborgen.
B   Stahlstützen. Sie sind nach einem regelmäßigen Raster angeordnet, aber die meisten liegen in den Innenwänden verborgen.
C   Onyxwand im Wohnzimmer.
D   Ebenholzwand im Eßzimmer.
(Mies van der Rohe-Archiv, Museum of Modern Art, New York, Zeichnungen 2.238, 2.239)

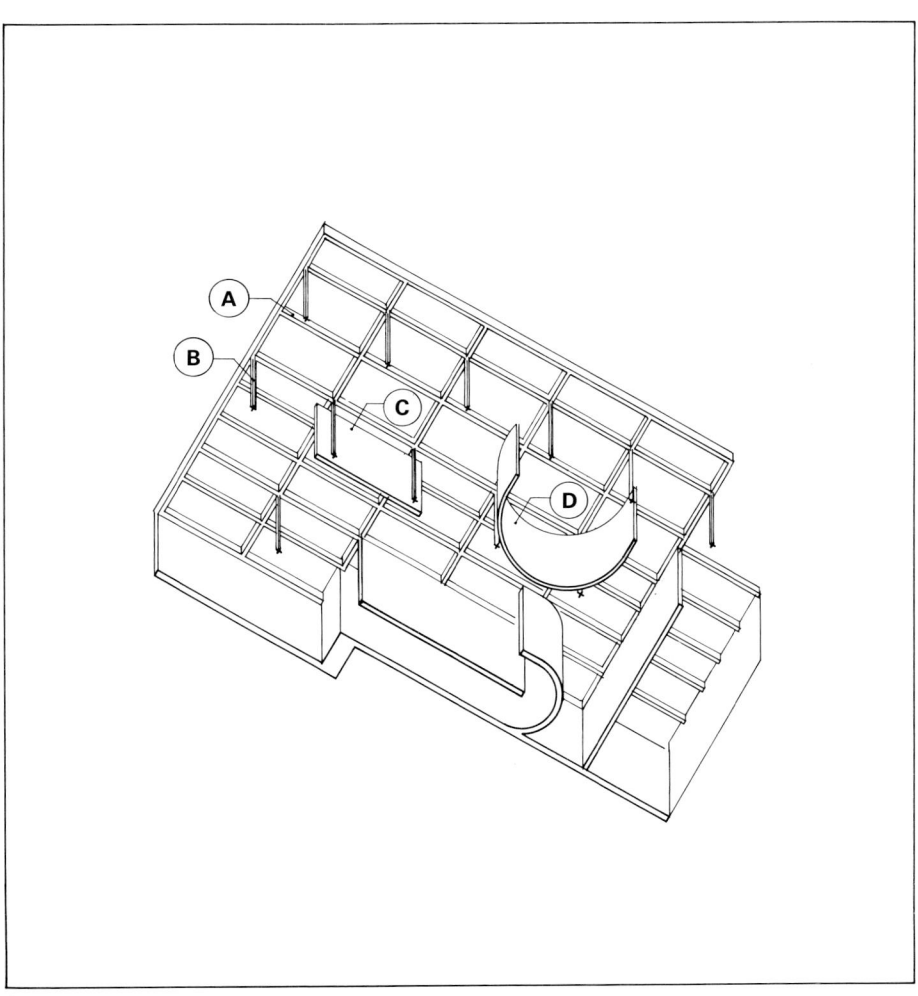

6.18

6.20 **Verschiedene Häuser von Mies van der Rohe in schematischer Darstellung**
A   Barcelona-Pavillon: Abgesehen von dem kleinen Bereich links oben gibt es keine tragenden Wände, und alle Stützen sind freigestellt.
B   Haus Tugendhat: Ebenfalls eine fast reine Konstruktion aus Rahmen und Vorhangwand, aber hier liegen die meisten Stützen in den Wänden verborgen; nur in den großen Räumen wie dem Wohnzimmer sind sie sichtbar, wenn auch mit Blech verkleidet.
C   Haus Hubbe: Dieser – nie realisierte – Entwurf sollte die systematische Kombination einer Konstruktion mit tragendem Mauerwerk und einer Rahmenkonstruktion mit freigestellten Stützen werden.
(Mies van der Rohe-Archiv, Museum of Modern Art, New York)

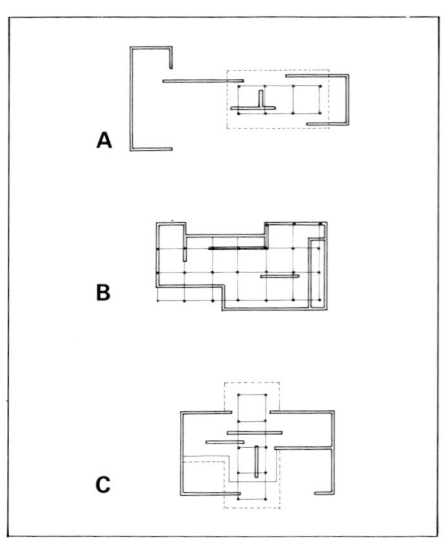

6.20

6.19

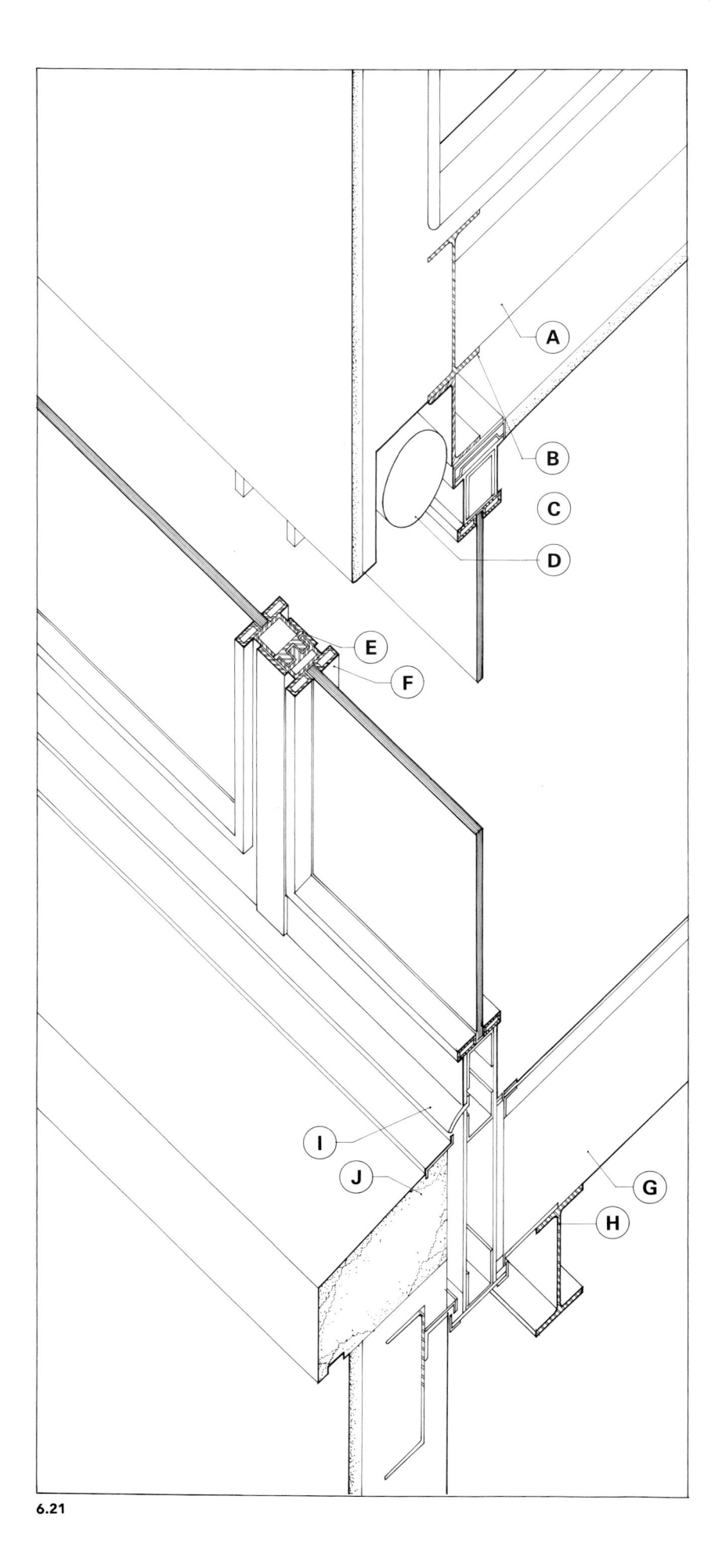

Haus Tugendhat
Ludwig Mies van der Rohe
Brünn, 1930

6.21 Wohnzimmerfenster
A Dach *(siehe Abb. 6.17)*.
B Stahlträger, Teil des Tragwerks des Dachs.
C Vom Tragwerk abgehängte Putzdecke.
D Rolladen.
E Pfosten des beweglichen Fensters. Das Profil hält den Schiebeflügel horizontal fest, während er vertikal bewegt werden kann.
F Abnehmbare Glasfalzleiste. Sie springt auf die für Mies und Wright typische Art vor.
G Geschoßdecke: Linoleum auf Betonbelagplatte.
H Stahlträger. Da der Fußboden unterbrochen ist, damit das Fenster ins Untergeschoß versenkt werden kann, kann er die Last der Außenwand nicht aufnehmen. Deshalb befindet sich ein tragendes U-Profil in der Wand und ein Stahlträger auf der anderen Seite des Schlitzes.
I Die Fensterbankfuge des beweglichen Fensters ist die Stelle, an der am ehesten Wasser eindringen kann. Deshalb liegt eine Metallabdeckung darüber und eine flexible Dichtung darunter.
J Steingesims als Solbank. Man vergleiche diesen mit der typischen Fensterbank von Le Corbusier aus dünnem Blech. Mies' Fensterbank ist viel massiver und deshalb auffälliger, wobei eine visuelle Basis für den verglasten Teil der Fassade gebildet wird.
(A. Morancé, L'Architecture Vivante)

Haus Tugendhat

Ludwig Mies van der Rohe

Brünn, 1930

6.22 **Trennwand aus Ebenholz**
(Art Institute of Chicago)

6.23 **Details der Ebenholzwand**
A Anschluß zur Decke.
   1 Stahlträger, Teil des Deckentragwerks.
   2 Stahlwinkelstütze, verstärkt den oberen Teil der Wand gegen den Träger.
   3 Rundes Rahmenholz, bildet eine Schablone für die Wölbung.
   4 Mit Ebenholz furniertes Sperrholz.
B Anschluß zur Glaswand.
   1 Pfosten aus Bronze.
C Anschluß zwischen zwei Holztafeln.
   1 Kantholz. Die größeren tragenden Teile sind aus weniger wertvollem Holz gefertigt.
   2 Verbindungsstück aus massivem Ebenholz. Anstatt den Anschluß auf traditionelle Weise mit einem vorspringenden Profil abzudecken, setzt ihn Mies in die Fuge zurück.
D Anschluß zum Fußboden.
   1 Sockelstück aus massivem Ebenholz.
   2 Holzhalterung, dient nicht nur als Verstärkung, sondern gibt auch die Wölbung vor.
(Mies van der Rohe-Archiv, Museum of Modern Art, New York, Zeichnungen 2.140, 2.141)

6.22

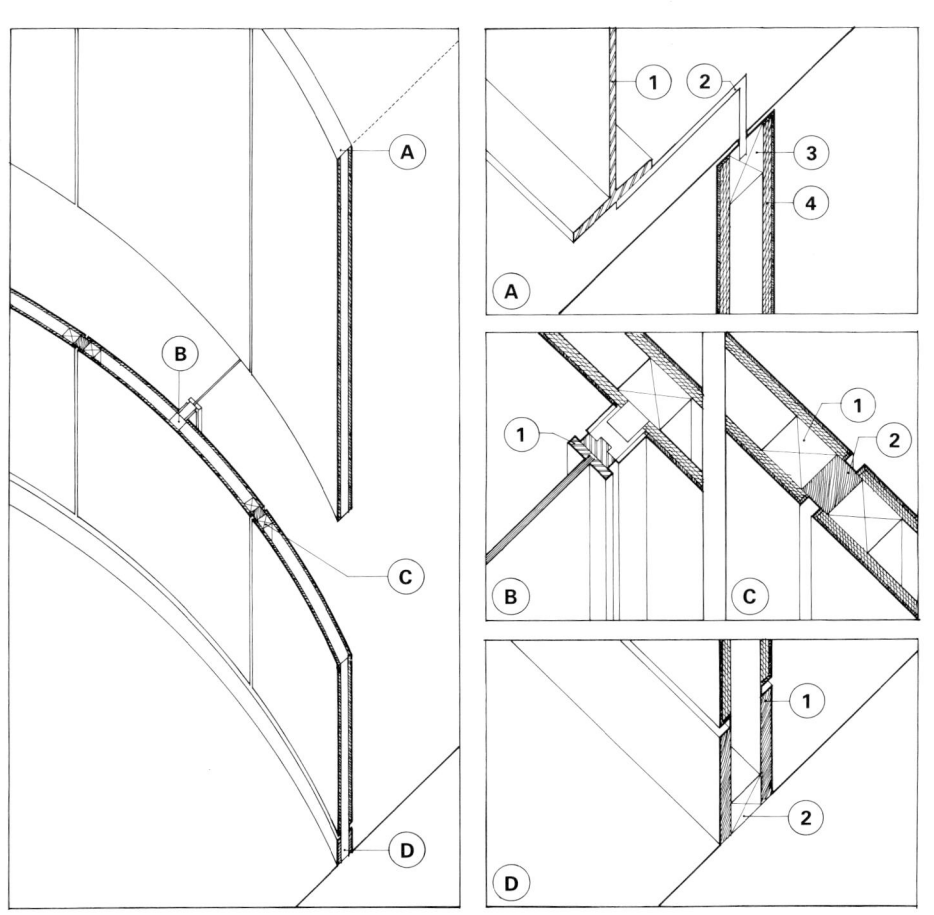

6.23

Haus Tugendhat

Ludwig Mies van der Rohe

Brünn, 1930

6.24 Innenansicht mit Onyx-Trennwand
(Art Institute of Chicago)

6.25 Onyxwand
A Anschluß zur Decke.
  1 Putzdecke.
  2 Metallklemmwinkel. Alle Verbindungen liegen an den seitlichen Rändern der Steintafeln, so daß sie nicht zu sehen sind.
B Senkrechte Fuge.
  1 Beidseitig geschliffene massive Onyxtafel (man vergleiche im Gegensatz dazu *Abb. 6.12*).
  2 Mit Beton vergossene, innen verbreiterte Fuge zur Verbindung der Tafeln. Damit werden die Tafeln aneinandergefügt, wobei nur eine sehr feine Fuge außen zu sehen bleibt.
C Anschluß zum Fußboden.
  1 Metallpaßfeder, verstärkt die Unterseite der Steintafel und verhindert horizontale Bewegungen.
  2 Klemmwinkel, Verbindung mit dem darunterliegenden Stahlträger.
(Mies van der Rohe-Archiv, Museum of Modern Art, New York, Zeichnungen 2.207, 2.87, 2.208)

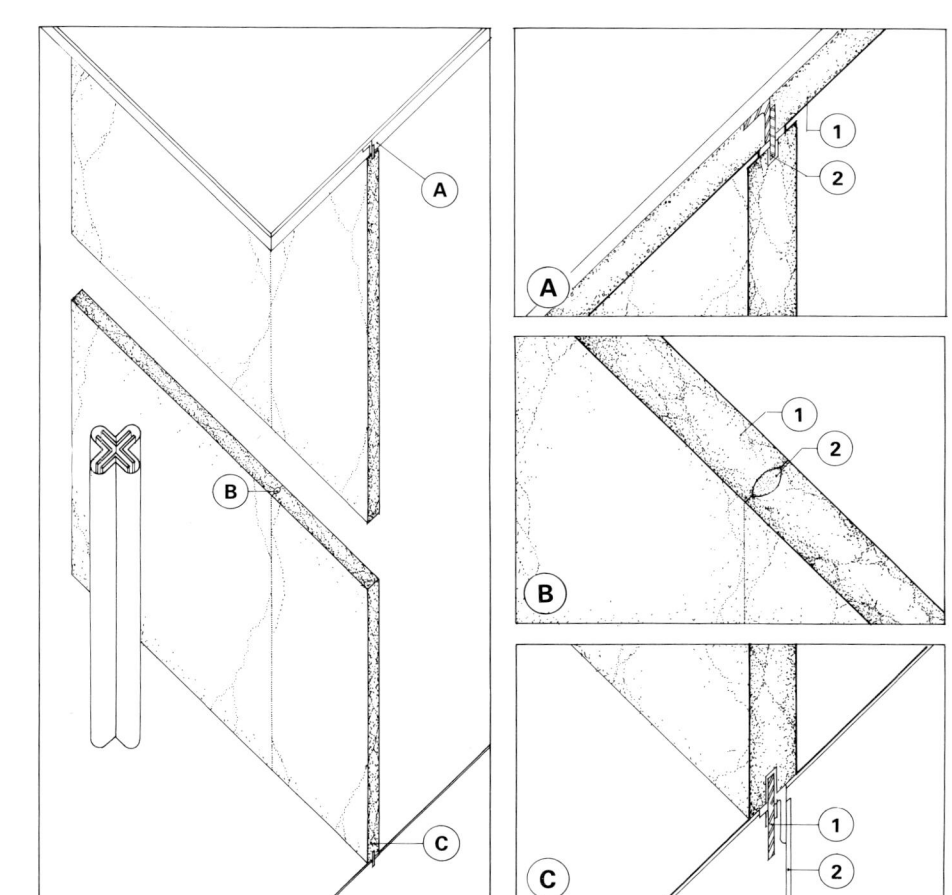

6.24

6.25

6.26

6.27

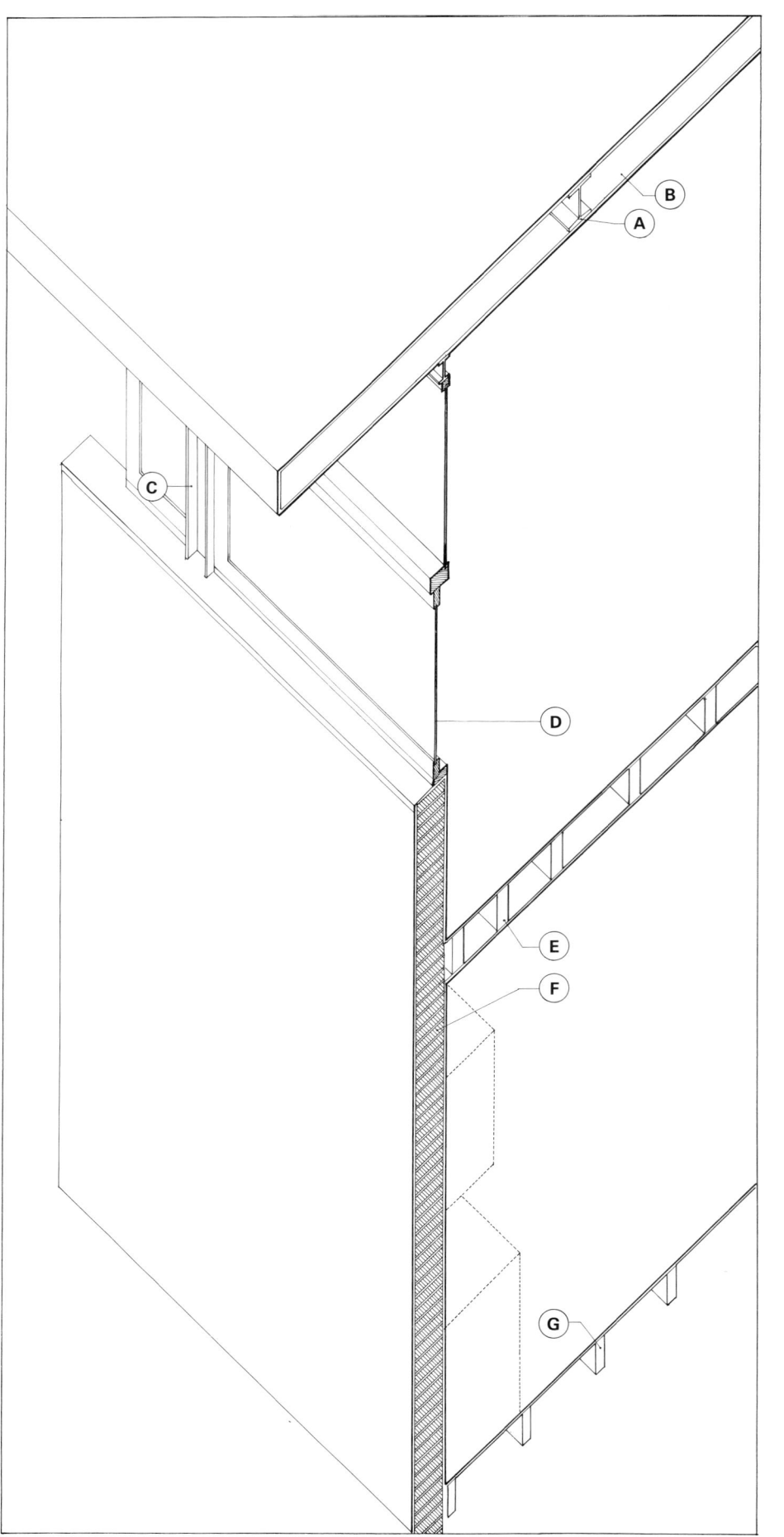

6.28

Haus Schröder
Gerrit Rietveld
Utrecht, 1924

6.26 Außenansicht
(Central Museum der Gemeente Utrecht)

6.27 Zeitgenössische Innenaufnahme
(Central Museum der Gemeente Utrecht)

6.28 Fassadenschnitt im Bereich des Eßzimmers

A Stahlträger. Vier solcher Träger nehmen die Last der Holzbalken auf und leiten sie zu den Stützen an den Fenstern ab *(siehe Abb. 6.32)*.

B Dachkonstruktion: Holzbalken zwischen Stahlträgern. Obwohl das Dach flach aussieht, hat es eine leichte Neigung, damit das Wasser abfließen kann. Es ist mit Ruberoid-Mastixzement abgedeckt und weist verzinkte Stahlanschlüsse auf.

C Stahlstütze. Es gibt kein regelmäßiges Stützenraster, und manche Stützen reichen nicht bis zum Boden.

D Holzfenster. Die Fensterrahmen sind aus Kiefernholz, bis auf jene auf der Ostseite des ersten Obergeschosses, die aus Fichte sind.

E Deckenkonstruktion: Bretter 2 x 15 cm auf Holzbalken. Die Decke darunter ist aus Zementputz und nicht aus Gipsputz, wie in Innenräumen üblich.

F Wandkonstruktion: massiver Klinker, von beiden Seiten mit Zement verputzt. Drei verschiedene Zementfarben wurden benutzt, um die Grautöne der Fassade zu erzielen.

G Fußbodenkonstruktion: Bretter 20 mm auf Holzbalken.
(Central Museum der Gemeente Utrecht)

6.29 Rot-blauer Stuhl
Gerrit Rietveld

6.30 Berliner Stuhl
Gerrit Rietveld

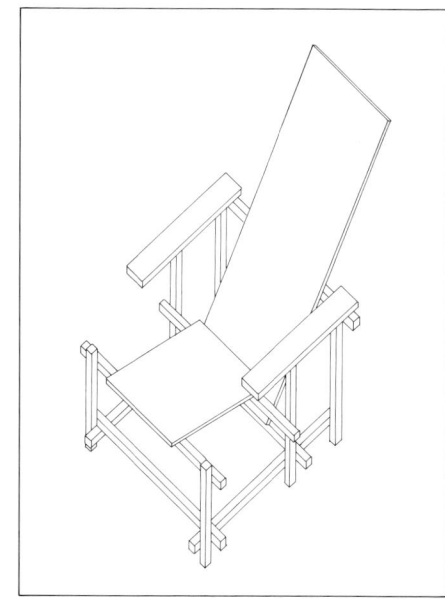

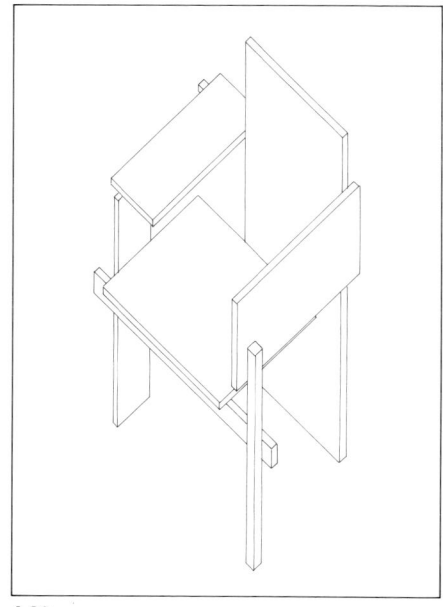

Somit ist das Haus Tugendhat mit seinen Beziehungen zwischen Wand und Stütze eine Art Übergangswerk. Es hat einen vollständigen zweistöckigen Stahlrahmen, wovon ein Teil ausgespart ist, um die obere Terrasse zu bilden. Freistehende Stützen tauchen nur im Hauptwohnbereich und den Verkehrsflächen auf. Das Artikulieren einiger Stützen und das Verbergen anderer ist konsequent im Hinblick auf Mies' Methode, eine reale Konstruktion zu einer idealen zu abstrahieren. Man beachte, daß das typische quadratische Feld nicht in beiden Richtungen konstruktiv gleich ist (wie bei einem echten zweiseitigen System), sondern aus zwei größeren Trägern besteht, die in einer Richtung verlaufen, und drei kleineren, die in der anderen Richtung verlaufen. Wie beim Barcelona-Pavillon wird das Ganze von einer flachen Putzdecke abgedeckt. Wieder hat Mies das Tragwerk verkleidet und ein abstrahiertes Bild davon geschaffen, das der wahren Konstruktion weitgehend, aber nicht präzise folgt.

Ein wichtiges Resultat dieses Abstraktionsprozesses ist wiederum das Verbergen möglichst vieler Fugen und Halterungen. Abb. 6.16 zeigt den Stahlrahmen des Hauses Tugendhat während des Baus. Wie in Barcelona bilden Bolzen und Nieten die Verbindungen, wovon die meisten unter der Putzdecke versteckt liegen. Die Verankerung der Stahlstützen liegt ebenfalls unter den Fußbodenplatten, und die freistehenden Stützen sind mit Chromblech verkleidet. Die Stützen – freistehende wie verdeckte – sind kreuzförmig aus vier Stahlwinkeln zusammengesetzt. Auch die Abdeckung ist ähnlich, jedoch so gestaltet, daß die in Barcelona nötigen Fugen und Schrauben hier verdeckt liegen.

Die Glattputzwände des Hauses Tugendhat weisen auf ein zunehmendes Interesse an einer mehrschichtigen statt monolithischen Bauweise hin. Die Wände des Hauses Lange waren noch massives Ziegelmauerwerk, verwendeten aber auch Verblendziegel. An die Wände des Barcelona-Pavillons wurden außer der Abdichtung gegen Wasser keine weiteren Anforderungen gestellt. Es waren Ziegelmauern, an die Marmor und Travertin gehängt wurde. Die Wände des Hauses Tugendhat waren nicht ohne Grund mehrschichtig, denn jeder Schicht kommt eine besondere Funktion zu. Die eigentliche Wand besteht aus zwei Lagen oder Schalen Ziegelwerk mit einem Hohlraum dazwischen. Auf der Innenfläche der äußeren Schale wurde eine Schicht Hartdämmstoff (Torfoleum aus Preßtorf) angebracht. Außen und innen sind die Wände verputzt.

Dieses Wandsystem reflektiert den Einfluß von Mies' Zeitgenossen, die sich mit industriellen Bausystemen beschäftigten. Mies verwendete diese Wand zum ersten Mal 1927 in seinem Wohnblock in der Weißenhofsiedlung, wo er sich als Direktor der Ausstellung mit der Arbeit anderer Architekten ausgiebig auseinandergesetzt hatte. Diese Wand ist viel ausgeklügelter und stärker zur Moderne hingewendet als die des Hauses Lange.

Die einzige monolithische Wand im Haus Tugendhat ist die Onyxwand im Wohnzimmer, und sie ist ein Beispiel für den Schwierigkeitsgrad der Miesschen präzisen und nahtlosen Detaillierung. Da Vorder- und Rückseite sichtbar sind, müssen alle Steinplatten genau die gleiche Dicke aufweisen, und da die Wand keinen Rücken hat, müssen alle Befestigungen an den Plattenrändern liegen. Dies stellt oben und unten kein Problem dar, da die Halterungen im Betonboden und der Putzdecke verborgen werden *(Abb. 6.25)*, aber an den seitlichen Rändern mußten in die Schmalseiten der Platten Hohlräume für Zementeinspritzungen und Metallfedern eingearbeitet werden. Mit dieser Technik ist eine viel dünnere Wand als in Barcelona zu erzielen, wobei gleichzeitig die fortlaufende Steinäderung erhalten werden kann.

Es gibt zwei Fenstertypen: für die kleinen Öffnungen werden Standardflügelfenster aus Walzstahl benutzt, während die größeren Fenster aus Bronze sind, wobei die Profile denjenigen im Barcelona-Pavillon sehr ähneln. Die zusätzliche Komplexität ist ein Ergebnis der Tatsache, daß hier jedes zweite Fenster vertikal ins Untergeschoß hinein abgesenkt werden kann. Mies benutzt hier wieder die invertierten Glasleisten, die vor- statt zurückspringen. Er wendet das Konzept der Inversion auch bei vielen Verbindungen im Haus an, was vielleicht zum einflußreichsten Charakteristikum des Hauses Tugendhat werden sollte.

Abb. 6.23 zeigt eine typische Verbindung in der Trennwand aus Makassar, die den Eßbereich abteilt. Wie bei den meisten Arbeiten mit edlen Hölzern handelt es sich um ein Furnier von dünnen Ebenholzschichten auf einem Holz von geringerem Wert. In dieser Hinsicht gleicht sie traditionellen Holzarbeiten. Anders hingegen ist das Anein-

6.31

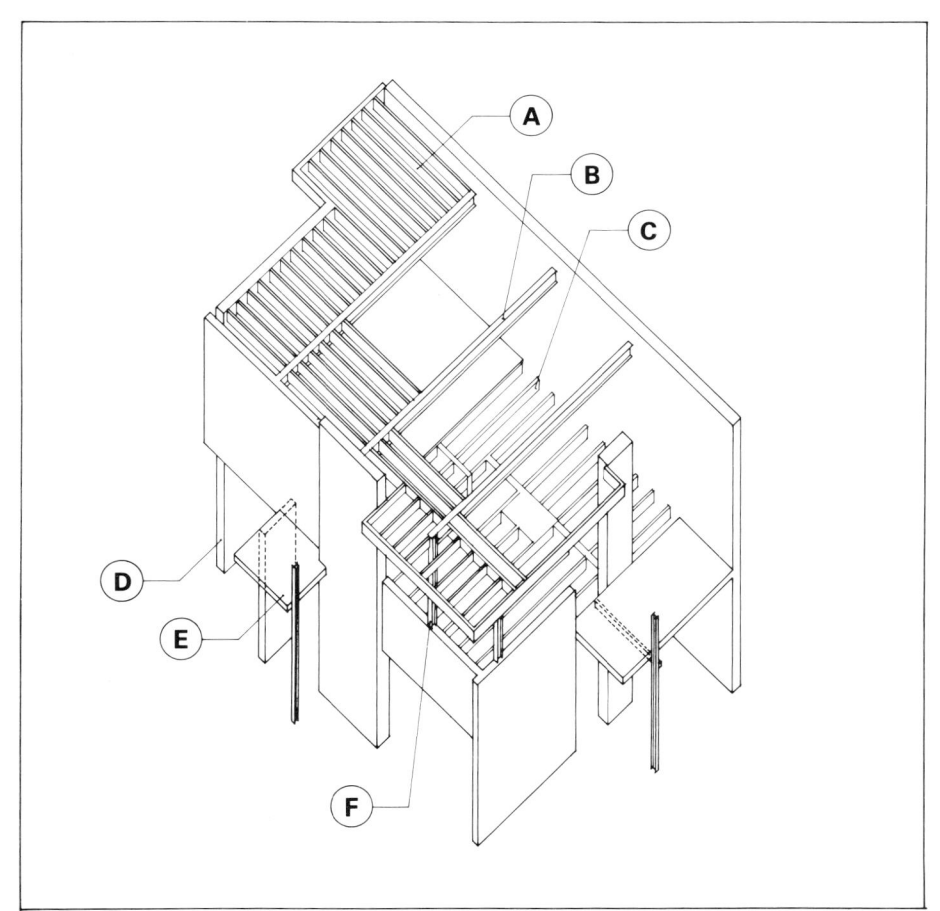

6.32

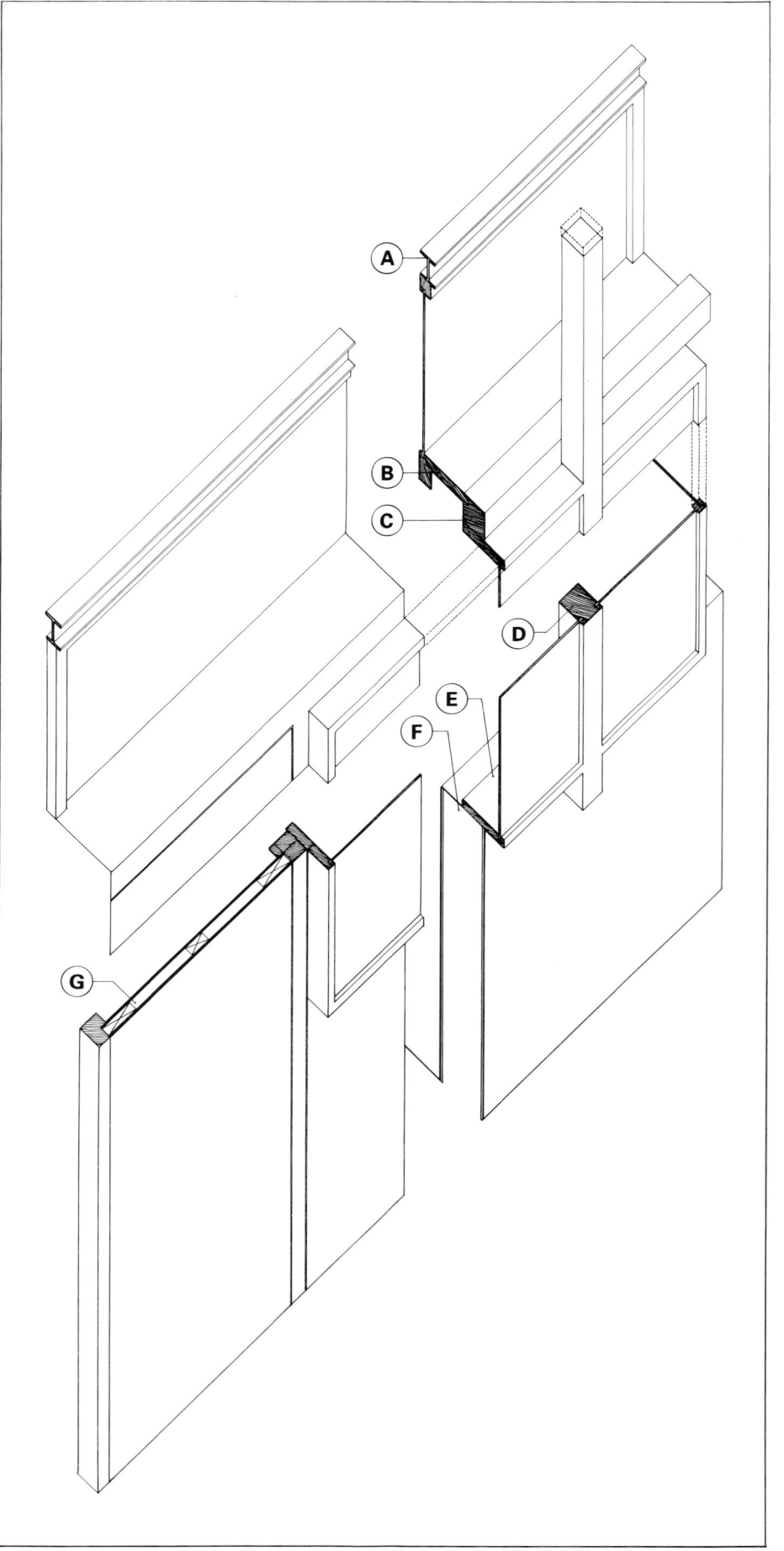

6.33

Haus Schröder
Gerrit Rietveld
Utrecht, 1924

6.31 **Außenansicht**
(Elroy van Groll)

6.32 **Strukturschema**
A Holzbalken im Achsabstand von etwa 60 cm.
B Etwa 25 cm hohe Stahlträger liegen in der flachen Decke verborgen.
C Holzbalken der Geschoßdecke.
D Tragendes Mauerwerk.
E Balkon aus Beton, durch Doppel-T-Stahl gestützt.
F Stahlstütze.
(Central Museum der Gemeente Utrecht)

6.33 **Fenster im Bereich des Studios**
A Stahlprofil; leitet eventuell einen Teil der Last des Mauerwerks darüber ab, ist aber wahrscheinlich vor allem Ornament.
B Triplex-Paneel (dreilagiges Sperrholz).
C Fensterpfosten aus Kiefernholz.
D Fensterpfosten mit rechteckiger Glasleiste und doppelt dicken Glasscheiben von 3 mm.
E Innere Fensterbank.
F Sockel aus Klinker, von beiden Seiten mit Zement verputzt.
G Tür aus 1 cm dickem Triplex, auf Rahmenhölzer geschraubt.
(Central Museum der Gemeente Utrecht)

anderfügen der furnierten Teile. Bei einer traditionellen Vertäfelung wird eine massive Leiste des Furnierholzes über der Fuge angebracht. Dieser Vorsprung wird dann durch passende Profile gemildert. Bei Mies werden die Teile der Täfelung ebenfalls durch ein massives Stück Ebenholz miteinander verbunden, aber hier springt es zurück und nicht vor und ist rechtkantig. Was bei traditionellen Arbeiten ein Profil war, wurde bei Mies zu einer Kerbe oder einer betonten Fuge. Wie bei seiner Fenstergestaltung war Mies durch eine Inversion des Traditionellen zur Moderne gelangt.

Obwohl er Deutschland erst 1938 verließ, realisierte Mies nach dem Haus Tugendhat vor seiner Abreise nur noch wenige bedeutende Bauten – den Pavillon für die Berliner Bauausstellung 1931 ausgenommen. Er entwarf viele Häuser, aber nur wenige wurden gebaut. Gleich nach seiner Ankunft in den Vereinigten Staaten erhielt er zahlreiche Aufträge größeren Umfangs. In Amerika veränderten sich viele seiner Grundsätze, auch seine Einstellung zur Konstruktion. Er wandte sich von der mehrschichtigen Bauweise ab und der monolithischen, unmittelbar artikulierenden Methode zu.

MIES' ZEITGENOSSEN
Der der Moderne verpflichtete Beobachter oder der treue Mies-Anhänger mag den Barcelona-Pavillon als zwangsläufiges Ergebnis des technischen Stands des Stahlskeletts im Jahr 1928 interpretieren, oder, in Mies' Worten, als „raumgefaßter Zeitwille". Welche anderen Optionen hatte er, und wie sonst hätte man Stahl, Gips und Stein auf ehrliche Weise zusammenfügen können? Ein Vergleich mit zwei zeitgenössischen Gebäuden – einem aus Stahl und einem aus Holz – mag diese Frage beantworten.

Trotz Mies' Behauptungen, daß er nicht von der Stijl-Gruppe beeinflußt worden sei, scheint der Barcelona-Pavillon eine Antwort auf Theo van Doesburgs Ruf nach einer neuen Architektur im Jahr 1922 zu sein:
Der kreative Maler muß kontrastierende, dissonante oder komplementäre Energien in zwei oder drei räumlichen Dimensionen organisieren, um eine unzweideutige Harmonie zu schaffen, und der kreative Architekt muß das gleiche mit seinem Material tun. Nicht dekorativ, um eine Wirkung zu erzielen, die die Sinne anspricht, sondern kreativ, die Kontraste der Energie, die den Materialien eigen ist, ausnutzend. Beim kreativen Malen drücken zum Beispiel gelb und blau zwei kontrastierende Energien aus; in der Architektur geschieht dies durch zwei kontrastierende Komponenten, z.B.:
Holz – Druck.
Beton – Spannung.
Dissonante Komponenten hingegen sind zum Beispiel:
Beton – starre Spannung.
Eisen – elastische Spannung (Zugkraft).
Nur jene Werke, bei denen die kreative Voraussicht des Architekten der Kraft der Energie ein Höchstmaß an Ausdruck zugestanden hat, sind echte Schöpfungen.
Eine Eisenbrücke ist gut, d.h. sie ist eine echte Schöpfung, wenn die verschiedenen Materialien so organisiert und vereint sind, daß ein Höchstmaß an energischer Kraft erzielt wird.[7]

Mies' Verwendung kontrastierender Materialebenen stützt den Gedanken, daß er von der Stijl-Gruppe beeinflußt wurde. Aufschlußreich ist hier ein Vergleich zwischen seinen Stahlbauten der zwanziger Jahre mit einem Wohnhaus aus Stahl des Stijl-Architekten Gerrit Rietveld.

Die Bezeichnung des Hauses Schröder als Stahlskelettbau mag ungewöhnlich erscheinen. Gropius beschrieb es als Betonbau. (Das entspricht in der Tat Rietvelds ursprünglicher Absicht, aber Kosteneinschränkungen zwangen ihn zu einer Mischung von moderner und traditioneller Bauweise.) Brown beschreibt es in seiner Rietveld-Monographie als Holzrahmen mit konventionellem Mauerwerk. Tatsächlich enthält das Haus sowohl Stahl und Beton als auch Ziegel und Holzrahmen, und obwohl seine Böden vorwiegend aus Holz und die Wände aus Ziegelsteinen bestehen, wäre seine besondere Form ohne Stahl nicht möglich gewesen. Am zutreffendsten läßt es sich als herkömmliches Haus aus Ziegelwerk und Holz bezeichnen, das – wie Wrights Haus Robie – durch die Einführung von Stahlrahmen erheblich modifiziert worden ist.

Abb. 5.20 zeigt den Aufbau eines Hauses aus Ouds Kiefhoek-Siedlung in Rotterdam, *Abb. 6.32* stellt den des Hauses Schröder dar. Beide Häuser stehen auf ähnlichen Grundstücken als Einheiten einer Serie von Reihenhäusern. Trotz der modernen Erscheinung

6.34

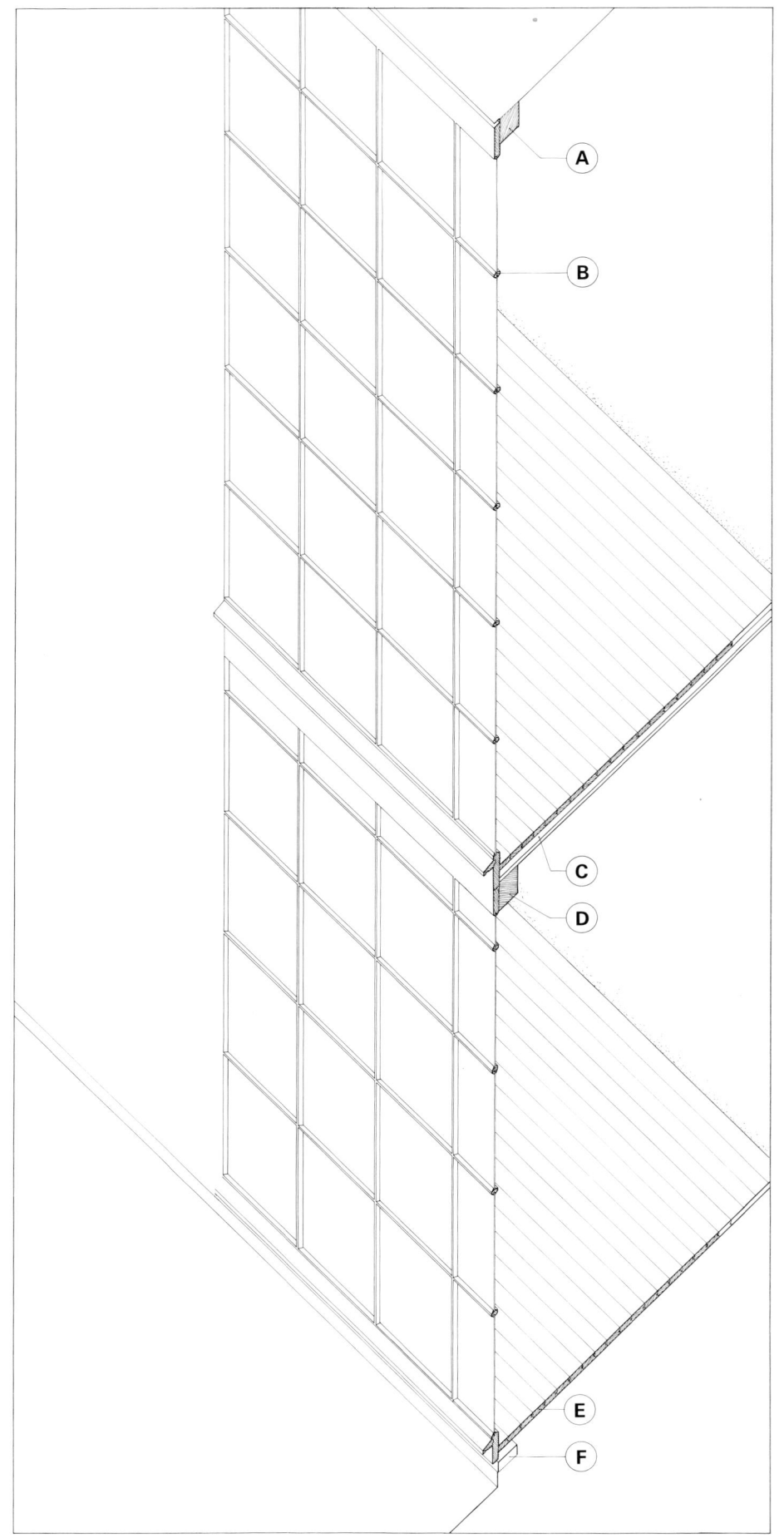

6.35

6.36

Russischer Pavillon
Exposition des Arts Décoratifs
Konstantin Melnikow
Paris, 1925

6.34 Außenansicht
*(Eva Aver,
Princeton University Press)*

6.35 Entwurfszeichnung
*(Melnikov Archive,
Princeton University Press)*

6.36 Fassadenschnitt
A Holzbalken 20 x 20 cm
B Holzfenster. Gemessen an heutigen Konstruktionsstandards sind die Fensterpfosten und -sprossen für eine so große Wand recht klein.
C Deckenkonstruktion: Boden und Decke aus genuteten Brettern auf sichtbaren Holzbalken.
D Holzbalken 20 x 20 cm.
E Fußbodenkonstruktion: ähnlich wie C.
F Schwellholz.
(Charpentiers de Paris)

---

ist das Tragwerk von Ouds Projekt ganz konventionell mit den Holzbalken zwischen zwei Mauern. Das Tragwerk des Hauses Schröder kann als Abwandlung davon gesehen werden. Eine Außenwand wurde so weit abgetragen, daß Stahlträger und -säulen notwendig wurden, um das Dach zu stützen. Die Säulen stehen nicht frei wie in Barcelona, sondern kommen aus den Wänden hervor. Um den Hauptkörper des Hauses herum ist eine Reihe von Balkons gruppiert, die von zusätzlichen Stahlsäulen und den Wänden des Hauses gestützt werden. Es handelt sich nicht um eine reine Rahmenkonstruktion mit Skelett und Außenhaut, sondern um eine Mischform. In Barcelona wurden alle Dächer von Rahmen gehalten, und alle Mauern waren nichttragend. Im Haus Schröder nehmen die Mauern die Last auf, wo es möglich ist, aber an anderen Stellen ruhen Dach und Geschoßdecken auf Stahlrahmen. Stahl wird aber nicht nur für das Tragwerk verwendet, sondern auch als Geländerstütze, Fensterpfosten und zur Abstützung der Balkons.

Traditionelle Historiker der Moderne, wie Gideon und Condit, sahen solche hybriden Konstruktionen als Übergang und unrein an, da für sie das ideale moderne Bauwerk aus einem vollständigen Rahmen mit einer vollständigen Vorhangwand bestand. Aber das hybride Gebäude hatte – wenngleich jetzt überholt – zu dieser Zeit eine gewisse Folgerichtigkeit, und die Historiker verwarfen es schneller als die Architekten. Rietveld, Mies, Le Corbusier und Breuer experimentierten in den zwanziger und dreißiger Jahren alle mit hybriden Konstruktionen mit Rahmen und tragenden Wänden. In Mies' Haus Lange aus dem Jahr 1935 wurden zwei der Stahlstützen durch tragendes Mauerwerk ersetzt *(Abb. 6.2)*. Aaltos Villa Mairea und Le Corbusiers Maison Loucher weisen ähnliche Mischformen von Rahmen und tragenden Wänden auf. Angesichts der Komplexität der konstruktiven Bezüge im Haus Schröder (Stützen, die den Boden nicht erreichen usw.), könnte man glauben, daß Rietveld der konstruktive Ausdruck gleichgültig war und daß diese Uneindeutigkeit zufällig ist. Rietvelds spätere Bauten, wo deutlich zwischen Teilen des Rahmens und tragenden Wänden unterschieden wird, sind jedoch ein Gegenbeweis. Bei seinen Möbeln manifestiert sich allerdings dieselbe Entwicklung in umgekehrter Reihenfolge. Der rotblaue Stuhl von 1917 besteht aus einem Rahmen und den davon gestützten Flächen, der Berliner Stuhl von 1923 dagegen ist nicht eindeutig; sein Rahmen ist unvollständig, und seine Flächen sind manchmal tragend und manchmal nicht.

Bestimmte Elemente des Hauses Schröder gleichen Mies' Frühwerk. Wie bei Mies sind auch bei Rietveld die Decken flach und glatt verputzt, ohne den darüberliegenden Stahlrahmen zu zeigen oder zu artikulieren, und auch hier dient dies der beweglichen Anordnung der Trennwände. Auf offensichtlichere Weise als Mies bringt Rietveld bestimmte Flächen und Wände zum „Schweben". Bei der Befensterung wählt er im Gegensatz zu Mies und den meisten anderen Architekten der Moderne nicht die dünnen Stahlrahmen, sondern schwerere Holzrahmen. In Primärfarben gestrichen, bilden sie einen wichtigen Teil der Fassadenkomposition.

Weitere interessante Erkenntnisse ergeben sich aus einem Vergleich mit Konstantin Melnikows Russischem Pavillon für die Pariser Expo (Exposition des arts décoratifs) von 1925. Obwohl seine Formen ihren Ursprung in der gleichen kubistisch-konstruktivistischen Ästhetik haben, die das Haus Schröder und schließlich den Barcelona-Pavillon hervorbrachte, ist seine Einstellung zur Konstruktion und zur Industrialisierung des Bauens ganz anders als Mies' Haltung.

Obgleich die Formen von Melnikows Pavillon eindeutig der Moderne angehören, ist seine Technologie primitiv. Die einzigen verwendeten Materialien sind Holz, Glas und Gipsputz; es gibt keinen Stahl, keinen Beton. Das Tragwerk besteht vollständig aus Holz. Die Fenster sind trotz der dünnen Rahmen aus Holz und nicht aus Stahl, wie man vermuten könnte. Obwohl es große verglaste Flächen gibt, sind die einzelnen Scheiben ziemlich klein. In diesem Gebäude ist bautechnisch wenig zu sehen, was nicht schon bei Palladio oder Wren verwendet worden wäre.

Die Modernität von Melnikows Bau beruht auf der konstruktiven Anordnung, nicht auf den Materialien. Es ist eine Anordnung, die mit dem zeitgenössischen Werk von Mies wenig gemeinsam hat. Mies' Pavillons waren verkleidete Stahltragwerke mit analogem Aufbau. Melnikows Bau beruht auf einem monolithischen, sichtbaren Holztragwerk. Mies' flache, verputzte Geschoßdecken erlauben einen offenen Grundriß. Melnikows Balken bilden eine unregelmäßige Rasterdecke, die weitgehend die Anordnung der Trennwände bestimmt. Die Wände bei Mies van der Rohe sind

6.37

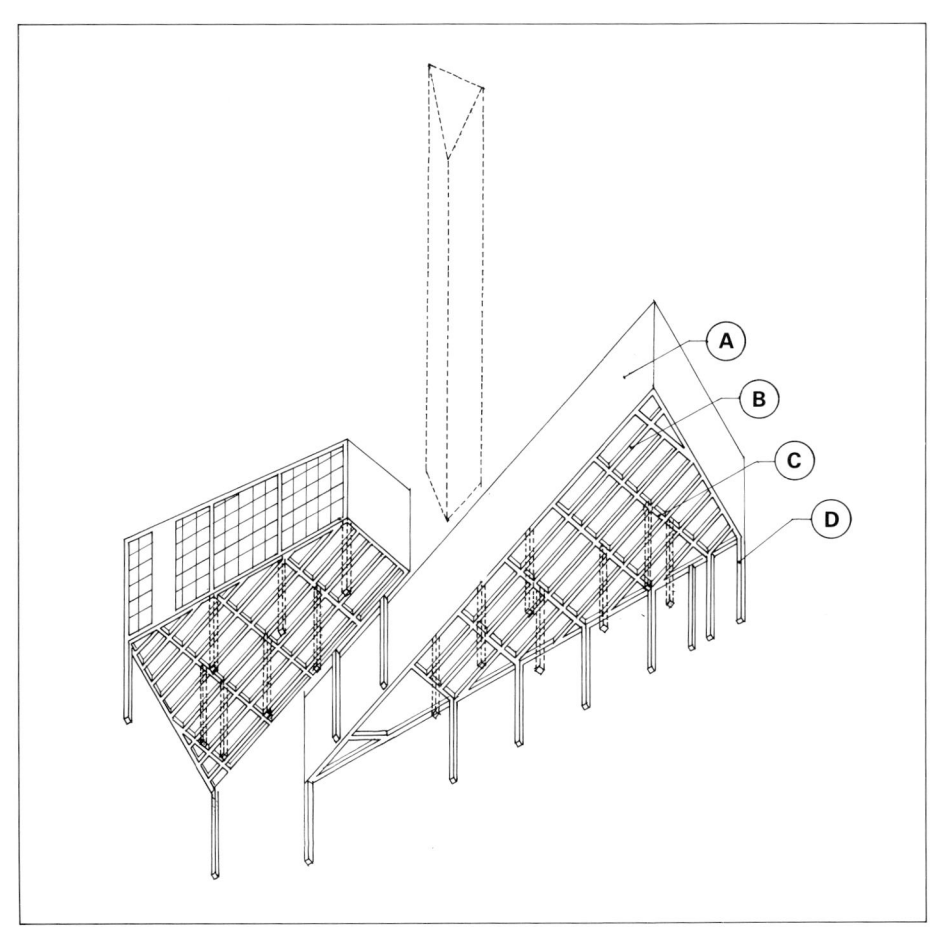

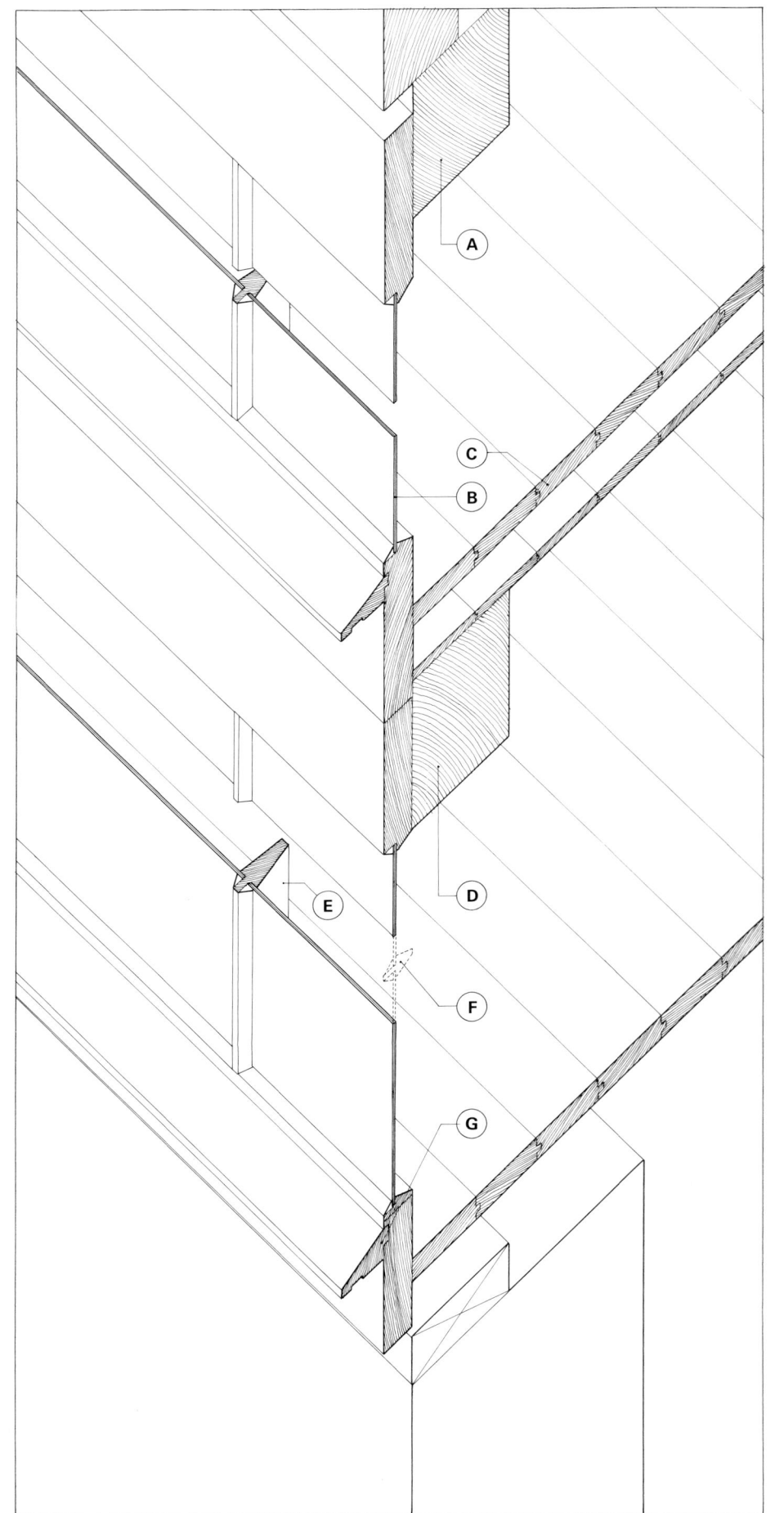

6.38

6.39

Russischer Pavillon
Exposition des Arts Décoratifs
Konstantin Melnikow
Paris, 1925

6.37 Baustellenfotografie
*(Eva Aver,
Princeton University Press)*

6.38 Strukturschema
A   Teilung der Geschoßdecke
    für Rampe.
B   Holzbalken 20 x 20 cm
    im Achsabstand von etwa 60 cm.
C   Holzträger 20 x 20 cm.
D   Holzstützen in unregelmäßiger
    Anordnung, meist allerdings an
    den Enden der Träger.
    (Charpentiers de Paris)

6.39 Schnitt im Fensterbereich
Der temporäre Charakter des Baus
ist weitgehend für die Einfachheit
und Grobheit der Innenbehandlung
sowie für den Mangel an technischer
Raffinesse verantwortlich.
A   Holzbalken 20 x 20 cm.
B   Glasscheibe.
C   Deckenkonstruktion: Boden
    aus 25 mm dicken genuteten
    Brettern und Decke aus 12 mm
    dicken genuteten Brettern,
    dazwischen, im rechten Winkel dazu,
    zwei Bretter von 30 cm Höhe.
D   Holzbalken 20 x 20 cm.
E   Vertikale Fensterpfosten.
F   Horizontaler Fensterpfosten. Der
    vertikale Pfosten ist viel tiefer als der
    horizontale.
G   Vorspringende Fensterbank
    aus Holz.
    (Charpentiers de Paris)

mehrschichtig aufgebaut, die Stützen sind freigestellt oder in der Wand verborgen. Melnikows Wand ist fachwerkartig aufgebaut, mit Glas und Putz als Füllung, wobei die Träger und Stützen der Wand von außen sichtbar bleiben.

Melnikows Befensterung hat etwas von den traditionellen Elementen der Miesschen Fenster und etwas vom konstruktivistischen Charakter der Fenster in Rietvelds Haus Schröder. Die Fensterpfosten von Mies haben ein gleichbleibendes Profil, so daß die vorspringenden Glasleisten einen vollständigen und regelmäßigen Rahmen um die Öffnung bilden. Rietveld benutzte in Größe, Sorte und Farbe unterschiedliche Pfosten, um Unterbrechungen zwischen den verschiedenen Rahmenteilen zu schaffen und um jedem Element seine distinkte Identität zu verleihen. Melnikows Verglasung bildet, von außen betrachtet, ein gleichmäßiges quadratisches Raster, in dem die Pfosten gleich groß zu sein scheinen und vollständige Rahmen bilden. Von innen betrachtet, variieren die Pfosten in ihrer Tiefe und sind unterbrochen, was an die Rahmen von Rietveld denken läßt. Die Variationen sind nicht willkürlich, sondern systematisch. Alle Pfosten verjüngen sich, um sie so klein wie möglich wirken zu lassen. Die Tiefe der Pfosten variiert entsprechend der Last, die sie tragen müssen. Die vertikalen Pfosten, die die Windlasten vom Glas zum Boden und zum Dach ableiten, sind die am stärksten belasteten und deshalb die größten. Die horizontalen, konstruktiv weniger wichtigen Pfosten sind flacher. Da die Vertikalpfosten in der Feldmitte (auf halber Höhe) die größte Steifigkeit aufweisen müssen, aber nicht an den Enden, reichen sie nicht ganz bis zum Boden bzw. der Decke. Dies trägt natürlich zum allgemeinen Eindruck der Unregelmäßigkeit bei. Dieses Beispiel illustriert, daß Detailbehandlung und Formensprache in der Architektur nicht parallel verlaufen müssen. Sei es aus Tradition, Beeinflussung oder Zufall – dieselbe Fenstergestaltung ist jedenfalls auch in Wrights Haus Storer (1932) und Aaltos Rathaus in Säynätsalo (1952) anzutreffen.

Der wichtigste Unterschied zwischen den Pavillons von Melnikow und Mies liegt in deren Einstellung zur handwerklichen Ausführung und zu den Tischlerarbeiten. Mies' verkleidete Konstruktionssysteme, durchgehende Fensterrahmen und bloßgelegte, ornamenthafte Holzfugen sollten allesamt Verbindungen reduzieren und verbergen sowie die abstrakte Kontinuität der Elemente hervorheben. Durch Verbergen der Konstruktion verbirgt Mies die meisten Anschlüsse, vor allem die groben Verbindungen der Stahlkonstruktion. Die sichtbaren Anschlüsse sind mit einer Genauigkeit ausgeführt, die manchmal wohl unangemessen war. Bei Melnikows sichtbarem, monolithischem Tragwerk liegen die meisten Fugen bloß – auf Kosten des Eindrucks von handwerklich sauberer und präziser Ausführung. Diesen Preis ist er zu zahlen bereit, da ihm an Kontinuität im Miesschen Sinne nichts gelegen war.

Melnikow entwarf die Fenster bewußt im Sinne des Konstruktivismus, wobei jedes Teil seine eigene Identität suchen durfte und die sich daraus ergebende Diskontinuität hervorgehoben wurde. Ähnlich war seine Einstellung zum konstruktiven Aufbau.

NACHGEDANKEN
Vieles trennt den amerikanischen Mies der fünfziger Jahre vom europäischen Mies der zwanziger Jahre: ein veränderter Kompositionsansatz (klassische Symmetrie statt expressionistischer oder konstruktivistischer Asymmetrie), eine gewandelte politische Ausrichtung (konservativ statt progressiv) und ein verändertes Bausystem (monolithisch und konkret statt mehrschichtig und abstrakt). Manches blieb jedoch unverändert: Mies' Liebe zum Material, seine Achtung vor dem traditionellen Bauen und vor allem seine Einstellung zur handwerklichen Ausführung. Mies verlangte nahtlose Perfektion. Er haßte sichtbare Fugen und unverkleidete Halterungen. Er vermied systematisch genau jene Elemente, nach denen die Brüder Greene systematisch strebten. Ruskins Ideal der Grobheit und sein Urteil, die Perfektion entspringe einer mißverstandenen Auffassung von Kunst, sind Mies' Denken und Schaffen völlig fremd. Die konstruktivistische Tendenz zur Erhaltung der visuellen Identität des einzelnen Teils (wie bei Rietveld oder Melnikow) fehlt bei seiner Detailbehandlung, obwohl er ihr in seiner Formensprache folgt. Man könnte argumentieren, daß die bloßgelegte Fuge die Verbindung hervorhebt, aber so wie Mies sie einsetzte – als Inversion des traditionellen Profils –, spielte sie einen notwendigen Anschluß herunter.

6.40

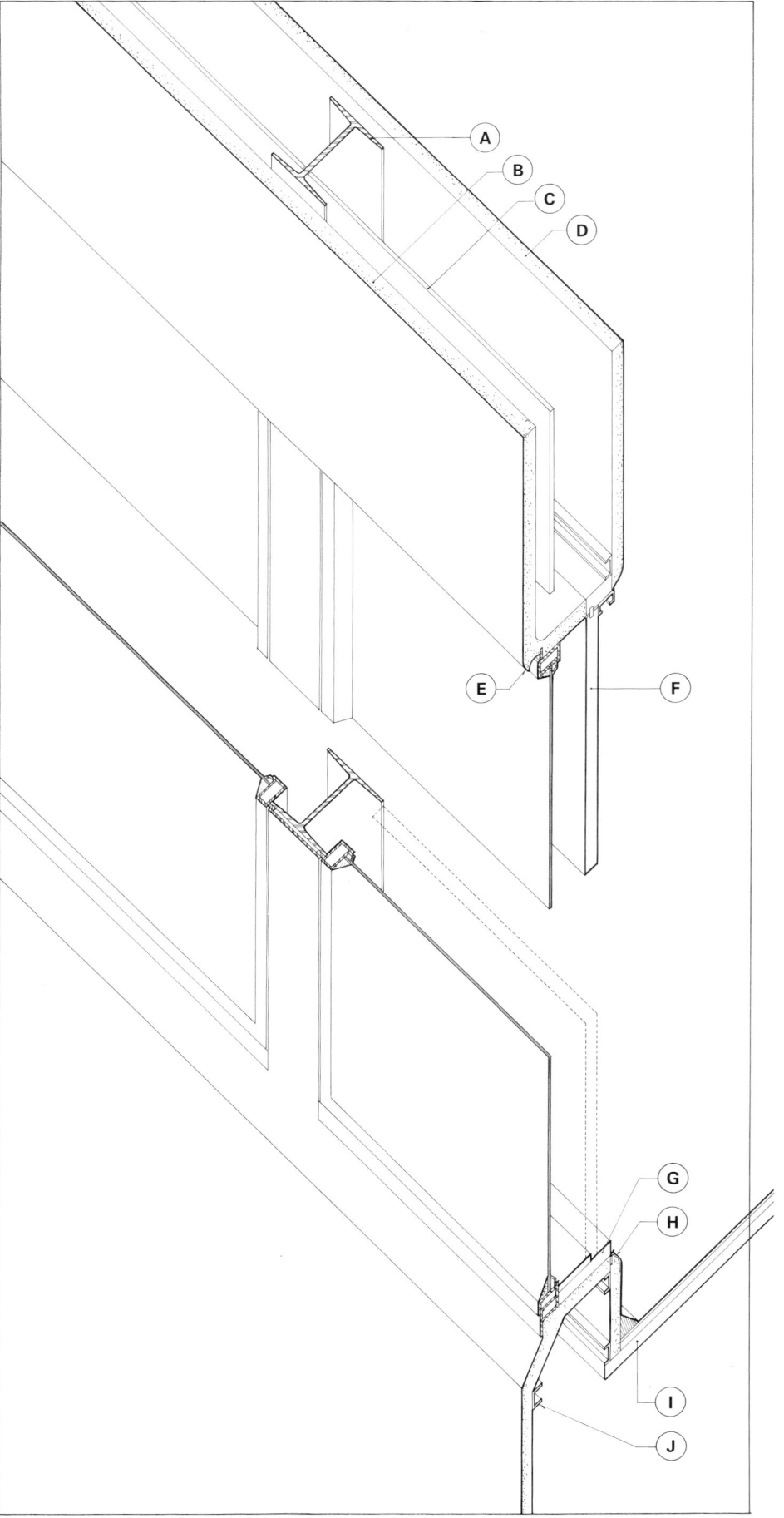

6.41

6.42

Haus Lovell
Richard Neutra
Los Angeles, 1929

6.40 **Außenansicht**
(UCLA Special Collections, mit freundlicher Genehmigung von Dione Neutra)

6.41 **Gebäudeecke**
(UCLA Special Collections, mit freundlicher Genehmigung von Dione Neutra)

6.42 **Fassadenschnitt**
A   10 cm hohe H-Stütze, mit Stahlplatte verstärkt.
B   Außenwand: Spritzcement auf Maschendraht als Putzträger.
C   Isolierung.
D   Innenwand: 25 mm Putz auf Maschendraht.
E   Fensterflügel aus Stahl, darüber Tropfkante.
F   Sonnenblende innen.
G   Fensterbank aus Holz.
H   Metallverstärkte Kante. Dies ergibt gegenüber der Putzfläche einen harten und gleichmäßigen Rand. Bei einer traditionellen Konstruktion wäre diese Fuge mit einem Holzprofil abgedeckt worden.
I   Fußboden.
J   Profil der Unterkonstruktion; erstreckt sich zwischen den Stahlstützen und verstärkt die Innenverkleidung.
(UCLA Special Collections, mit freundlicher Genehmigung von Dione Neutra)

Aber Mies' Vorstellungen von handwerklicher Kunst können nicht von seinen Vorstellungen vom Bauen getrennt werden. Mies verwendete mehrschichtige und verkleidete Bausysteme nicht deshalb, weil er ein Anhänger Sempers war (den er wahrscheinlich nie gelesen hatte) oder weil er sie als Bauweise des zwanzigsten Jahrhunderts ansah (obwohl sie es geworden sind). Er verwendete mehrschichtige Systeme, weil er mit ihnen den gewünschten Grad an Präzision erzielen konnte. Durch Verkleiden des Tragwerks mit einfachen nahtlosen Ummantelungen konnte er die groben Verbindungen verstecken, die Anzahl der sichtbaren Anschlüsse verringern und diese mit der gewünschten Genauigkeit ausführen. Mies meinte es wahrscheinlich ganz ernst, als er Berlages Börse mit ihren monolithischen, sichtbaren Backsteinmauern und Bindern lobte. Er folgte diesem Beispiel jedoch nicht, weil sich mit Stahl und Beton nicht mit derselben Präzision arbeiten ließ. Als er in Amerika zu arbeiten begann, wo er dieses Maß an Genauigkeit für möglich hielt, strebte er wieder dieses monolithische Ideal an. Die nahtlosen Sichtrahmen des Hauses Farnsworth und das Illinois Institute of Technology, wo die Verbindungen endlos zusammengeschweißt und glattgeschliffen wurden, waren das Ergebnis.

Genauso, wie der europäische Mies van der Rohe vom amerikanischen getrennt werden muß, muß auch der Architekt Mies vom Polemiker getrennt werden. Bei der vorliegenden Betrachtung von Mies' Gebäuden wurden seine wohlbekannten, kurzen Schriften kaum herangezogen, da zwischen den Schriften und den Gebäuden wenig Übereinstimmung herrscht. Mies hatte sich 1923 für eine Architektur frei jeder ästhetischen Spekulation eingesetzt – eine Architektur des reinen Bauens, bei der die Form das Ergebnis und nicht das Ziel sein sollte. Man könnte dagegenhalten, daß dies grundsätzlich unmöglich ist. Das einfachste Stahlskelett kann wahrscheinlich nicht ohne eine Entscheidung errichtet werden, bei der die Ästhetik eine Rolle spielt. Wird dieses Skelett jedoch verkleidet, werden ästhetische Entscheidungen unabdingbar. Notwendigerweise betont die Verkleidung bestimmte Aspekte der Konstruktion, während sie andere unterschlägt. Mies brachte die Stützen so stark wie möglich zum Ausdruck, während er die Träger durch eine flache Putzdecke versteckte. Aber darin liegt bereits eine ästhetische Wahl: ebensogut hätte er auch die Balken betonen können oder alle Stützen statt nur einiger hervorheben. Und wer könnte leugnen, daß es sich dabei um ästhetische Spekulation handelt?

7 Rudolf Schindler, Walter Gropius und Marcel Breuer: Wohnhäuser in Amerika

Mein Haus hat mein Auge nie mehr so erfreut, nachdem es verputzt war, obwohl ich zugeben mußte, daß es bequemer war.
Henry David Thoreau, *Walden*

Als Thomas Jefferson die Zustände im Staat Virginia beschrieb, bemerkte er 1782: „Privathäuser werden selten aus Stein oder Ziegeln gebaut, der größte Teil besteht aus zugeschnittenen Bauhölzern und Brettern, die mit Kalk verputzt sind. ... Man kann sich unmöglich häßlichere, unbequemere und – glücklicherweise – vergänglichere Dinge ausdenken."[1] Für seine eigenen Bauten verwendete Jefferson vor allem Ziegel. Die Vorliebe der amerikanischen Architekten für Mauerwerk besteht bis zum heutigen Tag, auch das kostengünstige Holzständerwerk wird weiterhin verwendet. Der übliche Wohnhausbau in den Vereinigten Staaten ist nach wie vor aus Holz, trotz mancher Vorurteile gegenüber dieser Bauart. Ein typisches Haus in der Vorstadt mit Backsteinfassade erweist sich bei genauerer Betrachtung fast immer als hölzerne Geschoßrahmen-Konstruktion mit Backsteinverblendung.

Sigfried Giedion war einer der ersten, der die Holzkonstruktionsweise mit Geschoß- oder Plattformrahmen als eine der großen amerikanischen Erfindungen erkannte.[2] (Er nennt ihn „Ballonrahmen", was seine ursprüngliche Erscheinungsform mit zweigeschossig durchlaufenden Rippen und einem seitlich in die Rippen eingelassenen Rähm war. In diesem Jahrhundert ist er weitgehend vom Geschoßrahmen ersetzt worden, der eingeschossige Rippen mit durchlaufendem Rähm aufweist.) Hätte Giedion die Wohnhausarchitektur der Postmoderne erlebt, hätte er vielleicht Grund gehabt, seine Einschätzung zu bedauern. Der Geschoßrahmen entsprach vielen Kriterien der Industrialisierung und hat sich gleichzeitig stilistisch als erstaunlich anpassungsfähig erwiesen, was ihn für die Arbeit von so unterschiedlichen Architekten wie Stanford White und Richard Meier empfahl. Seit seiner Erfindung im Jahr 1833 gab es zwar zahlreiche Modifikationen, im wesentlichen blieb er aber unverändert. Die Technologie eines Wohnhauses von McKim, Mead & White der 1880er unterscheidet sich nicht sehr von der eines Wohngebäudes von Venturi.

Vielleicht liegt es an dieser Flexibilität, daß die Einstellung der Architekten zum Geschoßrahmen unentschieden blieb. Nachfolgende Generationen amerikanischer Architekten haben ihn entweder als zu hegendes nationales Erbe oder als archaisches, „anorganisches" Verfahren gesehen, das sich für die wahre „moderne" Architektur nicht eignet. Frank Lloyd Wright führte insbesondere im späteren Teil seiner Laufbahn einen Privatkrieg gegen den Geschoßrahmen, beginnend mit den Faserblock-Häusern der zwanziger Jahre. Der erste Großangriff kam von den Wiener Einwanderern Rudolf Schindler und Richard Neutra. Trotz der Ähnlichkeiten in ihrem Hintergrund – beide

7.1

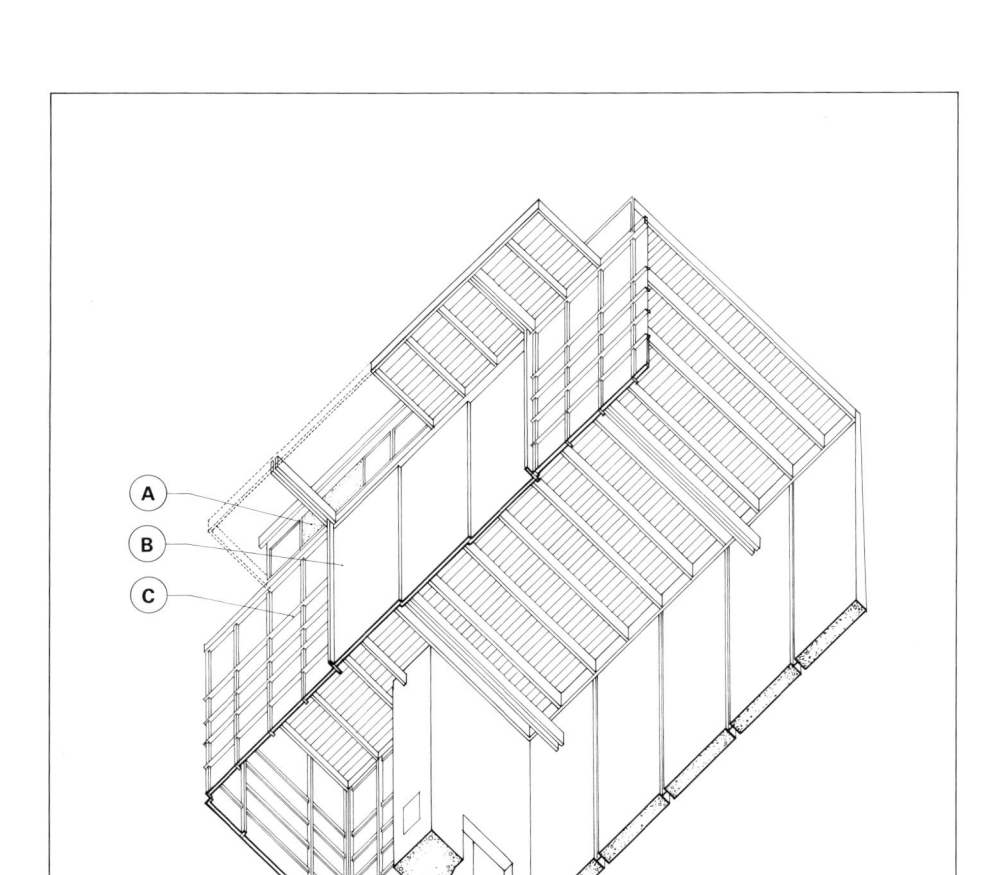

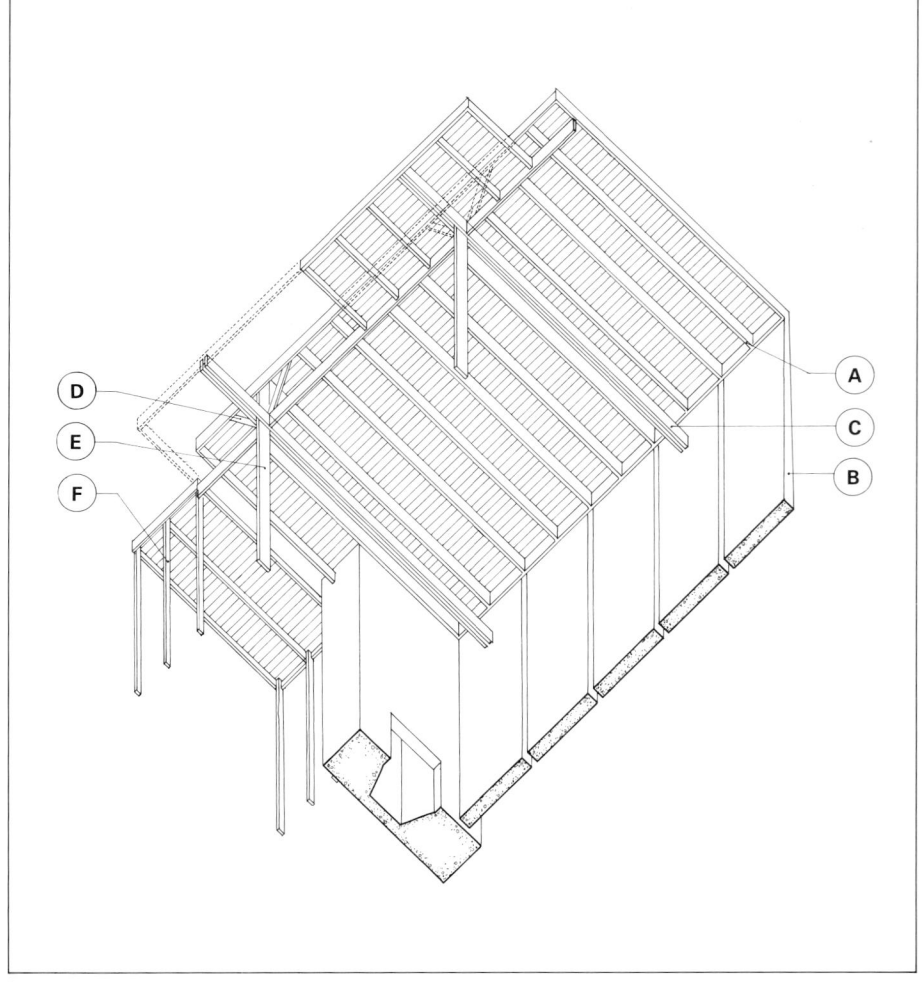

7.3

7.2

7.4

Haus Schindler-Chase
Rudolf Schindler
Los Angeles, 1922

7.1 Während der Restaurierung entstandene Aufnahme. Man beachte bei der oberen Fensterreihe die diagonale Aussteifung, die hinter Insulit-Paneelen verborgen lag.
(Architectural Drawings Collection, University Art Museum, Santa Barbara)

7.2 **Aufbauschema von Schindlers Atelier**
(Diese Darstellung zeigt das Gebäude mit Verkleidung; *Abb. 7.4* zeigt nur die konstruktiven Elemente.)

A Insulit-Paneele verbergen die diagonale Aussteifung. Dies ist der einzige Teil der Konstruktion, der verdeckt liegt.
B Schiebetüren aus Redwood und Segeltuch.
C Fensterpfosten.
(Architectural Drawings Collection, University Art Museum, Santa Barbara)

7.3 **Innenansicht**
(Architectural Drawings Collection, University Art Museum, Santa Barbara)

7.4 **Strukturschema des Ateliers**
Fast alle Elemente des Entwurfs sind integrale Teile der tragenden Konstruktion des Gebäudes.

A Dachkonstruktion: Redwood-Balken 7,5 x 20 cm, im Achsabstand von 60 cm, tragen die Schalung aus Redwood-Brettern 2,5 x 10 cm.
B Aufgerichtete Betonplatten. Diese verjüngen sich nach oben entsprechend der Lastverringerung. Sie sind mit der Fußbodenplatte durch Bewehrungsstäbe verbunden, die mit Beton vergossen werden. Die Zwischenräume zwischen den Betonplatten sind verglast, und zwar ohne Rahmen.
C Doppelbalken aus zwei Bohlen 5 x 15 cm. Der Doppelbalken erleichtert die Verbindung mit der Stütze.
D Diagonalaussteifung 2,5 x 10 cm aus Redwood.
E Stütze 7,5 x 20 cm aus Redwood.
F Stützen 4 x 6 cm aus Redwood tragen das Vordach. Sie fungieren auch als Fensterpfosten. Puristen des Internationalen Stils hätten niemals ein Element auf diese multifunktionale und visuell uneindeutige Art verwendet.
(Architectural Drawings Collection, University Art Museum, Santa Barbara)

wurden unter Wagner und Loos ausgebildet und machten ihre ersten Erfahrungen in Amerika unter Wright –, hatten ihre Reaktionen auf die amerikanische Bauwirtschaft nur eines gemeinsam: Ablehnung des Holzgeschoßrahmens. Beide Architekten wollten die Materialien und Verfahren des amerikanischen Hausbaus reformieren, Schindler vor allem mit Beton und Neutra vor allem mit Stahl.

Die amerikanischen Baumethoden erregten Schindlers Bewunderung wie seinen Abscheu. Er beschrieb das typische verputzte Holzhaus als „anorganische, unelastische Gipsplatten um ein sich organisch dehnendes und zusammenziehendes Skelett".[3] Statt dessen schlug er, in Anlehnung an Wright und Gill, ein System aus Betonwänden mit Holzgeschoßdecken und -dächern vor. Im Gegensatz zu ihnen legte er jedoch die Holzbalken bloß, statt sie zu verputzen. Zwischen 1920 und 1928 entwarf er eine Reihe von Variationen zu diesem Thema, wobei er jedes Mal ein anderes Betonbausystem verwendete. Sein eigenes Haus (1922) hatte aufgerichtete („tilt-up") Betonwände, die Pueblo-Ribera-Apartments (1923) verwendeten auf der Baustelle gegossene Fertigteile (Schindlers „slab-casts"), das Haus Howe (1925) Fertigteile mit Geschoßrahmen, das Haus Packard (1924) Torkretbetonwände und das Haus Lovell (1926) tragende Ortbetonwände mit Trennwänden aus Torkretbeton.

Das Doppelhaus, das er für Clyde Chase und sich entwarf, wurde aus aufgerichteten Betonplatten und einer Dachkonstruktion aus sichtbarem Redwoodholz errichtet. Es ist fast vollkommen monolithisch, mit wenigen Verkleidungsstoffen. Eines der Hauptprobleme bei einem Bausystem, in dem Baumaterialien und Deckstoffe identisch sind, ist die Forderung nach gleichbleibend hohem Standard handwerklicher Ausführung. Sowohl die Wände als auch die Dachkonstruktion des Hauses Schindler-Chase stellten in dieser Hinsicht schwierige Aufgaben dar.

Die Wandkonstruktion geht zweifellos auf Irving Gills Arbeiten mit dem Aufrichtsystem zurück, wobei die Betonwände jeweils auf der Bodenplatte gegossen und dann in aufrechte Position gekippt wurden. Beim Haus Schindler-Chase wurden die kleinen Hohlräume zwischen den Betonplatten mit schmalen Glasleisten ausgefüllt. Das Problem mit der gleichmäßigen handwerklichen Ausführung der Wandkonstruktion liegt bei der Abweichung. Ortbeton ist ein ungenaues Material, und die Fugen zwischen den Platten weichen mit bis zu 13 mm voneinander ab, so daß jedes Stück Glas einzeln abgemessen und zugeschnitten werden mußte. Da das Glas ohne Rahmen eingesetzt wurde, konnten bauliche Ungenauigkeiten oder thermisches Verziehen nicht ausgeglichen werden.

Die Dachkonstruktion aus Redwood ist eine Variation des typischen Geschoßrahmens, wobei die Balken in breiteren Abständen angebracht wurden. Die Probleme der handwerklichen Ausführung liegen hier beim Bearbeitungsgrad des Holzes. Wo Holzteile bloßgelegt werden, müssen Holzqualität und -bearbeitung besser sein als bei verdeckt liegendem Holz. Schindler löste das Problem, indem er das Niveau der Bearbeitung senkte. Die Innengestaltung der Brüder Greene weist kaum die rohen Holzteile und Tischlerarbeiten des Hauses Schindler auf, obwohl sie von außen grob wirken.

Pueblo Ribera gehörte zu Schindlers besten Arbeiten, war aber technisch eine Katastrophe. Aus beiden Gründen verdient es eine genaue Analyse. Die Betonplatten, die die 20 cm dicken monolithischen Wände bilden *(Abb. 7.15)*, werden auf der Baustelle mittels wiederverwendbarer horizontaler Holzverschalungen geformt. Holzleisten in den Formen ergeben die horizontalen Rillen in den Platten, die das Modul der Wand festlegen und die kalten Fugen zwischen separaten Betongüssen verstecken. (Kalte Fugen entstehen, wenn nasser Beton auf Beton gegossen wird, der sich bereits verfestigt hat.) Die Deckenkonstruktion verwendet fast den typischen Geschoßrahmen, hat aber dickere Balken (7,50 x 20 cm statt 5 x 20 cm) in größeren Abständen (60 statt 40 cm). Celotex-Isolierung liegt zwischen den Balken, und Dachpappe und eine Betonschüttung liegen als einzige Wasserabdichtung auf dem Holzdach.

Schindlers Konstruktionskonzept war das Gegenteil der Auffassung von Semper und Loos, die das Bauen als Verkleiden des Tragwerks mit aufeinanderfolgenden Materialschichten ansahen. Schindler erklärte bei der Beschreibung seines eigenen Hauses von 1922, daß „die traditionelle Methode, bei der Bauteile zwiebelartig mit Verkleidungsstoffen bedeckt werden …, verschwinden wird".[4] Werden diese beiden Ansätze mit der heutigen Praxis verglichen, kommt Loos der Sache viel näher. Schindlers monolithische Wand hat keine Isolierung, keine Wasserabdichtung und

7.5

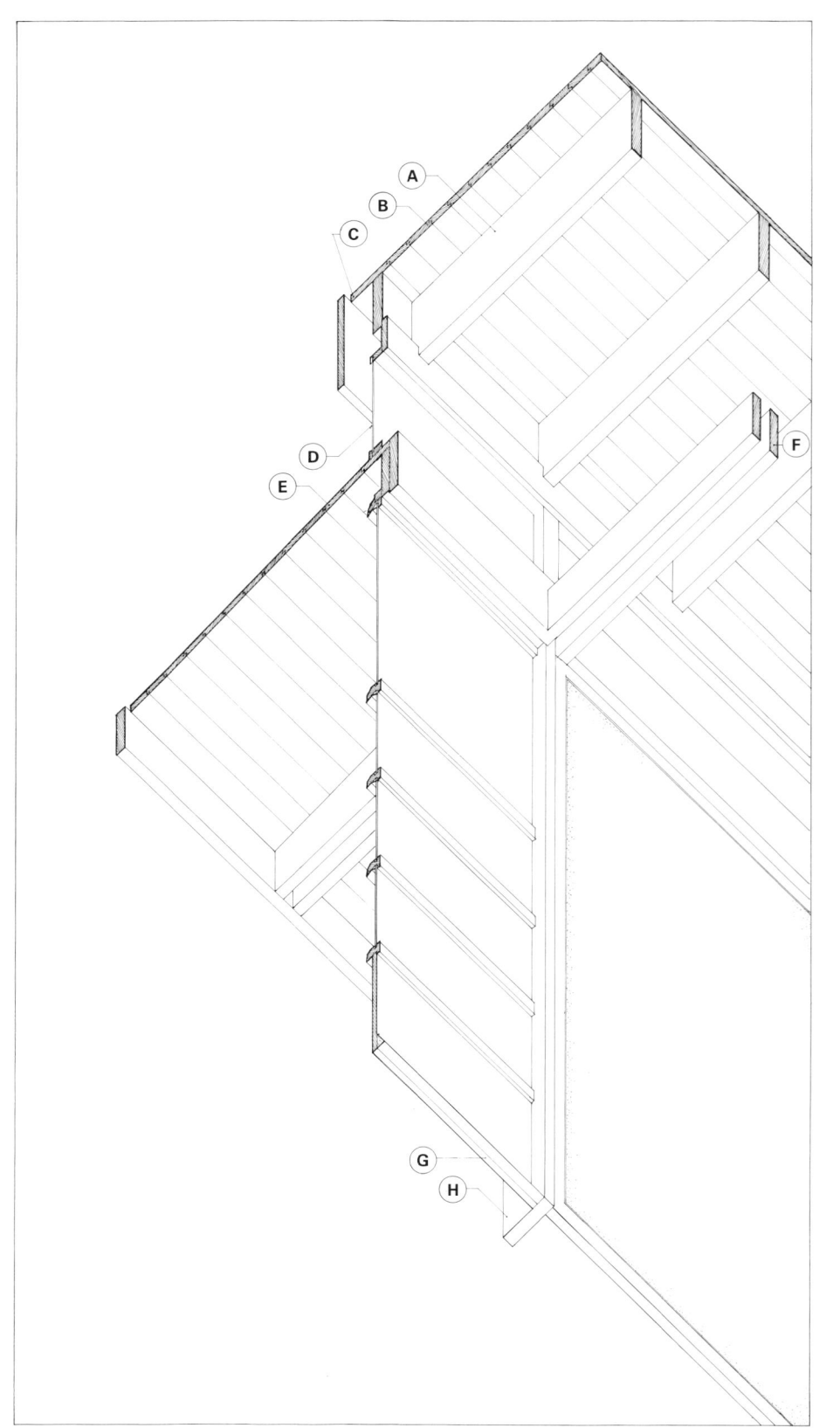

7.6

7.7

Haus Schindler-Chase
Rudolf Schindler
Los Angeles, 1922

7.5 Gebäudeecke

7.6 Fuge zwischen zwei Betonplatten, die Aufnahme entstand während der Restaurierung. Die kleinen Bewehrungsstäbe greifen in die aufgerichteten Platten der Wände, die dickeren Stäbe sind in der Fußbodenplatte verankert.

7.7 **Fassadenschnitt**
A Redwood-Balken 7,5 x 20 cm, im Achsabstand von 60 cm.
B Dach: Schalung aus Redwood 2,5 x 10 cm mit einer Deckung aus Dachpappe.
C Die Dachpappe ist um die Schalungskante herum in einen 25 mm breiten Schlitz zwischen Dach und Traufbrett eingebogen. Eine bessere Lösung wäre es gewesen, die Dachhaut nach oben enden zu lassen, um den Dachrand vor Wasser zu schützen.
D Obere Fensterreihe.
E Vordach (Konstruktion wie Hauptdach).
F Doppelbalken aus Redwoodbohlen 5 x 15 cm.
G Fenster *(siehe Abb. 7.9)*.
H Stütze 7,5 x 20 cm aus Redwood.
(Architectural Drawings Collection, University Art Museum, Santa Barbara)

nicht die verschiedenen, spezialisierten Schichten, die die moderne Wand charakterisieren. Trotz seiner Wiener Prägung stellte sich Schindler die Wand in den monolithischen Begriffen der traditionellen Architektur vor.

Die Deckenkonstruktion von Pueblo Ribera ist der Wandkonstruktion überlegen, da sie Dämmstoff und Verschalungspapier enthält. Aber ein Vergleich mit dem Dachaufbau von Loos' Haus Scheu zeigt einen weiteren wichtigen Unterschied auf. Obgleich Schindlers sichtbare Holzbalken an die Häuser von Loos und Wagner denken lassen, ist die Ausführung ganz anders. Die Balken des Hauses Scheu sind aus rauhem Holz, die an den sichtbaren Stellen mit Deckholz verkleidet wurden – „zwiebelartig", in Schindlers Worten. Bei Schindlers eigenen Bauten bleiben die groben Zimmerarbeiten einfach unverdeckt. Dieser Gedanke war einer der großen Trugschlüsse der Moderne – daß man die Konstruktion einfacher, wirtschaftlicher und ausdrucksvoller machen könne, indem man die verschiedenen Schichten wegließ. Die Mehrschichtigkeit der traditionellen Bauweise erlaubt eine entsprechende Abstufung in der handwerklichen Ausführung; die äußersten Schichten bestehen aus den hochwertigsten Materialien und erfahren die präziseste Bearbeitung. Bei Schindlers System muß alles – da alles sichtbar bleibt – die gleiche Qualität handwerklicher Ausführung vorweisen, und wenn diese auch auf groberem Niveau als eine traditionelle Verkleidung liegt, so ist sie doch insgesamt feiner bearbeitet und infolgedessen weniger preisgünstig als die traditionelle verdeckte Konstruktion.

Bevor der Bau von Puebla Ribera begann, schrieb Schindler an seinen skeptischen Bauherrn Lloyd, um ihn von den monolithischen Betonwänden zu überzeugen: „Ihre Befürchtungen des Bankiers, daß Betonwände nicht wasserdicht sind, sind vollkommen unbegründet. Ein gut gemischter Beton in den richtigen Abmessungen ist an sich schon wasserdicht. Nur um einer möglichen Fahrlässigkeit beim Mischen vorzubeugen, ist es ratsam, einige der üblichen wasserabdichtenden Bestandteile hinzuzusetzen."[5] Schindlers Aussage ist nicht falsch. Eine korrekt gemischte Betonwand kann wasserdicht sein. Die Besorgnis des Bauherrn war jedoch begründet.

David Gebhard hat die unglückselige Geschichte von Pueblo Ribera aufgeschrieben. Der Bau wurde gleich nach der Fertigstellung undicht, was eine ganze Weile so blieb. Die Balkons wurden 1920 verkleidet, was das Problem aber nicht völlig beseitigte. Die Betonwände sind so angegriffen, daß sich in den letzten Jahren Teile davon aufgelöst haben. Es ist nach sechzig Jahren nicht mehr möglich, die Schuldfrage zu klären (möglicherweise gab es Versäumnisse seitens des Bauunternehmers), aber Schindler machte bei der Ausführung, insbesondere bei den Fenstern und Türen, einige grundlegende Fehler. Sie wurden zusammen mit den Wasserleitungen vor dem Gießen des Betons in die Schalung eingelassen, was dazu führte, daß das Holz stumpf an den Beton stieß, ohne Profile oder Schmuckdetails *(Abb. 7.16)*. Heute wird üblicherweise der Rahmen nach dem Betonieren in eine übergroße Aussparung eingefügt, und die Zwischenräume werden mit einer Füllmasse ausgeschäumt und dann mit Verkleidung abgedeckt. Das letztere Verfahren berücksichtigt die thermischen Bewegungen zwischen Rahmen und Wand sowie Ungenauigkeiten in der Konstruktion und erlaubt den Einbau der Rahmen in einem wesentlich späteren Baustadium, was Schäden verringern hilft. Schindler verwendete wie Wright Sand von der Baustelle für die Betonmischung, um der Deckschicht eine der Umgebung entsprechende Farbe zu verleihen. Dies ist heutzutage nicht mehr üblich, da der Sand organische Verbindungen enthalten kann, die die Verfestigung des Zements beeinträchtigen.

Schindlers bauliches Vorgehen illustriert in gewisser Hinsicht seine Gedanken über das Wohnen im Haus und im Freien. Bei seinen ersten Gebäuden verwischte er wegen des milden kalifornischen Klimas die Unterschiede zwischen drinnen und draußen oder ignorierte sie einfach und plante Schlafveranden, Glasschiebetüren und Außenräume ein. Gleichzeitig ignorierte er die Differenzen zwischen Innen- und Außenraum; oft ließ er die Aspekte der thermischen Trennung, klimatisch bedingte Materialveränderungen und den Verlauf von Wasserströmen außer acht.

Gleichermaßen innovativ in der Bautechnik, aber funktional viel gelungener war das Haus Howe von 1925. Wie alle Bauten Schindlers aus dieser Zeit basiert es auf einem vertikalen Modul von 40 cm und einem horizontalen Raster von 1,20 x 1,20 m. Die Wände und Fenster weisen seine beste Detailgestaltung auf, obwohl sie immer noch voller technischer Probleme sind (zumindest nach heutigen Maßstäben). Die Details sind sämtlich aus dem senkrechten Rasterfeld von 40 cm heraus entwickelt,

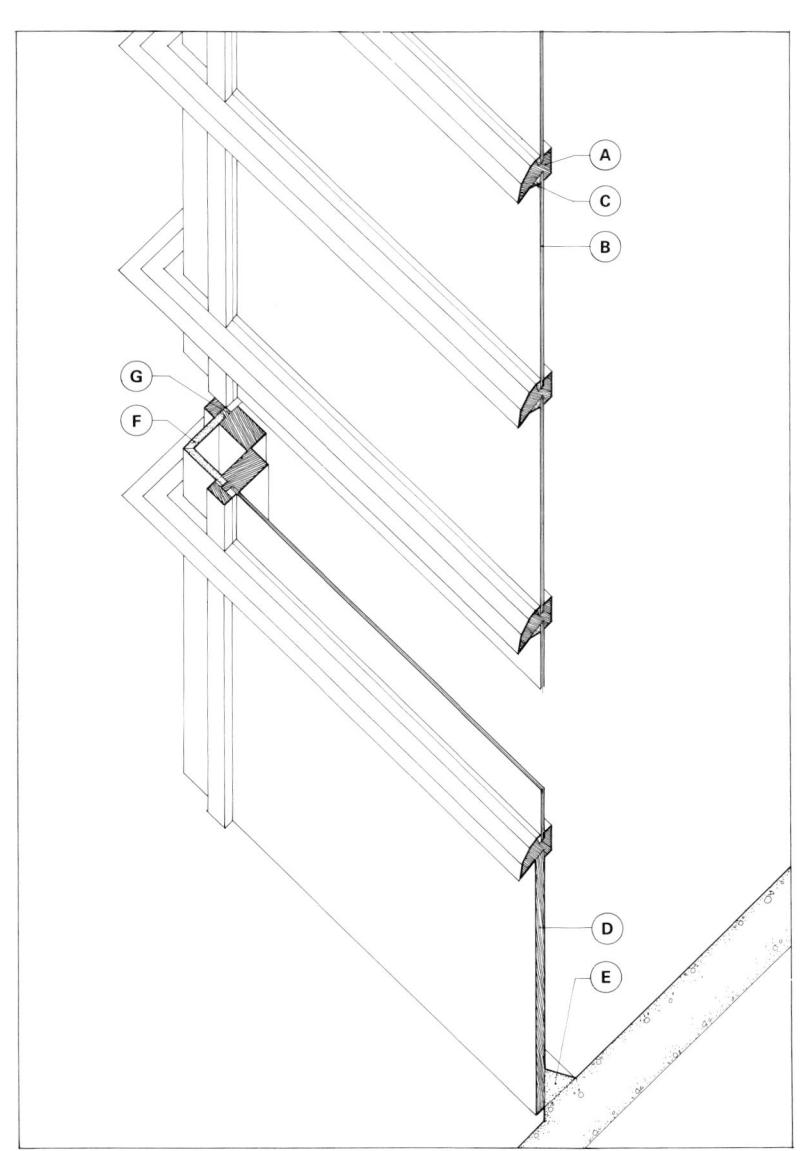

Haus Schindler-Chase
Rudolf Schindler
Los Angeles, 1922

7.8 **Außenansicht**
(Architectural Drawings Collection,
University Art Museum,
Santa Barbara)

7.9 **Schnitt des Fensters**
A   Fenstersprosse aus Redwood. Sie springen weiter als die vertikalen Sprossen vor, um die Fenster horizontal zu betonen. Nach vorne verjüngen sie sich zu einer schmalen Kante, um leichter zu wirken.
B   Glasscheibe.
C   Kitt.
D   2 cm dicke Tafel aus Redwood.
E   Mörtelkante dichtet die Fuge zwischen dem Holz und der Betonplatte des Fußbodens ab.
F   Insulit-Paneel.
G   Pfosten 35 x 65 mm mit einer Leiste von 19 x 35 mm, beides aus Redwood. Der Pfosten nimmt einen Teil der Last des Vordachs auf. Die Leiste fungiert als Glasfalzleiste.
(Architectural Drawings Collection,
University Art Museum,
Santa Barbara)

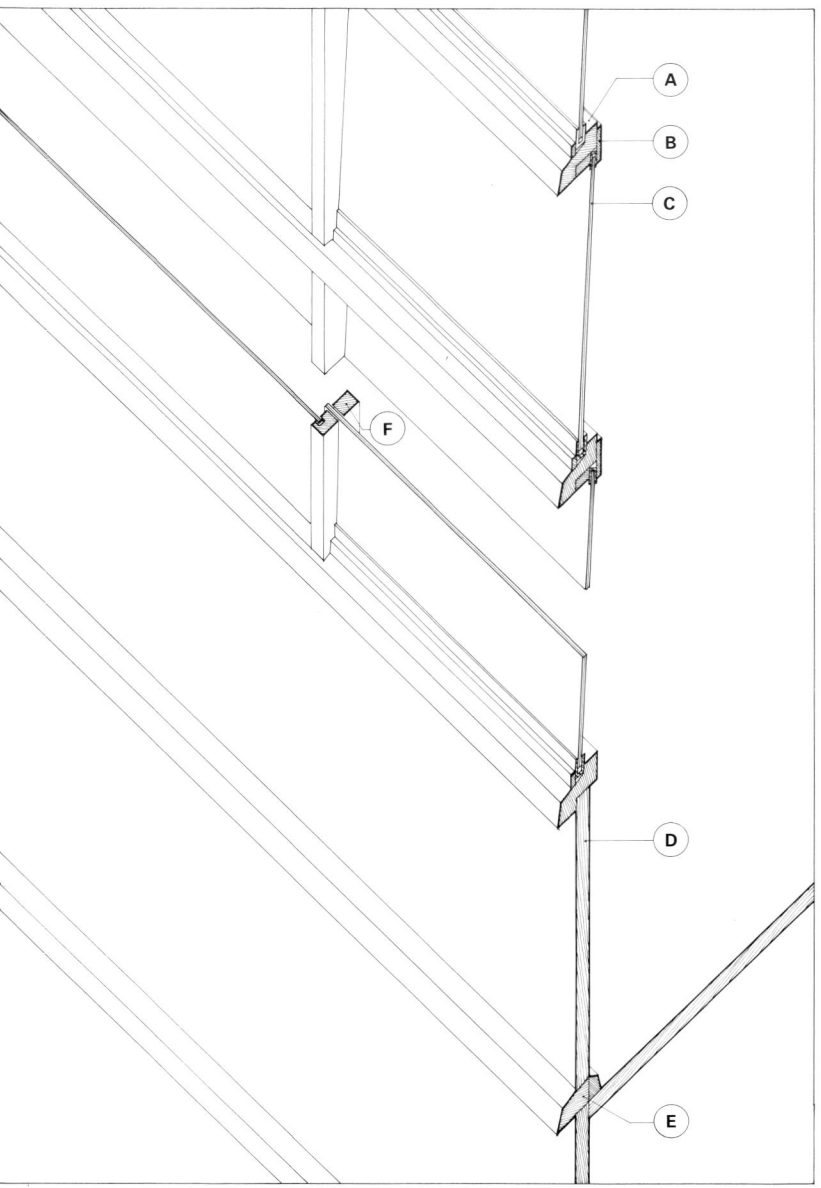

Haus J. Howe
Rundolf Schindler
Los Angeles, 1925

7.10 Außenansicht
(Architectural Drawings Collection, University Art Museum, Santa Barbara)

7.11 Fensterdetails im Schnitt
A Horizontale Fenstersprosse aus Redwood.
B Abnehmbare Glasfalzleiste aus Redwood.
C Feststehendes, 3 mm dickes Tafelglas, dahinter verschiebbare Glasscheibe 6 mm. Das Glas ist in einem leicht geneigten Winkel angebracht. Die bewegliche Scheibe sitzt in einem kleinen Metall-U-Profil, hat aber sonst keinen Rahmen.
D Wandkonstruktion: Holzpfosten 5 x 10 cm, im Achsabstand von 40 cm, außen mit Redwood-Brettern 2,5 x 40 cm verkleidet, innen mit Putz oder Redwood-Brettern. Obwohl es sich hier um eine herkömmliche Holzwand handelt, fehlen äußere Abdeckung und Dichtungspappe.
E Typische Redwood-Leiste.
F Vertikaler Redwood-Fensterpfosten 2,5 x 7,5 cm mit Schlitz zum Verschieben der Glasscheibe. An der Fuge zwischen der beweglichen Scheibe und dem Holzrahmen ist keine Dichtungsleiste oder eine andere Abdichtung angebracht. Schindler hielt das kalifornische Klima für so mild, daß er Wände und Fenster nicht als Klimamembrane zwischen Haus und Umwelt – um Wärme draußen oder drinnen zu halten – ansah; dementsprechend folgte er auch nicht der traditionellen Detailgestaltung.
(Architectural Drawings Collection, University Art Museum, Santa Barbara)

7.12

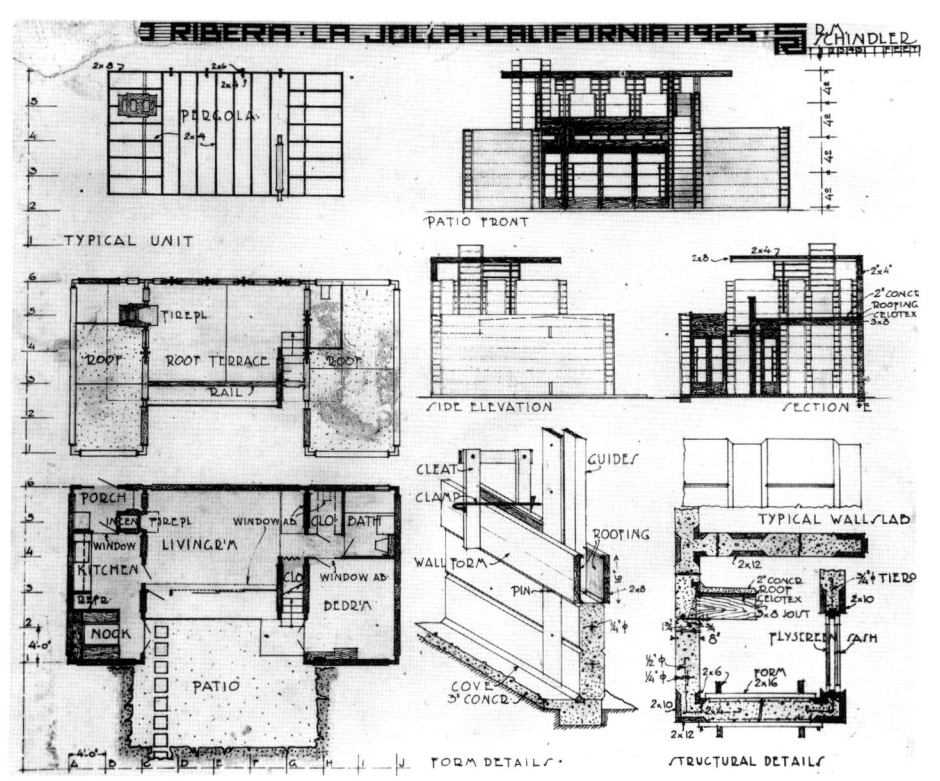

7.13

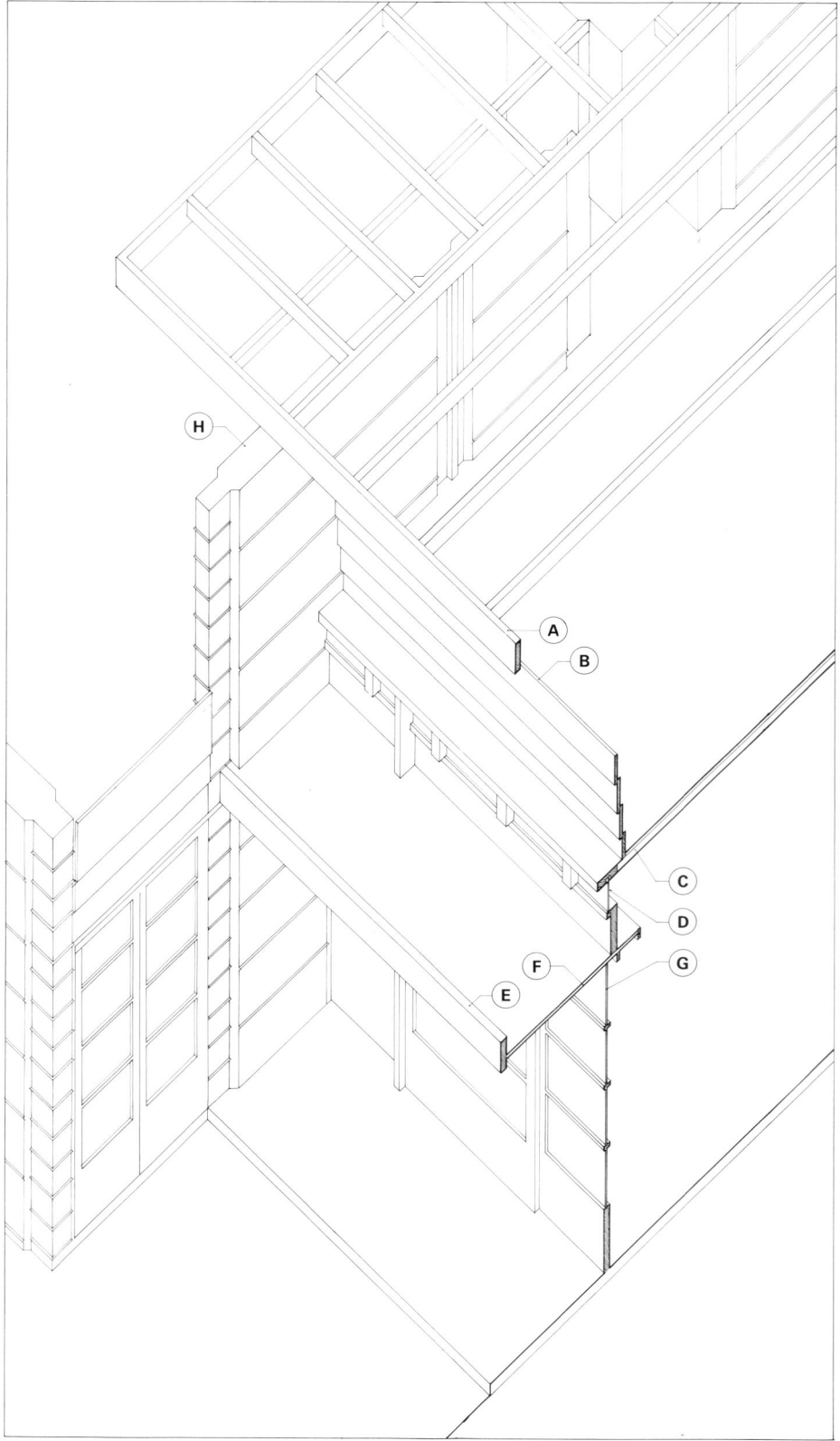

7.14

Pueblo Ribera
Rudolf Schindler
La Jolla, Kalifornien, 1925

7.12 Außenansicht
(Architectural Drawings Collection,
University Art Museum,
Santa Barbara)

7.13 Pläne und Schnitte
Die Details des Fertigplattensystems
sind rechts unten zu sehen.
(Architectural Drawings Collection,
University Art Museum,
Santa Barbara)

7.14 Fassadenschnitt
A Pergola. Die größeren Redwood-Balken messen 5 x 20 cm, die kleineren 5 x 10 cm.
B Geländer aus Redwood-Brettern 25 mm.
C Deckenkonstruktion: Betonplatte 5 cm auf Verbunddach mit Maschendraht und Celotex, auf Redwood-Balken 7,5 x 20 cm im Achsabstand von 60 cm. Daß bei diesem Deckenaufbau keine ausreichende Wasserabdichtung vorgesehen wurde, war ein großer Fehler.
D Glas zwischen Redwood-Balken 5 x 35 cm; diese stützen die darüberliegenden Balken zwischen den Betonwänden.
E Redwood-Windbrett 7,5 x 35 cm.
F Konstruktion des unteren Daches: Verbunddach auf Brettern 25 mm, gestützt durch Redwood-Balken 5 x 10 cm, im Achsabstand von 60 cm.
G Holz-Glas-Schiebetür.
H Ortbetonwand; wurde im Fertigplattensystem errichtet
(siehe Abb. 7.15).
(Architectural Drawings Collection,
University Art Museum,
Santa Barbara)

was ihre Qualität ausmacht. Auch andere Architekten (vor allem Wright) hatten bei der Detailgestaltung mit Modulen gearbeitet, aber keiner so erfolgreich wie Schindler, der mit Hilfe der Einschnitte und Vorsprünge der Bauelemente die Flächen und die Körper des Hauses miteinander verwob. Bei den Betonwänden wird das Modul von den durch die Schalung entstandenen Kerben bestimmt, bei den Holzwänden von einer vorspringenden Holzleiste. Die Leiste hat trotz ihrer verschiedenen Funktionen – Pfosten und Sprossen für die feststehenden und beweglichen Fenster, Profil zwischen den Holzbrettern der Wand – immer dieselbe Form *(Abb. 7.11)*. Dies ist wahrscheinlich der Hauptgrund für die geneigte Glasscheibe; das Einschneiden von zwei Kerben für das Glas direkt übereinander (oben und unten) hätte die Leiste zu instabil gemacht – so entsteht allerdings unter jeder Sprosse eine scharfe Schattenlinie. Schindlers Wand ist Wrights Usonian-Hauswand der dreißiger Jahre sehr ähnlich, und sie haben dasselbe grundlegende technische Problem: um die horizontalen Fugen hervorzuheben, müssen die vertikalen mittels Stoß- und Gehrungsfugen visuell zurückgenommen werden, die sich gern durch die konstante Bewegung von Holzkonstruktionen öffnen.

Das Haus Lovell, Schindlers bekanntestes Werk, ist in seinen konstruktiven Details ein Übergangsmodell. Wie seine früheren Bauten basiert es auf einem Horizontalraster von 1,20 x 1,20 m und einem Vertikalraster von 40 cm, aber das horizontale Modul wird nur durch die Balkenabstände erkennbar und das vertikale nur durch die Fenster und Einbaumöbel. Die drei Grundelemente des Hauses sind die fünf parallelen Betonrahmen, die freiliegenden Holzfußböden (Nut- und Federbretter auf Balken 5 x 20 cm) und die nichttragenden Trennwände aus 5 cm dickem Torkretbeton. Obgleich die Betonrahmen freistehen, erhalten die auf der Baustelle gegossenen Fertigteile keine Rustika-Verkleidung, so daß die kalten Fugen sichtbar bleiben. Die Deckenbalken bestehen aus sichtbarem Bauholz in Abständen von 60 cm (statt der üblichen 40 cm), um dem 1,20 m-Raster zu entsprechen. Gebhard schreibt diese stilistische Veränderung hin zu einer volumetrisch abstrakteren Architektur dem Einfluß der Stijl-Gruppe und des Internationalen Stils zu. Dies trifft zweifellos zu, aber die Ursprünge dieses konstruktiven Aufbaus liegen in Wien. Schindlers Reihe von parallelen Einzelfundamenten, die durch Geschoßdecke und Dach verbunden sind – anstelle des üblichen kastenförmigen Fundaments –, geht wahrscheinlich auf Adolph Loos' patentiertes System für kostengünstige Reihenhäuser von 1921 zurück. Das Gebäude erzielt seine Wirkung durch das Wechselspiel zwischen der glatten weißen papierdünnen Torkretbetonhaut und dem dunklen artikulierten Skelett aus Beton und Holz, wobei wir das Haus entweder als reines Volumen oder als Skelett mit Außenhaut sehen können. Die sorgfältigen, aber groben Übergänge zwischen Torkretbeton und Holz bzw. Beton sowie der Gesamteindruck einer auf den Kopf gestellten Konstruktion tragen zu diesem Effekt bei. Die Fenster des Hauses Lovell, die für das moderne Auge den Anblick des Hauses wesentlich prägen, waren zu seiner Entstehungszeit ziemlich umstritten und der Hauptgrund, warum das Haus nicht in die Ausstellung des Internationalen Stils von 1932 aufgenommen wurde. Dr. Lovell selbst bat Schindler, die üblichen modernen Stahlrahmen zu verwenden. Die Entdeckung überrascht, daß die Fensterrahmen trotz ihrer Länge und des dünnen Profils einiger Pfosten nicht aus Stahl sind. Es ist erstaunlich, daß die größeren Glasflächen, wie die an der Westfassade, schwere Windlasten aushalten können. (Laut Lovell konnten sie es nicht und begannen sich nach Fertigstellung des Hauses abzusenken.) Hier wich Schindler von der keilförmigen Sprosse mit flacher Unterseite ab, die er bei seinem eigenen Haus in der North King's Road und Haus Howe eingesetzt hatte. Statt dessen verwendete er Sprossen, die sich von beiden Seiten her verjüngen zu einer Vorderkante von nur 6 mm, so daß sie nur wie dünne Linien im Glas wirken; auch die von außen installierte Verglasung hat die mindestmögliche Dicke, so daß die Glaswand als feine Membrane erscheint *(Abb. 7.35)*. Bei den Häusern des Internationalen Stils stehen solche Membranen bündig mit den undurchsichtigen Flächen; bei Schindler dagegen sind sie immer zurückgesetzt und dienen nicht dazu, ein Gebäude als Volumen wirken zu lassen. Hin und wieder sind die Öffnungen mit 10 mm dickem Sperrholz statt Glas abgedeckt, um eine der Stijlgruppe angenäherte Komposition aus Masse und Hohlraum zu bilden. An diesem System ist nichts Innovatives; es variiert im Grunde nur den traditionellen Aufbau einer Kassettentür mit senkrechten und waagrechten Rahmenhölzern. Da Schindler offensichtlich an einem sehr dünnen Profil gelegen war, ist es erstaunlich,

7.15

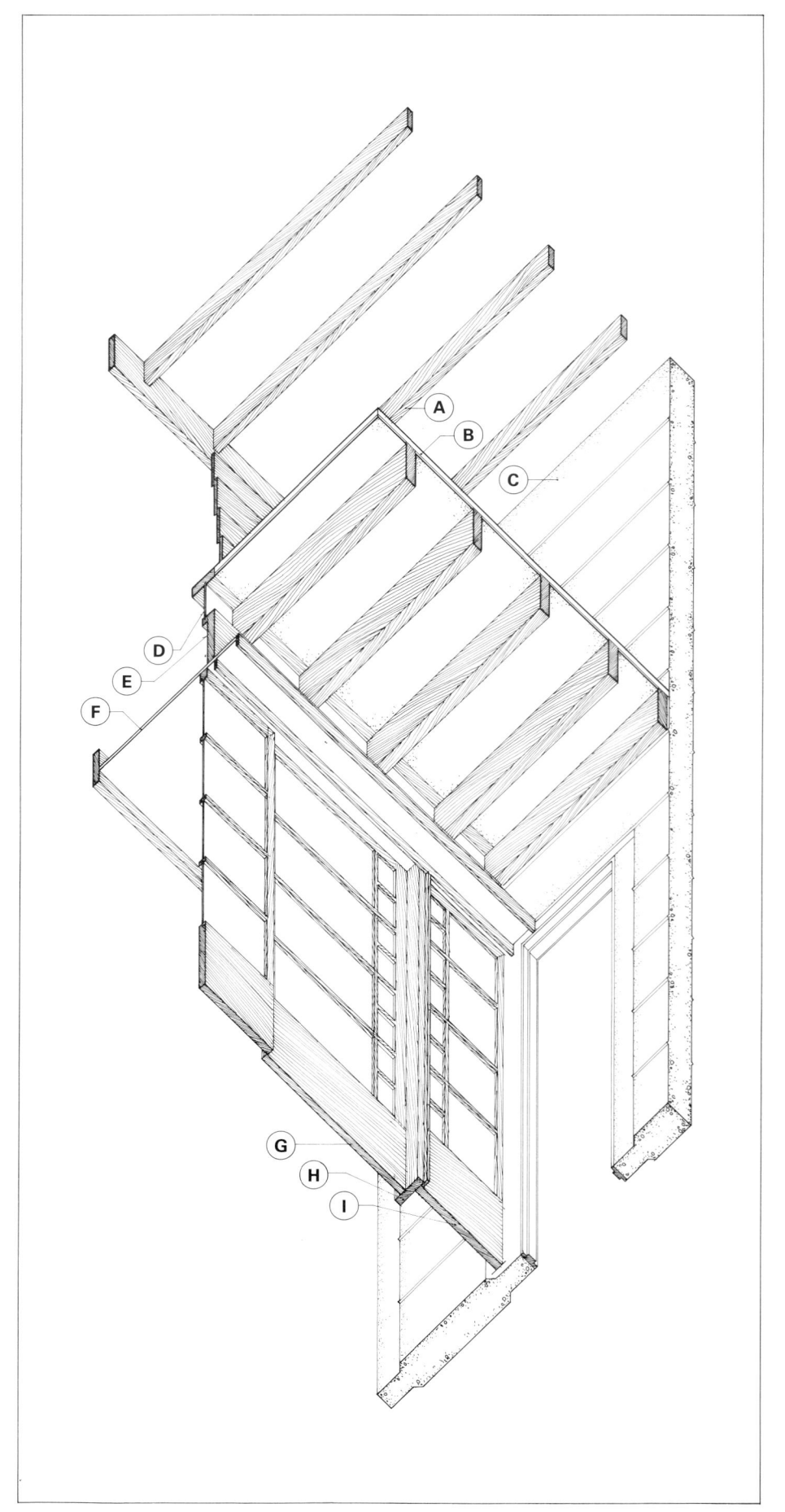

7.17

7.16

Pueblo Ribera
Rudolf Schindler
La Jolla, Kalifornien, 1925

7.15 Betonwanddetail
Man beachte den Verfall des Betons.

7.16 Innenwandschnitt
A   Pergola. Größere Redwood-Balken 5 x 20 cm, kleinere 5 x 10 cm.
B   Fußbodenkonstruktion: Betonplatten auf Maschendraht, Verbunddach und Celotex, gestützt von Redwood-Balken 7,5 x 20 cm, im Achsabstand von 60 cm.
C   Ortbetonwand.
D   Glas zwischen den Balken.
E   Redwood-Balken 5 x 35 cm, Querbalken 7,5 x 20 cm stützend.
F   Konstruktion des unteren Daches: Verbunddach auf Brettern 25 mm, von Redwood-Balken 5 x 10 cm getragen, im Achsabstand von 60 cm.
G   Redwood-Glas-Schiebetür.
H   Redwood-Stütze 5 x 20 cm. Der Redwood-Balken spannt sich zwischen die Betonwände, und diese Stütze verkürzt die Spannweite.
I   Redwood-Glastür.
(*Architectural Drawings Collection, University Art Museum, Santa Barbara*)

7.17 Haus J. Howe
Detail der Betonwand.

daß er keinen Stahl verwendete. Seine Einstellung zur Industrialisierung war eben erfreulich undogmatisch. So eifrig er auch mit Torkretbeton und anderen Spritzverfahren zum Farbauftrag experimentierte, war er doch durchaus mit traditionellen Holzböden und Fenstern zufrieden.

Die Einrichtung des Hauses Lovell gibt Schindlers Einstellung zur Konstruktion und handwerklichen Ausführung im Kleinen wieder. Man vergleiche einen typischen Tisch mit einem Tisch von Frank Lloyd Wright im Haus Martin. Es sind beides abstrahierte maßstäbliche Modelle der Gebäude, in kompositioneller wie konstruktiver Hinsicht. Schindlers Tisch besteht fast ganz aus 20 cm breiten Brettern und beruht, wie alle Möbel im Haus, auf einem 20-cm-Modul (dies gilt auch für den Zaun, das Treppengeländer und die Fensterpfosten). Wrights Werk hat klassischere Töne, aber die Hauptunterschiede liegen in der Tischlerarbeit. Wrights Tischplatte ist eine Art überdimensioniertes Sperrholz. Diese Konstruktion erlaubt die Wahl einer minderen Holzqualität für den Kern, da die Mängel (Astlöcher usw.) verborgen bleiben. Schindlers Arbeit ist viel konstruktivistischer. Von Tischlerarbeit kann kaum die Rede sein; jedes Brett wird als unabhängiges Objekt artikuliert. Abgesehen von den gegehrten und nach unten gedrehten Kammlinien der oberen Teile (um zu vermeiden, daß an den Enden die Fasern sichtbar werden), darf das Holz keine Unregelmäßigkeiten aufweisen, da alle Brettoberflächen sichtbar sind. Die gegenwärtig übliche Praxis ist natürlich Wrights Ansatz viel ähnlicher, bei der man dünne Blätter eines Holzes von höherer Qualität auf minderwertiges Holz furniert – ein Verfahren, das dem von Semper und Loos beschriebenen Verkleidungsprinzip entspricht.

Gebhard und McCoy beschreiben beide für die Zeit nach 1930 Schindlers Desinteresse an technischer Innovation zugunsten eines zunehmenden Interesses an der abstrakten Form. Aber diese Entwicklungen verliefen nicht parallel, und die Tendenz zu einer konventionelleren Technologie war auch nicht unbedingt das Ergebnis der stilistischen Weiterentwicklung. In den späten zwanziger Jahren, als Schindler mit einer Ästhetik ähnlich den weißen Flächen und Körpern des Internationalen Stils arbeitete, verwendete er weiterhin Konstruktionssysteme, die ebenso revolutionär wie die seiner frühen Entwürfe waren. Der Wechsel zum konventionellen Geschoßrahmen aus Holz erfolgte erst später und vor allem aus ökonomischen Gründen.

Das Haus Wolfe war Schindlers erstes größeres Projekt nach dem Haus Lovell, und sein Vorgehen mag eine Reaktion auf die technischen Schwierigkeiten bei der Realisierung des Entwurfs für Lovell sein. Die Ästhetik des Skeletts mit Außenhaut, die im Haus Lovell schon angelegt war, wird dominant. Das Holztragwerk wird teilweise mit einer straffen Haut aus Glattputz überzogen; es ist so gegliedert, daß das Haus als Volumen wie als eine Serie von Flächen verstanden werden kann. Obwohl offensichtlich von Bauten des Internationalen Stils beeinflußt, sind seine Absichten anders. Le Corbusier und Gropius hätten 1928 die Deckenbalken nicht sichtbar belassen, wie Schindler es tat. Sie wünschten einen viel einheitlicheren volumetrischen Effekt, auf den Schindler verzichtete, um das Skelett im Zusammenspiel mit der Haut zu zeigen. Noch wesentlicher sind allerdings die Entwicklungen in Schindlers technischer Haltung.

Wie das Haus Lovell ist auch das Haus Wolfe eine Kombination aus neuen Materialien (Stahl und Beton) und einem traditionellen (Holz), die auf neue Weise verwendet werden. Die Geschoßdecken bestehen aus einer Betondecke auf Metall, die von Doppelbalken à 5 x 15 cm mit Distanzstücken getragen wird. Die Doppelbalken erleichtern die Verbindung mit den Stützen (einfache Balken 5 x 15 cm). Auf der offenen Seite erscheinen sie als einzelne Stützen; auf der geschlossenen Seite werden sie zu Wandpfosten. Es ließe sich argumentieren, daß dies nur eine Art überdimensionierter Geschoßrahmen ist, wobei die Teile statt 40 cm nun 120 cm Abstand haben, aber diese dimensionale Veränderung ist von Bedeutung. Das Wesentliche des Geschoßrahmens liegt darin, daß die einzelnen Teile, ähnlich wie Ziegel in einer tragenden Wand, als eine Einheit zusammenwirken. Die vergrößerten Zwischenräume der Stützen und Balken und das weitgehende Fehlen von Verkleidung bewirken, daß die tragenden Elemente konstruktiv unabhängig funktionieren und auch so wahrgenommen werden.

Es gibt im Haus Wolfe relativ wenige Fenster; die meisten der terrassenförmig angelegten Öffnungen sind mit Türen versehen. Sie sind jedoch sorgfältig und sensibel mit der unterschiedlichen Wirkung der Wand abgestimmt. Ein Fenster wirkt bei-

7.18

7.19

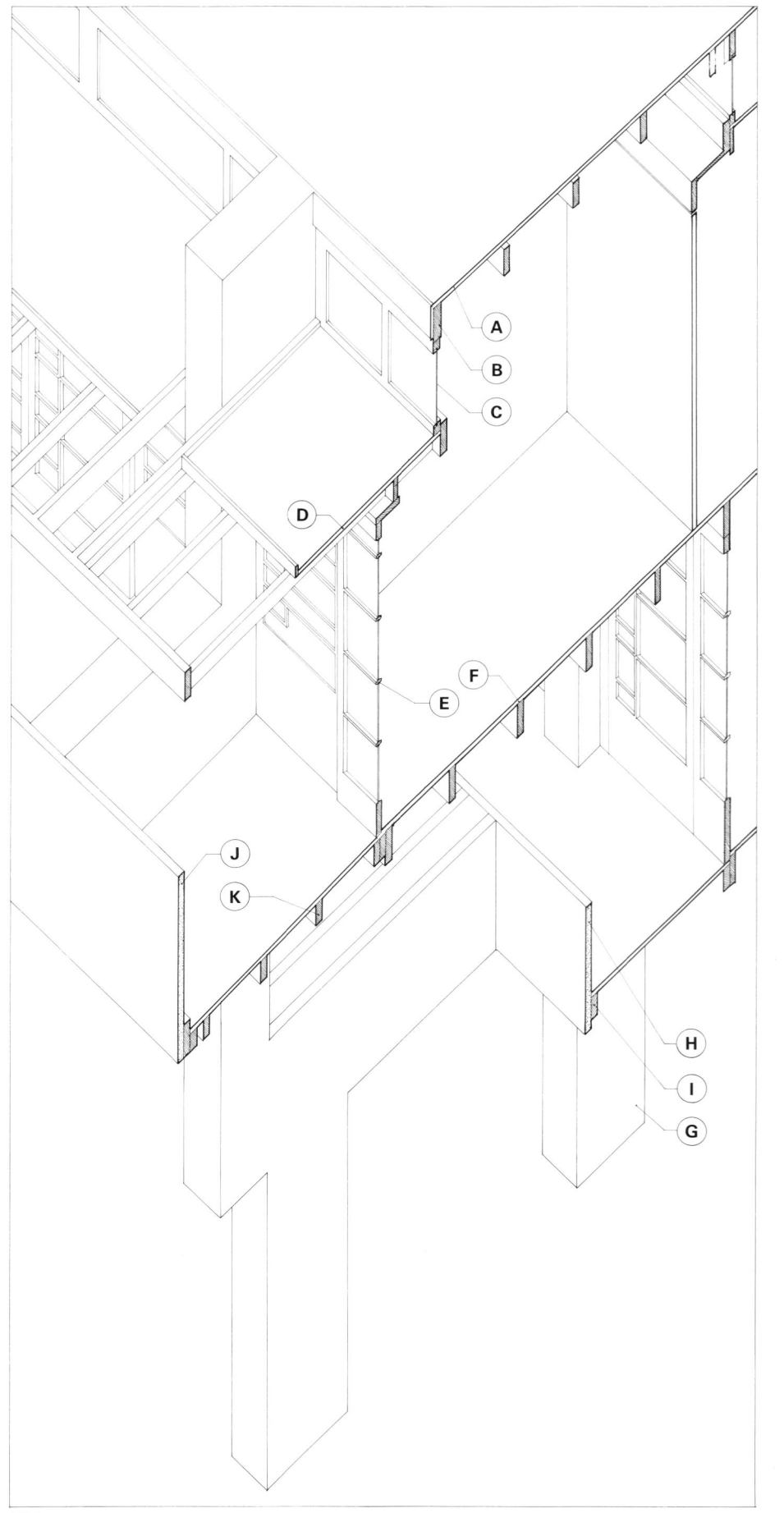

7.20

Haus P. Lovell
Rudolf Schindler
Newport Beach, Kalifornien, 1926

7.18   **Außenansicht**
(Architectural Drawings Collection,
University Art Museum,
Santa Barbara)

7.19   **Baustellenfotografie**
(Architectural Drawings Collection,
University Art Museum,
Santa Barbara)

7.20   **Schnitt**
A   Dachkonstruktion: Verbunddach auf 25 mm dicken Schalungsbrettern, gestützt von Redwood-Balken 5 x 15 cm, im Achsabstand von 60 cm. Leisten verschiedener Höhe sind zwischen der Schalung und den Balken angebracht, um die für die Entwässerung nötige Neigung zu erhalten.
B   Holzbalken 5 x 20 cm, mit 25 mm Glattputz beschichtet.
C   Glas in Holzrahmen.
D   Konstruktion des unteren Daches: Redwood-Balken 5 x 20 cm zwischen den Betonrahmen unterstützen Redwood-Balken 5 x 10 cm (im Achsabstand von 60 cm), geneigt, damit Wasser abfließen kann. Eine Teilüberdachung aus Schalung 25 mm mit einem Verbunddach und Randholz 2,5 x 7,5 cm.
E   Holz-Glas-Tür. Der Balkon wurde später umschlossen, und diese Türen wurden zu Fenstern umgebaut.
F   Deckenkonstruktion: Holzbretter 25 mm auf Redwood-Balken 5 x 20 cm, im Achsabstand von 60 cm.
G   Betonrahmen. Die Deckenunterzüge 5 x 20 cm werden von fünf Ortbetonrahmen gestützt.
H   Hartgipsgeländer 5 cm.
I   Fußbodenkonstruktion. An einigen Stellen sind die Balken mit Stahlstäben vom Betonrahmen darüber abgehängt.
J   Hartgipsgeländer 5 cm. Die Verwendung dieses Materials läßt es zu, daß diese Geländer viel dünner sind, als es eine Bundstielkonstruktion zugelassen hätte.
K   Balkonbodenkonstruktion: Bretter 25 mm auf Redwood-Balken 5 x 15 cm, Achsabstand von 60 cm.
(Architectural Drawings Collection,
University Art Museum,
Santa Barbara)

spielsweise als Öffnung in der Glattputzmembrane und somit in die Wand integriert. Hier wird ein einfacher Holzrahmen von derselben Breite wie die Stützen verwendet, so daß das Fenster als Teil des Geschoßrahmens wahrgenommen wird – als ob man an dieser Stelle die Putzhaut abgezogen hätte. Anders sind die Fenster und Türen der Terrassen. Die Türen sind in das 120 cm-Raster eingestellt, und das Fenster wirkt ebenfalls als Füllung in einem Rahmen und nicht als eingestanzte Öffnung. Die Türen liegen von innen gesehen in der Ebene vor den Stützen, die Fenster dahinter. Dies verringert die störende Wirkung der verschiedenen Ebenen der Schiebetür und läßt die Fenster als glatte Fläche erscheinen, weil sie nicht von Stützen unterbrochen werden.

1933 entwickelte Schindler ein System des industrialisierten Bauens, den auf dem 120-cm-Raster basierenden „Schindler Shelter" *(Abb. 7.29)*, bei dem auch mit halbindustrialisierten Techniken gearbeitet wurde. Es gab eigentlich zwei Systeme, eines aus Stahl und Beton und eines aus Holzplatten, aber die Stahlbeton-Methode („Mansardensystem" genannt) wurde bevorzugt eingesetzt. Sie sah leichte, stabförmige Stahlträger im Achsabstand von 60 cm zwischen zwei Lagen Zementputz (vorzugsweise Torkretbeton) auf Maschendraht als Putzträger vor. Die Zementschichten sollten tragende Häute ergeben und eine Sandwichtafel mit einem Hohlraum innen bilden. Viele Komponenten, wie die Fenster aus Blech, sollten industriell gefertigt sein. Die „Schindler Shelters" waren weder wirtschaftlich noch beim Publikum ein Erfolg, und nur wenige wurden gebaut, aber sie gaben das konstruktive Muster für Schindlers Projekte der dreißiger Jahre vor.

Im gleichen Jahr versuchte Schindler, dieses System bei einem Einfamilienhaus für W. E. Oliver einzusetzen. Die hierbei gesammelten Erfahrungen haben vermutlich seine spätere Einstellung zur bautechnischen Innovation entscheidend beeinflußt. Es gibt drei Versionen dieses Hauses. Der erste radikale Neuentwurf erfolgte, als ein anderer Bauplatz gewählt wurde. Der zweite Entwurf ist ein herausragendes Beispiel für Schindlers De-Stijl-beeinflußte Arbeiten, ist aber – trotz Beachtung des 120-cm-Rasters – relativ unsystematisch. Die Baustelle war schmal, und die Ecken des Gebäudes mußten deshalb abgeschrägt werden. Die Bauvorschriften forderten ein geneigtes Dach. Schindler arbeitete spielerisch mit dieser Einschränkung, so daß das Haus von der Hauptfassade aus wie ein Corbusierscher Flachdach-Körper erscheint, in Wirklichkeit aber ein Walmdach hat, das von der Rückseite zu sehen ist. Daraus ergibt sich ein sehr komplexes Volumen, das sich kaum für den Einsatz standardisierter Elemente eignet.

Schindler erarbeitete noch eine zweite und dritte Fassung des Entwurfs. Die zweite Version aus dem Jahr 1933 greift auf das System der „Schindler Shelters" zurück *(Abb. 7.28)*. Der Aufbau besteht aus unregelmäßig geformten Stahlträgern, die auf beiden Seiten mit einer Schicht Torkretbeton abgedeckt sind und auf einem Betonrahmen ruhen. Das Tragwerk ist weder die typische Skelett-Außenhaut-Konstruktion noch der Stützen-und-Vorhangwand-Typus der Moderne, da die Stützen in den Wänden verborgen sind. Das System ähnelt sehr dem der Citrohan-Häuser Le Corbusiers von 1921 – ein System, das dort nie ausgeführt wurde.

Vor allem aus Kostengründen produzierte Schindler 1934 eine dritte Version des Hauses, die primär auf einem Holzgeschoßrahmen beruhte. Die im Originalentwurf vorgesehenen Fensterbänder und Auskragungen hätten mit einem Holzrahmen nicht realisiert werden können, und die Betonstützen des zweiten Entwurfs wurden durch Stahl ersetzt – aber nur da, wo man Holz nicht einsetzen konnte. Das Grundsystem ist also ein Geschoßrahmen mit Stahleinlagen. Visuell unterscheiden sich zweiter und dritter Entwurf wenig, aber die konstruktiven Unterschiede sind erheblich. Im früheren Entwurf bildet die Außenhaut des Gebäudes einen wesentlichen Teil der Konstruktion. Im späteren übernimmt die verdeckte Holzschalung die Aufgabe des Torkretbetons. Der Glattputz ist nun zu einer weiteren Zwiebelhaut der Verkleidung geworden. Nach zehn Jahren des Experimentierens war Schindler bei einem Bausystem angekommen, das sich nicht wesentlich von dem unterschied, das Wright beim Haus Robie zwanzig Jahre zuvor einsetzte, oder dem, was Richard Meier rund vierzig Jahre später beim Haus Douglas einsetzen sollte.

Erwähnt werden sollten die Fenster des Hauses Oliver, das einzige Überbleibsel des „Schindler-Shelter"-Konzepts. Es sind Stahlfenster, aber im Gegensatz zu den typischen von Gropius und Duiker verwendeten Walzstahlprofilen sind sie aus gebogenen Blechen gefertigt. Normalerweise formte man dabei das Metall zu einem Rohr, da dies

7.21

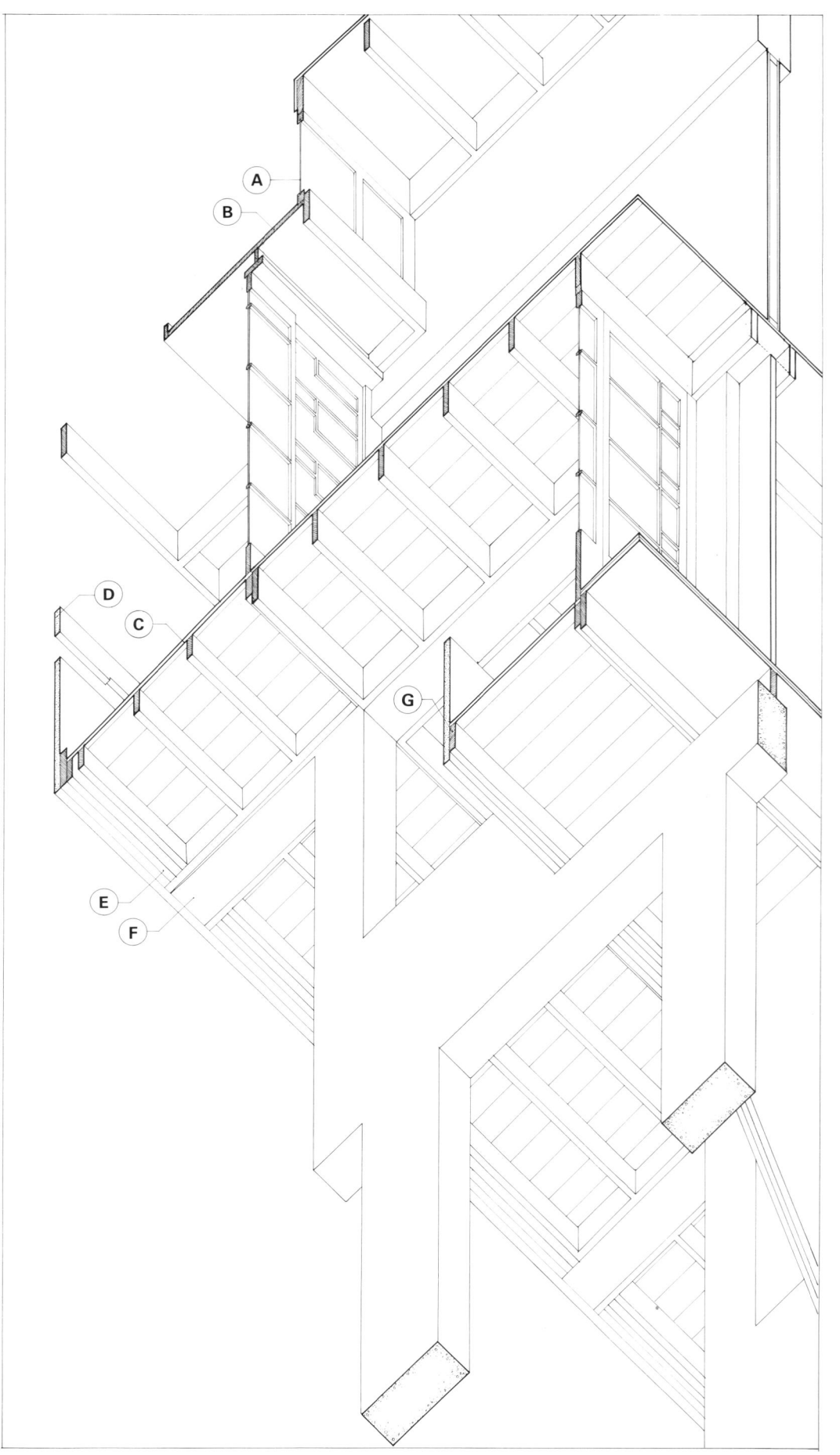

7.22

7.23

Haus P. Lovell
Rudolf Schindler
Newport Beach, Kalifornien, 1926

7.21 Innenraum
*(Architectural Drawings Collection,
University Art Museum,
Santa Barbara)*

7.22 Innenraum
*(Architectural Drawings Collection,
University Art Museum,
Santa Barbara)*

7.23 Innenwandschnitt
A Obere Fenster.
B Balkondach: Schalung 25 mm, darüber Verbunddach auf Redwood-Balken 5 x 20 cm.
C Fußbodenkonstruktion: Holzbretter 25 mm auf Redwood-Balken 5 x 20 cm, Achsabstand 60 cm.
D Massives Hartgips-Balkongeländer 5 cm.
E Balkonbodenkonstruktion: Bretter 25 mm auf Redwood-Balken 5 x 15 cm, Achsabstand 60 cm.
F Betonrahmen. Es gibt keine Betonelemente, die die Rahmen zusammenhalten, in den Wänden sind jedoch versteckte diagonale Stahlstäbe.
G Obergeschoßkonstruktion (wie C oben, außer daß einige Balken mit Zugankern von der Decke darüber abgehängt sind).
*(Architectural Drawings Collection,
University Art Museum,
Santa Barbara)*

nach dem Anstrich wie Holz aussieht und gute tragende Eigenschaften hat, allerdings dick und massig ist. Schindler verwendete das Metallblech hauptsächlich als Winkel, so daß die Fensterpfosten kleiner sind, das Fenster gespannt und eher als Membrane wirkt. Für Schindler ist dies eine recht elegante Detaillösung. Das Verfahren fand keine allgemeine Anwendung und wurde niemals in Masse gefertigt, taucht aber beispielsweise bei Kahns späteren Bauten wieder auf.

Schindler verlor nie das Interesse an technologischer Neuerung. Es gibt viele Experimente in seinem späteren Werk; diese sollten aber seine Methoden modifizieren oder verbessern, nicht sie ganz neu gestalten. Obwohl die meisten seiner Wohnhäuser nach 1930 Holzhäuser mit Geschoßrahmen sind, enthalten sie Fertigbetondecken und maßgefertigte Stahlfenster. Nach Aufhebung der Beschränkungen, die der Bauwirtschaft durch die Wirtschaftskrise und den Zweiten Weltkrieg auferlegt worden waren, wendete er sich der Holzplatten-Bauweise zu, ähnlich wie bei seinen Case Study-Häusern; in den vierziger Jahren arbeitete er mit dem Schindler-Rahmen, einem abgewandelten Geschoßrahmen.

Keine von Schindlers vielen Neuerungen wurde von anderen Architekten übernommen. Trotz der hohen Wertschätzung Schindlers, der gleichrangig mit Gropius und Neutra gesehen wird, lag er mit seinen Konstruktionsmethoden im Vergleich zu ihnen weit im Abseits. Einfamilienhäuser aus Ortbeton sind in den Vereinigten Staaten eine Seltenheit. Der Schindler-Shelter und der Schindler-Rahmen wurden sowohl aus wirtschaftlichen wie aus ästhetischen Gründen kaum mehr verwendet, und obwohl mittlerweile Holzplattenhäuser üblich geworden sind, basieren sie nicht im engeren Sinne auf einem Modul. Der für Schindler charakteristischste Gedanke war die Überwindung des Unterschieds zwischen der Feinbearbeitung und der gröberen Bearbeitung der Konstruktionsteile, ein Konzept, das seiner Arbeit zum Teil den Charakter einer „selbst zusammengenagelten Hütte" verlieh, wie Charles Moore sagte. Dahinter steckt jedoch mehr als Schindlers Eigensinn: es ist ein Gedanke, der im Lauf der Geschichte der Moderne immer wiederkehrt.

Richard Neutra traf 1926 in Kalifornien ein und begann sofort mit seinen Bemühungen zur Reform der amerikanischen Bauverfahren, wenn nicht gar der Bauverfahren insgesamt. Trotz seiner Gemeinsamkeiten im Werdegang mit Schindler (beide Männer wurden von Loos, Wagner und Wright beeinflußt) war Neutras Sicht der Probleme des amerikanischen Bauens eine ganz andere und stimmte viel mehr mit den Ansätzen der europäischen Moderne überein. Für Neutra war die Industrialisierung das Kernproblem, und die Lösung war Stahl: Stahltragwerk, Stahlfenster und (wenn möglich) Verkleidungen mit Stahlpaneelen. Er stand dem traditionellen Geschoßrahmenbau aus Holz nicht feindlich, sondern vielmehr gleichgültig gegenüber. Wie andere Architekten der Moderne in den zwanziger Jahren meinte er, daß durch die Industrialisierung kleine Wohnhäuser mit den gleichen Materialien und Techniken gebaut werden würden wie die großen Bauten des Handels und der Verwaltung.

Das bekannteste und spektakulärste von Neutras Werken ist das Stadthaus Lovell *(Abb. 6.40)*. Es weist einige Ähnlichkeiten mit Wrights und Schindlers Arbeiten auf – insbesondere im Hinblick auf die Verwendung eines Moduls, das in Kaliforniens moderner Architektur überall zu finden ist –, hat aber noch mehr mit zeitgenössischen europäischen Bauten gemeinsam. Die Stahlfenster haben Doppelflügel und sind im Gegensatz zu dem komplexen Rhythmus von Schindlers Befensterung standardisiert. Die Stützen sind sichtbar, aber die Geschoßdecken- und Dachkonstruktion aus Stahlträgern in gerasterten Abständen liegt unter flachen Putzdecken.

Neutras Konstruktionssystem ist weniger ambitioniert als das seiner europäischen Zeitgenossen, wie z.B. das typische 5-m-Raster aus Beton von Le Corbusier und das typische 6-m-Stahlraster von Mies van der Rohe. Neutra verwendet eine Serie von H-Stützen in geringen Abständen, die rechteckige Rasterfelder festlegen und meist an den Außenwänden zu finden sind – das enge Stützenraster erinnert an Wagners Karlsplatz-Station. Der Aufbau belegt, daß sich Stahlkonstruktionen – da in eine Richtung orientiert – besser für rechteckige als für quadratische Felder eignen; nach modernen Gesichtspunkten ist er aufgrund der großen Anzahl von Stützen allerdings kein effizientes System. Dennoch ist das System, zumindest für die Wohnhausarchitektur, originell und wurde wohl gemeinsam mit der Bethlehem Steel Corporation entwickelt, die das Haus mitfinanzierte.

7.24

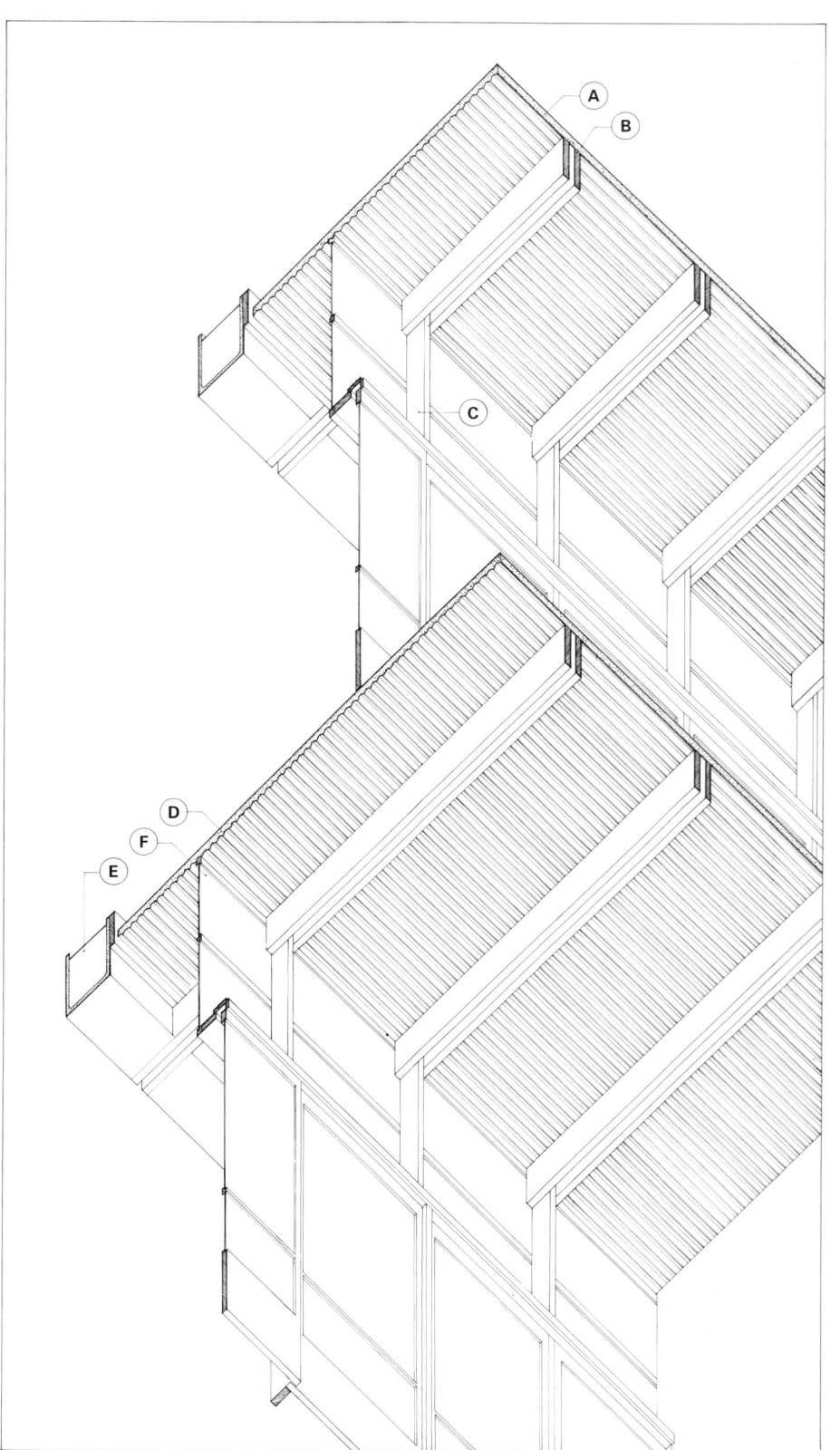

7.25

7.26

Haus C.H. Wolfe
Rudolf Schindler
Catalina, Kalifornien, 1934

7.24 Außenansicht
(Architectural Drawings Collection,
University Art Museum,
Santa Barbara)

7.25 Innenraum
(Architectural Drawings Collection,
University Art Museum,
Santa Barbara)

7.26 Innenwandschnitt
A Dachaufbau: 5 cm Beton auf Wellblech. Der Standardaufbau mit 25-mm-Brettern genügt nicht, da die Spannweite zwischen den Doppelbalken 120 cm beträgt.
B Balken aus zwei Redwood-Balken 5 x 25 cm. Die Verdoppelung des Balkens vereinfacht die Verbindung mit der Stütze 5 x 15 cm.
C Holzstützen 5 x 15 cm.
D Balkonkonstruktion. Die Fläche ist geneigt, sonst aber genau wie der Innenfußboden konstruiert.
E Pflanzgefäß aus 25 mm Beton, mit Maschendraht armiert.
F Holz-Glas-Fenster und Türen.
(Architectural Drawings Collection,
University Art Museum,
Santa Barbara)

Das Haus Lovell hat zwar ganz offensichtlich ein Stahlskelett, wirkt aber nicht wie die charakteristischen Skelett-und-Außenhaut-Bauten der europäischen Moderne. Die typische Villa von Le Corbusier hat innen freistehende Stützen, die sich im Abstand von etwa 30 cm von der Außenwand befinden. Neutras H-förmige Stahlstützen sind in der Wand untergebracht und werden erst durch Abstreifen der Putzschichten freigelegt. Dieser Eindruck von Mehrschichtigkeit wird durch die Gestaltung der Fenster, Paneele und Stahlstützen verstärkt. Sie sind so angebracht, daß sich die Wand stets aus mehreren Ebenen zusammensetzt. Auf der Außenseite liegt der weiße Glattputz mehrere Zentimeter vor der Stahlebene, die von den Außenflächen der Stahlfenster, Stützen und Paneele gebildet wird. Innen gibt es eine vergleichbare Anordnung, bei der die Sonnenblenden gegenüber der Putzwand zurückgesetzt sind. Nach unten hin wird scheinbar eine Außenschicht nach der anderen abgelöst, bis nur noch die Stützen übrigbleiben.

Neutras Auffassung der Wand war Sempers Verkleidungskonzept viel näher als Schindlers, und in verschiedener Hinsicht bildet sie das Gegenteil von Schindlers Vorstellung vom monolithischen Bauen, bei dem alle Ebenen der handwerklichen Ausführung gleich sind. Neutra erkannte die Komplexität der modernen Bausysteme. In den fünfziger Jahren schrieb er:

Es war einmal, daß alle Anweisungen für das Material kurz und einfach waren. Für den Parthenon nahm man Marmor, der in der Umgebung gebrochen wurde. Das war der einzige Baustoff, der verwendet wurde, vom Sockel bis zum Dach. Heute würden die Materialanweisungen leicht einen dicken Wälzer füllen – nicht nur bei einem riesigen Monument, sondern auch bei einer kleinen Tankstelle am Straßenrand. Es gibt Emailblech und Verglasung und Baustahl, Kanäle, Drähte, Rohre, Sanitärleitungen, Fensterrahmen, Dächer, plattierte Teile und was nicht alles. Aus unzähligen industriellen Fertigprodukten, die auf komplexe Weise über das ganze Land – die ganze Welt – verstreut produziert werden, setzen sich die "Rohmaterialien" auch des kleinsten Gebäudes zusammen.[6]

Neutra setzte den Stahlrahmen des Hauses Lovell mit Zusätzen und Verbesserungen noch bei mehreren Häusern der dreißiger Jahre ein. Metallpaneele wurden bei den Häusern Beard (1935) und von Sternberg (1936) für die Fassade verwendet. Das Haus Beckstrand erhielt eine Strahlungsheizung und vorgefertigte Fensterbänder aus Stahl. Als Neutra 1936 das Haus Braun entwarf, hatte er bereits mit dem Einsatz von Standard-Holzbalken auf Stahlstützen (ähnlich wie beim Haus Gropius) begonnen, und 1937 verwendete er beim Haus McIntosh eine Standard-Holzkonstruktion. Neutra nennt als Gründe dafür die Wünsche der Bauherrn, aber die hohen Kosten für Stahlrahmen bei einem kleineren Bau müssen auch ein Faktor gewesen sein. Das Haus Lovell kostete beispielsweise 50.000 Dollar mehr, als veranschlagt worden war, und zwar trotz der erheblichen Unterstützung von Bethlehem Steel.

Mit seiner Erkenntnis, daß das moderne Bauen mit vielen Komponenten und einer mehrschichtigen Bauweise arbeiten würde, hatte Neutra im Gegensatz zu Schindler die zukünftige Entwicklung richtig eingeschätzt, aber es war ein Irrweg, die Methoden großer Stahlkonstruktionen auf Wohnhäuser übertragen zu wollen. Die Merkmale des Stahltragwerks, die Neutra schätzte (Genauigkeit, Standardisierung und festgelegte Entwurfs- und Produktionsmethoden), machten ihn für den Hausbau ungeeignet, und die von ihm ungeliebten Eigenschaften des Holzgeschoßrahmens (Ungenauigkeit, mangelnde Raffinesse und das grobe Fertigungs- und Montageverfahren) wiesen ihn gerade für Wohnhäuser aus. Es gehört zu den großen Vorzügen des Geschoßrahmens, daß er im Vergleich zu Stahl weniger Vorausplanung erfordert und noch während des Bauens leicht geändert werden kann, was den Bauleuten große Flexibilität verschafft. Die große Schwierigkeit liegt beim Stahlrahmen darin, daß er Konstruktionszeichnungen verlangt und an der Baustelle nicht so ohne weiteres geändert werden kann.

Während Schindler und Neutra es widerstrebend aufgaben, eine praktikable Alternative zum Geschoßrahmen zu finden, erreichte eine neue Einwanderergeneration von Architekten Amerika, die dazu eine andere Auffassung hatten. Für Gropius und Breuer war der Geschoßrahmen eine interessante regionale Schöpfung, in völligem Einklang mit den Idealen der Moderne und reif für die Aneignung durch die neue Architektur. Es war die Zeit des „neuen Regionalismus", wie Giedion es nannte, und es war logisch, daß die beiden Europäer in Neu-England sich unverzüglich mit der lokalen Formensprache, den Materialien und den Baumethoden auseinandersetzten.[7]

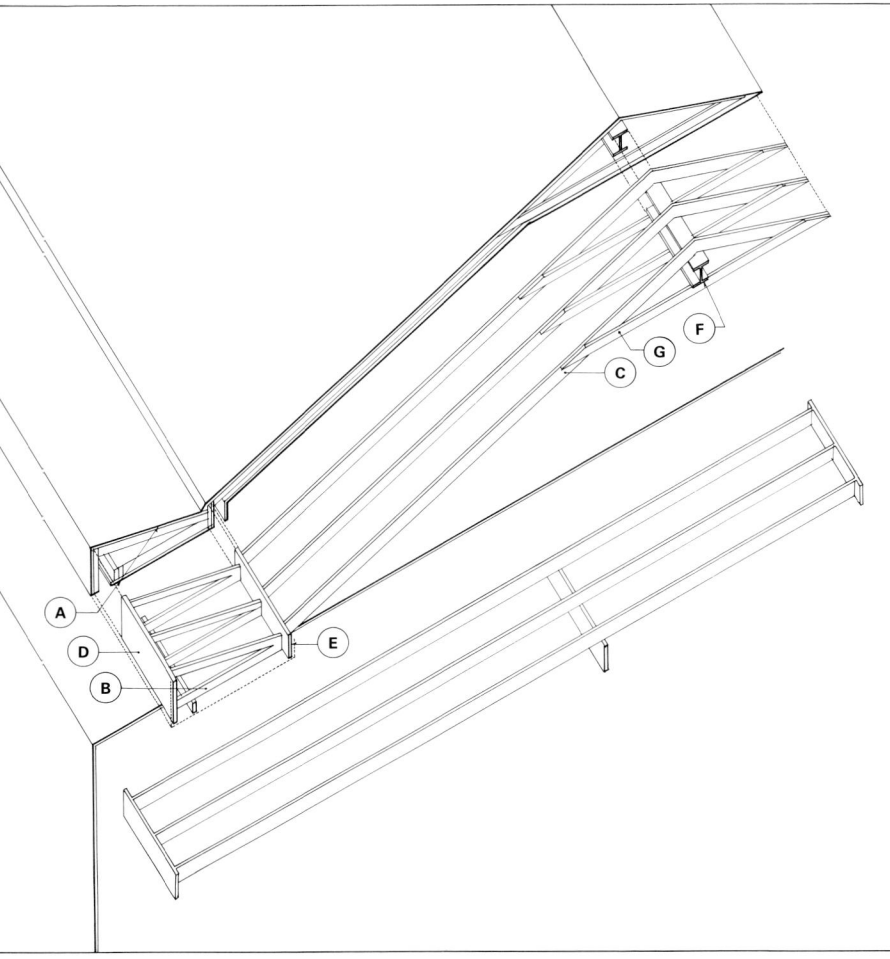

Haus W. E. Oliver
Rudolf Schindler
Los Angeles, 1934

7.27 Tatsächliche Dachkonstruktion
A Dachschalung aus Brettern
   2,5 x 20 cm.
B Holzbalken 5 x 10 cm,
   im Achsabstand von 40 cm.
C Holzsparren 5 x 15 cm,
   im Achsabstand von 40 cm.
D Holztraufbrett 5 x 35 cm.
E Holzbalken 5 x 30 cm.
F 20 cm hoher Stahl-Doppel-T-Träger,
   die Dachsparren stützend.
G Holzkehlbalken 5 x 10 cm.
   (*Architectural Drawings Collection,
   University Art Museum,
   Santa Barbara*)

**7.28 Geplante Stahl-Torkretbeton-
Konstruktion**
A Oben und unten 25 mm Beton mit
   Maschendraht armiert.
B Binder im Achsabstand von 40 cm
   aus verzinktem Eisenblech,
   in U-Form abgekantet.
C Ortbetonbalken.
D Betonbalken.
   (*Architectural Drawings Collection,
   University Art Museum,
   Santa Barbara*)

7.27

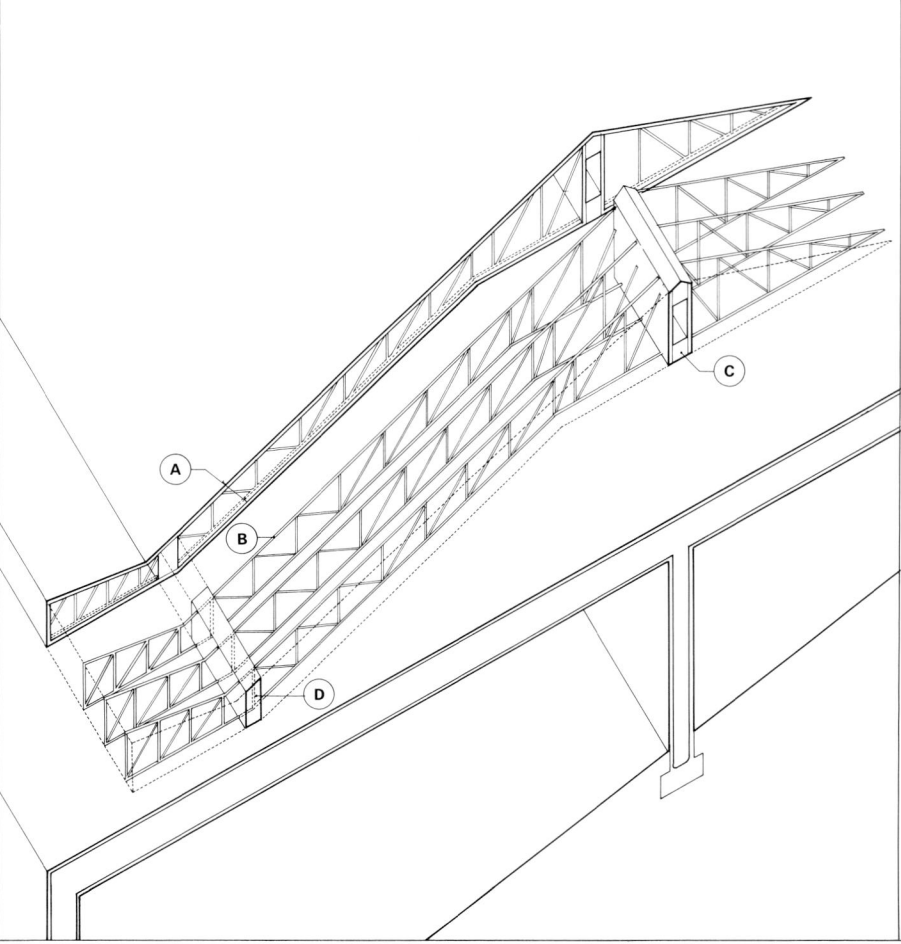

7.28

7.29 **Schindler Shelter**
Rudolf Schindler

7.30 **Konstruktionssystem des Schindler Shelter**
A   Verzinktes Eisen-U-Profil.
B   Torkretbeton (5 cm Beton).
C   Maschendraht.
D   5 cm Betonboden.
E   Verzinktes Eisen-U-Profil.
F   Horizontale Bewehrungsstäbe, den unteren Gurt der Binder bildend.
G   Maschendraht.
(Architectural Drawings Collection, University Art Museum, Santa Barbara)

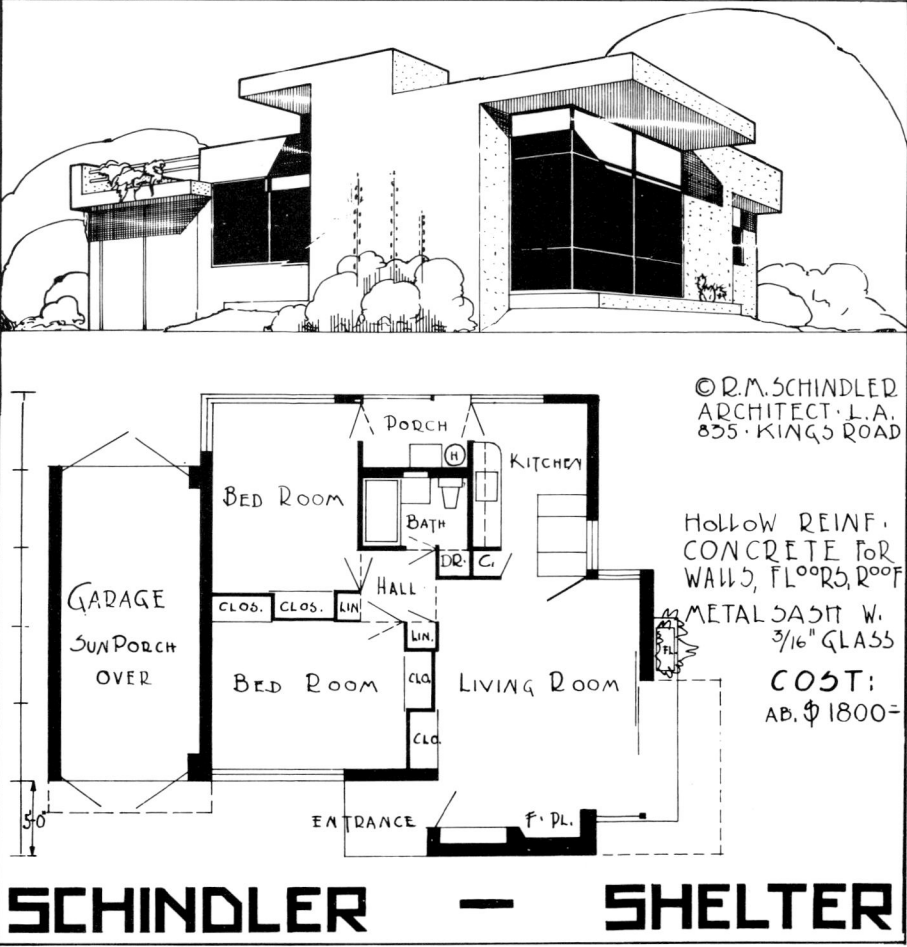

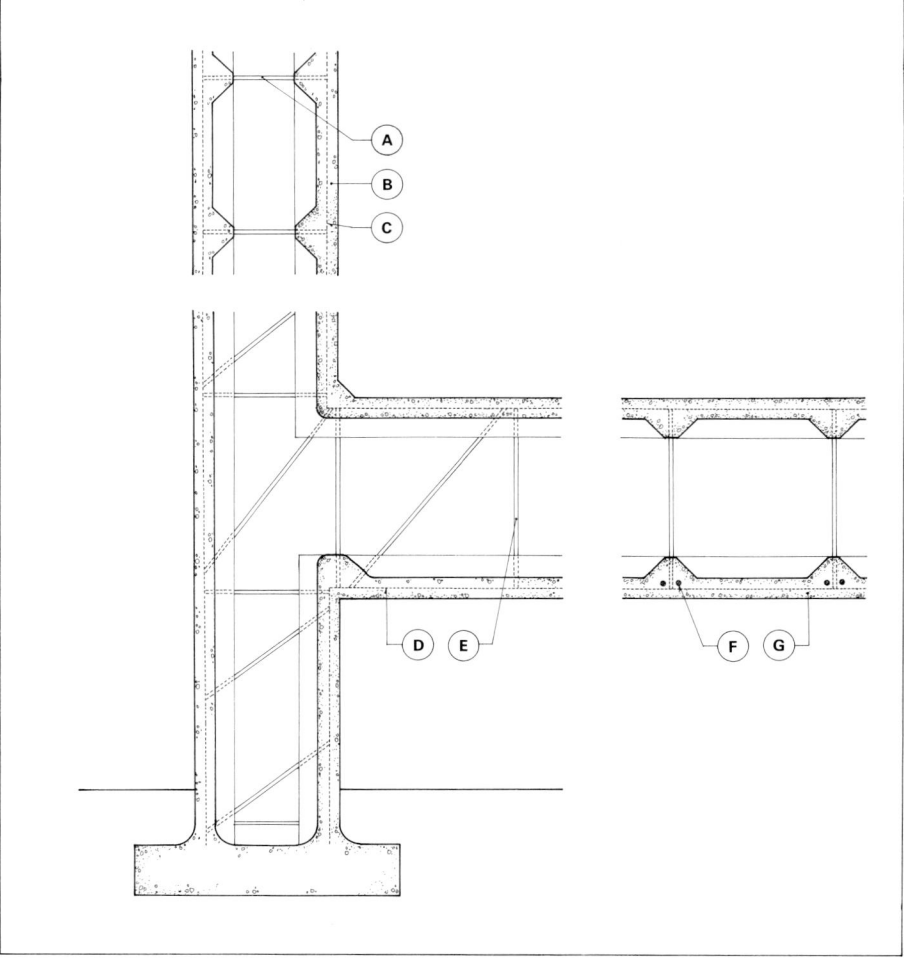

7.31

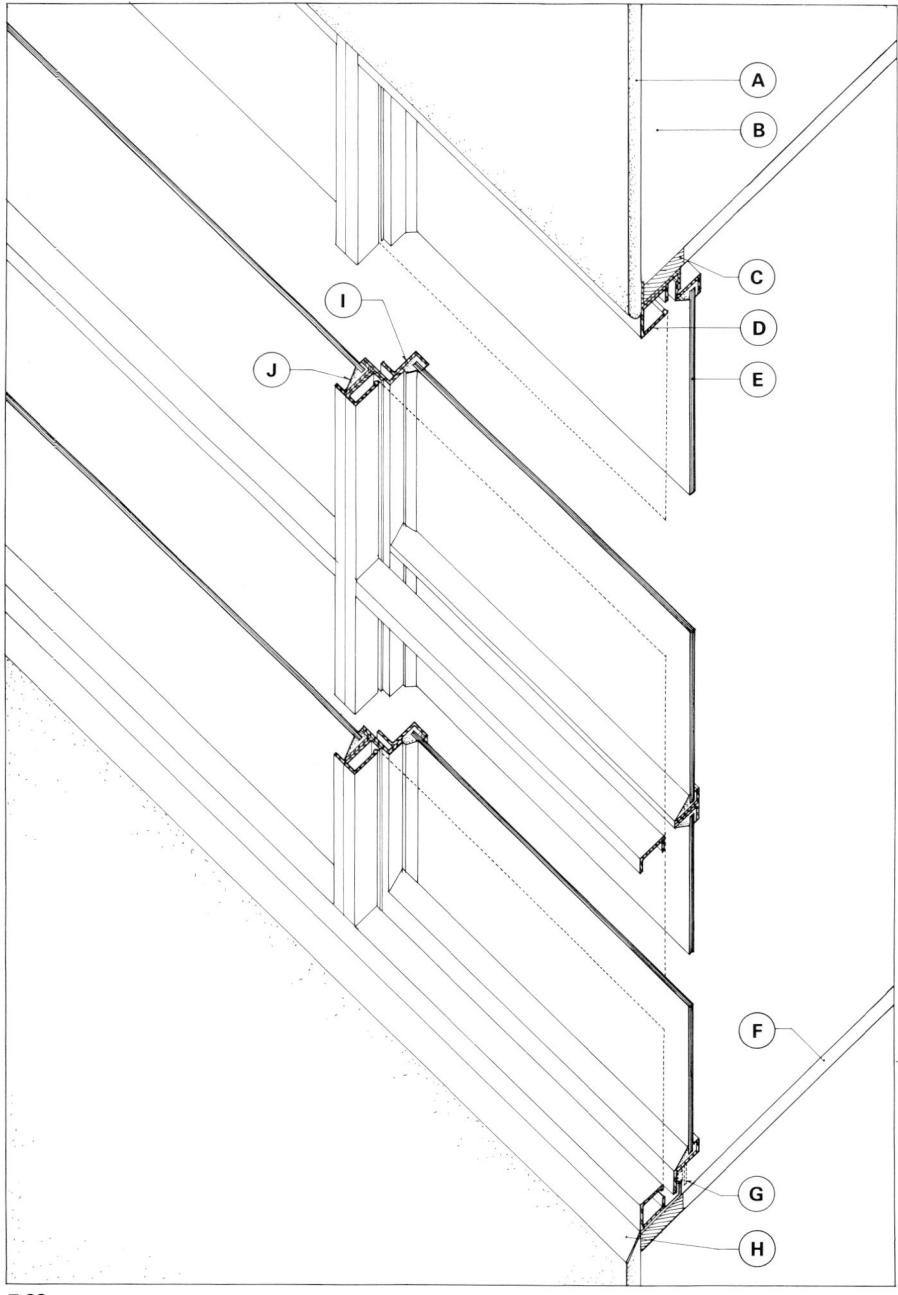

Haus W. E. Oliver
Rudolf Schindler
Los Angeles, 1934

7.31 **Außenansicht**
*(Architectural Drawings Collection,
University Art Museum,
Santa Barbara)*

7.32 **Fensterdetails**
A   Außenwand: Glattputz auf Holzbundstielen 5 x 10 cm.
B   Putzdecke.
C   Holzbohle 2,5 x 7,5 cm. Die Balken sind mit dieser Bohle verschraubt, die wiederum an die Bundstiele genagelt ist.
D   Kadmierter Blechrahmen. Dieses Profil hält das Insektenschutzgitter. Die Profile sind eine Spezialanfertigung nach Schindlers Entwurf. Die Rahmen wurden teilweise verschraubt und teilweise durch Punktschweißung verbunden.
E   5 mm Halbspiegelglas.
F   Linoleumbelag auf Holzfußboden 25 mm.
G   Dieser aufgekantete Metallschenkel dient als Schiene für die Rolle des darüberliegenden Schiebefensters.
H   Geneigte Metallfensterbank.
I   Schiebeflügelrahmen.
J   Fester Rahmen mit L-förmigem Anschlag.
*(Architectural Drawings Collection,
University Art Museum,
Santa Barbara)*

7.33 **Haus J. J. Buck**
Rudolf Schindler, Los Angeles, 1934
Fensterdetail

7.32

7.33

7.34 Detail

7.35 Fensterdetails
(wie auf den Bauzeichnungen dargestellt)

A Horizontale Sprosse, 6 cm tief; leitet die Windkräfte der Fenster zu den inneren Leibungen ab. Das schmale Sprossenprofil begünstigt die Durchsicht. Bei einem so großen Fenster sollte es jedoch noch tiefer sein.

B Glas.

C Vertikaler Pfosten, 35 mm tief. Die Ecken sind abgeschrägt, um die sichtbare Breite des Pfostens zu verringern.

D Dreilagensperrholztafel.
(Architectural Drawings Collection, University Art Museum, Santa Barbara)

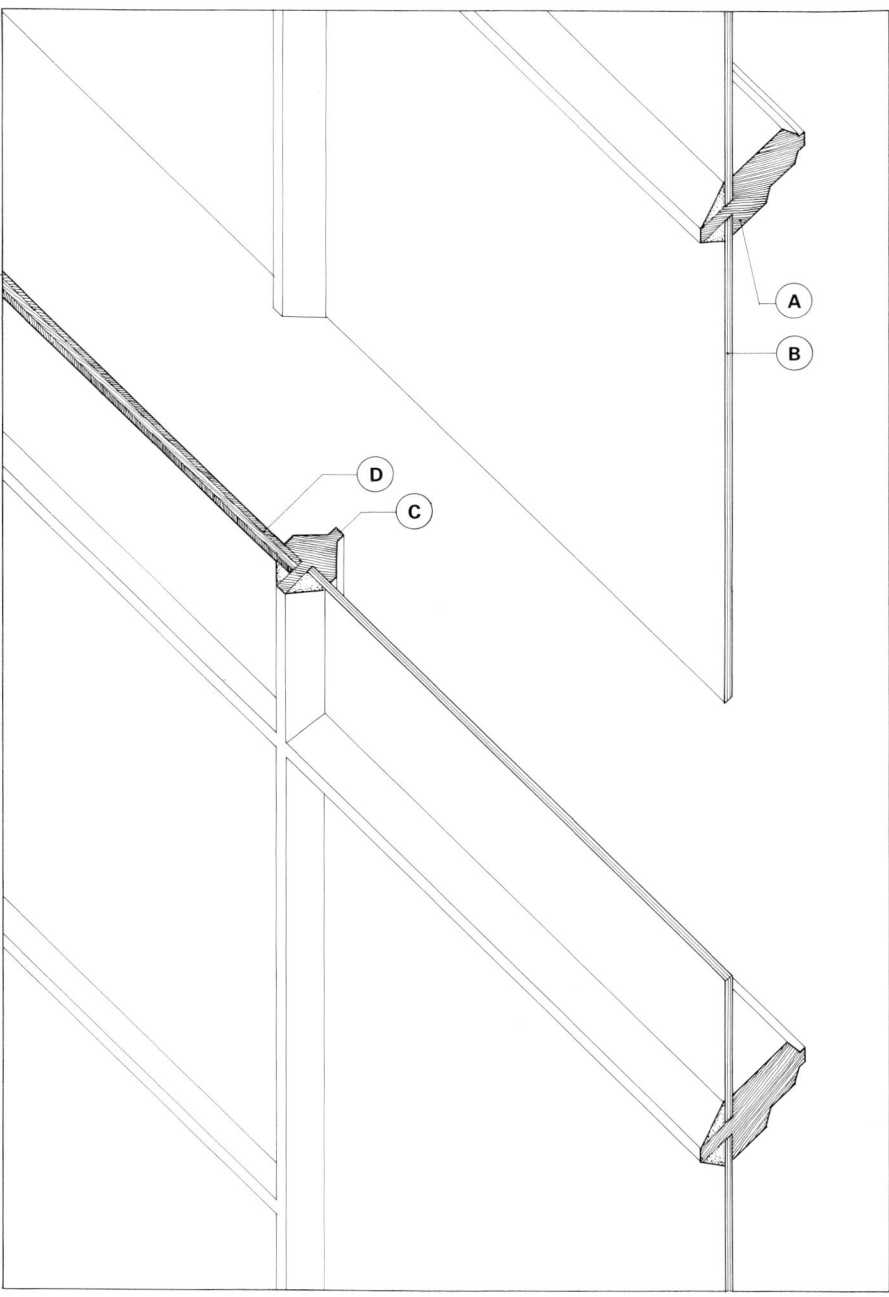

Haus P. Lovell
Rudolf Schindler
Newport Beach, Kalifornien, 1926

7.36

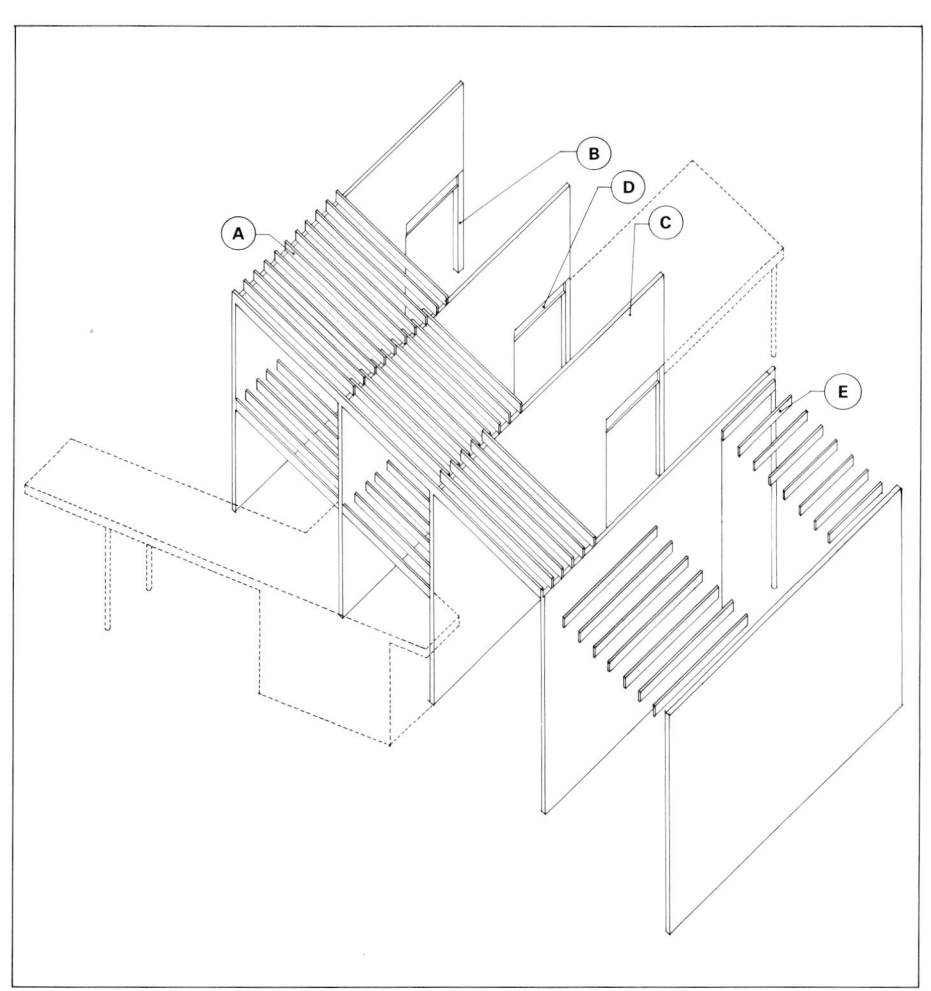

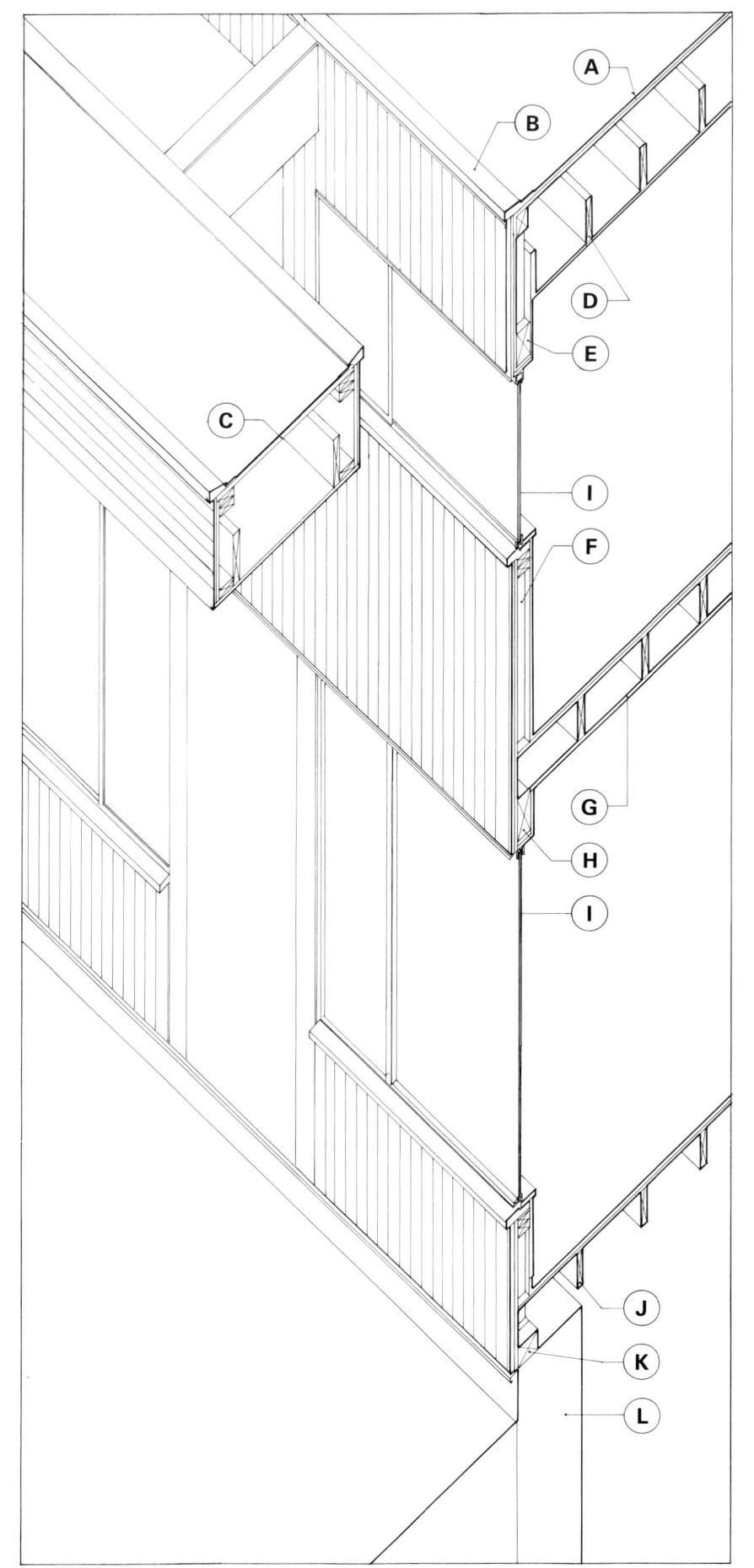

7.37

7.38

Haus W. Gropius
Walter Gropius und Marcel Breuer
Lincoln, Massachusetts, 1939

7.36 **Rückwärtige Ansicht**
(Busch-Reisinger Museum, Harvard University, Fotografie Paul Davis)

7.37 **Konstruktionsplan**
A Fichten- oder Tannenholzbalken 5 x 25 cm, im Achsabstand von 40 cm, als Dachauflager.
B Holzpfosten 10 x 10 cm. Sie liegen innerhalb der Gerippewände.
C Tragende Innenwandkonstruktion aus Kanthölzern 5 x 10 cm, im Achsabstand von 40 cm.
D Stahlträger (Breitflansch 15 x 30 cm), zur Lastabtragung über Türöffnungen.
E Sichtbare Sparren der Dachterrasse. Sie verlaufen rechtwinklig zu den richtigen Balken, die auf den Querwänden aufliegen.
(Busch-Reisinger Museum, Harvard University, Zeichnung 6A 82.1-20)

7.38 **Schnitt der Rückwand**
A Dachkonstruktion: fünflagige Dachpappe mit Kies auf 22 mm dicken Brettern, 6 mm Neigung pro 30 cm.
B Kiesleiste: verbleites Kupfer (450 g) auf Holzlatte 5 x 10 cm; deckt die Fuge zwischen Pappdichtung und der Holzschalung ab und hält gleichzeitig den Rand der Bedachung fest.
C Vermiculitputz-Untersicht (später durch Zementputz ersetzt).
D Fichten- oder Tannenholz-Dachbalken 5 x 25 cm, im Achsabstand von 40 cm.
E Fichten- oder Tannenholzbalken 10 x 20 cm, die Kanthölzer über der Fensteröffnung stützend. (Dies ist keine tragende Wand, da die Balken ihre Last auf die Querwände absetzen.)
F Wandkonstruktion: vertikale gespundete Redwood-Schalung mit V-Fugen; Verschalungspapier; Kanthölzer 5 x 10 cm; Putz auf Metallgewebe für die Innenbehandlung; Glasfaserisolierung 7,5 cm in den Hohlräumen.
G Deckenkonstruktion: Balken 5 x 25 cm, im Achsabstand von 40 cm; Holzschalung 22 mm, Teppichböden und Putzdecken.
H Fichten- oder Tannenholzbalken 10 x 20 cm.
I Stahlflügelfenster.
J Fußbodenkonstruktion: Fichten- oder Tannenholzbalken 5 x 25 cm, Achsabstand 40 cm.
K Sockelleiste und Termitenschutz 10 x 15 cm.
L Feldsteinfundament.
(Busch-Reisinger Museum, Harvard University, Zeichnung 6A 82.1-20)

Kurz nach ihrer Ankunft in den Vereinigten Staaten bauten Gropius und Breuer eine Reihe von Häusern, die ein Verschmelzen der neuen Architektur mit der amerikanischen Tradition illustrieren: ihre eigenen Häuser in Lincoln, Massachusetts (1938 und 1939) und dann die Häuser Ford (1939), Hagerty (1939) und Chamberlain (1941). Das Grundmuster ergab sich dabei mehr aus Notwendigkeit als aus Dogma. Gropius wollte ein Modell des modernen Hauses schaffen. Ein Gönner bot die Finanzierung des Baus zweier Häuser an, die an Gropius und Breuer vermietet werden würden. Sie arbeiteten also nicht nur unter den ökonomischen Zwängen der Kriegswirtschaft, sondern auch unter dem Zwang, nicht wirklich ihre eigenen Bauherren zu sein. Dementsprechend berieten sich Gropius und Breuer im Frühstadium des Planungsprozesses mit einem ortsansässigen Bauunternehmer, um sicherzugehen, daß die Entwürfe im Rahmen der Standardverfahren blieben.

Giedion nannte das Haus Gropius wegen seiner Verwendung von traditionellen Verfahren und Materialien ein primäres Beispiel des neuen Regionalismus. Dies trifft nur teilweise zu. Das Haus enthält eigentlich so viel Stahl, daß es fast ein Skelettbau ist. Und doch ist dieses Haus – im Gegensatz zu den doktrinären Gebäuden der zwanziger Jahre, die sowohl konzeptionell als auch visuell klar zwischen dem konstruktiven Skelett und der Haut der Vorhangwand unterschieden – eine Hybridform. Ein konstruktives Element kann aus Holz oder Stahl sein, Wand oder Rahmen, Fläche oder Stütze, je nach Standort und Funktion. Gropius und Breuer begannen somit da, wo Schindler mit dem Haus Oliver aufhörte.

Jedes Haus von Schindler war ein einzigartiges formales und konstruktives Experiment, die Häuser von Gropius und Breuer gehören zu einer rigorosen Typologie. Der erste Typ, repräsentiert durch das Haus Breuer in Lincoln und das Sommerhaus Chamberlain in Wayland, besteht aus zwei Volumina, die eine T-Form bilden, wobei das eine ein kastenförmiger Geschoßrahmen mit tragenden Wänden ist und das andere eine ebenfalls hölzerne Konstruktion mit Rahmen und Vorhangwand. Dieser Typ – eine Konstruktion mit tragenden Wänden, von einem Rahmen durchdrungen – ist vergleichbar mit zeitgenössischen Arbeiten in Europa, vor allem Mies' Haus Hubbe und Aaltos Villa Mairea. Beide weisen einen Körper aus tragendem Mauerwerk auf, das von einem auf einem Stahlskelett basierenden Körper durchdrungen wird. Der zweite Typ ist räumlich weniger interessant, thematisiert aber direkter das Problem der Verbindung der ästhetischen Ziele der modernen Architektur mit dem Geschoßrahmen. Er wird von den Häusern Ford und Hagerty repräsentiert und hat als Ausgangspunkt einen einfachen länglichen Geschoßrahmenkasten, ca. 5 – 6 m breit und zweigeschossig. Die Elemente, die aus diesem Körper vorspringen, wie z.B. Treppen, sind diejenigen, die den Standardrahmen stören würden. Gemäß dem Bauideal der Moderne ist dies die funktionale Lösung, da der Körper durch die Konstruktion und nicht durch die Nutzung definiert wird. Die verschiedenen Räume füllen einfach das Volumen und bestimmen es nicht. Die Integrität der Konstruktion – zumindest bei Geschoßdecke und Dach – wird gewahrt, da alle Balken dieselbe Länge haben (Standardisierung) und nicht von Öffnungen unterbrochen werden.

Die Fassaden dieses zweiten Haustyps sind komplexer, da sie in freier Anordnung mit Fensterbändern gebildet sind. Diese Gestaltung bringt viele konstruktive Schwierigkeiten mit sich, da die langen Schlitze die tragende Ständerwand teilen und die seitliche Steifigkeit verringern. Deshalb werden für diesen Haustyp Stahlstützen und Träger benötigt. Obwohl die langen Fenster an die Fassaden des Internationalen Stils der zwanziger Jahre erinnern, folgen sie keinem Modul; sie sind entsprechend den Räumen, die sie belichten, von unterschiedlicher Größe und unterschiedlichem Typ. Die langen Reihen beweglicher Fenster von identischer Größe, die für Wright, Le Corbusier und Neutra so wichtig waren, werden hier durch feststehende Holzfenster von unterschiedlicher Größe ersetzt. Wo bewegliche Fenster erforderlich sind, werden Stahlflügel in die Holzrahmen eingesetzt. Die Anordnung der Öffnungen – vertikal wie horizontal – wird von der Art und Größe der Räume und nicht von einem Modul oder einer Standardisierung bestimmt. Die Hülle wird ausgeschnitten, um dem Inneren des Volumens Außenraum gleichsam anzufügen; an manchen Stellen ist die Hülle abgestreift und zeigt die darunterliegende Balkenkonstruktion, wie beim Spalier des Balkons im Obergeschoß des Hauses Gropius.

Das Interesse von Gropius und Breuer am Geschoßrahmen und sein Einfluß auf die Form ihrer Entwürfe war nicht nur auf ökonomische Zwänge zurückzuführen,

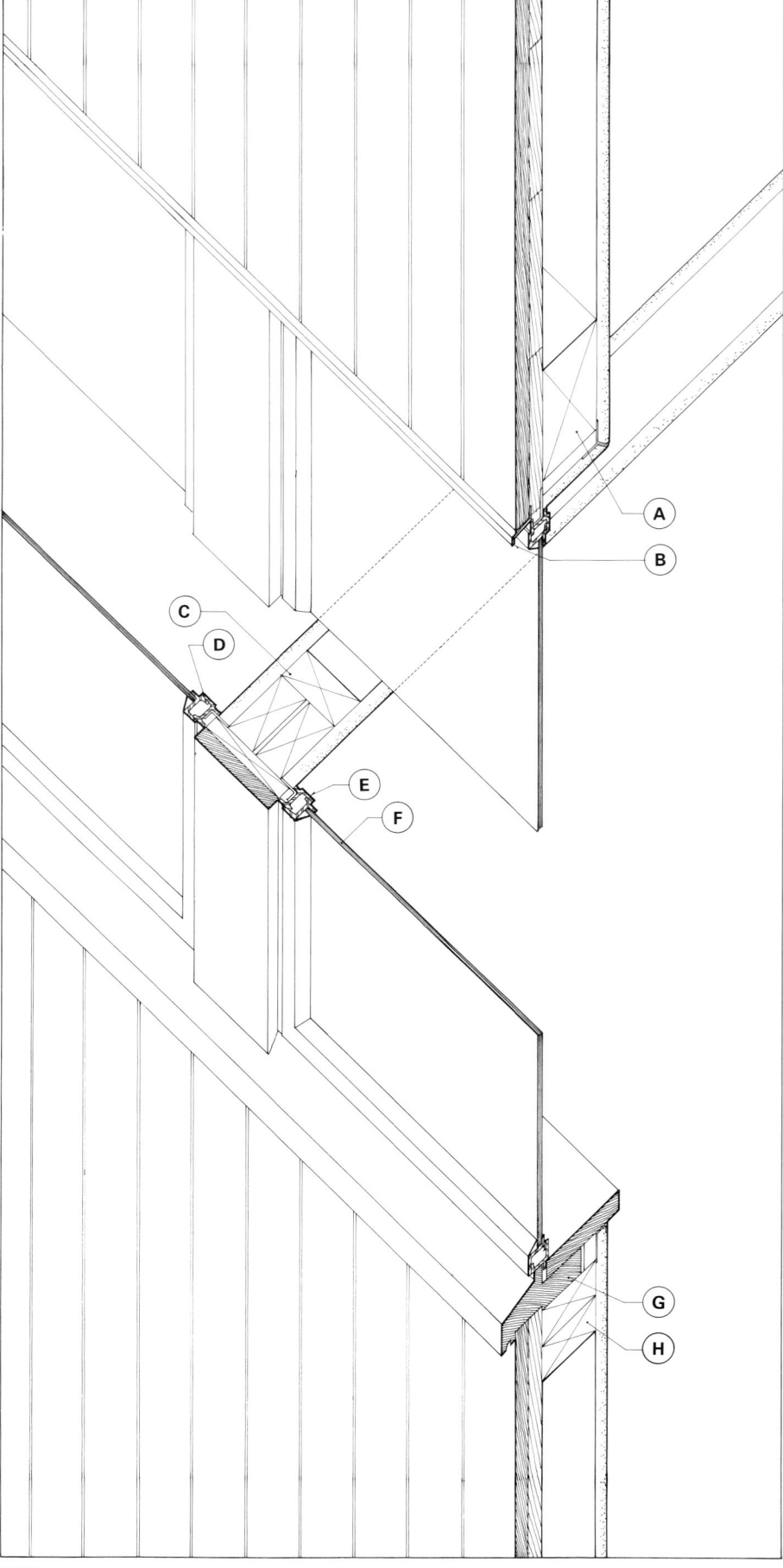

7.39

7.40

Haus W. Gropius

Walter Gropius und Marcel Breuer

Lincoln, Massachusetts, 1939

7.39 Außenansicht

(Busch-Reisinger Museum, Harvard University, Fotografie Paul Davis)

7.40 Fensterdetails

A Holzbalken 10 x 15 cm oder 10 x 20 cm, als Auflager für die Wand über der langen horizontalen Fensteröffnung.

B Abtropfblech.

C Holzgerippe-Konstruktion 5 x 10 cm. Die Dach- und Deckenbalken werden von diesen inneren Trennwandkonstruktionen getragen.

D Holzverkleidung.

E Stahlflügelfenster.

F 6 mm Glas. Für die großen Wohnzimmerfenster ist Kristallspiegelglas, für die kleineren Schlafzimmerfenster Tafelglas verwendet worden.

G Abgeschrägte Holzfensterbank.

H Holzgerippe-Konstruktion 5 x 10 cm. Sie bildet die Rohbauöffnung zur Aufnahme des fertigen Fensters.

(Busch-Reisinger Museum, Harvard University, Zeichnung 6A 82.1-20)

---

sondern sie betrachteten ihn als einen regionalen Gebäudetyp. Dieser Gedanke war allerdings für Breuer von größerem Interesse als für Gropius, was einen Vergleich ihres Nachkriegsschaffens um so aufschlußreicher macht.

Gropius und Breuer lösten ihre Partnerschaft 1941 auf, und nach dem Krieg verfolgten sie im Wohnhausbau entgegengesetzte Wege. Gropius kehrte in Zusammenarbeit mit Konrad Wachsmann zu seiner ersten Liebe – industrieller Wohnungsbau – zurück und entwickelte ein Tafelbausystem, das auf einem industriellen Geschoßrahmentyp beruhte. Breuer beschäftigte sich weiter mit Variationen des Standardgeschoßrahmens. Er verwendete zunehmend regionale Elemente (wie Feldsteinmauern und natürliche Wandmaterialien) und begann mit den konstruktiven Möglichkeiten des Geschoßrahmens zu experimentieren – seiner Fähigkeit, auszukragen oder als Trennmembran oder als Rahmen zu fungieren.

Wie Loos (und im Gegensatz zu Schindler) sah Breuer die moderne Konstruktion als von Natur aus mehrschichtig an. Breuer schrieb: „ ... das Gebäude ist ein Organismus aus vielen Teilen: da ist das Tragwerk, und dann sind da verschiedene Schichten oder spezialisierte Hüllen um diesen Rahmen gewickelt. Es gibt Schichten, um gegen Wärme oder Kälte, gegen Feuchtigkeit, gegen grelles Licht zu isolieren. Das sind die Häute des Gebäudes – genau so 'wahr' wie das Skelett."[8]

Breuers Konzept der geschichteten Wand wird durch das Haus illustriert, das er sich nach Beendigung seiner Partnerschaft mit Gropius in New Canaan baute *(Abb. 7.48)*. Die Fensterpfosten liegen in einer Ebene mit dem Ständerwerk, und sie sind dunkel gebeizt, um den „ausgeschnittenen" Charakter der Fensteröffnung zu betonen. Ebenso werden Pfosten und oberes Rahmenholz des Fensters so gestaltet, daß sie die geringe Dicke der Wandschichten ausdrücken, und zwar entweder durch Zurücksetzen der Schalung, um einen Absatz zwischen Außenverkleidung und Fensterrahmen zu schaffen, oder durch Zurücksetzen des Rahmens zur Hälfte hinter die Verkleidung. Bei Breuers späteren Gebäuden, wie dem Haus Geller, werden die Rahmen weiß gestrichen, während die Holzschalung gebeizt wird. Am Sockel bildet die Gründungsmauer eine Ebene mit den Ständern des Gerippes, womit wieder die geringe Dicke der Außenwand artikuliert wird.

Das außen so erfolgreiche Konzept der Mehrschichtigkeit stieß im Innern auf mehr Schwierigkeiten. Während das Äußere vor allem aus Holzvolumina bestand, waren die Innenräume eher De Stijl-beeinflußte Kompositionen mit Flächen aus verschiedenen Materialien. In einer Ecke des ersten Hauses Breuer schneidet eine Putzdecke durch eine Feldsteinmauer und eine Holzwand. Diese Anschlüsse haben keine Übergänge oder Profile, dasselbe gilt für alle Öffnungen. Selbst sichtbare Stürze über Öffnungen in Steinwänden wurden zugunsten verdeckter Stahlstürze vermieden, wie beim offenen Kamin des Hauses Hagerty. Für viele Vertreter der Moderne wäre dieses Detail allerdings „unehrlich".

Für Breuer war das Ideal der Moderne eine Architektur frei von Details:
Die Architekturen vergangener Zeiten neigten dazu, den Details eigene Melodien zu geben: der Kopf einer Säule war eine Skulptur für sich, ... auch ohne Gebäude. Unsere Details sollen der ganzen Konstruktion zu Diensten zu sein. ... Oft vermischen sich unsere Details mit der größeren "architektonischen" Form: es ist in der Tat schwierig, zwischen dem Gesamtentwurf und den Details eine Demarkationslinie zu ziehen. Es erscheint immer unsinniger zu sagen: „.... er hätte ein großer Architekt sein können, wenn nur jemand die Details für ihn gemacht hätte. ..."[9]

Der Vergleich einer typischen Breuer-Wand (wie die im Haus Breuer I in New Canaan) mit einer typischen traditionellen Geschoßrahmenwand zeigt sowohl die Radikalität einer „detailfreien" Architektur als auch die Schwierigkeiten, dies zu erreichen. Breuers Ziel war es, sämtliche Schmuckprofile und ornamentierte Übergänge auszuschalten oder auf ein Minimum zu beschränken. An der Außenseite war er erfolgreich: die Funktion von Tropfkante und Fensteranschluß in einer traditionellen Wand wird beim Haus Breuer erfüllt, indem die Kante der Außenverkleidung in einem spitzen Winkel zugeschnitten ist, um auch ohne Deckleiste einen kleinen Wasserablauf zu erhalten; die vertikal verlaufende Holzwand macht eine Laibungsdeckleiste zur Verkleidung des Fensterpfostens unnötig. Daß Breuer eine vorspringende Fensterbank einsetzte, ist eine Ausnahme; sie war aber zur Wasserabdichtung an diesem besonders anfälligen Punkt erforderlich. Weil der Putz im Innern so weich ist, lassen sich hier Deckprofile nicht so ohne weiteres eliminieren. Das Weglassen

7.41

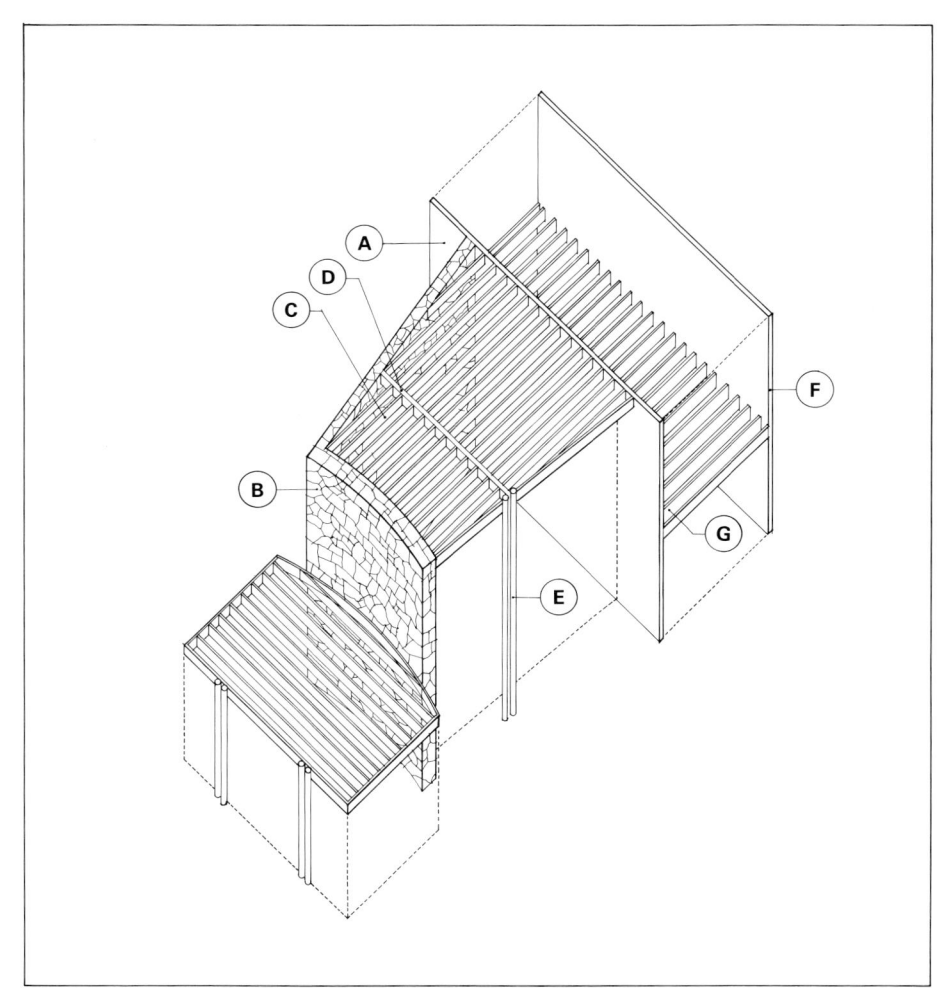

7.42

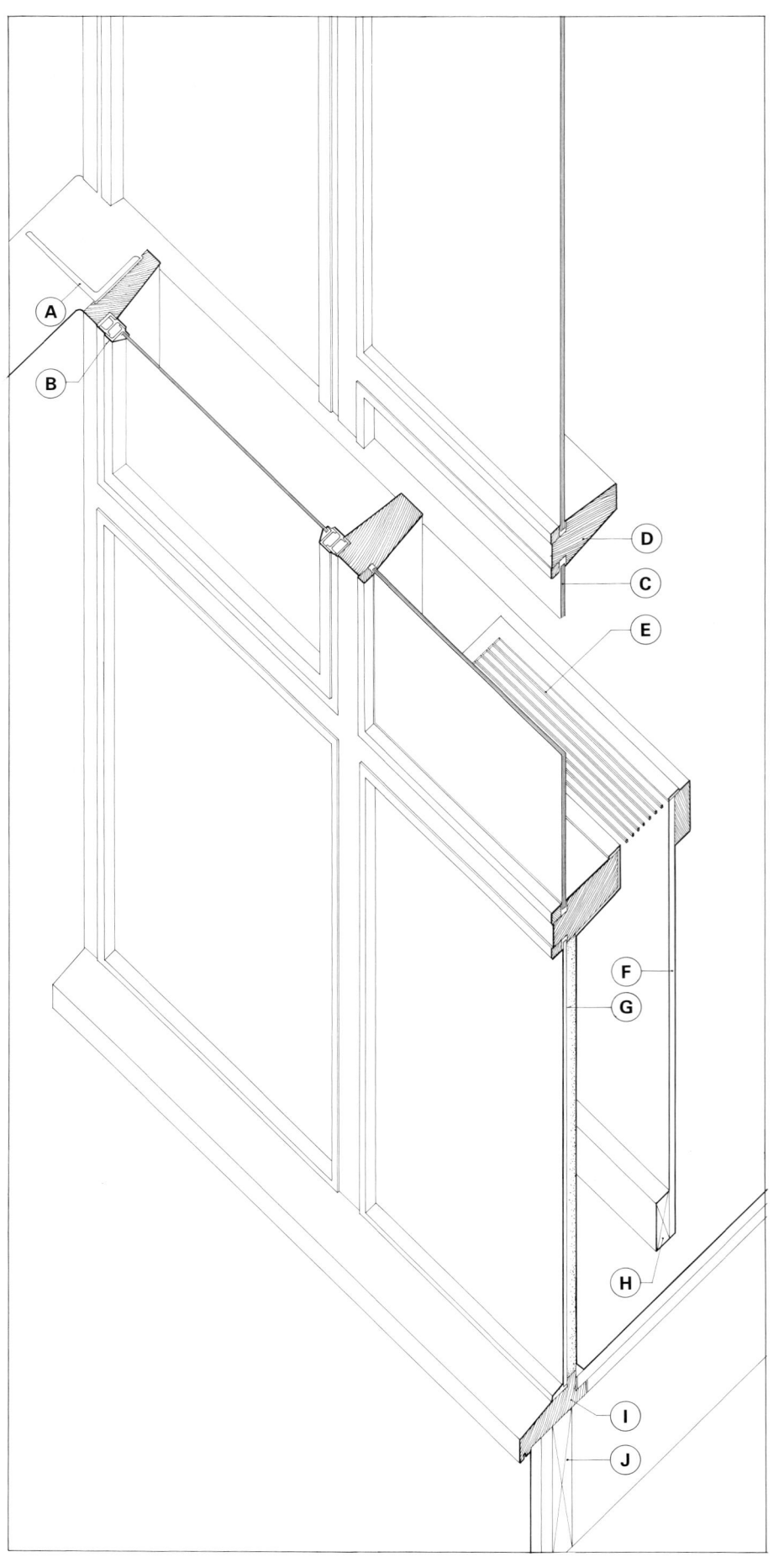

7.43

Haus M. Breuer
Walter Gropius und Marcel Breuer
Lincoln, Massachusetts, 1939

7.41 Außenansicht
(Busch-Reisinger Museum, Harvard University)

7.42 Konstruktionsplan
A   Tragende Holzgerippewand.
B   Tragende Feldsteinwand. Wie Mies und Le Corbusier kombinierte Breuer oft industrielle Rahmenkonstruktionen mit tragendem Mauerwerk in handwerklicher Tradition.
C   Holzbalken 5 x 20 cm, im Achsabstand von 40 cm.
D   Holzunterzug 14 x 21 cm (WF 21); in die Balkenebene hineingesetzt statt darauf, so daß die Decke darunter eben bleibt.
E   Zwei runde Stahlrohrstützen, außen sichtbar.
F   Tragende Holzgerippewand 5 x 10 cm. Dieser Teil des Hauses ist eine herkömmliche Holzkonstruktion.
G   Holzbalken 5 x 20 cm, Achsabstand 40 cm.
(Busch-Reisinger Museum, Harvard University, Zeichnung 6A 84 1/2)

7.43 Fensterdetails
A   Stahlwinkel 10 x 15 x 1 cm zur Versteifung des Holzrahmens.
B   Nach außen öffnendes Stahlflügelfenster. Der kleine dünne Stahlrahmen soll das Profil des bedienbaren Fensters dem Profil des festen Fensters so ähnlich wie möglich machen.
C   Spiegelglas 6 mm.
D   Pechkiefersprossen 14 cm, mit sichtbaren verschraubten Stahlwinkeln verbunden.
E   Metallrost. Dadurch kann Warmluft vom Heizkörper an der Glasfläche hochsteigen, um Kondensation zu verhindern und den Luftzug zu verringern.
F   Heizkörperabdeckung aus Sperrholz 10 mm.
G   Opake Tafel aus Masonit 6 mm, dahinter Celotex-Isolierung 10 mm.
H   Schlitz für die Luftzuführung für den Heizkörper.
I   Holzfensterbank.
J   Fußbodenkonstruktion: Fichtenbalken 5 x 25 cm.
(Architectural Record)

der Sockelleiste hätte zu Schäden im unteren Bereich der Wand geführt, aber sie wird behandelt, als ob der Sockel unsichtbar sei. Bei einer traditionellen Wand wird der Abschluß des Putzes am Fenster mit einem Profil abgedeckt; bei Breuer bleibt er sichtbar. Für den Handwerker ist dies eine viel schwierigere Aufgabe, da er eine perfekte Verbindung von Putz und Holz herstellen muß. Auch wenn es ihm gelingt, trennen sich die beiden Materialien bald wegen der unterschiedlichen thermischen Prozesse. Eine Deckleiste am Fenster würde diesen Spalt dann verbergen. Die ersatzweise Verwendung von Sperrholz statt Putz bei einigen von Breuers späteren Häusern löst das Problem nicht, da die beiden Holzteile sich ebenfalls unterschiedlich verhalten und sich schließlich lösen.

Dies ist ein weiterer Fall, bei dem die Gleichsetzung der Moderne von geometrischer Einfachheit mit leistungsfähiger Konstruktion nicht aufgeht. Bei der traditionellen Detailgestaltung wird das Ausdehnen und Zusammenziehen der Materialien berücksichtigt, ist die Verbindung von Materialien unterschiedlichen Charakters möglich und werden an den Ausführenden keine unangemessenen Anforderungen gestellt. Bei vielen modernen Gebäuden hat der Wunsch, Verkleidung zu eliminieren, nur zu ihrer unachtsamen Gestaltung geführt.

Ironischerweise zeigt Breuers Haus in New Canaan gerade die Unabhängigkeit moderner Ästhetik von den modernen Materialien. Obwohl das Haus viele Elemente der typischen Fassade von Le Corbusier der zwanziger Jahre aufweist – z.B. das Fensterband und das vorkragende Obergeschoß –, sind sie in traditionellen Baustoffen ausgeführt. Im Haus befindet sich kein Stahl oder tragender Beton; alle Vorkragungen und Öffnungen werden mittels Holz abgestützt oder durch die Wände des Geschoßrahmens selbst (wobei die ganze Wand als großer Balken fungiert). Überraschend ist auch die Artikulation dieser Vorkragung. Die Latten der Holzverkleidung des vorkragenden Teils sind diagonal angeordnet, was mit dem Kräfteverlauf übereinstimmt. Diese Verkleidung ist jedoch nicht tragend, sondern überdeckt die eigentliche Konstruktion aus Ständerwerk und Schalung. Was von außen sichtbar ist, ist eigentlich Ornament.

Gropius und Breuer akzeptierten die Baumethoden des amerikanischen Hausbaus so, wie sie sie vorfanden, nahmen nur geringfügige Änderungen vor und entwickelten Gestaltungsprinzipien, die bis in die fünfziger Jahre hinein einflußreich blieben und auch heute noch verwendet werden. Richard Meiers Haus Douglas (1973) ist z.B. eine Geschoßrahmenkonstruktion, die an einigen wesentlichen Punkten von Stahlträgern und -stützen verstärkt wird. Es hat eine vertikale Holzverkleidung und bewegliche Stahlschiebeflügel in feststehenden Holzrahmen. Sosehr dieses Haus auch an die Le Corbusiersche Formensprache erinnern mag, seine konstruktive Gestaltung leitet sich von Gropius und Breuer her.

Obwohl die von Neutra und Schindler entwickelten Systeme sich nicht durchsetzten, waren die Prinzipien dahinter durchaus noch fruchtbar. Der Gedanke vom massengefertigten Stahlrahmenhaus, vom sichtbaren Holzrahmen und der monolithischen Betonkonstruktion ebenso wie das gestalterische Ideal von der Wand als reiner Fläche mit minimierten Übergängen und Öffnungen blieben sehr lebendig und sollten in der Nachkriegszeit verschiedentlich wiederaufleben.

Gegen Ende der dreißiger Jahre hatten Schindler, Neutra, Gropius und Breuer den Geschoßrahmen als das logische System im amerikanischen Wohnhausbau akzeptiert, allerdings mit unterschiedlicher Begeisterung. Dies lag zum Teil an ihrer Faszination am regionalen Bauen, zum Teil an den Konventionen der Bauwirtschaft und zum Teil an den ökonomischen Zwängen der Wirtschaftskrise. Aber nicht alle Architekten sahen den Geschoßrahmen als zwingend notwendig an; unter dem Druck der Bedingungen in den dreißiger Jahren akzeptierten sie ihn zumindest vorübergehend, während ein anderer ihn vollkommen ablehnte: Gemeint ist Frank Lloyd Wright.

7.44

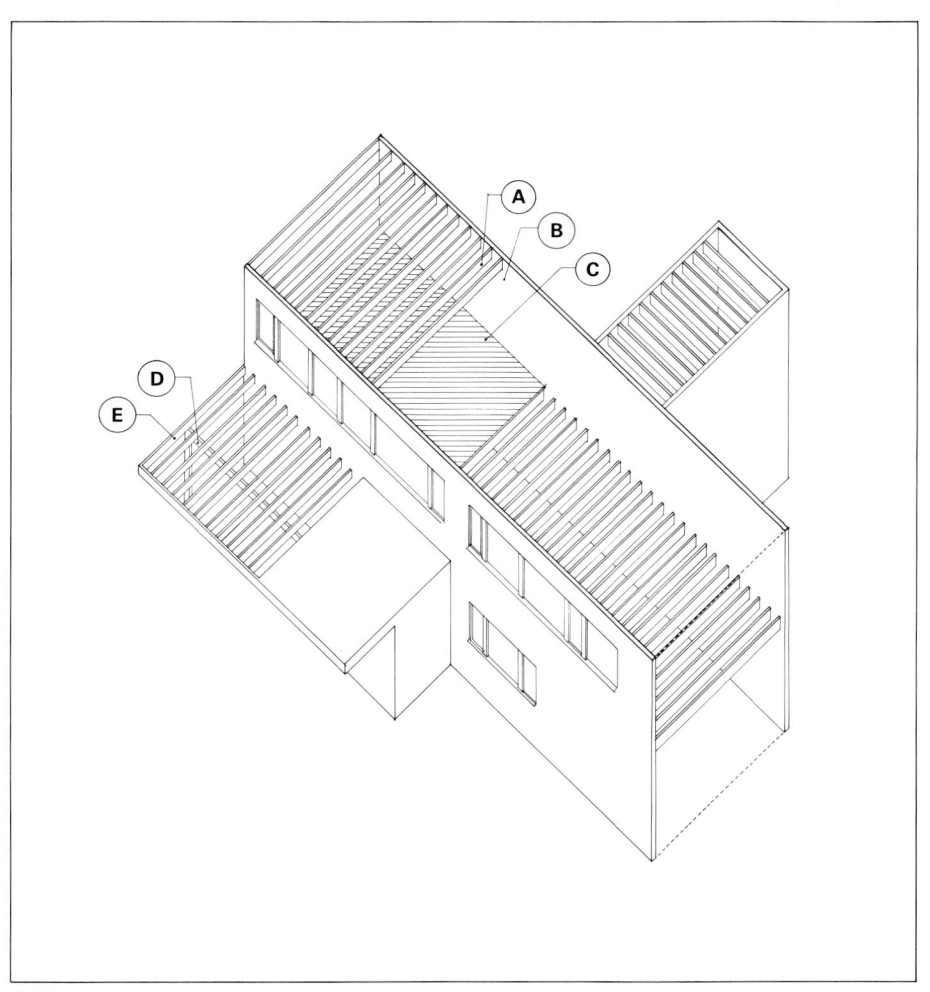

Haus J. Ford
Walter Gropius und Marcel Breuer
Lincoln, Massachusetts, 1939

7.44	**Außenansicht**
	(Busch-Reisinger Museum, Harvard University)
7.45	**Konstruktionsplan**
A	Dachbalken 5 x 25 cm, im Achsabstand von 40 cm, tragen das Flachdach.
B	Tragende Holzgerippewand. Die Konstruktion ist hier viel einfacher als im Haus Gropius, da die Breite des Gebäudes die Standardgrenzen nicht überschreitet und die Balken auf den Außenwänden aufliegen.
C	Deckenbalken 5 x 25 cm, im Achsabstand von 40 cm, und Holzschalung. Der Unterboden dient auch als Membrane, um die Konstruktion seitlich auszusteifen.
D	Holzpfosten 10 x 15 cm, Holzbalken 15 x 25 cm stützend.
E	Sichtbare Holzbalken als Rost. Wie viele Architekten der Moderne in den dreißiger Jahren machten Gropius und Breuer einen begrenzten Teil der Konstruktion sichtbar.
	(Busch-Reisinger Museum, Harvard University, Zeichnung 6A 91.1-37)

7.45

7.46

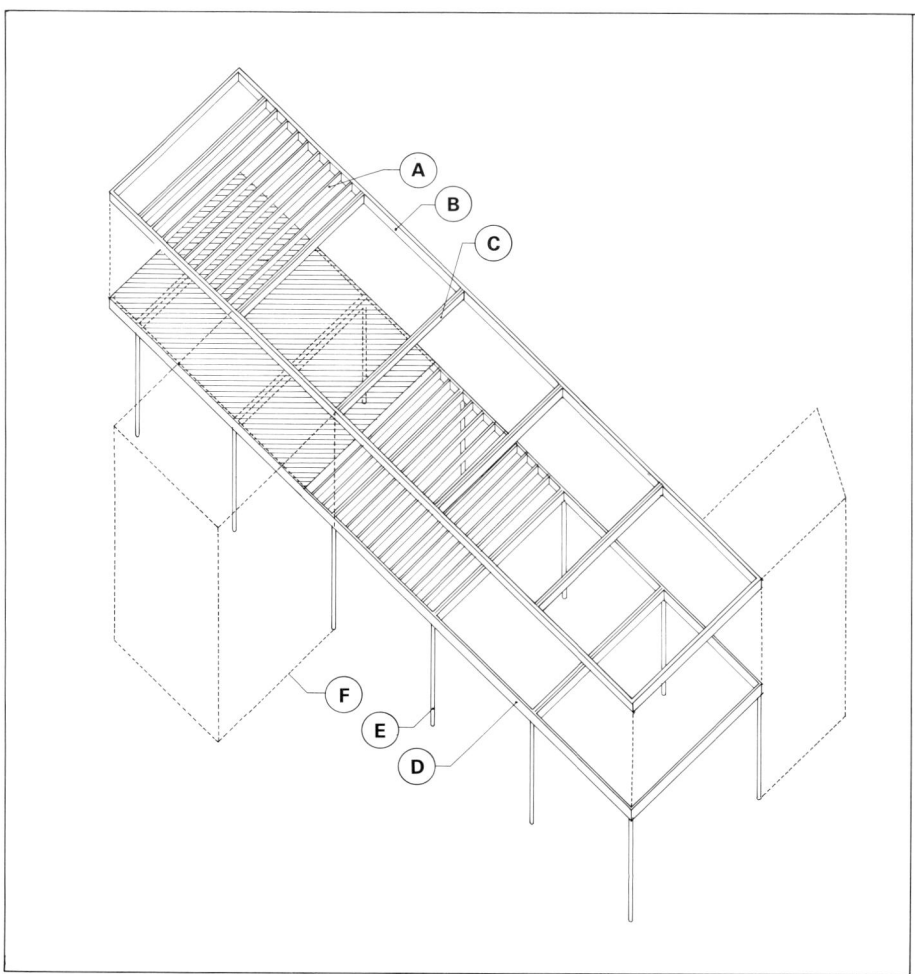

Haus J. Hagerty

Walter Gropius und Marcel Breuer

Cohasset, Massachusetts, 1939

7.46 **Außenansicht**
(Busch-Reisinger-Museum, Harvard University)

7.47 **Konstruktionsplan**
A Dachbalken 5 x 25 cm, im Achsabstand von 40 cm.
B Stahlträger 18 cm (I 15.3), die Dachbalken stützend. Das Dach und die Decken werden von Stahlträgern statt von Wänden getragen, wodurch diese leichte Vorhangwände werden konnten.
C Zwei Holzbalken 5 x 25 cm. Da dieser Balken die Stützen miteinander verbindet, wird er zwecks zusätzlicher seitlicher Stabilität verdoppelt.
D Stahlträger 15 cm (I 12.5), stützt die Deckenbalken.
E Runde Stahlrohrstütze 10 cm. Das Haus Hagerty kommt einer Stahlrahmen-Vorhangwand-Konstruktion nahe.
F Treppe. Ein Schlafzimmer, das während des Bauvorgangs hinzugefügt wurde (gestrichelt gezeichnet), verwässerte die konstruktive Klarheit des Originalplans.
1949 veröffentlichte John Hagerty, der Sohn des ursprünglichen Bauherrn, in der Zeitschrift *Interior Design and Decoration* einen Artikel, der sich äußerst kritisch mit vielen technischen Details des Entwurfs befaßte.
(Busch-Reisinger Museum, Harvard University, Zeichnung 6A 85.1-15)

7.47

7.48

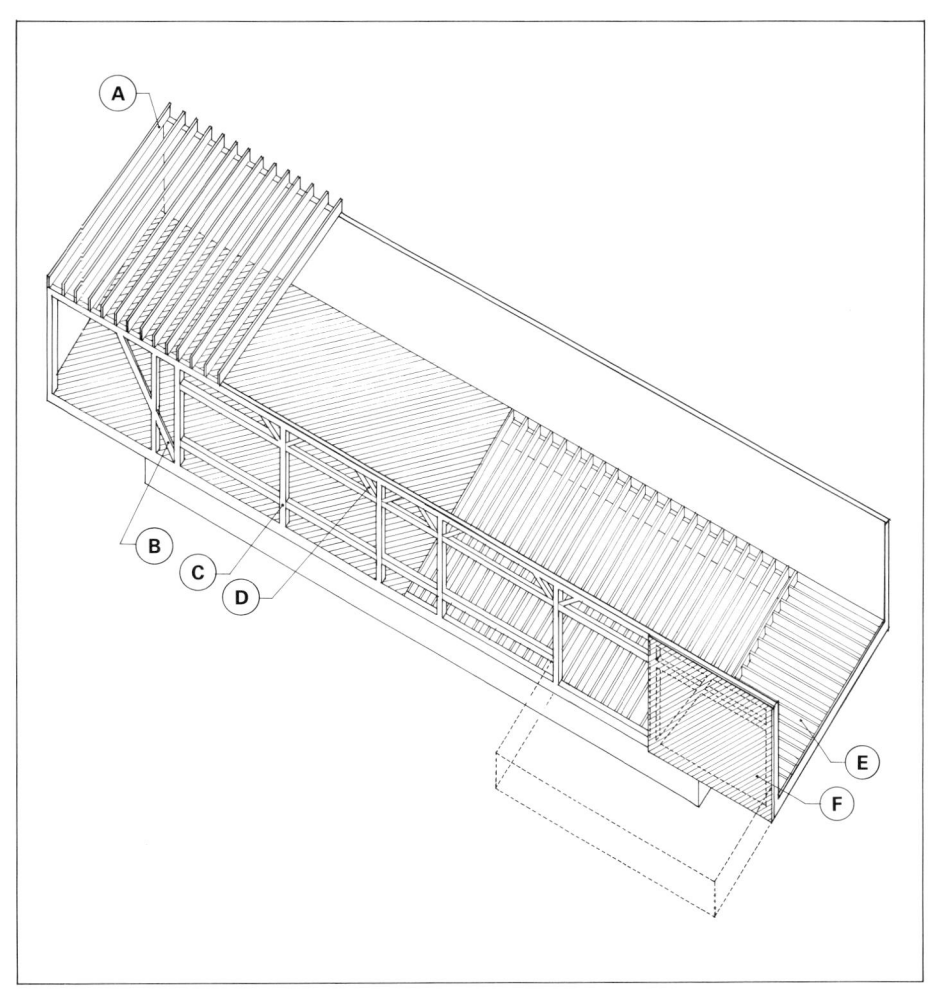

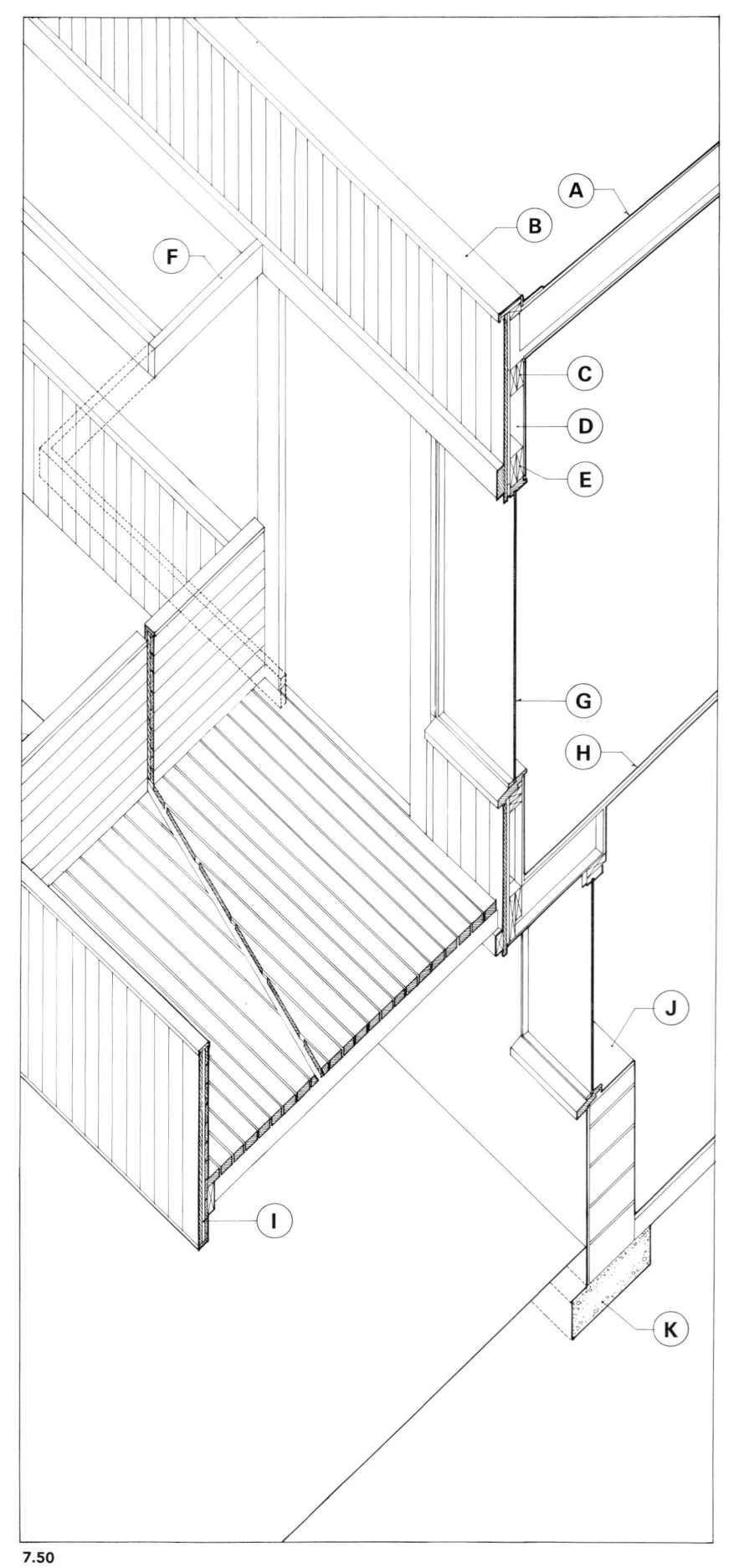

7.49

7.50

Haus Breuer I

Marcel Breuer

New Canaan, Connecticut, 1948

7.48 Außenansicht
(Architectural Record, Fotografie Damora)

7.49 Konstruktionsplan
A Holzdachbalken 5 x 15 cm, im Achsabstand von 40 cm.
B Diagonalholz 2,5 x 15 cm, in Stützen und Bundstiele eingeschnitten; hilft, die Dachlast des auskragenden Teils zur Gründungsmauer abzutragen.
C Holzstützen 10 x 10 cm.
D Diagonalholz 2,5 x 15 cm.
E Deckenbalken 5 x 20 cm, im Achsabstand von 40 cm. Die Balken müssen parallel zur Auskragung verlaufen und deshalb die Richtung wechseln.
F Holzschalungsbretter, diagonal verlegt.
(Architectural Record)

7.50 Schnitt
A Dachkonstruktion: Holzbalken 5 x 25 cm, im Achsabstand von 40 cm, darauf Holzschalung 19 mm. Hohlräume zwischen den Balken sind mit Isolierung ausgefüllt.
B Kiesleiste aus Kupfer; dichtet die horizontale Fläche an der Holzwand oben gegen Feuchtigkeit ab und dichtet außerdem die Klebedachkante ab.
C Zwei Hölzer 5 x 15 cm, als Auflager der Dachbalken.
D Wandkonstruktion: Holzbundstiele 5 x 10 cm, Holzschalung 19 mm, mit Baupapier abgedeckt, darüber genutete Holzverkleidung 19 mm.
E Sturz: Zwei Hölzer 5 x 15 cm, als Auflager für die Wand über der langen horizontalen Fensteröffnung.
F Rost aus Holzbrettern 5 x 15 cm.
G Festes Holzfenster, mit beweglichen Stahlfenstern im Rahmen.
H Fußbodenkonstruktion: Holzbalken 5 x 20 cm, im Achsabstand von 40 cm, darüber Unterschalung 19 mm und Holzfußboden 13 mm.
I Balkongeländer. Sandwichtafelkonstruktion, ähnlich wie Wrights Usonian-Wand; ergibt eine viel dünnere Wand, als es Holzbundstiele bewerkstelligt hätten.
J Betonsockelmauer 30 cm, mit Glattputz 2 cm.
K Betonfundament und Betonplatte auf Bodenhöhe.
(Architectural Record)

8 Frank Lloyd Wright: Die Zeit der Usonian Houses

1932 war ein triumphales Jahr für die moderne Architektur in Amerika. Die Ausstellung des Internationalen Stils wurde im Museum of Modern Art eröffnet, und die ersten Wolkenkratzer der Moderne, die Gebäude von RCA und Philadelphia Savings Fund Society, waren im Bau. Für Frank Lloyd Wright war es jedoch kein triumphales Jahr. Er hatte keine Arbeit, war fast bankrott, und sein Name tauchte häufiger in der Boulevardpresse als in Architekturzeitschriften auf. Ob aus freien Stücken oder von der Gesellschaft dazu gemacht – er war so etwas wie ein Ausgestoßener.

Wright war aber weder untätig noch ohne Mitstreiter, und im selben Jahr gründete er das Taliesin Fellowship. Diese Gemeinschaft lebte allerdings räumlich wie ökonomisch von der Gesellschaft abgekoppelt. Auf Wrights Familienfarm in Wisconsin lebend, baute sie viele Nahrungsmittel selbst an und war in vielfacher Weise unabhängig. Holz für die Reparaturen und Erweiterungen wurde auf dem Gelände geschlagen, Steine in der Nähe gebrochen, und es wurde Kalk zur Mörtelherstellung gebrannt. Diese Arbeiten wurden vor allem von jungen unausgebildeten Anfängern verrichtet, und Wright paßte seine Details dem verfügbaren handwerklichen Niveau an. Bei dem später als Wintercamp entstandenen Taliesin West in Arizona reflektierte die Gestaltung den temporären Charakter des Lagers, die Errichtung durch ungeübte Lehrlinge und den autarken Charakter des ganzen Prozesses.

Das Jahr 1932 brachte auch die Veröffentlichung von *The Disappearing City* und die Anfänge der Planung für *Broadacre City*, die für alles Wright-Entwürfe enthielt – angefangen von den Häusern bis zu Hubschraubern und Autos. Ihre Verwirklichung hätte massive politische und soziale Veränderungen erfordert. Es überrascht nicht, daß Wright neben seinen utopischen Entwürfen im Bereich von Architektur, Transport und Stadtplanung auch utopische Bausysteme entwickelte. Was überrascht, ist die Vehemenz, mit der er sie tatsächlich einsetzte. Im Gegensatz zu Le Corbusier, Gropius oder Schindler mochte er sich den jeweiligen Gegebenheiten nicht unterwerfen.

Das Jahr 1936 war triumphal für Wright. Die Häuser Jacobs, Hanna und Kaufmann und das Johnson Wax Building, vier seiner besten Werke, wurden fertiggestellt. Die in Taliesin entwickelten Prinzipien und Methoden fanden zwangsläufig Eingang in die Gestaltung dieser Gebäude. Das ist die einzige Erklärung für Wrights unbekümmerte Haltung zu bestimmten traditionellen Standards der Bauindustrie – Standards, an die er sich in seinem früheren Werk gehalten hatte. Für die technischen Mängel dieser Gebäude, von denen es viele gab, können jedoch nicht die Fellows verant-

8.1

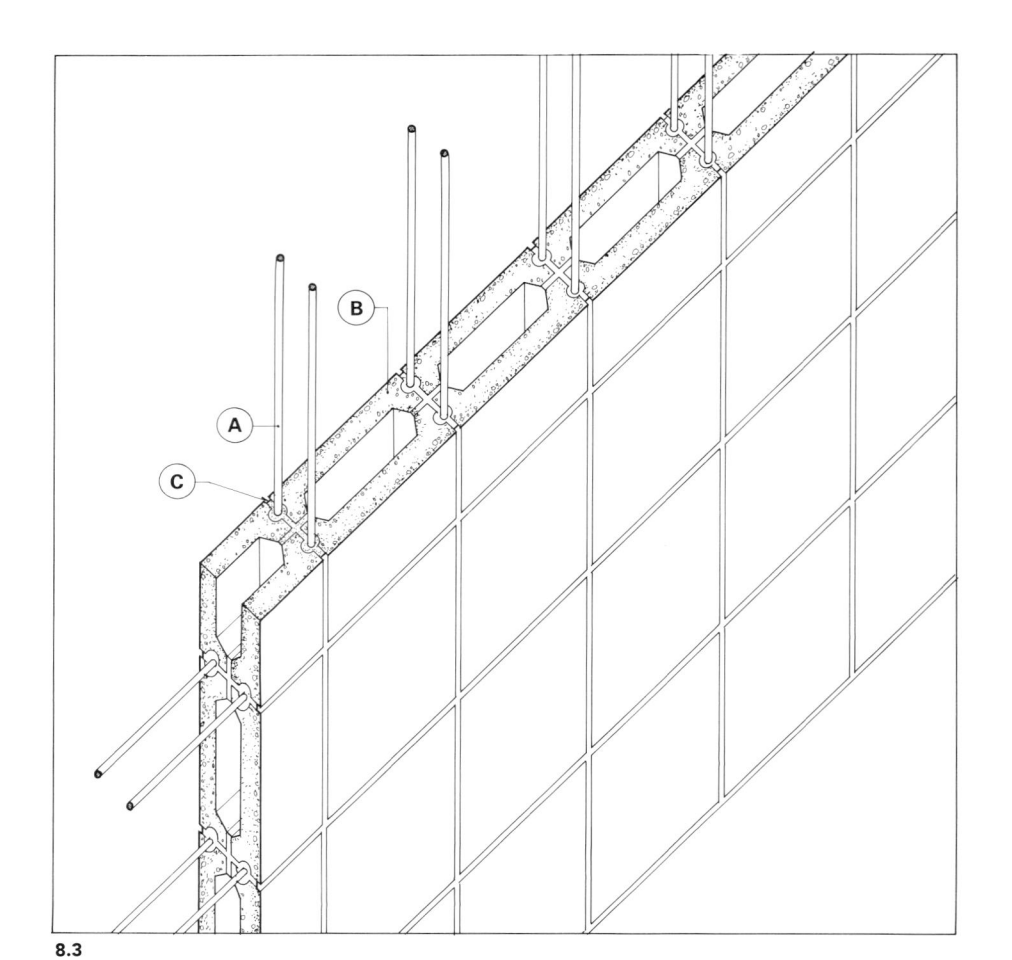

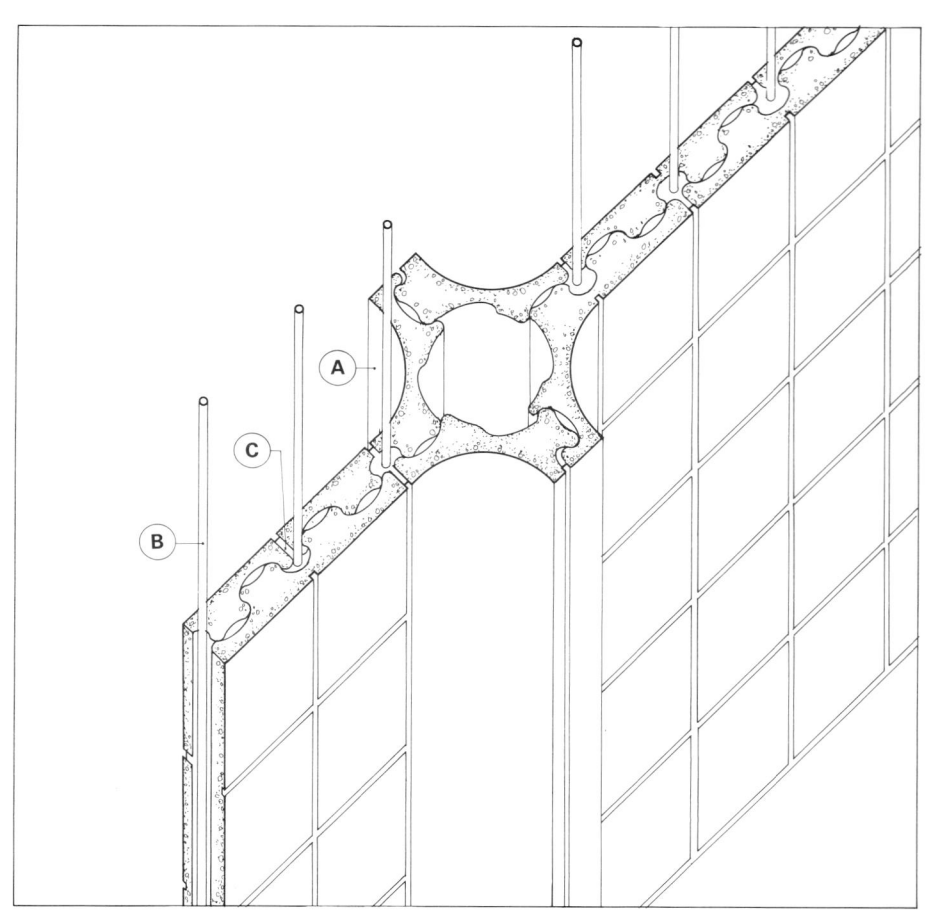

8.2

8.3

8.4

Gage Building
Louis Sullivan
Chicago, 1899

8.1 Außenansicht

8.2 Fassadenausschnitt

8.3 **F. L. Wright, Faserblockbauweise**
A Bewehrungsstäbe.
B Betonblöcke 40 x 40 x 10 cm, vor Ort in Holzformen gegossen.
C Hohlraum zur Aufnahme der Bewehrungsstäbe.
(Historic American Buildings Survey)

8.4 **W. B. Griffin, Knit-Lock-System**
A Ortbetonblock. Im Gegensatz zu Wrights System greifen Griffins Blöcke ineinander und haben versetzte Fugen, so daß sie nicht direkt durch die Wand verlaufen. Das verstärkt Griffins Wand, macht sie aber schwieriger in der Montage.
B Bewehrungsstäbe. Typischerweise verlaufen Griffins Stäbe nur vertikal.
C Hohlraum zur Aufnahme der Bewehrungsstäbe.
(D. L. Johnson, The Architecture of Walter Burley Griffin)

8.5 **Haus Willets, Konstruktionsschema**
Die relativ breiten Fensteröffnungen machen Ständer in verschiedenen Längen erforderlich.
(Aus Baufotografien, F. L. Wright Newsletter)

8.6 **Ready-cut Häuser, Konstruktionsschema**
Durch die schmaleren Fensteröffnungen und den größeren Ständerabstand von 60 cm erübrigt sich das Zuschneiden; alle Ständer haben die gleiche Länge.

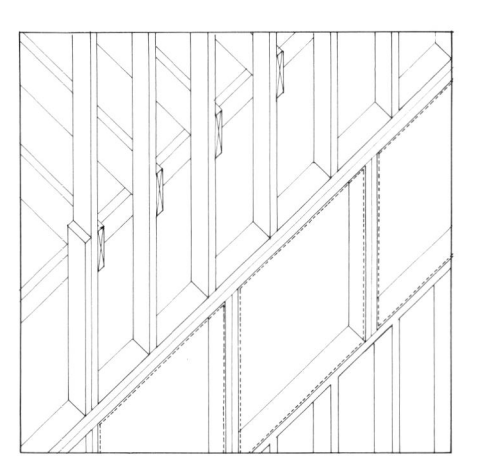

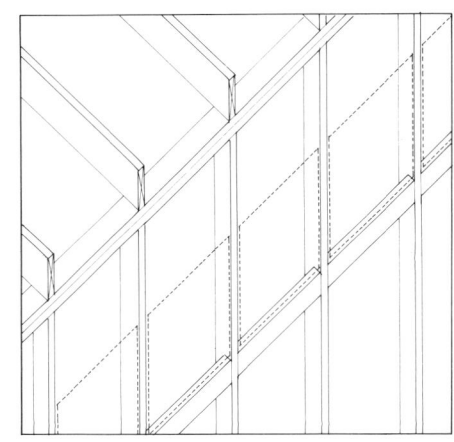

8.5

8.6

wortlich gemacht werden, die Wright bei mehr als einer Gelegenheit vor einer Blamage bewahrten, indem sie seine Anweisungen ignorierten.

In seinen Präriehaus-Jahren hatte Wright im großen und ganzen mit den konventionellen Methoden und Materialien der Bauindustrie gearbeitet. Das Konstruktionssystem des Hauses Robie mag ungewöhnlich erscheinen, es besteht jedoch im wesentlichen aus einem Ballon- oder Großrahmen, der an kritischen Stellen mit Stahl und Beton verstärkt wurde. Auch in der Moderne braucht architektonische Neuerung keine technische Neuerung.

Wrights Werk nach 1920 weist nichts mehr von diesem Arbeiten innerhalb der üblichen Verfahren auf. Bei den Häusern in Faserblock-Bauweise (Textile Block Houses) der zwanziger Jahre und den Usonian-Häusern der dreißiger und vierziger Jahre versuchte er nicht nur die Formensprache amerikanischer Architektur, sondern auch ihre Konstruktionsweise und das Vergabeverfahren zu ändern, wobei er auch den grundlegenden Konsens bezüglich der Materialverwendung und der Berücksichtigung von Standortanforderungen in Frage stellte. Im gleichen Maße, wie sich der Abstand zwischen Wright und der Gesellschaft vergrößerte, wurden seine Bautheorien radikaler.

Wright experimentierte mit Varianten und Alternativen zu den Grundsystemen des amerikanischen Bauens, dem Geschoßrahmen und der tragenden Mauer mit Querbalken. Drei seiner Alternativentwicklungen deklarierte er als zur allgemeinen Anwendung tauglich und bezeichnete seine darauf basierenden Bauten als Prototypen. Es handelte sich um das Ready-cut Home System von 1915, die Textile Block Houses der zwanziger Jahre und die Usonian Houses der dreißiger und vierziger Jahre. Alle drei Systeme sind charakterisiert durch die Verwendung von Sichttragwerken und von aus der Natur abgeleiteten konstruktiven Systemen.

Die Rahmen von Wrights frühen Gebäuden waren selten zu sehen. Das Gerippe aus Holz und Stahl wurde außen und innen verkleidet. In Loos' Terminologie war dies „Bekleidung", in Schindlers eine „Zwiebelhaut". Sogar bei den Betonbauten waren die Stahlprofile verdeckt. Nach 1920 kommen bei Wright immer häufiger freiliegende tragende Holzteile und unverkleideter Beton vor, so daß zwischen Konstruktion und Verkleidung nicht mehr unterschieden werden kann. Infolgedessen wurde das Ornamentsystem der analogen Konstruktion eliminiert, und der architektonische Ausdruck beschränkte sich auf die Konstruktion. Aber obwohl Wright Sichtkonstruktionen bevorzugte, war dies nicht unbedingt gleichbedeutend mit monolithisch. Er setzte auch zusammengesetzte Bauelemente ein, bei denen die tragenden Teile außen waren, z.B. Sandwichpaneele.

Wright hatte immer eine Vorliebe für organische Metaphern und verglich ein Gebäude gern mit einem Baum oder einer Pflanze. Bei seinem frühen Werk fand sich dieses Motiv vor allem in der Ornamentik, wie bei dem Sumach-Dekor im Haus Dana oder das wiederkehrende Malvenmotiv im Haus Barnsdall. Mit dem Wechsel vom verkleideten zum monolithischen Bau kam eine zunehmende Abstraktion und der Verzicht auf Dekor. In Wrights späterem Werk tritt diese Metaphorik daher in der Konstruktion und nicht mehr in der Ornamentik auf. Die Stützen im Johnson Wax Building ahmen beispielsweise die Form eines Baumes nach. Wo immer es möglich war, gestaltete Wright das Konstruktionssystem in Analogie zur Natur.

DAS AMERIKANISCHE READY-CUT HAUSBAUSYSTEM

Wrights erste Ansätze zu einem massenproduzierten Wohnhausbau waren – im Gegensatz zu späteren Versuchen – von Anfang an auch auf industrielle Fertigung gerichtet. 1911 wurde Wright von den Brüdern Richards aus Milwaukee beauftragt, eine Reihe von Musterhäusern zu bauen. Ein Bauherr sollte unter verschiedenen Entwürfen auswählen können, wobei jedes Haus zu einem garantierten Preis errichtet werden würde. Einige Häuser wurden ohne Wrights Aufsicht in Milwaukee gebaut; sie gehören zu den am wenigsten interessanten seiner Gebäude, da es sich um verwässerte Versionen der späten Präriehäuser handelt. Das System war im großen und ganzen ein Fehlschlag, aber Wright beschäftigte sich ausgiebig damit. Das Ready-cut System nimmt einen großen Teil der Entwurfszeichnungen in Taliesin ein, und sein Mißlingen mag Wrights Haltung bei späteren Projekten beeinflußt haben, da es mit Varianten des üblichen Großrahmens und kaum mit innovativen Materialien oder Baumethoden arbeitete.

8.7

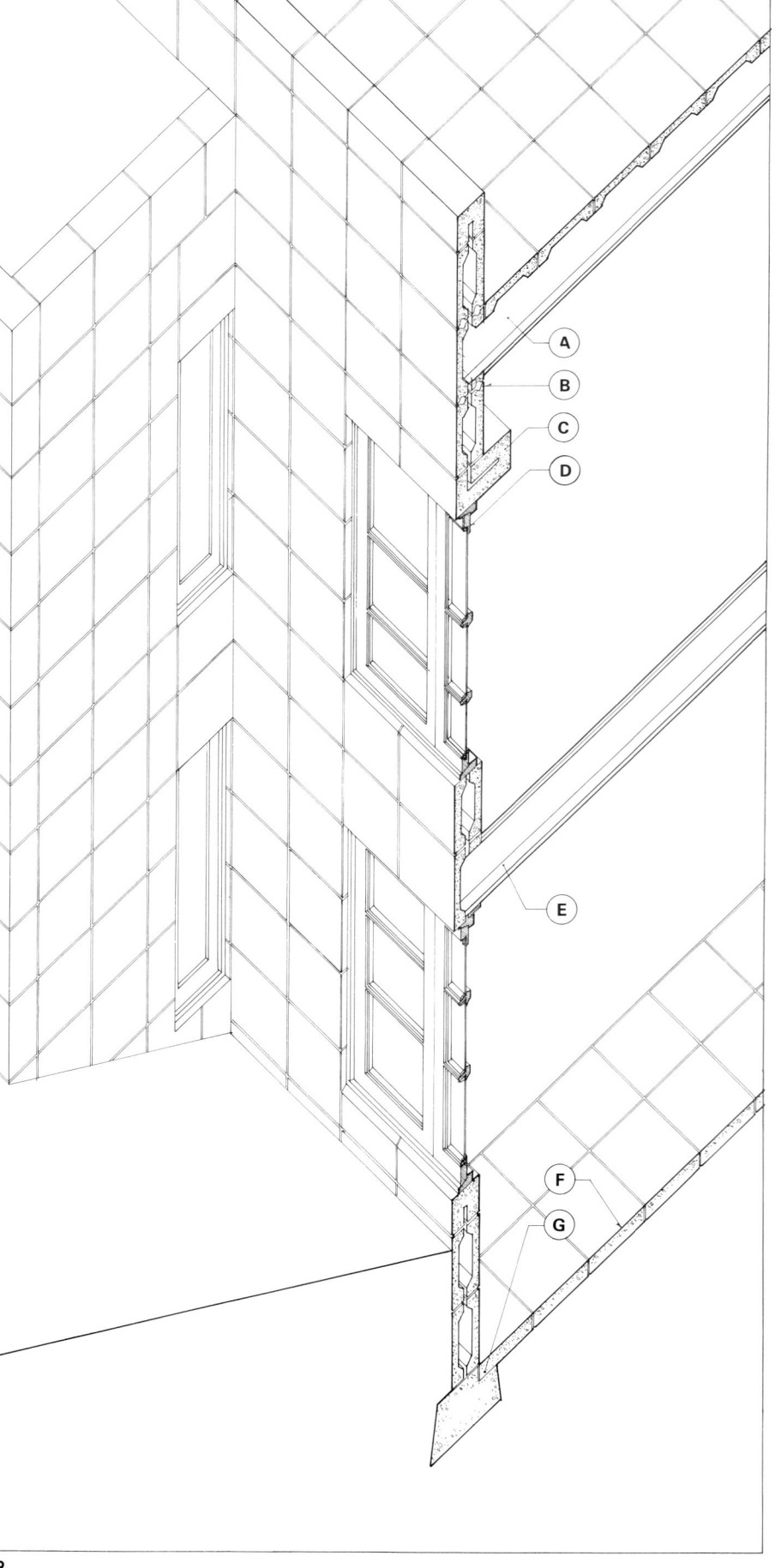

8.8

8.9

Haus J. Storer
Frank Lloyd Wright
Los Angeles, 1923

8.7 Außenansicht
(Marvin Rand)

8.8 Wohnzimmerdecke

8.9 Fassadenschnitt im Schlafzimmerbereich

A Dachaufbau: Zementplatten auf Unterschalung über Holzbalken 5 x 25 cm, im Achsabstand von 40 cm.
B Wand in Faserblockbauweise.
C Fenstersturz.
D Holzfenster.
E Deckenkonstruktion: Holzbalken 5 x 30 cm, im Achsabstand von 40 cm, darüber Unterschalung und Holzfußboden 20 mm, darunter Putzdecke.
F Fußbodenkonstruktion im Erdgeschoß: Betonplatten liegen auf dem Boden auf.
G Betonfundament.
(Frank Lloyd Wright Foundation, Zeichnung 2304.015)

Wie die meisten Fertigsysteme gründete auch das Ready-cut System darin, daß eine beschränkte Anzahl von standardisierten Elementen auf unterschiedliche Weise zusammengebaut werden konnte. Die Massenfertigung der Holzteile sollte Einsparungen erzielen, und somit mußten sich die architektonischen Entwürfe auf eine minimale Anzahl unterschiedlicher Kanthölzer und Balken beschränken. Wrights Methode wird offensichtlich, wenn man den Rahmen eines der typischen horizontalen Fenster im Haus Willets mit dem Fenster im Ready-cut System vergleicht. Beim Haus Willets sind die Fenster mit ca. 97 cm zwar schmal, aber gehen doch über die 40-cm-Abstände des Ständerwerks hinaus *(Abb. 8.5)*. Beim Ready-cut System werden die Fenster verschmälert und der Abstand der Ständer auf 60 cm vergrößert, so daß diese vom Fundament bis zum Dach durchlaufen können *(Abb. 8.6)*. Die Ständer für das Haus Willets hätten von einem Zimmermann sorgfältig bemessen und in vielen unterschiedlichen Längen zugeschnitten werden müssen, um die verschiedenen Öffnungen in den Wänden zu bilden. Die Ständer eines Ready-cut Hauses waren fast identisch und konnten vorab zugeschnitten werden, da sie von der Anordnung der Öffnungen unabhängig waren.

Wright kombinierte damit zum ersten Mal ein Rastersystem mit einem Konstruktionsverfahren. Bei seinen früheren Gebäuden dient das Raster hauptsächlich der ästhetischen Wirkung. Das Modul des Hauses Martin scheint willkürlich gewählt worden zu sein und mit der Konstruktion wenig zu tun zu haben. Das Haus Coonley verwendet visuell ein 120-cm-Modul, das dem Dreifachen des 40-cm-Konstruktionsmoduls entspricht. Nur beim Ready-cut System treffen die Raster der Gestaltung und der Konstruktion genau zusammen.

Das American Ready-cut System war ein finanzieller Fehlschlag. Wright und die Brüder Richards zerstritten sich irgendwann, und Wright war an der Fertigstellung des Konzepts nicht mehr beteiligt. Es ist unwahrscheinlich, daß das Mißlingen am Bausystem lag. Der ästhetische und wirtschaftliche Wandel und die durch den Ersten Weltkrieg verursachte Unterbrechung beeinträchtigten wahrscheinlich den Verkauf der Einheiten. Wo immer die Gründe auch zu suchen sind – es war jedenfalls Wrights letzter Versuch, innerhalb der Regeln und Normen der Bauindustrie zu arbeiten. Seine nachfolgenden Versuche sollten viel radikaler werden.

DIE TEXTILE BLOCK HOUSES
In den ersten beiden Jahrzehnten des zwanzigsten Jahrhunderts stieg der Holzpreis, insbesondere für die großen von den Arts and Crafts-Architekten bevorzugten Stücke, allmählich an. Gleichzeitig wurden Zement und Stahlbeton in allen Bereichen des Bauens immer beliebter. Dies führte bei vielen zu dem Glauben, daß Beton Holz als Baustoff für Häuser ersetzen oder zumindest in Konkurrenz dazu treten würde. Der Holzrahmenbau ist jedoch das vorherrschende Konstruktionssystem für Einfamilienhäuser in Amerika geblieben, obwohl Betonwände üblich geworden sind. In den zwanziger Jahren experimentierten aber viele Architekten mit Betonhäusern.

Somit war Wright weder der erste noch der einzige Architekt, der beim Wohnhausbau Versuche mit Beton anstellte. Henry Mercer erstellte zu Beginn dieses Jahrhunderts in Doylestown, Pennsylvania, mehrere Ortbetonbauten. Gustav Stickley veröffentlichte in *The Craftsman* viele Entwürfe für Betonhäuser. Enger mit Wright verbunden war Irving Gill, der in Südkalifornien viele Häuser mit aufgerichteten Betonplatten baute. Wright hatte Gill in Sullivans Büro kennengelernt, und sein Sohn Lloyd arbeitete für Gill. Walter Burley Griffin entwickelte ein Betonblocksystem, "knit-lock system" genannt, das Wrights System ähnelte; es wird darum gestritten, von wem die Idee ursprünglich stammte. Griffin hatte Anfang des Jahrhunderts für Wright gearbeitet, aber nach 1910 sprachen sie nicht mehr miteinander.

Die Grundlage von Wrights System ist ein Betonblock, der in einer ornamentierten Holzform gegossen wird. Heute würde man ihn einen Betonwerkstein nennen, da eine feinere Mischung aus Wasser, Zement und Zuschlägen als für den Standardbeton benötigt wird, um die feine Oberflächenstruktur zu erzielen. Wright verwendete diese Blöcke zunächst nur als Dekor. Bei den Midway Gardens (1914) und dem German Warehouse (1915) ist das Ziegelwerk großzügig mit diesen Ornamentblöcken versehen. Sie erfüllten in der Konstruktion keine besondere Aufgabe, sondern wurden wie Ziegel vermauert. Die ersten Bauten, bei denen ausschließlich Faserblocksteine (Textile Blocks) die armierte tragende Betonwand bilden, waren 1923 das Haus Storer und das Haus Millard.

8.10

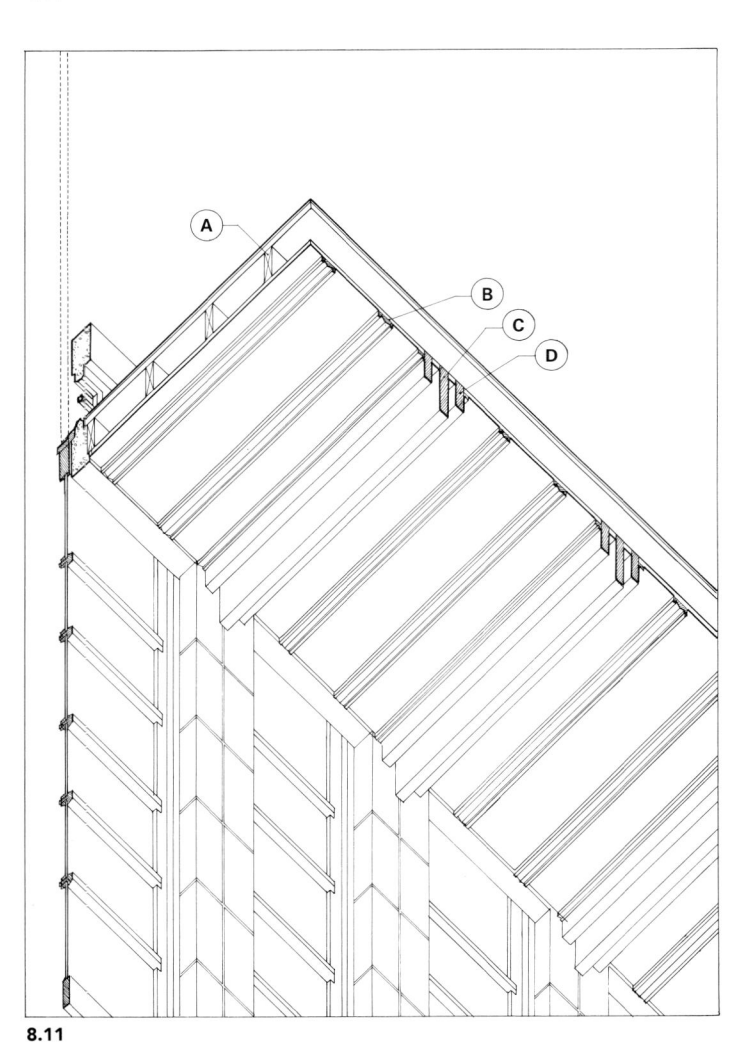

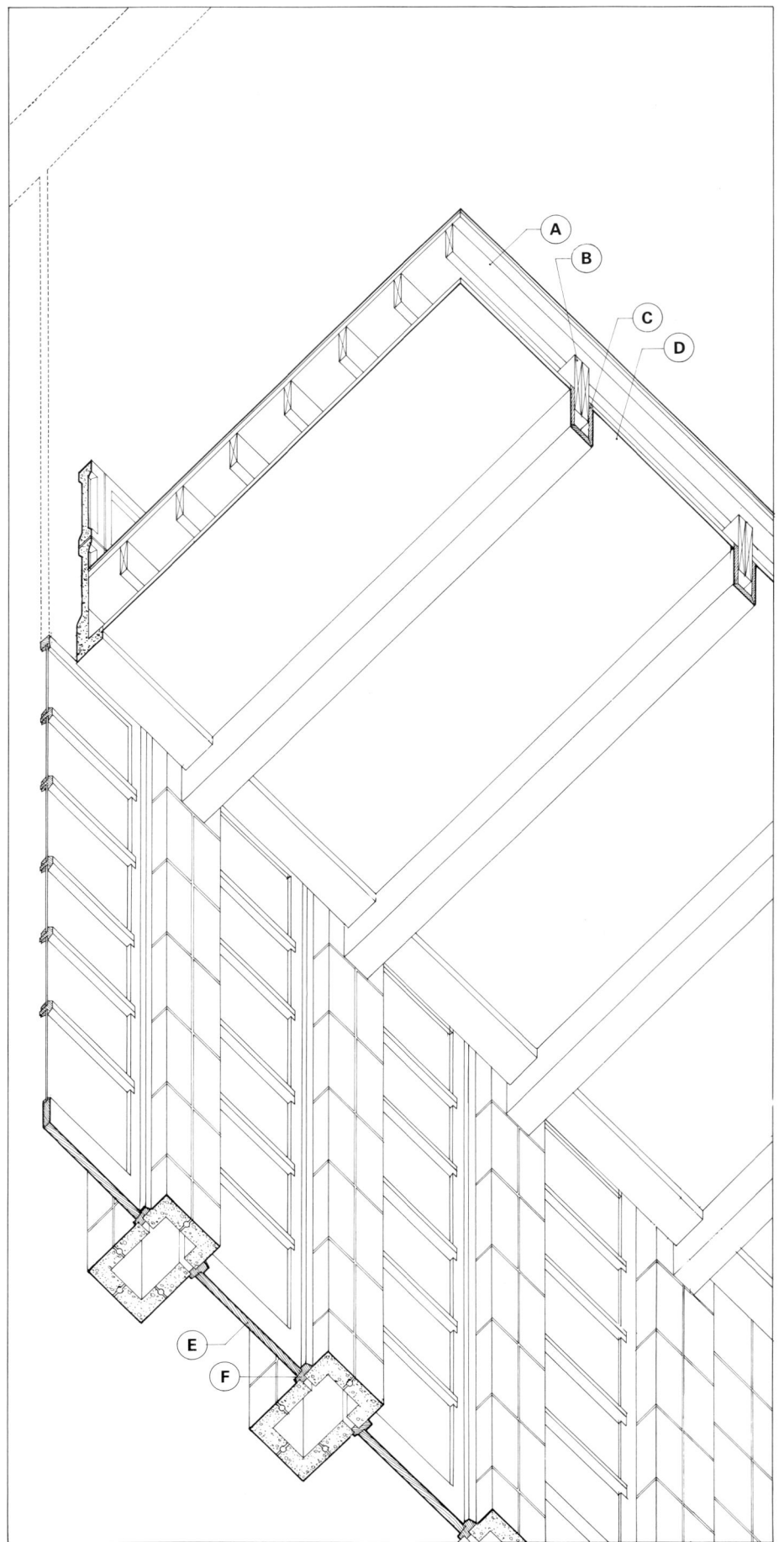

8.11

8.12

Haus J. Storer
Frank Lloyd Wright
Los Angeles, 1923

8.10   **Ausschnitt**

8.11   **Deckenschnitt,**
       Baubestandszeichnung
A   Deckenkonstruktion.
B   Holzverkleidung mit Leisten.
C   Massiver Holzbalken 7,5 x 15 cm.
    Im endgültigen Entwurf sind die
    Balken massiv und nicht verkleidet.
D   Massiver Holzbalken 10 x 25 cm. Es
    besteht kein konstruktiver Vorteil
    darin, Balken verschiedener Größen
    zu benutzen, es ist eher eine
    gestalterische Entscheidung, da sich
    die Abstände zwischen den kleinen
    Balken auf die Stützen aus
    Betonblöcken beziehen.
    (Frank Lloyd Wright Foundation,
    HABS, Zeichnung 2304.015 und
    Aufnahme)

8.12   **Deckenschnitt,**
       Originalentwurf
A   Deckenkonstruktion: Unterschalung
    und Eichenfußboden 20 mm auf
    Kanthölzern 5 x 10 cm.
B   Träger aus zwei Balken 5 x 30 cm.
C   Redwood-Verkleidung des
    Tragbalkens.
D   Decke aus Redwood-Sperrholz.
E   Holztür.
F   Faserblockstütze als Auflager für
    den Träger.
    (Frank Lloyd Wright Foundation,
    Zeichnung 2304.015)

Die Usonian- und Ready-cut-Verfahren sollten die Lohn- und Materialkosten verringern und dabei ansprechend sein. Das Faserblockverfahren sollte ein universelles System sein, wobei Wirtschaftlichkeit nicht der ausschlaggebende Faktor war. Eher ging es um die Erforschung der Möglichkeiten des Betonbaus. Wright hielt Beton für ein unterlegenes Material, da ihm die Maserung, das Gefüge und die Struktur von Stein und Holz fehlten. Er war der Meinung, daß der Charakter von Holz und Stein am besten bei flachen, ebenen Flächen zur Geltung käme und daß sich der Betoncharakter am besten durch strukturierte Oberflächen artikulieren ließe. Beim Unity Temple (1904) und in geringerem Maße beim Haus Barnsdall (1920) hatte Wright mit sichtbaren glatten Flächen und mit Ornamentierungen aus Ortbeton experimentiert. Offensichtlich war er mit dem Ergebnis nicht zufrieden, denn er wendete beide Techniken nur noch selten an. In seinen Arbeiten der zwanziger Jahre wurden Betonflächen immer bis zu einem gewissen Grad strukturiert – und obwohl die Ornamente und Blöcke auf der Baustelle gegossen wurden, wurden sie nicht gleich in den für sie vorgesehenen Platz eingegossen, sondern auf dem Erdboden in Holzformen. Viele von Wrights Gebäuden aus dieser Zeit, die häufig als monolithische Betonbauten beschrieben werden, wie das Coonley Playhouse und das Haus Hollyhock, weisen in Wirklichkeit Glattputz auf Holz oder Mauerwerk auf.

Ebenso wichtig für diese Häuser ist Wrights Rastersystem. Wright wendete es nach 1904 bei all seinen Häusern an, jedoch nie so deutlich wie bei den Textile Block Houses, wo er tatsächlich nach dem Raster baute. Alle Häuser basieren auf einem 40-cm-Raster, sowohl im Grundriß wie im Schnitt. Die Standardblöcke haben das Maß 40 x 40 cm, und die doppellagige Wand ist 20 cm (also ein halbes Modul) dick. Die Konstruktionsmodule der Häuser messen meist 120 cm (drei 40-cm-Module). Das Raster war für Wright wie für Sullivan ein wichtiger Teil der organischen Metaphorik. Sullivan schrieb im Hinblick auf die Verwendung von Rastern und Achsen bei der Ornamentkonstruktion:

[Sie sind] ... starr, sie sollten in unserer Philosophie als Behältnisse radikaler Energie, extensiv und intensiv, betrachtet werden; das heißt: Ausbreitung der Form entlang den Linien oder Achsen, die von der Mitte her ausstrahlen, und (oder) Einbehalten der Form entlang denselben oder anderen Radiallinien von der Peripherie auf die Mitte zu. ... Man beachte auch unsere Annahme, daß sich in der Peripherie Energie befindet und daß alle Linien Energielinien sind. Dies kann man plastische Geometrie nennen.[2]

Wright sah die Entwicklung eines architektonischen Entwurfs ebenso:
Der einzige sichere Weg, alles maßgerecht zu halten, ist die Verwendung eines Modulsystems....
... Stöcke lassen sich räumlich schlechter einteilen als Steine und lassen nicht die gleichen Proportionen wie Stahl zu. ...
Ein Holzentwurf ist schlank: leicht in der Struktur, kleinere Abstände.
Ein Stein- oder Ziegelentwurf ist schwer: schwarz in Massen, breiter in den Abständen.[2]

Das Haus Storer, eines der ersten der Faserblock-Reihe, zeigt die geänderte Haltung Wrights zum Charakter der Konstruktion. Es weist hauptsächlich monolithische Bausysteme auf und macht die Tendenz weg von verkleideten Konstruktionen und analogen Ornamentsystemen deutlich. Putz, Glattputz und Farbe sind bei den Usonian-Häusern ungewöhnlich, und häufig ist die Außengestaltung mit der Innengestaltung identisch. Decken- und Dachrahmen liegen zum Teil frei, und wenn sie nicht sichtbar sind, wird selten versucht, durch das Ornament die darüberliegende Konstruktion zu imitieren.

Die Dächer und Geschoßdecken des Hauses Storer sind nicht aus Beton, sondern aus Holz und stellten eine Neuheit in Wrights Werk dar. Sie bestehen aus einer Reihe von Trägern im Achsabstand von 120 cm, die auf Betonpfeilern ruhen. Über diesen Trägern erstrecken sich Balken in 40-cm-Abständen, was genau der Spannweite der Holzdecke entspricht. Beide Abmessungen fügen sich genau in das Baumodul.

Wrights erster Entwurf *(Abb. 8.12)* verkleidete die Unterseiten der Träger. Später waren kleinere monolithische Balken vorgesehen. Dieses System ist natürlich teurer; es ist billiger, rohes Bauholz mit Deckholz zu verkleiden als große monolithische Stücke aus wertvollerem Holz zu verwenden (bei dem sich auch viel leichter Risse bilden), aber dies bewirkt ein viel monolithischeres Aussehen. Damals deckte Wright noch Fugen zwischen den Paneelen mit Profilen ab (auch sie richten sich nach dem Modul), aber solche Profile werden in seinen Arbeiten immer seltener. Zehn Jahre später ver-

8.13

8.15

8.14

8.16

Haus J. Storer
Frank Lloyd Wright
Los Angeles, 1923

8.13 Türdetail

8.14 Mauerdetail

8.15 **Haus Ennis**
Frank Lloyd Wright
Block-Detail.

8.16 **Haus Ennis**
Betonblöcke.

kündete er ohne weitere Erklärung: „Innenverkleidungen sind nicht mehr notwendig."[3] Die Untersicht außen – z.B. des Vordachs *(Abb. 8.10)* – ist identisch mit der der inneren Teile, was Wrights Präferenz entspricht, diese Unterscheidung verschwimmen zu lassen, obwohl das Holz außen schabloniert ist. Das durch Schablonen erzeugte Muster ist zwar sehr schön, aber es kann kaum als „notwendiges" Ornament angesehen werden.

Die Außenwandgestaltung stimmt ebenfalls mit der der Innenwand überein, eine Weiterführung der Tendenz zum monolithischen Bauen. *Abb. 8.9* zeigt einen typischen Schnitt dieser Wand. Der typische Block beträgt 40 x 40 x 10 cm. Die Blöcke haben Bewehrungsstäbe, die über jede Fuge und über den Hohlraum beim Aneinanderstoßen der Blöcke verlaufen und die die beiden Lagen oder Schalen verbinden. Die Kante jedes Blocks hat eine runde Kerbe, um die Stäbe aufzunehmen, die in einem Mörtelbett von 4 cm Dicke sitzen. Bei den breiteren Wänden entstand ein Luftraum zwischen den Schalen, und die durch den Zwischenraum verlaufenden Stäbe wurden sichtbar. Laut Wright diente der Hohlraum zur Isolierung; die beiden Schalen waren ihm aber für die Leichtigkeit und Genauigkeit der Konstruktion ebenso wichtig. Einen Block mit zwei Ornamentseiten statt einer zu gießen, wäre äußerst schwierig gewesen, da die Blöcke nie von gleicher Breite waren. Betonblöcke sind kein präzises Material, und es ist viel einfacher, eine Wand aus zwei Lagen auf beiden Seiten zu glätten, als eine Wand aus einer Lage. Das Ergebnis ist der Eindruck des Monolithischen oder sogar eine wirklich monolithische Mauer.

Das in *Abb. 8.3* gezeigte Wandsystem ist dem in Wrights einfacher Zeichnung in *The Natural House* (1954) dargestellten Faserblockverfahren sehr ähnlich, aber das wirkliche System ist nicht so einfach. Es gibt zwei Faserstrukturen, einen flachen Block, einen Deckblock und zahlreiche Arten von L-förmigen Blöcken, um Türpfosten, Ecken und Gurte zu formen. In bestimmten Bereichen war eine zusätzliche Bewehrung erforderlich, z.B. über den Türöffnungen, und hier wurde ein massiver Block mit zusätzlicher Verstärkung hergestellt. Bei den späteren mit Blöcken errichteten Häusern wurden die Hohlräume zwischen den einzelnen Blöcken mit Beton und – wenn eine größere Festigkeit erforderlich war – mit zusätzlicher Bewehrung ausgefüllt. An anderen Stellen wurden Untersichten und Decken mit Standardblöcken abgedeckt, die mit Drähten an den Holzbalken darüber befestigt waren, was wie vorgefertigte Betonplatten aussah.

Die Fenster zeigen auch Neuerungen für Wright. Sie zeigen im allgemeinen winkelige Formen, die an das Haus Willets erinnern. Sie mildern die Übergänge wie Profile und lassen die einzelnen Teile leichter erscheinen, als sie in Wirklichkeit sind, indem sich ihre Kanten verjüngen. Aber Wright macht den Flügel nicht zu einem visuell kontinuierlichen Rahmen wie bei den Präriehäusern. Die Glasleisten springen nicht vor, aber die Sprossen gehen über die Ebene des Rahmens hinaus *(Abb. 8.12)* und verleihen dem Rahmen eine Art Diskontinuität, die wir mit Wright nicht in Verbindung bringen. Am auffallendsten und Wright am unähnlichsten ist die Monumentalität der Türen. Bei den Präriehäusern hatte Wright absichtlich die Höhe der Türen und Vorsprünge auf ein unbequemes Niveau verringert, um das Maß eines Menschen hervorzuheben, und bei den Usonian-Häusern hielt er an dieser Idee fest. Die Türen des Hauses Storer sind fast 3,50 m hoch, und zwischen diesen und den Fenstern darüber gibt es keinen klaren Unterschied (was sie fast kontinuierlich erscheinen läßt). Nirgends im Haus ist die „horizontale Erdlinie" zu sehen. Obwohl Wright später wieder zur am menschlichen Maß orientierten Tür zurückkehrte, behielt er die sich verjüngende, diskontinuierliche Rahmengestaltung bei späteren Gebäuden bei.

Das Faserblocksystem war nicht so erfolgreich, wie es sich Wright erhofft hatte. Außer seinen Partnern wendeten nur wenige Architekten dieses System an. Wright selbst setzte es im Laufe seiner Schaffenszeit bei einer Reihe von Gebäuden ein, aktualisierte es in den fünfziger Jahren und nannte es dann „Usonian Automatic". Die Gründe für seinen Mangel an Erfolg haben weniger mit den Unzulänglichkeiten als mit dem ständigen Widerstand der Bauindustrie gegenüber irgend etwas anderem als dem Geschoßrahmen zu tun, aber über die Mängel wurde und wird immer noch eifrig diskutiert. (Bei einigen Häusern sind Sprünge und Risse aufgetreten, vor allem an den Häusern Ennis und Freeman.) Einige Architekten bleiben bei der Ansicht, daß es ein gutes Bausystem sei und daß die Probleme durch unsachgemäßes Bauen oder schlechte Instandhaltung verursacht worden sind. Die Ursache der Probleme festzustellen,

8.17

8.18

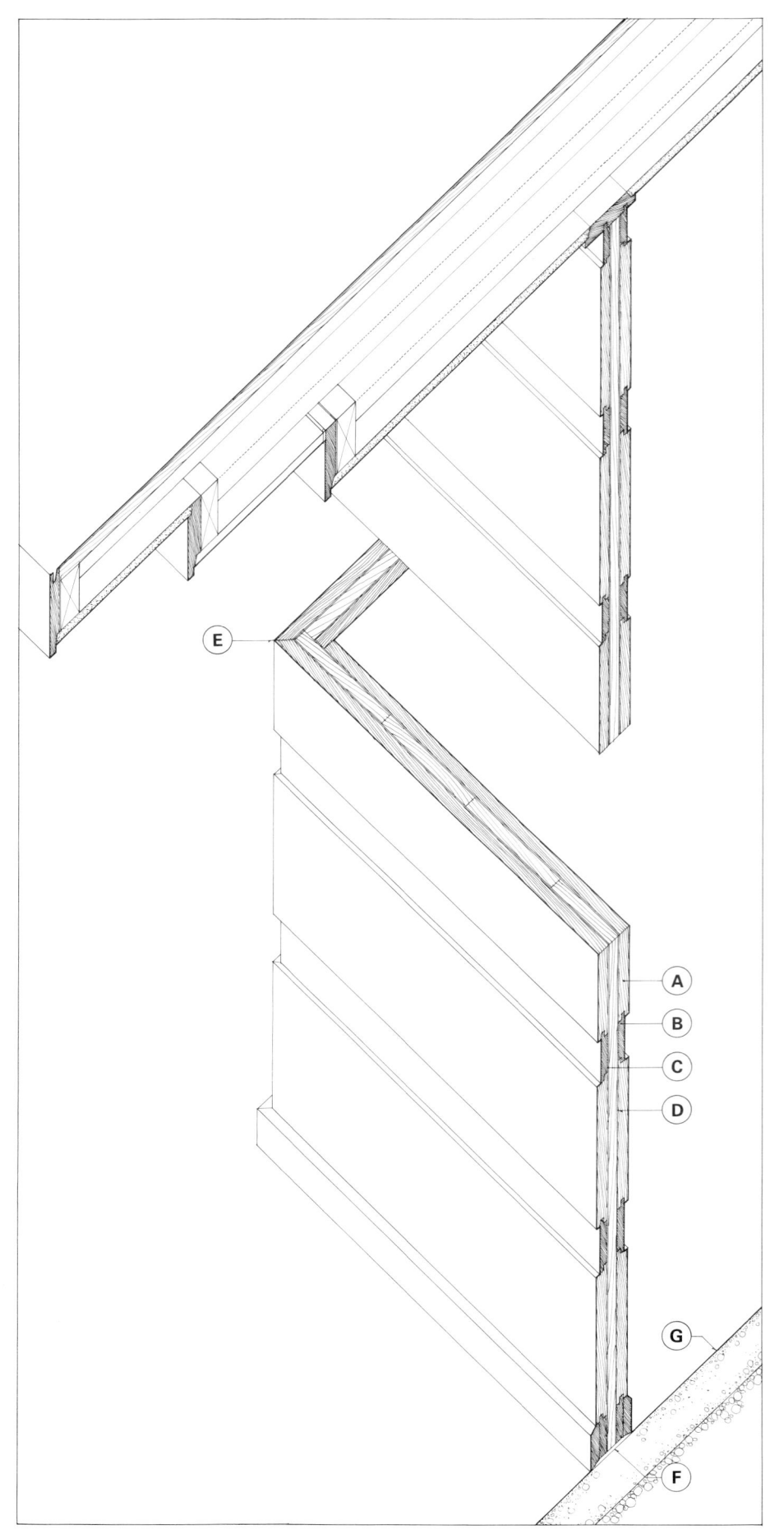

8.19

Haus H. Jacobs
Frank Lloyd Wright
Madison, Wisconsin, 1936

8.17 **Außenansicht**
(Wayne Cable)

8.18 **Gebäudeecke**
(Wayne Cable)

8.19 **Schnitt**
A Kiefernholzbrett. Es wurde relativ minderwertiges Holz verwendet.
B Redwood-Leiste. Das dunklere Redwood hebt die Leiste an der Fassade ab.
C Verschalungspapier.
D Verschalungspapier.
E Eckverbindung. Um fortlaufende horizontale Bänder zu erhalten, arbeitet Wright hier mit einer Gehrung, statt die Verbindung – wie bei der horizontalen Fuge – mit einer Leiste abzudecken. Die Gehrungsfuge neigt allerdings dazu, sich bei Quell- und Schwindprozessen des Holzes zu öffnen.
F Sockel. Ein traditionelles Sockelprofil deckt die Wand-Boden-Verbindung ab.
G Betonbodenplatte. Wright ließ das traditionelle Fundament zugunsten eines Kiesbettes weg.
(Frank Lloyd Wright Foundation, Zeichnung 3702.18)

würde den Rahmen dieser Arbeit sprengen, aber es ist aufschlußreich festzustellen, wie Wrights System von der herkömmlichen Praxis in der Bauindustrie abweicht.

Die gegenwärtige Praxis verwendet natürlich in den meisten Fällen keine monolithischen Mauern, da bei modernen Wänden ein Zwischenraum zur Isolierung gegen Feuchtigkeit sowie eine Wärmedämmung vorgesehen wird. Der Luftzwischenraum in der Faserblockwand stellt eigentlich keine Isolierung gegen Energieverlust dar, wie Wright behauptete. Luft ist nur dann ein guter Dämmstoff, wenn sie bewegungslos bleibt. Wenn sich aber innerhalb des Zwischenraums Konvektionsströme bilden, beschleunigt die Luft nur den Wärmeverlust. Der Zwischenraum in Wrights Wand dichtet zwar gegen Wasser ab, aber nichts kann das Wasser entfernen. Was noch wichtiger ist: nichts kann die Bewehrungsstäbe in den Fugen oder im Zwischenraum vor Rost schützen, wenn Wasser durch die Wand dringt. (Es ist aber nicht ganz fair, das Haus Storer nach heutigen Maßstäben zu beurteilen, da die isolierte Hohlmauer eine relativ neue Entwicklung ist und monolithische Mauern in den zwanziger Jahren üblich waren.)

Sprünge und Risse im Betonblock sind zweifellos auf Wasser zurückzuführen, das den Stahl rosten läßt und damit die Verbindung zwischen Beton und Stahl löst. Würde das Haus heute noch einmal gebaut, würden wahrscheinlich bestimmte Verfahren geändert, um der heutigen Praxis zu entsprechen:

Die Bewehrungsstäbe im Zwischenraum würden nicht freiliegen, wo sie aufgrund von eindringendem Wasser oder Kondensation – in Kalifornien allerdings ein geringeres Problem als anderswo – beschädigt werden könnten.

Wright mischte gern Erde und Sand des Baugrunds unter den Beton, um die Blöcke in der Farbe der Umgebung anzupassen. Das wäre heute verboten, da diese Materialien organische Verbindungen enthalten können, die den Härtungsprozeß des Betons beeinträchtigen. Moderne Betonbestandteile müssen steril sein.

Bewehrungsstäbe in monolithischen Betonwänden werden heute normalerweise in mindestens 5 cm Beton eingebettet, um zu verhindern, daß Wasser von außen mit dem Stahl in Berührung kommt. In Wänden, die eine Kombination aus Mauerwerk und Beton sind, reichen etwa 1 cm Beton aus, je nach Durchmesser der Stäbe, aber diese Art Wand hängt stark von der korrekten Mörtelmischung ab, damit die Wand wasserdicht ist und die Bewehrungsstäbe geschützt sind.

Diese Regeln sind natürlich von Ingenieuren aufgestellt worden, von denen Wright sagte, „sie sind genauso unfähig, Architektur zu machen, wie ein Mathematikprofessor Musik machen kann"[4], aber die Gründe für diese Regeln sind viel fundierter als Wrights Ablehnung.

DAS USONIAN-SYSTEM

Die Häuser, die Wright in den frühen dreißiger Jahren baute, stellen eine interessante Reihe unterschiedlicher Bautypen dar. Das Haus Willey (1933) war das letzte Haus mit einfachem Geschoßrahmen, das Wright baute. Für das Haus Kaufmann (1935) – Fallingwater – stand ein großzügiger Etat zur Verfügung, und es wurde mit Ortbetonplatten und Stahlfenstern errichtet, die eigentlich eher in größeren Geschäftshäusern eingesetzt wurden. Das Haus Jacobs (1936), eines von Wrights billigsten Gebäuden, wurde zum Prototyp für das Usonian-System. Es ist das erste seiner Häuser mit dem Sandwich-Wandsystem, das wenig Ähnlichkeit mit dem System des Holzgeschoßrahmens hat, sich aber von den Dimensionen her gut für den Wohnhausbau eignet.

Wright erkannte das Werbepotential, das in dem Auftrag der Familie Jacobs lag, deren Finanzen recht begrenzt waren. Europäische Konzepte zur Stadtplanung und zum sozialen Wohnungsbau verbreiteten sich in Amerika, gerade als die Wirtschaftskrise am schlimmsten war. Viele dieser Vorstellungen entsetzten Wright, und er sah die Notwendigkeit, eine dem Wesen nach „amerikanische" Alternative zu entwickeln. Wright modifizierte das Bauverfahren für Holzwohnhäuser ohne Übertreibung von Grund auf und vereinfachte es in großem Umfang. Bei der Beurteilung dieses Systems sollte man daran denken, daß die Kostenfrage anfangs ein Hauptfaktor war.

Die Umwandlung wird durch einen Vergleich der Wand des Hauses Jacobs mit der stilistisch ähnlichen Wand des Hauses Glasner (1905) deutlich. Beide beruhen auf einer ähnlichen Anordnung von horizontalen Holzbändern, aber die Ausführungsmethoden sind völlig verschieden, da das Haus Glasner ein herkömmlicher Großbau ist.

8.20

8.21

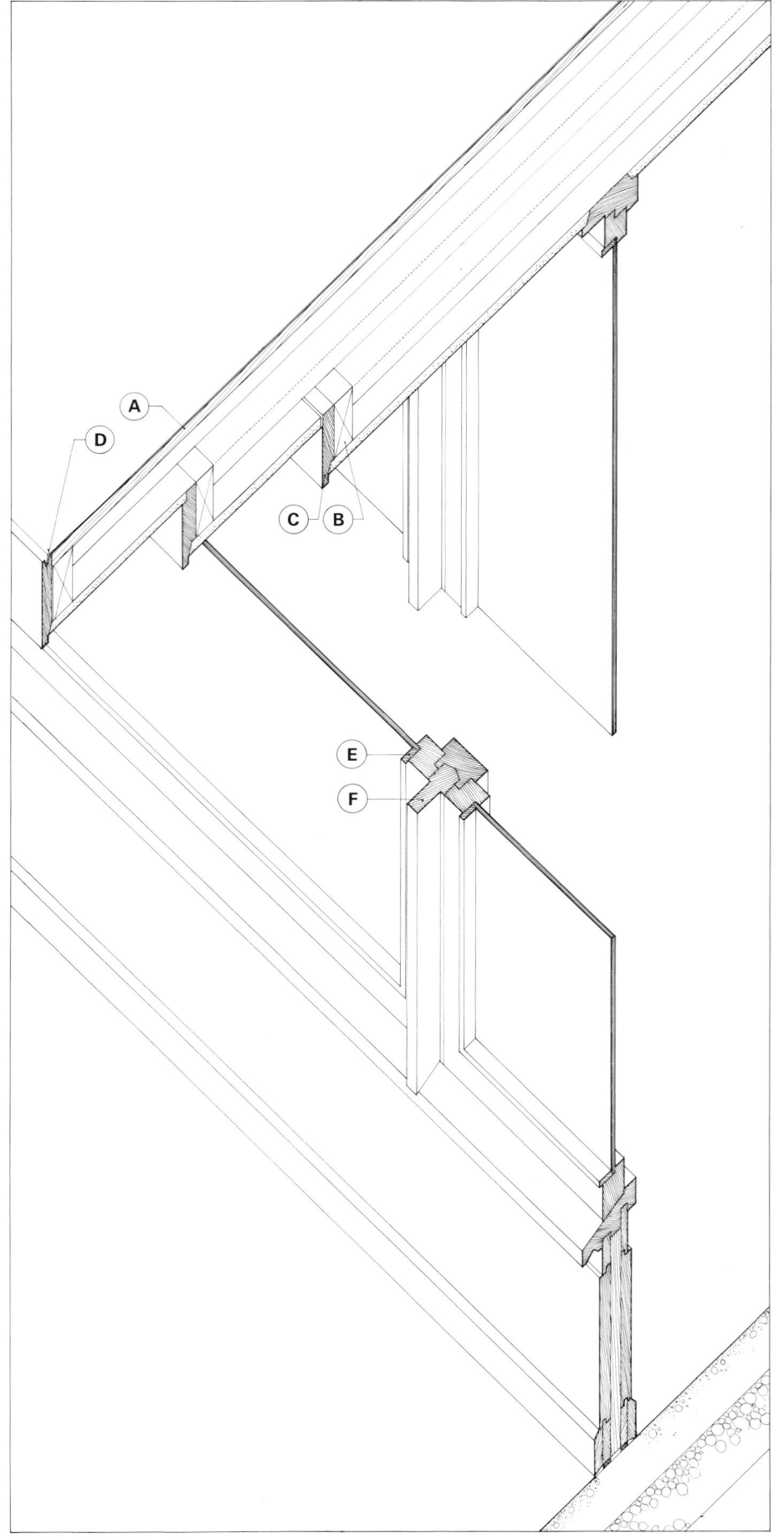

8.22

Haus H. Jacobs
Frank Lloyd Wright
Madison, Wisconsin, 1936

8.20 Außenansicht
(Wayne Cable)

8.21 Tür
(Wayne Cable)

8.22 Fensterdetails
A   Dachkonstruktion.
B   Dachbalken. Statt eines Balkens 5 x 30 cm verwendete Wright drei Balken 5 x 10 cm. Sie sind durch einen Schlüsselbalken 5 x 10 cm miteinander verbunden.
C   Redwood-Traufbrett.
D   Anschluß.
E   Vorspringende Glasfalzleiste.
F   Fensterpfosten.
(Frank Lloyd Wright Foundation, Zeichnung 3702.18)

Das Fundament des Hauses Glasner ist eine konventionelle Flächengründung. Die Wand schließt unterhalb der Erdoberfläche ab und ruht auf einer Betonplatte, die das Gewicht des Gebäudes über einen größeren Erdbereich verteilt, als es die Wand allein getan hätte. Die Tiefe des Fundaments im Boden wird von der Frostgrenze bestimmt – der Linie, unter der der Boden nicht friert. Läge das Fundament oberhalb dieser Linie, könnte das Wasser im Erdboden gefrieren, sich ausdehnen und gegen das Fundament drücken, was zu Rissebildung in der Wand oder sogar zu Frosthebung, mithin ihrem Einsturz führen könnte. Für Einfamilienhäuser werden fast ausschließlich Flächengründungen verwendet.

Wrights erster Sparmaßnahme fiel nicht nur das Untergeschoß, sondern die ganze Flächengründung zum Opfer, wodurch die Kosten für den Aushub, für Materialien und Bauarbeiten eingespart wurden. Statt dessen setzte er das "Trockenwandfundament" ein, das er bei Farmgebäuden in Wisconsin gesehen hatte. Die Außenwände ruhen auf flachen Platten in einem nach unten schräg zulaufenden Graben, der mit Kies aufgefüllt wird, damit das Wasser abfließen kann. Laut Wright würde es keine Frosthebung geben, weil kein Wasser vorhanden wäre. Das Haus Jacobs ruht also nur auf einer verdickten Platte auf einem Kiesbett, das den Umrissen des Hauses folgt. Die Einwirkung von Frost wird außerdem durch das Heizsystem verringert, das nicht nur das Gebäude erwärmt, sondern auch die Erde unter der Wand.

Die Außenwandkonstruktion des Hauses Glasner ist ein traditioneller Großrahmenbau: Ständer 5 x 10 cm, im Achsabstand von 40 cm, mit einer 2 cm dicken Holzschalung auf der Außenseite als seitliche Versteifung. Auf der Innenseite ist sie mit Putz abgedeckt und auf der Außenseite mit einer Lage wasserdichter Verschalungspappe sowie den horizontalen Brettern und Leisten. Die Baupappe läßt keine Luft und kein Wasser durch, die durch die Verkleidung dringen könnten. Würde diese Konstruktion heute ausgeführt, wäre sie nicht wesentlich anders. Die Zwischenräume zwischen den Pfosten würde man mit Dämmstoffen füllen, und die Hülle wäre aus Sperrholz oder Dämmplatten. Die Wand des Hauses Glasner ist nicht nur ein mehrschichtiges System, sondern auch ein differenziertes System. Es sind zwei verschiedene Handwerksbereiche – Zimmerleute und Maurer – und mehrere Arbeitsgänge erforderlich. Die konstruktiven Elemente (Ständerwerk und Schalung) und die Verkleidung (Putz und äußere Holzabdeckung) sind voneinander unabhängig.

Wrights Konzept der Usonian – Wand sollte von einem einzigen Handwerker ausgeführt werden können und konstruktive wie verkleidende Materialien in einem System vereinen. Daher ist die Wand innen und außen mit horizontal angeordneten Holzplatten verkleidet, die die Wand mitstützen. Würde man die Abdeckung vom Haus Glasner entfernen, täte dies der Konstruktion keinen Abbruch. Täte man dies beim Haus Jacobs, würde es einstürzen.

Wright beschrieb diese Wand als überdimensioniertes Sperrholz. Ein einfaches Stück Holz ist wegen seiner Maserung in einer Richtung stärker als in der anderen. Sperrholz erhält seine Stärke durch die Übereinanderschichtung von Holzblättern, deren Maserungen im rechten Winkel zueinander verlaufen. Der innere Kern der Wand des Hauses Jacobs setzt sich aus senkrechten Brettern zusammen, die äußeren Schichten aus horizontalen. Die Innenlage, die ja verborgen bleibt, ist aus viel billigerem Holz. Diese Konstruktion würden wir heute ein Sandwichpaneel nennen. Da sie dünner als eine herkömmliche Wand ist, ist sie wesentlich weniger steif. Wegen dieser Schwäche beschränkt Wright die Wand auf ein Geschoß und verwendet sie nur auf kurzen Stücken und mit häufigen Wendungen, um sie gegen Seitenlasten zu versteifen. Die längste Holzwand ist die Vorderseite des Wohnzimmers, und laut Wright dienen die langen Bücherregale aus Holz dazu, die Wand zu verstärken.

Die Unterschiede bei den Brettern und Leisten der Wände illustrieren Wrights stilistische Veränderungen zwischen 1905 und 1936. Die Bretter des Hauses Glasner sind im Querschnitt einfache längliche Rechtecke; die Leisten sind einfache Parallelogramme, deren Abkantung die Wand vor Wasser schützt. Die Leisten sind von unterschiedlicher Breite, um abwechselnd breite und schmale horizontale Bänder zu bilden. Diese Anordnung sowie die Gestaltung der Fenster und Türen zeigt die herkömmliche Verwendung von Verkleidung; die Fugen werden von Profilen verdeckt. Die Wand des Hauses Jacobs ist eine typisch Wrightsche Inversion des Üblichen. Hier springen die Leisten zurück anstatt vor und greifen mit den Brettern auf komplexe Weise ineinander, was gegen das Eindringen von Wasser schützt und Bewegungen

8.23

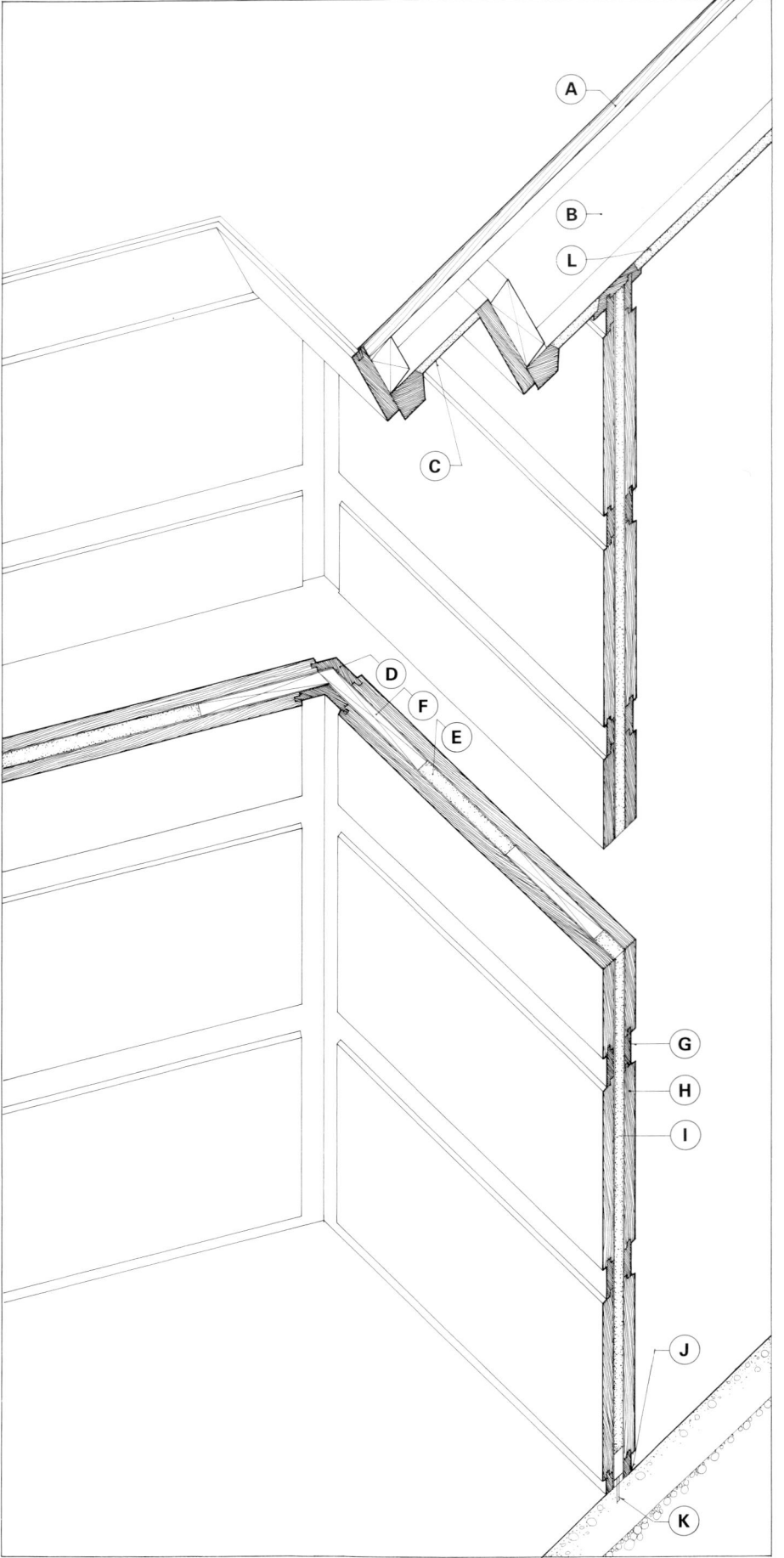

8.24

Haus P. Hanna
Frank Lloyd Wright
Palo Alto, Kalifornien, 1936

8.23 Außenansicht
(Ezra Stoller, ESTO)

8.24 Wandkonstruktion
A Verbunddach aus zweischichtiger folienkaschierter Pappe auf Holzschalung 2 cm.
B Balken aus Brettern 5 x 23 cm auf Balken 5 x 15 cm.
C "Nu Wood" Untersichtverkleidung 12 mm.
D Redwood-Eckstück. Im Gegensatz zum Haus Jacobs gibt es hier keine Eckverbindung auf Gehrung.
E Hohlraum.
F Ständer 2 x 20 cm.
G Redwood-Leiste.
H Redwood-Brett 2 cm. Beim Haus Hanna wurde das teurere, aber schönere Redwood sowohl für die Schalung als auch für die Leisten verwendet.
I Zweilagiges Ölpapier.
J Die Sockelleiste des Hauses Jacobs springt auf traditionelle Weise vor; beim Haus Hanna dagegen springt sie – typischer für Wright – zurück.
K Betonplatte mit Metallkeilnut.
L Sperrholzdecke 12 mm. Die Deckenverkleidung, bei der die Verbindungen durch aufgesetzte statt zurückspringende Leisten (wie in der Wand) gebildet werden, gehört zu den am wenigsten gelungenen Details des Hauses.
(Frank Lloyd Wright Foundation, Zeichnung 3701.23)

8.25 Sandwich-Balken, ähnlich dem im Haus Hanna. Der Sandwich-Balken ist durch eine mitverschraubte Stahlplatte stärker, ohne dadurch dicker zu werden.

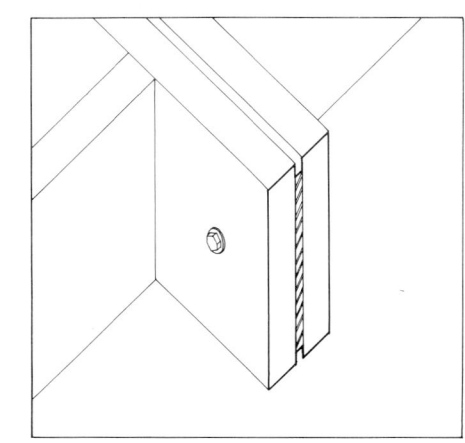

8.25

des Holzes zuläßt. Die ganze Außenverkleidung des Hauses Glasner wurde mit Drahtstiften befestigt. Bei der Wand des Hauses Jacobs hält die Leiste das Brett fest und ist mit Schrauben befestigt, deren Schlitze horizontal gedreht wurden. Das gleiche umgekehrte Detail befindet sich an den Tür- und Fensterpfosten, die – wie die Leisten – zurück- und nicht vorspringen und die dünne Wand mehrschichtig erscheinen lassen. Dies ist die typische moderne Auffassung von Tischlerarbeit: statt Fugen durch Profile abzudecken, arbeitet Wright mit sichtbaren Fugen, die durch die Präzision der Maschine möglich werden. Zu den finanziellen Nachteilen der Usonian-Wand gehörte, daß sie geschicktere Arbeit und raffiniertere Maschinen erforderte als Wände wie die des Hauses Glasner; die Außenseiten der Wände für die Usonian-Häuser mußten zum Teil in der Werkstatt hergestellt werden und nicht auf der Baustelle.

Die Dachkonstruktion des Hauses Jacobs ist konventioneller. Sie besteht aus Balken im Achsabstand von 40 cm, aber anstatt einen Balken von 5 x 30 cm zu verwenden, nimmt Wright drei Balken von 5 x 10 cm. Weil größere mängelfreie Bretter schwerer als kleinere zu bekommen sind, sind drei kleine Bretter oft billiger als ein großes Brett der gleichen Tiefe. Wrights Absichten waren aber nicht nur technischer Natur; diese Konstruktion erlaubte ihm den dreilagigen Dachaufbau, der das Dach wesentlich dünner erscheinen läßt.

Die Neuerung, auf die Wright äußerst stolz war, war seine Strahlungsheizung (oder die Schwerkraftheizung, wie er sie nannte). Bei seinen früheren Häusern hatte er Gebläseluftheizung, Dampfheizung oder eine Kombination von beiden verwendet. Das Strahlungssystem besteht aus einem Kreislauf eng nebeneinanderliegender Rohre, die in oder unter die Bodenplatte gebettet sind. Heißwasser zirkuliert durch diese Rohre, die Wärme wird auf die Platte übertragen und in den Raum abgestrahlt. Dies war keine kostensparende Einrichtung, hatte aber den enormen Vorteil, unsichtbar zu sein. Es gab keine Leitungsschächte, abgehängte Decken, Klappen oder Heizkörper, die in die Architektur aufgenommen werden mußten. In dieser Hinsicht waren die Ersparnisse im Vergleich zum Haus Robie mit seinen vielen Aussparungen für die Radiatoren und Gitter erheblich.

Wright bemühte sich sehr, die Kosten für das Haus Jacobs geringzuhalten, und zwar nicht nur aus echtem Interesse für die Belange des Bauherrn, sondern er wollte mit dem Haus auch als einem Prototyp für preiswerten Wohnhausbau werben. Ziegel, die für das Johnson Wax Building abgelehnt worden waren, wurden zu einem reduzierten Preis für dieses Haus gekauft, und für die Holzaußenwände wurde eine minderwertigere Sorte Kiefernholz verwendet (obwohl die schmalen Leisten aus Redwood waren). Wright war, was die Einsparungen betraf, erfolgreich. Die Endkosten betrugen laut Wright 5.500 Dollar – für ein individuell entworfenes Haus in den dreißiger Jahren war das wenig. Das Sparen beeinträchtigte jedoch die Gestaltung; das Haus Jacobs ist vielen nachfolgenden Usonian-Häusern architektonisch unterlegen, vor allem wegen des minderwertigen Holzes, das für einen Großteil der Außenwände benutzt wurde.

Das Haus Hanna, das später im selben Jahr fertiggestellt wurde, war viel größer, wurde mit besseren Materialien gebaut und war viel teurer. Nachdem Wright sein polemisches Statement zum preiswerten Wohnhausbau gemacht hatte, konnte er das Usonian-System mit ruhigem Gewissen bei größeren und ökonomisch weniger beschränkten Aufträgen anwenden. Aus diesem Grund und aufgrund seiner Erfahrungen beim Haus Jacobs beinhaltet das Haus Hanna viele Verbesserungen im Usonian-Grundsystem.

Das Haus Hanna windet sich um einen Hügelkamm und enthält zahlreiche Böschungsmauern. Die Fundamente sind viel sorgfältiger angelegt als die des Hauses Jacobs, halten sich aber im Prinzip an das Trockenwand-System. Die Verwendung eines sechseckigen statt eines rechteckigen Rasters verändert die Gestaltung nicht grundlegend. Die für die Ecken speziell zugeschnittenen Teile waren den gehrten Ecken des Hauses Jacobs (bei denen die Wahrscheinlichkeit, sich durch Bewegungen im Holz zu lösen, viel größer war) weit überlegen.

Der wichtigste technische Unterschied liegt in der Konstruktion und deren Auswirkung auf die Wandgestaltung. Beim Haus Jacobs waren die Holzwände tragend und stützten die Dachbalken. Die Konstruktion des Hauses Hanna ist komplex, beruht aber im wesentlichen auf einer Reihe von Sandwich-Balken (zwei Holzbalken mit einer dazwischengeschraubten Stahlplatte; *Abb. 5.25*) und Querbalken auf Hohlziegelpfeilern. Somit sind die Hohlwände des Hauses Hanna zum größten Teil nichttragend.

215 Wright: Die Zeit der Usonian Houses

8.26

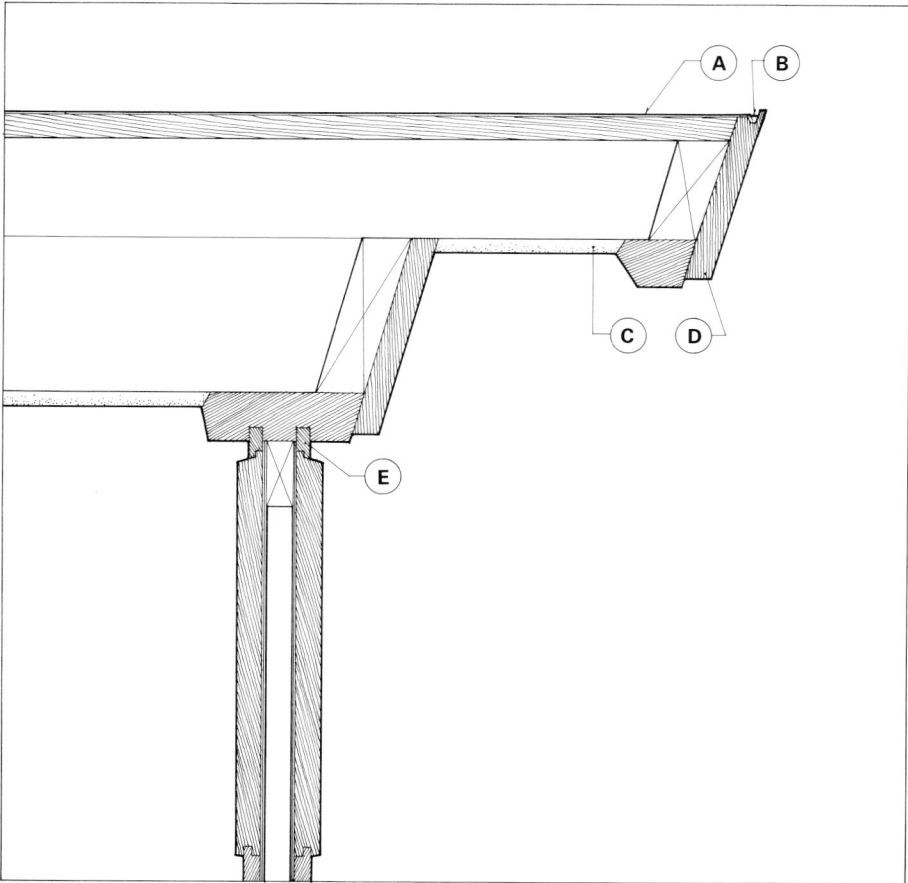

8.28

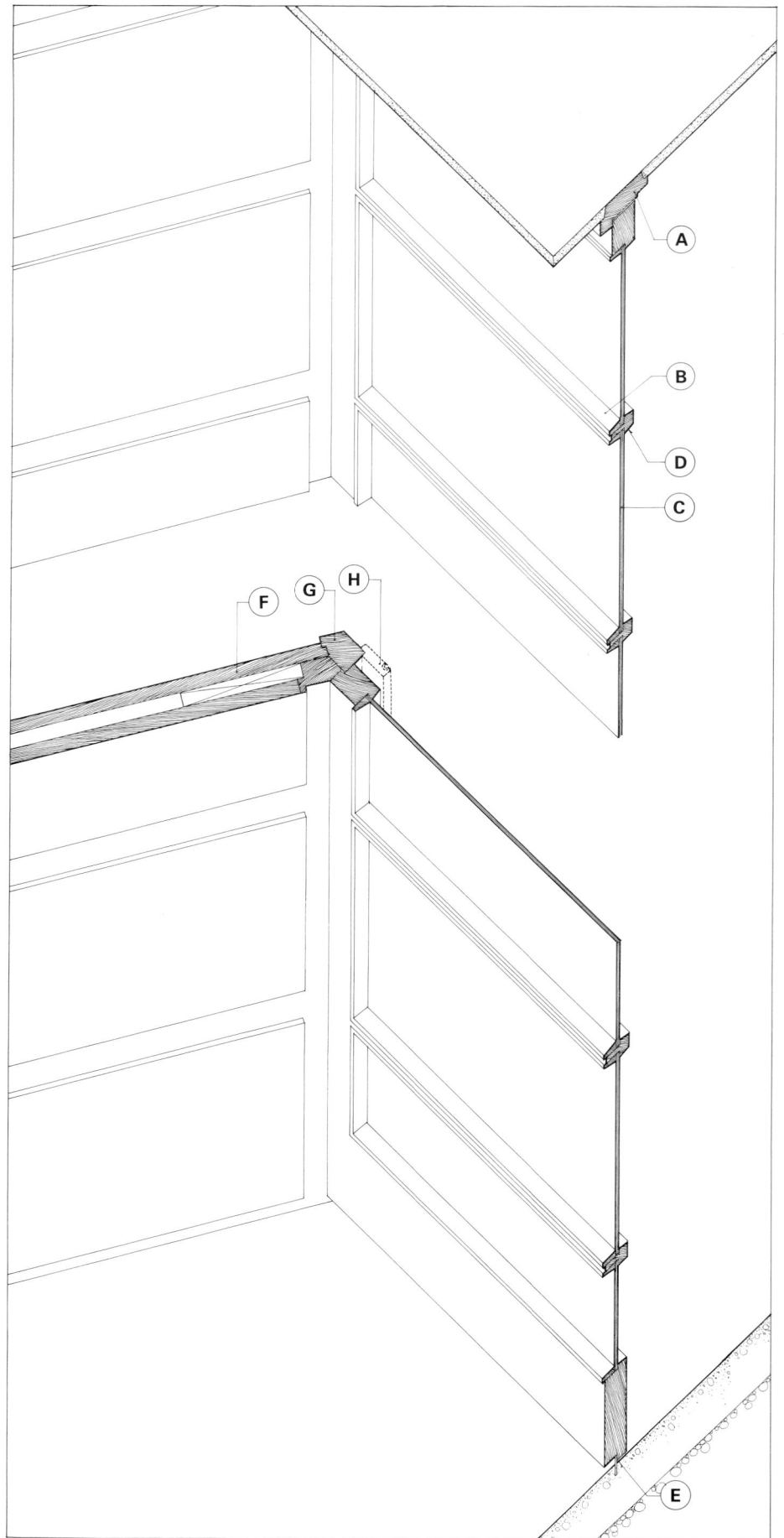

8.27

Haus P. Hanna
Frank Lloyd Wright
Palo Alto, Kalifornien, 1936

8.26 Außenansicht
(Ezra Stoller, ESTO)

8.27 Fensterdetail
A   Oberes Rahmenholz.
B   Vorspringende, sich verjüngende Glasfalzleiste.
C   Glasscheibe 6 mm.
D   Redwood-Sprosse; wie die Glasleiste verjüngt sie sich, um schmaler zu wirken und um zu der winkligen Detailgestaltung des Hauses zu passen. Wright benutzte mehr Sprossen, als funktionell notwendig waren, um das horizontale Modul beizubehalten.
E   Dichtungsleiste.
F   Typische Sandwichpaneelwand.
G   Redwood-Eckstück.
H   Redwood-Rahmen für Fliegengitter.
(Frank Lloyd Wright Foundation, Zeichnung 3701.23)

8.28 Dachanschluß
A   Verbunddach auf Holzschalung.
B   Bei einer herkömmlichen Konstruktion würde ein Metallanschluß den Dachrand abdecken und über das Traufbrett aus Holz ragen, um die Fuge vor Wasser zu schützen. Hier wurde der Anschluß in eine Kerbe hineingebogen, so daß er von unten nicht zu sehen ist.
C   "Nu-wood" Untersicht-Verkleidung 12 mm.
D   Redwood-Traufbrett. Traufbrett und Verkleidung sind winklig, um der Geometrie des Hauses in der Draufsicht zu entsprechen.
E   Redwood-Leiste. Eines der Probleme von Wrights Modularraster ist, daß das letzte Stück der Verkleidung halb so breit ist wie die anderen.
(Frank Lloyd Wright Foundation, Zeichnung 3701.23)

Dementsprechend bestehen ihre Kerne nicht aus Massivholz, sondern aus einer Reihe von sehr flachen Kanthölzern. An Stelle der rohen Kiefernverkleidung des Hauses Jacobs wurde beim Haus Hanna für Bretter und Leisten fein gemasertes Redwood verwendet.

Es gibt keine „Schwerkraftheizung" im Haus Hanna, sondern eine Gebläseluftheizung, weil der Bauherr (ganz richtig) befürchtete, daß eine Strahlungsheizung nur langsam auf Temperaturveränderungen reagieren würde. Obwohl das Haus kein Untergeschoß hat, wurden ausgedehnte Versorgungsgräben angelegt. Die meisten kostensparenden Elemente des Hauses Jacobs fehlen, oder es gibt für ihr Vorhandensein hier keine ökonomische Rechtfertigung. Dennoch ist das Haus Hanna ein hervorragender Bau. Das Usonian-System hat neben seiner Wirtschaftlichkeit viele Vorzüge, und man betrachtet das Haus Hanna am besten als Statement zu den rein architektonischen Qualitäten des Usonian-Systems.

Wie das Faserblocksystem wurde auch das Usonian-System nur von Wright und seinen Schülern eingesetzt; es hatte wenig Einfluß auf die Hausbauindustrie. Wright war sehr damit zufrieden, und fast alle seine Holzhäuser, die nach 1936 gebaut wurden, beruhen auf irgendeiner Weise darauf. Im Hinblick auf die unbestrittene architektonische Qualität der Häuser, die mit diesem System gebaut wurden, verdient diese Methode eine eingehende Analyse, sowohl nach den Kriterien der Zeit wie auch aus heutiger Sicht und nach dem heutigen Stand der Technik.

Nach jetzigen Anforderungen weist das Usonian-System einige offensichtliche Mängel auf:

Die Isolierung. Wright meinte, daß eigentlich nur das Dach eine Wärmedämmung erhalten müsse und dies bei Wand und Boden unnötig sei. Das Isoliermaterial wird nur am Rand des Gebäudes in Bodenhöhe angebracht, da direkt unter dem Gebäude wenig Wärme an die Erde abgegeben wird. Energie war 1936 billig und, wie Wright sagte, „die Isolierung der Wände und der Luftraum dazwischen wird weniger wichtig, weil man mit den modernen Klima- und Heizungsanlagen fast mit jeder Wetterbedingung fertig werden kann."[5] Mit dem Wegfall des traditionellen Zwischenraums zwischen den Pfosten im Haus Jacobs beseitigte Wright auch die Möglichkeit zur Isolierung. Im Haus Hanna ist der Zwischenraum – wenn auch schmal – vorhanden, aber eine Isolierung gibt es nicht. Ein noch größeres Problem stellt der Rand der Bodenplatte dar, wo aufgrund der fehlenden Isolierung ein Großteil der Strahlungsheizung in den Boden geleitet wird.

Die Strahlungsheizung. Das System hat sich keiner großen Beliebtheit erfreut, und zwar möglicherweise deshalb, weil es nicht immer kostengünstig ist und größere Wartungsprobleme mit sich bringt. Andere Heizmethoden nutzen den Brennstoff besser aus. Ein Problem ist zum Teil auch, daß die Betonplatte nicht so heiß werden darf, daß man sie nicht mehr berühren kann. Es kommt kaum vor, daß die Heizschlangen instandgesetzt werden müssen, aber wenn eine Wartung erforderlich wird, wird es schwierig, weil sie in die Platte eingebettet sind. Wegen dieser Probleme hat sich die Strahlungsheizung nicht durchgesetzt. Aber sie wird auch heute noch aus den gleichen Gründen benutzt, aus denen Wright sie verwendete. Sie läßt sich leicht in eine monolithische Konstruktion aufnehmen und ist für die Hausbewohner äußerst angenehm.

Die Fundamente. Das traditionelle Fundament nicht mehr zu verwenden war eine höchst zweifelhafte Entscheidung. Das Trockenwandsystem mag ausreichend sein, ist dem herkömmlichen System aber kaum überlegen. Daß das konventionelle Fundament bei dem besonders kostengünstigen Haus Jacobs gestrichen wurde, ist verständlich, daß es aber auch im Haus Hanna mit dem größeren Etat weggelassen wurde, erscheint absurd. Dies läßt sich von zwei Seiten betrachten. Einerseits wird das Trockenwandsystem heutzutage nicht mehr benutzt, und kein Ingenieur würde es für eine dauerhafte Konstruktion in einem Gebiet empfehlen, wo die Temperaturen unter den Gefrierpunkt sinken können. Andererseits scheint es im großen und ganzen bei Wrights Häusern gut funktioniert zu haben. Bei einer Befragung von Besitzern Wrightscher Häuser in den siebziger Jahren gaben nur wenige an, Ärger mit dem Fundament gehabt zu haben.

Die Entwicklung hatte – abgesehen von den gesetzlichen Vorschriften – wahrscheinlich wenig damit zu tun, daß das Usonian-System von der Bauindustrie nicht akzeptiert wurde. Stil war natürlich ein Faktor (nicht jeder wünscht sich ein Frank-Lloyd-Wright-Haus), aber auch andere Dinge spielten eine Rolle:

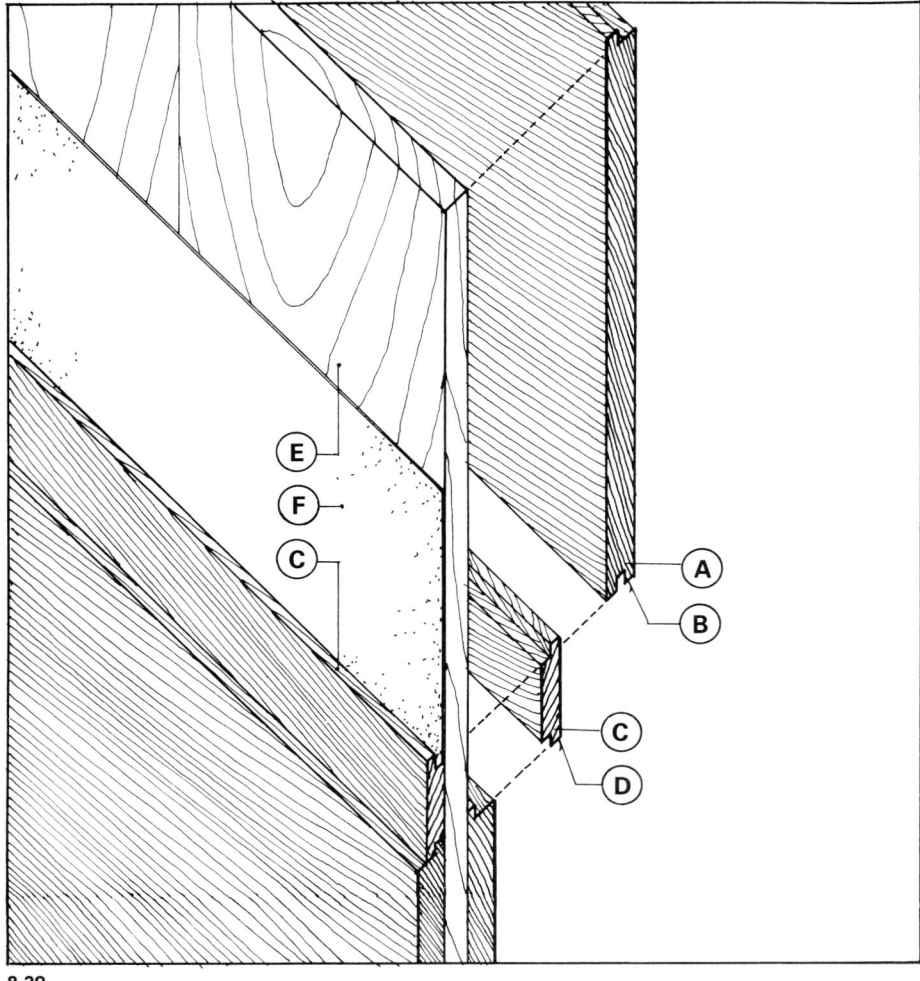

8.29

8.30

8.29 **Haus H. Jacobs**
Wanddetail
A   Kiefernbrett.
B   Nut zur Aufnahme der Redwood-Feder.
C   Redwood-Leiste mit Feder.
D   Die Nut- und Federverbindung wurde hier abgeändert, so daß die Fuge oben statt unten liegt, damit kein Wasser durch die Wand dringen kann.
E   Kernschalung.
F   Verschalungspapier.
(Frank Lloyd Wright Foundation, Zeichnung 3702.18)

8.30 **Haus L. Pope**
Wanddetail

Das althergebrachte Bausystem war im großen und ganzen in Ordnung. Bauunternehmer und Architekten waren mit dem Plattformrahmen für den Wohnhausbau zufrieden. Er war einfach auszuführen, leicht verständlich und war stilistisch vielseitig. Gropius, Breuer und Schindler (sowie die Colonial Revivalists) bauten alle mit diesem System, auch Wright beim Haus Glasner. Es gab keinen zwingenden Grund für eine Änderung.

Das Usonian-Verfahren war auf Wrights Haustyp zugeschnitten und in seinen Anwendungsmöglichkeiten begrenzt. Es war eigentlich wegen der dünnen Wände ein eingeschossiges System und hätte mehrere Stockwerke – wie beim Haus Hanna – nur mit einem zweiten Rahmen aufnehmen können. Es kamen seinerzeit viele Zweifel auf, ob die Usonian-Wand überhaupt ein Geschoß tragen könne. Baubehörden verlangten damals mit vollem Recht, daß zu Testzwecken Musterwände errichtet würden.

Wrights Gedanke, verschiedene Handwerksbereiche aus Kostengründen zu vereinen, lief der Richtung, die das amerikanische Bauwesen einschlagen sollte, zuwider. Indem sich jedes Holzteil für viele Einsatzmöglichkeiten eignete, sparte man Material, aber es wurden mehr Zeit, mehr Arbeitskräfte und mehr Koordination zwischen den einzelnen Arbeitsschritten (z.B. Tischler- und Zimmermannsarbeiten) erforderlich. Die Sandwichwände sind ein Beispiel. War ein Großrahmenhaus (Haus Glasner) auch ohne Holzverkleidung bereits konstruktiv komplett, mußte der Bauherr eines Usonian-Hauses erst noch darauf warten, daß die Bretter und Leisten (manchmal andernorts) bearbeitet und angebracht wurden, bevor das Haus konstruktiv stabil war. Die Entwicklung des modernen Bauens hat die Ausbildung unabhängiger Systeme und spezialisierter Handwerksbereiche gefördert. Wright umging diese Probleme, indem er sein eigener Bauunternehmer wurde. Beim Bau eines Hauses wohnte einer seiner Mitarbeiter auf der Baustelle und vergab und koordinierte die Arbeiten.

Wright schuf kein Hausbau-System, das von der Industrie in größerem Umfang übernommen wurde, aber Schindler, Gropius, Neutra, Mies und Eames schufen auch keines. Die einzigen kostengünstigen Alternativen zum Massenwohnungsbau heute sind mobiles Wohnen und Fertighäuser, aber deren architektonische Resultate können keine Begeisterung auslösen. Obwohl Wrights System heute vom Entwurf oder vom Verfahren her nicht mehr als Modell angesehen werden kann, sollten wir anerkennen, daß es 1936, als Arbeitskräfte und Energie billig zu haben waren, eine erstaunliche Leistung darstellte.

DAS HAUS KAUFMANN UND DAS JOHNSON WAX BUILDING

Sowohl die Vorstellung vom Gebäude als Metapher für einen Organismus als auch der Gedanke, daß die Form sich aus der Beschaffenheit des Materials ergibt, waren seit 1900 ein Teil von Wrights Werk. Beides trat auch in Sullivans Schaffen in Erscheinung, jedoch vor allem in der Ornamentik. Deshalb verlaufen die Stützen des Gage Building – anstatt durch ein Profil vom Gebälk getrennt zu werden – über die Fuge und öffnen sich zu Blüten, was Wright und Sullivan eine plastische Behandlung nannten. Sullivan war wie die Arts and Crafts-Architekten der Meinung, daß das Ornament dem Material entsprechen sollte, dem es aufgesetzt wurde. Wright erweiterte die organische Metapher bis in die Konstruktion des Gebäudes hinein – die Stützen des Johnson Wax Building sind fast bis ins Detail Betonbäume. Dies ist das offensichtlichste Beispiel, aber das Konzept hat tiefere Auswirkungen auf die Konstruktion.

Die erste Regel der Wahrhaftigkeit gegenüber den Materialien verlangt, daß sie so verwendet werden, wie sie in der Natur vorkommen. Deshalb benutzte Wright nach 1930 in sein natürliches Bett gesetzten Stein, mit nur wenigen Bogen und Stürzen. Holz, das bei ihm nie rustikalen Charakter hat, springt vor, wie die Zweige eines Baumes vorspringen. Künstliche Materialien sollten wie die natürlichen Materialien verwendet werden, denen sie am meisten glichen. Somit werden Ziegel, die dem Stein in seiner geringen Zugfestigkeit ähneln, auch nur gelegentlich als Sturz oder Bogen verwendet. Stahlbeton kann wie Holz Zugspannung aushalten, deshalb ist seine angemessene Form auch die Auskragung.

Abb. 8.38 zeigt den typischen Aufbau des Johnson Wax Building; *Abb. 8.36* stellt die Konstruktion des Hauses Kaufmann dar. Die Konstruktion des Johnson Building ist klar und regelmäßig. Die Konstruktion des Hauses Kaufmann ist im Vergleich dazu komplex. Beim Haus Kaufmann opferte Wright die konstruktive Klarheit, um bestimmte visuelle Effekte zu erzielen.

8.31

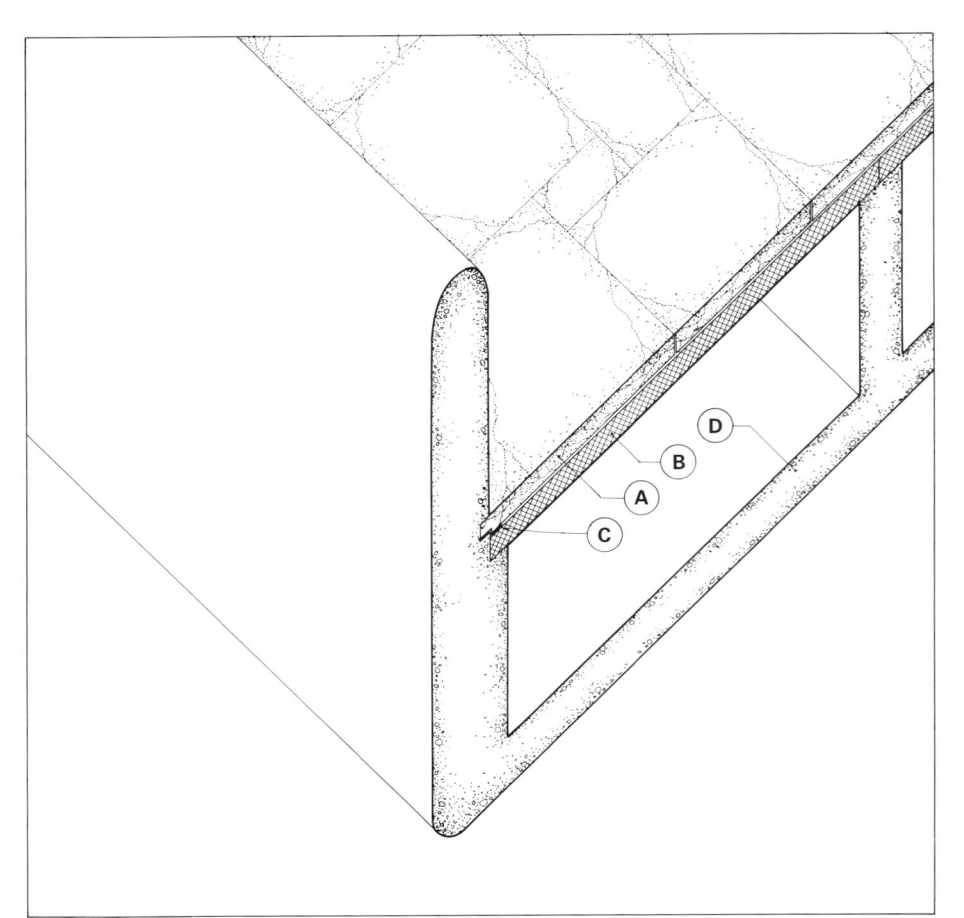

8.32

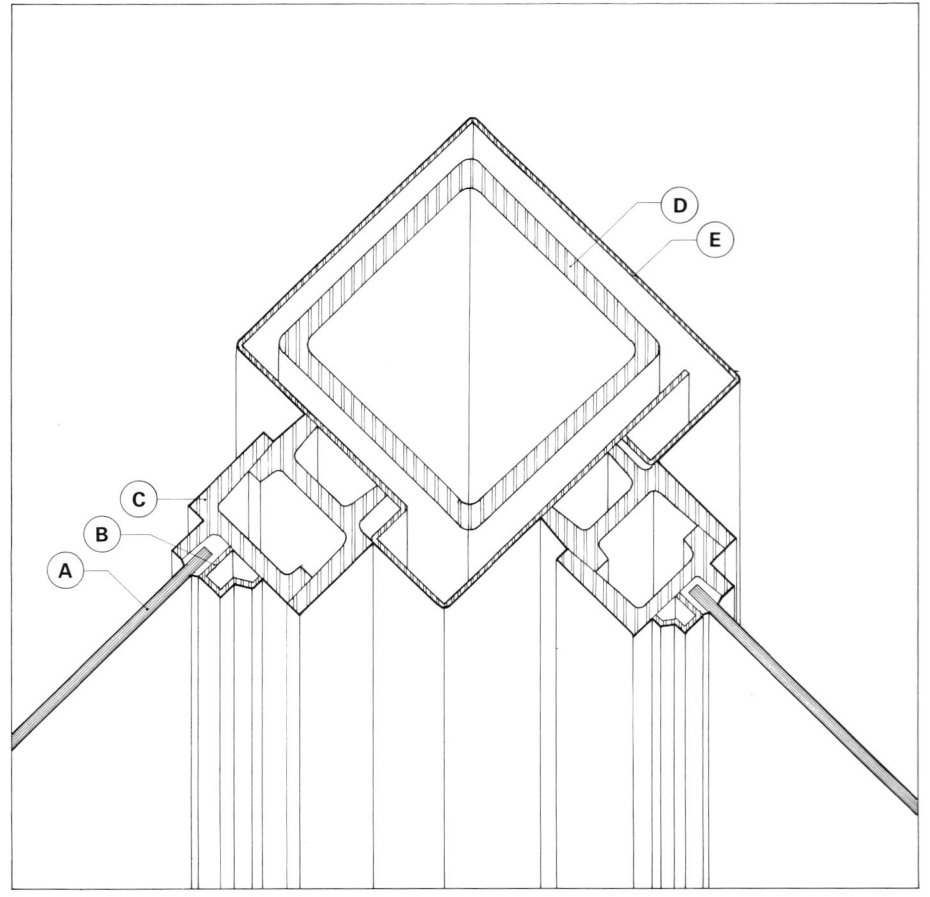

8.33

8.34

"Fallingwater"
(Haus E. Kaufmann)
Frank Lloyd Wright
Ohiopyle, Pennsylvania, 1936

8.31 Außenansicht
(Hedrich-Blessing)

8.32 Balkondetail
A   Pflasterplatten.
B   Zwei Lagen Bitumenfilz auf Gipsblock. Der Block stützt nur die Steinplatten und wird selbst von den Betonträgern gestützt.
C   Bleianschluß Fußboden-Brüstung in die Kerbe im Beton gesetzt.
D   Betonplatte mit aufgekanteten Betonträgern. Wie Le Corbusier und Mies versteckt Wright die Träger in der Deckenkonstruktion, um darunter eine durchgehend flache Decke zu erhalten.
(Frank Lloyd Wright Foundation, Zeichnung 3602.12, und Baustellenfotografien)

8.33 Innenaufnahme Fenster

8.34 Fensterprofil
A   Glasscheibe.
B   Glasfalzleiste.
C   Nach innen öffnender Stahlfensterflügel (Standardstahlrahmen, hergestellt von der Hope Company). Der aus zwei L-Profilen bestehende Rahmen läßt Bewegungen zu, ohne daß sich die Verbindung öffnet. In dem Hohlraum herrscht ein Unterdruck, der das Eindringen von Wasser verhindert.
D   Stahlständer 7,5 x 7,5 x 4 cm.
E   Stahlblechverkleidung.
(Konstruktionszeichnungen der Firma Hope, Avery Library, Columbia University)

Der Rahmen des Hauses Kaufmann besteht aus vier Pfeilern – drei aus Beton und einem aus Stein –, die auf den Felsen gesetzt sind und das Hauptgeschoß tragen. Der Rahmen des Obergeschosses wird von vier Steinpfeilern gestützt, die ein Quadrat bilden; er ruht auf dem ersten und dritten der vier Pfeiler und definiert das Wohnzimmer. Ein Balkon kragt vom Hauptgeschoß über den Bach vor, und ein zweiter Balkon vom Obergeschoß liegt dazu versetzt, womit der bekannte Eindruck von zwei Platten, die über dem Wasserfall schweben, geschaffen wird. Der obere Balkon, der vom Wohnzimmer abgeht, wird von vier kleinen Stahl-T-Profilen gestützt, die zum Fenstersystem zu gehören scheinen. Der Küchen- und Schlafzimmertrakt auf der Hangseite bildet eine unregelmäßige Linie aus rechteckigen Formen.

Die Stützen und Pfeiler bestehen alle aus monolithischem Feldstein, bis auf die vier Betonpfeiler und die vier T-Stahlprofile. Es gibt dreierlei Betongeschoßdecken, die alle in der 60 cm dicken Schicht vorkommen, in der das Tragwerk verankert ist. Die einfachste Decke besteht aus einer flachen Platte mit einer Dicke zwischen 10 cm und 18 cm, die der Schicht aufliegt. Dieser Boden ist vor allem im Küchen- und Schlafzimmerbereich zu finden, wo nur geringe Spannweiten zu überwinden sind, und der hauptsächlich tragende Wände aus Stein aufweist. Der zweite Typ ist die abgetreppte Konstruktion zwischen den quadratischen Pfeilern, die das Wohnzimmer (der geometrisch regelmäßigste Abschnitt des Hauses) definieren. Architektonisch und konstruktiv ist der dritte Fußbodentyp der komplexeste; er besteht aus einer umgedrehten Rippenplatte, bei der die flache Seite die Decke und nicht den Boden bildet. Diese Konstruktion nimmt die vollen 60 cm der tragenden Schicht ein; diese Höhe ist notwendig, um in den Auskragungen genug Steifigkeit zu erhalten. Die Decken werden durch Gipsplatten gebildet, die auf den Betonrippen aufliegen und dann mit einem Steinpflaster abgedeckt werden.

Die Fenster des Hauses Kaufmann gehören zwar zu Wrights elegantesten, sind aber uncharakteristisch für sein Werk. Wright verwendete bei allen Usonian Häusern Holz, das mit der Holzverkleidung der Außenwände harmonierte, und auch bei den Faserblockhäusern in Kalifornien hatte er Holz verwendet. Die Fenster des Hauses Kaufmann sind Stahlfenster, die er selten einsetzte (z.B. 1915 im Hotel Imperial und 1929 im Haus Richard Lloyd Jones). Stahl war in den zwanziger Jahren bei den europäischen Architekten der Moderne beliebt, und in diesem Punkt mögen sie Wright beeinflußt haben. Interessanterweise sind diese Fenster die einzige Artikulation des Rastersystems im Gebäude (in der Höhe beträgt es 43 cm); in der Draufsicht ist es unmöglich zu erkennen, ob das Modul verwendet wurde. (Das Modul wurde wegen Veränderungen beim Bau an manchen Stellen um ca. 4 cm reduziert.)

Die Fenstergestaltung gleicht insofern der Usonian-Wand, da Wright horizontale Fugen anders als vertikale behandelt. Horizontale Fugen werden betont und artikulieren die Getrenntheit der Teile; sie sind technisch gut ausgeführt. Die vertikalen Fugen sollen die Kontinuität betonen und die Fuge in ihrer Wirkung abschwächen, oftmals auf Kosten guter Ausführung. Beim Haus Kaufmann arbeitete Wright mit Standard-Stahlprofilen der Firma Hope; er konnte sie nicht speziell anfertigen lassen wie er es mit Holzteilen machte, modifizierte sie aber entsprechend seinen Wünschen. Deshalb besteht eine typische horizontale Fuge zwischen dem beweglichen Fensterflügel und dem feststehenden Rahmen *(Abb. 8.34)* aus dem Hope-Standarddetail aus ineinandergreifenden Profilen, die zwischen Innen und Außen einen Luftraum bilden. Wo die beiden beweglichen Teile in der Ecke aufeinanderstoßen, wurde der feststehende vertikale Pfosten weggelassen. Somit hat der Raum, wenn beide Fenster geöffnet sind, keine Ecke mehr, und Wright erzielt die Art von Ambivalenz zwischen Innen- und Außenraum, die ihm so gefiel. Wo das Fenster auf den Stein trifft, ist es direkt in die Wand eingelassen. Dies betont wiederum die Kontinuität zwischen Innen und Außen und läßt die Fenster – indem ihnen eine visuelle Diskontinuität verliehen wird – mit dem Rest der Komposition verschmelzen. Keines dieser Details ist technisch erstrebenswert. Der fehlende Eckpfosten würde die Fuge zusammenhalten, falls die Stahlrahmen sich verdrehen oder verziehen, und das Erneuern der Verglasung ist äußerst schwierig. Dies sind aber keine größeren Mängel, und keiner würde die Details gerne anders behandelt sehen.

Für viele Menschen ist das Haus Kaufmann Wrights Meisterwerk und eines der großartigsten Gebäude Amerikas. Die Rolle, die die Detailbehandlung dabei spielt, ist

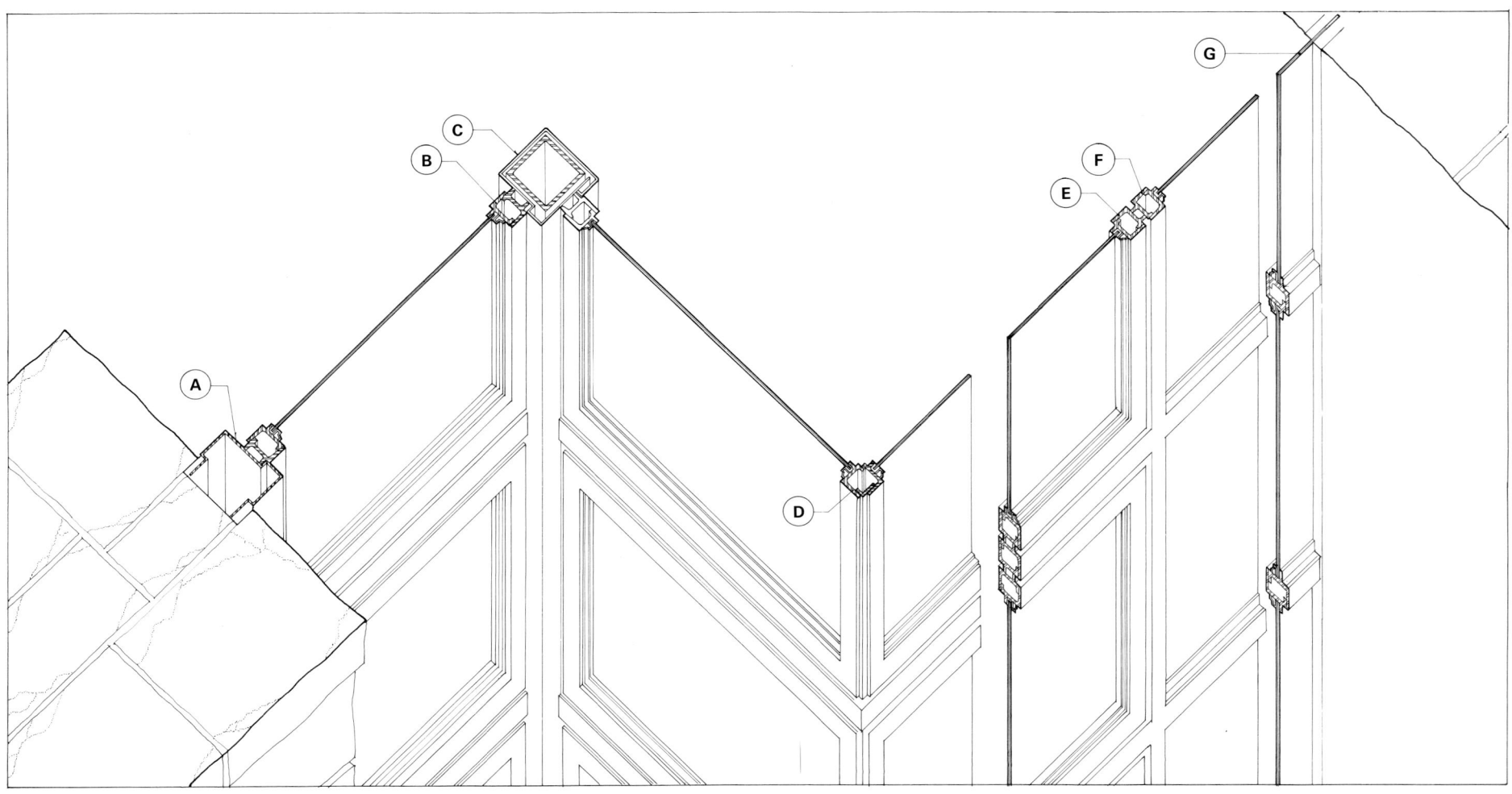

8.35

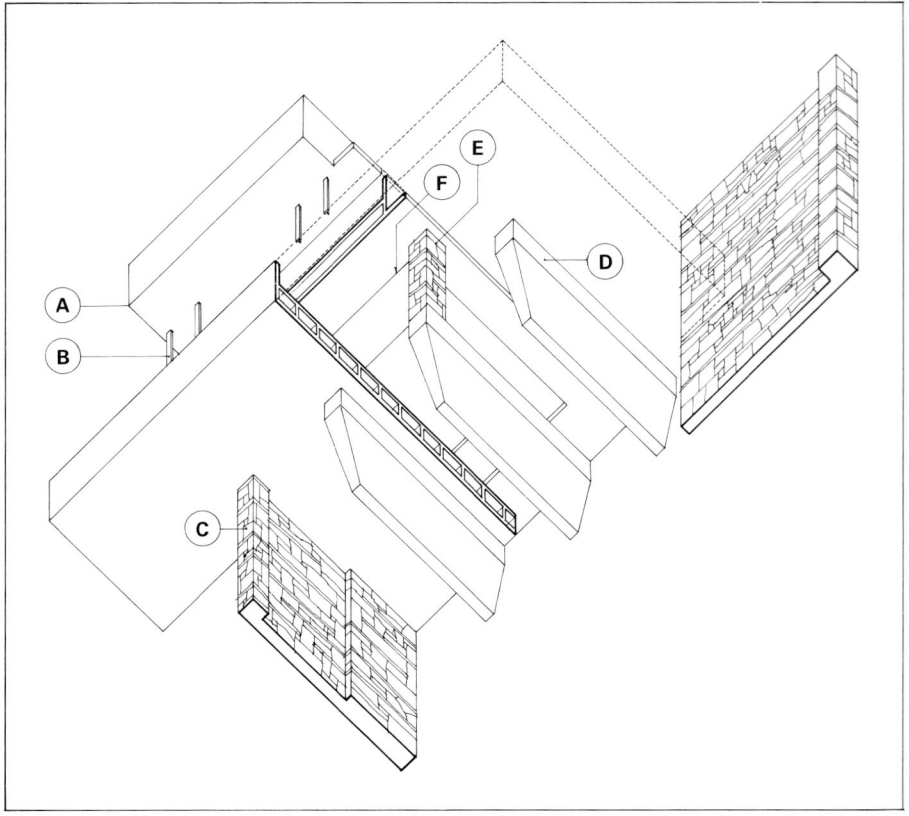

8.36

„Fallingwater"
(Haus E. Kaufmann)
Frank Lloyd Wright
Ohiopyle, Pennsylvania, 1936

8.35 Fensterdetails
A Pfosten des beweglichen Flügels an der Steinwand.
B Nach innen öffnender Stahlfensterflügel.
C Stahlstütze 7,5 x 7,5 x 4 cm, mit Stahlblech verkleidet.
D Ecke der nach außen öffnenden Fensterflügel.
E Beweglicher Rahmen.
F Feststehender Rahmen.
G Wandanschluß der Festverglasung. Der Rahmen ist weggelassen; das Glas wurde mittels Kitt in eine Nut in der Steinwand gesetzt.
(Konstruktionszeichnungen der Firma Hope, Avery Library, Columbia University)

8.36 Strukturschema
A Auskragender Balkon. Es handelt sich eigentlich um eine umgekehrte Rippenplatte, wobei die Rippen innerhalb der 60 cm hohen Deckenkonstruktion verborgen sind.
B Stahl-T-Profile 5 x 6 cm. Obwohl sie ein Teil der Fenster zu sein scheinen, tragen die vier Stützen vor allem den darüberliegenden Balkon.
C Fundament. Das äußerste Fundament ist aus Stein aufgemauert und nicht aus Beton, da es visuell am meisten auffällt.
D Betonfundament, sitzt auf einem Felsen auf und trägt die Erdgeschoßdecke.
E Steinstützen. Der Hauptwohnbereich wird von vier Steinstützen eingerahmt, die auf Betonfundamenten ruhen.
F Die Betondeckenplatte über dem Wohnzimmer treppt sich zur Mitte hin zu einer einfachen flachen Platte ab.
(Frank Lloyd Wright Foundation, Zeichnung 3602.12)

schwer einzuschätzen. Man könnte sagen, wie es Philip Johnson vom Guggenheim Museum behauptete, daß das Haus gar keine Details aufweise. Seine dominierenden Elemente sind Stein und Beton, und wir reagieren vor allem auf die Räume und Formen, die sie bilden. Gleichzeitig sind aber auch die Bänder der leuchtendroten Stahlfenster ein wesentlicher Bestandteil des Hauses. Es gibt auch ein paar negative Reaktionen. Die stromlinienförmigen Metallregale des Wohnzimmers führen mit ihrem Art Deco-Stil die Mode der Gegenwart in ein Werk ein, das eigentlich zeitlos ist. Andererseits ist die Holzverkleidung mit den Zahnverzierungen sowie die Beleuchtung an der Betonkassettendecke des Wohnzimmers ein Überbleibsel aus Wrights Präriehaus-Jahren, das nicht hierher zu passen scheint. Nicht zufälligerweise wird man an die Schmuckdetails an ähnlicher Stelle im Haus D. D. Martin aus dem Jahr 1904 erinnert.

Das Haus Kaufmann steht in einer Art geistiger Beziehung zum Haus Martin. 1904 verwendete Wright, nachdem er gerade das Larkin Building aus Stahl und Beton vollendet hatte, die gleichen Materialien im Haus Martin, seinem nächsten Entwurf. Danach kehrte er zu konventionelleren Hausbausystemen zurück. Das Johnson Wax Building und das Haus Kaufmann stehen in ähnlicher Beziehung zueinander, da sie fast gleichzeitig entworfen worden sind, und weisen ähnliche Bezüge zwischen Systemen und Materialien auf.

Das Johnson Wax Building gehört zu Wrights besten, aber auch problematischsten Gebäuden. Jonathan Lipman und Edgar Tafel haben die zahlreichen Probleme, die während der Planung und Konstruktion entstanden und sich nach Fertigstellung des Gebäudes fortsetzten, detailliert festgehalten. Diese Probleme sind nicht alle auf die Umstände zurückzuführen; viele waren das Ergebnis des Konflikts zwischen Wrights Vorstellungen und den Konventionen der amerikanischen Bauindustrie.

Sehr vereinfacht beschrieben, besteht das Johnson Wax Building aus einem Raster von 60 baumartigen Stützen, die eine große Halle mit Balkons bilden, umgeben von einer fast fensterlosen Ziegelmauer. Die Metapher vom Wald wird durch die Oberlichter vollendet, die die Räume zwischen den runden Säulenkapitellen füllen.

Die Stützen des Johnson Wax Building sind wahrscheinlich Wrights wörtlichste Umsetzung des organischen Vorbilds. Auf den Konstruktionszeichnungen nennt er den oberen Teil Blütenblatt und den sich verjüngenden Teil Blütenkelch. Die Metapher geht noch weiter. Statt der normalen runden Bewehrungsstäbe verwendete Wright Streckmetall *(Abb. 8.47)*. In Arizona hatte ihn der Aufbau der Saguaro- und Cholla-Kakteen fasziniert. Beide haben hölzerne Gittergerippe im Rhombenmuster, die sich unter der grünen Oberfläche des Saguaro und der feinen Nadelkruste, die den Cholla bedeckt, verbergen. Beide Pflanzen erinnerten Wright nicht nur an die Beschaffenheit des menschlichen Körpers aus Fleisch und Knochen, sondern auch an die Konstruktion von Stahlbeton. Wright verkündete stolz, daß „dies das Ende des stabbewehrten Betons markiert".[6]

Die Stützen sind nicht genau das, was sie zu sein scheinen. Sie sind nicht massiv, sondern setzen sich aus zwei Traversen und drei konzentrischen Ringen zusammen. Sie sind nicht freistehend, sondern stoßen zur zusätzlichen Versteifung seitlich aneinander oder an die Wand, und die Traversen sind durchgehend. Die Konstruktion ist ein fortlaufendes Gitter aus Stützen und Trägern. Wright erzählte immer wieder gern, wie die Probestütze bei einer Vorführung für die Baubehörde ein Vielfaches der Last tragen konnte, die sie später aushalten mußte, aber dennoch war das Johnson Wax Building kaum ein technischer Triumph. Die Stützen sind auf einem 6-m-Raster angeordnet – ziemlich klein für ein modernes Büro – und tragen nur das Dach. Zweifellos ist es jedoch eine sehr schöne Konstruktion.

Die Wände des Johnson Building sind innen und außen Ziegelwerk, was wieder auf Wrights Vorliebe für das Monolithische hinweist und auf den Wunsch, Unterschiede zwischen Innen- und Außenraum zu verwischen. Der Aufbau dieser Wand ist auf vielfache Weise den Faserblock- und Usonian-Wänden überlegen, aber er hat dennoch das Potential für einige der Probleme, die dort auftraten. Zwei Arten von Wänden werden im Gebäude verwendet, beide ein Sandwich-Typus. Der erste Typ befindet sich im unteren Abschnitt der Wand unterhalb des Fensters; er ist tragend, weil er ein Ende des Balkons stützt. Die Wand hat einen Betonkern, der auf beiden Seiten zuerst mit einer Korkschicht zur Isolierung und dann mit Ziegeln verkleidet wurde *(Abb. 8.39)*. Der zweite Wandtyp erstreckt sich vom Balkonboden bis zum

8.37

8.38

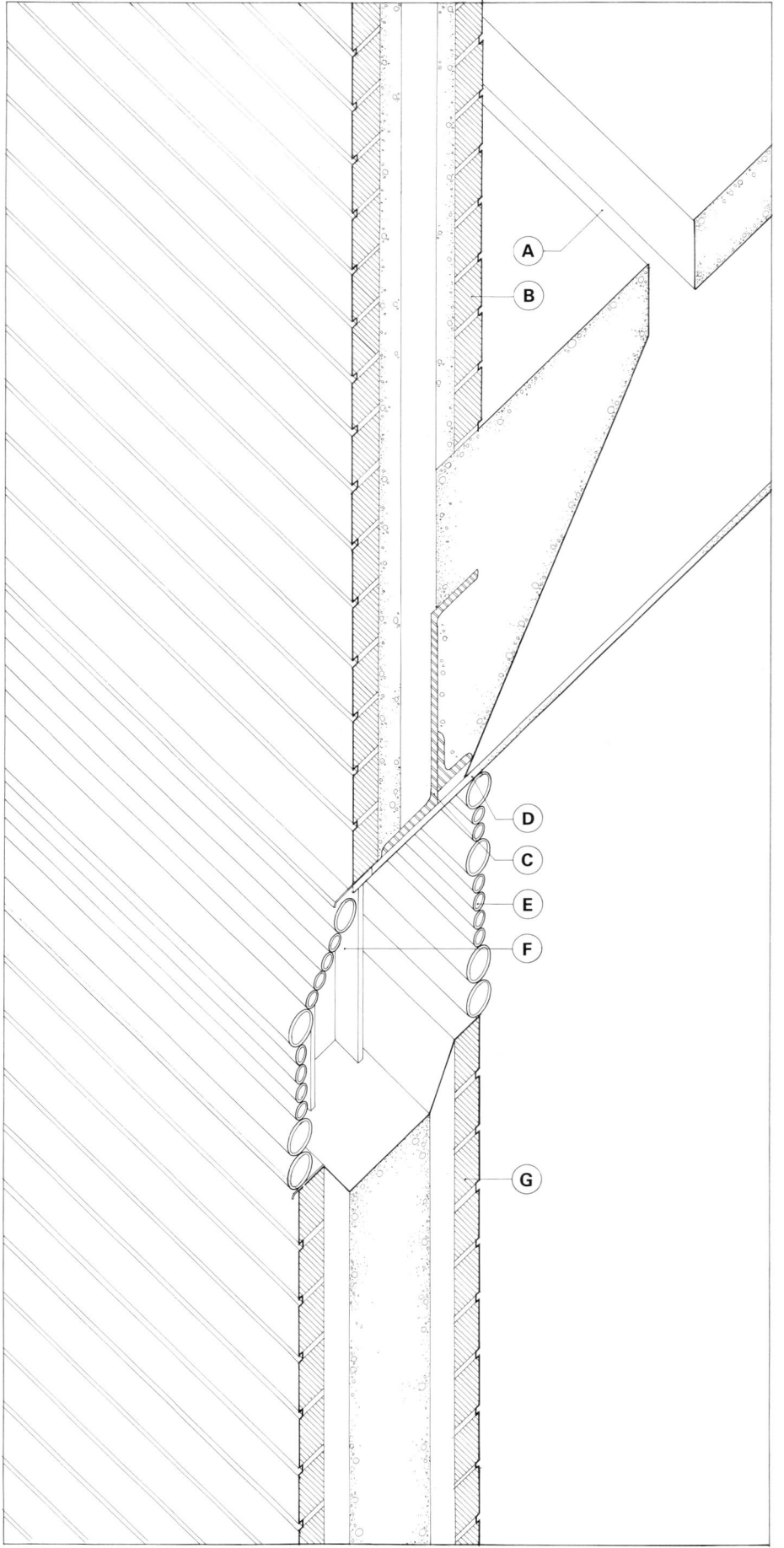

8.39

Bürogebäude S. C. Johnson and Son
Frank Lloyd Wright
Racine, Wisconsin, Bürogebäude 1939,
Forschungsturm 1950

8.37 **Luftaufnahme**
(Johnson Wax Company)

8.38 **Innenansicht**
(Johnson Wax Company)

8.39 **Fassadenschnitt**
A Betondeckenplatte mit
   Schlitz für Belüftung.
B Obere Wandkonstruktion:
   Luftschichtmauerwerk, mit
   Korkplatten und verstärktem Beton
   auf beiden Seiten gefüllt.
C Stahl-Z und -Winkel als Anker. Sie
   erden durch eine Stahlstütze (nicht
   gezeigt) getragen.
D Putzdecke. Der Raum zwischen
   Betonplatte und Putzdecke dient der
   Belüftung.
E Pyrexglasröhren.
F Aluminiumgußständer als Halterung
   für die Glasröhren.
G Untere Wandkonstruktion. Die
   Korkschicht wird hier durch eine
   Betonwand getrennt.
   (Frank Lloyd Wright Foundation,
   Zeichnung 3601.10)

Fenstergeschoß. Er ist nicht tragend, sondern muß sich selbst stützen, da er oben unversteift ist. Diese Wand besteht aus zwei Ziegelschalen, einer Lage Kork in der Mitte des Hohlraums und armiertem Beton in den auf beiden Seiten verbleibenden Zwischenräumen.

Die Stärke des Entwurfs für das Johnson Wax Building liegt in der Isolierung. Wright war in dieser Hinsicht im ganzen Gebäude äußerst gründlich; die Fundamente sind isoliert, und oben auf den Stützen befindet sich eine Isolierplatte. Der Schwachpunkt dabei ist allerdings, daß die Wassereinwirkung nicht genug berücksichtigt wurde. In der Regel ist Beton, solange er keine Risse aufweist, wasserundurchlässig. Ziegel und Mörtel dagegen sind es normalerweise nicht. Theoretisch ist es möglich, eine wasserdichte Wand aus Ziegeln und Mörtel zu bauen, aber es treten so häufig Mängel auf, daß man meist mit Hohlwänden arbeitet – das heißt, man geht davon aus, daß die Wand durchlässig ist, und sorgt entsprechend vor. Konzeptionell wäre es möglich gewesen, daß der im Entwurf vorgesehene Betonkern ausgereicht hätte, um die Wand wasserundurchlässig zu machen, aber nur mit einer sorgfältig abgestimmten und vorgeplanten Betonmischung.

Wrights Wand zeigt eine Sensibilität gegenüber dem Charakter des Gebäudes, die nur wenigen Architekten der Moderne gelang. Viele wollten, wie Wright, trotz der allgemeinen Tendenz zur mehrschichtigen Hohlmauer mit Isolierung, monolithische Mauern mit einer identischen Innen- und Außenstruktur bauen. Louis Kahn kämpfte mit diesem Problem. Wright erkannte sehr früh diesen Widerspruch und legte mit der Sandwichwand ein mögliches Lösungskonzept vor.

Die Fenster und Oberlichter des Johnson Wax Building waren jahrelang undicht. Sie sind der architektonische Glanzpunkt des Gebäudes und gleichzeitig sein technischer Alptraum. Wrights Verhalten ist etwas verwunderlich, denn er ließ einige grundlegende Baupraktiken außer acht, die er, seinem früheren Werk nach zu urteilen, sehr wohl begriffen hatte. Sein Ansatz war, milde ausgedrückt, experimentell. Der Bau war im Gang, bevor man über das grundsätzliche Verglasungssystem überhaupt entschieden hatte, und es wurde eine Reihe von Produkten verwendet, die gerade erst auf den Markt gekommen waren (z.B. Pyrexröhren und Silikonverglasung). Vielleicht hatte Wright zu viel Vertrauen in die Möglichkeiten dieser neuen Materialien, um die architektonische Detailgestaltung entsprechend zu verändern.

Die Oberlichter und Fenster sind im Entwurf ähnlich. Bei beiden wurden verschiedene Größen von Pyrexröhren verwendet, die mit Aluminiumhalterungen befestigt wurden. Die Fenster weisen zwei Lagen Röhren auf, die Oberlichter eine. Alle Verbindungen zwischen den Röhren und zwischen den Rahmen sind Stoßfugen, abgedichtet mit Silikonverglasungsmasse. Beide Systeme verletzen eine Reihe von üblichen Montageverfahren der dreißiger Jahre:

Stoßfugen waren bei Glas inakzeptabel. Glas ist großen thermischen Bewegungen ausgesetzt, und das traditionelle U-Profil des Fensterrahmens, mit Kitt oder Verglasungsmasse gefüllt, entspricht diesen Anforderungen.

Oberlichter wurden nie flach ausgeführt. Alle horizontalen Außenflächen waren geneigt, um stehendes Wasser zu vermeiden, das irgendwann die meisten Materialien durchdringt. Es dringt natürlich nicht durch das Glas, aber durch die Fugen.

Oberlichter wurden gewöhnlich mit Kondenswasserrinnen ausgestattet, um das Schwitzwasser abzufangen, bevor es zu Boden fallen konnte.

Wright hatte sich in der Vergangenheit an alle diese Standardverfahren gehalten. Das Oberlicht des Larkin Building ist ein ausgezeichnetes Beispiel: es hat innen ein flaches, ornamentiertes Glasdach und darüber ein geneigtes Oberlicht (mit Kondenswasserrinnen). Wrights vorherige Befensterung hatte die grundlegende Technologie des Fensters nicht drastisch verändert.

Er war offensichtlich der Meinung, daß die Standardverfahren obsolet würden, aber er behielt nur in einer seiner Annahmen recht – stumpfe Verbindungen bei der Fensterverglasung sind hauptsächlich wegen des Silikons etwas Alltägliches geworden. Für Oberlichter jedoch gelten immer noch die allgemeinen Regeln, die im Larkin Building und bei vielen industriellen Bausystemen angewendet wurden. Zwischen einem System für Fenster und einem Oberlichtsystem muß also unterschieden werden.

Während des Baus versuchten der Bauunternehmer und sogar Wrights Mitarbeiter Edgar Tafel, Wright zu einer Änderung der Konstruktion der Oberlichter zu bewegen.

8.40

8.41

8.42

8.43

Bürogebäude S. C. Johnson and Son
Frank Lloyd Wright
Racine, Wisconsin, Bürogebäude 1939,
Forschungsturm 1950

8.40 **Innenansicht**
(Johnson Wax Company)

8.41 **Oberlicht**
Installation der Abdichtung.
Die Glasoberlichter wurden zu einer
Hauptursache von Undichtigkeiten,
weil das Regenwasser von dem
Flachdach nicht ausreichend
ablaufen konnte und die Oberlichter
zwischen den Glasröhren
zahlreiche Ritzen aufwiesen.
(Johnson Wax Company)

8.42 **Außenansicht**
(Johnson Wax Company)

8.43 **Wand während des Baus**
Die Korkisolierung und die
Stahlbewehrung sind sichtbar.
Der verbleibende Hohlraum wurde
mit Beton vergossen.
(Johnson Wax Company)

Wright sah offenbar nicht ein, warum ein gutes System für die Fenster nicht auch für die Oberlichter gut sein sollte. Er hätte sich nicht gewaltiger täuschen können. Nach 20 Jahren, in denen die Oberlichter fast ständig neu abgedichtet werden mußten, deckte die Johnson Company schließlich 1957 die undichten Oberlichter mit herkömmlichen Oberlichtern mit Rahmen und Abschrägung ab.

Wrights Einstellung zur Detailbehandlung im Johnson Wax Building war die eines Perfektionisten. Jedes Element mußte wie spezifiziert ausgeführt und genau am richtigen Platz angebracht werden, in genau der richtigen Größe und aus genau den Komponenten und Materialien angefertigt, die Wright verlangte. Wenn sich der Bauunternehmer oder Arbeiter irrte, konnte dieser Irrtum nicht aufgefangen werden. Bei der üblichen Detailbehandlung – egal ob 1935 oder heute – ist das Gegenteil der Fall. Man geht davon aus, daß während der Bauarbeiten Fehler und Ungenauigkeiten auftreten, und trägt dafür Sorge, diese innerhalb des Baus auszugleichen. Die Hohlwand, die gegen eventuelle Undichtigkeiten vorbeugend absichert, und die üblichen Profile, die Abweichungen in der Größe überdecken, sind Beispiele. Die meisten Architekten gestalten die Details dementsprechend; sie gehen davon aus, daß Fehler auftreten und berücksichtigt werden müssen. Andere, wie Wright in seinen späteren Jahren, waren da anderer Ansicht: der Architekt sollte eine korrekte handwerkliche Ausführung verlangen und sicherstellen und auch seine Detailbehandlung danach ausrichten.

Als Wright seinem Bauherrn Herbert Johnson im August 1936 den schematischen Entwurf vorlegte, teilte er ihm mit, daß das Bürogebäude 250.000 Dollar kosten würde. Das Gebäude wurde im April 1939 fertiggestellt – verspätet und mit 600.000 Dollar Mehrkosten. Bei dem Laborturm, der 1950 fertiggestellt wurde, gab es ähnliche Probleme. Bei Baubeginn beliefen sich die veranschlagten Kosten auf 1,2 Millionen Dollar, letztendlich wurde der Bau für die dreifache Summe fertiggestellt. Woran lag das? Viele Probleme waren auf Wrights Unentschlossenheit und die verzögerte Vorlage der nötigen Konstruktionszeichnungen beim Bauunternehmer zurückzuführen. Einige Vorkommnisse lassen Wright sogar unprofessionell erscheinen. Zum Beispiel: als der Bau schon lange im Gange war, hatte Wright noch keine Ahnung, wie er die Fenster einfassen sollte. Die Probleme, die durch die eng miteinander verknüpften Bausysteme des Gebäudes und durch das geforderte hohe Maß an Genauigkeit verursacht wurden, sind besonders im Hinblick auf die divergierende Entwicklung interessant, die moderne Architektur und moderne Konstruktion einschlagen sollten.

Wright glaubte wie viele moderne Architekten, daß ein funktionales Gebäude in seinen Fertigungsmethoden eng verbunden und dabei billig sein müßte. Bei einem solchen integrierten Gebäude würden weniger verschiedene Elemente eingesetzt, und jedes Einzelelement könnte mehr Funktionen ausüben. Diese Einfachheit würde nicht nur Ordnung, sondern auch Wirtschaftlichkeit erzielen. Beton kann beispielsweise sowohl für das Tragwerk wie für die Verkleidung verwendet werden und ist demnach bei diesem Verfahren Stahl vorzuziehen, der nur konstruktiv eingesetzt werden kann und zum Abschluß verputzt werden muß. Ein weiteres Beispiel ist die Methode, die wir bereits bei der Usonian-Hauswand gesehen haben: statt das traditionelle System zu verwenden, bei dem äußere Holzverkleidung, Holzkonstruktion und Innenputz drei verschiedene Systeme sind, die drei verschiedene Aufgaben erfüllen und von drei verschiedenen Handwerkern ausgeführt werden, faßte Wright sie alle zu einem System zusammen, bei dem die Außen- und Innenteile nicht nur aus dem gleichen Material waren, sondern auch zum Bestandteil der Konstruktion wurden. Diese Haltung ist der eines Architekten früherer Zeiten sehr ähnlich. Die Steinmauern der Kathedrale von Chartres sind Tragwerk, Innenwand und Außenwand in einem. Ironischerweise neigt die moderne Bauweise zum Gegenteil von dem, was Wright beabsichtigte. Statt integrierter und multifunktionaler Elemente setzt sie bevorzugt unabhängige und spezialisierte Bauteile ein. Die Hauptgründe dafür sind organisatorischer Art und haben mit der Spezialisierung bei Arbeitskräften und Materialien in der Bauindustrie zu tun, insbesondere bei Großbauten.

Ein Gebäude wie das Johnson Wax Building wird nicht von einer Firma gebaut, sondern von einem Generalunternehmer. Er kann selbst viele Arbeiter beschäftigen (in diesem Fall war es nicht so), aber im allgemeinen beauftragt er eine Reihe von anderen Firmen – Subunternehmer –, die auf bestimmte Gebiete, wie Beton, Ziegel, Heizung und Installation, spezialisiert sind. Ein Maurer, der am Johnson Building arbeitete, vermauerte als Arbeitnehmer des Ziegelbetriebs nur Ziegel. Er hatte nichts

8.44

8.45

8.46

8.47

Bürogebäude S. C. Johnson and Son
Frank Lloyd Wright
Racine, Wisconsin, Bürogebäude 1939,
Forschungsturm 1950

8.44 Johnson Wax Tower
(Johnson Wax Company)

8.45 Innenansicht
(Johnson Wax Company)

8.46 Einbau der Glasröhren
Bei dem Bürogebäude waren die Pyrexglasröhren lediglich mit einer einfachen Gummidichtung versehen. Bei den späteren Erweiterungsbauten wurde eine Dichtung verwendet, die sich besser an die Röhren anschmiegt – wie im Bild zu sehen. Die Gefahr, daß sich die Verbindungen beim thermisch bedingten Ausdehnen und Zusammenziehen des Glases lösten, wurde damit verringert.
(Johnson Wax Company)

8.47 Einbau der Stahlbewehrung
Man beachte, daß sowohl herkömmliche Stabbewehrung als auch Streckmetall (das rhombenförmige Material) verwendet wurde. Wright meinte, daß letzteres wegen seiner Ähnlichkeit mit natürlichen Strukturen organischer sei.
(Johnson Wax Company)

8.48 Oberlicht im Johnson Building in schematischer Darstellung

8.49 Oberlicht im Larkin Building in schematischer Darstellung

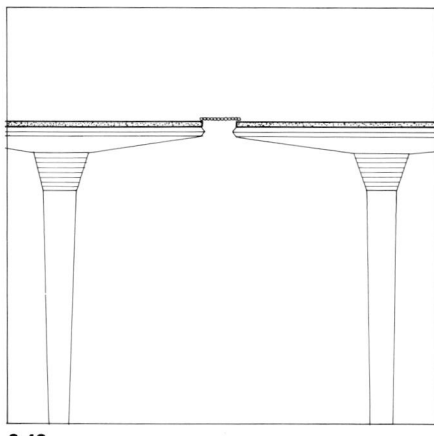

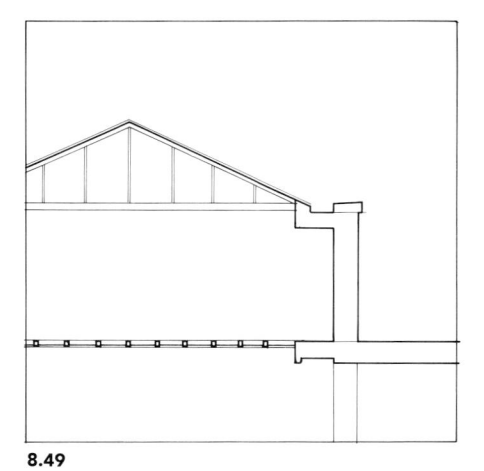

mit Beton oder der Isolierung oder anderen zugehörigen Arbeitsschritten der Mauer zu tun, und wenn er damit fertig war, vermauerte er Ziegel bei einem anderen Gebäude. Die Kathedrale von Chartres hätte vier Subunternehmer haben können: einen für den Stein, einen fürs Holz, einen fürs Metall und einen fürs Glas. Das Johnson Wax Building hatte über hundert.

Eine praktische Auswirkung dieses Organisationstyps war die Debatte zwischen den verschiedenen Gewerkschaften darüber, wer die Glasröhren anbringen sollte. Den Gewerkschaftsvorschriften gemäß durften Maurer keine Fenster installieren und Glaser keine Steine vermauern. Wright brachte diese Aufteilung durcheinander, indem er Glasröhren statt Fenster benutzte. Sie paßten nicht in das System der sauberen Arbeitstrennung. Wer sollte sie anbringen? Glaser? Maurer? Betonarbeiter? Beim Laborturm war die Lösung ein Kompromiß: Glaser und Maurer wechselten sich geschoßweise ab.

Ähnliche Probleme traten bei der Konstruktion einer typischen Wand auf. Wrights Entwurf sah das Vermauern von zwei Ziegellagen vor, die danach mit Isolierung und Beton gefüllt werden sollten. Betrachtet man die fertige Konstruktion, erscheint dies logisch; Ziegel und Beton verbinden sich zu einer Einheit. Betrachtet man jedoch die Gegebenheiten der baulichen Organisation vor Ort, war es ein Alptraum. Die Betonarbeiter mußten dastehen und warten (wofür sie bezahlt wurden), bis die Maurer die Außenwände fertiggestellt hatten. Beim Bau des Hauptblocks, der nur zweigeschossig war, verursachte dies keine größeren Schwierigkeiten. Beim Bau des 15stöckigen Turms verschärfte sich das Problem jedoch enorm. Der Bauherr, der Bauunternehmer und Wrights Mitarbeiter kamen zu dem Schluß, daß es billiger wäre, den Betonteil separat zu bauen und die Ziegellage als Verblendung darauf anzubringen. Dies ließ Wright nicht zu. Der Ausgang bezeugt das Maß, in welchem Wright der Gesellschaft, in der er lebte, den Rücken gekehrt hatte: der Bauunternehmer, der Bauherr und die Mitarbeiter beschlossen, die Systeme unabhängig zu bauen und Wright nichts davon zu sagen. Viele Architekten der Arts and Crafts-Bewegung waren auf ähnliche Weise der Gesellschaft entfremdet. Ihre Konzepte von logischem Bauen deckten sich nicht mit jenen der Leute, mit denen sie arbeiteten. Aber Wright fühlte sich in seinem Widerstand wohl. Ob er sich unklugerweise gegen die Realitäten des modernen Lebens stellte oder heroischerweise den Absurditäten der modernen Gesellschaft Widerstand leistete, läßt sich unmöglich entscheiden.

9   Ideen und Realitäten des modernen Bauens

Was bedeutet die Architektur in der Erfahrung der Masse der Menschen? Bei all meinen Spaziergängen bin ich nie auf einen Menschen gestoßen, der sich mit einer so einfachen und natürlichen Beschäftigung wie das Bauen seines Hauses intensiv befaßte. ... Nicht der Schneider allein ist der neunte Teil eines Menschen; ebenso ist es der Prediger und der Kaufmann und der Bauer. Wo soll diese Teilung der Arbeit enden?
Henry David Thoreau, *Walden*

Ein Architekt kann ohne Bautheorie, wie einfach diese Theorie auch sein mag, kein Haus bauen. Bauen ist nicht Mathematik; architektonisches Bauen ist ein ebenso subjektiver Prozeß wie der architektonische Entwurf. Bauen beinhaltet komplexere Überlegungen, die Anwendung wissenschaftlicher Gesetze und eine Tradition (oder vielleicht eine konventionelle Weisheit), die besagt, wie die Dinge zu bauen sind, aber diese Tradition und diese Weisheit sind nicht mehr oder weniger gültig als jene, die besagen, wie die Gebäude auszusehen haben.

Jeder der in dieser Studie behandelten Architekten hatte eine Theorie des Bauens oder des Detaillierens. Einige dieser Theorien, wie die von Wagner, waren in ihren Ideen genauso ausgearbeitet wie auf dem Gebiet der Ausführung. Einige, wie die von Mies, waren roh in der Konzeption, aber genau in der Ausführung. Einige, wie die von Lutyens, waren hochentwickelt im Detaillieren, aber grob in der Bauausführung. Und einige, wie die von Le Corbusier, waren hochentwickelt in der Konzeption und roh in der Ausführung. Allen diesen Männern war die Tatsache gemein, daß sie, um bauen zu können, Kompromisse schließen mußten; das Ausmaß des Erfolges oder Mißerfolges jedes einzelnen hing davon ab, wie sich ihre Wahrnehmungen der Realität des Bauens oder ihre Konzeption einer idealen Form des Bauens von der Vorstellung guten Bauens der Bauindustrien unterschieden. Es ist kein Zufall, daß die erfolgreichsten dieser Architekten, was die Anzahl der Aufträge betrifft, am wenigsten systematisch und am inkonsequentesten in der Anwendung ihrer Ideen waren.

Es überrascht, wie groß in fast jedem Fall der Unterschied zwischen Konzeption und Realität ist. Es ist jedoch weniger überraschend, wenn wir nach den Ursprüngen dieser Architekturkonzepte fragen. Einige stammten von Theoretikern des neunzehnten Jahrhunderts, wie Pugin und Viollet-le-Duc, deren Ideen wiederum aus der Analyse archaischer Mauerwerksbauten stammten, die wenig mit modernen Konstruktionen gemein hatten. Andere fußten auf persönlichen Auffassungen des Industrialisierungsprozesses, z.B. über die Konstruktion von Autos oder Flugzeugen, die häufig recht weit von der Wirklichkeit entfernt waren. Wenige Konzeptionen wurden aus einer Analyse der Bauindustrie, so wie sie existierte, entwickelt.

Im gleichen Maße, wie sich die Vorstellungen der Architekten über das moderne Bauen entwickelte, entwickelte sich auch das moderne Bauen selbst – doch häufig in entgegengesetzte Richtung. Den Architekten waren die größeren Veränderungen in der architektonischen Technologie nach 1875, wie die Entwicklung des Skelettbaus und die enorme Steigerung in Quantität und Qualität der mechanischen Ausrüstung völlig bewußt. Sie reagierten auf diese Veränderungen, und Architekturhistoriker (Giedion, Frampton und insbesondere Banham) haben ihre Reaktionen detailliert beschrieben.

Auch einige unauffälligere und dennoch wichtige Veränderungen fanden statt:

Die Entwicklung des mehrschichtigen Baus. Die Vorstellung, daß die Wände in der Architektur des Altertums und Mittelalters monolithisch waren, war größtenteils eine Illusion. Marmor ist immer als Verblendung eingesetzt worden, Innenräume sind immer verputzt worden, und selbst bei einer einfachen Steinwand wurde hochwertiger Stein immer an den Sichtflächen angebracht. In den dreißiger und vierziger Jahren traten Entwicklungen ein, die den mehrschichtigen Bau förderten: die Entwicklung von Maschinen für das Verblenden mit teuren Hölzern, Steinen und Metallen, der weitverbreitete Einsatz des Luftschichtmauerwerks und die Entwicklung der Rahmengebäude, die der Wand ihre tragende Funktion nahm und es nahelegte, Isolierung und Wasserabdichtung darin unterzubringen. Es gibt und wird immer Bausysteme und Gebäudetypen mit monolithischer Konstruktion und Fassade geben, aber die Bauindustrie der Gegenwart und der jüngsten Vergangenheit tendiert in die Gegenrichtung.

Die Entwicklung spezieller Komponenten. Bei der traditionellen monolithischen Wand werden alle Funktionen – Tragwerk, Isolierung, Wasserabdichtung und Fertigbehandlung – mit ein oder zwei Materialien ausgeführt. Bei der modernen mehrschichtigen Wand gibt es eine Komponente für jede Funktion – konstruktiver Rahmen, Isolierung, Wasserabdichtung (Hohlraum oder Membrane), Dampfsperre, Innen- und Außengestaltung. Dies ist nur ein kleiner Teil dieses Phänomens. Die mittelalterliche Pfarrkirche weist außer Holz und Stein vielleicht noch fünf oder sechs verschiedene Materialien auf; ihr modernes Äquivalent brauchte, unabhängig von der äußeren Erscheinung, mehr als einhundert.

Die Spezialisierung der Arbeitskräfte. Die Spezialisierung der Komponenten ging mit der Spezialisierung der Arbeitskräfte einher. Jede spezielle Komponente wurde von einem spezialisierten Handwerker eingesetzt. Die englische Pfarrkirche hatte möglicherweise spezielle Maurer und Zimmerleute beschäftigt; ihr modernes Äquivalent würde den hundert verschiedenen speziellen Materialien entsprechend hundert verschiedene Arbeiter benötigen. Innerhalb dieser Vielfalt an Materialien und Fertigkeiten existiert eine genaue Hierarchie des Handwerks. Eine Steinfassade ist in ihrer Fertigbearbeitung und ihren Toleranzen präzise; verdeckte Stahl- und Betonarbeiten sind es nicht. Fugenmauerwerk und rohe Zimmerarbeiten liegen irgendwo dazwischen. Im heutigen Bauen wird diese Toleranz, das zulässige Maß an Ungenauigkeit, durch eine Vielfalt von Standardspezifikationen, Herstellerorganisationen und Bauvorschriften quasi legalisiert.

Die Entwicklung der unabhängigen Bausysteme. Viele der am Anfang dieses Buches besprochenen Gebäude sind Kreuzungen zwischen tragender Wand und Rahmen. Viele der größeren Gebäude von Lutyens und Wright sind mit modernen Baukomponenten errichtet worden, aber diese Komponenten sind so eng miteinander verbunden, daß Maurer-, Eisen- und Zimmerarbeiten fast gleichzeitig ausgeführt werden mußten. Die Entwicklung der unabhängigen Subunternehmer, spezialisierten Arbeiter und Spezialmaterialien machte dieses Maß an Integration unerwünscht. Der moderne Stahlsubunternehmer will seinen Rahmen aufbauen, dabei mit anderen Subunternehmern so wenig wie möglich zu tun haben und die Baustelle so schnell wie möglich wieder verlassen.

Die Entwicklung der Bautypologien. Dies ist weniger eine Entwicklung, die eintrat, als eine, die nicht eintrat. Der Handwerker, der an der Kathedrale von Chartres arbeitete, lebte nicht in einem Haus mit Steingewölben. Verschiedene Materialien und verschiedene darauf bezogene Bauweisen sind schon immer für verschiedene Gebäudetypen angewendet worden, und der größte Unterschied lag immer zwischen dem Einfamilienhaus und dem Gebäude einer großen Institution. Viele erwarteten, daß die Industrialisierung diesen Unterschied ausmerzen würde, daß alle Gebäude aus standardisierten fabrikgefertigten Komponenten errichtet würden. Doch moderne Bautechniken haben diesen Unterschied eher verstärkt. Dies gilt weniger für Europa, wo es nicht so viele Einfamilienhäuser und so viele Holzbauten gibt wie in Amerika. In Amerika existieren hingegen zwei separate und unabhängige Bauindustrien, die verschiedene Materialien und Verfahren verwenden und nicht nach den gleichen Regeln arbeiten. Ein Großteil der Spezialisierung der Arbeit, die sich im Bau großer Gebäude entwickelt hat, fand im Wohnhausbau mit seinen ineinander verschränkten Aufgaben nicht statt.

Dies war und ist die Realität des modernen Bauens. Es gibt keinen Grund zu der Annahme, daß diese Charakteristika zwingend und unveränderbar seien. Sie repräsentieren nur die Bautradition, wie sie existiert. Umfangreiche Veränderungen können diese Tradition umkehren; das lange erwartete Fertighaus kann zum Standard werden. Oder noch subtilere Veränderungen könnten größere Auswirkungen haben; wenn Stahl sehr viel teurer als Beton würde, wäre eine Rückkehr zum monolithischen Bauen möglich. Oder vielleicht sind die konventionelle Weisheit und die modernen Bautraditionen einfach falsch: Spezialkomponenten, spezialisierte Arbeitskräfte und unabhängige Systeme sind vielleicht nicht die billigste Art zu bauen. Es gibt keinen Grund zur Annahme, daß die Auffassungen der amerikanischen Bauindustrie unfehlbarer seien als die Auffassungen der amerikanischen Automobilindustrie.

Die genannten Tendenzen entsprechen der Tradition der modernen Bauindustrie, nicht aber der modernen Architekten. Während sich diese modernen Bausysteme entwickelten, folgten moderne Architekten ihrer eigenen Theoriebildung. In der Theorie des modernen Bauens lassen sich Tendenzen ausmachen, die unabhängig von Entwicklungen des modernen Bauens selbst sind und oft im Gegensatz dazu stehen. Das liegt letztlich daran, daß sie nicht auf Analysen beruhen, sondern Ausdruck von Ideologien sind:

Der Wille zum monolithischen Bauen. 1953 baute Mies van der Rohe, der den mehrschichtigen, verblendeten Barcelona-Pavillon gebaut hatte, das monolithische Sichtrahmengebäude Commons Building am Illinois Institute of Technology. 1935 baute Le Corbusier, der 1929 die mehrschichtige flugzeugartige Wand der Loucher-Häuser entworfen hatte, das Haus in La Celle-Saint-Cloud mit monolithischen Steinwänden. Und 1936 baute Frank Lloyd Wright, der seine frühen Putz-Holz-Häuser so sorgfältig ornamentiert hatte, um ihre verborgenen Tragwerke zu beschreiben, das Haus Kaufmann mit massiven Steinwänden. Wie kommt es, daß diese drei Meister der modernen Architektur eine der industriellen Entwicklung entgegengesetzte Richtung einschlugen? In gewissem Maße lag es an den konjunkturellen Umständen: Billiger Brennstoff, billige Arbeitskräfte, kleine Gebäude und kleine Budgets legten während der Wirtschaftskrise das monolithische Bauen nahe. Dies erklärt jedoch nicht den monolithischen Aufbau des Hauses Farnsworth oder von Fallingwater. Mehrschichtige Bausysteme verbergen ihre Tragkonstruktion. Sie sollte unbedingt dargestellt werden. Dies erforderte entweder einen analogen Aufbau oder eine teilweise Offenlegung, einen Ausdruck – und damit die Verwendung von Symbolen, nur von der Ästhetik geleitete Entscheidungen, die in den Augen der Architekten unerträglich subjektiv gewesen wären. Die moderne Architektur sollte objektiv, sachbestimmt, frei von Stil sein. Das konnte sie nicht sein, wenn das Konstruktionssystem zum großen Teil auf symbolische Weise in Erscheinung trat. Die Ideen jener, die das moderne Bauen vom Wesen her als mehrschichtig ansahen, wie Wagner und Loos, wurden gerade von Leuten wie Schindler abgelehnt, die sie am besten weitergeführt hätten.

Der Wille zur handwerklichen Qualität. Diese Idee hatte ihren Ursprung bei der Arts and Crafts-Bewegung, deren Autoren auf japanisches und mittelalterliches Bauen aufmerksam machten, bei dem das Niveau des Handwerks gleichbleibend hoch war. Es war eigentlich auch unverzichtbar; bei einem Gebäude, wo alles sichtbar ist, muß alles von einem gemeinsamen Grad an Genauigkeit in der Ausführung geprägt sein. Man hat immer Architekten wie Mies bewundert, die diesen Perfektionsstand und die damit verbundenen erheblichen Kosten von ihren Bauherren einforderten, ohne weiter zu erklären, warum er eigentlich so erstrebenswert sei. Ruskins Idee, daß ein bestimmtes Maß an Ungenauigkeit und Unvollkommenheit wünschenswert sei, übte zwar großen Einfluß aus und tut es noch heute. Das Maß erträglicher Ungenauigkeit jedoch zu steuern, hat sich als genauso schwierig erwiesen, wie das Maß erträglicher Präzision zu steuern. Dies ist die unlogischste der architektonischen Ideen der Moderne. Sie ist auf alle Fälle die teuerste und nicht zufälligerweise jene, an die man sich in der Praxis am wenigsten hielt.

Der Wille zur perfekten Fügung. Bei der traditionellen Tischlerarbeit waren die künstlerische und die handwerkliche Seite dicht miteinander verwoben. Schmuckprofile wurden verwendet, um Fugen abzudecken und damit sowohl visuell als auch technisch Übergänge zu schaffen. Die Moderne verlangte zuerst die Vereinfachung und schließlich das Verschwinden von Schmuckdetails und machte die nahtlose Verbindung zu ihrem Ideal. Schon die Arts and Crafts-Architekten verzichteten auf Schmuckwerk, um die Kunst der Fügung selbst darzustellen. Wright, in dessen Augen die Maschine das Schmuckwerk funktionell überflüssig gemacht hatte, sonderte es vom Prozeß des Zusammenfügens ab und eliminierte es dann ganz und gar. Andere Architekten der Moderne, wie Mies und Le Corbusier, sahen die Industrialisierung eng mit Abstraktion und Minimalismus verbunden. Tatsächlich waren die betroffenen Arbeiten (z.B. das Verputzen) wenig von der Mechanisierung beeinflußt; die Architekten suchten eigentlich nur nach Wegen, diese Verkleidungen nicht mehr als solche erscheinen zu lassen oder sie zumindest abzuwandeln, um traditionelle Assoziationen auszuschließen oder ihnen zu widersprechen. Sicher waren die dazu entwickelten Details abstrakt, aber es war nichts Industrielles an ihnen, sie verlangten oft mehr Handarbeit als traditionelle Details. Nicht das Schmuckwerk, sondern nur die Qualität seiner Ausgestaltung ist aus der Architektur verschwunden. Wiederum gaben Architekten ein vernünftiges System nicht deshalb auf, weil es unzeitgemäß oder irrational war, sondern weil es von ihnen verlangte, eine ästhetische Wahl zu treffen – eine Wahl, die sie nicht treffen wollten oder die zu treffen sie sich nicht den Anschein geben wollten.

Die Industrialisierung des Bauens. Dies ist ein Traum, der wahr und auch wieder nicht wahr geworden ist. Keine von Architekten entworfenen Prototypen wurden in Massen produziert. Wenig von Architekten entworfene Alternativen fanden allgemeine Anwendung. Die Gründe dafür sind von Gilbert Herbert[1] und anderen eingehend beschrieben worden. Andererseits gibt es in Massen fabrikproduzierte Gebäude: Zellenbauweise, vorgefertigte Metallbauten und Betonfertigteil-Konstruktionssysteme bestimmen einen Großteil der Gebäude, die in den Vereinigten Staaten errichtet werden. Aber Architekten in unserem Sinn haben mit dieser Industrie wenig zu tun. Die Standardisierung ist eingetreten, jedoch nicht in dem Umfang und der Art, wie sie vorhergesehen worden war, und meist ist sie äußerst variantenreich.

Der Wunsch nach integrierten Bausystemen. Es erscheint uns heute – wie vor fünfzig Jahren – logisch, daß ein gutes Gebäude eine minimale Anzahl von Komponenten verwenden solle, die jeweils eine maximale Anzahl von Funktionen ausführen. Es erscheint logisch, daß die verschiedenen technischen und architektonischen Systeme in der Konstruktion eines Gebäudes sich aufeinander beziehen und zusammenpassen sollen. Den meisten Architekten, für die ja Ordnung ein hohes Gut ist, erscheint es unlogisch, daß dem nicht so ist. Die Bastarde aus Stütze-Last- und Skelettkonstruktion um 1890 und 1920 sind logisch in ihrem Umgang mit dem Material – aber die Schwierigkeit liegt in der Menge an Koordination, die heute bei der Ausführung nötig wäre. Wrights Johnson Wax Building mit seiner organischen Analogie der eng ineinandergreifenden Beton-, Ziegel- und Schachtarbeiten widerspricht der Organisation der amerikanischen Bauindustrie, die sich für spezialisierte und unabhängige Komponenten entschieden hat.

Es ist schwer zu glauben, daß so vielen großen Architekten die Entwicklungen des modernen Bauens nicht bewußt waren oder daß ihnen ästhetisch begründete Entscheidungen widerstrebten. Die Antwort darauf ist: Das stimmt auch nicht. Aber bevor wir dieses Dilemma betrachten, müssen wir die ästhetischen Entscheidungen betrachten, die getroffen wurden.

Natürlich war die Detailbehandlung der Moderne nicht frei von ästhetischen Entscheidungen, genausowenig wie die gesamte Architektur es war. Auch war sie nicht vollkommen neu, wie ihre Adepten uns glauben machen möchten. Eines der überraschenden Merkmale der Moderne ist, wie traditionell sie ist. Sir John Summerson bemerkte dies bei der Besprechung von Bauten von Behrens und Perret:

Bei diesen Gebäuden von zwei Meistern der modernen Bewegung haben wir zwei Aussagen zur möglichen Interpretation der klassischen Sprache, in bezug auf Stahl (Behrens) und Stahlbeton (Perret). Solche Gebäude beanspruchten zu ihrer Zeit eine neue Freiheit ohne Beziehung zu spezifischen Ordnungen, und doch sind sie eng verwandt mit den Rhythmen und der allgemeinen Disposition der klassischen Architektur. Es gab überhaupt keinen Grund, warum sich dieser schematische Klassizismus behaupten sollte – doch tatsächlich entstehen weiterhin viele Häuser, die Perrets Werk der zwanziger Jahre im Ausdruck sehr nahekommen.[2]

Ein Großteil der modernen Architektur und ein Großteil ihrer Details sind am besten als Umkehrungen der Tradition zu verstehen. Die Komposition des Details kehrt unsere Erwartungen dessen, was es tun sollte, um. Der Sockel, der vorspringen sollte, springt zurück. Die Fensterleiste, die zurückspringen und gewölbt sein sollte, springt vor und ist rechteckig. Das Holzprofil, das vorspringen sollte, um eine Fuge abzudecken, springt zurück, um sie aufzudecken. Diese Details tauchen im Werk von Wright, Loos, Mies und sogar Lutyens immer wieder auf.

Viele der typischen Fassadendetails der Moderne sind am ehesten als Umkehrungen der Sprache des Klassizismus oder vielleicht der Sprache des tragenden Mauerwerks zu verstehen. Klassische Fassadendetails demonstrieren unmittelbar, wo das Gewicht des Gebäudes den Weg zum Grund findet. Die Verwendung von angeböschten Wänden, Rustizierungen, größeren Steinen in den unteren Lagen, vorspringenden Plinthen mit Profilen und verringerten Fugenabständen in den oberen Bereichen dienten allesamt dazu, das augenscheinliche Gewicht der Gebäude an ihren Sockeln zu erhöhen und die wahrgenommene Stabilität zu verstärken. Tief zurückspringende Fenster und der Einsatz massiver Steine an den Ecken und Pfosten demonstrierten mit dem gleichen Ziel die Wanddicke.

Alan Colquhoun hat gezeigt, daß eine moderne Fassadenkomposition oft eine Umkehrung der klassischen ist.[3] Das vorspringende Erdgeschoß springt zurück, so daß das Gebäude schwebt, und das vorspringende massive Gesims wird zu einer ausgehöhlten oder zurückspringenden Dachterrasse. Auch die Details dieser Fassade sind Umkehrungen der klassischen Details. Das zurückspringende Fenster wird bündig mit der Oberfläche oder springt sogar vor. Die tief zurückspringenden und gegeneinander versetzten Steinfugen werden minimalisiert und zu einem Raster normalisiert. Jedes Element wird manipuliert, um die Dünne und Leichtigkeit der Wand zu betonen und zum erstenmal die Kontinuität von Wand und Fenster hervorzuheben.

Viele der traditionellen Details sollten einen Maßstab festlegen. Das Wesentliche vieler Fassaden der Moderne war die Abstraktion, die eine gewisse Maßstabslosigkeit verlangt. Deshalb wurden viele Details weggelassen oder minimiert. Dicke Holzfensterrahmen wurden gegen dünnere und weniger sichtbare Stahlfenster eingetauscht. Mit Schmuckwerk und Profilen verschwand auch die Möglichkeit, Maßstäblichkeit durch Wiederholung zu definieren. Andere Details wurden umgewandelt; zum Beispiel wurde die Balustrade, an klassischen Gebäuden häufig zur Definition der Dimensionierung forciert, durch ein Rohrgeländer ersetzt, das die gleiche Funktion erfüllte.

Ob Architekten zur Moderne zu rechnen sind, beurteilen wir meist nach dem Maß der Abstraktion; letztlich wenden wir noch immer die Definitionen an, die Hitchcock und Johnson 1932 vorgegeben haben. Danach gehört Lutyens zum Lager der Traditionalisten. Doch unter anderen Gesichtspunkten, die T. S. Eliot und James Joyce zur Moderne zählen lassen, ist auch Lutyens auf jeden Fall ihr zuzurechnen. Wir meinen nicht nur die recht freie Art, in der er die traditionellen Formen verwendet (seine Ordnungen sind fast nie korrekt proportioniert), sondern auch die Widersprüche und abrupten Begegnungen von Klassik und Regionalstil, Georgianik und Tudorstil, hohen und niederen Stufen von Perfektion und Handwerkskunst, die in seinem Werk auftreten. Moderne Kunst und Literatur behandeln mehr als Abstraktion. Sie handeln von wechselnden und simultanen Gesichtspunkten, der Gleichzeitigkeit des Widersprüchlichen, der Verlagerung des Objekts aus dem Kontext, der Fragmentierung und Rekonstruktion. Auf diese Weise schlägt Lutyens Wege der modernen Detailbehandlung ein, die wir noch nicht vollständig erkundet haben, obwohl sich die gleichen Charakteristika im Werk von Wright und Rietveld zeigen.

Um noch einmal auf eine frühere Frage zurückzukommen: Woran liegt es, daß so viele Architekten dieses Jahrhunderts mit dem modernen Bauen uneins waren? Die Diskrepanz muß ihnen natürlich bewußt gewesen sein. In unterschiedlichem Maße begriffen sie, was geschah, waren aber nicht damit einverstanden. Wenige legten ihren Ideen eine Analyse zeitgenössischer Tendenzen zugrunde. Ihre Suche nach formalen Vorbildern bedeutete häufig zugleich eine Suche nach Vorbildern für die Konstruktion, die dann den Gegebenheiten angepaßt wurden. Lutyens blickte auf regionale englische Gebäude, Le Corbusier auf die Industrie und Wright auf die Natur, und meist dünkten sie diese formal bestimmten Modelle den zeitgenössischen

Baumethoden weit überlegen. Die Architekten unterschieden sich primär darin, wie sie die modellhaft aufgefaßten Methoden den jeweiligen Gegebenheiten anpaßten und in welchem Umfang sie dabei zu Kompromissen bereit waren.

Ohne es zu beabsichtigen, habe ich an traditionellen Bauten des zwanzigsten Jahrhunderts viel Rationales, an der Architektur der Moderne viel Irrationales aufgezeigt. Aber die Architekten, die den Status quo der Form oder der Technologie herausforderten, sollten deswegen nicht kritisiert werden. Lutyens und der frühe Wright behandelten die Welt bis zu einem bestimmten Punkt so, wie sie ist. Le Corbusier und der spätere Wright behandelten sie so, wie sie sein könnte. Sosehr wir Schindler oder Wagner und ihr Werk heute auch bewundern mögen – in erster Linie sollten wir sie heute als Modelle möglichen Verhaltens, möglichen Rollenverständnisses begreifen. Wenn wir ihre Formen verwenden wollen, müssen wir sie mit unserer Technologie in Einklang bringen, gerade so, wie sie ihre Formen mit der Technologie ihrer Zeit in Einklang brachten. Es gibt hier vielleicht einiges zu lernen:

– Traditionelle Formen sind nicht unbedingt unvereinbar mit moderner Technologie. Neue Techniken verlangen vielleicht nur die Abwandlung alter, nicht die Schaffung neuer Formen.

– Es kann keine wertfreie Architektur auf der Basis objektiver Entscheidungen geben. Die Techniken des zeitgenössischen Bauens verlangen, ob es genehm ist oder nicht, ästhetische Entscheidungen.

– Eine Detaillierung ist angemessen oder unangemessen, nicht gut oder schlecht; oder sie ist gut oder schlecht nur in Beziehung auf das Gebäude. Detaillierung ist nicht deterministisch, genausowenig wie der Entwurf, sie ist selbst einfach ein Entwurfsprozeß mit Bezug auf die Technologie.

Indem ich – hoffentlich – gezeigt habe, daß es für die Detaillierung und die Konstruktion in der modernen Architektur kaum eine objektive Basis gibt, habe ich ebenso festgestellt, daß es auch für eine auf die Technologie bezogene Kritik der modernen Architektur kaum eine objektive Basis gibt. Entwurf und Kritik, was Form und was Technologie betrifft, verlangen von uns, Stellung zu den Bautraditionen, zur sozialen Ordnung und zu den Aufgaben unseres Berufs zu beziehen. Ob wir uns, mit den Worten des heiligen Paulus, „dieser Welt gleichstellen" oder „durch die Erneuerung unseres Sinnes verändern, auf daß wir prüfen mögen, was gut, wohlgefällig und vollkommen ist", ist eine Entscheidung, die jeder von uns für sich allein treffen muß.

Anmerkungen

KAPITEL 1

1. G. E. Street, *Brick and Marble in the Middle Ages* (London: J. Murray, 1874), S. 400.

2. H. S. Goodhart-Rendel, *English Architecture Since the Regency* (London: Constable, 1953), S. 18.

3. John Ruskin, „The Seven Lamps of Architecture" in *Selected Prose of John Ruskin*, Hrsg. M. Hodgart (New York: Signet, 1972), S. 66.

4. Julien Guadet, *Eléments et Théorie de l'Architecture*, 4. Auflage, Band 1 (Paris: Librairie de la Construction Moderne, 1901–1904), S. 214.

5. Ebenda, S. 116.

6. Ebenda, S. 117.

7. Kasimir Malewitsch, „God Is Not Cast Down", in *Essays on Art* (London: Rapp & Whiting, 1968), S. 201.

8. Goodhart-Rendel, *English Architecture Since the Regency*, S. 192.

9. John Ruskin, „The Stones of Venice", in *Selected Prose of John Ruskin*, Hrsg. M. Hodgart, S. 123.

10. Montgomery Schuyler, „The Peoples Savings Bank of Cedar Rapids, Iowa – Louis H. Sullivan, Architect", *Architectural Record* 31 (Januar 1912), S. 44 – 56.

11. Eugène Emmanuel Viollet-le-Duc, *Entretiens sur l'architecture*, Band 1 (Paris: 1863). – Auf Deutsch liegt von Viollet-le-Duc vor: *Definitionen. Sieben Stichworte aus dem Dictionnaire raisonné de l'architecture* (Basel, Berlin, Boston: Birkhäuser, 1993). (Birkhäuser Architektur Bibliothek).

12. *The Works of John Ruskin*, Hrsg. E. T. Cook und Al. Wedderburn (London: Library Edition, 1903-1912), Band 20, Vortrag 1, Absatz 24.

13. Leopold Eidlitz, *The Nature and Function of Art* (New York: A. C. Armstrong, 1881; New York: Da Capo, 1977), S. 320.

KAPITEL 2

1. Hannes Meyer, „bauen", *Bauhaus* 2, Nr. 4; Nachdruck in *Programme und Manifeste zur Architektur des 20. Jahrhunderts*. Hrsg. Ulrich Conrads. Gütersloh Bertelsmann,1971. (Bauwelt Fundamente, 1). S. 110/111.

2. Edwin Lutyens, „What I Think of Modern Architecture", *Country Life* 69 (20. Juni, 1931), S. 776.

3. Roderick Gradidge, *Edwin Lutyens, Architect Laureate* (London: Allen and Unwin, 1981), S. 74.

4. Christopher Hussey, *The Life of Sir Edwin Lutyens* (London: Country Life, 1950), S. 493.

5. Gradidge, *Edwin Lutyens, Architect Laureate*, S. 3.

6. Lutyens, *What I Think of Modern Architecture*, S. 776.

7. Hussey, *The Life of Sir Edwin Lutyens*, S. 133.

8. Edwin Lutyens, „The Work of the Late Philip Webb", *Country Life* 37 (8. Mai 1915), S. 619.

9. Goodhart-Rendel, *English Architecture Since the Regency*, S. 191.

10. Hussey, *The Life of Sir Edwin Lutyens*, S. 181.

11. Ebenda, S. 133.

12. Ebenda, S. 491.

13. Clayre Percy und Jane Ridley, *The Letters of Edwin Lutyens to his wife Lady Emily* (London: Collins, 1985), S. 75.

14. Ebenda, S. 334.

15. Herbert Baker, *Architecture and Personalities* (London: Country Life, 1944), S. 16.

16. Edwin Lutyens, „Tradition Speaks", *Architectural Review* 72 (November 1932), S. 163.

17. Ebenda.

18. Lutyens, *What I Think of Modern Architecture*, S. 776.

KAPITEL 3

1. Montgomery Schuyler, „An Architectural Pioneer: Review of the Portfolios Containing the Work of Frank Lloyd Wright", *Architectural Record* 31 (April 1912), S. 435.

2. C. R. Ashbee, „Frank Lloyd Wright, A Study and Appreciation", in *Frank Lloyd Wright: The Early Work* (New York: Horizon, 1968), S. 5.

3. Russell Sturgis, „The Larkin Building in Buffalo", *Architectural Record* 23 (April 1908), S. 311-321.

4. Wright an Ashbee, 1908, Ashbee Collection, King's College Library, Katalog-Nr. 220/1908.

5. Frank Lloyd Wright, „In the Cause of Architecture", *Architectural Record* 35 (Mai 1914); gesammelt von Frederick Gutheim in *In the Cause of Architecture* (New York: Architectural Record, 1975), S. 121.

6. Nikolaus Pevsner, *Pioneers of Modern Design* (London: Penguin, 1940; Nachdruck 1964), S. 191. Deutsch: *Wegbereiter moderner Formgebung: Von Morris bis Gropius.* Hamburg: Rowohlt, 1957. (rowohlts deutsche enzyklopädie, 33).

7. Sturgis, „The Larkin Building in Buffalo", S. 320.

8. Ashbee Journals, King's College Library, Katalog Nr. 325/1908. Diese Eintragung ist in Janet Ashbees Handschrift, wurde ihr aber möglicherweise von C. R. Ashbee diktiert.

9. Frank Lloyd Wright, „In the Cause of Architecture VIII", *Architectural Record* 64 (Oktober 1928); Nachdruck in Gutheim, *In the Cause of Architecture*, S. 217.

10. J. Alan Crawford, „Ten Letters from Frank Lloyd Wright to Charles Robert Ashbee", *Architectural History* 13 (1970), S. 64.

11. H. Allen Brooks, „Chicago Architecture: Its Debt to the Arts and Crafts", *Journal of the Society of Architectural Historians* 30 (Dezember 1971), S. 316.

12. Ashbee, „Study and Appreciation", S. 8.

13. Ebenda.

14. Ebenda, S. 5.

15. Frank Lloyd Wright, „The Art and Craft of the Machine" in *The Future of Architecture* (New York: Horizon, 1963), S. 96. Der Vortrag wurde in dieser Fassung 1936 als Teil der Kahn-Vorlesungen in Princeton gehalten und unterscheidet sich geringfügig von den älteren veröffentlichten Fassungen (insbesondere was die Syntax betrifft). Die Fassung von 1936 enthält jedoch auch bis dahin unveröffentlichte Abschnitte des Originalvortrags, vor allem jene, die sich auf die Steinbauweise beziehen. Liest man die Fassung von 1901 mit Sorgfalt, wird klar, daß dieser Teil in der ursprünglichen Rede enthalten war, in der ursprünglich veröffentlichten Version jedoch weggelassen wurde.

16. Ebenda.

17. Ebenda.

18. Ashbee, „Study and Appreciation", S. 7.

19. Wright, *Art and Craft of the Machine.*

20. Owen Jones, *The Grammar of Ornament* (1856; New York: Portland House, 1986), S. 33.

21. Viollet-le-Duc, *Entretiens sur l'architecture,* Band 1.

22. Frank Lloyd Wright, „In the Cause of Architecture", *Architectural Record* 23 (März 1908); Nachdruck in Gutheim, S. 57.

23. John Belcher, *Essentials in Architecture* (London: B. J. Blatsford, 1908), S. 79.

24. Wright, „In the Cause of Architecture", *Architectural Record* 64 (Januar 1928); Nachdruck in Gutheim, S. 155.

25. Wright, *The Future of Architecture,* S. 153.

26. Reyner Banham, „The Services of the Larkin 'A' Building", *Journal of the Society of Architectural Historians* 37, Nr. 3 (1978), S. 195.

27. Wright, „In the Cause of Architecture", *Architectural Record* 23 (März 1908); Nachdruck in Gutheim, S. 57.

28. Wright, „Reply to Mr. Sturgis' Criticism", Nachdruck in J. Quinan, *Frank Lloyd Wright's Larkin Building: The Myths and the Facts* (Cambridge, Mass.: MIT Press, 1987), S. 165.

29. Ebenda, S. 167.

30. Ebenda, S. 168.

31. Ebenda, S. 167.

32. Wright, „In the Cause of Architecture", *Western Architect* 32 (April 1923), S. 42.

33. C.R. Ashbee Journals, King's College Library, Katalog Nr. 306/1908.

34. Norris K. Smith, *Frank Lloyd Wright: A Study in Architectural Content* (Englewood Cliffs, N.J.: Prentice-Hall, 1966), S. 83.

35. Ebenda, S. 100.

KAPITEL 4

1. Brief Sempers an Vieweg, wahrscheinlich vom 19. Juni 1856. Zitiert in Wolfgang Herrmann, *Gottfried Semper im Exil* (Basel und Stuttgart: Birkhäuser Verlag, 1978), S. 97f. (Schriftenreihe des Instituts für Geschichte und Theorie der Architektur an der Eidgenössischen Technischen Hochschule Zürich, gta 19).

2. A. W. Pugin, *Principles of Pointed or Christian Architecture* (London: John Weale, 1841; New York: Academy Editions, 1973), S. 73.

3. Viollet-le-Duc, *Entretiens sur l'architecure*, Band 2, (Paris: 1872).

4. Gottfried Semper, *Der Stil*, Band 2, (München: 1863, Nachdruck: Mittenwald: Mäander Kunstverlag, 1977), S. 304f.

5. Wolfgang Herrmann, „Semper und Bötticher", in Wolfgang Herrmann, *Gottfried Semper: Theoretischer Nachlaß an der ETH Zürich*, Katalog und Kommentare (Basel und Stuttgart: Birkhäuser, 1981), S. 31f.

6. Semper, *Der Stil*, Band 2, S. 468.

7. Joseph Rykwert, „Semper and the Conception of Style", in *Gottfried Semper und die Mitte des 19. Jahrhunderts* (Basel und Stuttgart: Birkhäuser, 1976), S. 69.

8. Ebenda, S. 72.

9. Gottfried Semper, „Vergleichende Baulehre", 10. Kapitel (Assyrisch-Chaldäische Baukunst) in Herrmann, *Gottfried Semper: Theoretischer Nachlaß*, S. 196ff.

10. Otto Wagner, *Moderne Architektur* (Wien: Anton Schroll & Co., 1902), 3. Aufl., S. 96f.

11. Ebenda, S. 95 und 98f.

12. Ebenda, S. 99f.

13. Ebenda, S. 105f.

14. Ebenda, S. 110.

15. Ebenda, S. 114f.

16. Ebenda, S. 107ff.

17. Richard Neutra, *Survival Through Design* (Oxford University Press, 1964), S. 300.

18. Adolf Loos, „Das Prinzip der Bekleidung", in *Ins Leere gesprochen*, (Die Schriften von Adolf Loos, Bd.1, 1897 – 1900), S. 110f. – Die Schreibweise folgt dem Original; Loos war ein eifriger Verfechter der Kleinschreibung.

19. Ebenda, S. 112.

20. Ebenda, S. 114.

21. Ebenda, S. 111.

22. Adolf Loos, „Ornament und Verbrechen", in Adolf Loos, *Trotzdem* (Innsbruck: Brenner-Verlag, 1931), S. 86. (Die Schriften von Adolf Loos, Bd. 2, 1900–1930).

23. Ebenda, S. 205f.

KAPITEL 5

1. Colin Rowe, *The Mathematics of the Ideal Villa and Other Essays* (Cambridge, Mass.: MIT Press, 1976).

2. Henry-Russell Hitchcock und Philip Johnson, *The International Style* (New York: Museum of Modern Art, 1932). Deutsch: *Der internationale Stil*. Braunschweig: Vieweg, 1985, (Bauwelt Fundamente, 70).

3. Le Corbusier, *Vers une Architecture*, Deutsch: *Ausblick auf eine Architektur* (Braunschweig: Vieweg, 1982), S.38ff. Die Ausgabe basiert auf der Übersetzung von Prof. Dr. Hans Hildebrandt unter dem Titel *Kommende Baukunst* von 1926.

4. Reyner Banham, *The Architecture of the Well-Tempered Environment* (Chicago:University of Chicago Press, 1969), S. 153 – 155.

5. Ebenda, S. 156 – 158.

KAPITEL 6

1. Philip Johnson, *Mies van der Rohe* (New York: Museum of Modern Art, 1947; Nachdruck 1978), S. 208. Deutsch: *Mies van der Rohe*. Stuttgart: Hatje, 1957.

2. Ludwig Mies van der Rohe, „Bürohaus" (1923) in Fritz Neumeyer, *Mies van der Rohe. Das kunstlose Wort* (Berlin: Siedler-Verlag, 1986), S. 299.

3. Ludwig Mies van der Rohe, „Bauen" (1923) in Fritz Neumeyer, *Mies van der Rohe. Das kunstlose Wort*, S. 300.

4. Ludwig Mies van der Rohe, „Industrielles Bauen" (1924) in Ludwig Mies van der Rohe, *Die neue Zeit ist eine Tatsache* (Berlin: Archibook-Verlag Düttmann, 1986), S. 37–39, (architextbook Nr. 9).

5. Ludwig Mies van der Rohe, „Die neue Zeit" (1930), in Ludwig Mies van der Rohe, *Die neue Zeit ist eine Tatsache*. S. 47–48.

6. Walter Esters, Sr., an Walter Esters, Jr., zitiert in Wolf Tegethoff, *Mies van der Rohe: The Villas and Country Houses* (Cambridge, Mass.: MIT Press, 1985), S. 61.

7. Theo van Doesburg, „From the New Aesthetic to its Material Realization", in *De Stijl,* Hrsg. H. A. C. Jaffe (New York: Abrams, undatiert), S. 182. Auf Deutsch liegt von Doesburg vor: *Über Europäische Architektur: Gesammelte Aufsätze aus Het Bouwbedrijf 1924 – 1931.* Basel, Berlin, Boston: Birkhäuser, 1990.

KAPITEL 7

1. Thomas Jefferson, *Notes on the State of Virginia* (1782), zitiert in James M. Fitch, *American Building* (Boston: Houghton Mifflin, 1966), S. 55.

2. Sigfried Giedion, *Space, Time, and Architecture* (Cambridge, Mass.: Harvard University Press, 1967), S. 346. Deutsch: *Raum, Zeit, Architektur: Die Entstehung einer neuen Tradition.* Zürich, München: Artemis, 1976.

3. Rudolf Schindler, unveröffentlichte Notizen über Haus Schindler-Chase (1921), im Archiv der University of California, Santa Barbara.

4. Ebenda.

5. Rudolf Schindler an W. L. Lloyd, 14. Mai 1923.

6. Richard Neutra, *Survival Through Design* (Oxford University Press, 1954), S. 51.

7. Sigfried Giedion, *Built in U.S.A.* (New York: Simon and Schuster, 1945), S. 14.

8. Peter Blake, Hrsg., *Marcel Breuer: Sun and Shadow* (New York: Dodd, Mead, 1955), S. 70.

9. Tician Papachristou, *Marcel Breuer: New Buildings and Projects* (New York: Praeger, 1970), S. 21.

KAPITEL 8

1. Louis Sullivan, *A System of Architectural Ornament* (New York: Eakins, 1967), S. 3.

2. Frank Lloyd Wright, „In the Cause of Architecture", *Architectural Record* 64 (Januar 1928); Nachdruck in Gutheim, *In the Cause of Architecture*, S. 154.

3. Frank Lloyd Wright, *The Natural House* (New York: Horizon, 1954), S. 73.

4. Frederick Gutheim, Hrsg., *Frank Lloyd Wright on Architecture* (New York: Grosset & Dunlap, 1941), S. 140.

5. Ebenda, S. 155.

6. Jonathan Lipman, *Frank Lloyd Wright and the Johnson Wax Building* (New York: Rizzoli, 1986), S. 62.

KAPITEL 9

1. Gilbert Herbert, *The Dream of the Factory-Made House: Walter Gropius and Konrad Wachsmann* (Cambridge, Mass.: MIT Press, 1984).

2. John Summerson, *The Classical Language of Architecture* (Cambridge, Mass.: MIT Press, 1963), S. 44.

3. Alan Colquhoun, *Essays in Architectural Criticism: Modern Architecture and Historical Change* (Cambridge, Mass.: MIT Press, 1981), S. 51.

Bibliographie

KAPITEL 2
A. S. G. Butler, *The Architecture of Sir Edwin Lutyens*. Drei Bände.
London: Country Life, Ltd., 1950.
Die meisten Bauzeichnungen von Lutyens sind verlorengegangen, und die noch vorhandenen weichen stark von den fertiggestellten Gebäuden ab. Diese Bücher, die zahlreiche Originalzeichnungen enthalten, sind die wichtigsten Informationsquellen zu Lutyens' Detailbehandlung.

Colin Amory u.a., *Lutyens: The Work of the English Architect Sir Edwin Lutyens (1869–1944)*. London: Arts Council of Grea Britain, 1981.
Enthält Aufsätze von Sir John Summerson über Lutyens' Kathedrale von Liverpool und von Gavin Stamp über New Delhi.

Jane Fawcett, *Seven Victorian Architects*.
London: Thames and Hudson, 1976.
Der Aufsatz von Gradidge über Lutyens ist dem Denkmal von Thiepval gewidmet.

Roderick Gradidge, *Edwin Lutyens: Architect Laureate*. London: Allen & Unwin, 1981.

Christopher Hussey, *The Life of Sir Edwin Lutyens*. London: Country Life, Ltd., 1950.
Diese Biographie, die als Begleitung zu den Bänden von Butler geschrieben wurde, enthält viele Informationen über verschiedene Bauten, vor allem über die Residenz des Vizekönigs in New Delhi.

Robert Grant Irving, *Indian Summer: The Making of New Delhi*.
New Haven: Yale University Press, 1981.
Enthält ein Kapitel zum Bau der Residenz des Vizekönigs in New Delhi.

KAPITEL 3
Bruce Brooks Pfeiffer und Yukio Futagawa, *Frank Lloyd Wright: The Complete Works*.
12 Bände. Tokyo: A.D.A. Edita, 1990.
Wrights Entwürfe und Bauzeichnungen sind besonders gut und fast vollständig archiviert und dokumentiert; diese Bände enthalten viele der wichtigen Zeichnungen.

Reyner Banham, „The Services of the Larkin 'A' Building". *Journal of the Society of Architectural Historians* 37, Nr. 3, Oktober 1978.

H. Allen Brooks, *The Prairie School*.
University of Toronto, 1972.
Beschreibt Wrights frühe Kontakte zu Ashbee und zur Arts and Crafts-Bewegung.

In the Cause of Architecture, Frederick Gutheim (Hrsg.).
New York: Architectural Record, 1975.
Eine Sammlung von Wrights Artikeln im Architectural Record. Viele Artikel behandeln die Materialien und die Industrialisierung, spezifische Informationen fehlen allerdings häufig.

Donald Hoffman, *Frank Lloyd Wright's Robie House*. New York: Dover, 1984.
Enthält die meisten der eher spärlichen Informationen über die Detailbehandlung und Konstruktion des Hauses Robie, auch Baufotografien.

Carla Lind, *The Wright Style. The Interiors of Frank Lloyd Wright*. London, 1992.

Jack Quinan, *Frank Lloyd Wright's Larkin Building: Myth and Fact*.
New York: Architectural History Foundation und Cambridge, Mass.: MIT Press, 1987.

Daniel Treiber, *Frank Lloyd Wright*.
Basel, Boston, Berlin: Birkhäuser, 1989.
(Collection Architektur).

Briefe von Frank Lloyd Wright an Architekten, Schüler, Bauherren. Basel, Boston, Berlin: Birkhäuser, 1992. (Birkhäuser Architektur Bibliothek).

KAPITEL 4
Otto Antonia Graf, *Otto Wagner: Das Werk des Architekten*. Vier Bände. Bd. 1: 1860–1902, Bd. 2: 1903-1918, Bd. 3: Die Einheit der Kunst. Weltgeschichte der Grundformen, Bd. 4: Baukunst des Eros (in Vorb.).
Wien: Hermann Böhlaus Nachfolger, 1985. (Schriften des Instituts für Kunstgeschichte, Akademie der Bildenden Künste, Wien).
Mit einem vollständigen Verzeichnis der Zeichnungen Wagners sowie zahlreichen von Wagner verfaßten Projektbeschreibungen.

Franco Borsi und Ezio Godoli, *Wiener Bauten der Jahrhundertwende: Die Architektur der habsburgischen Metropole zwischen Historismus und Moderne*. Stuttgart: DVA, 1985.

Ausführliche Kapitel über Wagner, Loos und ihre Beziehung zu Semper sowie über Wagners Schüler.

Heinz Geretseggar und Max Peinter, *Otto Wagner*, 1841-1918: *Unbegrenzte Großstadt. Beginn der modernen Architektur.*
Salzburg: Residenz Verlag, 1964.
Diese umfassende Monographie enthält viele Baufotografien.

Wolfgang Herrmann, *Gottfried Semper im Exil*. Basel und Stuttgart: Birkhäuser Verlag, 1978.
(Schriftenreihe des Instituts für Geschichte und Theorie der Architektur an der Eidgenössischen Technischen Hochschule Zürich, gta 19).

Wolfgang Herrmann, *Gottfried Semper: Theoretischer Nachlaß an der ETH Zürich, Katalog und Kommentare.*
Basel und Stuttgart: Birkhäuser, 1981.

Günter Kolb, *Otto Wagner und die Wiener Stadtbahn*. 2 Bände. München: Scaneg, 1989.

Elisabeth Koller-Glück, *Otto Wagners Kirche am Steinhof*. Wien: Edition Tusch, 1984.
Enthält Informationen zur Geschichte des Baus.

Adolf Loos, *Ins Leere gesprochen und Trotzdem*.
Innsbruck: Brenner-Verlag, 1931/32.
(Die Schriften von Adolf Loos, Bd.1, 1897–1900 und Bd. 2, 1900-1930).

Ludwig Münz, *Adolf Loos*.
Wien: Prachner, 1989.
Mit einem Schriften- und Werkverzeichnis.

Gottfried Semper und die Mitte des 19. Jahrhunderts. Basel und Stuttgart: Birkhäuser, 1976.
(Schriftenreihe des Instituts für Geschichte und Theorie der Architektur an der Eidgenössischen Technischen Hochschule Zürich, gta 18).

Gottfried Semper, *Der Stil*. Zwei Bände.
München, 1863. Mittenwald: Mäander Kunstverlag, 1977.

Otto Wagner, *Moderne Architektur*.
Wien: Anton Schroll & Co., 1902. 3. Auflage.
(Erstausgabe 1896, später als *Die Baukunst unserer Zeit* neu erschienen).

Otto Wagner, *Modern Architecture*.
Santa Monica: The Getty Center for the History of Arts and Humanities, 1988.
In der Einleitung zur englischen Ausgabe beschreibt der Herausgeber Harry Francis Mallgrave ausführlich die Beziehungen Wagners zu Semper und Karl Bötticher.

KAPITEL 5

The Le Corbusier Archive. 32 Bände. H. Allen Brooks (Hrsg.) Fondation Le Corbusier, Paris und Garland Publishing, New York.
Alle Zeichnungen und Pläne der Fondation Le Corbusier.

P. Bak u.a., *J. Duiker Bouwkundig Ingenieur*.
Delft: Duikergroep, 1982.
Enthält umfassende technische Informationen über alle Bauwerke von Duiker.

Baukonstruktionen der Moderne aus heutiger Sicht. Rolf Schaal, Stephan Pfister, Giovanni Scheibler (Hrsg.).
Basel, Boston, Berlin: Birkhäuser, 1990.
Band 4: *Siedlungen* enthält ein Kapitel mit Entwurfs- und Konstruktionsanalysen zu zwei Wohnhäusern von Le Corbusier in der Weißenhofsiedlung.
Band 2: *Bautechnik II: Zum Ausbau* enthält ein Kapitel über Stahlfenster der dreißiger Jahre.

Tim Benton, *Le Corbusiers Pariser Villen aus den Jahren 1920 bis 1930*.
Stuttgart: DVA, 1984.
Behandelt hauptsächlich die Entwurfsgeschichte der Bauwerke dieser Periode, enthält aber auch einige technische Informationen.

Peter Collins, *Concrete: The Vision of a New Architecture*. New York: Horizon, 1959.
Entwicklung des Hennebique-Systems und die Karriere von Auguste Perret.

William J. R. Curtis, *Le Corbusier - Ideen und Formen*. Stuttgart: DVA, 1987.

Peter Eisenman, „From Object to Relationship II: Casa del Fascio".
Perspecta, Nr. 13, 1971, S. 62.

Elenor Gregh, „The Dom-Ino Idea".
Oppositions, Nr. 15/16, Winter/Frühling, 1979.
Beschreibt die Hohlziegel-Bauweise bei Le Corbusier.

Stanislaus von Moos, *Le Corbusier: Elemente einer Synthese*.
Frauenfeld, Stuttgart: Huber, 1968.

Quadrante, Nr. 35/36, Oktober 1936.
Das ganze Heft ist der Casa del Fascio gewidmet.

Colin Rowe, *The Mathematics of the Ideal Villa and Other Essays*.
Cambridge, Mass.: MIT Press, 1976.

Brian Bruce Taylor, *Le Corbusier: The City of Refuge, Paris, 1929-33*.
Chicago: University of Chicago Press, 1987.

F. R. S. Yorke, *The Modern House*.
London: Architectural Press, 1934.
Enthält technische Informationen über Gebäude von Le Corbusier, Gropius, Mies van der Rohe und anderen modernen Architekten der zwanziger und dreißiger Jahre.

KAPITEL 6

The Mies van der Rohe Archive: An Illustrated Catalogue of the Mies van der Rohe Drawings in the Museum of Modern Art. Teil 1: 1907–1938, Arthur Drexler (Hrsg.), Teil 2: 1938–1969, Franz Schulze und George Danforth (Hrsg.).
New York: Garland, 1986–1992.
Kompletter Katalog des Mies van der Rohe-Archivs. Teil 1 (Bände 1–6) behandelt die europäischen Projekte, Teil 2 (Bände 7–20) die amerikanischen.

Baukonstruktionen der Moderne aus heutiger Sicht. Rolf Schaal, Stephan Pfister, Giovanni Scheibler (Hrsg.).
Basel, Boston, Berlin: Birkhäuser, 1990.
Band 3: *Einzelbauten* enthält ein Kapitel über den Barcelona-Pavillon.
Band 1: *Bautechnik I: Zum Rohbau* enthält ein Kapitel über Stahlskelettbau in den dreißiger Jahren.

Werner Blaser, *Mies van der Rohe: The Art of Structure – Die Kunst der Struktur*.
Basel, Boston, Berlin: Birkhäuser, 1993.
(Erstausgabe 1964).

Werner Blaser, *Mies van der Rohe: Continuing the Chicago School of Architecture*. 2. Auflage.
Basel, Boston, Berlin: Birkhäuser, 1981.

Global Architecture Detail: The Farnsworth House. Dirk Lohan (Hrsg.).
Tokio: A.D.A. Edita, 1976.
Enthält die vollständigen Details des Hauses und einen Kurzkommentar.

Ludwig Mies van der Rohe, *Die neue Zeit ist eine Tatsache*. Berlin: Archibook-Verlag Düttmann, 1986. (architextbook Nr. 9).

Fritz Neumeyer, *Mies van der Rohe: Das kunstlose Wort*. Berlin: Siedler-Verlag, 1986.

Paul Overy u.a., *The Rietveld Schröder House*.
Cambridge, Mass.: MIT Press, 1988.
Enthält wenig technische Informationen, beschreibt aber den Entwurf des Hauses und seine Restaurierung im Detail.

Franz Schulze, *Mies van der Rohe: A Critical Biography*. University of Chicago Press, 1986.
Deutsch: *Mies van der Rohe: Leben und Werk*.
Berlin: Ernst + Sohn, 1986.
Die vollständigste Biographie über Mies van der Rohe.

David Spaeth, *Mies van der Rohe: Der Architekt der technischen Perfektion*.
Stuttgart: DVA, 1986.

Wolf Tegethoff, *Mies van der Rohe: Die Villen und Landhausprojekte*.
Krefeld, Essen: Bacht, 1981.
Enthält umfassende Informationen über den Entwurf und den Bau der Häuser Lange und Tugendhat und des Barcelona-Pavillons.

KAPITEL 7

The Walter Gropius Archive. 3 Bände.
Winfried Nerdinger (Hrsg.).
New York: Garland Publishing, 1986.
Vollständiger Katalog des Walter Gropius-Archivs im Busch-Reisinger Museum, Harvard University.

The Architectural Drawings of R. M. Schindler.
4 Bände. David Gebhard (Hrsg.).
New York: Garland Publishing, 1993.
Vollständiger Katalog der Zeichnungen Schindlers aus der Architectural Drawings Collection, University of California, Santa Barbara.

James Marston Fitch, *American Building: The Forces That Shaped It*.
Boston: Houghton Mifflin, 1948.
Beschreibt die Entwicklung des amerikanischen Holzrahmenbaus.

David Gebhard, *Schindler*.
New York: Viking, 1972.

Ise Gropius, *History of the Gropius House*.
1977. Beim Gropius House, Lincoln, Mass., erschienen.

Ester McCoy, *Five California Architects*.
New York: Reinhold, 1960.
Behandelt die Brüder Greene und Schindler; Auseinandersetzung mit Schindlers Ideen zur amerikanischen Bauweise.

Ester McCoy, *Vienna to Los Angeles: Two Journeys*.
Santa Monica: Arts & Architecture Press, 1979.
Enthält Beschreibungen des Entwurfs und Baus von Schindlers und Neutras Häusern für Lovell und ein Interview mit dem Bauherrn.

Rudolf Schindler, „Schindler Shelters".
American Architect 146, Mai 1935, S. 70–72.

August Sarnitz, *R. M. Schindler, Architekt, 1887-1953: Ein Wagner-Schüler zwischen internationalem Stil und Raum-Architektur*.
Wien: Christian Brandstätter, 1986.

KAPITEL 8
Vgl. Literaturangaben zum Kapitel 3.

Paul F. und Jean S. Hanna, *Frank Lloyd Wright's Hanna House*.
Cambridge, Mass.: MIT Press, 1981.
Beschreibt den Entwurf und Bau des Hauses. Enthält ausgezeichnete Detailzeichnungen der Wand- und Fenstersysteme.

Donald Hoffmann, *Frank Lloyd Wright's Fallingwater*. New York: Dover, 1978.
Eine detaillierte Beschreibung der bei der Entwurfsplanung und beim Bau aufgetretenen Probleme. Zahlreiche Baufotografien.

Herbert Jacobs, *Building with Frank Lloyd Wright*.
San Francisco: Chronicle Books, 1978.
Jacobs baute zwei Häuser mit Wright; in einem davon wurde die Usonian-Sandwichwand zum erstenmal verwendet.

Edgar Kaufmann, *Fallingwater: a Frank Lloyd Wright Country House*.
New York: Abbeville, 1986.
Einige Informationen über den Bau des Hauses; umfassende Zeichnungen des Hauses nach der Fertigstellung.

Jonathan Lipman, *Frank Lloyd Wright and the Johnson Wax Building*.
New York: Rizzoli, 1986.
Ausführliche Informationen über die Details und Anbringung der Oberlichter und Glasröhren sowie über die Schwierigkeiten, die sich aufgrund der integrierten Ziegel-Beton-Konstruktion ergaben.

Edgard Tafel, *Apprentice to Genius*.
New York: McGraw-Hill, 1979.
Deutsch: *Frank Lloyd Wright persönlich*.
Zürich, München: Artemis, 1981.
Wrights Bauleiter für das Johnson Building und teilweise für das Haus Kaufmann beschreibt viele Probleme, die beim Bau dieser Gebäude auftraten.

Frank Lloyd Wright, *The Natural House*.
New York: Horizon, 1954.
Beschreibt detailliert die Theorie und Konstruktion der Holz-Sandwich-Wand im Haus Jacobs.

Register

Aalto, Alvar 153, 163, 165
  Rathaus Säynätsalo 165
  Villa Maiea 163, 191
Ashbee, C. R. 41ff., 51, 79
Ashbee, Janet 43

Baillie-Scott, H. M. 107
Baker, Sir Herbert 31
Banham, Reyner 75, 232
Behrens, Peter 143, 149, 234
Belcher, John 51
Benton, Tim 123
Berlage, Hendrik Petrus 85, 143, 167
Bofill, Ricardo 137
Borsi, Franco 101
Breuer, Marcel 163, 169, 185, 191 – 199
  Haus Breuer (Lincoln) 191, 195
  Haus Breuer (New Canaan) 193, 195, 199
  Haus Ford 191, 196
  Haus Geller 193
  Haus Gropius 191 – 193
  Haus Hagerty 191, 193, 197
Brooks, H. Allen 43

Colquhoun, Alan 235
Condit, Carl 101, 163

Duiker, Johannes 121, 129, 131

Eames, Charles 219
Eidlitz, Leopold 11

Frampton, Kenneth 232

Garnier, Tony 113, 114, 119
Gebhard, David 173, 177, 179
Giedion, Sigfried 69, 163, 169, 185, 191, 232
Gill, Irving 171, 205
Goodhart-Rendel, H. S. 3, 7, 19
Gradidge, Roderick 15, 17, 19, 31, 37
Greene & Greene 9, 43, 45, 147, 165, 171
Griffin, Walter Burley 203, 205
Gropius, Walter 129ff., 143ff., 149, 161, 169, 179, 185, 191 – 198
  Bauhaus in Dessau 131, 133, 135
  Haus Breuer 195, 199
  Haus Chamberlain 191
  Haus Ford 191, 196
  Haus Gropius 191 – 193
  Haus Hagerty 191, 197
  Haus Sommerfeld 145
Guadet, Julien 3, 5, 9, 11, 25

Hennebique, François 115, 119
Herbert, Gilbert 234
Herrmann, Wolfgang 87

Hitchcock, Henry-Russell 127, 235

Jakobson, Roman 17
Jefferson, Thomas 169
Johnson, Philip 127, 143, 149, 235
Jones, Owen 49

Kahn, Louis 91, 147, 183, 225

Labrouste, Henri 47
Laugier, Marc-Antoine 83
Le Corbusier 5, 91, 113 – 139, 151, 153, 163, 179, 181, 185, 195, 231 – 236
  Centrosoyus 131
  Cité de Refuge 129, 131ff, 139
  Cité Frugès, Pessac 116, 119, 120
  Citrohan-Häuser 125, 181
  Dom-Ino System 119
  Schweizer Pavillon 131 – 135, 139, 153
  Loucher-Häuser 137, 163, 233
  Monol-Häuser 125, 137
  Haus Ozenfant 129
  Villa Cook 118 – 129
  Villa le Lac 113, 115, 119
  Villa de Monzie 121, 123 – 127
  Villa Savoie 5, 121, 123, 125, 129 – 131
  Villa in St. Cloud 233
  Völkerbundpalast 121, 123, 125, 127
  Weber-Pavillon 113
  Weißenhofsiedlung 121, 131, 159
Lipman, Jonathan 223
Lloyd, W. A. S. 17, 25
Loos, Adolf 7, 105 – 111, 149, 177, 179, 203, 233, 235
  Haus Scheu 107 – 111, 173
Luckhardt, Wassili und Hans 143, 149
Lutyens, Sir Edwin 15 – 39, 231, 232, 235, 236
  Britannic House 15
  Britische Botschaft 25
  Campion Hall 29
  Castle Drogo 19, 21, 25
  Crooksbury 25
  Deanery Garden 17, 21
  Ednaston Manor 23, 25
  Free Church 29
  Halnaker Park 31
  Heathcote 19, 23, 25, 27, 31, 35, 37
  Kenotaph 31, 35
  Lindisfarne Castle 19
  Haus Mangles 17
  Marshcourt 19, 21, 23, 37
  Middleton Park 37 – 39
  Midland Bank 15, 35 – 37, 39
  Munstead Wood 19
  New Delhi 27 – 35
  Plumpton Place 31

Salutation 23
Thiepval 31, 35, 37
Tigbourne Court 21
Lysicratesdenkmal, Athen 89

McCoy, Ester 179
McKim, Mead & White 35, 151, 169
Malewitsch, Kasimir 5
Meier, Richard 113, 181, 195
Melnikow, Konstantin 163 – 165
Mendelsohn, Erich 149
Mercer, Henry 205
Meyer, Hannes 15, 129, 145
Mies van der Rohe, Ludwig 9, 15, 141 – 167,
    231 – 235
    Barcelona-Pavillon 141, 147, 149 – 153, 159,
    233
    Bauausstellung Berlin 161
    Commons Building 233
    Crown Hall 141
    Haus Esters 149
    Haus Farnsworth 141, 147, 167, 233
    Haus Hubbe 153, 191
    Haus Lange 143 – 149, 159, 163
    Haus Nolde 153
    Haus Tugendhat 149, 153 – 159, 161
    Illinois Institute of Technology 167, 233
    Neue Nationalgalerie 141
    Seagam Building 141
    Weißenhofsiedlung 159
Moore, Charles 183
Morris, William 9
Mueller, Paul 73

Neutra, Richard 105, 131, 141, 167, 169, 171,
    183, 185, 195

Oud, J.J.P. 123, 127, 129, 133, 161

Palladio, Andrea 25, 63
Perret, Auguste 3, 101, 117, 119, 125, 137, 234
    Haus Bley 137
    Rue Franklin, Apartmenthäuser 119
    Haus Rue Nansouty 119
Pevsner, Nikolaus 43, 69
Pugin, Augustus Welby 5, 9, 11, 39, 55, 85,
    107, 231

Rietveld, Gerrit Thomas 5, 161 – 165, 235
Root, John 85
Rowe, Colin 25, 119, 123
Ruskin, John 3, 7, 9, 11, 49, 69, 93, 105, 107,
    149, 165, 233
Rykwert, Joseph 83, 89

Sanmicheli, Michele 25
Schindler, Rudolf 169 – 185, 191, 195, 203,
    233, 236
    Haus Buck 188
    Haus Howe 171, 173, 175, 177
    Haus Lovell 171, 177, 179, 181 – 183, 189
    Haus Oliver 181, 186, 188, 191
    Haus Packard 171
    Haus Schindler-Chase 171 – 174, 177
    Haus Wolfe 179, 185
    Pueblo Ribera Apartments 171, 173,
    177 – 179
    "Schindler Shelter" 181, 186
Schinkel, Karl Friedrich 141
Schuyler, Montgomery 9, 11, 41, 45, 55, 79
Seligmann, Werner 113
Semper, Gottfried 3, 17, 83 – 99, 103, 105, 165,
    171, 179
Shaw, Richard Norman 7, 19
Smith, Norris Kelly 79
Stickley, Gustav 205
Street, George Edmund 3, 5, 107
Sturgis, Russell 41, 43, 51, 59, 75, 79
Sullivan, Louis 9, 11, 47, 49, 51, 85, 207, 219
    Adams Bank 45, 51
    Gage Building 11, 203, 219
    Peoples Savings Bank 3, 9
    Wainwright Building 73
Summerson, Sir John 31, 63, 234

Tafel, Edgar 223
Taj Mahal 27, 37
Taut, Bruno und Max 143
Terragni, Guiseppe 133, 135, 137 – 139
Tessenow, Heinrich 149

van Doesburg, Theo 161
Venturi, Robert 35, 67, 103, 169
Viollet-le-Duc, Eugène-Emanuel 3, 5, 11, 49,
    51, 55, 85, 231
Voysey, Charles F.A. 109

Wachsmann, Konrad 193
Wagner, Otto 3, 35, 83 – 111, 171, 173, 231,
    133, 236
    Akademie der Bildenden Künste 83, 85, 87,
    95
    Kaiserbad Dam 99, 101
    Kirche am Steinhof, St. Leopold 85,
    97 – 101, 103, 105
    Länderbank 93
    Majolikahaus 99
    Postsparkassenamt 85, 91, 93, 101 – 105,
    111
    Stadtbahnstation Schönbrunn 93, 97
    Stadtbahnstation Karlsplatz 87 – 91, 95, 97
    Stadtmuseum Kaiser Franz Josef 105
    Villa Wagner II 99, 109
Webb, Philip 9, 19, 21
Wren, Sir Christopher 5, 7, 29, 97
Wright, Frank Lloyd 3, 5, 9, 41 – 81, 107, 129,
    149, 165, 179, 195, 201 – 229, 232 – 236
    Broadacre City 201
    German Warehouse 205
    Guggenheim Museum 223

Imperial Hotel 75, 221
Haus Barnsdall 203, 207
Haus Barton 57
Haus Bradley 53, 55, 59, 67
Haus Charnley 45
Haus Coonley 67, 69, 129, 205, 207
Haus Dana 71, 203
Haus Ennis 209
Haus Freeman 209
Haus Gale 57
Haus Glasner 53, 211, 213, 215, 219
Haus Hanna 201, 214 – 217
Haus Heurtley 47 – 59, 61, 65, 69, 71
Haus Hollyhock 207
Haus Jacobs 201, 210 – 219
Haus Kaufmann (Fallingwater) 201, 211, 218 – 223, 233
Haus Lloyd-Jones 221
Haus Martin 47, 57, 63 – 73, 205, 223
Haus Millard 205
Haus Pope 219
Haus Robie 61, 67 – 77, 161, 203, 209
Haus Storer 165, 204 – 209, 211
Haus Willets 55 – 60, 63 – 73, 203, 205, 209
Haus Willey 211
Haus Winslow 43, 47 – 55, 59, 60, 73
Johnson Wax Bürogebäude und Laboratorium 201, 203, 219 – 229, 234
Larkin Building 41 – 49, 63, 65, 69, 73 – 81, 223, 225, 229
Ladies Home Journal, Entwürfe 55
Midway Gardens 205
Ready-cut Häuser 202 – 205
Taliesin 201
Textile Block Houses 205, 207
Unity Temple 63, 65, 69, 75, 207